청화선사 법어집 II

원통불법의 요체

성 륜 각

청화선사 법어집 Ⅱ
원통불법의 요체

성륜불서간행회 편

성 륜 각

이 책은 청화(清華) 큰스님의 법어(法語)를 녹음하여 문자화한 법어집입니다.

불기 2537년 임술(壬戌) 2월, 해제(解制) 중에 동리산 태안사(泰安寺) 금강선원(金剛禪院)에서 제방의 수자 스님들의 청법으로 이루어진 7일 간의 특별법회에서의 법어 내용입니다.

참선 수행에 있어서 실제로 닦고 증득하는 수증론(修證論)이 주된 말씀이나, 전 불교를 원융무애하게 회통(會通)시킨 말씀이기에 '원통불법(圓通佛法)의 요체(要諦)'라 표제하였습니다.

법문 말씀 가운데에서 '중요한 내용의 요약이나, 경론(經論)에서 인용한 원문'은 독자들의 편의를 위해 발췌하여 앞부분에 표기하였습니다.

녹음 정리자의 미숙으로 큰스님께 누가 될까 저어하면서도 송구함을 무릅쓰고 불자들의 성화같은 요청에 따라 출간하게 되었습니다.

차 례

안심법문(安心法門) ··13

제1장 수증(修證)의 제문제(諸問題)

제1절 돈오돈수(頓悟頓修)와 돈오점수(頓悟漸修) ···25
  1. 돈수(頓修)와 점수(漸修)의 유래(由來) ············25
  2. 습마물(什麽物), 임마래(恁麽來) ·····················27
  3. 육조(六祖)의 돈오돈수(頓悟頓修) ···················31
  4. 보조(普照)의 돈오점수(頓悟漸修) ···················33
  5. 돈점(頓漸) ··39
  6. 견성(見性) ··41
  7. 견도(見道) ··45
  8. 오(悟) ···51
  9. 일상삼매(一相三昧)와 일행삼매(一行三昧) ········58
  10. 결어(結語) ··63

제2절 여래선(如來禪)과 조사선(祖師禪) ···············68
  1. 서언(序言) ··68
  2. 여래선(如來禪) ···70
  3. 조사선(祖師禪) ···76

4. 범일(梵日)의 진귀조사설(眞歸祖師說) ·············· 82
   5. 결어(結語) ································· 84

제2장 교상(敎相)과 수행론(修行論)의 변천

제1절 근본불교(根本佛敎)의 교상변천(敎相變遷) ···· 90
   1. 근본불교(根本佛敎) ························· 90
   2. 근본불교(根本佛敎)의 경론(經論) ················ 93

제2절 근본불교(根本佛敎)의 교리요강(敎理要綱) ···· 96
   1. 제법(諸法)의 분류(分類) ······················ 97
   2. 이종세간(二種世間) ························ 105
   3. 삼세양중인과(三世兩重因果) ··················· 108

제3절 근본불교(根本佛敎)의 수증론(修證論) ········ 112
   1. 수증론(修證論)의 개요(槪要) ·················· 112
      1) 수증론(修證論) · 112
      2) 불타시대(佛陀時代)의 일반사상계(一般思想界) · 115
      3) 연기법(緣起法)의 입장에서 본 인생의 실상(實相) · 118
   2. 수증체계(修證體系) ························· 120
      1) 현위(賢位) · 121   2) 성위(聖位) · 137

제4절 인도(印度)의 대승불교(大乘佛敎) ············ 142
   1. 중관파(中觀派) ···························· 142
   2. 유가파(瑜伽派) ···························· 148

3. 밀교(密敎) · 150
   4. 북방불교(北方佛敎)와 남방불교(南方佛敎) · · · · · · · · 157

제5절 중국불교(中國佛敎)의 교관(敎觀) · · · · · · · · · · · 159
   1. 중국불교(中國佛敎)의 교상(敎相)과 관심(觀心) · · 159
   2. 법상종(法相宗)의 삼시교(三時敎) · · · · · · · · · · · · · · · 164
   3. 천태교관(天台敎觀) · 166
      1) 오시교(五時敎) · 166   2) 화법사교(化法四敎) · 169
      3) 화의사교(化儀四敎) · 173   4) 사종사제(四種四諦) · 176
      5) 칠각지(七覺支) · 181

제6절 달마대사(達磨大師)의 이입사행론(二入四行論) · 188
   1. 리입(理入) · 188
   2. 행입(行入) · 191
      1) 보원행(報寃行) · 192   2) 수연행(隨緣行) · 194
      3) 무소구행(無所求行) · 195 4) 칭법행(稱法行) · 195

제3장 수증(修證)과 공덕(功德)

제1절 참선(參禪) · 198
   1. 선(禪)의 정의(定義) · 201
   2. 선(禪)의 종류(種類) · 208
   3. 선(禪)의 방법(方法) · 212
   4. 선(禪)의 자세(姿勢) · 225

제2절 염불(念佛) ···································230
  1. 염불(念佛)의 의의(意義) ·························230
  2. 염불(念佛)의 방법(方法) ·························231
  3. 염불삼매(念佛三昧) ····························235
  4. 제경론(諸經論)의 염불법문(念佛法門) ············239

제3절 삼매(三昧) ···································264
  1. 삼매(三昧)의 뜻 ·······························264
  2. 보리방편문(菩提方便門) ························269
  3. 삼매(三昧)의 종류(種類) ·······················280
    1) 사종삼매(四種三昧)·280 2) 반주삼매(般舟三昧)·287
  4. 삼매수증(三昧修證)의 인원과만(因圓果滿) ········293
  5. 불성공덕(佛性功德) ···························299
    1) 오지여래(五智如來)·299 2) 열반사덕(涅槃四德)·305

제4장 수행(修行)의 조도(助道)

제1절 계율론(戒律論) ·······························317
  1. 계(戒)의 위상(位相) ·························319
    1) 계(戒)의 사위(四位)와 사과(四科)_·320
    2) 지계(持戒)의 옹호(擁護)·322
    3) 소승계와 대승계·삼취정계(三聚淨戒)·324
    4) 별수계(別受戒)와 통수계(通受戒)·수계의식(受戒儀式)·326
  2. 계(戒)의 체성(體性) ·························329
    1) 성계(性戒)와 차계(遮戒)·329

2) 정공계(定共戒)와 도공계(道共戒)·332
3) 불성계(佛性戒)·334
4) 수대승계(受大乘戒) 십인(十忍)·336
3. 지계(持戒)와 범계(犯戒)의 과(果) ················340
1) 파계오과(破戒五過)·육식십과(肉食十過)·의어
오과(依語五過)·340
2) 중후불식(中後不食)과 오신불식(五辛不食)·조죽
오리(朝粥五利)·344
4. 계율(戒律)에 대한 성언(聖言) ····················349
5. 성겁초(成劫初)의 인간(人間) ·····················355

제2절 바라밀(波羅蜜)과 수릉엄삼매(首楞嚴三昧) ···364
1. 십바라밀(十波羅蜜)과 보살십지(菩薩十地) ········364
2. 반야심경(般若心經)의 독해(讀解) ·················370
3. 수릉엄삼매(首楞嚴三昧) ·························381
1) 삼매도(三昧圖)·381   2) 삼매도결(三昧圖訣)·385

※ 게송 음미(偈頌吟味) ① ·························392
1) 부용(芙蓉) 스님 임운무애게(任運無碍偈)·392
2) 석옥(石屋) 화상 임종게(臨終偈)·395
3) 천고송(天鼓頌)·398
4) 대지(大智) 선사 영득한인송(贏得閑人頌)·401
5) 부설거사(浮雪居士) 사허부구게(四虛浮漚偈)·403

제3절 현상(現象)과 본체(本體) ·····················408
1. 물질(物質)과 에너지(Energy) ·····················408
1) 물리학(物理學)의 발전(發展)·413

        2) 물질의 형성(形成)과 기본구조(基本構造) · 418
        3) 우주시대(宇宙時代)의 종교(宗敎) · 422
    2. 불교(佛敎)의 우주론(宇宙論) ····················427
    3. 색(色:物質)의 근본구조(根本構造) ················431
    4. 물질(物質)의 분석(分析) · 석공관(析空觀) ·········434
    5. 삼천대천 세계(三千大千世界) ·····················438
    6. 수묘게(數妙偈) ································440
    7. 열반진색(涅槃眞色) ····························447

※게송 음미(偈頌吟味) ② ···························· 452
        1) 순치황제(順治皇帝) 출가시(出家詩) ··············452

제4절 심성(心性)과 법계(法界) ·····················462
    1. 유식삼성(唯識三性) ···························462
    2. 십식(十識) ··································465
    3. 십법계(十法界) ······························467

제5장 삼계 해탈(三界解脫)

제1절 삼계(三界)와 해탈(解脫) ····················473
    1. 삼계(三界) ··································473
    2. 구해탈(俱解脫) ······························485

제2절 해탈(解脫)의 과정(過程) ····················487

※ 게송 음미(偈頌吟味) ③ · 495
　1. 교범바제(憍梵波提)의 수설게(水說偈) · · · · · · · · · · · 495
　2. 두순학(杜荀鶴)의 안인게(安忍偈) · · · · · · · · · · · · · · 497
　3. 결사문법게(決死問法偈) · 498
　4. 장사경잠(長沙景岑)의 백척간두게(百尺竿頭偈) · · · 499
　5. 장경혜릉(長慶慧稜)의 권렴견천게(捲簾見天偈) · · · 501
　6. 도원(道元)선사 학소옹게(鶴笑翁偈) · · · · · · · · · · · · 504
　7. 중봉명본(中峯明本)의 신광송(神光頌) · · · · · · · · · · 505
　8. 조원(祖元)선사 참춘풍게(斬春風偈) · · · · · · · · · · · · 507
　9. 백운경한(白雲景閑) 임종게(臨終偈) · · · · · · · · · · · · 509

제3절　해탈십육지(解脫十六地) · · · · · · · · · · · · · · · · · · · 511
제4절　수도(修道)의 위차(位次) · · · · · · · · · · · · · · · · · · 542
제5절　삼계 해탈(三界解脫) · 546
　1. 삼계(三界) · 546
　2. 사선정(四禪定) · 550
　3. 멸진정(滅盡定) · 560
　4. 오인(五忍)과 십삼관문(十三觀門) · · · · · · · · · · · · · · 564

제6장　금타(金陀) 스님의 주창(主唱)

제1절　현기(懸記) · 570
제2절　호법단 4차 성명서(護法團四次聲明書) · · · · · · 579
제3절　우주론(宇宙論) · 582

    1. 서문(序文) ·· 582
    2. 우주(宇宙)의 본질(本質)과 형량(形量) ············ 585
        1) 좌선진(左旋塵)과 우선진(右旋塵) ················ 587
        2) 자금진(磁金塵)과 전금진(電金塵) ················ 590
        3) 우주(宇宙)의 원동력(原動力) ······················ 590
        4) 금진(金塵)과 대천세계(大千世界) ················ 590

  제4절 관음문자(觀音文字) ······························ 593

제7장 질의응답과 회향법어(廻向法語)

제1절 질의응답(質疑應答) ······························ 594
    1. 석가세존의 수도(修道)와 성도상(成道相)은
       방편인가? ·· 594
    2. 극락세계는 법장의 공덕 과보로서 건립되었는가? · 595
    3. 극락세계는 서방(西方)에만 있는 것인가? ········ 597
    4. 실상관(實相觀)과 선(禪)과 염불선(念佛禪)은
       어떤 관계인가? ···································· 599
    5. 공부 경계(境界)에 대하여 ························· 600
    6. 무명(無明)의 시초(始初)는 무엇인가? ············ 601
    7. 종조(宗祖)에 대하여 ······························· 601
    8. 금타(金陀) 스님의 행화(行化)는? ················· 602
    9. 청화(淸華) 스님에 대하여 ························· 604

제2절 회향 법어(廻向法語) ······························ 606

안심법문(安心法門)

오늘 우리 여러 출가사문(出家沙門)들을 만나게 되어서 대단히 반갑고 의의 깊게 생각합니다. 이번 법회는 우리들의 만남의 장(場)으로서 가장 큰 의의를 삼겠습니다.

부처님 법문(法門)의 대요(大要)는 안심법문(安心法門)입니다. 마음을 편안하게 하는 법문입니다. 바꾸어 말하면 안락법문(安樂法門)이 되겠습니다.

이 사바세계(娑婆世界) 자체가 인생고해(人生苦海)입니다. 인간 자체가 생각하는 것이나 행동하는 것이 모두가 다 우주의 도리에 잘 맞지 않기 때문에 필연적으로 인생고가 따르게 됩니다.

부처님 가르침 아닌 다른 가르침은 우주의 도리에 100% 합리적인 가르침이 될 수가 없습니다. 설사 다른 종교나 철학도 지향점은 부처님 가르침과 유사(類似)하다 하더라도 완벽하게 우주 자체의 실상(實相)을 드러내지는 못했습니다. 따라서 부처님 가르침에 의지하지 않고서는 인생고해를 벗어날 도리가 없습니다.

앞서 말씀드린 바와 같이 불법(佛法)은 안심법문이라 공부를 편안하게 해야 할 것인데 더러는 공부를 옹색하게 합니다. 그러한 것은 자기 존재에 대한 확실한 정견(正見)이 부족하고 또는 존재의 실상(實相)을 파악하는 지혜가 부족해서 그렇습니다. 바꾸어 말하면 반야바라밀(般若波羅蜜)을 이해하지 못해서 그렇습니다.

우리 공부인에 있어서 특히 불법의 대요인 참선(參禪)에 있어서 여러 가지 병폐가 많이 있지마는 중요한 병폐를 들면은 암증선(暗證禪)이라, 공부 경계에 대한 불조(佛祖)의 가르침을 모르고 어두운 가운데서 암중모색(暗中摸索)하는 참선을 말합니다.

어떻게 공부를 해야 할 것인가? 내 본래면목(本來面目)은 대체로 어떤 것인가? 또는 수행 방편은 여러 가지로 많은데 어떤 방편을 어떻게 써야 할 것인가? 내 개인은 어떤 방편으로 공부를 해야 할 것인가? 이런 문제에 관해서 확실한 신조가 없다는 말입니다. 그러면 자연히 안심이 될 수가 없습니다.

그런데다, 현대 사회가 오죽 복잡합니까. 한 걸음만 밖에 나가면 불법(佛法)과는 정반대의 현상이 전개되어 있습니다. 또한 같은 불교권 내에서도 불법의 해석을 가지각색으로 합니다. 아시는 바와 같이 근본불교(根本佛敎)를 공부한 사람들은 중국이나 한국이나 일본에서 전개된 이른바 대승불교(大乘佛敎) 또는 조사선(祖師禪) 등에 대해서 이해를 잘 못합니다. '근본불교 만이 정통불교인 것이지, 중국이나 한국이나 이쪽은 정통불교가 못된다'고 생각들 합니다.

그런가 하면, 순 대승권인 중국이나 한국, 일본 등의 불교인들은 '스리랑카나 태국이나 버어마, 라오스 등의 불교들은 아주 소승법이기 때문에 참다운 부처님의 본래면목을 밝히지 못했다'고 폄하(貶下)를 합니다.

또는, 대승권내에서도 각 종파가 있지 않습니까. 화엄경(華嚴經)을 주로 한 사람들은 화엄종을 세우고, 법화경(法華經)을 위주로 한 사람들은 법화종을 세우고, 하지 않습니까, 또는 참선을 위주한 사람들은 다 몰아서 '참선만이 다이고 다른 교종(教宗)은 아무런 가치가 없는 것이다. 삼장(三藏) 12부경(十二部經)이 모두가 휴지에 불과한 것이다.' 이렇게 말씀을 하는 이도 있습니다. 살불살조(殺佛殺祖)라, 부처를 죽이고 조사를 죽이고, '조사법이 훨씬 위고 여래법(如來法)은 아래다' 이렇게 빗나간 극언도 합니다. 우리는 이렇게 혼란 무궤도한 때에 살고 있습니다.

그래서, 우리 개인적으로도 바른 이해, 바른 반야지혜가 있지 못하면 우선 내 개인의 바른 공부도 할 수가 없고 남한테 바른 불법을 제시할 수도 없을 뿐만 아니라, 가정적으로나 또는 사회적으로나 올바른 공헌을 할 수가 없습니다. 세지변총(世智辯聰)이라, 많이 배워서 이것 저것 알기는 많이 알지마는 올바른 정견이 아니면 바로 못나가는 것 아닙니까, 우리는 좀 안다 하더라도 세지변총을 극복해야 합니다.

그래서, 이번 법회는 이런 문제에 관해서 제가 감히 명확한 해답을 내릴 수는 없습니다만, 여러 젊은 스님네들이 참선이나 기도에 정진하다가 여러 경계에 부딪칠 때는 답답하기 그지없는데 오랜 동안 참선정진한 스님께서 다만 며칠이라도 법문을 해주면 좋겠다는 요청을 하였고, 또 한 가지는 여러분들에게 드린 금강심론(金剛心論)에 대해서도 중요한 몇 대문을 말씀드리고자 하는 것입니다.

금강심론은 금타(金陀 1898~1948) 스님께서 원래 원고를 남겨 놓으신 것인데 제가 간추려서 편집을 했습니다만, 제가 생각할 때에는 현대 과학만능 시대에 있어서 꼭 참고해야 할 중요한 문헌이라고 생각합니다.

세상에는 별것도 아니면서 정도 이상의 대접을 받는 것도 있고 또는 귀중한 보배이면서도 대접을 받지 못하는 가르침도 있지 않겠습니까, 인물이나 또는 교리나 마찬가지입니다만, 제가 생각할 때는 지금에 와서 금타 스님같이 위대한 선지식(善知識)이면서도 제대로 대접을 못받는 분은 없다고 생각합니다.

현대에 꼭 필요한 것이 불교의 이른바 회통불교(會通佛敎)로서 불교의 경직된 분파적인 것을 지양하고, 세계 종교의 비교 종교학적 연구와, 교섭과 화해를 통한 융합의 문제입니다. 다종교(多宗敎)는 대체로 어떻게 교섭해야 할 것인가? 다른 종교의 가르침을 어떻게 수용해야 할 것인가? 그런 문제들을 지금은 피할 수 없는 문제입니다. 아시는 바와 같이 지구촌이라고 하지 않습니까, 이런 가운데서 다른 종교, 다른 교리, 다른 주의 주장과 서로 화해를 못할 때에는 인류 문화적으로나 개인적인 생활에나 공헌을 할 수가 없습니다.

또 물질이라는 것은 무엇인가? 하는 문제입니다. 사실 자본주의 사회는 이데올로기(Ideologie)적으로 말하면 관능적(官能的) 유물주의(唯物主義)입니다. 별다른 규제가 없이 인간 생활의 풍요와 편리를 위해서 자유방만하게 사는 생활이 간단히 말하면 자본주의 아니겠습니까.

그러면 공산주의는 어떤 사회인가? 이것도 역시 이데올로기적으로 말하면 과학적 유물주의입니다. 그 과학이란 부처님 가르침같은 진리에 입각한 합리적인 가르침이 아니라 이른바 유물사관(唯物史觀), 유물정신으로 이루어진 과학적 사회주의입니다. 인간의 심리 작용도 물질의 반사 현상이고, 역사의 추진력도 물질이고, 생산력과 생산 관계, 이런 저런 모두를 물질이 규정하고 물질이 지배한다는 것이 이른바 공산주의 사회주의 이론체계 아니겠습니까.

따라서, 그런 편견들이 그대로 지속되어 간다면 얼마만큼 우리 인간을 괴롭히게 될 것인가? 도리에 입각하지 않고 우주의 참다운 진리에 따르지 않는 것은 결국은 파멸되고 맙니다.

부처님의 법문은 우주의 실상 그대로 말씀하신 법문입니다. 부처님 가르침은 진실된 가르침입니다. 부처님 가르침은 절대로 진리와 다른 말씀이 없습니다. 또 부처님 가르침은 우리 중생을 그릇된 길로 인도하는 즉, 중생을 속이는 가르침이 아닙니다. 금강경(金剛經)에도 불설(佛說)은 여법(如法)한 말인 여어(如語)요, 조금도 오류가 없는 진실된 말(眞實語)이요, 진리와 다르게 말씀하지 않는 불이어(不異語)요, 우리 중생을 그릇된 길로 인도하거나 속이지 않는 불광어(不誑語)라 하셨습니다.

부처님 가르침은 오직 진리이기 때문에 천지 우주는 이렇게 되나 저렇게 되나 필경에는 모두가 다 우주 본연의 도리인 불법(佛法)에 따르지 않을 수 없습니다.

형체가 이루어지는 성겁(成劫)이나 또는 중생이 사는 주겁(住劫)이나, 파괴가 되는 괴겁(壞劫)이나 또는 파괴가 다 되어버려서 허공무일물(虛空無一物)이라 아무것도 없는 공겁(空劫)이나, 이런 것도 그냥 그렁저렁 되는 것이 아니라 정확한 우주의 도리에 따라서 움직입니다. 아무리 힘이 세다 하더라도 우주가 파괴되어 가는 괴겁의 길을 막을 수가 없습니다. 부처님도 못막습니다. 부처님은 바로 우주의 도리 자체이기 때문에 막을 필요가 없겠지요.

따라서 어떤 법이든지간에 불법을 떠난 것은 모두가 다 종말(終末)이 바르게 좋은 쪽으로 끝날 수가 없습니다. 필연적으로 파멸할 수밖에 없습니다. 이것이 바로 인과(因果)의 도리입니다.

그런 증좌(證左)로 1917년 10월 혁명으로 러시아 볼세비키(Bolsheviki)가 나왔지마는 겨우 70여년 만에 무너졌습니다. 그렇게 무시무시하게 정적(政敵)을 숙청하고 탄압하고 우리 인간 정신의 존엄을 말살시키려 했어도 결국 지속을 못합니다. 우리는 지금 그런 참상을 여실하게 보고 있지 않습니까, 이것은 진리가 아니기 때문에 그렇습니다.

그러면 자본주의 사회는 어떠한가? 그저 부자는 마음대로 더욱더 부자가 되고 가난한 사람은 빈익빈(貧益貧)이라, 더욱더 가난해지는, 이런 무차별 불평등의 사회는 그대로 지속할 것인가? 이것도 아무리 꿰매고 수정을 가한다 하더라도 오랫동안 지속할 수는 없습니다. 우주의 도리 바로, 불법(佛法)에 따라야만이 진정한 사회주의 참다운 민주주의가 이룩되는 것입니다.

다만 우리 승가(僧伽) 생활, 이것이 부처님 가르침에 따르는 인간의 진정한 생활 표본입니다. 승가 생활의 근본은 무엇이겠습니까, 이것은 무아(無我)·무소유(無所有)생활 아니겠습니까. 무아라 하면 불교를 믿는 분도 '아, 본래는 무아가 아닌데 우리가 서로 충돌하고 갈등을 일으키고 투쟁을 하니까 부처님께서 방편으로 무아라는 말씀을 하셨겠지!' 이렇게 천박히 생각하는 분도 있습니다. 그러나 본래로 무아입니다.

본래로 무아일 때는 또 필연적으로 무소유가 안될 수가 없습니다. 사실대로 말씀하신 부처님 법문의 요체(要諦)입니다. 무아가 안되고 무소유가 안되면은 허두에서 말씀드린 이른바 안심법문, 공부를 편안하게 하고 수행을 편안하게 하고 우리 생활도 편안하게 될 수가 없습니다. 다시 말씀드리면 반야바라밀(般若波羅蜜)을 통하지 않고서는 참다운 안심법문이 될 수가 없습니다.

달마(菩提達磨 Bodhi dharma ?~528) 스님 때부터서 6조 혜능(慧能 638~713) 스님 때까지를 순수한 선시대 이른바 순선시대(純禪時代)라고 합니다.

우리 공부하는 분들은 6조 이후의 선지식들 법문도 물론 참고로 많이 하여야 합니다마는 우리가 가장 권위있는 전거(典據)로 의지할 것은 뭐라해도 삽삼조사(卅三祖師)인 부처님부터서 6조 혜능 스님까지의 법문을 가장 중요한 권위로 의지 안할 수가 없습니다.

그런데 달마 스님부터서 6조 혜능 스님까지 이루어진 선(禪)사상은 방금 말씀드린 바와 같이 안심법문입니다. 안심법문을 꼭 명심해 두어서 '내가 지금 하는 공부가 정말로 내 마음도 편안한 안심법문인가.' 이렇게 자기 스스로 점검하고 제 말씀을 들어 주시길 바랍니다.

조사어록(祖師語錄)에서 말씀한 바와 같이 안심법문의 시초 법문은 혜가(慧可 487~593) 스님과 달마 스님이 거량(擧揚)한 법문이 아니겠습니까.

아까 제가 말씀드린 바와 같이 본래 무아라고 생각할 때에 달마와 나와 둘이면은 무아라고 할 수가 없고 석가와 나와 둘이면은 무아라 할 수 없습니다. 또는 2조 혜가와 나와 둘이면은 역시 무아라고 할 수가 없겠지요. 따라서 혜가 스님과 달마 스님의 거량도 역시 자기 문제로 우리가 수용을 해야 합니다. 분명히 자기 문제입니다.

  진리라는 것은 과거, 현재, 미래를 떠나 있습니다. 내가 없다고 생각할 때는 이것인가 저것인가 하는, 법이라는 것도 없는 것입니다. 이른바 실아실법(實我實法)이라 하여 내가 있고 법이 있다는 것은 범부소견입니다. '나' 라는 실다운 것도 없고, 이것이다 저것이다 좋다 궂다 하는 시비분별의 법도 원래는 없습니다. 성자와 범부의 차이는 무엇인고 하면, 성자는 무아·무법입니다. 곧 아공(我空) 법공(法空)이 아니겠습니까.

  따라서, 방금 말씀드린 바와 같이 어떠한 문제나 자기 문제와 차이가 없습니다. 지금 어느 누가 강도를 하고 잔인무도한 살상을 했다 하더라도 그 사람 문제와 내 문제가 관련성이 없는 것이 아닙니다. 저 미국에서 태어나는 어린애나 서독에서 태어나는 어린애나 중국에서 죽어가는 노인네도 역시 우리하고 무관한 문제가 아닙니다.

  혜가 스님이 달마 스님을 폭설 중에 찾아가서 법문을 청했지마는 달마 스님이 돌아보지도 않자 자기 팔을 베어 바치고서 신표(信標)로 내세우지 않았습니까. 달마 스님이 신표를 받은 다음에야 돌아보았습니다. 왜 달마 스님같은 자비스런 분이 혜가 스님이 눈속에서 꼬박 밤을 새우는 데도 거들떠보지 않았던가? 우리는 이런 문제를 생각해야 합니다.

  잘못 생각하면 달마 스님이 굉장히 잔인하고 인정이 없다고 생각이 됩니다만 우리는 그렇게 볼 수는 없는 문제 아닙니까, 불법(佛法)은 그런 소소한 인정으로는 얻을 수가 없는 가르침 아니겠습니까, 약득획보(若得獲寶)인댄 방하피낭(放下皮囊)이라, 만약 마니보주같은 보배를 얻을려고 할진댄 가죽 주머니 같은 이 몸뚱이를 버리라는 말입니다. 전식득지(轉識得智)라, 우리 분별식(分別識)을 굴려 뒤집어 버려야 참다운 반야 지혜, 본래면목 자리를 얻는다는 말입니다. 이렇듯, 그냥 상대적인 여느 생각으로 해서 얻을 수가 없습니다. 먹을 것 다 먹고 할 짓 다 하고 세속적인 이른바 속체(俗諦)의 범주 내에서 속물 근성으로 생활하다가는 무상 대도를 얻을 수가 없는 것입니다.

달마 스님같은 삼명육통(三明六通)을 다 한 분이 '아 저 혜가는 그대로 가만히 두면 자기 팔을 자르겠구나' 이런 것을 예상을 못했겠습니까, 공부 분상에서는 팔 하나 그것이 문제가 아니란 말입니다. 팔 하나를 자르는 그 마음 태도가 자기 몸뚱이를 몽땅 바치는 것을 상징합니다.

정말로 우리들은 어떠했는가? 우선 저도, '제 평생 어떻게 살아왔는가' 생각할 때는 참괴무참(慙愧無慙)합니다. 무던히 애는 쓴다고 했지마는 그래도 역시 부끄러운 마음 한탄하는 마음 뿐입니다. 왜 그런고 하면, '과연 내가 공부할 때에 하찮은 이 몸뚱이를 몽땅 버리는 각오가 있었던가' 하고 생각할 때는 그랬다고 장담을 할 수가 없습니다. 초범증성(超凡證聖)이 목격비요(目擊非遙)라, 범부를 넘어서 성자가 되는 그 길이 눈 깜작할 동안에 있는 것이고 절대로 멀지가 않다는 말입니다. 따라서, 오재수유(悟在須臾)어니 하번호수(何煩皓首)리오, 잠깐 동안에 깨달을 수 있는 것이니 어찌 센머리 날 때까지 수고롭게 할 것인가?

혜가 스님이 달마 스님한테 "제 마음이 괴롭습니다. 제 마음을 편안하게 해주십시오 " 했습니다. 이것이 이른바 안심법문의 기연(機緣) 아니겠습니까. 선(禪)의 기본 문제가 여기에 있습니다. 따라서, 안심법문이 확실히 자기 것이 못되면은 참선이라고 할 수가 없습니다.

우리는 근본불교 또는 대승불교 또는 조사선 도리, 이런 말 때문에 구속받을 필요가 절대로 없습니다. 그런 말들은 과거 선지식들께서 그때그때 중생의 근기 따라서 하신 말씀이기 때문에 어느 경우에는 과감히 버려야 합니다. 그러나 가장 버리지 못한 곳이 지금 우리 한국 불교 상황입니다.

다행히 우리 젊은 분들은 논리학도 공부하고 또는 철학이나 물리학도 다 공부한 분들이기 때문에 시대적인 상황에서 상대적으로 이루어진 문제에 있어서 진리의 근본 도리, 근간(根幹)은 절대로 버릴 수가 없다고 하더라도 지엽(枝葉)적인 문제는 꼭 과감히 버려야 합니다. 그래야 참선이 됩니다.

혜가 스님이 "제 불안한 마음을 편안하게 해주소서" 하니, 달마 스님께서 "그대 마음을 가지고 오너라 그러면은 내가 편안하게 해주리라" 하였습니다.

혜가 스님도 40대가 넘도록까지 부처님 공부를 많이 하였기 때문에 그런저런 도리는 이론적으로는 대부분 다 알았겠지요. 그러나 우리 중생들의 근기를 위해서 새삼스럽게 한 뜻도 분명히 곁들여 있습니다.

"제 마음을 아무리 찾아봐도 마음 간 곳이 없습니다. 마음의 자취가 없습니다"

우리 마음은 어떠한가? 우리는 법의(法衣)를 입고 있으면서도 남을 미워도 하고 좋아도 하지 않습니까, 클래식 음악이 좋다 또는 재즈 음악이 좋다 하지만 이런 것은 하나의 인연 따라서 이루어진 소리 아니겠습니까, 얼굴이 잘나고 못나고 이것은 하나의 물질적인 색이 아니겠습니까. 색과 소리에 얽매이면 참다운 도리가 아니라는 것이 금강경 말씀이 아니겠습니까.

그러나 지금 우리 생활은 어떻게 하고 있는 것인가? 옷을 좀 잘 입으면 어떻고 못입으면 어떻습니까. 너무 많이 먹고 너무 잘 먹고 너무 잘 입고 너무 많이 놀려는 것이 자본주의 사회의 큰 병폐 아니겠습니까. 이런 것은 우리 몸에도 마음에도 아무런 도움이 안됩니다.

장차 설명을 좀 드리겠습니다만 겁초(劫初)의 인간은 맨 처음에 성겁(成劫)이 이루어지고 주겁(住劫)이 되어서 광음천(光音天)으로부터 중생이 내려온다고 합니다. 광음천은 욕계처럼 물질적인, 오염된 세계가 아닌 광명세계(光明世界)라는 말입니다. 따라서 광음천 중생들은 몸이 광명신(光明身)이기 때문에 무엇을 먹을 필요가 없습니다. 천안통(天眼通)을 해서 우주를 다 비춰보고 천이통(天耳通)을 해서 우주의 모든 소리를 다 듣고 또는 신여의통(身如意通)을 해서 삼천대천 세계를 마음대로 내왕하게 됩니다.

이런 말씀을 드리면 외도의 신통에 얽매여 있다고 생각하는 분도 있을 것입니다. 그러나 신통묘지(神通妙智)는 바로 부처님 말씀입니다. 저는 부처님 말씀을 옮길 뿐입니다.

만약 우리 인간의 능력이 한계가 있다고 하면 불법(佛法)이 아닙니다. 모두를 다 알 수가 있고 모두를 다 할 수가 있어야 한다는 말입니다. 우리의 본래면목은 그런 무한의 공덕장(功德藏)입니다.

그러기에 인간성은 존엄스러운 것입니다. 본래면목 자리가 무엇을 알다말고 몸으로 하는 짓이 한계가 있다면 불법의 일체종지(一切種智)라는 부사의한 공덕은 여법한 말씀이 못될 수밖에 없습니다.

너무나 허두 말씀이 길어지면 시간이 제한되기 때문에 우선 안심법문, 그저 마음 편안히 하는 법문 말씀을 드리는 것입니다.

마음을 편안히 하는 것은, 우주의 도리대로 본래 내가 없는 무아이기 때문에 내가 없다고 분명히 생각해야 하고 내 집이나 내 소유물이나 내 절이나 내 종단이나 이런 것도 본래가 없다고 생각해 버리면 참 편합니다. 자기 문중이나 절 때문에 애쓰고 싸울 필요도 없는 것이니 말입니다.

일체 만유가 평등 무차별의 진여법계(眞如法界)인데 우리 중생들의 망정(妄情)으로 잘못 보고 그릇 행동하고 있는 것입니다.

제1장 수증(修證)의 제문제(諸問題)

제1절 돈오돈수(頓悟頓修)와 돈오점수(頓悟漸修)

1. 돈수(頓修)와 점수(漸修)의 유래(由來)

제가 말씀드리고자 하는 여러 가지 문제 의식 가운데 특히 우리 젊은 불자(佛子)들께서 궁금히 생각할 뿐만 아니라 불교 학계(佛敎學界)에서도 논쟁거리가 되어 있고 또 다른 나라에서까지도 불교나 동양 철학을 공부한다는 사람들은 으레 깨달음과 닦음의 문제는 가장 중요한 관심사인데 그래서 우선 돈오돈수(頓悟頓修)와 돈오점수(頓悟漸修)에 대하여 말씀하고자 합니다. 그건 왜 그런고 하면, 어떻게 닦아야 할 것인가? 또는 깨달음이란 어떤 것인가? 하는 깨달음과 닦음의 문제라는 것은 우리 불자들로서는 일대사(一大事) 인연으로서 우리가 꼭 해결하고 넘어가야 할 가장 중요한 문제이기 때문입니다.

그러기에 너무나 문제가 커서 감히 제가 감당할 수 있는 힘은 없습니다만, 그런대로 말씀을 드릴 수밖에 없습니다.

돈오돈수와 돈오점수에 관한 문제는 근래에 조계종 종정을 오랫동안 지내시고 선지식으로 추앙받는 성철(性徹) 스님께서 저서인 선문정로(禪門正路)에서 보조(普照) 스님의 돈오점수설을 비판하므로써 세상의 관심사로 등장을 한 것 같습니다.

보조(普照知訥 1158~1210) 스님은 약 800년 전에 계셨던 분입니다. 한국 불교가 선교 일치(禪敎一致)의 회통 불교(會通佛敎) 분위기 때문인지는 몰라도 아직까지 돈오점수에 대하여 이의(異議)를 제기한 분은 없었다고 생각됩니다.

저는 전문학자가 아닌 참선 수자(修者)이기 때문에 교학적(敎學的)인 분석에도 능하지 못할 뿐 아니라 그런 복잡 미묘한 논쟁에 끼어들고 싶지도 않습니다만, 공부하는 여러분에게 혹시 참고가 될까 하여 소견을 말씀드립니다.

우리가 잘못 생각하면 돈오점수는 보조 국사가 처음으로 말씀하였고 돈오돈수는 성철 스님께서 말씀하였다고 생각할 수가 있습니다. 그러나 그렇지가 않습니다. 우리가 그 연원(淵源)부터 밝혀보면, 돈오돈수도 역사적으로 분명히 권위있는 말씀이고 돈오점수도 마찬가지입니다.

또한, 잘 아시는 바와 같이 보조 스님께서는 비단 한국 불교 역사상에서 뿐만 아니라 세계적인 대선각자(大先覺者)로 추앙을 받아온 분이며 성철 스님께서도 우리 종단의 상징인 종정 스님으로서 깊은 존경을 받는 분 아닙니까? 그분들의 위상에 다소라도 누를 끼쳐서는 안된다는 염려스러운 마음입니다. 따라서, 우선 이렇게 생각할 때에 보조 스님이 그르다 또는 성철 스님이 잘못 해석했다고 함부로 말할 수가 없는 문제입니다. 그래서 저는 그런 문제에 있어서 권위있는 인용을 하기 위해서 조사어록(祖師語錄)에 의거하여 말씀 드리겠습니다.

2. 습마물(什麼物) 임마래(恁麼來)

습마물 임마래라, 십(什)을 송나라 속음(俗音)으로 하면 습이라 합니다. 습마물은 무엇이란 뜻이고 임마는 어떻게, 어찌해서란 뜻으로 습마물 임마래란 곧 '무엇이 어떻게 이렇게 왔는가' 라는 말입니다.

나는 대체로 무엇인가? 또는 너는 대체로 무엇인가? '이 무엇'이란 문제는 사실은 따지고 보면 우리 불교 전부를 들어서 얘기하는 말씀이나 같습니다.

조그만 티끌 하나도 잘 보면은 반야지혜(般若智慧)고, 바로 부처님의 청정법신(淸淨法身)인 것이고 잘못 보면 하나의 티끌에 불과합니다. 이것은 하나의 티끌에 차이가 있는 것이 아니라 우리 중생이 잘못 보는가, 잘 보는 가에 차이가 있을 뿐입니다. 깨닫는가 깨닫지 못하는 가에 차이가 있을 뿐인 것이지 본래 물(物) 자체에는 조금도 차이가 없습니다. 따라서, 나란 대체로 무엇인가? 이것만 해답을 바로 내려버리면 모든 문제의 풀이가 다 된다는 말입니다.

습마물 임마래는 어디에 그 연원이 있는가 하면,

南岳懷讓 六祖慧能 初相見時, 六祖問 什麼處來 曰嵩山來 祖曰 什麼物 恁麼來

남악 회양(南岳懷讓 677~744) 선사는 6조 혜능 대사로부터 법을 받은 정통 조사 중 한 분이십니다. 남악 회양이 6조 혜능 스님에게 맨 처음에 뵐 때 6조가 묻기를 "그대는 대체 어디서 왔는고?" 그러니까 남악 회양 선사가 "숭산에서 왔습니다." 숭산은 그 당시에 노안(老安 또는 慧安 582~709? 五祖 弘忍法嗣) 대사가 중생을 제도하였던 곳입니다. 그러니까 6조 혜능 대사가 말씀하기를 "습마물 임마래오?"

그때의 말씀이 제가 표제로 낸 습마물 임마래입니다. 무엇이 어떻게 왔는고? '이뭣고' 선(禪)의 화두(話頭)도, 원래는 여기에 연원이 있습니다. '그 무엇인가? 내가 무엇인가?'-에는 나[我] 자체가 천지 우주와 같이 연기법으로 중중무진(重重無盡)으로 관계가 있기 때문에 '그 무엇인가?'에, 그 가운데는 일체 존재가 다 들어갑니다.

따라서 '이뭣고' 선(禪) 할 때에 이른바 '시삼마'(是甚麼의 俗音) 할 때는 '이뭣고' 이것이, 바로 내가 무엇인가? 내 본래면목(本來面目)은 무엇인가? 이렇게 나가야 하는 것입니다. 그렇기 때문에 금강경오가해서(金剛經五家解序)에 6조 스님의 해석이 있지 않습니까. '나한테 한 물건이 있으되 하늘을 바치고 땅을 괴고, 밝기는 해와 달보다 밝고 검기는 칠보다 검고, 이러한 것이 나와 더불어 있지만 미처 거두어 얻지 못하는 것이 무엇인가?' (有一物 無頭無尾 無名無字 上柱天下柱地 明如日黑似漆 常在動用中 動用中 收不得者 是甚麼)

이와 같이, 본래면목이 무엇인가? 해야지, 그냥 상대 유한적인 것 가지고서 이것인가 저것인가 하면은 그때는 화두가 못되고 참선이 못됩니다. 분명히 습마물 임마래가 되어야 화두가 됩니다.

원래, 원문대로 하면 그 대답을 남악 회양 선사가 못했습니다. 그냥 '숭산에서 왔습니다. 어느 스님을 섬기다가 왔습니다.' 이렇게 해서는 참다운 본래적인 문답이 안되겠지요. 그런 대답을 감히 6조 혜능 선사 선지식 앞에서 할 수가 없었다는 말입니다.

그래서 남악 회양 선사는 8년 간이나 6조 혜능 대사를 시봉하면서 부단히 수련을 거친 뒤, 자기 본 성품을 깨닫고 나서 혜능 대사께 다시 나아가 "이제는 제가 얻은 바가 있습니다." 하고 말씀을 드리니까 "그럼 한번 말해보지"

6조 혜능 대사의 말씀 따라서 남악 회양 선사가 대답을 한 말씀이

曰 說似一物卽不中 六祖問 還可修證否 讓云 修證不無 染汚卽不得
六祖曰 只是不染汚 諸佛之所護念 汝亦如是 吾亦如是

— 傳燈錄南嶽章 —

"설사일물 즉부중(說似一物卽不中)이니다." 설사 하나라고 말씀드리더라도 맞지가 않습니다. 이 말씀은, '어떻게 말로는 능히 표현할 수가 없습니다'의 뜻입니다. 진리란 바로 시공(時空)을 초월하는 것이고 인과율(因果律)을 넘어선 것인데 어떻게 제한된 인간의 말로서 표현할 수가 있겠습니까?

그러니까 6조 혜능 스님께서 다시 묻기를 "환가수증부(還可修證否)아?" 그러면은 도리어 앞으로 더 닦고(修) 증(證)할 것이 있는가? 이렇게 물었습니다. 아! 깨달아 버렸으니까 다시 닦을 것이 없으면 없다고 해야 하겠지요. 이렇게 6조가 물을 때는 벌써 마음으로 인가(印可)를 한 것입니다.

회양 선사가 대답해 드리기를 "수증불무(修證不無)나." 닦고

증하는 것이, 증명하는 것이 없지는 않습니다마는 "염오즉부득(染汚卽不得)이니다"(거꾸로 오염이라 해도 상관이 없습니다. 오염즉부득이라.) 이것은 오염할 수는 없습니다라고 했습니다. 오염이란 본래 평등무차별(平等無差別)의 자리, 일여(一如) 평등의 진리를 차별심을 두고서 자타(自他), 시비(是非), 고하(高下), 계급(階級)을 논한다는 말입니다. 원래 내가 없는 것을 있다고 하고, 본래 성품에는 차서(次序)가 없는 것을 있다고 하는 것입니다. 우리 중생 분상에서 중생견(衆生見)으로 자타, 시비, 계급, 차서가 있는 것이지 무명(無明)을 떠난 자리에서는 그것이 없습니다. 높낮이도 없고 계급적인 차별도 없는 것입니다.

따라서, 깨달은 분상에서는 마땅히 이것이 없어야 합니다. 그런데, 높낮이가 있고 나와 남이 있고 또는 계단을 밟아가는 차서가 있다고 생각하면 옳지가 않습니다. 이 '염오부득(染汚不得)'이라는 말을 깊이 명심해 두시길 바랍니다. 조사어록을 보면 이런 대목이 많이 나옵니다.

"염오즉 부득이니다" 이렇게 말씀을 드리니까 6조 스님께서 말씀하시기를 "다만 바로 불염오(不染汚) 이것이 제불지소호념(諸佛之所護念)이라" 모든 부처님이 지키고 억념(憶念)하는 것이다고 하였습니다. 즉 진리에 합당하니까 모든 부처님이 이것을 옳다고 긍정하고서 지키신다는 말입니다.

"깨달음을 얻은 뒤에 닦음도 있고 증(證)함도 있지마는 다만 오염을 시키지 않고 곧 고하·시비·계급을 논하지 않고서 닦는 것이 제불이 호념하는 바라, 그대도 역시 그렇고 나도 역시 그러하도다" 전등록(傳燈錄) 남악장(南岳章)에 있습니다.

남악 회양 선사가 깨닫지 못했으면 이런 말씀을 할 수 없습니다. 비록 깨달았다 하더라도 습기(習氣)까지 몽땅 떼어버리는 완벽한 깨달음이 아직은 못됐기 때문에, 닦음은 또다시 있어야 하고 또한 수증(修證)에 깊고 옅은 심천(深淺)이 있기 때문에 마땅히 닦음이 있긴 있지마는, 그것을 높다 낮다 또는 보살 몇 지(地)라든가 하는 것을 관념에 두어서는 참다운 무염오수행(無染汚修行)이 못됩니다. 우리는 이런 자리를 분명히 느껴야 합니다.

무염오수행이란 것을 분명히 느끼지 못하면은 아까 말씀드린 바와 같이 돈오돈수라든가 돈오점수에 관해서 판단의 착오를 일으킵니다. 이것은 굉장히 미묘한 문제로서 논쟁거리가 되고 있기 때문에 우리는 신중하고 허심탄회한 마음에서 깊이 통찰해야 합니다.

3. 육조(六祖)의 돈오돈수(頓悟頓修)

돈오돈수(頓悟頓修)는 우리가 흔히 상식으로 알듯이 성철 스님이 맨 처음에 말씀한 것이 아니라 이미 육조단경(六祖壇經) 제7 남돈북점장(南頓北漸章)에 나와 있습니다.

단경(壇經) 자체도 문제는 분명히 있습니다. 돈황본(敦煌本)이라든가 혜흔본(惠昕本)이나 종보본(宗寶本)이나 덕이본(德異本)이 다 각기 차이가 있는 것을 보더라도 문제가 있다는 증좌 아니겠습니까? 그러나 그래도 역시 우리가 선(禪) 하면 육조단경을 권위있는 전거(典據)로 안할 수가 없습니다.

단경 제7 남돈북점장에는 주로 하택신회(荷澤神會 685~760) 대사가 북종(北宗)을 비판하고 남종(南宗)을 세우는 남종정시비론(南宗定是非論)의 논쟁같은 말씀이 보입니다. 이른바 남쪽인 6조 대사는 문득 깨닫는 법인 돈교(頓敎)라고 찬양하고 북쪽 신수(神秀 ?~706) 대사는 점차로 닦아나가는 점교(漸敎)로서 본질적인 가르침이 미처 못된다고 비판하는 내용입니다.

> 壇經第七 南頓北漸章, 師曰 無非 無痴 無亂 念念般若觀照 常離法相 自由自在 縱橫盡得 有何可立 自性自悟 頓悟頓修 亦無漸次 所以不立 一切法 諸法寂滅 有何次第

단경 제7 남돈북점장에 6조 혜능 스님의 말씀이 무비(無非) 무치(無痴) 무란(無亂)이라, 그릇됨이 없고 어리석음이 없고 어지러움이 없다는 것은 내나 계(戒)·정(定)·혜(慧) 삼학(三學)을 말한 것으로, 그릇됨이 없는 것은 바로 계율을 말하고 어리석음이 없으니까 지혜를 말하고 어지러움이 없으니까 선정을 말한 것입니다.

이와 같이 계·정·혜 삼학을 닦아서 염념반야관조(念念般若觀照)라, 생각생각에 반야의 지혜를 관조한다는 말입니다. 반야의 지혜는 제법공(諸法空) 지혜입니다. 무아, 무소유의 지혜입니다.

생각생각에 제법공 지혜를 닦아나가면서 상리법상(常離法相)이라, 항상 모든 법이 실제로 있다는 상을 여읜다는 말입니다.

그렇게 할 때는 자유자재 종횡진득(自由自在 縱橫盡得)이라, 아무런 막힘이 없이 자유자재하고 종횡으로 모두를 다 얻을 수 있다는 말입니다. 우리가 반야로 비추어 보아 모든 법이 있다는 실아·실법(實我實法)을 떠나서 즉 아공·법공(我空法空)이 되어서 볼 때에는 자유자재하고 이것이나 저것이나 모두를 다 얻는 것이기 때문에, 유하가립(有何可立)이리오, 무엇을 새삼스럽게 세울 것인가? 내가 있고 네가 있고 좋다 궂다 하면 이것이다 저것이다 하겠지만, 평등무차별의 자리에서 볼 때는 무엇을 어떻게 세울 수가 없다는 말입니다. 일진법계(一眞法界)라, 천지 우주가 바로 부처님 몸인데 어떻게 어디에다가 무엇을 세우겠습니까?

자성자오(自性自悟)면 돈오돈수(頓悟頓修)라, 본래 내 성품을 내가 스스로 깨달아 버렸다는 말입니다. 나라고 생각할 때 이 몸뚱이가 참 나가 아니지 않겠습니까, 스스로 자기 성품을 깨달으면은 돈오돈수라.

여기에 돈오돈수의 말씀이 있습니다. 제가 널리 못봐서 그 이전에는 잘 모르겠으나 이것이 처음이라 생각합니다. 6조 혜능 스님 말씀으로 분명히 돈오돈수가 있습니다.

돈오돈수하니 역무점차(亦無漸次)라, 돈오돈수가 되었으니 역시 점차가 없다. 순서가 없고 높고 낮고 또는 어떠한 계급적인 차별이 있을 수가 없다. 그러므로 소이불립 일체법(所以不立 一切法)이라, 어느 한 가지 법도 세울 필요가 없다는 말입니다.

제법적멸(諸法寂滅)하니 유하차제(有何次第)리오, 제법이 본래 적멸해서 하나의 번뇌도 없거니 어떻게 차제를 세울 것인가? 이렇게 되어 있습니다.

4. 보조(普照)의 돈오점수(頓悟漸修)

그러면 요새 돈오점수(頓悟漸修)파라고 비판하는 보조 스님은 어떻게 말씀했는가? 보조어록(普照語錄)에 있는 보조 스님의 돈오에 대한 해석입니다.

　　頓　悟
　　凡夫迷時 四大爲身 妄想爲心 不知自己靈知是眞佛也……一念廻光
　　見自本性 而此性地 元無煩惱 無漏智性 本自具足 卽與諸佛 分毫不殊
　　故云頓悟也.
　　　　　　　　　　　　　　　　　　　　　　　　　　　－普照語錄－

'범부가 미혹(迷惑)할 때는 지·수·화·풍 사대(四大)를 몸으로 하고 망상을 마음으로 한다.' 우리 중생이 다 그렇지 않습니까. 사대(四大) 원소로 합해진 이것을 자기 몸이라고 하고 자기 망상을 자기 마음이라고 한다는 말입니다.

'차별을 떠나서 신령스럽게 깨달은 자기 마음이 바로 참다운 부처임을 미처 모르다가 밖으로 향하는 대상적인 생각을 돌이켜서 자기 본성을 볼 때에, 견성한 자리에서 볼 때는 원래 번뇌가 없고, 번뇌에 때묻지 않은 지성(智性)이 본래 스스로 원만히 갖추어져 있다. 그리고 이 자리는 바로 부처와 더불어서 눈꼽 만큼도 차이가 없다' 는 말씀입니다.

이 자리는 석가모니 부처님의 삼명육통(三明六通)을 다하고 무량공덕을 갖춘 자리나 삼세제불의 성품공덕이나 조금도 차이가 없다, 깨달아서 얻은 그런 자리란 것은 본래에 있어서는 조금도 차이가 없다는 말입니다. '이렇게 아는 것이 바로 돈오(頓悟)라 한다'고 하였습니다.

따라서, 보조 국사도 단경(壇經)에서 말하는 돈오의 도리를 분명히 밝힌 분이라고 볼 수가 있겠지요. 보조 국사는 6조 대사 훨씬 뒤에 나신 분이기 때문에, 단경도 숙독해서 많이 보셨고 또 단경을 대혜어록(大慧語錄)과 더불어서 가장 중요한 전거로 삼았습니다. 그러니 돈오의 뜻 정도를 모를 리가 만무하겠지요.

그렇다면 보조가 주장하는 점수(漸修)는 무엇인가? 돈오를 알았으면 어째서 또 점수를 말했던가? 보조가 점수를 말한 대목입니다.

漸 修
頓悟本性 與佛無殊 無始習氣 難卒頓除 故依悟而修 漸熏功成 長養聖胎 久久成聖 故云漸修也　　　　　　　　　　 — 普照 —

돈오본성(頓悟本性)이면 여불무수(與佛無殊)나, 문득 자기본성을 깨달으면 부처와 더불어서 조금도 차이가 없지마는, 무시습기(無始習氣)라, 과거 숙세 무시(無始) 이래로 우리가 익혀 내려온 번뇌의 습기가 있다는 말입니다. 부처와 나와 둘이 아니고 천지와 더불어서 둘이 아니라는 그런, 때묻지 않은 진리를 분명히 느끼고 깨달았지마는 가사, 우리가 풀을 뽑지 못하고서 우듬지만 베어버리면은 그냥 다시 또 뿌리가 나오듯이, 이것이 구생기(俱生起)번뇌 아닙니까, 우리가 금생에 나와서 보고 듣고 생각하고 배우고 이런 것은 분별기(分別起)번뇌로서, 분별기번뇌는 몰록 단박에 끊어졌다 하더라도 구생기번뇌는, 전생과 더불어 지어온 본능적인 번뇌는 있는 것입니다.

과거에 큰스님들도 역시 법은 분명히 아는데 행위로 볼 때에는 문제가 있는 분도 있습니다. 그것은 습기를 미처 못 녹인 때문입니다. 깊은 선정(禪定)을 미처 얻지 못했다는 말입니다.

우리는 해탈에 있어서 꼭 지혜해탈(智慧解脫), 선정해탈(禪定解脫)을 분명히 구분하여 생각해야 앞으로 공부하는데 방황하지를 않습니다. 지혜해탈과 선정해탈을 분명히 모르면 암증선이라, 암중모색을 합니다.

저는 그런 것을 여러 군데서 봤습니다. 일본 선서(禪書)에서 보면, 중흥조라고 할 수 있는 그런 분도 역시 암중모색하는 대목이 있다는 말입니다. 일본 임제종의 중흥조라고 하는 백은(白隱 1685~1786)선사는 선관책진(禪關策進)을 아주 굉장히 위대한 책이라고 찬양하였지만 이 분도 자기가 증오(證悟)한 것에 관해서 '대오십팔번(大悟十八番)하니 소오부지수(小悟不知數)라.' 큰 깨달음은 18번이나 있고 작은 깨달음은 수없이 많았다는 말입니다. 그러면 어떠한 것이 진짜 깨달음인가? 우리가 회의를 갖겠지요.

따라서, 공부하는 우리 출가사문들은 특히 수증(修證)문제, 어떻게 닦고 증(證)할 것인가에 있어서, 문득 부처와 더불어서 둘이 아닌 자리를 깨달았다 하더라도 무시습기(無始習氣)라, 과거 숙세 무시 이래로, 무시 무명으로부터 오염된 우리 본능을 꼭 생각해야 합니다.

저는 이렇게 나이가 벌써 황혼입니다마는 그 무시(無始) 번뇌가 얼마나 깊은가를 그야말로 참 뼈저리게 많이 느끼고 있습니다. 인간의 욕심 뿌리는 얼마나 깊고 진심(嗔心) 뿌리는 얼마나 지독한 것인가 말입니다. 남들이 저같은 사람을 다소 칭찬을 할 때는 속으로 굉장히 부끄러움을 느낍니다. 과연 저한테 욕심 뿌리가 다 가셨는가? 또는 진심(嗔心)의 뿌리는 다 뽑혔는가? 이렇게 반성할 때는 분명히 다 못 여읜 줄을 통감하게 됩니다.

욕심 뿌리가 다 나가고 진심(嗔心) 뿌리가 다하고 치심(痴心) 뿌리가 다했을 때는 그냥 즉시에 바로 무량공덕을 갖추어서 분명히 삼명육통을 해야 하는 것입니다. 불경을 보면 다 그렇습니다.

무시습기가 난졸돈제(難卒頓除)라, 졸지에 문득 제거하기가 쉽지가 않다는 말입니다.

어록을 보면 이런 말씀이 있습니다. '견도여파석(見道如破石)이요.' 우리가 진리의 이치를 깨닫는 것은 돌을 깨는 것과 같다는 말입니다. 마치 돌을 깰 때는 순간에 파싹 깨지듯이 견도할 때는 문득 활연대오(豁然大悟)해서 훤히 깨달아 버리지만 '수도여우사(修道如藕絲)라' 우리가 연뿌리를 딱 분지르면 연뿌리라는 것이 실이 있어서 그냥 안 분질러집니다. 끈끈하니 실이 나옵니다. 그와 똑같이 수도(修道)할 때는 쉽지가 않습니다. 수도도 돌 깨듯이 되는 것이 아니라 습기를 녹일 때는 오랫동안 두고두고 녹여야 한다는 말입니다.

더구나, 선방에서 오래 공부 정진한 구참 스님들은 제가 느끼고 있는 그 사무친 것을 분명히 느낄 것입니다. 이놈의 욕심이 뿌리가 얼마나 긴가 말입니다. 공부를 좀 했다 하더라도 기분이 사나울 때는 그냥 또 진심(瞋心)이 자기도 모르는 가운데 삐죽이 나오게 됩니다.

습기, 이것은 졸지에 바로 제거할 수 없기 때문에 의오이수(依悟而修)라, 깨달음에 의지해서 닦는다는 말입니다. 깨달은 그 자리에서 분별 시비를 떠나서 닦는 무념수(無念修)입니다. 본래는 석가와 나와 둘이 있는 것도 아닌 것이고, 달마와 나와 다른 것도 아닌 것이고, 석가가 높고 내가 낮은 것도 아닌 것이고, 본래 분상에서는 둘이 없는 자리를 느끼고 닦는 것입니다. 이것을 바로 무염오(無染汚)수행이라 합니다. 무념수와 무염오수행은 같은 뜻입니다.

깨달음에 의지해서 닦으면 점훈공성(漸熏功成)이라, 점차로 훈수(熏修)해서 공덕이 성취가 된다는 말입니다.

　훈습(熏習)은 번뇌가 우리 잠재의식에 가라앉는 것이고 훈수(熏修)는 우리가 부처님의 지혜로 해서 닦아 나가는 것입니다. 그런 구분이 있습니다.

　이렇게 훈수하면, 깨달은 그 자리를 안 놓치고서 닦아 나갈 때는 공덕이 성취가 되어서 장양성태(長養聖胎)라, 성자의 태를 오랫동안 길러 나간다는 말입니다. 성인 자리에서는 자타, 시비, 구분이 다 없는 자리라고 우리가 분명히 느껴버리는 그런 성태(聖胎)를 두고두고 오랫동안 닦아 나가는 것입니다. 장양성태는 우리가 공부하는 분상에서 지킬 중요한 성구(聖句)입니다. 사량(思量) 분별로 닦는 것이 아니라 무념수(無念修)로 닦는 수행을 성태장양이라 합니다.

　이렇게 닦아나갈 때는 구구성성(久久成聖)이라, 두고두고 일구월심(日久月深)으로 닦아 나가서 비로소 참다운 구경지(究竟地)인 성인(聖人)의 지위가 된다는 말입니다.

　우리는 성자(聖者)와 범부의 한계도 분명히 알아야 합니다. 문득 깨닫는 그 자리부터서 성자라고 합니다. 왜 그런고 하면 진여불성 자리를 현관(現觀)이라, 바로 현전에 증명했다는 말입니다. 따라서 그때는 벌써 성자입니다. 그러나 불지(佛地)를 성취한 성자는 아니라는 말입니다.

　습기 때문에 두고두고 일구월심으로 닦아야 참다운 구경각(究竟覺)을 성취하기 때문에 고운점수(故云漸修)라, 고로 점차로 닦는다고 한다는 보조국사 말씀입니다.

　따라서, 이 도리는 화엄경에서 말씀한 도리하고도 똑같고 또는 달마 때부터서 6조 혜능까지의 말씀하고도 틀림이 없습니다.

다만 돈오돈수란 말도 단경에 있기 때문에 '돈오돈수하고 돈오점수는 근본적인 차이다.' 이렇게 생각할런지 모르겠지만 무염오수행(無染汚修行) 도리를 분명히 느낀다면 하등의 논쟁거리가 될만한 차별은 없다고 저는 생각을 합니다. 뒤에 또 들겠습니다.

5. 돈점(頓漸)

頓 漸
師謂衆曰 法本一宗 人有南北 法卽一種 見有遲疾 何名頓漸 法無頓漸 人有利鈍 故名頓漸   － 壇經 －

그러면 단경(壇經)에는 점수(漸修)라는 말이 없는 것인가? 단경에도 있습니다. 다만 돈오점수라고 표현하지는 않았으나 의미로 봐서는 분명히 있습니다.

단경에서 6조 대사가 대중을 위해서 말씀하시기를 '법(法)은 본래 하나의 종지(宗旨)이지만, 다만 사람의 근기 따라서 남북이 있을 뿐이라.'고 하였습니다. 법은 본래 종지가 하나고 평등 무차별의 진여불성자리 하나지만 다만 사람의 근기와 선근 따라서 잘나고 못나고 어리석고 총명하고의 차이가 있다는 말입니다.

'법은 본래 하나의 성품이지만, 보는 견해에 따라서 더딤과 빠름이 있다. 그러니 무엇이 돈(頓)이고 무엇이 점(漸)인가?' 무엇이 문득 아는 것이고 또는 점차 아는 것인가? '원래 법에 있어서는 돈법과 점법이 없으나, 사람의 근기에는 날카로움과 둔함이 있다. 고로, 돈과 점이라는 말을 할 수 있다' 이렇게 말씀했습니다.

따라서, 이것을 볼 때에 6조 혜능 스님도 분명히 돈점을 말씀했습니다. 우리는 석가모니 말씀이나 6조 혜능 스님 말씀이나 말 표현에 지나치게 걸릴 필요는 없습니다. 다만 대의(大義)를 알면 되는 것입니다.

그 다음은 돈점에 대해서 능엄경에 있는 말씀입니다.

頓 漸
理卽頓悟 事非頓除 乘悟倂消 因次第而盡 — 楞嚴經 —

능엄경(楞嚴經)은 선수(禪髓)라고도 합니다. 이른바 선법(禪法)의 골수란 뜻이지요. 공부하는 분들이 점차로 닦는다든가 장애를 없앤다든가 하는 것은 능엄경을 참고로 하면 별로 헤매지 않습니다. 그러나 능엄경같은 선에 관한, 여러 가지 점차 수증에 관한 중요한 말씀을 무시해 버리면 공부할 때에 방황도 많이 하고 또는 그릇 해석도 할 수가 있습니다.

능엄경에 있기를 '리즉돈오(理卽頓悟)라' 우주의 본체적인 원리는 문득 깨닫는다 하더라도, 우리가 불교를 교리적으로 공부할 때는 리(理)와 사(事)를 구분하여 생각해야 하겠지요. 리사가 무애(無碍)라, 원래 둘이 아니겠지만 중생차원에서 볼 때는 본질적인 리(理)와 또는 현상적인 문제는 사(事)인데 '사비돈제(事非頓除)라' 현상적인 상대 유한적인 그런 문제는 문득 제거할 수가 없다는 말입니다.

따라서 '승오병소(乘悟倂消)라' 깨달음에 편승해서, 마치 바다를 건널 때 배를 타고 가야 건널 수가 있듯이 깨달음에 편승해서 닦아나간다는 말입니다. 그러니 '인차제이진(因次第而盡)이라' 차제에 따라서 다 끊어진다는 말입니다.

우리는 조사어록이나 또는 선지식들 말씀을 들을 때는 그 말씀을 경직된 마음으로 받아들여서는 안됩니다. 어찌 그런고 하면, 조사 스님들 말씀들은 으레 노파심절에서 우리 중생들이 그때그때 어떤 문제에 막혀 있는가? 무슨 문제에 고민하는가에 따라서 간절히 주신 말씀이기 때문입니다.

너무나 점수(漸修)에 치우쳐서 자꾸만 계급을 따지고 고하, 심천을 가리는 사람들한테는 돈오돈수로써 마땅히 분별을 쳐부수어야 하겠지요. 그러나 '본래가 부처인데 닦을 것이 무엇이 있는가' 하는 분들한테는 점차로 닦아 나가는 점수를 역설해야 하는 것입니다. 이런 도리를 느끼고서 법문을 이해해야 합니다.

6. 견성(見性)

다음에는 견성에 대해서 말씀 드리겠습니다.
견성을 단경(壇經)에서는 어떻게 말했는가?

見 性

若悟自性 亦不立菩提涅槃 亦不立解脫知見 無一法可得 方能建立萬法 若解此意 亦名佛身 亦名菩提涅槃 亦名解脫知見 見性之立亦得 不立亦得 無滯無碍 應用隨作 應語隨答 普見化身 不離自性 即得自在 神通遊戱三昧 是名見性

— 壇經 —

'만일 자성(自性)을 깨달으면, 보리(菩提) 열반(涅槃)이란 것도 세울 수가 없고' 모두가 하나의 평등 무차별의 진여불성 세계인데 보리고 열반이고 할 것이 있겠습니까? '또한 해탈지견(解脫知見)이라고도 할 필요도 없고 어느 법이라고 특별히 내세울 필요도 없고 진실로 일체 만법을 세울 것이 아무것도 없다. 이렇게 해석할 때에는, 바로 그것이 부처의 몸인 것이다'고 하였습니다.

한 법(法)도 세울 수가 없고 느낄 수도 없는 자리, 보리고 열반이고 해탈지견이고 또는 무슨 법이고 만법이고 이것이 모두가 다 하나의 진리거니 어느 것도 세울 것이 없는 이것을 우리가 이대로 해석할 때는 이것이 바로 부처의 몸이고, 부처라고 말하는 것입니다.

'또한 이것이 바로 보리고 열반이고 해탈지견이라고 말하는 것이고, 견성한 자리에는 어느 것도 가히 세울 것이 없기 때문에 조금도 막힘이 없고 거리낌이 없다. 그래서 하는 짓 모두가 다 걸림이 없이 여법히 행동하고 또한 누가 물으면 조금도 걸림없이 척척 진리에 맞게 대답하고 또한 두루 화신을 나투어 상대적인 몸을 나타낸다 하더라도 자성을 떠나지 않고, 즉득자재 신통유희 삼매(卽得自在神通遊戱三昧)라' 모두가 다 조금도 조작(造作)이 없는 이른바 임운등등 등등임운(任運騰騰騰騰任運)이라는 말입니다.

우리가 불교를 공부할 때 조작(造作)이란 말과 임운(任運)이라는 상대적인 말을 기억해 두면 편리합니다. 우리 중생이 애쓰고 하는 것을 조작이라하고, 깨달은 분들이 자기 마음대로 행해도 법도에 걸림이 없는 자리를 임운이라 합니다.

깨달은 분상에서는 그야말로 참, 임운등등 등등임운이라, 당당하지마는 조금도 막힘이 없고 누구한테 꿀릴 필요도 없다는 말입니다. 달마한테 꿀릴 필요도 없고 석가한테 꿀릴 필요도 없다는 말입니다.

그러나 증오(證悟)를 했다 하더라도 불성(佛性)만 깨달았을 뿐인 것이지 때문어 있는 다생겁래(多生劫來)의 습기까지는 다 못녹였다는 그런 점은 또 우리가 겸허하게 받아들여야 하겠지요.

시명견성(是名見性)이라, 이것이 바로 견성이라는 말입니다. 아무것도 세울 것도 없고 고하, 시비도 없는 임운등등 등등임운으로 신통유희 삼매라, 이것이 참다운 견성이라는 말입니다. 같은 견성에도 견성한 그 자리, 근기 따라서 천차만별입니다. 그러기에 또 문제가 복잡합니다. 생각을 깊이 하시기 바랍니다.

우리 세존(世尊)께서는 보리수 아래에서 견성하실 때에 모든 것을 다 깨달은 구경각(究竟覺)을 그대로 성취를 한 것입니다. 부처님 가르침이 심심미묘(甚深微妙)해서 부처님 깨달음까지도 시비를 거는 분이 있습니다. '수하성도(樹下成道)하신 부처님 깨달음도 아직 완전무결한 것이 못되기 때문에, 부처님께서 설산에 있는 총림방중(叢林房中)에 다시 들어가서 기다리고 있는 진귀조사(眞歸祖師)한테 법을 물어서 비로소 완전히 깨닫게 되었다'고 하는 학설이 있다는 말입니다. 이렇게 생각하면 참 골치가 아픈 문제입니다.

또 이런 학설이 지금까지도 우리 한국승가(韓國僧伽)에서는 상당히 권위있게 흘러오고 있습니다. 지금 전거(典據)로는 사굴산(闍堀山) 개조(開祖)인 범일(梵日 810~889) 대사가 이런 말씀을 했다고 선문보장록(禪門寶藏錄: 1293 高麗天頙著)에 나와 있습니다. 중국이나 또는 인도에는 없는 그런 학설이 한국 승가에서는 상당히 권위 있게 전수가 되었습니다. 특히 이조 말엽에 백파(白坡 1767~1852) 스님같은 분은 이 학설을 굉장히 권위 있는 학설로 인용도 하십니다.

그러나 이 학설을 우리는 하나의 상징적인 것으로 생각을 해야 한다고 생각합니다. 그래야 중국에나 인도에서도 전거가 없는 것을 한국에서 비로소 발설했다는 것이 나쁜 쪽으로 비판이 안되고 상징적으로 좋게 해석이 되겠지요.

아무튼, 깨달음도 여러 차이가 있습니다. 갑이란 사람 깨달음 또는 을이란 사람 깨달음이 물론, 평등 무차별의 불성 자리는 똑같으나 얼마만치 습기를 많이 녹이고 깨달았던가의 차이입니다.

깨닫는 문제의 심천(深淺)은 역시, 가장 권위 있는 전거로는 화엄경의 십지(十地)론으로, 보살 초지부터서 2지 3·4지 10지에 올라가서 구경각 불지(佛地)에서 성불한다는 내용입니다. 그런데, 깨닫는 것이 근기 따라서 보살 초지만 깨닫는 분도 있고 또는 2지를 깨닫는 분도 있고 또한 3·4지까지 깨닫는 분도 있고, 이렇게 차이가 있습니다.

견성에 대해서 말씀을 하다 말았습니다만 이제는 견도(見道)라, 이것도 역시 굉장히 어려운 문제입니다. 견성, 견도는 어떻게 차이가 있는 것인가? 이런 문제도 조사어록에는 조금 달리 나와있다 하더라도, 뜻을 깊이깊이 본질적으로 해석을 하여야 합니다. 문자란 것이, 착(着)해버리면 큰 병이 되지만 착하지 않으면 그야말로 술술 다 풀려가는, 아까 말씀드린 바와 같이 임운자득(任運自得)이 되지 않겠습니까?

7. 견도(見道)

見 道
根本佛敎에는 四善根의 最上位인 世第一法의 無間에 無漏의 慧를 得하여 聖諦를 現觀함을 말함.
— 解深密經 · 智度論 · 唯識論 · 俱舍論等 —

견도(見道)에 대해서는 해심밀경 또는 지도론, 유식론, 구사론 등에 나와 있는 말씀입니다. 지도론은 용수(龍樹 Nāgārjuna B.C. 2~3世紀) 보살 소조(所造)인 대지도론으로 대론(大論)이라고 하지요. 유식론, 구사론은 세친(世親 Vasubandhu 4~5世紀頃) 보살이 지으셨는데 이런 데에 견도에 대한 말씀이 여러 군데 나와 있습니다.

근본불교에서는 사선근(四善根)의 최상위를 세제일법(世第一法)이라고 합니다. 4선근에 대해서는 점차 설명을 해드리겠습니다만, 4선근은 우리 범부가 견도할 때까지 가는 과정을 구분해서 사가행(四加行) 또는 4선근이라 합니다. 이것도 역시 공부인들은 꼭 참고로 알아두어야 할 문제입니다. 4선근의 최상위는 세속적인 차원에서는 제일 높다는 법이기 때문에 세제일법이라고 합니다.

세제일법의 무간(無間)에, 세제일법과 견도자리 곧, 깨달은 자리하고 사이가 없는 그런 순간 찰나의 자리에 무루(無漏)의 혜(慧)를 득하여, 때문지 않은 지혜를 얻어서 성체(聖諦)를 현관(現觀)함을 말합니다. 성체는 진여불성 자리입니다. 성체는 바로 여래, 도(道), 또는 열반, 다 같은 뜻이 됩니다. 현관이란 그냥 이치로 '아 그렇구나!' 하고 느끼는 것이 아니라 실지로 진여불성 곧 생명의 실상을 현전에서 보고 깨닫는다는 말입니다.

그냥 이치로 느껴서, 물리(物理)를 알아서 '아 그렇구나' 하고 의심없이 아는 것은 해오(解悟)라고 하는 것이고, 성체를 현전에서 분명히 깨닫는 것은 현관(現觀)이라 합니다.

곧 4선근의 가장 윗자리인 세제일법에서 그 찰나에 때묻지 않은 지혜를 얻어서 성체를 현전에 깨닫는 것이 견도라고 근본불교에서는 말하는 것입니다.

> 見道…大乘에서는 見道를 菩薩初地로 하고 此地를 得함을 菩薩이 正性離生에 入한다고 한다. 能히 無漏智를 得하여 法界에 達하고 如來家에 生하며 一切萬法이 一味平等한 心性임을 得함. 密敎에서는 三妄執을 여의고 無漏의 淨菩提心이 生하여 出世의 功德을 成就함을 말한다.
> — 大乘義章 —

대승(大乘)에서는 견도(見道)를 화엄경의 십지(十地)에서 나온 보살 초지(初地)로 하고, 이 초지를 얻음을 보살이 정성리생(正性離生)에 들어간다고 합니다. 정성(正性)은 곧 우주의 본성으로 정성이나 성성(聖性)이나 같이 쓰입니다. 리생(離生)이란 이생(異生)인 범부를 떠난다는 말입니다. 우리 범부를 가리켜서 이생(異生)이라 합니다. 범부는 바로 못보기 때문에 달리 본다는 말입니다. 깨달은 분이 볼 때는 여법(如法)히 달리 보지 않기 때문에 여설(如說)이라, 진리 그대로 말하고 모두가 하나의 진리, 평등무차별인데 우리 중생은 그렇게 못보기 때문에 이생이라 합니다.

따라서, 견성하는 것이 바로 정성(正性) 곧 성인 성품을 얻음과 동시에 우리 범부의 이생을 떠난다는 말입니다. 범부성

(凡夫性)이 남아 있으면 참다운 견성이 못되겠지요.

　이 자리는 능히 무루지(無漏智)를, 번뇌에 때문지 않은 지혜를 얻어서 법계(法界)에 달(達)하고, 법계라 하면 한계 있는 것이 아니라 온 천지 우주가 조금도 무차별인 세계입니다. 이런 법계에 달하고 여래가(如來家)에 생하며, 삼세제불의 경계에 난다는 말입니다.

　우리는 여래(如來)라고 할 때에 우리 환경과 이른바 기세간(器世間)과 여래와 구분하여 생각할 수가 있습니다만 그런 것이 아닌 것입니다. 불법(佛法)에서는 환경도 바로 생명 자체라는 것입니다. 분명히 알아야 합니다. 환경도 바로 부처님 자체입니다. 불법은 모두를 다 부처님 생명으로 본다는 말입니다. 일체가 부처님 생명 아님이 없는 불법(佛法)뿐인 것입니다.

　따라서, 여래가에 생한다고 할 때는 환경 따로 있고 세계 따로 있고 부처님 따로 있는데, 부처님들 세계에 가서 태어난다고 생각하는 것은 오류인 것입니다. 천지 우주가 다 부처뿐이기에 그 부처의 경계에 들어간다는 말입니다.

　여래가에 생하여 일체 만법이 일미평등한, 오직 한 맛의 평등한 심성(心性)임을 득(得)함이라고 합니다. 이것이 대승불교에서 말하는 견도(見道)입니다.

　밀교(密敎)에서는 견도를 어떻게 말했는가 하면 '삼망집(三妄執)을 여의고 무루의 정보리심(淨菩提心)이 생하여 출세(出世)의 공덕을 성취함'이라고 했습니다. 내나 탐진치 삼독심(三毒心)에 따르는 집착을 여의고 때문지 않은 청정한 보리심을 생하여 출세의 공덕 즉 욕계·색계·무색계 삼계(三界)를 떠난 공덕을 성취하는 것입니다.

　이와 같이 아무리 훑어본다 하더라도 견성하고 견도하고 차이가 없습니다. 우리는 단경에 있는 견성자리와 해심밀경, 지도론 또는 유식론, 구사론에 나와있는 견도라는 자리에서 얻는 성공덕이 차이가 있다고 볼 수가 없습니다.

선(禪) 따로 있고 교(敎) 따로 있다고 봐서는 안됩니다. 천지우주가 하나의 불법입니다. 다만, 본체를 보다 더 역설하기 위해서, 행주좌와에 본체를 안 여의기 위해서 선(禪)이 있는 것이고 우리 중생들이 아직은 미혹되어 있기 때문에 상(相)도 해설하고 점차(漸次)도 말하는 데서 일반적인 경(經)의 의의가 있다 하더라도 견도를 말하지 않고 견성을 말하지 않으면은 불법이 안됩니다.

또는 화엄경을 설하고 또는 법화경을 설하고 또는 지도론을 설하는 부처님과 조사들이 견성을 잘 몰랐겠습니까? 견성과 견도는, 우리가 문자(文字)에 집착하지 않는 한에서는, 조사법이 더 높고 불법은 아래라는 허튼 분별을 않는 경우에서는 똑같습니다.

아, 제 말씀이 너무나 딱딱해서 대단히 미안하게 생각합니다.

부처님께서 법화경을 설하실 때 육서(六瑞)라, 여섯 가지로 상서로운 조짐을 보인 것입니다. 지동서(地動瑞)라, 천지가 육종(六種)으로 진동한다는 말입니다.

저는 부처님 경전 가운데 나온 이런 신비로운 말씀을 많이 하니까 더러는 별로 안 좋게 듣는 분도 계십니다만 제가 생각할 때 불성(佛性) 가운데는 분명히 무량공덕(無量功德)이 갖춰 있는 것인데, 제 스스로가 지금 느끼고 있는 것이나 제가 지금까지 얻은 것은 별것이 아니기 때문에, 자기 한탄하는 의미와 또는 한사코 꼭 부처님의 무량공덕과 일체종지(一切種智)를 다 얻어야 하겠다는 간절한 마음에서 불법의 위신력을 말할 뿐입니다.

아무튼 지동서라, 천지 우주가 6종으로 진동한다는 말입니다. 이것도 그냥 상징적으로만 생각할 수 없는 사실로 저는 받아들이고 있습니다.

우화서(雨華瑞)라, 천상의 모든 천인들이 무량대법을 찬탄하는 의미에서 꽃비를 내린다는 말입니다.

우리는 삼계(三界)를 무시하지 않습니다. 욕계가 있듯이 색계도 분명히 존재하고 무색계도 분명히 존재한다고 믿는 사람입니다. 더러는 불교를 믿는 분 또는 출가사문들 가운데서도 '색계나 무색계나 그런 것은 다 방편으로 내놓은 것이요, 모두가 다 마음속에 있는 것이 아닌가' 합니다. 분명히 마음속에 있기는 있습니다. 그러나 현상적인 차원에서도 몽환포영(夢幻泡影)으로 존재하는 것입니다. 본체(本體)는 공(空)이라 하더라도 그것이 꿈같이 그림자 같이 존재한다는 말입니다.

우리는 자기 몸더러 꿈이요 허깨비같이 허망한 것이라고 할 때는 상당히 거부반응을 느낍니다. 그러나 산이나 내나 금이나 다이아몬드나 그런 것이 꿈이요 허깨비라고 말할 때는 자기 존재처럼 거부 반응을 별로 느끼지를 않습니다.

그러나, 자기 대상도 자기 주관도 모두가 다 본래에서 볼 때는 다 비어 있는 것입니다. 그렇다고 해서 현상적인 가상(假相)이 없지는 않습니다. 연(緣)에 따르면 상(相)이 나오는 것이고, 가상이 나타나 있다 하더라도 상(相) 그대로 공중무상(空中無相)이라, 상이 실상이 아니라 가상인 것입니다.

아무튼, 부처님께서 대법을 설하실 때는 분명히 천중들이 만다라화(曼陀羅華 māndārava) 마하만다라화(摩訶曼陀羅華) 만수사화(曼殊沙華 mañjūṣaka) 마하만수사화(摩訶曼殊沙華)라, 이것이 사종천화(四種天華)라 하여 법화경에도 나와 있습니다. 그런 찬란한 하늘 꽃을 뿌린다는 말입니다.

또 심희서(心喜瑞)라, 대중이 그런 상서를 보고 모두 환희용약한다는 것입니다. 부처님 지혜는 그냥 부처님만 알거나 또는 천안통(天眼通)을 통한 사람만 알게 하는 것이 아니라 우리 중생까지도 보고 알게 하는 지혜가 있습니다. 즉 말하자면 주위 환경을 변하게 하는 지혜가 있다는 말입니다. 따라서, 부처님 회상(會上)에 모인 중생들이 천지가 6종으로 진동하고 하늘에서 꽃비가 내리는 장엄스런 것을 훤히 볼 때에 환희심이 안 날 수가 있겠습니까? 이것이 이른바 심희서(心喜瑞)입니다.

다음 방광서(放光瑞)라, 삼천대천 세계 곧 우주 전체를 비추는 광명을 낸다는 말입니다.

부처님이 법화경을 설하실 때의 여섯 가지 상서 가운데 몇 가지를 말씀을 드렸습니다만 이럴 때에는 일반 대중들이 싫증을 내겠습니까, 또는 지루했겠습니까,

이렇게 딱딱한 원리의 말만 하면 참 따분할 것입니다. 그러나 그건 어쩔 수가 없습니다. 저는 강사(講師)도 아니고 강원 문전도 안 가본 사람인데 이렇게 부처님 경론을 말할 때는 굉장히 주제넘기도 하지요. 제가 한문, 원문을 풀이하는데 더러 오류도 있을 것입니다. 그러나 전후를 볼 때에 그 뜻이 그 뜻이니까 그런대로 양해해 주시길 바랍니다.

8. 오(悟)

앞서 말씀 드렸습니다만 깨달음도 그냥 한 깨달음으로 일률적으로 있는 것이 아니라 심천(深淺)이 있는 것입니다. 따라서 2지(二地)에 깨닫는 분, 3지에 깨닫는 분 등 차이가 있기 때문에 같은 법문을 한다 하더라도, 물론 원리 문제는 차이가 있을 수가 없겠습니다만, 약간의 그 뉘앙스(nuance)의 차이는 분명히 있습니다. 그래서 오(悟)문제, 깨닫는 문제를 다시 살펴보겠습니다.

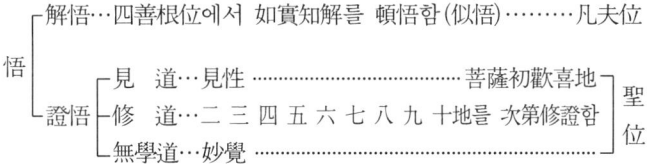

저는 근본불교(根本佛敎)와 대승불교(大乘佛敎)를 다른 것으로 안 봅니다. 가사, 아함경(阿含經)도 그 당시 구사종(俱舍宗)이나 또는 경량종(經量宗)이라 하는 종파로 굳어 버릴 때는 문제가 됩니다. 그러나 아함경 자체에서는 설사 말씀을 다 안 했다 하더라도 분명히 대승적인 근본 진리가 들어 있습니다. 따라서 제가 더러는 소승법(小乘法)의 범주에 속하는 구사론도 말씀하고 그때그때 필요에 따라서 언급을 하는 것입니다.

오(悟)는 심천으로 보아 해오(解悟)와 증오(證悟)로 말합니다. 해오(解悟)는 4선근위(四善根位)에서 깨닫는 깨달음인데 4선근은 주로 근본불교에 나와 있으나 대승불교에서도 언급을 많이 합니다. 그러나 일반 선종(禪宗) 계통에서는 별로 언급을 않습니다.

그러나 제 입장은 선(禪)과 교(敎)가 원래 둘이 아니라는 입장입니다. 선시불심(禪是佛心)이요 교시불어(敎是佛語)라, 선은 바로 부처의 마음이요 교는 부처의 말이기 때문에 부처님의 말과 마음이 둘일 수가 없듯이, 선과 교도 둘이 아니라고 보는 견지에 서 있습니다. 그러나 근기 따라서 그때그때 수기응량(隨器應量)이라, 깊고 옅은 차이는 있지 않겠습니까.

해오(解悟)는 사선근위(四善根位)에서 여실지해(如實知解)를 돈오(頓悟) 함이라는 말입니다.

여기에서 지해(知解)는 반야 지혜(智慧)가 아니고 그냥 범부지견(凡夫知見)이라는 말인 셈입니다. 범부의 지견으로 해서 돈오함이라, 돈오라는 말을 여기에서도 씁니다. 돈오의 말도 깊고 옅은 차이가 있습니다. 여기에서는 사오(似悟)입니다. 즉 참다운 깨달음은 못되는 상사각(相似覺)이라, 각에 닮은 각인 것이지 본래 본각(本覺)자리를 여실히 본 것은 아닙니다. 그러니까 아직은 범부위(凡夫位)입니다. 성자지위가 못된다는 말입니다.

따라서, 해오는 참다운 깨달음은 못되겠지만 물리를 알아서 불변수연(不變隨緣)이라, 원래 변치않는 본체의 자리, 인연 따라서 변하는 수연자리 또는 성상(性相)이라, 성품자리 현상자리 또는 체용(體用)이라, 본체자리 활용자리, 이런 것에 대해서 막힘이 없다는 말입니다. 현대말로 하면 상대(相對)나 절대(絶對)나 그런 것에 관해서 막힘이 없는 것입니다. 리사무애

(理事無碍)도 알고 사사무애(事事無碍)도 알고 법의 해석은 별로 막힘이 없는 것입니다.

그러나 이 해오도 역시, 그냥 경(經)만 봐서는 되기가 어렵습니다. 그 사람 선근에 달려 있겠습니다만 같은 경을 본다 하더라도 참선을 한 사람이면 해오를 빨리 얻습니다. 경을 많이 봤다 하더라도 마음이 어느 정도 선정(禪定)에 들어 있지 못한 분들은 해오를 못합니다. 해오를 했을 때는 어느 경전을 보든지 문자만 좀 알면 '아 그렇구나' 하고 짐작이 되어 교상(教相)면에서는 걸림이 없는 자리입니다. 이런 단계가 이른바 해오입니다.

그리고 증오(證悟)는 체험적으로 진여불성 자리를 현관(現觀)해서 깨닫는 자리입니다. 이것은 견도할 때, 선종(禪宗)식으로 말하면 갓 견성할 때에, 초견성이라고도 합니다. 초견성이란 말도 선가(禪家)에서도 내려왔습니다. 그 자리가 견도의 자리입니다.

앞서도 말씀드린 바와 같이 저는 견성과 견도가 절대로 둘이 아니라고 생각합니다. 견성은 조사 것이니까 더 높고 견도는 불경 말씀이니까 낮다는 그런 견해를 갖지 않습니다. 그러나 견도했다고 구경지(究竟地)까지 다 이른 것이 아니기 때문에 마땅히 수도(修道)를 거쳐야 하는 것입니다.

그래서 견도는 바로 견성이고, 보살 십지(十地)로 말하면 보살 초환희지(初歡喜地)입니다. 보살 초환희지에 대해서도 나중에 보다 자세히 설명을 하겠습니다만, 환희심도 여러 가지가 있게 되지 않겠습니까. 우리 중생들은 오욕락(五欲樂)에 대해서 너무나 큰 가치를 부여합니다만, 출가사문은 이 환희심에 대해서 깊게 음미를 해야 합니다. 오욕락은 참다운 환희심은 못되는 것입니다.

　우리가 사바세계 중생을 바로 보면 일체개고(一切皆苦)라, 삼계개고(三界皆苦)라는 말입니다. 인생이 바로 고해 아닙니까, 바로 못 보는데서, 중생 경계에서 안락을 느끼는 것이지 바로 본다고 생각할 때는 자기 몸뚱이를 훑어보거나 환경을 보나 또는 사람을 사귀어 보나 그런 자리에서 정말로 환희로움, 불멸(不滅)한, 멸치 않는 기쁨을 못 느낍니다. 아무리 친한 분도 배신도 있고, 그렇게 좋아해서 만난 분도 서로 원수가 되어서 헤어지기도 하고 말입니다. 자기 몸뚱이도 몸 밖에나 안에나 좋은 것이 어디가 있습니까? 삼십육물(三十六物)이라, 침, 오줌, 똥, 눈꼽 등 더러운 것이 뭉쳐 있다는 말입니다. 따라서, 어느 것을 보더라도 욕계의 범주내에서는 좋은 것은 아무것도 없습니다.

　그래서, 이 초환희지도 다른 말로 하면 리생희락지(離生喜樂地)라, 범부 이생(異生)을 떠나서, 결국은 욕계를 떠남으로 해서 참답게 느끼는 행복이라는 말입니다.

　초환희지까지 갈 때에도, 초환희지가 미처 못되어도 이른바 법희선열(法喜禪悅)이라, 법을 알아들음으로 해서 기쁨을 느끼고 또는 참선을 함으로 해서 몸도 마음도 가뿐하니 경안(輕安)을 느끼는 것입니다. 우리가 바르게 닦으면 응당 필연적으로 경안이라, 꼭 틀림없이 몸도 마음도 가벼워집니다. 계행도 바르고 자기 몸도 깨끗하고 여법(如法)한 법을 가지고 공부할 때는 틀림없이 몸도 마음도 가벼워집니다. 그러기 때문에 선열락(禪悅樂)을 느낀다는 말입니다.

　이런 것이 더 증장되어서 정작, 욕계 번뇌를 떠나고 자기의 본 성품을 깨달아 오직 일미평등한 진여의 자리를 얻을 때는 환희심이 이루 말할 수가 없는 것입니다. 이것이 초환희지입니다. 그러기 때문에 어떠한 도인들이나 환희지를 얻을 때는 환희심이 사무쳐 가누기가 어렵다고 합니다. 근엄하기 짝이 없는 두타제일(頭陀第一) 마하가섭(摩訶迦葉 Mahākāśyapa)도 환희지를 성취할 때는 너울너울 춤을 추었다고 합니다. 이래서, 초지에서 2지에 올라가고 3지, 4지, 5지, 6지, 7지, 8지, 9지, 10지를 거쳐서 결국은 불지(佛地)로 구경각(究竟覺)을 성취하는 것입니다.

그러나 근기 따라서, 우리 세존같이 환희지를 성취하시자마자 그냥 불지로 마구 구경성취를 하신 분도 계신 것이고 또는 2지 3지를 뛰어넘는 분도 계신 것입니다. 그래서 단번에 비약적으로 뛰어넘는 것은 돈초(頓超)라고 하고 또는 2지 3지를 뛰어넘는 것은 간초(間超)라고 합니다. 보통 근기는 2지 3지 그와 같이 순서있게 올라 가겠지요. 그러나 게으름 부리면은 초지에 올라갔다 하더라도 더 못가고 말아 버립니다.

이런 데서, 자비심이 많은 도인과 지혜가 더 수승한 도인의 차별이 있다고 합니다. 이른바 지증(智增)보살이라, 지혜가 더 수승한 보살들은 '본래 중생이 없는 것이라'고 생각하여 자기 공부, 선정을 닦는데만 주력을 다하고 또 자비심이 많은 분들은 선인후기(先人後己)라, 남을 먼저 앞세우고 자기가 뒤에 갑니다. '본래가 둘이 아닌 것인데 중생들이 법을 몰라서 고생하는 것이니까 꼭 중생들을 안락세계(安樂世界)로, 안양세계(安養世界)로 인도해야겠구나' 하고 초환희지만 성취해도 더 안 가버립니다. 이분들은 비증(悲增)보살이라 합니다.

그러므로 우리 출가사문들은 마땅히 금생에 꼭 환희지를 성취하여야겠지요. 그리고는 자기 자비심을 점검하여서 환희지에 머물러도 도인이고 2·3지에 올라가도 도인 아니겠습니까.

그래서, 견성하고 구경성취한 묘각(妙覺) 자리는 다시 더 배울 것이 없으니까 무학도(無學道)라 합니다. 이렇게, 같은 깨달음도 해오와 증오의 차이가 있습니다. 그러나 해오는 참다운 깨달음은 될 수 없다는 것을 우리가 알아야 하겠지요.

제가 그 암증선(暗證禪), 암중모색한다는 말씀을 드렸습니다만 견성오도(見性悟道)라든가 견성에 대해서 확실한 것을 잘 모르는 분들은 잘못 생각하기가 쉽습니다. 선정에 들어서 초환희지까지, 견성까지 미처 못간다 하더라도 굉장히 기쁜 것을 많이 느낍니다. 자기 몸도 그냥 텅 비어 버려서 자기 몸이 어디에 있는가 느낄 수도 없고, 몸이 공중에 들떠 아무런 부담도 무게도 안 느끼고, 더러는 훤히 밝은 광명이 빛나고, 부처님이 훤히 나타나 보이는 경계가 있습니다.

그러나, 이런 경계가 다 견성이 된 것이 아닌 것입니다. 해오만 되어도 '아 그렇구나, 모든 것은 본래가 둘이 아니구나' 하여 몸도 마음도 가뿐하고 기분이 참 쾌적해서 비할 수 없는 느낌을 갖는 분들은 '내가 지금 깨달았다'고 생각하고, 깨달았다는 만심(慢心) 때문에 더이상 공부를 안 해버리는 분도 분명히 있습니다. 이런 것을 우리는 경계를 해야 합니다. 이것이 바로 증상만(增上慢)입니다.

이런 것을 점검할 때는 '과연 저 사람한테 욕심이 다 떠났는가, 저 사람한테 진심(瞋心)이 조금도 안 보이는가, 칼을 가지고 저 사람의 목을 애매하니 찌른다 하더라도 조금도 동요가 없을 것인가' 이렇게 점검해 볼 때는 그냥 알 수가 있습니다.

따라서, 우리가 해오로 다 된 것이 아니기 때문에 해오를 하고 다 됐다고 할 때는 대망어(大妄語) 죄에 해당합니다. 승려

자격을 박탈당하는 것입니다. 비증(非證)을 증(證)으로 하고 못 깨달음[未悟]을 깨달았다[悟] 할 때는 4바라이죄(四波羅夷罪)라, 바로 승려 자격을 빼앗기는 죄에 해당하는 것입니다. 마땅히 자기나 남이나 암중모색하는 것을 깊이깊이 경계해야 합니다.

따라서, 해오한 다음에는 증오를 위한 점수(漸修)가 분명히 따라야 하지 않겠습니까? 또한 보살 초지(初地)에서 견도하고, 견성을 했다 하더라도 그것이 구경각이 아니기 때문에 성불을 위해서 또 점수가 필요하다는 말입니다. 다시 말씀드리면 해오한 뒤에는 필연적으로 증오를 위해서 점수를 해야 하고, 또한 증오한 뒤에도, 증오 자체가 세존같이 정각(正覺) 자리를 다 원만하게 성취했다고 생각할 때는 모르거니와, 마땅히 성불(成佛)을 위해서 점수를 해야 한다는 말입니다. 그러기 때문에 증오한 다음에 점수가 없다고 하는 것은 특수한 사람에 한하는 문제가 되겠지요.

그러나, 증오한 다음에 닦는 법은 앞서도 누누히 말씀드린 바와 같이, 점차·고하 또는 계급·차별을 논하지 않고서 닦는 무념수(無念修), 무염오수행(無染汚修行)이어야 합니다. 염오부득(染汚不得)이라, 오염하면 참다운 선(禪)이 못된다는 말입니다. 그러기 때문에 참선하는 분들은 꼭 무염오수행을 해야 합니다.

今頓見者 已是多生漸熏而發現也 檀經云 法無頓漸 頓漸在機者 誠哉此理
— 都序 —

다음은 도서(都序)에 있는 말씀인데, '이제 문득 깨달은 자는 이미 다생겁래에 점차로 닦아옴이 있어서 금생에 발현(發現)하는 것이라,' 지금 돈오를 했다 하더라도 금방 된 것이 아니라 과거에 점차 닦아온 공덕이라는 말입니다. 다만, 선근이 깊으면 영운(靈雲: 800년대 潙山의 弟子) 대사같이 복숭아 꽃이 떨어지는 것을 보고 깨닫기도 하고 또는 동산(洞山 807~869) 스님같이 흘러가는 시냇물을 보고 깨닫기도 하겠지만, 모두가 다 과거에 닦아나온 과보인 것입니다.

'단경에서 말하기를 법은 본래 돈과 점이 없으나 돈점은 그 근기에 있다는 이 이치가 진실로 귀중하고 소중하다'고 했습니다. 마땅히 이와 같이 돈오점수에 대해서 바로 해석을 하시길 바랍니다.

9. 일상삼매(一相三昧)와 일행삼매(一行三昧)

기독교 신학(神學)도 역시 중세기에는 이른바 번쇄철학(煩瑣哲學)이라, 번쇄하게 흘러 갔습니다. 사실 깨달음이란 것은 이렇게 복잡할 것도 아닌 것이고, 문자나 또는 우리의 지혜 이른바, 분별시비하는 알음알이에 있는 것도 아닌 것인데 한 체계를 세울려고 하면 아주 무미건조하고 난해하게 안될 수가 없습니다.

그래서, 부처님 가르침도 역시 수법행(隨法行)이라 하여 하나의 고정적인 법에 따라서 하는 방식도 있고 또는 수신행(隨信行)이라 하여 믿음 따라서 하는 수행 방법도 있습니다. 믿음 따라서 하는 방법은 그야말로 참 간단명료합니다. 그러나 따지기 좋아하고 또는 이론적인 체계를 좋아하는 사람들은, 믿음 따라서 하는 것이 별로 신(信)이 안 갑니다.

우리 인간성 자체가 심리학(心理學)적으로 지(知) 정(情) 의(意) 3요소가 있지 않습니까? 때문에, 너무 지적(知的)으로 치우치면 정적(情的)인 면이 소외를 받는 것이고 또 정적인 면에 치우치면 지적인 면이 그만치 미흡을 느낍니다. 따라서 우리는 그런 것을 염두에 두고서 정혜균등(定慧均等)으로 공부를 해나가도록 합시다.

저는 아까도 말씀드린 바와 같이 이른바 달마 때부터서 6조 혜능까지의 순선시대(純禪時代)에 역점을 두고서 자료도 추렸습니다. 순선시대에 의빙(依憑)하여 공부하는 것이, 현대적인 여러 가지 복잡한 상황에 있어서, 보다 올바른 판단이 된다고 생각합니다.

따라서, 일상삼매(一相三昧)와 일행삼매(一行三昧) 이것은, 굉장히 중요한 의미를 주는 삼매의 이름입니다. 왜 그런고 하면, 달마 스님으로부터 6조 혜능 스님까지의 순선시대에 일관되게 말씀한 내용이기 때문입니다.

달마 스님의 이입사행(二入四行) 외에 다른 법문은 지금 여러 가지로 문제가 많이 있습니다. 가사, 관심론(觀心論) 같은 것도 그 전에는 달마 관심론이라고 배웠습니다만 근래에 돈황(敦煌 Tunhuang) 문서가 발굴된 뒤부터는 신수(神秀) 대사의 저작이라는 고증(考證)이 나오고 있습니다. 그러나 고증 자체가 다시 또 번복될런지 모르니까 아주 확정적인 것은 아니겠지요. 하여튼 무슨 사건이든 몇 십년만 지나도 바꿔지기도 하는데 하물며, 벌써 천년 세월이 경과할 때는 여러 가지로 오류도 많이 생기고 와전이 되기도 하는 것입니다. 그러나 달마스님의 법문을 말할 때는 중요한 것으로 누구나가 이입사행을 꼭 들고 있습니다.

또는 4조 도신(道信 580~651) 대사의 입도안심요방편법문(入道安心要方便法門)이 있습니다. 아주 고구정녕(苦口叮嚀)하니, '어떻게 참선해야 하는 것인가' 하는 문제까지도 세밀히 말씀하신 법문입니다. 여기에도 일상삼매 일행삼매에 대해서 언급이 되어 있고 또는 5조 홍인(弘忍 602~675) 스님의 수심요론(修心要論)에도 마찬가지로 일상삼매와 일행삼매를 역설하고 있습니다.

그리고 6조 스님도 돈오돈수만 말씀했다고 간단하게 생각하기가 쉽습니다마는 그렇지 않습니다. 6조 스님 단경의 부촉품(付囑品)에, 부촉품은 어떤 경전이나 후인들한테 부탁하는 것이기 때문에 가장 포괄된 대의를 싣는 것인데, 여기에도 일상삼매와 일행삼매가 있습니다. 일상삼매와 일행삼매는 간단하게 말하면 정혜쌍수(定慧雙修)와 똑같은 뜻입니다. 일상삼매는 혜(慧)에 해당하고 일행삼매는 정(定)에 해당한다는 말입니다.

여기에서 6조 스님의 단경 법문을 보겠습니다.

一相三昧와 一行三昧
師復曰 汝等 若欲成就種智 須達一相三昧一行三昧 若於一切處而不住相 於彼相中 不生憎愛 亦無取捨 不念利益成壞等事 安閑恬靜 虛融澹泊 此名一相三昧 若於一切處 行住坐臥 純一直心 不動道場 眞成淨土 此名一行三昧 若人具二三昧 如地有種 含藏長養 成熟其實 一相一行 亦復如是 我今說法 猶如時雨 普潤大地 汝等佛性 譬諸種子 遇玆霑洽 悉得發生 承吾旨者 決獲菩提 依吾行者 定證妙果 聽吾偈曰 心地含諸種 普雨悉皆萌 頓悟花情已 菩提果自成 ― 壇經 第十付囑流通 ―

육조단경의 제10 부촉품인 부촉유통분에, 6조께서 다시 또 말씀하시기를 '그대들이 만약 종지(種智)를 성취할려고 하면, 마땅히 일상삼매(一相三昧)와 일행삼매(一行三昧)를 달(達)할 지니라' 종지란 일체종지(一切種智)를 말합니다. 부처님 지혜는 근본지(根本智)와 후득지(後得智)가 있는데, 근본지는 견성할 때에 일체존재의 진여불성 자리를 깨닫는 것이고, 후득지란 근본지를 성취한 뒤에 종종 차별의 이른바 체용성상(體用性相) 모든 것을 빠짐없이 다 알 수 있는 지혜입니다. 이것이 종지요 구체적으로 말하면 일체종지입니다. '그대들이 만약 모든 종종의 반야 지혜를 얻을려고 하면 마땅히 모름지기 일상삼매와 일행삼매를 달(達)할지니라'고 6조 스님께서 가장 마지막에, 결론장에다가 부촉하신 뜻을 이 한 구절로서 짐작할 수가 있습니다.

'만약 일체처에 처하더라도 상에 머물지 않고, 현상적인 여러 가지 상황, 상중(相中)에 있다 하더라도, 미워하고 좋아하는 마음을 내지 말아야 한다'

신심명(信心銘)에도 있는 법문 아닙니까마는 원체 법이란 평등하고 조금도 어려운 것이 없는 것인데, 괜히 우리가 좋아하고 싫어하는 것 때문에 번뇌가 생기고 오염이 생기는 것입니다.

'또한 취하고 버리지 말 것이며, 이익이 있다든가 이익이 없다든가 또는 성취가 된다든가 허물어진다든가 하는 것도 생각할 필요가 없고, 그저 편안하고 고요하고 안온한 것과, 허융담박(虛融澹泊)이라, 조금도 마음에 아무 거리낌이 없이 아주 깨끗하게 밝아지는 경계가 일상삼매'라고 합니다.

우리가 어떠한 것에 대해서 상(相)을 물론 내지 않아야 하겠지마는 현실적인 생활에서 상을 또 안 낼 수가 없겠지요. 설사 우리가 상 가운데 있다 하더라도 좋다 궂다든가 취사(取捨)라든가 또는 성취한다든가 실패한다든가 그런 것에 대해서 생각을 두지 말고서 항시 제법개공(諸法皆空)이라, 제법이 공한 자리, 반야 지혜를 여의지 않고서 담박하고 안온하고 편안한 마음을 가져야 한다는 말입니다. 이렇게 하는 것이 이른바 일상삼매라는 말입니다.

따라서, 일상삼매는 한 말로 말씀드리면 천지 우주가 오직 조금도 차이 없는 하나의 진리 자리가 이른바 일상삼매입니다. 내가 있고 네가 있고 천차만별로 있다고 생각할 때는 일상삼매가 못됩니다. 모든 존재를 진여불성 하나의 자리로, 만법을 귀일(歸一)을 시켜버려야 이른바 일상삼매가 됩니다.

'또한 만약 일체처에, 다니나 머무르나 또는 앉으나 누우나 간에 순일직심(純一直心)이 부동도량(不動道場)이면 진실로 정토(淨土)를 이루니라, 이것을 일행삼매라고 말한다.'

순일직심은 일상삼매를 확신하는 순수한 하나의 곧은 마음이요, 도량이라 할 때는 근본적인 본체를 말하는 것입니다. 그 순일한 직심이 근본적인 체를, 도량을 여의지 않으면 진실로 정토를 이루니 이것을 일행삼매라고 한다는 말입니다. 일상삼매를 닦아서 행주좌와에서 본체를 안 여읠 때는 현실 그대로 정토를 성취한다는 말이요 이것이 바로 일행삼매라는 말입니다.

'만약 사람이 일상삼매와 일행삼매를 갖추는 것은 마치 땅에다 종자를 뿌리면 대지가 종자를 머금어서 오랫동안 잘 기르고 익혀서 열매를 맺게 하는 것처럼 일상삼매나 일행삼매도 또한 이와 같은 것이다'

불종자(佛種子)를 마음밭에다 심어 놓고 오랫동안 가꾸고 거두어서 상도 안 내고 모두가 다 하나의 진리인 일상삼매의 자리를 안 여읜다면, 종자가 땅에 떨어져서 잘 관리하면 열매를 맺듯이 우리 마음도 역시 우리 마음 자리에다가 일상삼매와 일행삼매를 두고서 오랫동안 닦아나갈 때는 일체종지를 성취한다는 뜻입니다.

'내가 지금 설법하는 것은 마치 때에 알맞게 비가 내려 대지를 적시는 것과 같다. 그대들의 불성도 비유하면 종자가 비를 만나 충분히 습기나 윤택을 받고 모두 다 싹이 나오듯이 내가 말한 일상삼매 일행삼매의 뜻을 받드는 자는 결정코 진여보리 (眞如菩提)를 성취하고, 나의 가르침대로 수행하는 자는 진실로 부처님의 묘한 과보를 성취한다.' 그리고,

'나의 게송을 들으라. 심지함제종(心地含諸種) 하니, 마음밭에 모든 종자를 머금어서, 보우실개맹(普雨悉皆萌)이라. 두루 비에 적셔 빠짐없이 싹을 낸다. 돈오화정이(頓悟花情已) 하니, 문득 이런 뜻을 깨달아서 들뜬 범부의 망정이 이미 다하면, 보리과자성(菩提果自成)이라, 보리 열매가 저절로 성취가 된다' 하였습니다.

제가 지금까지 간략하나마 문헌적으로 돈오점수와 관계된 것에 관해서 인용을 했습니다. 이제 말씀을 맺겠습니다. 이것이 정곡을 찌른 합당한 결어(結語)가 못될런지 모르겠습니다만 여러분들께서 재량하시어 참고하시기 바랍니다.

10. 결어(結語)

위에서 引用한 經論에서 밝힌 바, 法에는 本來 頓漸이 없고 根機의 利鈍으로 頓漸이 생기는 것이며 또한 修證에도 深淺이 있는 것이

니 頓悟漸修라 하여 誤謬일 수 없고, 無染汚修行을 力說하는 意味에서의 頓修이니 頓悟頓修가 그릇됨이 아니며, 다만 先悟後修의 隨機說法일 뿐이다.

　위에서 인용한 경론에서 밝힌 바, 법에는 본래 돈점(頓漸)이 없습니다. 다만 근기가 날카롭고 둔함으로 돈점이 생기는 것이며, 또한 닦고 증하는 수증(修證)에도 깊고 옅은 심천(深淺)이 있는 것이니 돈오점수라 하여 그릇됨이 될 수가 없고, 점차나 차서나 고하를 논하지 않는 무염오수행(無染汚修行)을 역설하는 의미에서의 돈수이니 돈오돈수가 그릇됨이 아니며, 다만 선오후수(先悟後修)의 수기설법(隨機說法)일 뿐입니다.
　역시 먼저 깨닫고 뒤에 닦는 것은 불조(佛祖)의 통설(通說)입니다. 일반 사회에서도 무슨 큰일을 할 때는 이론적인 체계가 먼저 앞서야 하겠지요. 그래야 여러 가지 거기에 따르는 합리적인 행동을 취할 수가 있듯이 공부도 마찬가지 입니다. 우리가 바르게 이해를 해야 올바른 수행(修行)을 할 수가 있습니다.
　'경(經)은 필요가 없다, 불립문자 교외별전(不立文字敎外別傳)이라.' 하여 문자와 분별을 여의고 실참실구(實參實究)로 정진을 할 때도 먼저 공부 방법에 대한 이론적인 체계가 확립되어야 바른 신심이 생기는 것입니다.
　또한 닦는 방법은 여러 방법이 있는 것인데, '나한테는 어떤 것이 맞는 것인가' 하는 것도 역시 자기 나름대로 확신이 서야 용기있는 수행을 할 수가 있습니다. 항시 의심하는 가운데서는 용기가 안 나옵니다.
　의심은 다만 제일의제(第一義諦), 본래적인, 자기 본래면목

(本來面目)을 의심해서 참구(參究)하는 것이지 그외의 상대적인 의심은 우리 공부에 아무런 도움이 못됩니다.

부처님 경전 가운데는 일체종지(一切種智)라 하여 모두를 다 분명히 밝히고 있습니다. 화엄경에도 보십시오. 일진법계(一眞法界) 현상을 그렇게 소상히 말씀했습니다. 따라서 그러한 부처님 말씀이 다 필요하기 때문에 나온 것이고 또는 역대조사 스님들이 모두가 다 필요하기 때문에 많은 논장(論藏)을 지어 고구정녕으로 체계를 세우게 된 것입니다.

그러기에, 우리가 휴지같이 버릴 것이 아니라 차용해 가지고 스스로 자기 공부하는 길을 밝혀야 합니다.

그런데서 선오후수(先悟後修)란, 먼저 견성오도를 다 해가지고 닦는다는 의미만 들어 있는 것이 아니라, 간혜지(乾慧智)로 깨닫는 해오(解悟)를 먼저 해놓고서 닦아야 흐트러짐이 없이 바로 갈 수가 있다는 말입니다. 이것은 삼세제불의 정설입니다.

석존께서 유성출가(踰城出家)하여 설산에서 닦을 때는 선오후수가 못되었겠지요. 그때는, 6사외도(六師外道)를 방문해서 별별 고생을 많이 하였습니다. 더러는 발가바(Bhārgava) 외도한테 가서 고행(苦行)법도 배운 것이고 또는 아라라 카라마(Arāḍa Kālāma)한테 가서 무소유처(無所有處)까지 올라가는 선정도 배운 것이고 또는 우다카 라마푸타(Udraka-Rāmaputta)한테 가서 비상비비상처(非想非非想處), 삼계의 꼭대기에 올라가는 선법도 배웠으나 모두가 다 참다운 깨달음에 이르는 법이 아니었기에, 그들을 떠나게 된 것입니다.

만약, 석가모니 전에 정말로 명안종사(明眼宗師)가 있어서 '그대는 어떻게 공부해야 한다'고 했을 때는 6년 고행이 다 걸릴 필요가 없었던 것입니다. 그래서 석존께서는 선수후오(先修後悟)라, 먼저 닦고 나중에 깨닫는 공부 방식인 것이고, 석존 뒤에는 석존께서 모든 방법을 다 분명히 밝혀 놓으신지라 그 말씀 따라서 가면 되는 것입니다. 이른바 선오후수(先悟後修)가 됩니다.

선오후수는 각 경론의 정설이기 때문에 돈오돈수나 돈오점수 모두가 다 선오후수라는 자리에서, 즉 말하자면 그때그때 인연 따라서 이루어진 법문이라고 생각하면 되는 것입니다.

지금까지 말씀드린 바와 같이, 6조 스님의 돈오돈수에 대한 말씀도 깨달은 뒤에 닦을 필요가 없다는 돈수가 아니라 깨달아서 자타(自他) 시비(是非)의 차별이나 높고 낮고 깊고 옅음 등의 분별심은 끊어졌으나 아직 번뇌의 습기는 남아 있기 때문에, 분별시비에 집착하지 않는 무념수행(無念修行) 곧 무염오수행(無染汚修行)이어야 한다는 의미에서 돈오돈수라고 표현한 것입니다.

곧, 단경에서 '그대들이 만약 일체종지를 성취하고자 하면 모름지기 일상삼매와 일행삼매를 달(達)해야 하느니라' 는 말씀이나 남악회양 선사와의 거량에서 '닦음과 증득함이 없지 않으나 염오하지 않는 것 즉, 차별과 시비를 두지 않고 상에 걸리지 않는 것'이란 대답에 6조 스님께서는 '이 염오하지 않는 수행은 모든 부처가 보호하고 긍정하는 바요. 그대도 그렇고 나 또한 그렇다'고 한 말씀에서 그 뜻을 충분히 알 수 있습니다.

돈오점수라는 개념도 중국의 징관(澄觀 ?~839) 스님이 비로소 사용했다고 하나 종밀(宗密 780~841) 스님도 말씀하였고, 화엄경을 비롯한 대승경론의 뜻이 대체로 돈오점수의 사상으로 일관되어 있고, 보조 스님의 돈오점수설도 이미 6조 스님의 돈오돈수설을 수용한 불교 일반의 수증론(修證論)이라 생각됩니다.

　나아가 돈오돈수가 성불(成佛)일 것인가? 하는 문제도, 대소 경론에서 말씀한 묘각성불(妙覺成佛)이란 삼명육통(三明六通)과 일체종지(一切種智)를 갖춘 불가사의한 무량공덕을 원만히 성취하였다고 하는데, 단박에 몰록 깨달았다고 해서 석가모니 부처님과 같겠습니까? 부처님 이후 얼마만의 선지식들이 이러한 원만성불의 자리를 얻을 수 있었을 것인가? 이러한 점도 생각해 볼 일입니다.

　또한 깨달음이 해오(解悟)가 되었거나 증오(證悟)가 되었거나 지극히 수승한 근기가 아닌 보통 근기로는 깨달음이 바로 구경각(究竟覺)인 묘각 성불의 자리에 이르지 못하기 때문에, 깨달음에도 심천이 있으며, 깨달은 뒤에도 습기를 착실히 닦아야 한다는 돈오점수설이 그릇될 수 없는 것입니다.

　돈오돈수설이나 돈오점수설이나 표현의 차이는 있으나 그 취지는 동일하고, 중생 교화의 배경이나 시절 인연에 따라서 말씀하신 수기설법(隨機說法)으로 어떠한 것도 그르다고 비판할 것이 아닙니다. 다만 선오후수(先悟後修)가 되어야 닦음도 올바른 닦음이 되고 성불에 이르는 첩경(捷徑)이 되는 것입니다.

제2절 여래선(如來禪)과 조사선(祖師禪)

1. 서언(序言)

여래선(如來禪)과 조사선(祖師禪)의 문제도 굉장히 비중이 큰 문제입니다.

참선하는 분들이 두고두고 여러 모로 논쟁을 많이 해왔던 것입니다. 특히 선종(禪宗)과 교종(敎宗) 양종에서도 '어느 것이 옳다 또는 원래 그것은 둘이 아니다. 또는 둘로 나누어야 한다' 이렇게 문제가 많이 있는 것입니다. 따라서 저는 앞서도 말씀드린 바와 같이 둘이 아니라는 입장에 서 있습니다.

또 대체로 아시는 바와 같이 현대라는 사회가 모든 것이 분열적이고 갈등된 이분법적(二分法的)인 사회 아닙니까? 그러나 시대의 추세가 모두 용(用)으로부터서 본체(體)로 돌아가는 경향을 느낄 수가 있습니다. 가사, 유물주의도 참다운 진리로 들어가기 위해서 붕괴가 되는 것이고, 어떤 분야나 분열과 갈등을 지양(止揚)하여 화해로 나아가는 추세이고 같은 종교 내에도 여러 갈래로 갈라진 것을 하나의 순수한 것으로 고양(高

揚)시키는 경향이 있는 것입니다.

　또 각 종교간에도 전에는 다른 종교라고 하면 아주 원수시하고 마귀시 하지 않았습니까? 심지어 일본 중세기 불교사를 보면 같은 불교 내에서도 종파가 다름으로 해서 상대편 절을 태우고 스님들의 코나 귀를 베어버린 잔인한 일도 있었습니다. 그러나 그것은 모두가 중생의 미망(迷妄)에서 이루어진, 종파주의에서 이루어진 것입니다. 그러나 현대는 이것저것 많은 경험을 다했습니다. 이른바 원시 공산 시대, 중세 암흑 시대, 또는 현대에 와서 민족주의, 민주주의, 사회민주주의, 또는 민주사회주의 등 많은 사상적 시련을 다 겪었습니다. 바야흐로 인류는 참다운 진리로 돌아가는 전환기에 있습니다.

　따라서, 이데올로기적인 것은 우리한테 사실은 별 문제가 될 것이 없는 것입니다. 오직 문제는 우리 인간 자체 문제인 것입니다. 내가 무엇인가? 하는, 자기 생명과 우주의 본체, 인생과 우주의 실상만 바로 알 때는 모든 문제는 홍로일점설(紅爐一點雪)이라, 뜨거운 화로에다 한 점의 눈을 넣는 것과 마찬가지로 문제가 될 것이 없습니다.

　모든 문화 현상이 분열로부터서 종합과 화해로 나아가는 것이 현대 사회의 추세입니다. 따라서 우리 불법(佛法)의 해석도 마땅히 회통(會通)적이어야 하고 딴은, 불법 본래 자체가 '비법(非法)도 불법(佛法)이라' 불법 아닌 것이 아무것도 없는 것이기에, 응당 부처님께서 주로 말씀하신 여래선(如來禪)이나 또는 달마 스님 이후에 발달된 조사선(祖師禪)이나 내용이 둘일 수가 없는 것입니다. 그런 분별을 우리 고인(古人)들은 한갈등(閒葛藤)이라, 필요없이 괜히 갈등한다고 하였습니다.

　따라서, 당대를 주름잡은 선지식들은 한결같이 불필요한 갈

등에 반대했습니다. 원효(元曉 617~686) 스님이나 또는 대각(大覺義天 1055~1101) 국사나 보조(普照) 국사나 또는 나옹(懶翁慧勤 1320~1376) 스님이나 태고(太古普愚 1301~1382) 스님이나 또는 서산(西山休靜 1520~1604) 대사나 그런 분들은 모두가 다 통합적인 원통무애(圓通無碍)한 법을 지향했습니다. 불법 자체가 본래로 일미평등하여 둘이 아닙니다. 법집(法執)을 털어버릴 때는, 부처님이 말씀했다거나 조사가 말씀했다는 것 가지고서 시비할 것도 없고, 조사가 정말로 조사라면 부처님 뜻에 맞아야 할 것이고 또한 부처님께서 말씀하신 정법(正法)은 조사가 그 법을 계승했을 것입니다. 다만 시대 상황 따라서 표현이 다르기도 하고 중생 교화의 연(緣) 따라서 여러 가지 선교방편(善巧方便)의 차이는 있다 하더라도 원래가 둘이 아닌 것입니다.

그래서 앞으로 공부할 때에 제방에서 여러 선지식도 친견하고 어록도 많이 볼 것입니다마는, 꼭 여래선과 조사선이 원래 둘이 아니라는 데에 입각을 하여야 한다고 생각합니다. 마음에 갈등이 생길 때는 공부도 안됩니다. 본래 둘이 아닌 것을, 본래 하나인 것을 둘로 보고 셋으로 보면 우리 마음이 편할 수가 있겠습니까? 따라서 이것도 역시 타성일편(打成一片)의 도리로 모든 갈등을 하나의 반야진리로 해결해 버려야 하는 것입니다.

2. 여래선(如來禪)

如來禪…云何如來禪 謂入如來地 得自覺聖智 三種樂住 成辦衆生
不思議 是名如來禪　　　　　　　　　　　　　— 楞伽經二 —

여래선(如來禪)에 대하여 능가경(楞伽經)에 있는 말씀을 보겠습니다.

'무엇을 여래선이라고 하는가? 여래지(如來地)에 들어가서 성자(聖者)의 무루지(無漏智)를 깨달아서 삼종법락(三種法樂)에 머물고 또한 동시에 중생의 부사의한 일을 다 성취하는 것을 여래선이라고 이름한다' 하였습니다. 스스로 마음 깨달아 우주의 본 실상을, 성지(聖智)를 자각해서 여래지에 들어가는 것입니다. 또한 깨달으면 분명히 현법락주(現法樂住)라 하는 데가 있습니다. 현법락주란 우리가 온갖 법락에 머문다는 뜻입니다.

우리 공부하는 분들은 공부하기가 어렵다 하더라도 한 고비만 넘어서면 틀림없이 법락이 옵니다. 길을 올라갈 때에 가파른 길만 사뭇 있다고 생각하면 답답하고 더욱더 피로할 것입니다마는, 가파른 길을 올라만 서면 내리막 길입니다. 또한 정상에 올라가면 훤히 다 보여서 그야말로 쾌적하고 마음이 툭 트이겠지요. 그와 마찬가지로 깨달으면 틀림없이 법락이 있고 항시 법락에 머문다는 말입니다.

법락을 나누어서 삼종법락(三種法樂)이라 합니다. 가장 재미를 느끼는 선정을 3선(三禪)이라고 합니다. 이른바 삼선천(三禪天)입니다. 그래서 재미있는 것을 비유할 때는 3선천락이라고 합니다마는 그러나 4선천에 올라가서는 그런 안락마저도 초월해 버리는 것입니다. 3종락은 3선천락을 말한 것이 아니라, 이른바 천상에서 받는 천락(天樂)이나 또는 선정으로 받는 선정락(禪定樂)이나 또는 열반락(涅槃樂)인 제일락(第一樂)입니다. 고락을 다 떠나버린 무량의 청정무비한 안락이라는 말입니다.

그래서 천락 또는 선정락 열반락을 다 갖춘 3종락에 머물고 성판중생 부사의(成辦衆生不思議)라, 우리 중생계를 다스린다거나 중생을 교화한다거나 또는 신통을 부린다거나 하는 부사의한 모든 것을 다 충분히 성취한다는 말입니다. 이런 경계를 여래선이라 합니다. 능가경에 있는 말씀입니다.

능가경은 선경(禪經)이라, 참선하는 경이라해서 달마 대사께서 혜가 대사에게 능가경 4권을 전수했다는 기록이 있지 않습니까, 달마 대사부터 6조까지 이르는데 있어서 4조 때까지는 보통 다 능가경을 의지했다는 것이고 또 우리가 어록을 보더라도 충분히 느낄 수가 있습니다. 5조 6조에서는 금강경을 위주로 했다고 전하고 있습니다.

그리고 능가경에서 선(禪)의 종별도 구분한 것이 있으나 너무 번쇄하니까 인용을 않겠습니다마는, 능가경 주해(註解)에 나오는 여래선에 대한 주(註)를 살펴볼 필요가 있습니다.

> 註曰 如來所得의 禪 卽 首楞嚴定이다. 此禪定에 依하여 法身・般若・解脫의 三德秘藏의 大涅槃을 窮竟하고 無作의 妙用을 일으킨다. 外道・二乘・菩薩所得의 涅槃과 簡別하여 如來禪이라 云함.
> — 楞伽經註解 —

'주에서 이르기를 여래소득의 선을 곧 수릉엄정(首楞嚴定)이라'고 합니다. 여래선이나 수릉엄정이나 같은 뜻입니다. 역시 모든 삼매 가운데서 가장 으뜸되는 선, 일체 종지를 다 깨닫는 선이 이른바 수릉엄삼매(首楞嚴三昧), 수릉엄정입니다. 여래선은 그와 똑같습니다.

'이 선정에 의하여 법신・반야・해탈의 삼덕비장(三德秘藏)의 대열반을 궁경(窮竟)하고' 깨달은 단계가 열반인데 열반이란 것은 어떤 공덕이 있는고 하면, 우주의 참다운 생명의 실상을 그대로 깨닫는 법신, 또는 모든 참다운 지혜를 깨닫는 반야, 또는 우리 인생의 모든 고액인 삼계(三界)를 초월할 수 있는 법을 깨닫는 해탈인 이른바 열반3덕(涅槃三德)입니다. 이런 '삼덕비장의 대열반을 다 마쳐버리고서 무작(無作)의 묘용(妙用)을, 무루법으로써 조금도 조작이 없는 묘용을 일으키는 것으로 외도나 또는 성문·연각인 이승(二乘)이나 보살이 얻는 바의 열반과 간별(簡別)하여 여래선이라 한다'는 것입니다. 이것이 여래선의 능가경 주해입니다.

신라(新羅) 무상(無相 680~756) 대사의 4세 법손(法孫)이요 중국 화엄종의 5대 법사 가운데 마지막 법사가 규봉종밀(圭峰宗密 780~841) 대사입니다. 선교(禪敎)에 통달한 분으로서 선교일치(禪敎一致)를 창도(唱導)하였습니다. 강원에서 배우는 선원도서(禪源都序)는 종밀 대사의 저술로서 선과 교가 원래 둘이 아니라는데 입각해서 밝혀 놓은 법문입니다. 다시 보면은 참으로 소중한 것이라는 생각을 할 것입니다. 이 선원도서에 나오는 여래선에 대해서 보겠습니다.

若頓悟自性 自心本來淸淨 元無煩惱 無漏智性 本來具足 此心卽佛 畢竟無異 依此而修者 最上乘禪 亦名如來淸淨禪 亦名一行三昧 亦名眞如三昧 此是一切三昧根本 若能念念修習 自然漸得 百千三昧 達磨門下 展轉相傳者 是此禪也　　　　　　　　　　― 禪源都序上 ―

여래선에 대한 설명으로서 '우리가 자성을 문득 깨닫는다는 것은 자기 마음이, 범부의 번뇌에 덮여 있는 마음 이대로 본래 청정하고, 본래 청정하니까 원래 번뇌가 있지가 않고, 조금도 때묻지 않은 참다운 지혜의 성품이 본래 다 구족하고 있는 것이니, 이 마음이 바로 부처로서 필경 부처와 더불어 다를 수가 없다'고 하였습니다.

　그러니까 돈오(頓悟)란 것은 이런 도리를 알아야 하겠지요. 이런 도리를 이치로 알면 해오(解悟)인 것이고, 증명해서 깨달아 알면 증오(證悟)인 것입니다. 증오와 해오의 차이는 있다 하더라도 돈오는 돈오인 것입니다. 돈오도 두 가지로 구분해야 하는 것입니다. 꼭 견성만이 돈오라고 못박을 수는 없습니다. 전통적인 해석이 돈오는 증오만의 돈오가 아니라 해오의 경계도 돈오라 해왔습니다. 다만 그 깊고 옅은 관계가 있을 뿐입니다.

　그렇기 때문에 범부지에서 우선 도리로 '이 마음 본래 청정하고 원래 번뇌가 없고, 때묻지 않은 지성(智性)이 본래 갖추어 있으니까 이 마음이 바로 부처고 이 마음이 범부나 또는 석가모니나 일반 성자나 다름이 없다' 이렇게 알면 해오(解悟)인 돈오인 것입니다. 그러나 알기만 알면 해오이고, 닦아서 번뇌를 여의고서 금강불심(金剛佛心)을 증명해서 깨달을 때는 증오입니다. 그런 차이만 있을 뿐인 것이지 이치로 아는 해오도 돈오라 하여 왔습니다. 불교적 논의는 꼭 일반적이고 전통적인 관행(慣行)술어를 알아야지 자기 식으로 해석하면 곤란한 것입니다.

　'이러한 돈오에 의지해서 닦는 수행을 최상승선(最上乘禪)이요 또한 여래청정선(如來淸淨禪)이요, 역명 일행삼매(一行三昧)라, 다시 이름하기를 진여삼매(眞如三昧)라 하며 일체삼매(一切三昧)의 근본이니 만약 능히 생각 생각에, 다른 생각을 끼지 않게 지속적으로 닦고 익힐 때에 자연히 점차로 백천삼매(百千三昧)를 얻는다. 달마 문하(達磨門下)에 구르고 굴러서 서로서로 전하는 선(禪)은 바로 이 선이다' 이렇게 되어 있습니다.

우리가 꼭 견성한 것만이 돈오라고 한다면 일행삼매나 진여삼매나 또는 일체삼매나 그런 이름을 붙일 필요가 없겠지요. 우리같은 범부도 닦을 수가 있으니까 일행삼매나 일상삼매 등을 닦으라고 하는 것이지 그렇지 않으면 그렇게 이름 붙일 필요가 없습니다.

돈오는 인(因)과 과(果)가 있어서, 인(因)으로는 우선 해오로 '내 마음이 본래 청정하니까 본래 번뇌가 없고 때묻지 않은 지성이 본래 갖추어 있어서 이 마음이 바로 부처고 필경 부처와 더불어서 다르지 않다' 이렇게 알고 닦아 나가면 이것이 바로 최상승선이요, 최상승선은 도인한테만 있는 것이 아니라 우리 범부도 그렇게 닦아야 한다는 말입니다. 도인한테만 있으면 새삼스럽게 이런 말을 낼 필요도 없겠지요. 그래서 과(果)로는 증오가 되는 것입니다.

영가현각(永嘉玄覺 647~713) 대사의 증도가(證道歌)에 '돈각료여래선(頓覺了如來禪)하면 육도만행체중원(六度萬行體中圓)이라.' 문득 여래선을 깨달아 마치면 육도만행을 본체를 여의지 않고 원만히 갖춘다는 말씀이 있습니다. 따라서 여래선이 아직 덜된 것이 아니고 여래선 자체가 원만하다는 것을 알 수 있지 않겠습니까, 증도가도 6조 대사로부터 정법을 그대로 인가 받은 영가현각 대사의 증도가 아니겠습니까?

우리가 중국 선교사(禪敎史)에서 볼 때 달마 대사 때부터서 6조 혜능 대사 때까지는 조사선이란 이름이 없습니다. 조사선이 처음부터 있은 것이 절대로 아니란 것이 역사적인 정확한 해석입니다. 물론 조사선적인 뜻은 다 있어 왔습니다마는 이름으로 조사선이라 한 것은 6조 스님의 뒤에야 붙인 것입니다.

3. 조사선(祖師禪)

　祖師禪 … 不立文字 敎外別傳 直指人心 見性成佛의 格外道理에 立脚한 祖祖本傳의 禪을 말한다. 楞伽經所說의 如來禪의 名에 對하여 此稱을 세웠다. 따라서 如來禪을 敎內未了의 禪이라 하고 祖師禪을 敎外別傳의 至極한 禪으로 한다.
　　　　　　　　　(祖師禪이 如來禪보다 우월하다는 主張)

　그러면 조사선이란 무엇을 말하는 것인가?
　'조사선은 불립문자 교외별전(不立文字 敎外別傳)이라, 참다운 진리는 원래 문자를 세울 수가 없다. 다만 우리 중생들에게 표현하기 위해서 문자를 빌린 것이지, 참다운 진리 자체는 말도 떠나고 문자도 떠나고 생각을 떠나 있다. 따라서 참다운 도는 교(敎) 밖에서 전한다. 직지인심(直指人心) 견성성불(見性成佛)이라, 그러니까 교를 하나도 안 배운다 하더라도 사람 마음을 바로 가리켜서 그대 마음이 바로 부처니까 바로 마음 깨달으면 된다, 바로 본래 성품을 보고 성불하는 이른바 격외(格外) 도리에 입각한 조사와 조사가 본래 전하는 선(禪)을 말한다'고 합니다. 능가경에서 말하는 여래선의 이름에 대하여 조사선이란 명칭을 세웠고 '여래선은 교(敎) 안의 미처 덜 된 선이라고 하고, 조사선을 교 밖에 달리 전하는 지극한 선이라'고 하는 것이 조사선이라는 이름을 지어서 조사선이 여래선보다 우월하다는 주장을 하는 분들의 말씀입니다.

그러나 '불립문자 교외별전 직지인심 견성성불'의 뜻이 여래선 가운데에 안 들어 있는 것은 절대로 아닙니다. 여래선의 공덕 가운데는 일체상을 떠나고 문자를 떠나고 생각을 떠난 도리가 다 들어있기 때문에 여래선이라고도 하는 것입니다.

그 다음에는 조사선이란 이름이 언제 시초로 나왔는가?

전등록(傳燈錄) 앙산장(仰山章)에, 앙산혜적(仰山慧寂 815~891)이란 분은 위산영우(潙山靈祐 771~853) 선사한테서 법을 받은 분입니다. 중국의 임제종(臨濟宗), 조동종(曹洞宗), 위앙종(潙仰宗), 운문종(雲門宗), 법안종(法眼宗)의 5종 가운데 하나인 위앙종은 위산영우 대사와 그 제자인 앙산혜적 선사 두 분 이름의 첫자를 따서 위앙종(潙仰宗)이라 한 것입니다. 따라서 여기서 말하는 앙산은 위앙종을 건립한 한 분이지요.

향엄격죽(香嚴擊竹)이라 하면 공부하는 분들은 다 알지 않습니까, 향엄(香嚴智閑 ?~914) 대사가 위산 선사 밑에 가서 공부할 때에 위산 대사가 향엄 대사를 점검했습니다. 향엄 대사가 책을 많이 보아서 말은 청산유수였습니다. 그래서 '점검을 좀 해야겠구나' 하고 향엄 대사에게 "그대가 부처님께서 말씀하신 삼장 십이부경(三藏十二部經)의 뜻을 의지하지 않고서 부모미생전 본래면목(父母未生前本來面目)을 한번 말해보게" 했습니다. 경을 많이 배웠기에 경으로야 이말 저말 다 하겠지요. 그러나 삼장 십이부경을 의지하지 않고서 낳기 전의 본래면목을 말해보라고 하니까 딱 막힐 수밖에 없었습니다. 경에서 배운대로 이렇게 말하고 저렇게 말해도 그런 말이 맞을 턱이 없습니다. 도인 스님네의 명구(名句)를 적어놓은 책을 아무리 뒤적여 보아도 명답이 안 나옵니다.

부모미생전 본래면목은 문자를 통한 말로 할 수 있는 도리가 아니기 때문에, 정말 깨달은 분상이 아니고서는 어떻게 할 수가 없겠지요. 말로 알아맞히는 것으로서는 선(禪) 도리에서 맞는다고 할 수가 없는 것입니다. 말 한마디가 없다 하더라도 깨달은 사람들은 벌써 알 수가 있는 것입니다.

위산 대사가 볼 때에 향엄은 법기(法器)이지만 아직 깨닫지 못한 범부인데, 학문만 많이 해서 알음알이로 말만 잘 하니까 그것을 바로잡기 위해서 이렇게 점검을 했던 것입니다.

향엄이 아무리 애쓰고 궁리해도 별도리가 없었습니다. 화엄경 뜻을 갖다 대보아도 아니라고 하고, 별스럽게 영리한 말을 해보아도 다 부정하는 것입니다. 그래서 '이래서는 안 되겠구나. 내가 공부를 한 것이 참다운 본래면목 자리하고는 거리가 먼 것이었구나, 이제는 정말로 내 마음닦는 공부를 해야겠구나' 하고서 자기가 소중하게 여기던 제방 도인 스님네의 명구를 적은 책을 다 불태우고 남양 혜충(南陽慧忠 ?~775) 국사가 계시던 절에 갔습니다.

혜충 국사는 40년 동안이나 산중에서 안 나온 분입니다. 그래서 그 분의 본을 따르기 위해서 그곳에 가서 공부할 때에 하루는 풀도 뽑고 마당을 치우다가 던진 돌맹이가 대나무에 부딪치는 소리를 듣고 문득 활연대오 했습니다. 이를 향엄 대사 격죽(擊竹)의 깨달음이라고 합니다.

이것도 역시 향엄 대사가 경도 많이 보고 공부를 애쓰고 했으니까 문득 깨달은 것이지 아무것도 않고 컴컴하니 있다가 갑자기 깨칠 수는 없는 문제 아닙니까?

※ 祖師禪名의 始初 … 傳燈錄十一仰山章, 師問曰 香嚴師弟 近日見處如何 嚴曰 某甲 卒說不得 乃有偈曰 去年貧未是貧 今年貧始是貧 去年貧無卓錐之地 今年貧錐也無 師曰 師弟只得如來禪 未得祖師禪

앙산 대사께서 묻기를 "향엄 사제 근자에 그대가 깨달은 바가 어떠한가." 그러니까 향엄 대사가 "모갑(某甲) 졸설부득(卒說不得)이니다." 자기를 겸사할 때에 모갑이라 합니다. 제가 졸지에 말씀드릴 수가 없습니다. 그리고는 게송으로서 "거년의 가난한 것은 아직 가난하다고 할 것이 없으나 금년에 가난한 것은 비로소 참으로 가난한 것이고, 거년의 가난한 것은 송곳을 세울 만한 땅이 없었으나 금년의 가난한 것은 송곳마저도 없습니다."고 했습니다. 이제는 주관도 객관도 아무것도 다 없다는 뜻으로 해석을 할 수가 있습니다. 향엄 스님의 이런 대답에 앙산 스님이 "사제는 다만 여래선만 얻고 아직 조사선은 얻지를 못했네 그려." 하고 말씀을 했다는 것입니다. 여기에서 조사선과 여래선을 비교하여 헤아린 최초의 근거가 있습니다.

그런데 위의 사연은 다시 이어져서 위산 대사의 어록에 보면 앙산 스님의 평을 들은 향엄 스님은 "나에게도 대기(大機)가 있어 눈을 껌벅이고 그를 보았는데 알아차리지 못할까 하여 달리 사미를 부른 셈(我有一機 瞬目觀伊 若人不會 別喚沙彌)"이라 하니 이에 앙산 스님이 스승인 위산 스님에게 말씀드리기를 "이렇듯 향엄지한 사제도 조사선을 깨달았습니다(且喜閑師第 會祖師禪也)." 하였습니다. 그러니 여래선과 조사선의 우열을 상량(商量)한 것은 아니었습니다.

잘 모르는 사람들은 부처님 당시부터서 조사선이란 말이 있었다고 생각하지마는 그렇지 않고 조사선의 명의(名義)는 이때부터 있어 왔다고 합니다.

그래서 이후에는 우리 선가(禪家)에서도 어록을 보면 여래선보다 조사선을 위라고 하는 망발도 있어 왔습니다. 그러나 부처가 깨달은 여래선이 아래라고 하면 말씀이 될 수가 없겠지요. 여래선이란 바로 부처님께서 깨달으신 만덕을 원만히 갖춘 무루(無漏) 청정선(淸淨禪)인 것입니다.

경(經)도 달을 가리키는 손가락이나 같은 것이지 그 자체가 바로 불성은 아닌 것이니, 참선 공부하는 분들은 너무 경론의 표현에 집착해서는 안됩니다.

여기 향엄 스님같은 분도 글 잘하는 분이라서 글은 잘 풀이하였겠지만, 자기가 참말로 깨달았으면 깨달은 대기대용(大機大用)을 주저없이 바로 내보여야 할 것인데, 그렇지 못하고서 '졸설부득이라, 졸지에 말할 수 없습니다' 하고서 게송으로 말하였으니 앙산 스님 생각에 '이 사람이 문자에 집착해 있구나' 이렇게 생각이 되었겠지요. 그래서 '그대는 아직은 여래선만 득했지 조사선은 미처 얻지 못했다'고 했으나, 앙산 스님의 근본 뜻은 부처가 깨달은 여래선을 폄하한 뜻은 절대로 아닌 것입니다. 다만 '그대같이 경의 연구에 너무나 집착해서 바로 심지(心地)를 닦는 실참실수(實參實修)를 소홀히 말라'는 경책의 말이라고 생각하면 되는 것입니다.

그러나 후세에는 그렇게 생각하지 않고서 여래선보다 조사선이 위라고 잘못 생각하는 분이 많았고 그런 폐단이 지금까지도 흘러오고 있습니다.

그런데 우리가 몇 백년, 몇 천년 뒤에 선사들의 어록을 볼 때는 굉장히 주의해야 합니다. 왜냐하면 단경(壇經) 가운데도 사실은 이상한 대문이 들어 있기 때문에 그 당시 단경이 상당히 유포될 때, 6조 대사의 제자 가운데 한 분인 혜충 국사도 단경 가운데 범부의 소견이 들어 있다고 비판을 했습니다. 범부들이 조작해서 성자의 뜻을 함부로 왜곡시켰다고 비판한 것입니다.

그와 같이 어록이라고 하는 것은 도인들 본인이 직접 쓴 것이 아니라 그 제자들이 받아 쓰기도 했고, 그것도 몇 십년 몇 백년 지나는 동안 책을 다시 쓰고 개작하고 다시 펴낼 때마다 바꿔 쓰기도 많이 하는 것입니다.

저는 근래에 선지식들의 비문을 참고합니다마는, 비명(碑銘)을 금석학(金石學)에서는 권위있는 증거로 존중하지 않습니까, 그러나 비문이라고 해서 모두가 다 꼭 정당한 것은 아닙니다. 옛날 분이야 우리가 그 분을 만나보지 못했으니까 사실을 모르긴 하지만 근래에 우리가 아는 분 가운데 별로 도인이라고 할 수 없는 분도 그 비문에는 '대도를 성취하였고 공덕이 하늘에 닿는다'고 정도 이상으로 과찬을 많이 합니다. 이럴 때에, 과거에도 그와 유사한 사례가 있었을 것입니다. 그렇기 때문에 우리가 비문을 보고 권위 있는 증거로 삼기가 어렵습니다.

조사 스님들의 어록도 마찬가지로 몇 백년 세월이 흐르게 되면 많이 바뀌어지는 것입니다. 육조 단경에서도 5조 홍인(弘忍) 대사의 7백 제자 가운데 상수 제자인 신수(神秀) 대사와 혜능(慧能) 대사가 마치 법을 받기 위해 경쟁을 하는 것처럼 되어 있고 또 신수 대사는 돈오는 전혀 모르고 점수만 알았다고 되어 있습니다. 그러나 도인들이 그럴 수는 없는 것입니다. 지금은 역사적으로 밝혀졌습니다만 6조 스님의 제자인 하택신회(荷澤神會)가 6조의 법을 받아 자기가 정통 7조라고 내세우기 위해서 혜능 대사는 높이고 신수 대사를 굉장히 폄하시켰다는 것입니다.

우리는 이런 것을 과거에는 그대로 곧이 듣고서 신수 대사는 부족하고 6조 대사만 위대하다고 했는데 근래에 돈황 문서

(敦煌文書)가 발견되면서 이른바 능가사자기(楞伽師資記) 등 여러 가지 문헌으로 신수 대사도 결국은 똑같이 위대한 분이요, 또 신수 대사에게도 분명히 돈오가 있고 돈수도 있다고 알게 된 것입니다.

따라서 우리는 어록이나 그런 문제에 대해서 그대로만 생각할 것이 아니라 근본 자성(自性)에 비추어서 생각해야 하는 것입니다.

4. 범일(梵日)의 진귀조사설(眞歸祖師說)

梵日의 眞歸祖師說(梵日: 810~889 15歲 出家, 馬祖의 法嗣인 鹽官齊安의 法嗣 闍堀山門의 開祖)
我本師釋迦 出胎說法 各行七步云 唯我獨尊. 後踰城住雪山中 因星悟道 旣知是法 猶未臻極遊行數十月 尋訪祖師眞歸大師 始傳得玄極之旨 是乃教外別傳也 ─禪門寶藏錄(眞靜國師天頙이 1293년에 著述)─

범일(梵日) 대사의 진귀조사설(眞歸祖師說)도 문제로 지적을 많이 합니다. 사실이 아닌 것을 사실처럼 조작했다고 여러 나라 불교 학자들이 신랄한 비판을 합니다. 범일(梵日) 스님은 9세기 신라 때 분으로 이른바 구산선문(九山禪門) 가운데 하나인 사굴산문의 개조(開祖)가 된 스님입니다. 중국에 가서 마조(馬祖道一 707~786) 스님의 제자인 염관제안(鹽官齊安) 선사의 제자가 되었습니다. 진귀조사설도 범일 대사가 스스로 저술한 것이 아니라, 400여년 뒤 진정 국사 천책(眞靜國師天頙)이 저술한 선문보장록(禪門寶藏錄)에 나오는 것입니다.

내용은 '우리 본사인 석가모니께서 태어나서 사방으로 각기 일곱 걸음을 걷고 천상천하 유아독존(天上天下 唯我獨尊)의 설법을 하였다. 그 뒤에 성을 넘어 출가하여 설산 중에서 공부를 하다 샛별을 보고 도를 깨달았는데 이미 깨달은 이 법은 지극한 깨달음이 못되었다. 그래서 수십개월 동안 다시 유행을 하여 진귀(眞歸) 조사를 심방(尋訪)하고서 현묘하고 극진한 사무친 도를 비로소 깨달았다. 그래서 이것이 바로 교외별전이다'고 되어 있습니다.

이 진귀조사설은 한국 외에는 없다는 것입니다. 다른 어디에도 없다고 비판들을 하고 있습니다. 제가 아까 비문을 든 것이 무엇인고 하면, 적어도 마조계통의 정통으로 법을 받으시고 사굴산문의 개조가 되시는 범일 대사께서, 이렇게 훌륭한 분이 이런 말을 과연 했을 것인가? 의심이 안 갈 수가 없다는 말입니다.

그러기 때문에 우리는 조사어록에 대해서도 꼭 자성(自性)에 비추어서, 본래적인 부처님의 중도실상(中道實相)의 궁극에 비추어 조명을 해보아야 하는 것입니다. 다 그대로 묵수해서는 안되는 것입니다.

일본의 선종사에 가장 위대한 분이 도원(道元希玄 1200~1253) 선사라고 합니다. 중국 송나라 천동여정(天童如淨 1163~1228) 스님에게 사법(嗣法)하고 일본 조동종의 개조(開祖)인 도원 선사는 이러한 여래선 조사선의 우열론(優劣論)에 대하여 "여래선이다 조사선이다 하는 이름이 일찍이 옛날에는 전하지 않았는데 오늘날 비로소 망령되게 전해져 부질없이 헛된 이름에 미혹하여 집착하기 몇 백년이니 참으로 가련한 일이 아닌가? 말세에 용렬한 인연 때문이니 다 이익이 없는 한갈등(閒葛藤)이다" (如來禪祖師禪 往古不傳 今妄傳 迷執虛名 何百歲可憐

末世劣因緣 皆是無益之閒葛藤也) 이렇게 말씀하였습니다.

우리 후학들이 참고할 만한 경책이 아닐 수 없습니다.

이렇게 왕고에는 없던 것을, 경우에 따라 문자에 착(着)하지 말고 경에도 착하지 말고 오로지 마음공부에 정진하라는 의미의 방편 말씀이고 경책의 말씀인데, 그 뜻을 잘 모르고 헛된 이름에만 미혹되어 집착하니 참으로 가련하고 딱한 일이요, 말세의 용렬한 인연 때문에 쓸데없는 갈등을 일으키는 것이란 말입니다.

우리는 그 어떤 무슨 말에도 구속될 필요는 없습니다. 부처님께서는 이미 마음 닦는 모든 법을 다 팔만사천 법문으로 밝혀 놓으셨습니다. 따라서 새삼스럽게 부처님 경전 밖에 마음 닦는 법은 따로 있다고 하면 문제가 됩니다.

앞서 제가 말씀드린 바와 같이 설사 어록이라 하더라도 권위를 100% 인정할 수는 없습니다. 어디까지나 부처님 경전과 우리 자성(自性)으로 조명하여 간택(簡擇)해야 하는 것입니다.

5. 결어(結語)

祖師禪은 如來禪의 教禪一致說에 反對하여 如來言句에 執着함을 警策하는 意味에서 如來禪과 簡別하여 祖師禪을 唱導했다고 볼 수 있다. 그래서 如來禪이나 祖師禪이나 對機에 따른 隨時의 所說로서 如來禪外에 祖師禪이 없고 또한 祖師禪外에 如來禪이 따로 있지 않으며 그 內容에 있어서는 一毫의 相違도 없고, 淺深 優劣이 있을 수 없는 것이다.

지금까지 여러 말씀을 드렸습니다만 이제 끝맺는 말씀을 드리겠습니다. 조사선이란 여래선의 교선일치설(敎禪一致說)에 반대하여 제언(提言)했다고 볼 수 있습니다.

　여래선 도리는 교나 선이나 원래 둘이 아니라는 도리를 역설하여 말합니다. 불법(佛法)에 있어서 무엇이 둘이 되겠습니까, 우리 중생이 공연히 갈라서 둘인 것이지, 어느 것도 불법 속에 안 드는 것이 없기 때문에 본래에서는 절대로 둘일 수가 없는 것입니다. 교나 선이 특징은 다 있으나 원래가 둘이 아닙니다.

　또 조사선은 여래의 언구(言句)에 집착함을 경책하는 의미에서 여래선과 간별(簡別)하여 조사선을 창도(唱導)했다고 볼 수 있습니다. 사실 그렇게 밖에는 달리 볼 수가 없습니다.

　그래서, 여래선이나 조사선이나 근기에 따른 수시(隨時)의 말로서 여래선 외에 조사선이 없고 또한 조사선 외에 여래선이 따로 있지 않으며 그 내용에 있어서는 일호(一毫)의 상위(相違)도 없고 천심(淺深) 우열(優劣)이 있을 수가 없는 것입니다. 어디가 깊고 어디가 더 옅고 또는 어디가 더 수승하고 또는 용렬한 차이가 있을 수가 없습니다.

　마땅히 이런 도리를 깊이 생각하셔서 앞으로 부질없는 갈등을 일으키지 않아야 합니다. 진지한 수행자는 꼭 이렇게 되어야 한다고 생각합니다.

　과거 달마 때부터 6조까지는 이런 이름도 없이 오로지 마음 공부만 했습니다. 부처님 법을 범부소견으로 무엇이 옳네 그르네 하는 것이 아닙니다. 또 부처님은 비록 수하성도(樹下成道)했다 하더라도 미처 공부가 덜되어서 또다시 숲속에 들어가 스승을 구하고서야 비로소 완전한 법을 얻었다는 말이 있다고 할 때 세존을 얼마나 비방하는 말이 되겠습니까, 하기 때문에 우리는 이런 것에 대해서는 일호의 관심도 갖지 말고 다만 근기에 따라서 공부할 길을 한번 선택했으면 생명을 걸고 최선의 정진을 다하면 되는 것입니다.

이것으로서 문제가 되어 있는 돈오돈수, 돈오점수 문제와 또 비슷하게 문제가 되어 있는 조사선, 여래선에 대해서도 말씀을 대강 드렸습니다.

그렇지 않더라도 공부하는 데는 장애가 많이 있습니다. 그런데 우리 수행자가 부질없이 무익한 한갈등(閒葛藤)을 할 필요가 없는 것입니다. 마음 닦는 것에 도움되는 말 외에는 말도 함부로 할 필요가 없습니다. 우리 인생이 그야말로 찰나무상 아닙니까? 숨 한번 들이쉬지 못하면 우리 생명은 다하는 것입니다. 그러한 우리 인생에 있어서 부질없는 말은 할 필요가 없습니다. 성불(成佛)하는 직통 길만 가는 데도 우리 인생이 너무나 짧습니다.

또한 우리 번뇌는 얼마나 깊습니까, 닦을려고 생각하지 않고 그럭저럭 지내는 사람들, 속물이 되어 세속에 휩싸인 사람들은 잘 모르겠지만 '정작 그런 속물이 되지 않아야겠고, 한사코 해탈의 길에 나가야겠다'고 할 때는 가지가지의 마장(魔障)이 굉장히 많습니다. 욕계에 있는 것은 모두가 다 총동원해서 우리한테 대항하는 것입니다. 좋은 맛이나 좋은 경치나 아름다운 것이나 또는 이성이나 모든 것이 다 우리의 해탈을 방해하는 것입니다. 이렇게 방해가 많은 원수의 밀림 가운데서 이른바 번뇌조림(煩惱稠林)이라, 번뇌나 마군(魔軍)이 빽빽한 가운데서 헤쳐나가기는 굉장히 어려운 것입니다.

그런 가운데 우리가 팔만장경을 금생에 다 볼 수가 없습니다마는 어느 경을 보아도 다 소중합니다. 또한 논장도 다 볼 수 없습니다마는 지금 우리에게 이미 알려져서 강원에서 배우는 것은 다 중요한 것입니다. 그러나 또한 대교(大敎)까지 안 배운다 하더라도 정말로 숙세에 선근이 깊다면 초심에서도 깨닫는 것입니다. 불 보고 깨닫고, 물 보고 깨닫고, 달 보고 깨닫고, 별 보고 깨닫고, 우리가 깨닫는 인연은 한이 없는 것입니다. 다만 우리 자성의 문제입니다. 오로지 자기 문제라는 말입니다.

따라서 돈오돈수나 돈오점수나 따지고 보면 결국은 다 옳은 말입니다. 다만 시초에 말씀한 분들은 너무나 점차를 따지고, 고하, 시비, 차서를 따질 때 이른바 무염오(無染汚)수행이라, 오염하지 말라는 뜻으로서 돈수를 말씀한 것이지 견성 견도한 다음에 닦을 것이 없다는 뜻으로 말씀하신 것은 아닙니다.

화엄경이나 어느 경이나 어록을 보아도 다 그런 뜻입니다. 그러기에 제가 처음부터 권위있는 어록에 의거하여 말씀한 것입니다.

그리고 여래선 조사선도 그와 똑같은 의미로서 고하가 있는 것도 아니요. 우열이 있는 것도 아닌 것입니다. 잘 모르는 사람들이 화두(話頭)는 근기가 수승한 사람들이 하는 것이고 주문(呪文)이나 염불(念佛)은 근기가 하열한 사람들이 한다고 합니다. 부처님 경전에 그런 말씀은 한 군데도 없습니다.

다만 어떻게 하는가? 그 자세에 달린 것입니다. 우리가 본래적인 자세만 여의지 않고 본체를 여의지 않을 때는 다 그대로 수승한 대승법이요 참선이 되는 것입니다.

설사, 묵조(默照)를 한다고 하더라도, 그냥 묵묵하니 바보같이 앉아 있기만 할 때는 선이 못됩니다. 분명히 중도실상(中道實相)의 도리를 관조(觀照)해야 참다운 묵조선인 것입니다.

또는 화두를 참구한다 하더라도, '이뭣고'나, '간시궐(乾屎橛)'이나 또는 '판치생모(板齒生毛)'나 무슨 화두를 들 때는 원래는 본분사, 조사가 서쪽에서 온 뜻, 본래면목 자리를 들었습니다. 어록을 보신 분은 다 아는 바와 같이 본래면목이 무엇인가? 조사가 서쪽에서 온 뜻이 무엇인가? 이런 데서 화두가 나왔습니다. 그렇기 때문에 인연 따라서 무슨 화두를 들든지 간에 제일의제(第一義諦) 자리를 분명히 들어야 참다운 화두가 되는 것이지, 본체 자리를 여의고 그냥 의심한다고 해서 참다운 공부가 되고 참선이 되는 것은 아닙니다.

훤히 틔어버린 본래면목 자리를 안 놓치고 화두를 들어야 상기(上氣)도 안됩니다. 그냥 애쓰고 의심만 할 때는 상기되기 마련입니다. 마땅히 마음을 열고 닦아야 참다운 공부가 됩니다.

마음을 연다는 말은 무슨 뜻인가? 일체존재 모두가 다 하나의 도리로 돌아간다는 뜻입니다. 일체존재 모두가 진여불성뿐이란 뜻입니다.

이렇게 닦아나가는 데는 꼭 철저하게 계행(戒行)을 지켜야 합니다. 철저히 계행을 지키지 않으면 삼매에 못 들어갑니다. '시라불청정(尸羅不淸淨)이면 삼매불현전(三昧不現前)이라' 시라(Śīla)는 계율입니다. 계율이 청정하지 않으면 삼매가 못 나온다는 말입니다. 삼매에 들지 못하면 참다운 견성이 못되는 것입니다.

부처님 말씀은 진리 그대로 하신 말씀인 것이고, 진실 그대로의 말씀인 것이고, 다른 말씀은 하시지 않고 또는 속이지 않는 말씀입니다.

저도 지금 산길에 허위적거리고 올라가는, 허위단심 올라가는 향상수자(向上修者)에 불과합니다. 같이 부지런히 공부를 하십시다.

제2장 교상(教相)과 수행론(修行論)의 변천

제1절 근본불교(根本佛教)의 교상변천(教相變遷)

1. 근본불교(根本佛教:原始佛教)

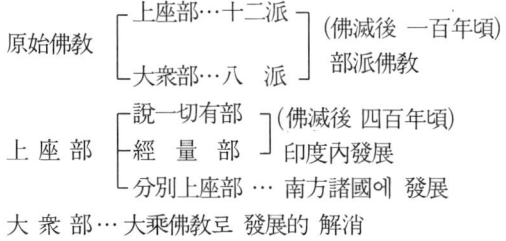

대체로 우리 출가사문들은 근본불교도 다 공부를 하였으리라고 생각이 됩니다만 이번 기회에 근본불교의 체계를 한번

재확인하기 위해서 아주 간략히 살펴보겠습니다.

근본불교는 바로 원시불교를 가리켜서 말합니다. 원시불교는 상좌부(上座部)와 대중부(大衆部)로 구분하는데 상좌부에는 12파가 있고 대중부에는 8파가 있어서 20부파가 성립하게 되었습니다. 이렇게 된 것은 불멸(佛滅) 후, 부처님께서 열반 들으신 후 약 100년경입니다. 이와 같이 여러 부파로 나눠졌다고 해서 부파불교(部派佛敎)라고도 합니다.

부처님은 인천(人天)의 도사(導師)가 되셨지마는 열반에 드신 후에는 중생 근기가 하열(下劣)하기 때문에 나름대로 의견을 세워서 이와 같이 부파가 필연적으로 나올 수밖에 없었습니다.

옛날도 그랬는데 하물며 현대는 더욱 더 복잡다단한 시대이기 때문에 우리가 정말로 때묻지 않은 반야 지혜로 분명히 밝혀야 하는 것입니다. 오늘날 개인적으로도 공부가 더디고 또는 종단적으로도 여러 문제가 발생되는 것은 그런 도리를 잘 밝히지 않기 때문입니다. 부처님 도리에서 볼 때에는 모두가 헛된 일이 대부분입니다. 무엇 때문에 그러는 것인가? 자기한테나 남한테나 문중한테나 종단에게나 국가적으로나 아무런 필요가 없는 일들이 허다합니다. 참다운 부처님의 반야 지혜를 분명히 잘 몰라서 그러는 것입니다. 따라서, 우리 출가사문들은 그런 것을 명심해서 현상적인 것에 얽매이지 않는 참다운 지혜를 꼭 갖추어야 합니다.

사실, 저는 감탄한 것이 그리이스 종교나 철학이나 더듬어 볼 때에 그 모두가 약간의 표현은 다르다 하더라도 거의 다 같은 요지입니다. 플라톤(platon 427-347 B.C.)의 태양과 동굴의 비유는 유명한 비유입니다. 태양은 참다운 철인들의 바른 지혜로 비유되고 동굴은 바른 지혜를 모르고서 감각적인 것에만 구속된 생각, 미망(迷妄)에 허덕임을 의미합니다. 태양 광선같은 바른 지혜가 범부의 눈에는 안 보입니다. 따라서 눈에 보이는 것에 집착할 수밖에 없다고 하더라도 석가모니 부처님을 위시해서 삼삼조사가 고구정녕으로 분명히 밝히셨고 또는 방금 말씀드린 바와 같이 그리이스 철인들도 모두 그랬습니다. 피타고라스(Pythagoras 582?~500? B.C.)나 엠페도클레스(Empedo kles 495?~435? B.C.)나 또는 헤라클레토스(Herakleitos 390?~310? B.C.)나 모두가 조금씩 차이는 있으나 다 같은 도리로, 요지는 세속적인 것을 초월해서 참다운 본체인 근본적인 진리로 돌아가 도덕적 행위를 하라는 가르침입니다.

우리가 범부인 한에는 지금 동굴에 있습니다. 아닌 것을 옳다하며 감각적인 것에 구속되어 있습니다. 내 몸뚱이가 대체로 무엇이며 내가 좋아하고 싫어하는 것이 무엇입니까? 이런 것이 실지로 있지가 않습니다.

근대 철학, 이른바 실존철학의 비조(鼻祖)라고 볼 수 있는 키에르케고르(Kierkegaard 1813~1855)도 감각적인 것은 '죽음에 이르는 병'이라고 말했습니다. 저는 이런 말씀이 하도 마음에 내켜서 가끔 인용합니다만, 우리 중생들은 지금 죽음에 이르는 병을 앓고 있습니다. 죽음에 이르는 병은 무엇인가? 우리 눈앞에 보이는 현상적인 모든 것이 사실로 있지 않은 것을 있다고 생각하는 것입니다. 범부가 볼 때는 명명백백하게 있지만, 성자의 바른 반야로 볼 때는 또 역시 명명백백하게 비어 있는 것입니다.

성자의 가르침을 온전히 수용하지 않고서 속물을 미처 못떠날 때는 결국은 지금 동굴에 갇혀 있는 것입니다. 아무런 소용이 없는 소모를 하는 아집(我執)이 있고 법집(法執)이 있게 되는 것입니다.

부처님께서 열반에 드신 후 400년경에 상좌부는 다시 설일체유부(說一切有部)와 경량부(經量部)로 구분되었습니다.

설일체유부는 내가 비었다는 아공(我空)은 말씀하지만, 오온(五蘊)이나 모든 법은 그대로 있다[法有]고 보는 견해입니다. 이른바 유(有)적인데 치우쳐 있고 논장(論藏)을 주로 합니다.

경량부는 부처님 경전을 주로 하고 유(有)적인 주장을 조금 덜하고 공(空)쪽에다 역점을 두는 차이가 있는데 모두 인도 내에서 발전되었습니다.

분별상좌부(分別上座部)는 지금의 스리랑카나 또는 태국 등 남방제국으로 발전이 되었습니다.

그리고 대중부(大衆部)가 나올 때는 계율상 문제 해석의 차이 때문에 대중부가 나왔습니다. 어느 때나 보수와 혁신이 있듯이 그 당시 불교계에도 보수와 혁신이 있어서 보수파는 상좌부고 혁신파는 대중부입니다. 대중부는 계율론에서도 역시 보다 더 관용적이고 융통성 있는 해석을 했었습니다. 따라서 이 대중부는 나중에 대승불교로 발달을 했습니다. 이런 것을 염두에 두고 나아갑시다.

2. 근본불교(根本佛敎)의 경론(經論)

經典…四阿含經, 南傳으로는 五尼柯耶
1. 長阿含經…22卷
2. 中阿含經…60卷

3. 雜阿含經…50卷
　　4. 增一阿含經…51卷
　論部…六足論, 發智身論, 大毘婆娑論, 俱舍論
　위의 六足論이나 發智身論은 四阿含經의 敎說을 다 各各 自己 나름대로의 佛敎觀을 어떤 部分的인 面에서 또는 綜合的인 見地에서 組織하고 體系化한 것이다.

　그리고 근본불교 경론은 어떠한 것인가? 근본불교 경전은 부처님의 육성이라 할 수 있는 아함경으로서 장아함경, 중아함경, 잡아함경, 증일아함경의 4아함경입니다. 아함경은 참선을 하시더라도, 해제 때라도, 꼭 한번씩 정성껏 보시기 바랍니다. 역시 부처님의 육성같은 것을 사무치게 절감할 수가 있습니다.
　아함경에는 '그대들이 조그마한 그릇된 행동에도 세심하게 주의해서 악을 피하고 선을 행하면서, 즉 다시 말하면 철저한 계행을 지키면서, 마음을 온전히 다스리면 그때는 초선(初禪)에 들어가고 2선, 3선, 4선에 들어가고 그리고 멸진정(滅盡定)에 들어가서, 아(我)를 멸진하고 아라한도를 성취한다'는 말씀이 있습니다.
　우리가 흔히 아라한도를 말하면 소승(小乘)이라고 너무나 쉽게 부정해 버립니다만 사실은 대승 소승 관계가 그렇게 절연(截然)히 한계가 있는 것이 아닙니다. 다만 설일체유부나 경량부나 한 종파가 되었을 때는 부처님의 대승사상을 제한도 하고 그릇된 해석도 많이 했겠지요. 그러나 부처님 경 자체는 그렇게 큰 한계가 있는 것이 아닙니다. 아함경 가운데도 표현적으로 말씀을 다 안 했다 하더라도 대승적인 요소가 다분히 들어 있습니다. 우리 불교 사상 가운데 십이인연법(十二因緣

法)·사제(四諦)·팔정도(八正道)의 원리가 안 들어 있는 것이 있습니까?

논부(論部)에 있어서는 육족론(六足論)이라, 육족론은 여섯 종류의 논장입니다. 사리불(Śāriputra)이 저술하고 또는 목건련(Maudgalyāyana), 대가전연(Mahākātyāyana), 제바설마(Devakṣema), 바수밀다(Vasumitra)존자 등이 저술한 가장 기본적인 어록이지요.

사리불 존자나 또는 목건련이나 위대한 성자 아니겠습니까? 또한 부처님을 평생 모신 분인데, 소승이라고 함부로 과소 평가 할 수가 없는 것입니다. 그 다음 발지신론(發智身論)은 육족론의 중요한 점을 따서 정리한 논장이고, 대비바사론(大毘婆娑論)은 그 뒤에 결집할 때 발지론을 해석한 논장입니다.

육족론이나 발지신론은 4아함경의 교설을 다 각각 자기 나름대로의 불교관을 어떤 부분적인 면에서 또는 종합적인 견지에서 조직하고 체계화한 것입니다.

구사론(俱舍論)은 나중에 세친(世親)대사가 상좌부 계통의 모든 논서의 내용을 취사 절충하여 정리한 총론적인 논서입니다. 이런 것이 논부에 해당합니다.

제2절 근본불교(根本佛敎)의 교리요강(敎理要綱)

　　佛敎는 原始·部派·小乘·大乘을 막론하고 一貫된 문제가 있으니 그것은 人生과 宇宙의 構造를 밝히는 理論哲學인 敎相門과 人間의 幸福과 解脫을 爲한 實踐哲學인 觀心門이다.

　근본불교의 교리 요강도 우리가 알아두면 대승불교 체계를 세울 때나 자기 공부를 점검할 때도 필요한 대문이 많이 있습니다.
　불교는 원시·부파·소승·대승을 막론하고 일관된 문제가 있으니 그것은 인생과 우주의 구조를 밝히는 이론 철학인 교상문(敎相門)과 또는 인간의 행복과 해탈을 위한 실천 철학인 관심문(觀心門)입니다. 불교는 크게 나누면 결국은 이론과 실천인 교상문과 관심문이라는 말입니다. 따라서, 무슨 종(宗)이라 하면 그 종파는 부처님의 일대시교(一代時敎)를 자기들 종지에 따라 비판해서 한 체계를 세우는 것이 교상문입니다. 그리고 정작 해탈하려면 어떻게 해야 할 것인가? 어떤 체계를 세운다 하더라도 해탈하는 법문이 없으면 안되겠지요. 그래서 해탈하는 법문이 이른바 실천 철학인 관심문인 것입니다.

1. 제법(諸法)의 분류(分類)

人生과 宇宙의 모든 것을 一切諸法이라 하며 이를 因緣生滅에 따른 有爲法과 因緣生滅을 여읜 無爲法으로 大別한다. 그리고 有爲의 諸法을 具體的으로 分類하여 五蘊 十二處(入) 十八界라 하고, 보다 具體的인 分類를 五位 七十五法이라 한다.

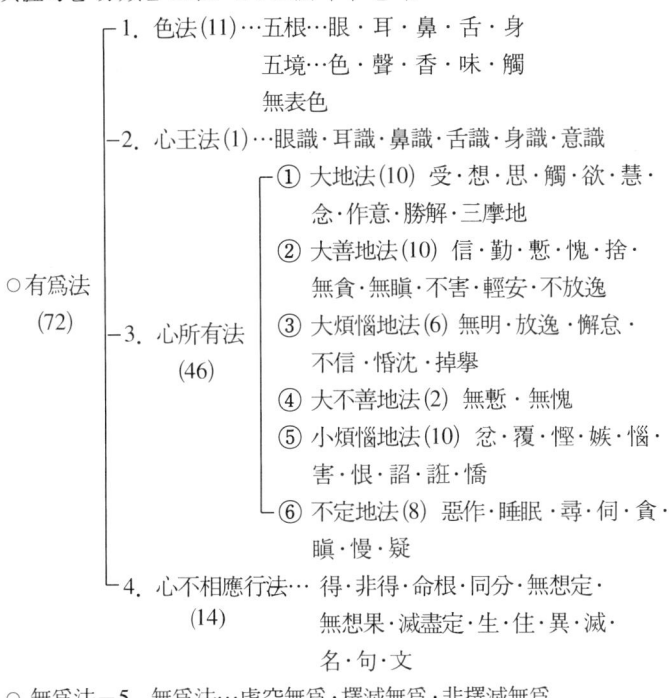

인생과 우주의 모든 것을 일체제법(一切諸法)이라 하는데 구체적으로 어떻게 되어 있는가, 하는 제법의 분류법이 있습

니다.

　먼저 제법(諸法)을 인연생멸(因緣生滅)에 따른 유위법(有爲法)과 인연생멸을 여읜 무위법(無爲法)으로 대별합니다.

　다 아는 문제지만 일차 한 체계를 언급하니까 이런 법문을 말씀 드립니다.

　그리고 유위의 제법을 구체적으로 분류하여 5온·12처(12입)·18계라 하고 보다 구체적인 분류를 5위 75법이라 합니다.

　여러분이 5온·12처·18계는 다 아는 것이니까 생략을 하고 보다 구체적인 5위 75법만 살펴보겠습니다. 물론 나중에 더 발전되어서 유식(唯識)에서는 5위 100법으로 구분합니다. 그러나 100법이라 하더라도 내나야 5위 75법을 보다 구체화 시킨 것에 지나지 않습니다.

　제법은 유위법과 무위법으로 나뉘는데, 유위법은 상대 유한적인 법이고 무위법은 상대 유한적인 상을 여읜 무위 적멸의 법이라는 말입니다. 유위법은 72가지가 있고 무위법은 3가지가 있습니다.

　유위법 즉 상대 유한적인 법에는 색법(色法)·심왕법(心王法)·심소유법(心所有法)·심부상응행법(心不相應行法)이 있습니다. 심왕법은 이것은 우리 마음의 주체요, 심소유법은 마음의 주체에 따라서, 주체의 용(用)으로 이루어지는 법으로 심왕이 소유하는 법이라는 말입니다. 심부상응행법은 심법도 색법도 아닌 법이 심부상응행법입니다.

　색법은 열하나인데 5근(根)인 안·이·비·설·신과 5경(境)인 색·성·향·미·촉 그리고 무표색입니다. 무표색(無表色)은 인간의 안목에는 볼 수 없는 미묘한 능력을 갖는, 표현되지 않는 색을 말하는 것입니다. 가사, 우리가 오계(五戒)

를 받으면 5계를 받았다는 보이는 흔적은 없다 하더라도 우리 몸이나 마음에 자기도 모르는 가운데 훈기가 생기는 것입니다. 그러한 것을 계체(戒體)라고 하는데 이런것이 무표색에 해당합니다. 우리 인간의 안목에는 안 보이지만 하나의 능력있는 에너지로 존재하는 그런 것이 무표색이라는 말입니다.

심왕법은 안식·이식·비식·설식·신식·의식인 6식(識)이고,

심소유법 가운데 대지법(大地法)은 우리가 받아들이는 감수〔受〕하고 상상〔想〕하고 사고〔思〕하고 촉감〔觸〕하고 욕(欲)심을 내고, 지혜분별〔慧〕하고 또는 생각〔念〕하고 뭘 하겠다는 의욕〔作意〕을 내고 보다 더 분명한 해석〔勝解〕을 하고 마음을 한군데 모으는 삼마지(三摩地)인 것입니다.

다음 대선지법(大善地法)은 우리가 착한 일 할 때, 착한 마음은 항시 대선지법이 근본이 됩니다. 이것은 믿음〔信〕과 부지런함〔勤〕과 자(自)·타(他)에 부끄러워하는 것〔慚·愧〕, 또는 무슨 일에 대해 허망한 것이거니 하고 집착 않는 것〔捨〕, 탐심을 안 내고〔無貪〕, 진심을 안 내고〔無瞋〕, 남을 해롭히지 않고〔不害〕, 몸도 마음도 가벼워서 모든 것을 능히 해낼 수 있는 감당하는 능력인 경안(輕安)이 있고, 그리고 불방일(不放逸)이라, 흐트러져서 긴장을 풀고 아무렇게나 무질서한 행동을 안 하는 것입니다.

공부 정진으로 경안을 얻은 사람들은 별로 피로를 못 느낍니다. 설사 무리해서 피로해도 조금 쉬면 바로 풀려 버리는 것입니다. 이런 것이 참선하는 공덕이니까 꼭 참선을 해서 한사코 경안은 얻어야 합니다.

다음 대번뇌지법(大煩惱地法)이라, 모든 번뇌는 이 대번뇌

지법에 근거해서 이루어집니다. 진리를 모르는 무명(無明), 방종하는 방일(放逸), 게으름 부리는 해태(懈怠), 진리에 대해서 믿음이 없으며 남을 못믿는 불신(不信), 꾸벅꾸벅 조는 혼침(惛沈), 분별시비하는 도거(掉擧)입니다.

그리고 대불선지법(大不善地法)입니다. 우리는 대불선지법에 대해서 특히 주목을 많이 해야 합니다. 우리가 나쁜 행동을 할 때는 대불선지법이 근거가 됩니다. 이른바 부끄러움을 모르는 것입니다. 남한테 욕을 하고도 마음에 가책도 안 받고 파계무참(破戒無慙)한 일을 한 뒤에도 '이런 것은 다 허망하지 않는가. 원래가 상이 없지 않는가.' 이렇게 생각하는 것입니다. 본체에서는 허망하다 하더라도 한번 업을 지어놓으면 그것이 업 종자가 됩니다. 따라서 그놈을 떼려면 우리 스스로 굉장한 수련이 필요한 것입니다. 우리가 본래 부처인데도 금생에 나와서 쉽게 깨닫지 못하는 것도 그거 아닙니까? 자기 스스로 반성해서 부끄러운 줄도 모르고 남한테 대해서도 부끄러운 줄을 모르는 무참(無慙) 무괴(無愧)를 명심해서 불선지법(不善地法), 불선지 행동은 안 해야 합니다.

다음 소번뇌지법(小煩惱地法)이라, 대번뇌지법에 대해서 정도가 조금 더 미약한 것이지요. 분노〔忿〕하고 숨기고〔覆〕 인색하고〔慳〕 질투〔嫉〕하고 괴로워〔惱〕하고 해(害)치려 하고 한(恨)을 품고 아첨〔諂〕하고 속이고〔誑〕 교만〔憍〕을 부리고, 이런 것이 모두가 번뇌니까 한번 일으키면 업으로 남고 견성하는데 장애가 되는 것입니다.

다음 부정지법(不定地法)이라. 별로 좋지 않은 일을 하고〔惡作〕 졸리고〔睡眠〕 거치른 분별〔尋〕, 미세한 분별〔伺〕을 하는 것입니다.

참선할 때는 심사(尋伺)를 잘 살필 필요가 있습니다. 우리는 내나야 참선할 때 가장 골치아픈 것이 분별시비 아니겠습니까, 분별시비를 떠나버려야 삼매에 듭니다. 심사가 없어야 삼매에 듭니다. 그리고 공부하다 보면 거치른 분별[尋]은 좀 떠났다 하더라도 미세한 분별[伺]은 자기도 모르게 나오는 것입니다. 그래서 이른바 선정 가운데서 2선정에 들어가야 심사(尋伺)가 끊어집니다. 그때는 말도 별로 할 필요가 없어집니다. 분별하고 '좋다 궂다 네가 있고 내가 있다' 그렇게 생각하는 것이 있어야 말이 나오는 것이지 모든 분별이 없어져 버리면 말이 안 나오는 것입니다.

그리고 탐심[貪] 진심[瞋] 아만심[慢] 의심[疑]이 부정지법입니다.

의심 가운데 상대유한적인 것을 의심하는 의심은 우리한테 아무런 도움이 안됩니다. 맨처음에 문제 제기한 바와 같이 '습마물 임마래(什麼物 恁麼來)라, 나[我]란 대체로 무엇인가? 우주란 또 무엇인가?' 이런 문제를 의심해야 참다운 의심인 동시에 이른바 화두인 것입니다. 똥 마른 막대기[乾屎橛]가 화두가 되는 것도 본질과 관계가 있기 때문에 화두가 되는 것입니다.

다음 심부상응행법(心不相應行法)이 있습니다. 심부상응행법은 얻는[得] 것 또는 얻지 못하는[非得] 것, 명근(命根)이라, 우리가 한번 인연 따라서 인간 존재가 되면 명근이 있어야 되지 않습니까? 수명같은 것입니다. 동분(同分)이라, 같은 동류요, 무상정(無想定), 무상과(無想果)라, 무상정에 들면 무상과가 나옵니다.

색계 4선천(四禪天) 가운데 무상천인데, 모든 생각을 조금도 않는 것입니다. 이것도 구분을 잘 못하면 무상천에서 아무

생각도 안 하니까 이것이 해탈이라고 합니다마는 해탈이 못되는 것입니다. 다만 분별시비하는 번뇌만 좀 끊어서 겉으로 생각이 안 나는 것이지 미세한 망상은 남아 있기 때문입니다. 이른바 잠재의식의 저변에 번뇌가 남아 있다는 말입니다.

따라서 무상정은 삼계(三界) 안에 있어, 번뇌를 다 끊은 것이 아닌 아직은 범부지이기 때문에 우리가 취할 바가 아니나 인도 당시의 외도들은 무상천, 무상정 정도를 열반이라고 그르게 생각하였습니다. 열반이란 말은 불교에만 있는 것이 아니라 인도의 다른 외도들에게도 있었습니다. 그런데 그런 열반은 삼계를 해탈하는 열반이 못되는 것입니다.

무상정은 무상천에 들어가는 하나의 선정입니다. 무상정에 들어가면 응당 필연적으로 무상과가 나오는 것입니다.

다음 멸진정(滅盡定)입니다. 우리 공부하는 분들은 멸진정을 굉장히 중요하게 생각해야 합니다. 멸진정을 성취해야 이른바 누진통(漏盡通)이 되고, 누진통을 해야 비로소 참다운 도인입니다. 문자 그대로 번뇌를 다 멸해버리는 것이 멸진정입니다. 이른바 아상·법상을 다 끊어 없애버리는 것이 멸진정이기 때문에 성자와 범부의 분수령을 이루는 가장 중요한 것입니다. 그래서 마땅히 멸진정을 발득(發得) 해야 이른바 선정해탈하는 것입니다. 그러기 때문에 보통은 지혜해탈만 하고서 지혜로는 모르는 것 없이 다 알지마는 멸진정에서 선정해탈을 미처 못하면 삼명육통(三明六通) 등 초인적인 힘을 못내는 것입니다.

마땅히 멸진정은 우리가 어느 때라도 꼭 들어가야 합니다. 게으르면 금생에 못 들어가고 말런지 모르겠지마는 꼭 들어가야 참다운 성자인 것입니다. 그러나 쉬운 것이 아니란 것을 깊이 각오를 해야 합니다. 그러기에 설산동자가 설산에서 '생멸멸이(生滅滅已) 적멸위락(寂滅爲樂)'이란 두 귀절 때문에 자기 목숨을 바친 것입니다. 우리는 이런 경전을 볼 때에 깊은 생각에 잠겨야 합니다. 생멸이 멸이하면 참다운 해탈경계, 해탈을 즐거움으로 한다는 말입니다. 멸이(滅已)라는 것은 번뇌가 다 멸한 자리 아닙니까? 번뇌가 멸한 자리를 증명할 때는 그냥 그렇게 쉽게 그렁저렁해서 될 수 있는 것이 아닙니다. 내 몸뚱이, 나라는 관념, 이것을 어느 때라도 아낌없이 버려야 하는 것입니다. 이것이 생멸멸이 적멸위락의 참 뜻입니다. 그래서 싯달타 전의 설산동자(雪山童子)는 호리도 주저없이 몸을 버린 공덕으로 12겁을 초월해서 성불했다는 것입니다.

우리는 어떻게 성불할 것인가? 우리가 성불을 않고 배겨내는 것이 아닙니다. 어떻게 하든지간에 꼭 성불되어야 합니다. 이 몸뚱이를 불교에서는 원가(怨家)라, 원수라고 합니다. 몸뚱이 집착 때문에 성불을 못해서 그러는 것입니다. 생멸멸이라는 그 귀중한 언구 가운데 자기를 몽땅 바쳤다는 것이 다 들어 있습니다. 설산동자가 나찰신한테 자기 몸뚱이를 잠시의 주저와 회한이 없이 던짐으로 해서, 12겁을 초월해서 성불했다는 사실은 우리들의 수행정진에 비장한 귀감이 아닐 수 없습니다.

또 살타왕자가 새끼 범들을 낳고서 굶주린 어미 범한테 자기 몸을 바치지 않았습니까? 범에게 가까이 가서 몸을 드러 누워도 그 자비로운 위신력 때문에 범이 차마 먹지를 못합니다. 그래서 '내 몸뚱이를 죽여서 바쳐야겠구나' 생각하고 나무 위에 올라가 땅으로 뛰어 내렸습니다. 그러나 제석천이 그냥 받들었습니다. 정말 위대한 인물들은 무량 천신과 호법신이 지키기 때문에 물에 빠뜨려도 빠지지 않고 불에 태워도 타지 않습니다. 인연이 되어야 가는 것이지 인연이 안되면 갈려고 해도 못가는 것입니다. 그러니까 할 수 없이 대꼬챙이로 자기 목을 찔러서 피를 내어 흘리며 가까이 가니 그때는 뭐라해도 짐승이니까 피 냄새를 맡고는 피를 핥아 먹고 몸을 다 먹어서 뼈만 남겼던 것입니다. 이렇게 함으로 해서 11겁을 앞당겨 성불했습니다.

  금생에 우리가 할 길은 성불하는 길 외에 다른 길이 있지가 않습니다. 오직 외길, 한길 뿐입니다. 어떻게 가야 할 것인가? 앞으로도 못가고 뒤로도 못갑니다. 오직 초월하는 길 밖에는 없습니다. 범부를 초월하여 성자의 길 밖에는 없습니다. 못간다고 할 때에는 속체 가운데서, 속물 가운데서 헤매다 윤회할 수 밖에는 없습니다.

  그다음 만물이 생(生)하고 머물다〔住〕달라져서〔異〕멸(滅)해지는 것과 명(名)칭과 구(句)·문(文)이 심부상응행법(心不相應行法)입니다.

  다음 무위법(無爲法)에는 셋이 있는데 첫째 허공무위(虛空無爲)라, 조금도 거리낌이 없는 이른바 허공 세계라는 말입니다. 우리가 공간과 허공은 같겠지 하지만 그러나 같지가 않습니다. 공간 가운데는 산소, 수소 등 일체 현상이 다 있지 않습니까? 그러나 허공은 금 가운데도 허공이 있고 다이아몬드나 어느 것 가운데도 허공이 다 있습니다. 이른바 모든 존재의 근본 장(場)이요 근본 생명이 허공인 것입니다. 따라서 공간과는 전혀 다릅니다. 그래서 허공무위라 합니다.

  또 택멸무위(擇滅無爲)라, 멸은 해탈의 지혜입니다. 우리가 지혜로써 해탈의 자리를 선택한다는 말입니다. 성불하는 것은 모두가 다 택멸무위 때문입니다. 나쁜 것 가려내고서 참다운 진리를 선택하여 무위법을 얻는다는 말입니다.

그 다음에는 비택멸무위(非擇滅無爲)라, 이것은 법이자연(法爾自然)적으로 우주가 성겁(成劫)이 되고 주겁(住劫)이 되고 괴겁(壞劫)이 되어서 공겁(空劫)이 되어가듯이 저절로 무위법인 참다운 진리의 도리에 들어간다는 말입니다. 이것이 비택멸무위입니다.

2. 이종세간(二種世間)

現象界의 一切諸法은 七十五法의 因果關係에 依하여 成立되는 것인데 成立된 世界를 世間이라고 하며, 이 世間은 器世間(宇宙)과 有情世間(動物의 世界)으로 區分한다.

器世間은 有情이 住居하는 世界로서 欲界·色界·無色界의 三界로 區分되며 이 世界는 成·住·壞·空의 四劫의 過程에 依하여 無限한 循環을 거듭 한다.

有情世間은 地獄·餓鬼·畜生·阿修羅·人間·天上의 六道가 있는 바, 生有·本有·死有·中有의 四過程을 거치면서 無始無終의 生死輪廻를 거듭 한다.

그런데, 六道衆生이 生死輪廻하는 原動力은 有情各自의 妄心(無明)에서 일어나는 煩惱로 말미암아 身·口·意 三業의 業力으로 生死苦海에 輪廻하게 되는것이다. 이 過程이 바로 過·現·未 三世兩重의 因果說 곧 十二緣起法(十二因緣法)이다.

현상계의 일체 제법은 75법의 인과 관계에 의하여 성립됩니다. 그러니까 그러한 법은 모두가 다 인과율(因果律)의 범주에 들어 있습니다. 이렇게 성립된 세계를 세간(世間)이라고 하며 이 세간은 기세간(器世間), 즉 모든 천체와 환경 등인 우주와 또는 유정세간(有情世間) 즉 동물의 세계로 구분됩니다.

　기세간은 유정(有情)이 주거(住居)하는 세계로서 욕계·색계·무색계의 삼계로 구분되며 이 세계는 성(成)·주(住)·괴(壞)·공(空)의 4겁의 과정에 의하여 무한한 순환을 계속합니다.

　유정세간은 지옥·아귀·축생·아수라·인간·천상의 육도(六道)가 있는 바, 생유(生有)·본유(本有)·사유(死有)·중유(中有)의 4과정을 거치면서 무시무종(無始無終)의, 처음도 없고 끝도 없는 생사윤회를 계속하는 것입니다.

　이 4유(有)를 우리는 깊이 느껴야 합니다. 불교를 믿는다고 하는 분 가운데도 '죽어지면 그것으로 다 끝나는 것이고 다음은 무(無)로 돌아가지 않는가' 이렇게 단순하게 말하는 분도 있습니다. 어느 상당히 유명한 거사님인데 제가 영가천도(靈駕薦度)를 한다니까 "영가란 것이 없는 것인데 어떻게 천도할 것입니까?" 하고 반문하는 분도 있었습니다.

　그러나 윤회 사상은 불교에만 있는 것은 아닙니다. 저는 그리이스 철학을 깊이는 연구 안 했습니다만 피타고라스나 헤라클레토스나 또는 엠페도클레스나 모두가 다 윤회를 주장했습니다. 사실은, 동양 철인이나 그리이스 철인이나 근본 사상은 대부분 같습니다. 그것을 보고 저는 굉장히 환희심을 내기도 하고 경탄하기도 했습니다. 위대한 분들은 동일한 진리의 본체를 깨달았으니 대체로 견해가 같지 않을 수 없겠지요.

　생유(生有)는 우리가 막 날 때요. 본유(本有)는 날 때부터 죽을 때까지며, 본유에서 있다가 죽는 순간이 사유(死有)고, 중유(中有)는 중음(中陰)이나 같은 뜻으로 죽은 뒤에 다음 생까지의 과정이라는 말입니다. 따라서 우리가 죽어지면 보통은 다 중유에 상당한 기간 머뭅니다. 보통 수준이 이른바 49일입니다.

천지 우주는 심심미묘해서 수리(數理)적 관계가 중요한 기본으로 되어 있습니다. 하나라던가 셋이라던가 7이라던가 그런 수가 중요한 뜻을 가지고 있습니다. 가사, 음계(音階)를 보더라도 한 옥타브(octave)는 일곱 음계를 넘어서 같은 화음(和音)이 되지 않습니까? 음파도 역시 그와 같이 정확한 수치로 구성되어 있습니다. 모두가 다 그렇습니다.

따라서, 우리가 한번 죽어지면 보통 수준은 49일이지만은 업장이 무거울 때에는 49일에 그치는 것이 아닙니다. 젊어서 사망한다거나 또는 원한이나 애착이 있다거나 그런 영혼들은 몇십년도 헤맵니다. 평소에 부처님 공부를 많이 했다면 헤맬 필요가 없겠지만 자기 갈 곳을 모를 때는 유명계(幽冥界) 곧 어두운 세계에서 아주 오랫동안 헤매는데 고통이 이루 말할 수가 없습니다. 그러기 때문에 산사람 주위에 와서 방황을 하는 것입니다.

그래서, 산사람 가운데 아프기는 분명히 아픈데 병원에 가서도 무슨 병인지 모르는 사람들은 흔히 영가 때문에 그런 경우가 많은 것입니다. 불경에도 여러 군데에 나와 있습니다만 우리는 중유라 하는, 중음 세계란 것을 무시를 못합니다. 중음 세계를 무시하면 결국은 윤회를 무시하는 것이 되겠지요.

그런데, 육도 중생이 생사윤회하는 원동력은 무엇인고 하면 유정 각자의 망심(妄心) 즉 무명(無明)인 것입니다. 유정 각자의 망심에서, 무명에서 일어나는 번뇌로 말미암아 신·구·의 삼업의 업력으로 생사고해에 윤회하게 되는 것입니다. 이런 도리는 다 충분히 알지 않습니까? 이 과정이 바로 과거·현재·미래 삼세양중의 인과설 곧 12연기법·12인연법이 되는 것입니다.

3. 삼세양중인과(三世兩重因果)

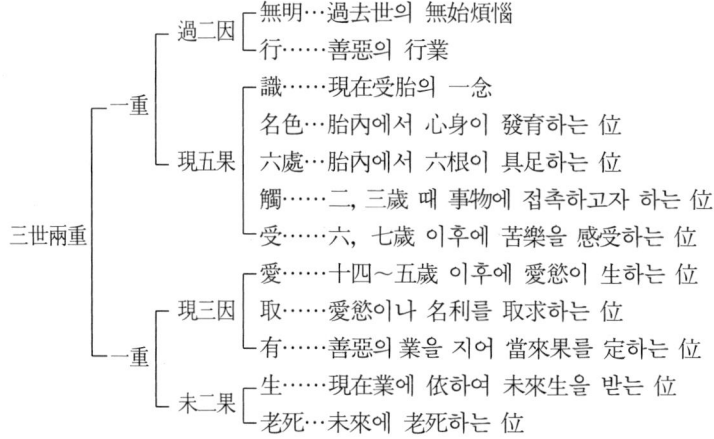

12연기법도 출가사문이면 모르는 분이 없이 다 잘 아는 문제 아니겠습니까? 그러나 해설한 책들을 더러 보면 서로 다르고 구구한 말씀들을 많이 합니다. 제가 생각할 때에 가장 표준되는 것을 골라서 말씀드리니 참고로 하기 바랍니다.

12인연법은 해석에 따라서 여러 가지 종류가 있는 것을 말씀 드렸습니다만 내나 무명이 시초가 되어서 몸으로 입으로 뜻으로 업을 짓고서, 업 따라서 삼세를 윤회하는 것은 똑같은 도리입니다.

우리는 욕계·색계·무색계인 삼계(三界) 윤회란 것도 그대로 온전히 수용을 해야 합니다. 마땅히 욕계가 있는 동시에 분명히 색계가 있고 무색계가 존재합니다.

따라서 삼계도 심중삼계(心中三界)라 하여 번뇌가 녹아지는 정도에 따른 구분도 있고 또는 실제삼계(實際三界)라, 실제로 인간이 있고 축생이 있고 하듯이 실제로 삼계가 있는 것입니다. 이것도 우리가 인정해야 하는 것인데, 마음 법문을 주로 주장하는 사람들은 '삼계는 마음에만 있는 것이지 밖에 무엇이 실제로 있을 것인가' 하지만 분명히 존재하는 것입니다.

여기서 말씀드리는 12인연법은 삼세양중(三世兩重)의 인과인데, 이것은 과거와 현재의 인과가 일중(一重)이 되고 현재와 미래의 인과가 일중이 되어 삼세 양중의 인과라 하는 것입니다.

무명(無明)은 과거세의 무시번뇌요, 행(行)은 선악의 행업입니다. 무시번뇌란 번뇌가 어느 때로 한계가 있는 것이 아니라 한도 끝도 없다는 말입니다. 불교라는 것이 시공(時空)을 초월한 것이기 때문에 무시무종입니다. 끝도 없고 시작도 없다는 말입니다. 번뇌도 역시 시작이 없습니다.

그러면 '모두가 다 불법이다, 모두가 다 불성이다' 하는 말과 어긋나지 않는 것인가? 하지만, 하나의 법성을 바로 보면 다 불성이요, 불성은 조금도 변치 않는 것인데, 중생이 번뇌에 오염되어서 보면 무명인 것입니다. 기신론(起信論)에 '부달일법계고(不達一法界故)로' 일미 평등한 법계의 뜻에 달하지 못했기 때문에, '홀연염기(忽然念起) 명위무명(名爲無明)이라' 문득 생각이 일어나는 그 생각이 바로 무명이라는 말입니다.

우리가 잘 보아서 모두가 다 불성으로 보일 때는 무명이 안 나오겠습니다마는 우리가 윤회 가운데서, 성겁이 되고 주겁이 되는 여러 가지 인과의 순환 과정에서, 여러 가지 인연에 덮이면 바로 못보기 때문에 그때는 생각이 일어나겠지요. 나라는 생각 너라는 생각, 좋다 궂다, 그런 것이 바로 무명입니다. 따라서 무명이 원래 있는 것이 아니라 잘못 보아서 무명이요, 바로 보면 진여불성(眞如佛性)인데 무명이 있으면 응당 우리한테 몸과 입과 뜻이 있기 때문에 선악(善惡) 행업을 짓겠지요. 이것은 과거의 두 가지 원인인 것입니다.

또 현재 5과(果)는 식・명색・육처・촉・수로 식(識)은 현재 수태의 일념 곧 현재 어머니 태안에 막 들어가는 한 생각입니다. 명색(名色)의 명은 심식(心識)을 말하는 것이고, 색은 육체적인 것을 말하며 태내에서 몸과 마음이 발육하는 위요, 육처(六處)는 태내에서 육근이 구족하는 위요, 촉(觸)은 2, 3세 때 사물에 접촉하고자 하는 자리입니다. 말하자면 어린애들이 모두 접촉하고자 이것도 만지고 저것도 만지고 하는 때 아니겠습니까, 수(受)는 6, 7세 이후에 괴롭다 즐겁다 하는 것을 스스로 느끼는 때입니다. 이것이 현재 5과입니다.

또 현재 3인(因)은 성장해서 또 역시 업을 짓는 애・취・유를 말합니다. 애(愛)는 14~5세 이후에 강성한 애욕이 생하는 위치입니다. 우리 인간은 원래 번뇌에서 나왔기 때문에 본능적으로 애욕이 생기는 것입니다. 취(取)는 애욕이나 명리(名利)를 취하고 구하는 위치요, 유(有)는 애욕이나 명리를 취하고 구하는 데서 필연적으로 선악의 업을 짓고 당래의 결과를 정하는 것이기 때문에 유라고 하는 것입니다. 즉 당래의 결과를 벌써 머금어 있다는 말입니다.

다음 미래의 2과(果)는 현재의 업에 의하여 미래의 생(生)을 받고 노사(老死)하는 자리입니다.

　그야말로 명곡도 많이 들으면 싫증나는 것인데 이런 딱딱한 법상 풀이를 오래 하면 굉장히 지루하시고 또 여러분도 대체로 다 아시는 문제들이기 때문에 아무 재미가 없으실 것이나 한낱 노파심에서 정리해 보는 것입니다.

제3절 근본불교(根本佛敎)의 수증론(修證論)

1. 수증론(修證論)의 개요(概要)

지금까지는 근본불교에 대한 여러 가지 현상적인 교상(敎相)풀이를 말씀 드렸습니다. 따라서, 그 다음 문제는 우리 중생이 무명에 가리어 범부가 되었는데 어떻게 무명을 벗어날 것인가? 하는 이른바 수증론(修證論) 곧 닦아서 증명하는 방법에 대하여 논리적으로 체계가 확립되어야 하겠습니다.

불교는 이와 같이 어느 법문이나 다 그러합니다마는 우리의 현상적인 것과 근본적인 성품 문제, 그리고 그 다음 문제는 어떻게 닦아서 깨닫는가 하는 닦음의 문제인 것입니다.

1) 수증론(修證論)

根本佛敎의 修證論
生死輪廻하는 人生苦를 解脫하는 問題는 人生本然의 理想이요 欲望인데 人生과 宇宙를 神이 創造하고 絶對的으로 攝理한다는 轉變說(婆羅門敎 等)이나 여러 要素가 結合하여 自然發生的으로 世界가 이

루어졌다고 主張하는 積聚說(자이나敎 等) 등으로서는 人間이 人生苦를 벗어날 수가 없다.

그러나 佛敎에서는 有情各自의 妄心의 動搖로 因한 自身의 行業에 따라 自己自身이 生成되고 또한 一切有情이 居住하는 世界까지도 創造되었다고 하는 것이니 그 解脫의 能力과 方法 또한 自身에 있는 것이다.

根本佛敎에서는 이러한 哲學的 基礎 위에서 實踐修行說과 斷惑證理와 超凡入聖說 등을 세우고 있다.

그 修行說의 要諦는 三賢·四善根의 方便道를 거쳐서 見道位에 오르고 修道를 次第로 修證하여 無學位의 阿羅漢이 되는 것으로써 最後究竟位로 한다.

근본불교의 수증론(修證論) 곧 닦음과 증(證)하는 문제에 대하여,

생사 윤회하는 인생고를 해탈하는 문제는 인생 본연의 이상(理想)이요 욕망인데 인생과 우주를 신이 창조하고 절대적으로 섭리한다는 전변설(轉變說)이 있습니다.

인도에는 교파(敎派)가 많이 있고, 육파(六派) 철학도 있으나 이른바 전변설과 적취설(積聚說)로 인도 사상을 대변할 수가 있고, 그 다음에 이를 변증법적으로 종합 지양한 부처님의 연기법(緣起法)이 되겠습니다.

전변설은 인생과 우주를 신(神)이 창조하고 절대적으로 섭리한다는 진리로 모두가 신에게서 우러나와 현상계가 이루어진다는 것으로 바라문교(波羅門敎) 계통의 가르침입니다.

또는 여러 요소가 결합되어서 자연 발생적으로 세계가 이루어졌다고 주장하는 적취설 즉 쌓이고 모여서 무엇이 되었다는 사상으로 자이나교(Jaina敎) 계통의 사상입니다.

이런 진리로서는 인간이 인생고를 벗어날 수가 없습니다.

자기에게 해탈의 힘이 있다고 해야 자기 힘으로 될 것인데, 창조주가 있어서 창조되었다고 할 때는 우리가 어떻게 벗어나겠습니까? 또는 우리 인간이나 세계나 모두가 각 요소가 모여서 되었다고 할 때 그 요소를 다 분석해서 해부한다면 모르겠지만 그렇기 전에는 우리가 거기에서 벗어날 수가 없는 것입니다. 따라서 인도 재래적인 전변설이라든가 적취설로는 우리 스스로 인생고를 벗어날 길이 없습니다.

그러나 불교에서는 유정(有情) 각자(各自)의 망심(妄心)의 동요로 인한 자신의 행업(行業)에 따라서 자기 자신이 생성되고 또는 일체유정이 거주하는 세계까지도 창조되었다고 하는 것이니, 그 해탈의 능력과 방법 또한 자신에 있는 것입니다.

우리는 수행한다 하더라도 이런 기본적인 문제에 확신을 가져야 합니다. 우리한테는 이미 본래로 해탈하는 힘이 있는 것입니다. 왜 그런고 하면 본래는 모두가 청정미묘한 진여불성 자리인데, 우리가 잘못 보았기 때문에 그런 무명심(無明心)이 동해서 자기 스스로 업을 지었으므로 결국은 무명심만 제거하면 되는 것입니다.

근본불교에서는 이러한 철학적 기초위에서 실천 수행설과 또는 번뇌 곧 혹(惑)을 끊고 우주의 리법(理法)을 증명한다는 단혹증리(斷惑證理) 또는 범부를 초월해서 성자의 지위에 들어가는 초범입성설(超凡入聖說) 등을 세우고 있습니다.

그 수행설의 요체는 삼현(三賢)·사선근(四善根)의 방편도(方便道)를 거쳐서 우리가 자기 본성, 우주의 참다운 도리를 깨닫는 견도위(見道位)에 오르고 또는 견도한 다음에 점차로 습기를 없애는 수도(修道)를 차제로 닦고 또는 증명해서 다시 위 없는 무학위(無學位)인 아라한도의 성취가 근본불교의 구경적인 목적입니다.

우리는 지금 대승법을 공부하고 있기 때문에 별로 필요없는 것 같으나 다 연관성이 있으므로 지루하지만 우선 살펴보는 것입니다.

2) 불타시대(佛陀時代)의 일반 사상계(思想界)

佛陀時代의 一般思想界
一. 轉變說…梵의 創造……修定主義…波羅門敎 等
一. 積聚說…要素의 結合…苦行主義…자이나敎 等
一. 緣起法…因緣聚散 ……中道主義…佛敎

불타(佛陀)시대의 일반 사상계를 조금 더 살펴봅시다.

아까 언급한 바와 같이, 전변설은 범(브라만 Brahman)이 창조했기 때문에 응당 섭리가 따르고 신의 뜻에 따라 역사가 구성되고 신의 뜻에 따라서 선악이 있게 된다는 것입니다.

그리고 여기에서 수행법은 수정주의(修定主義)라고 합니다. 범(브라만)이 창조하고 브라만이 모두를 지배하기 때문에 마땅히 브라만과 우리가 하나가 되어야 한다는 사상입니다.

우리가 다른 사상을 폄(貶)하는 입장에서 별것도 아니고 외도(外道)라고 하지만, 부처님 사상에 입각해서 생각할 때는 이 브라만 사상에서도 중요한 것을 많이 얻을 수가 있습니다. 바로 보면 조그만 티끌도 다 부처고 바로 못보면 삼세제불(三世諸佛)도 범상하게 여기듯이, 우리가 바로 보는가 잘못 보는가에 있는 것이지 바라문(波羅門 Brāhaṇa)이 나쁘고, 무엇이 좋고 함부로 비판할 수가 없습니다. 우리 불교인들은 이렇게 함으로서 종파성을 초월하고 또는 다른 종교를 이해 해야 하는 것입니다.

　브라만 사상이 제한된 깨달음이기는 하지만 참고 될만한 중요한 점이 많이 있습니다. 석가모니 부처님께서는 최상의 해탈을 다 하셨지만 그렇다고해서 바라문교에서 아무것도 얻은 바가 없는 것은 아닙니다. 수정주의(修定主義)는 삼매를 주로 합니다. 다만 불교의 참선과는 그 이상과 목적이 다르지만 우리 참선하는 수행자처럼 좌선을 주로 하는 것입니다.

　앞에서도 말씀을 드렸습니다만 참선은 먼저 선오후수(先悟後修)가 되어야 참선입니다. 그 한계를 분명히 하여야 합니다. 먼저 깨닫고 뒤에 닦는 것이 되어야 참선이라는 말입니다. 다시 말하면 '내 스스로 본래 부처이고 나한테는 일체 공덕이 다 갖춰 있다. 이 공덕은 부처와 더불어서 절대로 조금도 차이가 없다' 이렇게 느끼고 공부해야 진정한 참선인 것입니다.

　따라서, 다른 종교에서 하는 것은 모양은 가부좌(跏趺坐)를 틀고 앉는다 하더라도 참선이 못되는 것이 무엇인고 하면 선오후수가 아니니까 참선이 못되는 것입니다. 가사, 바라문(브라만) 사상도 '본래가 다 브라만이고 브라만이 바로 우주 자체다' 이렇게 우리 불교의 법신불(法身佛)과 같이 해석해 나간다면 별 차이가 없겠지요. 그러나 브라만은 저 위에 있고 우리는 저 밑에 있고, 차근 차근 닦아서 올라가는 것이라고 해서는 우리가 주장하는 그런 참선은 못되는 것입니다.

　적취설은 말씀드린 바와 같이 우주나 인생이나 모든 존재가 각 요소가 결합해서, 적취해서 이루어졌으므로 고행(苦行)으로 해서 벗어나야 한다는 고행주의 입니다. 이 더러운 몸뚱이가 이렇게 저렇게 결합해서 되었거니 고행으로 이걸 다 떠나야 한다는 것입니다. 그래서 나형(裸形) 외도가 옷도 안 입고,

밥도 잘 안 먹고 목욕도 않는 고행을 합니다. 결국 몸뚱이를 원수로 보는 것은 좋은데 불심(佛心)에 입각해서 해야지 몸뚱이 이 살덩이가 본래 나쁜 것은 아닌데 말입니다. 우리가 잘못보아 이 몸뚱이가 내것이고 소중한 것이라고 보기 때문에 문제인 것이지 살덩이, 눈, 코가 본래 나쁜 것이 아닙니다. 고행주의는 이른바 고행을 위한 고행으로 현상적인 문제의 속박에서, 그런 구속에서 풀려나려고 하기 때문에 필연적으로 고행주의가 된 것입니다. 자이나교 등 이른바 고행외도가 이런 것입니다.

불교의 특징은 연기법(緣起法)입니다. 인연취산(因緣聚散)이라, 연(緣) 따라서 이루어지고 연 따라서 멸한다는 말입니다. 그러면 연의 근거는 무엇인가? 연기법도 우리가 깊이 생각을 해야 합니다.

연기법도 업감연기(業感緣起)나 12인연법이나 그런 차원의 연기는, 물론 부처님께서는 근원적인 연기를 다 알으셔서 우리한테 가르치고 말씀하셨지마는, 우리가 근본불교대로만 생각하여 '연기법은 이것 저것 모여가지고 인연 따라서 이루어진다. 이 몸뚱이도 지·수·화·풍 4대(大)로 이루어지고 내 마음도 수와 상과 행과 식이 모여서 이루어진 것이다.' 이렇게만 생각할 때는 불교도 굉장히 허무한 생각에 빠질 수밖에 없습니다.

따라서, 연기법도 이른바 진여연기(眞如緣起)라, 본래적으로 실존하는 진여불성을 우리가 상정(想定)을 해야 합니다. 참답게 깨달고 보면 연기법으로 이루어지는 만법이 모두가 다 진여법성(眞如法性)이기 때문에 마땅히 참다운 깨달음 분상에서는 꼭 진여불성을 인정해야 한다는 말입니다. 진여불성을 인정할 때 비로소 허망 무상한 허무감을 극복할 수가 있습니다.

만약 '인연 따라서 이것 저것 다 이루어진 것, 이 몸을 떠나면 다 그때는 허망하지 않은가? 이루어진 몸뚱이 한번 죽어지면 허무하지 않은가?' 이렇게 생각할 때는 정말로 허무할 수밖에 없습니다. 무상(無常)도, 불법(佛法)대로 이치에 맞는 무상이 아니라 허망한 무상이 되어 버립니다.

따라서, 연기법은 이른바 법계연기(法界緣起), 진여연기(眞如緣起)까지 되어야 합니다. 무명 따라서 업을 짓고 업 따라서 고를 받는다. 이와 같이 무명과 업과 고의 삼법(三法)이 윤회무궁하게 돌아가는 것이라는 업감연기는 아직은 소승법문입니다. 그러나 원인도 진여불성이고 연도 진여불성이란 것이 이른바 진여연기요, 법계연기라는 말입니다. 화엄경이나 법화경이나 또는 기신론이나 그런 연기법의 가르침입니다.

따라서 필연적으로 중도주의(中道主義)가 되는 것이며 현상을 버릴 수도 없고 또한 공(空)을 버릴 수도 없는 중도(中道)인 것입니다.

3) 연기법(緣起法)의 입장에서 본 인생의 실상(實相)

三法印 ─┬─ 諸行無常
　　　　├─ 諸法無我 ┘…衆生의 迷妄에는 一切皆苦果
　　　　└─ 涅槃寂靜 …… 解脫의 理想境

　三法印이란 佛敎의 根本敎義의 핵심으로서 일정 불변한 眞理의 標幟이다. 그래서 이 三法印으로써 佛說과 魔說을 판정하는 "印"으로 한다.

연기법에서 인생의 실상을 볼 때는 불교의 특징인 3법인(三

法印), 불교의 상징적인 인계(印契 Mudrā)가 3법인입니다. 제행무상(諸行無常)이라, 모든 있는 것은 다 무상하다. 제법무아(諸法無我)라, 무상한 존재는 필연적으로 무아라, 나라 할 것이 없다는 말입니다. 일체 존재가 시간적으로 본다면, 같은 시간에 같은 존재가 있을 수가 없습니다. 하나의 티끌이나 단단한 금이나 모두가 시간이 경과되어서 다른 시간에 같은 모습이 될 수가 없습니다.

그러기에 베르그송(Bergson 1859~1941) 같은 분도 순수지속(純粹持續)을 말하는 가운데 이런 말을 했습니다. "같은 시냇물에 다시 발을 담길 수가 없다." 물이 흘러가는데 한번 담기면 그 물은 흘러가 버리고 다른 물이 오겠지요.

이와 같이 모든 제행은 조금도 같을 수가 없습니다. 어느 한 순간도 머물러 있지 않습니다. 인간은 생·로·병·사(生老病死)요. 천지 우주는 성·주·괴·공(成住壞空)이요. 일체 만유는 생·주·이·멸(生住異滅)이라, 이와 같이 제행무상이고 제법무아인 것을 중생이 잘못 보기 때문에 집착하는 것입니다. 그래서 일체개고(一切皆苦)라, 모두가 인생고가 됩니다.

시간적으로 무상한 도리를 우리가 막을 수가 없고 공간적으로도 나라고 할 것이 아무것도 없습니다. 따라서 그렇게 체념하고 달관하면 좋은데, 그렇게 못하기 때문에 고가 생기는 것입니다. 집이 내 것이겠습니까, 무엇이 내 것이겠습니까, 머리카락부터 발끝까지 내 것이란 것은 아무것도 없습니다. 인연따라서 합해진 무상한 존재에 불과합니다.

이런 범주 내에서는 우리가 인생고를 떠날 수가 없지 않겠습니까, 이것이 사제(四諦) 법문 가운데 고(苦)와 집(集)입니다. 무명에서 일어난 자기라는 아(我)가 있으면 탐욕심과 분노심이 있겠지요. 그러므로 업을 짓고 따라서 고가 생기는 것입니다.

우리가 제행무상과 제법무아를 잘 모르고 집착할 때는 인생고는 필연적으로 안될 수가 없습니다. 석가모니도 인생의 생·로·병·사를 사무치게 느껴서 유성출가(踰城出家) 하고 육사외도(六師外道)를 방문한 것이겠지요.

만약 우리 인간이 근원적으로 제행무상이나 제법무아의 도리를 모르는 미망심(迷妄心)밖에 없을 때는 출가가 있을 수가 없습니다. 그러나 우리 인간은 본질적으로 해탈의 요소를 갖추고 있기 때문에 어떻게 막는다 하더라도, 누가 만류하고 방해한다 하더라도 결국은 해탈의 길로 안 나갈 수가 없습니다.

그러기에, 석가모니께서 나오시기 전에도 이미 바라문교나 다른 종교나 모두가 다 몸부림치며 인생고를 떠날려고 마음 먹었던 것입니다. 기독교도 내나야 마찬가지입니다.

열반적정(涅槃寂靜)이라, 이른바 생멸(生滅) 멸이(滅已)해서, 번뇌를 다 없애고 참다운 영생불멸하는 상락아정(常樂我淨)의 적멸(寂滅)을 이룬 경계가 해탈의 이상경계라는 말입니다.

삼법인이란 불교의 근본교의(敎義)의 핵심으로서 일정 불변한 진리의 표치인것입니다. 그래서 이 삼법인으로써 불설(佛說)과 마설(魔說)을 판정하는 인(印)으로 삼는 것입니다.

2. 수증체계(修證體系)

다음에는 근본불교의 수증(修證) 체계를 말씀 드리겠습니다. 대승불교로 나아가면 조금 덜 딱딱합니다만 근본불교 자리는 흔히 공부를 안 했고 또 별로 관심을 안 두기 때문에 딱딱하게 느껴집니다마는 그래도 우리가 범부심을 점검하고 뒤돌아 볼 때는 굉장히 자기 스스로에 대해서 깊이 느껴지고 따라서, 습기를 녹이는데 참고가 많이 됩니다. 그러기 때문에 대승불교라고 해도 근본불교가 꼭 필요합니다. 마치 돈오에도 점수가 필요하듯이 말입니다.

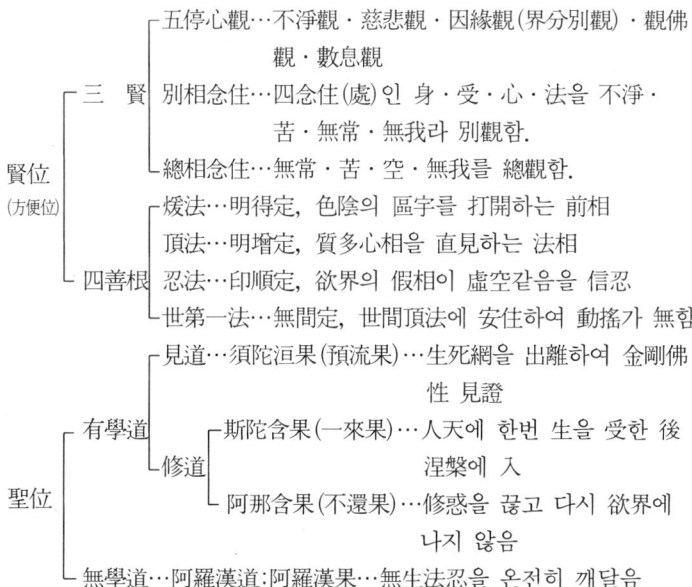

根本佛教의 修證體系

賢位(方便位)
- 三賢
  - 五停心觀…不淨觀・慈悲觀・因緣觀(界分別觀)・觀佛觀・數息觀
  - 別相念住…四念住(處)인 身・受・心・法을 不淨・苦・無常・無我라 別觀함.
  - 總相念住…無常・苦・空・無我를 總觀함.
- 四善根
  - 煖法…明得定, 色陰의 區宇를 打開하는 前相
  - 頂法…明增定, 質多心相을 直見하는 法相
  - 忍法…印順定, 欲界의 假相이 虛空같음을 信忍
  - 世第一法…無間定, 世間頂法에 安住하여 動搖가 無함

聖位
- 有學道
  - 見道…須陀洹果(預流果)…生死網을 出離하여 金剛佛性 見證
  - 修道
    - 斯陀含果(一來果)…人天에 한번 生을 受한 後 涅槃에 入
    - 阿那含果(不還果)…修惑을 끊고 다시 欲界에 나지 않음
- 無學道…阿羅漢道:阿羅漢果…無生法忍을 온전히 깨달음

1) 현위(賢位: 三賢位・四善根)

현위(賢位)와 성위(聖位)로 나누는데 현위는 현자의 자리입니다. 말하자면 진리가 옳다고 생각하고 닦아나가는 자리입니

다. 따라서 방편위(方便位)라고도 합니다. 그리고 닦아 나가서 참다운 근본 성품을 깨닫는 자리가 성위 곧 성자의 지위입니다.

① 삼현위(三賢位)

현위는 다시 3현위(三賢位)와 4선근위(四善根位)로 구분을 합니다. 3현위는 5정심관(五停心觀)으로 시작이 됩니다. 우리 공부하는데 근본불교는 참 착실하고 세밀합니다. 아주 빠짐없이 체계가 되어 있습니다.

오정심관(五停心觀)은 번뇌에 때묻은 우리 마음을 쉬게 하여 고요한 마음에 머물게 하는 법입니다.

첫째, 부정관(不淨觀)입니다. 우리 번뇌란 것은 자기 몸을 아낌으로 해서 나옵니다. 따라서 자기 몸을 아낄 때는 망상이 나오고 집착이 생깁니다. 보다 좋은 옷을 늘 입혀야 하고 좋은 음식을 먹어야 하고 좋은 집에 살아야 하는 탐욕심이 나오겠지요. 따라서 욕심을 뗄 때는 몸뚱이가 본래 부정하다는 부정관이 좋습니다. 부정관하는 법도 구체적으로는 굉장히 세밀합니다.

또는 자비관(慈悲觀)입니다. 사람을 보면 인정 있는 사람들도 있고 인정 없는 사람도 있습니다. 아주 잔인한 사람은 과거 숙세에 그만치 나쁜 업을 많이 지었겠지요. 본래 나와 남이 없다는 무아가 되어야 참다운 자비인데 그렇게까지는 못된다 하더라도 상대적으로라도 인정을 베풀고 사회 봉사도 해야 하겠지요. 그러나 이기심 많은 사람들은 안됩니다. 그런 사람들은 자비관을 해서 차근차근 마음을 열어나가야 합니다. 자비심이 많을수록 마음이 열리게 되고 드디어는 천지 우주 무한대까지 확장이 되어야 하겠지요.

그 다음에 인연관(因緣觀)입니다. 인연 따라서 모아지고 인연 따라서 흩어진다는 인연법을 관찰하는 법입니다.

그 다음에는 계분별관(界分別觀)입니다. 이것은 5온(五蘊) 12처(十二處) 18계(十八界) 이런 것을 분석해서 우리가 집착해 있는 마음을 풀려나게 하는 것입니다. 우리 몸과 우주만유의 구성이 5온인 것이라고 분석한다면 그렇게 좋아하는 자기 몸뚱이도 내나야 5온의 결합에 지나지가 않는다고 성찰해서 무명심을 여의게 되는 것입니다. 그러나 이 계분별관이나 인연관은 상통이 되기 때문에 어떤 문헌에서는 인연관만 내세우고 계분별관 대신에 관불관을 넣기도 합니다.

관불관(觀佛觀)은 부처를 관조하는 법입니다. 다장중생(多障衆生) 관불관이라 하여 장애가 많고 업장이 많은 중생은 관불관을 하라는 것입니다.

우리는 상징이라는 것이 굉장히 중요하지 않습니까? 좋은 그림을 볼 때하고 혼란스럽고 이상한 그림을 볼 때와는 우리 마음이 다르지 않습니까? 여기 노덕 스님들과 같이 서울 어느 부잣집에 가서보니 그 넓은 벽에다 저희들은 도저히 이해할 수가 없는 마음이 산란스럽고 살벌한 그림이 걸려 있었습니다. 그런 것이 벽마다 있을 때에 우리 마음이 평정하게 될 수가 없습니다.

부처님의 상호는 32상(三十二相) 80종호(八十種好)라 그야말로 지혜와 자비와 복덕이 구족한 원만상호 아닙니까, 우리의 본 얼굴은 부처님 상호입니다. 따라서, 우리가 정말로 지혜롭고 자비심이 있을 때는 자기도 모르는 가운데 점차로 부처님 상호에 가까워지는 것입니다. 부처님 상호를 항시 보고 '내가 닮아야겠구나, 내 본래면목 자리가 저 자리이구나' 이렇게 생각할 때는 그만치 업장이 녹아지는 것입니다. 이런 식으로 부처를 관찰하는 관법이 이른바 관불관입니다.

관무량수경(觀無量壽經)에 '시방여래(十方如來)는 시법계신(十方如來 是法界身)이라' 시방여래 부처님은 바로 법계를 몸으로 한다는 말입니다. 이 법계가 바로 부처님 몸입니다. '고로 심상불시(故心想佛時)에, 고로 우리 마음이 부처를 생각할 때는 우리 마음이 바로 32상 80종호를 갖추니라(是心卽是 三十二相 八十種好)' 이런 법문이 있습니다.

나와 남으로 구분을 하고 또는 자연과 나를 한계를 두고 있는 것이 우리 중생 아니겠습니까? 자연도 내나야 진여불성의 화신(化身)인데 좋은 사람 궂은 사람, 자연과 나의 벽을 무너 버릴 때는 자기도 모르는 가운데 얼굴이 풀리는 것입니다. 이런 데에 관불관의 중요한 의의가 있습니다.

다음에는 수식관(數息觀)입니다. 이른바 호흡법입니다. 지금 사회에서는 단전호흡법이다 복식호흡법이다 해서 호흡법들을 많이 하지 않습니까? 어떤 사람은 또 호흡법만 하면 되지 다른 법이 필요 없다는 정도로 집착하는 분들이 있습니다. 그러나 우리는 좋은 점은 인정을 하겠지만 그것만 다이고 다른 것은 아니다 하면 벌써 법집(法執)이 아니겠습니까? 법집은 말아야 합니다. 염불을 하나, 화두를 하나 어떻게 하든지 간에 법집하면 그마만치 거기에 흐림이 생깁니다.

수식관이란 호흡을 헤아리고 한다는 것입니다. 이것은 안나바나경(安那般那 Ana-apāna經)이라는 경의 대요인 육묘문(六妙門)에 수식관의 내용이 있습니다. 간단히 말씀 드리면 육묘문은 여섯 단계로 구분해서 수(數)·수(隨)·지(止)·관(觀)·환(還)·정(淨)문(門)이라고 했습니다.

첫째 수식(數息)은 호흡을 헤아리는 것입니다. 지금은 호흡을 헤아리는 것도 여러 가지로 말합니다만 불교에는 많은 수를 헤아리는 것이 아니고, 하나부터 열까지 헤아리고 다시 또 열에서 하나를 헤아리는 식으로서 이것이 합리적이라 생각합니다. 우리 마음이 산란스러울 때에 하는 법입니다.

이와 같이 5정심관(五停心觀)은 모두가 다 우리 번뇌에 대응해서 한 법문입니다. 아까 말씀드린 바와 같이 자기 몸뚱이나 다른 대상에 대하여 탐욕심이 많은 사람들은 부정관을 하는 것이고, 인정이 부족하고 이기심이 많은 사람들은 자비관을, 또는 어리석은 마음이 많아서 시비 분별을 못가리는 사람들은 인연관을, 산란스러운 마음을 도저히 어떻게 잠재울 수가 없는 사람들은 호흡을 헤아리는 수식관으로 마음을 다스리게 한다는 말입니다.

그래서, 수를 헤아리다가 조금 나아지면, 어느 정도 망상이 줄어지면, 그때는 호흡을 헤아리기가 좀 부담스럽습니다. 그 뒤에는 수식(隨息)입니다. 숨을 헤아리는 것은 그만 두고, 들이 마시면 들이마시는 대로 또는 내쉬면 내쉬는 대로 호흡에 대해서만 관심을 두고서 숨 가는대로 맡겨 버리는 것입니다.

다음 지식(止息)은 번뇌 망상하는 마음을 그치도록 호흡을 오랫동안 머물게 하는 것입니다. 우리 번뇌 망상은 응당 그쳐야 하겠지요. 그러나 우리 범부지에서는 선정(禪定)에 들어가기 전에는 번뇌 망상이 그쳐지지가 않습니다. 원숭이와 같이 경망한 것이 우리 마음 아닙니까, 한시도 마음이 머물지가 않습니다. 이런 마음을 어떻게 잠 재울 것인가? 경을 보아도 읽을 때는 모르거니와 경을 놓으면 다시 천사만려(千思萬慮)로 분별 망상합니다.

따라서, 우리가 분별 망상을 없애려면 꼭 삼매(三昧)에 들어야 합니다. 그러기에 참선이 필요한 것입니다. 염불이나 주문이나 모두가 우리 마음을 한 경계에 머물게 하는 공부를 해야 분별 망상하는 산란스러운 산심(散心)을 잠재우는 것입니다. 그래서 산심이 다 끊어져 버리면 자동적으로 지식(止息)이 되겠지요. 선정에서 초선정, 2선정, 3선정까지 가더라도 역시 산란심은 온전히 못끊어집니다. 산란심이 끊어지지 않으면 호흡도 거기에 따릅니다. 우리 생명이 신비로운 것이 망상 분별하는 마음과 호흡과는 정비례합니다. 마음 거칠면 호흡도 거칠고 호흡이 고요하면 마음도 고요해집니다. 그런데서 호흡법이 중요한 점도 있습니다.

그러나, 마음이 주인공이기 때문에 호흡을 한다 하더라도, 부처님께서 말씀하신 법은 항시 반야 지혜가 앞서는 선오후수(先悟後修)가 되어야 합니다. 부처님 공부는 항시 반야 지혜를 앞세우는 것이고 외도 공부는 반야 지혜를 별로 생각하지 않고서 그냥 테크닉(technic)이나 상(相)에 걸려서 형상적인 것을 미처 멸하지 못하는 것입니다.

따라서, 호흡이 점차로 고요해지고 또는 딱 그쳐 버리는 것이 초선, 2선, 3선, 4선까지 가야 비로소 우리 산란한 마음이 그치게 되는 것입니다. 4선정을 거쳐야 이른바 멸진정에 들 수가 있습니다. 아상(我相)을 몽땅 끊어버리는 준비가 되는 것입니다. 아무튼 지식(止息)은 우리 호흡이 번뇌가 고요해짐에 따라서 그쳐질 수 있는 그런 정도를 말합니다. 망심이 줄어지면 점차로 호흡도 고요해지는 것인데 짐짓코 애써서 오랫동안 호흡을 머무는 법도 있습니다. 쉽게 말하면 복식(腹息) 호흡같은 것이지요. 요가 수트라(Yoga-sūtra)로 말하면 쿰박(kumbhaka)이라, 숨을 들이마셔서 오랫동안 지니는 것입니다. 쿰박에서는 가사 1시간 정도 쿰박을 하게 되면 손가락 위에 올라설 정도로 육신(肉身)이 가쁜해진다고 합니다.

그러니까, 호흡과 우리 마음과는 밀접한 상관 관계가 있습니다. 망심이 줄어지면 그에 비례해서 호흡도 가지런해집니다. 반대로 호흡이 고요해지면 우리 망심도 줄어집니다.

다음에는 관(觀)입니다. 지금까지는 호흡을 위주했지마는 호흡은 거의 고요한 단계가 되었으니까 관이라, 중도실상(中道實相)의 진여(眞如)를 관하는 것입니다. '나도 없고 너도 없고 천지 우주가 일미평등한 다 진여불성이구나' 이렇게 생각하는 것이 관입니다.

그 다음에는 환(還)입니다. 특히 그렇게 관하면서도 관조의 대상을 없애는 것입니다. 주관과 객관과의 차별을 없애고 모두를 다 주관으로, 일체 유심조(一切唯心造)로, 모두가 사실은 마음뿐이라고 깨달아 나간다는 말입니다.

그러다가 정(淨)입니다. 주객을 떠나서 참다운 법자체인 중도실상과 하나가 되어 망상은 그치고 청정해지는 것입니다. 이것이 이른바 부처님께서 말씀하신 호흡법 육묘문(六妙門: 數·隨·止·觀·還·淨)의 요지입니다.

그 다음에 별상념주(別相念住)입니다.

어느 것으로도 성불할 수 있는 법이지만 우선은 초심자가 5정심관으로 공부해 나가서 점차로 자기 마음을 다스려 인정이 없고 자비심이 없으면 자비심이 나게 하고, 자기 몸뚱이를 너무 집착하고 자기가 좋아하는 사람 몸뚱이를 너무 애착하는 사람들은 또 부정관 등을 해서 우리 마음이 익어지게 되면 별상염주라, 이른바 사념주관(四念住觀) 곧 사념처관(四念處觀)

을 각기 별도로 관(別觀)하는 것입니다.

　근본불교는 주로 사념주관 곧 사념처관이 굉장히 중요하게 되어 있습니다. 그래서 아함경에는 수십 군데에 이런 말씀이 있습니다. 4념처는 신·수·심·법(身受心法)이라, 우리 몸에 대해서도 부정관이라든가 여러 가지 관법을 많이 했으나 이제 총체로 본다면 '몸(身)이란 부정해서 더러운 것이요. 아까울 것이 아무것도 없는 것이다. 임종시에 바른 마음 먹으면 죽는 순간 바로 더 좋은 몸으로 바꿔 태어나지 않겠는가?' 이렇게 우리 몸은 부정한 것이라 관하는 것이고

　수(受)는, 우리가 받아들여 수용하는 것, 감수하는 것은 모두 다 고(苦)라고 하는 것입니다. '인생 개고(人生皆苦)라, 인생이 다 고다' 라고 말하면 우리 인생에는 안락도 있지 않는가? 이렇게 반문하는 분도 있을 것입니다마는 우리 범부지에서는 참다운 안락은 없습니다. 우리가 잘 못봐서 안락같이 보이는 것이지 참다운 안락은 없습니다. 안락으로 보이는 것은 곧장 다시 고(苦)로 전변되고 맙니다. 그러기에 실다운 안락은 절대로 없습니다. 따라서, 우리가 수용하는 것은 결국은 모두 고뿐이라고 관하는 것입니다.

　우리 마음(心)은 무상(無常)한 것입니다. 마음은 순간 찰나도 그대로 머물러 있지 않습니다. 선정이란 정심(定心)이 되어야 마음이 머무는 것이지 선정이 못될 때는 항시 동요부단(動搖不斷)합니다. 따라서 '우리 마음은 무상한 것이다. 덧이 없다' 고 관하는 것입니다.

　법(法)은 이른바 만법(萬法)을 말합니다. 법은 인연생(因緣生)이거니, 인연 따라서 잠시간 이루어진 것이 법이거니 '법에 있어서 어느 고유(固有)한 것이 없다 곧 무아(無我)라' 고 관하

는 것입니다.

따라서 신수심법(身受心法)에 '우리 몸이나 감수하는 것이나 분별하는 마음이나 또는 우리가 느끼고 분별하는 개념적인 법, 이런 것이 모두가 부정한 것이고, 괴로운 것이고, 무상한 것이고, 무아인 것이다' 이렇게 우리가 관찰하는 것입니다.

부처님께서 학수종담(鶴樹終談)이라, 학림(鶴林) 수하(樹下)에서 부처님이 맨 나중에 설법하신 경전인 유교경(遺教經)에서, 부처님께서 열반에 임하실 때에 아난존자가 "세존께서 열반에 드신 다음에는 우리는 무슨 법에 의지해야 합니까?" 하고 물었을 때 부처님께서는 "사념주 곧 사념처관에 의지하라"고 말씀하셨습니다. 사념처관은 이렇게 중요합니다. 잘 새기시길 바랍니다.

우리 사바세계를 바로 볼 때는 부정(不淨)이고, 고(苦)고, 무상(無常)이고, 무아(無我)입니다. 바꾸어 말하면 고·공(空)·무상·무아라는 말입니다. 이것을 사바세계의 4정견(四正見)이라 합니다. 바른 견해입니다. 따라서 고·공·무상·무아를 정견으로 생각할 때에는 우리가 집착이 끊어지지 않을 수가 없습니다.

어떤 사람은 '의심만 하면 될 것인데 관법이 무슨 필요한가' 하는 분도 있습니다. 어느 선지식은 관법이 외도라고 그럽니다. 이렇게 법집(法執)을 하면 참 곤란스러운 것입니다.

우리 세대에는 법집을 꼭 극복해야 합니다. 법집을 떠나지 못하면 자기 공부도 안 되고 가정도 바로 다스리지 못하고 또는 자기 문중이나 한 종단이나 국가나 절대로 바로 나갈 수가 없습니다. 범부란 그 업장이 십인십색(十人十色)이기 때문에 열 가지 백 가지로 여러 가지 법이 나올 수가 있지 않겠습니까. 따라서 꼭 법집을 떠나야 합니다.

부처님 법은 대도무문(大道無門)이라, 법문마다 성불하는 문입니다. 동으로 가나 서로 가나 또는 남으로 가나 북으로 가나 다 성불하는 문입니다. 화두를 드는 법이나 또는 관법하는 법이나 또는 염불하는 법이나 주문을 외는 법이나 다 성불하는 법입니다.

다만 긴요한 조건은 꼭 선오후수(先悟後修)가 되어야 합니다. 선오후수가 되어야 참다운 화두, 참다운 염불, 참다운 선, 참다운 주문인 것 입니다.

그런데 5정심관, 별상념주 또는 총상념주 이것이 이른바 3현(三賢)인 것이고, 3현위에서 어느 정도 점차로 우리의 바른 견해가 확립이 되는 것입니다. '나는 이런 법으로 꼭 해야겠구나' 그래서 경안(輕安)이라, 마음이 안정되고 가벼워 확신이 서는 것입니다.

경안이 되어야 자기 몸에 대해서 부담을 느끼지 않습니다. 배고프다고 꼭 간식을 먹고 무엇을 먹어야 하는 것도 아닌 것입니다. 일단 경안이 되어 버리면 있으면 먹는 것이고 없으면 그만이고, 없으면 없는대로 옛날 고인들의 바른 자취를 더듬어 가는 것입니다. 삼세 제불이 일종〔日中一食〕이기 때문에, 없으면 덕분에 일종도 하고 단식하면 덕분에 몸에 있는 더러운 노폐물들을 다 배설하는 것입니다. 없으면 없는대로 좋은데, 있으면 있는 것 때문에 도리어 우리가 자기 몸도 마음도 상하고 부담스러울 때가 많습니다.

그래서 우리가 경안이 되면 자기 몸에 대해서 부담을 느끼지 않는 것입니다. 말은 쉬운데 실지로는 쉽지가 않겠지요. 배고픈 것을 이기기도 곤란스럽고 또는 많이 먹다가 갑자기 적게 먹으면 탈진되고 하니까 그것도 어려운 것이고 말입니다. 그러나 자꾸 행습을 들여서 '이놈의 몸뚱이 괴로운 덩어리 아닌가? 내 전생의 업장이 뭉친 덩어리 아닌가? 어느 때 버린다 하더라도 아무 여한이 없다. 누가 비방하거나 좋다거나 궂다거나 그것이 내 본래면목에 무슨 상관이 있겠는가' 이렇게 생각하고 점차로 그런 관념이 익어지면 자기 몸뚱이에 대해서 관심이 줄어지는 것입니다.

이렇게 고, 공, 무상, 무아라, 신수심법 4념주관의 공덕으로 경안의 단계가 되면 설사, 불경 가운데 어려운 대문이라 하더라도 '아, 그렇구나!' 하고 짐작이 되는 것입니다.

12인연법에서도 보아왔습니다만 윤회의 가장 근원적인 원인이 무명에 있다는 것을 우리는 충분히 잘 알고 있습니다. 따라서 우리가 해야 할 가장 중요한 당위(當爲)는 무엇인고 하면 어떻게 무명을 없앨 것인가? 하는 것이 불교 수행의 요체입니다.

반야심경(般若心經)에도 있는 바와 같이 본래에서 볼 때는 무무명(無無明)이라, 원래 무명이 없는 것입니다. 다만 중생이 잘못 봐서 무명을 실체화 시키고 대상화 시킨데서 이른바 윤회의 인생고가 있는 것입니다.

소위 말하는 '카르마(Karma)의 사이클(cycle)' 윤회의 수레바퀴를 어떻게 벗어날 것인가? 하는 것도 역시 무명을 없애는 데서 비로소 참다운 수행적인 의의가 있습니다. 어떻게 무명을 끊을 것인가? 삼학도(三學道)라든가 또는 팔정도(八正道)가 다 무명을 소멸하는 중요한 덕목인 것입니다. 화두나 염불이나 주문이나 모두가 다 무명을 없애는 작업입니다. 따라서 어떤 공부를 하든지간에 무명과의 정 반대인 진지(眞智) 곧 참다운 반야 지혜가 앞서야 하는 것입니다.
 참다운 지혜는 구체적으로 어떤 것인가? 이것은 유(有)도 아니고 공(空)도 아니고 이른바 중도실상(中道實相)의 지혜입니다. 중도실상의 지혜가 항시 마음에 자리하고 염불도 하고 화두도 참구하고 주문도 외워야 무명과의 싸움에서 이길 수가 있는 것입니다.
 불교의 총체적인 정견(正見)은 방금 제가 말씀드린 바와 같이 중도실상의 참다운 지혜가 정견입니다마는 소승적인 의미에서 사바세계를 어떻게 볼 것인가? 하는 정견은 고·공·무상·무아입니다. 인생이 무상이고, 시간적으로 볼 때 어느 것도 잠시도 머무는 것이 없기 때문에 무상입니다. 또한 무상한 존재는 어느 것이고 고유한 것이 있을 수가 없기 때문에 바로 무아인 것입니다. 사람을 비롯해서 어떤 것이나, 아법(我法)이나 제법(諸法)이 모두가 다 무아가 아닐 수가 없습니다.
 이런 무상하고 무아인 것을 잘 모르고 아(我)가 아닌 것을 아라고 하고 또는 법이 아닌 것을 실법(實法)이라고 생각하는 데서 필연적으로 인생고가 있게 됩니다. 제 아무리 영리하다 하더라도 아를 떠나지 못하고 또는 실법이 아닌 것을 법이라고 생각하는 한에서는 인생고를 떠날 수가 없습니다. 무아고 또는 무상이기 때문에 공이 아닐 수가 없는 것입니다. 그래서 고·공·무상·무아는 서로 상관 관계에 있습니다.
 별상념주(別相念住)에서는 처음에 부정(不淨)이 있으나 총상념주(總相念住)에서는 고·공·무상·무아라고 합해서 관조하는 것입니다. 우리가 무엇을 보든지 간에, 자기 몸을 보나 또는 상대를 보나 어떠한 존재를 보나 '이것은 무상하고 결국은 괴로운 것이고 공이고 또는 무아구나' 이렇게 관조하는 것이 총상념주 관법입니다.

　아함경에서는 수십 군데나 고·공·무상·무아를 관조하는 법이 있는 것이고 또는 초선정, 2선정에 들어가는 것도 역시 고·공·무상·무아의 4념주법으로 들어가는 것이 상례입니다.

　우리는 본래로 상주 부동한 진여불성으로 존재하고 있는 것인데 우리가 어쩌다가 망각하고 살아왔지만 잠재의식에서는 항시 자기 고향으로, 진여불성으로 돌아가고자 하는 마음이 간절히 솟음치고 있는 것입니다.

② 사선근(四善根)

　다음 단계에서, 우리 마음을 한껏 다스려 선근(善根)을 깊게 하는 공부가 이른바 4선근입니다. 우리한테 얼마만치 4선근이 많이 있는 것인가? 이런 것도 역시 4선근 정도에 따라서 점검할 수가 있습니다.

　4선근은 난법(煖法)·정법(頂法)·인법(忍法)·세제일법(世第一法)입니다.

　난법을 유식론에서는 명득정(明得定)이라 합니다. 어째서 명득정이라고 했는가? 난법상(煖法相)이 미처 나타나지 못한 범부는 항시 마음에 어두운 구름이 오락가락 하듯 눈만 감아도 어두컴컴하고 깜깜하고 불교 법문을 보고 듣더라도 무엇이 무엇인지 분간을 못하고 부질없는 분별시비가 일어나고 마음이 잘 트이지 않습니다. 그러다가 기도를 하든지 참선을 하든지 마음을 가라앉히고, 마음이 점차로 정화됨에 따라 흐린 구름같은 것이 활짝 개어서 머리도 가슴도 몸도 시원스럽게 느껴져서 마치 전류에 감전된 듯 쩌르르 하며 온 몸이 아주 쾌적하여 피로라든가 언짢은 생각이 싹 가셔 버립니다. 물론 완전무결한 것은 아닙니다마는 그런 경계를 느끼는 것입니다. 잘 모르는 사람들은 쩌르르한 전류같은 것을 느끼면 무슨 병증세가 아닌가? 하고 기우(杞憂)를 합니다마는 그럴 필요는 없습니다. 우리가 오염된 것이, 산란스럽고 분별시비 많이 하던 망념이 스러지고 우리 마음이 그만치 진여불성쪽으로 다가서는 조짐인 것입니다.

그래서, 불성의 훈기가 어느 정도 다숩게 우리한테 다가온다는 의미로 난법이란 명의(名義)를 썼다고 설명이 되어 있습니다. 사실 그렇습니다. 그래서 명득정이라 하여 어두운 데서 밝음을 얻는 삼매의 시초에 들어간다는 뜻입니다.

말씀드린 바와 같이 우리한테 가장 큰 병통은 한낱 가상(假相)인 것을 있다고 집착하는 유병(有病)입니다. 물질이 아닌 것을 물질로 보고 실체가 아닌데 실체로 보는 것이 유병 아닙니까? 중생은 지금 유병을 앓고 있습니다. 유물주의, 물질지상주의 같은 것은 모두가 유병인 것입니다.

물질이라는 말이나 색음(色陰)이라는 말이나 같은 뜻입니다. 색음의 구우(區宇)를, 곧 물질로 덮여 있는 경계를 타개(打開)하는 전상(前相)이 난법상이요 명득정인데 밝음을 얻는다는 말입니다.

그 다음에는 정법(頂法)입니다. 이때는 명득정의 밝은 기운이 더 증장(增長)되어 옵니다. 처음에는 조금 왔다가 그만 두면 사라지고 하지만 정법상에서는 밝은 기운이 점차로 증가되어 사라지지 않습니다. 자나 깨나 앉으나 서나, 우리가 별로 망동만 않으면, 파계무참한 짓만 않으면은 계속이 됩니다. 그러나 음식을 함부로 먹는다거나 이상한 짓이나 할 때는 밝은 기운이 간곳없이 사라집니다.

정법은 밝음이 증가되는 명증정(明增定)인데, 질다심상(質多心相) 곧 분별하는 마음 상태, 성자의 마음이 아니라 범부의 마음 상을 의미하는 질다심상을 직견(直見)하는 법상입니다. 그래서 '내 마음이라는 것은 대체로 이런 것이구나' 이렇게 짐작이 되는 경계입니다.

다음이 인법(忍法)입니다. 이것을 대승법인 유식론적으로 말하면 인순정(印順定)이라 합니다. 욕계(欲界)의 가상(假相)이 허공 같음을 믿고서 확실히 인증한다는 경계입니다.

'내 몸뚱이가 비어 있어 사대색신(四大色身)이 허망하다. 수상행식도 허망하다'고 하면, '부처님께서 말씀했으니까 사실은 사실인데, 감이 안 잡히는구나' 이렇게 보통은 느끼지 않겠습니까마는, 마음의 맑은 기운이 더욱더 증가되어 오는 때에는 자기도 모르는 가운데, '모두가 다 정말로 무상하고 허망하구나' 하는 것이 몸에 가슴에 사무치게 명심되는 것입니다.

따라서, 교리를 많이 공부한 분도 꼭 선을 닦아서, 기도를 하건 참선을 하건 적어도 며칠 동안만이라도 밀어부쳐야 합니다. 그래야 '아 이 몸뚱이가 허망하구나 물질이라는 것도 모든 제법이 다 공이구나' 하고 확실한 믿음이 오는 것입니다.

난법(煖法)을 얻었다 하더라도 아무렇게나 행동하면 소멸되고 맙니다. 또 명증정(明增定)인 정법(頂法)을 얻었다 하더라도 그렁저렁 생활하면 그냥 후퇴하고 맙니다. 그래서, 난법 정법을 얻은 단계에서는 삼악도(三惡道)에 떨어질 수도 있습니다. 함부로 살아버리면 지옥도 가고 아귀도에도 가고 축생도에도 가는 것입니다.

그러나 인순정, 인법으로 해서 확실히 믿고 잠재의식 가운데에 그 종자를, 뿌리를 명확히 둘 때는, 인법을 증득한 사람들은 삼악도에 떨어지지는 않는다는 것입니다.

그래서, 쇠뿔은 단김에 빼라고 하듯이 공부할 때는 간단없이 지속을 시켜야지 하다 말다 하면 안 하는 것보다는 낫지만 공부가 진척이 안됩니다. 또는 우리 잠재의식은 과거 숙세부터의 습기가 많기 때문에 하다 말다 하면 잠재의식 가운데서 다시 또 망념이 솟아 오르는 것입니다. 마땅히 지속적으로 공부해야 잠재의식에 선근이 뿌리 내리게 되는 것입니다.

그 다음에 세제일법(世第一法)입니다. 인간 범부 세상에서는 제일 높은 법이라는 뜻입니다. 이것은 무간정(無間定)이라 합니다. 무간정은 번뇌가 낄 사이가 없다는 뜻입니다. 아직 성자는 미처 못되었다 하더라도 번뇌가 낄 사이가 없다, 또는 견도하는 지위와 세제일법과는 찰나의 사이이기 때문에 간격이 없다는 뜻도 됩니다. 무간정에서 비로소 모든 존재의 본질인 금강불성(金剛佛性)의 심일(心日)을 견증(見證)하게 되는 것입니다.

여기에선 세간정법(世間頂法)에 안주해서 동요가 별로 없습니다. 무상하다고 확고하게 달관한 경계에서 고민이 나올 수가 없겠지요. 자기 몸뚱이가 상처를 입으나, 아프나, 이별을 하나 또는 재산 문제로 실패를 하나, 원래 없는 허망한 꿈같은 것이 없어지는 것이니까, 그런 것 때문에 우리 마음이 상처를 입을만한 아무런 이유가 없을 정도로 모든 경계를 여법하게 통찰하게 되는 경계입니다.

여기까지가 4선근입니다. 이런 경계도 난법, 정법, 인법으로 점차로 올라가는 분도 있고 또 용맹정진을 잘하고 과거 숙세부터 선근이 깊은 사람들은 비약적으로 뛰어 올라가기도 합니다. 난법에서 인법으로 바로 가기도 하고 인법에서 세제일법을 안 거치고 견도(見道)로 올라가기도 합니다. 그런데 공부하는 분들 중에 어떤 분들은 자칫하면 '아, 차서가 본래 없는 것인데 집착할 필요가 있겠는가' 하고 이런 차서를 무시해 버리기도 합니다.

그러나 과거에 달도(達道)한 도인들이라든가 부처님께서는 일반적인 수준을 위해서 한계있게 합리적으로 체계를 세운 것이니까 일단 알아두면 편리합니다. '아, 내 공부가 지금 난법 정도구나, 이때는 정법이구나' 이와 같이 스스로 점검할 수가 있어서 섣부른 스승이 없다 하더라도 혼자 토굴에서도 공부를 할 수가 있는 것입니다.

2) 성위(聖位: 有學道, 無學道)

그 다음에는 성위(聖位)로서 성자의 지위입니다.
세제일법에서는 마음의 동요가 없이 망상에 간격(間隔)되지 않고 나간다 하더라도 아직은 성자가 아닙니다. 그러나 이런 정도만 되어도 성자의 한계를 잘 모르는 사람들은 '아, 이것이 도통(道通)이구나' 하는데, 우리는 이런 것을 엄정하게 경계를 해야 합니다. 석존 이후에 이런 과오를 범한 분들이 한 두분이 아닌 것입니다.

따라서, 이와 같이 수도 과정의 법상을 해설한 것은 증상만(增上慢)의 죄를 범하지 않고 자기 한계와 자기 공부를 점검하기 위해서입니다. 증상만의 죄를 범하면 자기를 속이고 성자를 속이고 성품을 속이기 때문에 공부가 진척이 안됩니다. 또한 자기가 못 통(通)하고 통했다 하고 성인이 아니고서 성법(聖法)을 얻었다하는 대망언을 범하면 결국은 승려의 자격을 상실한 것입니다.

따라서 그런 것을 경계하기 위해서는 법의 차서를 꼭 알아서 점검을 바르게 해야 하고 자기가 잘 모를 때는 믿는 선지식한테 가서 점검을 받아야 하는 것입니다.

성위(聖位)에는 유학도(有學道)와 무학도(無學道)가 있습니다. 유학도는 번뇌의 습기를 아직은 다 못 끊어서 수도를 할 단계입니다. 그러나 무학도는 번뇌의 습기마저도 다 끊어버려서 다시 배울 것이 없는 단계입니다. 이른바 멸진정(滅盡定)을 성취해서, 번뇌를 멸진하고 아(我)를 멸진하고 실아실법(實我實法)을 다 멸진해서 다시 할 것이 없는 경계입니다.

① 유학도(有學道)

유학도에는 견도(見道)와 수도(修道) 단계가 있는데 견도는 소승 4과(四果)인 수다원과 사다함과 아나함과 아라한과 가운데 처음인 수다원과 즉 예류과입니다.

4과는 습기가 얼마만치 제거가 되고 안되었는가 하는 깊고 옅은 차이 뿐인 것이지 모두가 다 성자의 지위입니다. 처음에 수다원과(須陀洹果)는 예류과(預流果)라 하는데, 범부의 경계를 떠나서 성자의 경계에 참여한다는 뜻입니다. 죽고 살고 분별시비하는 생사망의 그물을 벗어나는 단계입니다. 마치 새가 채롱을 벗어나듯이, 사실 우리 중생들은 아직 성자가 못되는 지금 새장에 갇혀 있는 새나 똑같습니다. 아무리 푸득거리고 잘난척해도 내나야 새장에 갇혀 있는 새나 다름없습니다.

예류과에서는 생사망을 출리(出離)해서 금강불성을 견증(見證)합니다. 진여불성자리, 우리 자성을 현관(現觀)으로, 직접적으로 직관해버려야 비로소 예류과인 성자의 지위에 참여가 되는 것입니다. 이것이 견도(見道)요 견성(見性)입니다.

어록들을 보면 견도 견성 가지고 굉장히 많이 싸웁니다. 견성은 훨씬 높고 견도는 밑에라고 하지만, 불경을 보면 어디를 보아도 다 똑같은 개념입니다. 다만 종파성 때문에 자기 종파가 제일 옳고 다른 것을 폄하하는 데서 자시비타(自是非他)하는 것입니다. 그러나 그런 과정을 거쳐 왔기 때문에 우리 세대는 그래서는 안됩니다. 또는 정말로 견도를 하고 견성을 했을 때는 경계가 같아버리니까 하등 시야비야(是也非也) 할 필요가 없습니다. 그러나 참다운 견성을 못하고 참다운 견도를 못한 사람들은 섣불리 문자(文字) 가지고 분별하고 따집니다. 이런 것을 우리는 경계를 해야 합니다.

그 다음에 수도(修道)는 보살십지(菩薩十地)로 말하면 초지(初地)부터 10지로 점차 닦아 나가는 것이 순서 아니겠습니까마는 4과(四果)에서는 그런 것을 다 합해서 말합니다.

사다함과(斯陀含果)는 인천(人天)에 한번 생을 받은 후에 열반에 든다고 일래과(一來果)라 합니다. 인간에나 천상에나 욕계(欲界)에 한번 오는 과입니다. 예류과를 성취했다 하더라도 욕계번뇌가 다 소멸한 것이 아닙니다. 불경에 보면 욕계9품 번뇌 가운데서 6품이 떼어졌지마는 3품이 남아 있기 때문에, 남아 있는 욕심의 찌꺼기 때문에 다시 욕계를 한번 와서 열반에 든다는 과입니다. 열반에 든다는 것은 진여불성과 하나가 되는 것을 의미합니다.

따라서, 일래과(一來果)에서는 욕계에 한 번 올 수 있는 정도 밖에는 번뇌가 안 남았으니까, 함부로 파계무참한 짓은 못하겠지요. 우리 범부지에서는 그야말로 '진날 개 사귄'격으로 뗄려 해도 떨어지지 않는 지겨운 번뇌가 욕계 번뇌입니다.

그 다음 아나함과(阿那含果)는 불환과(不還果)라 합니다. 다시 욕계에는 안 온다는 경계입니다. 색계나 무색계에는 옵니다마는 욕계에는 다시 올 필요가 없습니다. 욕계의 사혹(思惑) 번뇌인 9품을 다 떼었기 때문에 불환과라, 다시 욕계에 돌아오지 않습니다. 수혹(修惑·思惑)을 모조리 끊어버렸으니 다시 욕계에 돌아올 필요가 없습니다.

번뇌를 견혹과 수혹으로 구별하여 말합니다. 견해에 따르는 번뇌는 견혹(見惑)이라 하는데 견도할 때에 몽땅 떼어버리는 것이고 사혹(思惑) 즉 수혹(修惑)은 일체 사물의 성품을 모르거나 정의(情意)에 따른 번뇌로서 점차로 10지까지 올라가면서 다 끊습니다.

견도할 때에는 '나와 너가 없고 모든 것이 본래로 일미평등한 진여불성이다' 이런 도리에 장애가 되는 견혹을 끊고 바른 도리를 확실히 증명하는 경계입니다. 확실히 증명하는 것은 금강불성(金剛佛性)을 견증(見證)해야 되는 것입니다. 금강불성을 견증하지 못할 때는 항시 의심이 남습니다. 일상 생활에도 눈으로 보고 실제로 체험하면 의심하지 않지만 그렇지 못한 것은 자꾸만 시야비야 합니다.

② 무학도(無學道)

그 다음 아라한과 즉 무학도(無學道)입니다. 아라한과는 이른바 멸진정을 성취해서, 번뇌를 다 멸해버려서 다시 번뇌가 없습니다. 그때 비로소 무생법인(無生法忍)을 온전히 깨닫습니다. 불생불멸한 도리를 확실히 증(證)하는 것입니다.

이런 것을 보아도 알 수 있듯이 근본불교가 우리한테 필요없는 것이 아닙니다. 점차로 닦아나가는 순서가 바르고 스스로 공부를 점검할 때나 남의 공부를 점검해 줄 때에도 굉장히 필요한 것입니다.

이상으로 근본불교의 수증(修證) 체계를 대체로 마친 셈입니다. 너무나 번쇄한 교리를 대강만 간추려 말씀하게 되니 피상적이지 않을 수 없었습니다. 아무튼, 이번 법회는 전문적인 연구가 아닐뿐 아니라 우리가 과거에 다 섭렵했던 것을 재확인하고 넘어가는 의미에서 살펴본 것에 지나지 않습니다.

제4절 인도(印度)의 대승불교(大乘佛教)

1. 중관파(中觀派)

中觀派… 馬鳴(佛滅後 600年頃·起信論著)·龍樹(佛滅後 600~700年頃 中觀論 十二門論·智度論·十住毘婆沙論 等 著)·提婆(3世紀頃·百論著) 等에 依하여 般若空思想이 勃興함.

그 다음은 대승불교를, 대승불교도 전반적인 것이 아니라 주로 인도의 대승불교를 간단히 살펴보도록 하겠습니다.

첫째로 중관파(中觀派)에는 마명(馬鳴 Aśvaghoṣa)·용수(龍樹 Nāgārjuna)·제바(提婆 Deva) 등이 있습니다. 마명은 기신론을 저술한 분으로 불멸 후 600년경 나오신 분입니다.

용수는 조금 뒤인 불멸 후 600년부터 700년경 분입니다. 용수보살은 8종(宗)의 조사(祖師)라고 까지 합니다. 선(禪)이나, 교(教)나 모든 종파가 거의 비조(鼻祖)로 용수한테다 그 근원을 대는 것이 보통입니다. 용수는 또 용궁에 들어가 화엄경(華嚴經)을 가져왔고 남천축의 철탑을 열고 금강정경(金剛頂經)을 얻었다고 하여 대승불교가 이로부터 발흥하였으므로 후세에서 그를 제 2의 석가라 칭송합니다.

 용수가 저술한 책은 주로 중관론(中觀論)·십이문론(十二門論) 또는 지도론(智度論), 지도론은 대지도론 또는 대론(大論)이라고도 하는데 100권입니다. 반야바라밀경의 뜻을 해석하고 정리한 논장입니다. 다음에 십주비바사론(十住毘婆沙論)도 중요합니다. 특히 염불하는 사람들은 한번씩 꼭 더듬어 볼만한 것입니다.

 용수보살은 십주비바사론에서 여러 가지 법문 가운데 특히 난행문(難行門)과 이행문(易行門) 즉 어렵게 수행하는 문과 쉽게 수행하는 문을 제시하였습니다. 성도(成道)하는 이론도 복잡하고 자기자신이 오랫동안 애쓰고 용맹정진도 하는 수행법이 난행문이라고 하면 이행문은 믿음으로 해서, 염불에 의해서 쉽게 가는 법입니다.

 다 그렇지는 않다 하더라도 대개 논리적으로 따지는 분별지혜를 싫어하는 사람들은 순수하게 믿음을 좋아하고 또는 어떤 분은 화두만 참구하는 것이 좋다고 하는데 근기가 차이가 있어서 우리가 무엇이 옳고 그르다고 할 수는 없습니다. 따라서, 마땅히 어려운 문만 있고 쉬운 문이 없으면 불교가 그마만치 옹색하다는 말입니다. 그런데서 용수보살은 자비심, 노파심에서 염불문인 이행도(易行道)를 냈다고 볼 수가 있겠지요.

 부처님 법문 가운데는 다 들어있고 또 통달한 도인들이 해설은 미처 못했다 하더라도 그때 상황 따라서 너무 치우치거나 딱딱하기만 하면 이행문을 내놓고 믿음을 주로하는 법을 응당 제시를 했던 것입니다.

 믿음을 주로 하는 것이 굉장히 필요합니다. 지성(知性)적으로는 많이 안다 하더라도 감성(感性)을 무시할 수가 없지 않습니까? 정녕 부처님은 바로 생명 자체 아니겠습니까? 우리가 생명인데, 자기를 비롯한 일체 생명의 근원인 부처가 생명이 아닐 수가 없습니다. 부처님은 다만 논리나 또는 지성적인 이치가 아니라 바로 생명이기 때문에 생명을 생명으로 순수히 받아들이는 것입니다. 또 우리 마음은 본래 생명을 그리워하는 마음이 갖추어 있습니다. 우리 중생은 정도의 차이 뿐이지 누구나 어딘가 가고 싶어하고 어딘가에 이르고 싶어하는 향수를 지울 수가 없습니다. 우리가 본래적으로 바로 부처이기 때문에 부처가 못되는 한에는 항시 불안스럽고 어떠한 것도 우리 마음을 못 메웁니다. 물질적인, 상대 유한적인 것은 어느 것도 우리 마음을 못 채웁니다. 따라서 우리 중생이 불안한 것은 필연적인 것입니다.

따라서, 지금 서구의 실존철학(實存哲學)은 주로 불안 의식이 기초가 되어서 나왔습니다. 불안한 마음을 해탈하려는 데서, '계박(繫縛)을 풀고 싶다, 구속을 없애고 싶다. 모든 것에서 벗어나고 싶다' 그런데서 이른바 '실존이 무엇인가, 나라는 것은 원래 어떠한 것이고 우주는 어떤 것인가, 우주실상은 무엇인가?' 이런 것을 탐구하지 않을 수가 없게 된 것입니다. 그러기 때문에 실존철학을 한 사람들은 키에르케고르(Kerkegaard 1813~1855)나 하이데거(Heidegger, Martin 1889~1976)나 또는 야스퍼스(Jaspers, Karl 1883~1969)나 모두가 대체로 불경(佛經)을 많이 참고로 했다고 합니다. 그래서 그 사람들 글을 보면 불경적인 내용을 상당히 많이 엿볼 수가 있습니다.

따라서, 불안한 사람들은 법화경을 보아도 불안하고 다 불안스러운 것입니다. 그래서 이것 저것, 경이고 무엇이고 다 던져 버리고서 마음으로, 생명의 본바탕인, 생명의 본고향인 부처님 자리를 생각하는 것입니다.

　사실 우리네 할머니나 어머니들이나 그분들이 불경을 전혀 모른다 하더라도 하루에 천번 만번 염주만 헤아리는 그런 태도, 그리고 그분들의 행동이나 그 얼굴이나 어디를 보나 자비심이 흐르고 있습니다. 학자보다도 고관들보다도 자비심이 넘쳐 있습니다. 순수한 심성이 그만치 불성 쪽으로 가까워지고 정화가 되어 있는 것입니다. 따라서, 그분들은 이치로는 모른다 하더라도 남을 미워할 수가 없고 남한테 듣기 싫은 말을 할 수가 없는 것입니다.

　그래서, 부처님에 대한 그리운 마음, 부처님을 흠모 추구하는 갈앙심(渴仰心)은 우리 마음을 비약적으로 정화 시키는 것입니다. 우리 수행인에게도 굉장히 필요한 자세인 것입니다.

　누구한테 무엇을 베푼다 하더라도 '주 하나님의 이름으로 베풀어라' '주 하나님의 이름으로 아멘' 그런 태도같은 것도 매우 중요한 것입니다. 우리가 기독교의 말이기 때문에 그런 건 모두가 미신 같다고 할것이 아니라 부처님 사상에서 본다면 우리가 참 좋게 이해가 됩니다. 순간 찰나도 부처님(하나님이라 이해할 때)이란 생명자리를 안 떠나기 위해서 그렇게 하는 것입니다.

　염불이란 본 뜻도 불이불(不二佛)이라, 부처와 나와 둘이 아니라는 뜻으로 해서 염불하는 것입니다. 부처가 저 밖에 있다고 해서 염불하는 것은 아닙니다. 다만 중생이 모르니까 극락세계를 밖에 설정하는 것이지, 천지 우주가 이대로, 사바세계가 바로 적광토(寂光土)라, 바로 극락세계입니다. 다만 중생이 어두워서 못보는 것입니다. 또는 불리불(不離佛)이라, 부처와 떠나지 않기 위해서 염불하는 것입니다. 화두나 똑같습니다.

그런 데에서, 이른바 쉽게 닦아나가는 이행문에서 갈앙심은 논리를 배제한 순수 직관적인 것이지만 우리 마음을 비약시킵니다. 어떤 때나 삼매라 할 때는 비약이 있어야 삼매가 되는 것이지 비약이 안 들어가면 삼매가 못되는 것입니다.

기독교도 이행문 같은 하나의 신앙형태가 되겠지요. 기독교도 우리가 이해하고 본다면 외도라고 볼 수가 없습니다. 마태복음서나 요한복음서나 또는 누가복음서나 그런 복음서를 부처님의 진여불성 자리에서 관조한다면 옳은 말이 많은 것입니다. 불경도 비유와 상징이 있듯이 기독교도 비유담 상징담이 많이 있습니다마는 그런 비유나 상징의 껍질을, 베일(veil)을 벗기고서 이해할 때는 좋은 가르침이 많이 있습니다. 그러나 여실(如實)하게 인간성이 원래 무엇인가? 우주의 본성이 무엇인가? 그런 것은 별로 말하지 않았기에 참다운 대승법이 될 수는 없습니다.

제가 이런 말씀을 드리는 것은 우리가 지금 불가피하게 기독교와 관계를 해야 하는 시대적 요청을 말하기 위해서 입니다. 아시는 바와 같이 기독교 인구가 지금 18억이라고 합니다. 18억 인구를 외도라고 해서 우리가 배격하고 서로 피차 싸울 수가 있겠습니까? 마땅히 그들이 인간의 존엄성, 인간의 자성(自性)을 잘 모르는 정도는 우리가 이끌어 가면서 합리적으로 유도할망정, 바이블(Bible) 한번도 안 본 사람들이 덮어놓고 배격할 수는 없는 것입니다.

다만 우리가 이해를 해야할 것은, 예수(Jesus 4? B.C.~A.D. 30)는 30세에 요단(Jordan)강 하반에서 40일 동안 금식 기도 정진을 하여서 하나님과 상통한 사람 아닙니까. 또한 전도 포교한 것은 단 3년 간입니다. 그리고 전도 포교한 대상이 1900여년 이전 사람들인데 현대같이 유식한 사람들이 어디에 있었겠습니까? 더욱이 베드로(Petros, Simon)나 그런 사람들이 갈릴리(Galilee) 해안 지방에서 어업에 종사하는 어부가 아닙니까, 그런 사람들한테 영원적인 진리를 전도할 때에 고도로 논리적이고 고답적인 말로 할 수가 없고 필연적으로 쉬운 말이나 비유, 상징적인 말이 안될 수가 없었을 것입니다.

우리는 그런 것을 이해하면서 바이블을 볼 때는 이 분도 틀림없이 견성오도를 하신 분이라고 생각이 든다는 말입니다. 남을 비방하기는 쉬워도 남을 이해하기는 어려운 문제아닙니까? 가장 불행한 사람은 남의 단점만 보고 가장 행복한 사람은 남의 장점을 봅니다. 장점을 정말로 보다보면 결국은 부처같이 보게 됩니다. 바로 보면은 결국은 다 부처아닙니까?

제바(提婆)는 3세기경 분으로 용수보살 제자입니다. 백론(百論)을 저술하였습니다. 그뒤에 중국에서 용수의 중관론(中觀論)과 십이문론(十二門論), 제바의 백론(百論)인 삼론(三論)을 의지해서 삼론종(三論宗)이 성립되었습니다.

마명이나 용수나 제바 등에 의하여 이른바 반야공(般若空)사상이 발흥하여 대승불법이 이루어졌습니다. 그렇다고 그분들이 공(空)만 역설하고 다른 것은 무시한 것은 절대로 아닙니다. 다만 그 당시는 너무나 유(有)에 집착했기 때문에, 그 당시의 사회상황이나 낮은 수준으로 인해서 석가모니께서 말씀하시고 또는 마명 이전의 모든 도인들이 고구정녕으로 말씀을 하셨겠지마는 그래도 유병(有病)을 못 버리기 때문에 당시의 시기상응한 법문으로 반야공 사상을 주로 말씀하지 않을 수가 없었던 것입니다.

우리가 부처님 일대시교(一代時敎)를 볼 때나 불교 역사를 볼 때도 다 그렇게 되어 있습니다. 맨 처음에는 유교(有敎)를 주로 하고 그 다음에는 유를 최파(摧破)하기 위해서 공교(空敎)를 위주하고 또 공에 너무 집착할까봐서, 공에 집착하면 그것도 도가 아닌지라 공유(空有)를 종합적으로 지양시켜서 중도교(中道敎)를 창도(唱導)하였던 것입니다.

2. 유가파(瑜伽派)

> 瑜伽派…無着(佛滅後 1000年頃·攝大乘論·瑜伽師地論 等 著)·世親(四·五世紀頃·俱舍論·十地經論·淨土論 等 著述 千部論師라 함.) 이들은 主로 眞空妙有의 瑜伽思想을 鼓吹하였다.

유가파(瑜伽派)라, 유가나 요가(Yoga)나 같은 뜻입니다. 한문자로 해서 유가라고 했을 뿐입니다.

무착(無着 Asaṅga) 보살은 불멸 후 1000년 경에 나오신 분인데 대승의 모든 원리를 총괄해서 낸 섭대승론(攝大乘論)과 유가사지론(瑜伽師地論) 등이 있습니다. 유가사지론은 무착 보살이 미륵 보살한테 올라가서 전수받았다는 말씀도 있고 또는 삼매에 들어서 미륵 보살 경계를 발득(發得)해 가지고 저술했다는 말씀도 있으나 우리가 생각할 때는 역시 삼매에 들어서, 깊은 삼매에 들 때는 삼세 제불을 다 친견할 수가 있는 것이기 때문에 마땅히 깊은 삼매에 들어서, 이른바 미륵 보살을 감응(感應)해서 유가사지론을 저술했다고 보는 것이 타당하겠지요.

용수나 무착이나 세친이나 모두가 보살 지위의 분들이기 때문에 보살이라고 하는 것이 통칭입니다. 또는 용수 대사, 무착

대사, 세친 대사 또는 마명 대사 그와 같이 대사라고도 합니다. 대사도 본래는 역시 보살지위 분들을 말씀하는 것입니다.

세친(世親 Vasubandhu) 보살은 4~5세기경 분으로 무착의 아우입니다. 유명한 구사론(俱舍論)을 냈습니다. 구사론은 근본 불교에 있는 육족론(六足論)이나 또는 발지론(發智論)이나 또는 대비바사론(大毘婆娑論) 등 논장 가운데 중요한 것을 다 포괄해서 냈기 때문에 굉장히 중요한 것입니다. 그러므로 앞으로 우리 강원 교육도 구사론을 꼭 배우는 것이 필요하다고 생각하는데, 배우는 데도 있는 것 같습니다. 또 십지경론(十地經論)은 화엄경 가운데 십지경을 구체적으로 주석을 한 론입니다. 따라서 보살 초지부터서 보살 십지(十地)까지 올라가 성불하는 법을 아주 세밀하게 차서 있게 다 말씀한 경론입니다. 그 다음 정토론(淨土論)은 나무아미타불 관세음 보살 등이나 극락세계에 왕생하는 법을 말씀했습니다. 그 외에도 소승 500부 대승 500부의 논서를 저술하였다 하여 천부론사(千部論師)라고 합니다.

중관파(中觀派)는 반야공을 주로 했기 때문에 '용수나 제바나 그런 분들은 공만 알고 다른 진공묘유(眞空妙有)나 중도(中道)는 모르겠지' 이렇게 생각하는 사람도 있습니다. 참으로 딱한 사람들은 유(有)라 하면 공(空)을 모르는 것 같이 지적을 하고, 공이라 하면 유를 모르는 것 같이 지적합니다. 그러나 진리의 본바탕은 그런 것이 아닙니다. 참다운 유는 공도 포함하고 참다운 공은 역시 유를 다 포함하는 것입니다. 중관파의 조사들은 다 원융무애하게 하셨겠지마는 그 뒤에 따라가는 범부들은 그렇지 않았습니다. 공을 많이 말하므로 '우주의 본체가 공이구나' 하고 공에 집착을 해 버립니다. 그러니까 그 뒤에 필연적으로 '다만 공만이 아니고 진공묘유다' 하고 역설을 해야겠지요.

그래서 무착이나 또는 세친 이분들은 진공묘유나 유가사상(瑜伽思想)을 주로 고취하였던 것입니다.

3. 밀교(密敎)

그런가 하면 또 이것 저것 다 떠나서, 형이상학적으로 뛰어넘어서 비밀한 경계만을 좋아하는 부류들 또는 거기에다 인도의 바라문교는 불교가 나왔다고 하더라도 다 손을 든 것은 아니었지요. 그리고 부처님 사상대로 따랐으면은 그렇지 않았을 것인데, 7세기 이후부터는 차츰 불교는 쇠미해져 갑니다. 현대에도 불교가 쇠락한 것은 우리가 잘못 믿기 때문입니다. 우리 중생이 잘못 믿기 때문에, 상을 못 떠났기 때문에, 상만 여의면 바로 안 나갈 수가 없는 것인데 상대 유한적인 세계에 집착하기 때문에 필연적으로 불교가 쇠락할 수밖에 없습니다.

부처님 가르침은 간단명료하고 마음도 편하고 몸도 편하고 모두가 다 편한 것인데 세지변총(世智辯聰)으로 자기들의 쥐꼬리만한, 본래 있지도 않은 번뇌 가지고서 자꾸만 분별합니다. 그러니까 결국은 유에 집착하고 속인들의 상대적인 것에 집착합니다. 우리는 성자의 법에 대해서 순명(順命)해야 됩니다. 종교란 것은 순명한 자세로 순수하니 성자의 길에 따라야 하는 것입니다. 개인적인 범부 지혜로 삿된 분별망상을 낼 필요가 없는 것입니다. 그것은 한갓 상대적인 지식에 불과합니다.

밀교(密敎)란 비밀 불교라는 뜻입니다. 유(有)교나 공(空)교나 중도(中道)교는 주로 우리 중생을 상대로 한 것이기 때문에 나타날 현자 현교(顯敎)라고 합니다.

> 顯敎가 實際로 化身의 身을 나투신 生身의 釋尊과 또는 報身의 阿彌陀佛等을 敎主로 하는데 對하여 密敎는 法身의 大日如來를 敎主로 하며 宇宙를 法身自內證의 境界로 보고, 從來 波羅門敎의 秘法인 탄트리즘(Tantrism) 等을 攝取하여 瑜伽觀行에 應用하는 程度의 雜部密敎로 지내오다가, 七世紀 前後에 大日經・金剛頂經에 依하여 體系가 確立됨을 純粹密敎라 한다. 雜部密敎는 西印度에서 純粹密敎는 南印度에서 成立되었다. 이것이 善無畏 三藏, 金剛智 三藏, 不空 三藏 等에 依해서 中國에 들어왔고 後에 印度密敎는 俗化되어 金剛乘・時輪敎 等이 되고 그 一部가 티베트로 들어간 것이 라마교의 始初이다.

밀교(密敎)에 대해서 우리가 관심을 좀 가지셔야 합니다. 왜냐하면 지금 사람들이 순수밀교(純粹密敎)를 번역을 하면 좋은데 잡부밀교(雜部密敎)를 번역해서 우리한테 피해를 많이 줍니다. 특히 계율문제에 있어서 우리를 혼란스럽게 만듭니다.

현대 사회에서 그렇지 않더라도 계율 문제가 문란스러운데, 하물며 잡부밀교・탄트리즘(Tantrism)의 나쁜 점을 유입시킬 때는 굉장히 문제가 많습니다. 따라서 이런 것을 우리가 명심해야 합니다.

부처님은 통달무애하였기 때문에 형이하학적인 상대 유한적인 문제, 형이상학적인 절대적인 문제 등 모두를 다 통해서 모자라는 것이 없으므로 일체종지(一切種智)라고 합니다만 그러나 일반 중생들은 형이상학적인 즉 형체를 초월한 문제는 안 보이니까 모양있는 상에 걸려 버립니다. 따라서, 복잡한 것을 믿기 싫어하고 자연적으로, 비밀스럽고 성취가 빠르고 또는 공덕이 많아지고 신통이 빨리 나온다는 그런 것에 관심을 안 가질 수가 없습니다.

따라서, 부처님 사상 가운데서 불교의 형이상학적인 비밀스러운 대문과 바라문교의 그런 대문이 융합되어서 밀교가 되었습니다.

현교(顯敎)는 석존이 교주고 정토교는 보신불인 아미타불을 교주로 하고 밀교는 대일여래를 교주로 합니다. 법신, 보신, 화신도 뒤에 설명을 또 하겠습니다마는 사실은 화신 따로 있고 보신 따로 있고 법신 따로 있지가 않습니다. 삼신(三身)이 일불(一佛)인 것입니다.

기독교도 성부(聖父), 성령(聖靈:聖神) 또는 성자(聖子)가 삼위일체(三位一體)라고 하지 않습니까. 우리는 이런 것을 보더라도 기독교가 뭐라해도 부처님 사상을 그대로 받았다는 것입니다. 확인된 것은 아니라 하더라도 예수가 인도에 가서 공부했다는 말도 있지 않습니까마는 아무튼 쇼펜하우어(Schopenhauer, Arthur 1788~1860)도 이런 말씀을 했습니다. 석가모니가 가신 뒤 200~300년 뒤에 나온 아쇼카왕(Asoka 阿育王 B.C. 2世紀)때, 인도를 통일하고 이스라엘 지방보다도 더 먼 이집트 지방까지도 불교를 포교했는데, 그 당시에 예수가 탄생한 이스라엘지방까지 포교사가 안 갈 수 없었다는 것입니다. 따라서 필연적으로 갔다고 안 볼 수 없기 때문에 지금 기독교와 유태교와의 유사성보다도 기독교와 불교가 더 가깝다는 것입니다. 쇼펜하우어 말입니다.

역시 쇼펜하우어나 니이체(Nietzsche 1844~1900) 같은 분들은 성인이라고는 못하더라도 대 천재입니다. 대 천재란 마음의 정도가 순화가 되어서 영원적인 불성(佛性)과 가까워졌다고 볼 수 있습니다. 쇼펜하우어의 천재론에서 규명했습니다. '천재란 것은 영원적인 생명을 음미해야 천재다'고 했습니다. 따라서 자기 본인이 정말로 영원적인 진여불성과 하나가 되었는지는 몰라도 아무튼 그 분들 말은 참고가 될만 합니다.

그렇기 때문에 그 당시부터 불교가 이스라엘 지방이나 그런 지방에도 유포가 되었고 따라서 예수가 구태여 인도까지 안 왔다 하더라도, 예수가 요한한테 세례를 받았지만 요한도 역시 불교를 배운 분이라고 말하는 분도 있습니다.

아무튼 지금 예수 이후의 기독교는, 아까도 말씀드린 바와 같이 유태교보다도 훨씬 더 우리 불교에 가까운 대문이 많이 있습니다. 따라서 부처님은 천지 우주의 진리 자체이니 예수가 말하는 주님이요 하느님이니까, 예수는 부처님의 제자라고 보는 것도 온당한 해석이 되겠지요.

그런데 밀교는 대일여래(大日如來)를 교주로 합니다. 대일여래는 바로 우주의 생명을 말합니다. 우주를 법신자내증(法身自內證)의 경계로 합니다. 그래서 우주 자체가 바로 법신의 자기 경계인 것입니다. 우주가 자기 몸이라는 말입니다.

우리는 타성일편(打成一片)해서 우주를 하나의 생명으로, 하나의 실상적인 불신(佛身)으로 해결을 해버려야 합니다. 그래야 우리 마음이 개운합니다. 우리가 섣부른 견해에 얽매여 의심이 치성하면 공부가 잘 안되는 것입니다. 마땅히 다 제법공상(諸法空相)으로 해결을 하고 일미진중함시방(一微塵中含十方)이라, 조그만한 티끌 가운데도 시방세계가 다 들어 있고, 모탄거해(毛呑巨海)라, 털끝 가운데도 사해(四海)가 들어 있는 도리를 깨달아야 하는 것입니다. 불교는 이와 같이 광대무변함과 동시에 무차별 평등으로 다 청정무비한 진여불성이요, 바로 청정법신(淸淨法身)인 것입니다.

그러기 때문에 우주라 하더라도 내나야 법신자내증의 경계로 바로 법신의 몸인 것입니다. 이렇게 느끼는 것이 밀교인데다만, 순수밀교(純粹密教)가 못되고 잡부밀교(雜部密教)로 될 때는 다분히 문란스럽고 요사스런 것들이 개입하게 되는 것입니다. 파계(破戒)도 본래로 보아서는 없는 것이며 남을 죽이는 것도 본래로 봐서는 없는 것이요, 하나의 상에 불과하겠지요. 그러나 불교는 본래만 말하는 것이 아니라 현상도 중요합니다. 현상은 아무것도 아닌 것이 아니라, 현상이 현상적으로만 있는 것이 아니라 진여불성의 화현(化現)이기 때문에 진여불성이 그대로 현상이 되었습니다. 진여불성이 연기(緣起)적으로 나무가 되고 풀이 되면 나무나 풀로 굳어지는 것이 아니라 나무나 풀 그대로 바로 진여불성인 것입니다.

따라서, 나무나 풀이 바로 진여불성이기 때문에 우주의 법칙대로 진행되어 갑니다. 우주의 법칙대로 서로서로 침범하지 않고 서로 화해합니다. 그러나 유정(有情)세계에서 우리 인간들이 그런 법칙을 잘 안 따릅니다. 인간이 법칙을 따르면, 나와 남이 둘이 아니거니 남한테 욕을 함부로 하겠습니까? 남을 죽이겠습니까? 자기만 부자가 되겠습니까? 함부로 남의 권리를 침범하겠습니까? 이럴 필요가 없는 것입니다.

따라서 우리가 법신자리를 분명히 중요시 할 때는 법신의 도리에 따라 행동하는 것이 바로 윤리고 도덕인 것입니다. 앞으로 불성계(佛性戒)에서도 말씀을 드리겠습니다마는 계율이란 바로 법신에서 나왔습니다. 법신이 평등하고 일체공덕을 갖춘 것이기 때문에 법신에 걸맞는 행동인, 신(身)·구(口)·의(意) 삼업(三業)이 바로 계율에 맞는 것입니다.

밀교는 종래의 바라문교의 비법(秘法)인 탄트리즘을 섭취하였습니다. 요즈음 탄트라로 번역된 것도 많이 있는데 이른바 밀교적인 비법을 탄트리즘이라 합니다.

또 유가관행(瑜伽觀行)이란 요가스트라(Yoga Stūra)에서 하는 관법으로서 챠크라(chakra)를 발기 시키는 비법이 유가관행에서 나온 것입니다. 챠크라가 열리면 마음이 열린다는 것도 거짓말이 아니라 좋은 쪽으로 참고 할 수가 있습니다.

다만 그것만이 옳고 부처님 말씀의 다른 것들은 별것이 아니라고 하면 문제가 크지 않겠습니까마는 미련한 사람들은 참 딱합니다. 꼭 자기가 하는 것만 옳다고 생각합니다. 아집(我執)·법집(法執)입니다. 아집·법집을 떠난 사람들은 그렇게 생각하지 않습니다. 언제나 모든 문제를 진여불성 자리에서 조명하기 때문에 법집이나 아집이 나올 수가 없습니다.

이렇게 탄트리즘을 섭취해서 유가관행에 응용하는 정도의 잡부밀교로 지내오다가 7세기경 전후에 대일경(大日經)·금강정경(金剛頂經)에 의하여 순수밀교로 체계가 확립되었습니다. 순수밀교의 소의(所依) 경전은 대일경과 금강정경입니다. 그러나 잡부밀교는 의궤(儀軌)라고 해서 대일경과 금강정경에 의지해서 일반 중생들의 행동규범이라든가 수행 규범을 지었다고 하는데 그런 의궤 가운데는 굉장히 이상 야릇한 것이 많이 있습니다. 따라서 의궤는 우리가 가감해야 합니다. 좋은 것도 많이 있지만 또 이상한 아주 문란스러운 것이 많이 있습니다.

잡부밀교는 서인도 지방에서, 순수밀교는 남인도에서 성립되었습니다. 이것이 선무외(善無畏 637~735) 삼장(三藏), 금강지(金剛智 671~741) 삼장, 불공(不空 705~774) 삼장 등에 의해서 중국으로 들어왔습니다. 선무외 삼장은 왕자를 그만두고 승려가 된 굉장히 위대한 분입니다. 선무외의 아버지인 부왕은 선무외가 형들보다 똑똑하고 총명하여서 12세 때 왕위에 오르게 하니까 왕위를 계승하지 못한 형이 도당을 거느리고서 반역을 했습니다. 선무외는 어린 나이지마는 하도 총명하고 비범한 사람이기 때문에 '내가 양보하면 좋으나 저 나쁜 근성을 고쳐야겠다' 하고 싸워서 형님을 정복한 다음에는 그냥 선선히 왕위를 물려 주었습니다. 그리고 바로 입산해서 승려가 되었습니다. 그렇게 위대한 분입니다.

 그리고 선무외·금강지·불공삼장 이분들은 밀교에는 비밀스러운 행법이 많기 때문에 신통자재(神通自在)하여서 인도에서 이적(異蹟)을 많이 부렸습니다. 밀교한 스승들은 특히 신통에다 관심을 많이 두기 때문에 이적을 많이 부리는 것입니다. 뒤에 인도 밀교는 속화되어서 금강승(金剛乘) 또는 시륜교(時輪敎) 등이 되고 그 일부가 티베트로 들어간 것이 라마교(Blama敎)의 시초입니다.

 지금 한국에서 번역되어 있는 밀교는 대체로 잡부밀교 즉 금강승이나 시륜교 이런 쪽에 많이 있습니다. 한때 우리 나라에서 번역되어 젊은층의 환영도 받은 라즈니쉬같은 분도 역시 잡부밀교와 힌두교에 속한다고 볼 수 있습니다.

 부처님 법은 삽삼조사(卅三祖師)가 그대로 증명한 법 아닙니까? 마땅히 우리는 엄정한 마음으로써 조금도 어긋나지 말아야 합니다. 부처님 계율은 불성계(佛性戒)라 하여 진여불성을, 인간이나 우주의 본성 자리를, 우리 신·구·의 삼업으로 여법히 행동하는 것이 계율인 것입니다.

따라서 우리는 밀교를 보더라도 선무외삼장, 금강지삼장, 불공삼장 등에 의한 순수밀교를 참고해야 합니다. 밀교가 일본으로 가서 진언종(眞言宗)이 되었습니다. 진언종은 순수밀교입니다. 순수밀교는 굉장히 계율이 청정합니다. 따라서 이런 것을 생각하여서 조금도 흐트러짐이 없어야겠습니다.

어느 분야에 있어서나 역사적인 고찰이 지극히 중요합니다. 역사성을 무시하면 법집을 할 염려가 많기 때문입니다. 따라서 대승 소승의 문제라든가, 근본불교 대승불교 문제같은 것도 역사적으로 관찰함으로써, 좋은 점은 좋은 점대로 살리고 부정적인 것은 버려야 되지 않겠습니까?

따라서, 밀교도 그 당시에 필요에 의해서, 중생들이 요청해서 나온 것이고, 또는 그 당시에 중생들이 부처님 법을 여법히 못따랐기 때문에 나올 수도 있는 것이고 아무튼, 역사를 훑어볼 때는 그 당시 사람들의 수준 따라서 이루어졌다는 것을 알 수가 있습니다.

그렇기 때문에 과거를 바로 보아야만 현대에 다시 오류를 범하지 않습니다. 과거에 오류를 범했던 것은 과감히 척결해 나가는 것이 수행자의 본의라고 생각합니다. 또 그런 것을 미처 못 버리기 때문에 현대에 와서 개인적으로 공부도 안되고 또한 여러 가지 물의를 많이 일으키는 것입니다.

4. 북방불교(北方佛敎)와 남방불교(南方佛敎)

北方佛敎…大乘佛敎…北印度·西藏(티베트)·中國·韓國·日本.

南方佛教…小乘佛敎(上座部 Theravada)…스리랑카·버어마·캄보디아·라오스·태국 等地에 流布된 佛教로서 主로 分別上座部에서 發展되었으며 이를 巴利佛敎라고도 한다.

　북방불교는 순대승(純大乘)불교라고도 말합니다. 중국에도 구사론 등 소승적인 경론을 공부하는 파들이 많이 있지만 그것은 참고하기 위해서 배우는 것이지 소승적인 종파를 세우기 위해서 하는 것이 아니므로 중국에는 소승적인 종파는 없습니다. 그렇기 때문에 북인도, 티베트, 중국, 한국, 일본에 유입된 불교를 가리켜서 순대승불교라고 하는 것입니다.

　남방불교는 상좌부(上座部 Theravada)불교로서 스리랑카, 버마, 캄보디아, 라오스, 태국 등으로서 주로 분별상좌부(分別上座部)에서 발전되었으며 이를 이른바 파리불교(巴利佛敎)라고도 합니다. 또한 대승불교에서는 소승적이라 하여 소승불교(小乘佛敎)로 부르고 있습니다. 파리어(巴利語) 경전은 이렇게 해서 나온 것입니다. 중국불교는 보다 발전적인 대승불교니까 인도불교는 필요가 없다고 생각할 수는 없는 것입니다. 역사적인 고찰을 함으로 해서 올바른 비판도 할 수가 있는 것입니다.

제5절　중국불교(中國佛敎)의 교관(敎觀)

1. 중국불교(中國佛敎)의 교상(敎相)과 관심(觀心)

中國 佛敎의 敎觀(敎相과 觀心)
敎相…敎理判釋을 말하며 釋尊一代時敎를 自己宗義에서 分別判斷 함.
觀心…自宗에서 세운 眞理를 觀念하는 法을 말함.
法相宗은 三時敎를 敎相으로 하고 唯識觀을 觀心으로 함.
天台宗은 五時八敎를 敎相으로 하고 一心三觀을 觀心으로 함.
華嚴宗은 五敎十宗을 敎相으로 하고 一眞法界觀을 觀心으로 함.
眞言宗은 顯密二敎十住心을 敎相으로 阿字不生觀을 觀心으로 함.

중국불교의 교관(敎觀)을 살펴 보겠습니다.

교관(敎觀)은 교상(敎相)과 관심(觀心)이라는 말입니다. 앞에서도 말씀을 했습니다마는 교상은 그 당시에 불교 교리가 어떻게 되었는가? 하는 것을 비판하는 것입니다. 중국은 처음에는 번역(飜譯)불교라 하여 구법승(求法僧)들이 인도에 가서 부분적으로 경전을 가지고 와서 번역을 하였습니다. 법현(法

顯 369?~ 451?) 삼장이나 현장(玄奘 622~664) 삼장이나 또는 의정(義淨 635~713) 삼장이나 또는 우리 한국 스님인 혜초(慧超 704~787) 대사나 그분들에 의해서 경전이 전해졌습니다.

특히 주로 우리한테는 구법승들에 대한 행각이 깊은 감동을 주게 됩니다. 구법승들이 한번씩 갔다 오려면 십팔년 이십년 걸립니다. 이른바 청춘이 다 지나가 버립니다. 갈 때도 서역국으로 통과하여 수만리 길인데 혼자 가겠습니까마는 처음에는 몇십 명이 발심을 하여 출발했다가도 가는데 3년 오는데 3년, 보통은 3년 세월 이상이 걸리는 가운데 몽고의 고비사막(Gobi沙漠)을 지나야 하고 티베트 파미르고원(Pamirs高原:蔥嶺)을 넘어야 하는 고생이 극심하여 그야말로 십중구퇴(十中九退)라, 열 사람 가면 아홉 사람쯤 후퇴할 뿐만 아니라, 결국에는 죽기도 합니다. 현장 법사가 갈 때도 이른바 서유기(西遊記) 같은 것을 보면 사막지방에 가다가 쓰러져 죽어서 버려진 구법승들의 해골이 수 없이 많았다고 합니다. 또한 다 돌아온 것이 아니라 현장이나 또는 법현이나 또는 의정이나 혜초나 또는 혜일(慧日 680~748)이나 그런 분들은 모두가 다 구사일생으로 돌아온 분들입니다. 그야말로 목숨을 내건 너무나 모험적인 구도행각이었습니다.

종교란 마땅히 자기 생명을 걸어야 합니다. 목숨을 걸어야 무엇인가 얻는 것입니다. 생명을 건다는 것은 현상적인 상을 여읜다는 것입니다. 상을 여읜다고 할 때는 자기 몸뚱이가 안중에 없어야 한다는 말이나 같습니다.

구법승들이 그렇게 난행, 고행, 고생고생하고 가까스로 돌아오는 것입니다. 생명을 건 길인지라 돌아온 사람은 정작 몇 사람 밖에는 안됩니다.

우리는 행복스럽게 생각해야 합니다. 우리들 가운데도 과거 전생에 구법승도 있을 것입니다마는 우리가 금생에 이렇게 편한 때에 와서 한번에 다 불경을 볼 수가 있고 여러 스승들 덕택으로 발췌해서 요점만 추릴 수가 있는 것이고 아무튼, 역사적으로 고찰을 꼭 해야 합니다.

우리 강원교육도 그런 점에 역점을 둬야 하는 것입니다. 철학을 공부해도 철학사(哲學史)를 공부하지 않고서는 바른 철학을 할 수가 없습니다. 마땅히 불교도 인도 불교사(佛敎史), 중국 불교사, 또는 동남아 불교사, 일본 불교사, 한국 불교사를 우리가 꼭 읽어야 합니다. 어렵다고 해서 보지 않으면 그만치 자기가 아는 것만 옳다고 생각하고 집착하게 됩니다.

공부도 하다보면 가사, 염불을 애쓰고 한 사람들은 염불에 대해서 재미를 보는 것이고 또 거기 따른 공덕을 얻는 것입니다. 화두를 많이 참구한 사람들은 화두에서 또 무엇인가 얻습니다. 어떤 공부나 다 그렇습니다. 오 주여! 하고 기독교를 신봉하는 사람들은 또 그것으로해서 무엇인가 얻습니다. 외도나 정도나 어떤 것이나 하다보면 결국은 재미가 붙습니다. 그러면 미련한 사람들은 꼭 그것만이 제일이고 다른 것은 별것이 아니라고 생각합니다. 그런데 있어서 역사적인 고찰이 필요한 것입니다.

교상(敎相)의 구체적인 말은 교리판석(敎理判釋)입니다. 교리를 그 당시에 이루어진 불법으로 판단 해석하는 것입니다. 석존의 일대시교(一代時敎)를 자기 종의(宗義)에서, 자기들 종지(宗旨)에 따라서 분별 판단하는 것입니다.

관심(觀心)은 무슨 종파를 세우면, 우리 종파는 무슨 법으로 공부한다고 하는, 공부하는 방법이 있어야 하겠지요. 곧 자기 종파에서 세운 진리를 관념(觀念)하는 법을 말합니다.

일본 일련종(日蓮宗) 계통은 '나무묘호우렌게교(南無妙法蓮華經)'하는 것만이 제일이고 다른 것은 별것이 아니라고 합니다. 참 딱한 일 아닙니까? 그런 것도 모두가 역사적 고찰이 없어서 그렇습니다. 일련(日蓮 1222~1282) 대사같은 위대한 사람이 나왔을 때는 그 사람대로 특수한 방편을 세웠겠지마는 일대시교(一代時敎)를 비판할 때는 반드시 공변되게 해야 하는 것입니다.

언제인가 저는 일련 대사 책을 한번 보았습니다마는 사종격언(四種格言)이라고 해서 선천마(禪天魔)요, 참선하는 것은 하늘 마구니요, 염불은 무간지옥 가는 길이라고 합니다. 극락간다고 애쓰는 것이 정토종이고 참선하는 것이 삼계를 초월하는 것인데 그와 같이 반대로 말합니다. 또 율종(律宗)은 국적(國賊) 곧 나라의 원수요, 또 일본의 순수밀교인 진언종(眞言宗)은 망언(妄言)이라 합니다. 이것이 일련종의 사대격언이라 합니다. 부처님 말씀은 다 옳은 말씀인데 이렇게 꼭 자기 것만 내세우는 것입니다. 한 종파를 내세운 사람들은 대부분 다 독선적인 경향이 있습니다.

그러면 법상종(法相宗)에서는 어떻게 하는가? 법상종은 유식사상(唯識思想)을 주로 합니다. 법상종은 삼시교(三時敎) 곧 유교(有敎) 그 다음에 공교(空敎) 그 다음에 중도교(中道敎)를 교상으로 하고 또 만법이 유식(萬法唯識)이라, 물질은 띠끌 하나도 본래가 없고 모두가 식(識) 아님이 없다는 것입니다. 유식이나 유심(唯心)이나 똑같은 뜻입니다. 내나야 식은 바로 마음 아니겠습니까, 따라서, '우주 전체가 오직 마음 뿐이다' 이렇게 관하는 유식관(唯識觀)을 관심법(觀心法)으로 합니다.

천태종(天台宗)은 오시팔교(五時八敎)라, 일대시교를 다섯 시교(時敎)로 나누고 공부하는 여러 가지 행위에 따라서 팔교(八敎)로 구분합니다. 우리 마음자리에서 바로 공(空)과 가(假)와 중도(中道)를 관하는 일심삼관(一心三觀)을 수행법으로 합니다.

우리 마음의 본체는 조금도 집착하거나 잡을 수가 없는 무장무애하고 텅텅 비어 있지마는 인연에 따르면 현상적인 상(相)이 이루어진다는 말입니다. 상이 본래 바로 공이지마는 가상(假相)이 이루어집니다. 이것을 가(假)라고 하는 것이고, 그러나 공과 가가 둘이 아니므로 결국 중(中)이라 합니다.

화엄종(華嚴宗)은 오교십종(五敎十宗)을 교상으로 하고 일진법계관(一眞法界觀) 곧 우주만유 모두가 간격도 없이 일여평등한 진여법성이라고 관조하는 것입니다. 여러 가지 관법이 있으나 대체로 이렇게 관하는 법을 관심법으로 합니다.

그리고 진언종(眞言宗)은 순수밀교입니다. 일본에 들어간 순수밀교로 해서 진언종이 여러 모로 훌륭한 체계를 세웠습니다. 일본의 구우까이(空海 774~835)라는 스님이 일본 진언종을 세웠습니다. 진언종은 현교, 밀교, 2교와 십주심(十住心)을 교상으로 하고 아자(阿字) 곧 아미타불의 아자입니다. 아자불생관(阿字不生觀)을 관심법으로 합니다. 여러분들께서 자칫 혼란을 느끼실 수도 있으니까 이런 것을 세밀히 말할 필요는 없겠습니다. 다만 윤곽만을 알면 되겠습니다.

그러나 중요한 것, 이 정도는 알아 두는 것이 나중에 경을 보고 또는 불교사를 보더라도 한결 명료하게 납득이 될 것입니다.

2. 법상종(法相宗)의 삼시교(三時敎)

　三時敎
　第一時敎…外道・凡夫의 實我의 執着을 破하기 爲하여 四大五蘊 等의 實有를 說하고 人我의 空無를 밝힘. (四阿含經이나 經論)
　第二時敎…小乘實法의 執着을 破하기 爲하여 一切諸法이 本空한 般若波羅蜜을 說하여 我・法 俱空을 밝힘. (諸部의 般若經)
　第三時敎…有執과 空執을 아울러 破하기 爲하여 心外의 法은 有가 아니며 心內의 法은 空이 아님을 說하여 非空非有의 中道實相을 밝힘. (解深密經・華嚴經・法華經 等)

그래서 앞에 든 법상종의 삼시교(三時敎)를 조금 더 말씀드리겠습니다. 제일시교(第一時敎)는 외도・범부의 참말로 내가 있다는 실아(實我)의 집착을 파하기 위하여 지・수・화・풍 사대(四大)와 오온(五蘊) 곧 지수화풍 4대인 색(色)과 심법(心法)인 수와 상과 행과 식의 사온(四蘊)을 합해서 5온인데, 이런 4대 5온 등이 참말로 있다는 실유(實有)를 설하고 사람 몸은 지・수・화・풍으로 되었기 때문에 허망하고, 우리 마음도 결국은 수와 상과 행과 식과 4온이 인연 따라서 잠시간 합한 것이기 때문에 인아(人我)는 원래 비어 있는 아공(我空)이지마는 지・수・화・풍 이런 것은 실지로 있고 또는 수・상・행・식도 실지로 있다는 말하자면, 그런 법은 있다〔法有〕고 하는 것입니다.

제이시교(第二時敎)는 내 몸뚱이나 내 관념이나 있다는 이른바 실아(實我)는 반야에서 볼 때는 내 몸뚱이나 내 관념도 본래가 없는 공(空)인 것이고, 그 뿐만 아니라 지・수・화・풍의 물질이라든가 또는 어떠한 주의나 이상이라든가 그런 모든 법이 원래 있지가 않으므로 실아실법의 집착을 파하기 위하여 일체제법이 본래 공한 반야바라밀을 설하여 아법구공(我法俱空)이라, 아(我)나 또는 법(法)이나, 아집이나 또는 법집이나, 모두가 다 함께 공했음을 밝히는 것입니다.

제1시교는 4아함경이나 또는 기타 소승적인 경론 가운데 들어있는 것이고 제2시교의 뜻은 주로 제부(諸部)의 금강반야바라밀경(金剛般若波羅蜜經)에 들어 있습니다.

제삼시교(第三時敎)는 있는 것에 대한 집착인 유집(有執)과 또는 다 비었다는 것에 대한 집착인 공집(空執)을 아울러 파하기 위하여 마음 밖에 있는 법은 있지가 않고, 유(有)가 아니며 심내(心內)의 법은 공(空)이 아님을 설하여 비공비유(非空非有)인, 공도 아니고 또는 유도 아닌 중도실상(中道實相)을 밝힌 것입니다.

따라서, 이런 사상으로 볼 때는 초목국토실개성불(草木國土悉皆成佛)이라, 나무나 풀이나 또는 국토나 모두가 다 본래 성불해 있다는 것이요, 법화경에서 말한 일색일향이 무비중도(一色一香無非中道)라, 조그마한 하나의 색이나 또는 한낱 냄새나 또는 맛이나 모두가 다 중도 아님이 없다는 것입니다. 이것이 이른바 삼시교에서 말하는 공집(空執)과 유집(有執)을 다 여읜 중도실상에서 말하는 가르침입니다. 이런 도리는 해심밀경(解深密經) 또는 화엄경(華嚴經), 법화경(法華經) 등에서 밝히고 있습니다.

우리는 보통 사량(思量)하고 비판하는 작업을 안 할 수는 없습니다. 다만 우리 수행인의 분별시비는 시(是)나 비(非)나 간에 어떠한 것도 다 진여불성 자리에서 조명해야 하는 것입니다. 곧 진여불성의 조명을 받은 시비인 것이라야 합니다. 말하자면, 내가 있는 경우도 '내가 없는 것이 아니라 분명히 있기는 있는데 다만 진여불성의 인연 따라서 이루어진 한낱 가상이다' 또는 우리가 사업도 하고 무슨 일을 하더라도, '나나 너나 모두가 다 부처의 화신인 것이고 또는 정치 하는 것도 파는 물건도 받는 돈도 역시 진여불성의 화현(化現)인 것이다' 이렇게 생각해야 하는 것입니다. 이렇게 하는 것이 불자의 자세입니다. 순간 찰나도 본체를 안 여의는 것입니다. 이렇게 바로 헤아릴 때는 그것이 우리 공부와 직결이 됩니다.

3. 천태교관(天台敎觀)

1) 오시교(五時敎)

第一華嚴時…佛成道後 21日間 華嚴經을 說.
第二鹿苑時…12年間 鹿野苑 等에서 阿含經을 說.
第三方等時…8年間 維摩·勝鬘 等의 諸大乘經을 說.
第四般若時…22年間 諸部의 般若經을 說.
第五法華涅槃時…8年間 法華經을 說하고 一日一夜에 涅槃經을 說함.

번쇄한 감이 있으나 적어도 법상종, 천태종에서 말하는 것은 알아두는 것이 필요합니다. 천태철학은 불교를 총괄해서 체계를 세웠기 때문에 교학적으로 공부하는 분들은 필수적으로 천태학을 해야 한다고도 합니다. 그러나 여러분들께서 학승이 될 필요는 없는 것이고 세밀한 법상을 다 알 필요는 없으나 한번씩 살펴보는 것은 상당히 참고가 됩니다. 공부할 때 막히는 것이 있을 때는 '이것은 어떤 것이구나' 하고 빨리 납득이 가는 것입니다. 그래서 천태교학에 대해서 조금 더 말씀을 드리겠습니다.

　천태종의 오시팔교(五時八敎)라, 천태종은 부처님의 일대시교를 다섯시기로 구분했습니다. 그래서 제일시(第一時)에 화엄시(華嚴時)라, 부처님께서 성도하신 뒤 삼칠일(三七日) 동안에 화엄경을 설했다는 말입니다. 삼칠일 곧 21일 동안에 어떻게 80권 또는 60권이나 되는 방대한 화엄경을 설했을 것인가? 의심을 품을 것입니다. 그러나 그 뜻을 우리가 깊이 음미해야 합니다.

　부처님께서는 화엄경을 보통 알아듣는 우리 사람들에게만 설하신 것은 아닙니다. 우리들은 특히 젊은 세대들은 유치원부터 대학까지 있다[有]는 것에 대해서만 주로 배우는 처지라 눈에 안 보이는 세계는 보통 부인하고 불신을 합니다. 그러나 부처님 법문은 형이하학적인 있는 세계와 형이상적인 안 보이는 세계도 다 포함되어 있습니다. 따라서, 부처님 법문은 그런 견지에서 이해를 해야 합니다. 삼칠일 동안 화엄경을 설하신 것은 눈앞에 있는 사람들한테 설하신 것이 아닌 것입니다.

　사람들은 말이라는 언어의 도구를 써야만 알 수가 있습니다만 저 천상 사람들처럼 몸뚱이가 없는 존재는 그렇지 않은 것입니다. 한낱 점쟁이라도 다른 사람 속을 좀 아는 것입니다. 그네들이 아는 것은 내나야 욕계의 범주 안에서만 좀 알 정도이나 그런 것을 보더라도 우리 눈에 보이는 세계만 있는 것이 아닌 것입니다.

　따라서 부처님께서는 깨달으신 심심미묘(深甚微妙)한 일승법문(一乘法門)인 화엄경을 천중(天衆)들이나 또는 시방삼세(十方三世)의 보살들을 위해서 설하신 것입니다. 그 당시에는 불교가 아직도 안 나온 때인데 화엄경 같은 고도의 철학을 당시의 사람들이 알 수가 없는 것입니다. 따라서 그 당시부터서 화엄경이 문자화 되고 유포화 된 것은 아니고 그 뒤에 용수(龍樹) 보살이 비로소 화엄경의 대요를 풀어서 말씀하신 것입니다. 화엄경에 대하여 여러 가지 설화가 있습니다만 생략하겠습니다.

제이시(第二時)는 녹원시(鹿苑時)인데, 녹야원을 중심으로 중생들이 알 수 있는 정도의 범위 내에서 아공(我空)을 주로 하고 법공을 미처 말하지 않는 유교(有敎)의 가르침입니다. 녹야원 등에서 12년간 아함경을 주로 말씀을 했습니다.

제삼시(第三時)는 방등시(方等時)라 합니다. 8년 간은 유마경 또는 승만경 등의 제 대승경을 말씀하셨습니다.

제사시(第四時) 반야시(第四般若時)는 특히 공(空)사상에 역점을 두고 22년 동안이나 반야부의 말씀을 하셨습니다.

어째서 다른 때보다 더 많은 세월을 반야부를 설했는가? 그것은 중생은 다 보이는 대로 있다고만 보는 것인데, 있다는 유집(有執)을 타파하기가 굉장히 어렵기 때문입니다. 달마(達磨) 때부터서 6조 혜능까지의 어록을 볼 때도 주로 공사상이 많습니다. 그래서 공관(空觀)을 많이 하는 것인데 어느 분들은 공관을 하면 무기공(無記空)에 떨어진다고 말하는 분들도 있습니다. 그러나 정말로 공관을 할 때는 절대로 무기공에 안 떨어집니다. 이론적으로 '다 공이다, 모든 것이 다 비어 있다'고 말하는 것은 우리가 집착해서 그런 것이지 '진정으로 내 관념이나 내 몸뚱이나 대상이나 객관 주관이 다 비어 있다' 이렇게 공부해 들어갈 때는 무기공에 안 떨어집니다. 왜냐하면, 진여불성(眞如佛性) 자리는 본래 공(空)만이 아니기 때문입니다. 진여불성이 다만 허무하게 다 비어 있는 공 같으면 들어갈수록 공이 되어버리겠지요. 그러나 다만 공이 아닌 바로 실상(實相)이요, 바로 진공묘유(眞空妙有)이기 때문입니다. 진공 따로 있고 묘유 따로 있지 않습니다. 진공 즉 바로 묘유인 것입니다. 그러기 때문에 공관을 하더라도 계행을 청정히 하고 일체 만법이 다 바로 공(空)함을 닦아갈 때는 절대로 무기공에는 안 떨어지는 것입니다.

제오시(第五時) 법화열반시(法華涅槃時)에는 8년간 법화경을 설하고 하루 낮 하루 밤에, 열반경을 설하셨습니다. 부처님 설법을 49년 설이나 또는 45년 설을 말하나 49년 설이 더 정확하다는 분들이 많이 있는것 같습니다. 천태도 49년 설로 말했습니다. 그래서 대수로 50년 설법으로 말하는 것입니다. 녹야원 12년 방등 8년 반야시 22년 법화 열반시 8년, 50년 설법, 이른바 49년 설법이 됩니다.

그래서 천태교에서는 아함십이방등팔(阿含十二方等八) 이십이년반야설(二十二年般若說) 법화열반공팔년(法華涅槃共八年) 화엄최초삼칠일(華嚴最初三七日)이라고 50년 설을 게송화하여 외우기도 합니다.

2) 화법사교(化法四敎)

   化法四敎…所說의 敎義
  1. 三藏敎…經·律·論 三藏의 部類가 判然하고 因緣生滅의 四諦
       를 說하여 主로 聲聞·緣覺 二乘을 敎化함.
  2. 通 敎…卽空無生의 眞諦를 說하여 三乘을 通하여 同學시킴.

3. 別　教…二乘人에 共同하지 않고 菩薩에 對하여 大乘無量의
   法을 說함.
4. 圓　教…最上利根의 菩薩에 對하여 事理圓融한 中道實相을 說
   함.

　천태종에서 오시교(五時教)의 교설을 깊고 옅은 순서로 체계 있게 구분한 것을 화법사교(化法四教)라 합니다. 이는 소설(所說)의 교의(教義)로서 곧 설하는 바 교의 뜻을 말합니다. 화법사교는 삼장교(三藏教), 통교(通教), 별교(別教), 원교(圓教)로 구분한 것입니다.
　삼장교(三藏教)의 삼장이란 경(經)과 계율인 율(律)과 론(論)장을 말합니다. 부처님 말씀은 경이요, 출가사문이나 불자가 지키는 행위 규범은 율이고, 부처님의 경율을 정통조사가 중생의 편의에 따라 새로 논한 것이 론입니다. 경율론 삼장의 부류(部類)가 판연(判然)하고 또는 인연 따라서 이루어지고 인연 따라서 멸해지는 인연생멸(因緣生滅)의 사제(四諦)를 설하여 주로 성문, 연각 이승(二乘)을 교화한 것이 삼장교입니다. 제일 녹원시로 아함경을 설하는 때에 해당되겠습니다.
　통교(通教)는 즉공무생(卽空無生)의 진제(眞諦)를 말씀합니다. 즉공이란, 있다는 것이 모두가 다 분석한 뒤에 공이 아니라 현상 그대로 공이란 말입니다. 공사상에 대해서 석공(析空)과 즉공(卽空)은 분명히 구분해야 합니다. 공은 원소 등으로 분석하고 난 뒤의 공이 아니라 컵이면 컵, 사람이면 사람 바로 공인, 즉공인 것입니다. 반야경의 공은 모두가 다 즉공입니다. 어째서 즉공인 것인가? 인연 따라서 잠시간 이루어진 것은 실체가 있을 수가 없기 때문입니다. 잠시간 그림자 같이 모양을 낸 것이지 실다운 모양이 있지가 않은 것입니다.

생각해 보십시오. 내 몸은 지수화풍 사대(四大)가 합해서 되었다는데 지수화풍은 각각 무엇인가? 불경에 '지불가득(地不可得)이요 수화풍도 불가득(水火風亦不可得)'이라, 지(地)도 얻을 수가 없고 또는 물도, 불도, 풍도 얻을 수가 없다고 합니다. 왜 얻을 수가 없는 것인가? 지나 수나 화나 풍이나 모두가 물질이 아닌 진여불성의 화현(化現)에 불과하기 때문입니다. 공간성이 없고 물질이 아닌 진여불성이 그때그때의 연(緣) 따라서 지(地)가 되고 화(火)가 되고 수(水)가 되고 풍(風)이 되었습니다.

우리 중생은 그림자만 보는 것이니까 다만 그림자같이 있다고 하는 것이지, 투철한 안목으로 진여불성을 깨달은 차원에서 통찰한다면 있는 그대로 공(空)인 것입니다.

모든 것이 인연생(因緣生)이기 때문에 인연 따라서 생겨난 것은 순간찰나도 그대로 머물지 않습니다. 일초의 몇억분지 일도 머물지 않고 동요해서 마지않는 것들이 내 몸도 구성하고 다이아몬드도 구성한 것입니다. 다이아몬드도 내나야 탄소의 결합체 아닙니까? 탄소가 그 안에서 움직이고 있는 것입니다. 또한 탄소는 무엇인가? 탄소는 원자핵(原子核)을 중심으로 해서 6개의 전자(電子)가 돌고 있는 것입니다. 그러면 또 전자는 무엇이고 원자핵은 무엇인가? 그런 것은 하나의 파동(波動)에 불과합니다. 공간성이 없는 파동에 불과한 것입니다. 따라서 공간성이 없는 것이 이렇게 모아지고 진동을 해서 어떠한 상(相)을 낸다 하더라도 그건 상일 뿐이지 실체가 아닌 것입니다.

그렇기 때문에 공을 몇번 곱하거나 나누거나 보탠다 하더라도 내나야 공입니다. 제로(零)는 제로입니다. 따라서 어떻게 모양을 내든지간에 바로 즉공(卽空)인데, 잘 모르는 사람들은 꼭 이렇게 분석한 뒤에서야 공이라고 생각합니다.

즉공무생(卽空無生)이라, 바로 공이기 때문에 본래 낳지 않았습니다. 본래 불생불멸(不生不滅)입니다. '내가 태어났다, 나를 낳아서 우리 부모님이 좋아했다' 물론 부모가 좋아도 했겠지요. 그러나 본래에서 볼 때는 낳지 않았기 때문에 죽음이 있을 수가 없는 것입니다. 그러기에 불생불멸인 것입니다. 부처님의 가르침 어느 한 가지만 투철히 알아버려도 마음이 시원해져 버립니다. 그러나 어느 한 가지에만 막혀도 마음이 항시 거리끼고 그림자가 생기는 것입니다.

'본래무일물하니 하처야진애(本來無一物 何處惹塵埃)리요' 6조 혜능 대사 게송 아닙니까, 본래 아무것도 없거니 어느 곳에 티끌이 있을 것인가? 물질이나 관념이나 있을 수가 없다는 말입니다. 우리가 그것을 100% 못 믿으니까 닦음이 있는 것이지 공상(空相)에 투철해 버리면, 여실히 공상을 알 때는 닦음이 없습니다. 따라서 전생에 선근이 많은 사람들은 '즉 공이다'는 말 한마디에 깨달을 수 있는 것입니다.

이런 공(空)자리가 그렇게 어렵기도 하고 소중하기 때문에 부처님께서 22년 동안이나 고구정녕으로 말씀을 하셨습니다. 또한 어떠한 공부나 반야공(般若空)이 전제되어야 참다운 선(禪)이고 참다운 염불이고 참다운 주문인 것입니다. 반야공이 전제가 못되면 모두가 다 방편설입니다. 이러한 진제(眞諦)를 설하여 삼승(三乘)을 통하여 동학(同學)시키는 가르침이기에 통교(通敎)라고 합니다.

별교(別敎)는 이승인(二乘人)에 공동하지 않고 보살에 대하여 대승무량의 법문을 설하신 것입니다. 대승을 설한다고 하더라도 특수한 대승인에 대해서 주로 법문을 설한 가르침이란 말입니다. 화엄경도 원융무애한 원교(圓敎) 사상도 많으나, 주로 특수한 대승들에 대해서 설한 대문도 있습니다.

원교(圓敎)는 최상리근(最上利根) 곧 위 없는 근기의 보살에 대하여 현상적인 사(事)나 또는 근원적인 리(理)나 원래 둘이 아닌, 사리(事理) 원융한 중도실상을 설하신 말씀입니다. 따라서 부처님의 일대사 인연은 중도실상의 원융무애한 도리에 있습니다. 다른 것은 여기에 이르기 위한 방편설입니다.

3) 화의사교(化儀四敎)

　化儀四敎…說法儀式
　1. 頓　敎…頓機에 對하여 別敎・圓敎의 法을 說함. 華嚴時와 如함.
　2. 漸　敎…漸機에 對하여 漸次로 四敎를 說함.
　3. 秘密敎…一種의 機에 對하여 秘密히 法을 說하여 會中에서 서로 알지 못하게 함.
　4. 不定敎…一會中, 一法을 說하여 聞者로 하여금 달리 해석케 하여 이익을 얻기도, 얻지 못하기도 함.
　※ 化法四敎는 藥味와 같고 化儀四敎는 藥方文과 같음. 別敎・圓敎의 差異는 다만 隔歷과 圓融의 差異뿐임.

화의사교(化儀四敎)란, 앞에서 말씀드린 사교(四敎)가 어떻게 설해져 있는 것인가, 즉 설법 의식을 말한 것입니다.

돈교(頓敎)란 문득 깨닫는 가르침이란 뜻입니다. 문득 깨달을 수 있는 근기에 대하여 별교, 원교의 법을 설하는 것입니다. 화엄경같이 말씀입니다.

점교(漸敎)는 점차로 순서를 밟아서 들어가는 가르침입니다. 점차로 순서를 밟아서 가는 근기가 있기 때문에 그런 근기들은 점교가 되어야 알 수가 있겠지요. 유(有)에 너무나 집착한 사람에게 단박에 '다 비었다' 하면 허무해서 공부를 잘 못할 것입니다. '자기는 허망한 것이지마는 법은 본래 있는 것이다' 하면서 점차로 이끄는 식이겠지요. 점기(漸機)에 대하여 점차로 사교(四敎)를 설하는 것입니다.

다음 비밀교(秘密敎)란, 일종의 특수한 비밀스런 법을 납득할 만한 근기에 대하여 비밀히 법을 설하여 회중(會中)에서 서로 알지 못하게 하는 것입니다. 다른 사람들이 설사 알지 못하더라도 비밀스런 법을 특수한 비밀스러운 기질들에게 설해서 알게 하는 가르침입니다.

다음 부정교(不定敎)는 돈교도 아니고 또는 점교도 아니고 비밀교도 아닌 기질에 대해서 즉 일회중(一會中) 일법(一法)을 설하여 듣는 자로 하여금 달리 해석케 하여 이익을 얻기도 하고 얻지 못하기도 하는 것입니다. 돈교나 점교나 비밀교가 아닌 근기들한테 그때그때 필요에 따라서 하는 법문이 부정교인 것입니다.

앞에 든 삼장교·통교·별교·원교 등 화법사교(化法四敎)는 마치 우리가 아파서 먹는 약의 맛, 약의 성분에 비교할 수가 있는 것이고, 뒤에 든 돈교·점교·또는 비밀교·부정교인 화의사교(化儀四敎)는 약방문에 해당하는 것입니다.

그리고 별교, 원교의 본 뜻은 거의 같은 뜻인데 다만 격력(隔歷)과 원융(圓融)의 차이 뿐입니다. 가사, 삼신불(三身佛)이라 하면 별교적인 해석은 법신(法身) 따로 있고 보신(報身) 따로 있고 화신(化身) 따로 있다고 한계 있게 보는 것입니다. 이렇게 막혀서 보는 것입니다. 즉 천태교의 관법에서 일심삼관(一心三觀)은, 한 마음에서 공관(空觀), 가관(假觀) 또는 중도관(中道觀)을 보는 것인데, 이것도 공관 따로 있고 가관 따로 있고 중도관 따로 있다고 보는 식입니다. 이것이 이른바 격력(隔歷)입니다.

따라서, 그렇게 격력해서, 막혀서 따로 따로 보는 것이 별교의 가르침인 것이고, 원교는 원융이라, '법·보·화 삼신이 원래 셋이 아니고 삼신일불(三身一佛)이다. 또 공(空)·가(假)·중(中)도 원래 셋이 아니요, 공(空)인 동시에 가(假)요, 가인 동시에 중(中)이다' 라고 보는 것이 원융무애한 법이므로 부처님의 본래적인 가르침이 되는 것입니다.

다시 말하면 삼장교는 경·율·론 삼장인 장교(藏敎)요, 통교(通敎)는 소승이나 대승이나 다 통한다고 해서 통교입니다. 반야를 떠나면 불교라고 말할 수 없기 때문에 소승도 반야가 들어 있어야 하고 대승은 다시 말할 것도 없기 때문에 대소승을 통해서 있는 가르침이 통교라고 하는 것입니다.

별교·원교의 차이는 거의 같은 도리인데 별교는 아직 원융무애한 도리를 잘 모르는 입장에서 따로 설정하고 간격을 두는 격력이요. 원교는 원융무애라, 모든 것이 조금도 간격없는 일미평등한 이른바 법신 자체, 일체 만유 선악시비를 다 초월해서 진여 자체를 말하기 때문에 원교라 합니다. 그러나 모든 것이 법 아님이 없거니 아무렇게나 행동해도 된다고 하는 것은 법의 참 공덕을 미처 몰라서 그러는 것이고, 또 법을 증명한 삽삼조사(卅三祖師)가 파계무참한 사람은 한 사람도 없다는 것은 분명한 사실입니다.

법에 가까워지면 가까워진 만큼 마음도 유연스럽고 자비심도 더하고 또는 우주의 도리에 대한 계율이나 질서도 더 잘 지키는 것입니다. 천태에서 화법4교와 화의4교를 합하여 8교(八敎)라고 합니다.

4) 사종사제(四種四諦)

四種四諦(涅槃經聖行品所說에 依하여 天台가 安立함)
1. 生滅四諦…苦·集·道의 三諦는 因緣에 依하여 實로 生滅이 있고 滅諦는 生法에 對하여 實다운 滅法이라는 實生實滅 위에 세운 四諦로서 根本佛敎 卽 三藏敎의 所說임.
2. 無生四諦…苦·集·道의 三諦는 如幻卽空하여 實다운 生이 없고 滅함이 없다. 滅諦는 本來 自空하여 不生不滅이다. 이와 같이 苦集道의 因果當體卽空임을 깨닫고 生滅을 不見하므로 無生四諦라 함. 通敎所說
3. 無量四諦…苦諦에 있어서 界의 內外를 通하여 無量의 相이 있고 또한 道諦에도 無盡한 差別이 있는데 이는 大菩薩이 修學하는 바이다. 別敎의 四諦.
4. 無作四諦…煩惱卽菩提이므로 集을 斷하고 道를 修하는 造作이 없고 生死卽涅槃이므로 苦를 滅하고 滅을 證하는 造作이 不要하다. 이와 같이 斷證의 造作을 여읜 四諦이므로 이를 無作四諦라 함. 圓敎의 四諦.

우리는 고·집·멸·도 사제(四諦)라 하면 보통 근본불교에 있는 가장 쉬운 법문이라는 생각을 하기가 쉽습니다. 그러나 앞서 말씀드린 장교·통교·별교·원교를 각 가르침의 심천 따라서 차이 있게 해석하듯이 4제도 정도에 맞추어 네 가지로 구분해서 천태지의(天台智顗 538~597) 선사가 열반경 성행품에 있는 것을 참고로 안립(安立)한 것입니다. 안립이란 불교의 독특한 술어인데 규정이나 결정이나 시설의 뜻이 됩니다.

저는 누구에게나 말씀합니다마는 사제(四諦), 팔정도(八正

道), 십이인연법(十二因緣法) 또는 육바라밀(六波羅蜜)은 어느 때나 우리 행동의 지침이 되고 불교의 기본인지라 정확히 알고 기억해야 합니다. 십이인연법도 생각하면 할수록 더욱 새롭고 우리 행동을 그때그때 법성으로 인도하는 가르침이라고 생각하지 않을 수가 없습니다.

첫째 생멸사제(生滅四諦)란 고제·집제·도제의 삼제(三諦)는 인연에 의하여 진실로 생멸이 있고 또 멸제는 생법(生法)에 대하여 실다운 멸법(滅法)이라는 실생실멸(實生實滅)의 4제 곧, 정말로 우리가 낳기도 하고 죽기도 하고 일체법이 생기기도 하고 멸하기도 한다는 4제로써 근본불교 즉 삼장교의 가르침이라는 말씀입니다.

따라서 초기 불교에서 짐작이 되는 바와 같이 무식하고 진리에 대해 어두운 사람들에게 말할 때, 살아있는 그 사람에게 '그대가 본래 공이다. 그대가 본래 없다'거나 또 지극히 좋아하는 물질 세계에 대해서 '그런 것도 모두가 다 허망하다'고 할때는 진리에 대해서 관심을 갖기가 어려울 것입니다. 따라서 마땅히 초기에는 정말로 멸하는 것도 있고 정말로 생하는 것도 있다는 실생실멸(實生實滅)의 차원에서 말씀한 법문인 것입니다.

지금도 사제법문이라하면 보통은 생멸사제 수준에서 알고 있습니다. '번뇌의 집(集)이 있어서 탐심, 진심을 내고 삼독심(三毒心)으로 업(業)을 지으니까 과보로 고(苦)를 받는다. 따라서 고를 떠나기 위해서는 마땅히 팔정도, 도(道)를 닦아야 한다. 이렇게 함으로 해서 해탈의 멸(滅)을 얻는다' 보통은 이런 수준이 아닙니까? 이것이 생멸사제의 차원에서 말씀한 가르침입니다.

그다음 무생사제(無生四諦)란 고·집·도의 삼제(三諦)는 여환즉공(如幻卽空)하여, 원래 허깨비같아 실다운 것이 아니라 바로 공이라고 보는 것입니다. 고(苦)도 공이요, 집(集) 공이요, 또는 도(道)도 공인 것입니다. 반야심경에서 무명(無明)이란 것도 무무명(無無明)이라 하듯이, 현상적인 차원에서 무명인 것이지 실상적인 차원에서 볼 때는 무명이 본래 없는 것입니다. 무명의 실상이 바로 법신인 것입니다.

따라서 우리가 지금 분명히 고생을 받고 있지만 중생 차원에서 고생인 것이지, 고생도 바로 볼 때는 고가 될 수가 없는 것입니다. 반야공 사상에서 모두를 보아야 하는 것입니다. 고가 있고 집이 있다고 하면 응당 집제(集諦)가 있으니까 고제(苦諦)가 있게 되겠지요. 그러나 집제 역시 반야공에서 볼 때는 없는 것입니다. 따라서 고가 있을 턱이 없고, 고도 없고 집도 없으니 닦아서 나가는 도(道)가 있을 필요가 없습니다.

따라서 '고·집·도의 삼제(三諦)는 허깨비같이 공하여 실다운 생이 없고 멸이 없다' 또는 해탈의 인(因)은 도(道)고 해탈의 과(果)가 멸(滅)인데, '멸제는 본래 스스로 공해버려서, 본래 자공(本來自空)하여 불생불멸이다' 이와 같이 고·집·도의 인과 당체(因果當體)가 즉공(卽空)임을 곧 고의 인은 집이고 멸의 인은 도라는 이런 것이 당체가 바로 공임을 깨닫고, 생하고 멸하는 것을 보지 않으므로 무생사제(無生四諦)라 하는 것입니다. 이것은 반야 사상 즉 통교(通敎)의 말씀입니다.

다음에는 무량사제(無量四諦)입니다. 우리 중생의 과보가 삼계육도(三界六道)에서 받는 고제에 있어서 삼계의 내외(內外)를 통해서 무량의 상(相)이 있습니다. 우리가 반야의 공으로 볼 때에는 본래무일물(本來無一物)이 되겠습니다마는 그러나 전혀 아무것도 없는 것이 아니라 가제(假諦)의 차원에서는 분명히 있는 것입니다. 가제가 없으면 허무가 되어 버리겠지요. 삼계 내에도 많이 있고 삼계 외에도 무량의 가상(假相)이 있는 것입니다.

또한 도제(道諦)에도 무진(無盡)한 차별이 있습니다. 팔정도(八正道)만 있는 것이 아니라 호흡법도 있고 육바라밀도 있고 하여 해탈의 길로 가는 도제도 무진한 차별이 있는데, 이는 대보살이 수학하는 것입니다. 소승들은 복잡한 것을 보통은 싫어해서 얼마만치 가다가 마음이 개운하면 더 못가는 것이 소승입니다마는, 대승들은 성불할 때까지 쉼없이 가는 기질이기 때문에 무량법문을 다 수용하는 것입니다. 무량사제는 별교(別教)의 사제입니다.

다음 무작사제(無作四諦)란 임운등등(任運騰騰)하는 곧, 조작이 없는 4제라는 말입니다. 그러나 이런 것은 우리 분상(分相)에서 얻기는 어려우나 이것이 본래적인 모습입니다. 번뇌즉보리(煩惱卽菩提)이므로 번뇌라고 하더라도 중생이 괴로운 단계에서 번뇌인 것이지 깨달아 버리면 번뇌가 곧 보리고, 또는 설사 깨닫지 안 했다 하더라도, 내가 지금 괴롭다는 그 괴로움 또는 아프다는 그런 아픔도 근본 바탕에서 볼 때는 괴로움이 아니고 아픔이 아니라는 것입니다. 우리 중생은 상만 보는 것이니까 번뇌가 있고 아픔이 있습니다마는 본체에서 볼 때는 없는 것입니다.

번뇌 즉 보리이므로 무명과 무명으로 이루어진 탐심, 진심, 치심과 여기에서 우러나는 여러 가지 업인 집(集)을 끊고 팔정도같은 수행법을 닦는 조작이 필요 없는 것입니다.

번뇌가 있고 보리가 따로 있다면 닦는 것도 있는 것이지마는 번뇌의 본바탕이 바로 보리라고 생각할 때는 천지우주가 오직 보리 뿐이요, 오직 참 진리 뿐입니다. 천지우주가 진리 뿐일 때는 새삼스럽게 우리가 집이라고 할 것도 없고, 또 집을 끊고서 도를 닦는다는 조작(造作)스러운, 억지로 지어서 하는 것도 필요가 없는 것입니다.

생사즉열반(生死卽涅槃)이므로, 생하고 멸하고 고를 받는 우리 중생계 이대로 바로 극락세계인 것입니다. 이런 것은 범부지에서는 넘겨다 볼 것이 못됩니다. 닦아서 증명해야 하는 것인데 증명도 않고서 그렇다고 하면 그냥 함부로 그렁저렁 해져버리는 것입니다. 따라서 우리는 생사에 있는 것이고, 견성한 뒤에 비로소 생사 즉 열반이 있는 것입니다.

그러나 우리 지혜와 믿음만은 분명히 '생사 이대로 열반이구나' 이렇게 믿고 나가야 합니다. 다만 업장에 가려서 증명만 못할 뿐 사실이기 때문에, 증명하기 위해서 마땅히 믿음과 혜(慧)는 이와 같이 막힘이 없는 원융한 혜를 내야 합니다.

따라서, 무작사제(無作四諦)의 혜를 가지고 공부를 해야 바로 선(禪)이 되고 참다운 염불이 되는 것입니다.

생사 즉 열반이므로 고를 멸하고 멸을 증(證)하는 조작이 필요치가 않습니다. 이와 같이 끊고 증하는 조작을 여읜 4제이므로 이를 무작사제라 하는 것입니다.

높다 낮다 또는 내가 지금 어떻다 하는 분별시비를 내는 것은 아직 조작을 면치 못하는 것입니다. 따라서 우리가 설사 무진 애를 쓰며 공부해나간다 하더라도 마음에는 걸림이 없이 해야 무념수(無念修)라, 무심히 닦는 것이 됩니다.

우리가 본래시불(本來是佛)이라, 본래 부처고, 본래 부처니까 무루지성 본자구족(無漏智性本自具足)이라, 조금도 허물이 없는 지성이 원래 갖추어 있는 그 자리를 믿고서 무념으로 철저히 계행지키고 나가면 저절로, 본래 불성인지라, 계합이 되겠지요. 이는 원교(圓敎)의 4제입니다.

5) 칠각지(七覺支)

　　七覺支(七覺分・七菩提分法)
　　聖道가 不生함은 定慧不調하기 때문에 定慧를 均等시키는 法이다. 見道位에서 見惑을 斷하고 修道位에 있어서 思惑을 斷함은 이 七覺支의 힘에 依한다.
　　1. 擇法覺支…般若智慧로써 法의 眞僞를 簡擇함.
　　2. 精進覺支…勇猛心으로써 邪行을 떠나고 眞法을 勤行함.
　　3. 喜 覺 支…心에 善法을 得하여 歡喜를 生함.
　　4. 輕安覺支…除覺分이라고도 하며 身心의 麤重을 끊고 身心을 輕利安和케 함.
　　5. 念 覺 支…항상 定慧를 明記不忘하고 이를 均等케 함.
　　6. 定 覺 支…心을 一境에 住하여 散亂치 않게 함.
　　7. 行捨覺支…모든 妄念을 버리고 一切法을 捨離하여 心을 平心坦懷케 하고 다시 追憶하지 않음.
　　※ 이 七法에 있어서 行者의 心이 浮動할 때는 輕安・行捨・定의 三覺支를 用하여 다스리고, 心이 沈沒할 때는 擇法・精進・喜의 三覺支를 用하여 心을 일으키며 念覺支는 항시 定慧를 念하여 끊임이 없어야 한다.　　　　　　　　　　　　　　── 止觀 ──

우리 불자는 복잡하다 하더라도 적어도 37보리분법(菩提分法) 정도는 알아야 합니다. 근본불교의 수행법이 주로 37보리분법 가운데 들어 있습니다. 우리가 팔정도(八正道)를 무시 못하고 사념주(四念住)를 무시 못하듯 이런 법은 다 필요하니까 제정이 된 것이므로 번쇄하지마는 알아두면 공부 정진할 때

크게 참고가 되는 것입니다.

그래서 37보리분법 안에 있는 칠각지(七覺支) 법문도 굉장히 소중한 법문인데, 공부하는 분들이 팔정도에 대해서는 어느정도 관심을 가지고 있습니다마는 팔정도 다음에 칠각지법문이 나와 있는데도 별로 관심을 안 둡니다. 마땅히 소홀히 할 수 없는 귀중한 법문이요, 특히 참선 공부할 때, 이른바 정혜쌍수(定慧雙修)할 때는 꼭 필요한 것입니다.

칠각지를 칠각분(七覺分) 또는 칠보리분법(七菩提分法)이라고 합니다.

부처님의 깨달음인 성도(聖道)가 나타나지 않는 것은 정혜부조(定慧不調)하기 때문입니다. 우리는 정혜균등(定慧均等)을 굉장히 소중하게 생각해야 합니다. 정(定)이 앞에 있는 것도 아닌 것이고 혜(慧)가 앞에 있는 것도 아닌 것인데 분별 좋아하는 사람들은 선후를 가릴려고 애쓰기도 합니다마는, 그래서는 안되는 것입니다. 원래 법성 가운데는 정과 혜가 원만무결하게 원융무애로 갖추어 있는 것입니다.

따라서 법성 가운데 정과 혜가 원만히 갖추어 있기 때문에, 정만 닦으려고 애쓰거나 혜만 닦으려고 할 때는 정혜부조라, 조화가 안되는 것입니다.

우리 심리도 지(知)적인 요소, 정(情)적인 요소, 또는 의지〔意〕적인 요소가 있기 때문에 너무 지성으로 치우치면 정이 소외를 받으니까 어쩐지 불안스럽고, 의지가 부족하면 결연하고 강직한 행동을 못 취하게 되듯이 마땅히 조화가 되어야 합니다.

지금 심리적으로는 지와 정과 의라 하지마는 불교적인 사상으로 볼 때는 정과 혜 가운데 다 들어갑니다. 지관(止觀)이라

하면 지는 정에 해당하고 관은 혜에 해당하며, 앞서 말씀드린 일상삼매(一相三昧)와 일행삼매(一行三昧)도 역시 일상삼매는 혜에 해당하고, 일행삼매는 정에 해당합니다. 모두를 이와 같이 정과 혜에 대비시킬 수가 있습니다.

따라서, 공부가 빠르게 될려면 꼭 정혜균등이라, 정혜쌍수가 되어야 합니다. 보조국사 어록을 한 말로 말한다면 돈오점수와 정혜쌍수로 포괄할 수가 있습니다. 그와 같이 소중합니다. 우리가 마음이 잘 열리지 않는 것은 정혜부조하기 때문입니다. 정과 혜를 조화시키는 법, 정혜를 균등시키는 법이 칠각지법입니다. 따라서 주의해서 보시고 그때그때 공부할 때 참고로 하셔야 합니다.

정혜조화법을 마치 공중에 날아가는 새에 날개가 둘이 있어야 잘 날아갈 수가 있고, 또 굴러가는 달구지에 바퀴가 둘이 있어야 바로 갈 수가 있는 것과 같다는 비유 말씀도 있습니다.

도를 깨닫는 자리인 견도위(見道位)에서 도리에 막힌 번뇌인 견혹(見惑)을 다 끊어버리고 수도위(修道位)에서 습기(習氣)가 되어 있는 번뇌인 사혹(思惑)을 끊는 것은 칠각지의 힘에 의합니다. 이것이 견도에도 필요하지만 특히 수도할 때 곧 보임(保任) 수행할 때 미세번뇌, 습기번뇌를 녹일 때 칠각지의 힘이 절대로 필요한 것입니다.

첫째는 택법각지(擇法覺支)라, 택법이란 법을 간택(簡擇)한다는 말입니다. 불교 술어로는 선택이란 말은 안 쓰고 간택이라 합니다. 반야 지혜로써 법의 진위(眞僞)를 간택하는 것입니다. 우리는 보통은 이것이 옳은가 그른가 하는 판정을 잘 못합니다. 그러나 반야도리, 제법공(諸法空)도리에 비추어 봐서 맞는가 안 맞는가 택하는 것입니다.

공부해 갈 때도 부질없이 상대 유한적인 문제로 의심하면 그것은 참다운 반야 지혜가 못되겠지요. 반야 지혜에 비추어서 항시 제일의제(第一義諦), 본체를 여의지 않는 행법을 취해야 하는 것입니다. 이와 같이 법을 가리는 것입니다.

또는 어떤 법이 자기한테 맞는가 간택하는 것입니다. 가사, 감성이 풍부한 사람이 너무나 지성적인 것에 치우친 법으로 갈 때는, 본래가 부처기 때문에 안되는 것은 아니겠지만, 힘을 많이 낭비합니다. 또 지성적인 사람들이 감성적인 방법으로 할 때도 거의 그와 비슷한 것을 생각할 수가 있습니다. 아무튼 자기 성질, 원래 품성을 잘 헤아려서 택법을 하도록 해야 할 것입니다.

다음은 정진각지(精進覺支)라, 용맹심으로써 삿된 행을 떠나고 진법(眞法)을 근행(勤行)하는 것입니다. 부지런히 닦는다는 말입니다. 내 평생 이 일로 목숨을 바치겠다고 확신이 서지 않으면 정진이 안되는 것입니다. 따라서, 마땅히 자기 품성이라든가 또는 선지식의 지도를 받아서 가장 선행적(先行的)으로 택법을 한 다음에는 용맹정진을 해야 하는 것입니다.

세째는 희각지(喜覺支)라, 마음에 좋은 법을 득(得)하여 환희를 생(生)하는 것입니다. 우리가 택법을 바르게 하고 용맹정진을 할 때는 부작용이 별로 없고 필연적으로 기쁨이 오는 것입니다. 이른바 법희선열(法喜禪悅)이라는 기쁨이 옵니다. 우리가 택법을 잘 못하고 또는 계율이나 선정이나 다 여법한 정진을 안 할 때는 진척이 안됩니다. 법의 진도가 없으면 거기에 따라 오는 환희심을 얻을 수가 없는 것입니다. 그러나 정당히 할 때는 필연적으로 희각지라, 마음에 선법을 득하여 환희심을 내는 것입니다.

다음은 경안각지(輕安覺支)라, 경안은 앞에서 여러 차례 말씀했습니다마는 제각분(除覺分)이라고도 합니다. 추중번뇌(麁重煩惱)라, 이른바 거칠고 무거운 번뇌를 없애므로 해서 몸도 마음도 가벼워지고 편안스럽게 하는 곧 경리안화(輕利安和)케 하는 것입니다.

다섯째는 염각지(念覺支)라, 항상 정(定)과 혜(慧)를 명기(明記)하여 불망(不忘)하고, 마음에다 명심해서 잊지 않고 균등케하는 것입니다. 가사, 우리가 가만히 바보같이 그냥 묵조(默照)하고 앉아 있다면 정(定)을 주로 하고 혜를 무시한 것이 되고 또 진여불성자리, 진여불성은 우리가 더위잡을 수 없는 광대무변한 자리 아닙니까마는, 그 자리만 생각하며 정을 무시하고 갔다 왔다 망동한다든가 오로지 지속적으로 하지 않고서 그때그때 혜만 발동을 시켜서 법성자리만 관조할 때도 역시 공부가 더딘 것입니다. 마땅히 지혜로 해서 상이 없고 자타 시비 선악이 다 끊어진, 청정무비하고 무량공덕을 갖춘 진여불성자리를 훤히 생각해야 합니다. 훤히 트인 그자리에다 마음을 두는 것은 혜라 할 수 있고 그 자리를 안 떠나고 염념상속 하는 것은 정인 것입니다. 그렇게 해야 비로소 정혜균등이 되어서 선정에 들어가는 것입니다. 정혜균등이 안되면 선정에는 못들어 갑니다. 법성에다 우리 마음을 안주시키고 행주좌와(行住坐臥) 어묵동정(語默動靜)에, 앉으나 서나 남하고 얘기할 때라도 마음의 저변에는 영원적인, 생멸이 없는 그 자리를 여의지 않아야 하는 것입니다.

그 다음 정각지(定覺支)란 마음을 한 경계에 머물게 해서 산란치 않게 하는 것입니다. 역시 정혜균등이 되려고 노력하다 보면 차근차근 공부가 익어지면서 마음이 착 가라앉고 산란심이 일어나지 않는 것입니다. 그래야 정이 되겠지요.

다음 행사각지(行捨覺支)란 모든 망념을 여의고 일체법을 사리(捨離)하여 마음을 평심탄회(平心坦懷)케 하고 다시 추억하지 않는 것입니다. 공부할 때 과거에 미워했던 생각이 한번 일어나면 더욱 더 미워질 수가 있습니다. 남을 좋아할 때도 마찬가지입니다. 따라서 이런 것을 다 버려야 하는 것입니다. 이러한 행사(行捨)도 중요한 공부입니다. 무엇이 좀 안되면 그것 생각하느라고 공부가 안되고 또 잘되면 잘됐다고 그러는 것이므로 잘되나 못되나 다 생각하지 않는 것입니다. 자기 형제가 죽으나 누가 죽으나, 과거에 창피스런 일을 당했거나, 법성(法性)에서 볼 때는 그런 것이 사실은 별것은 아니지 않습니까, 그래서 공부할 때는 다 버려야 한다는 것입니다.

이 7법에 있어서 수행자의 마음이 부동(浮動)할 때, 즉 마음이 들뜰 때는 경안(輕安)과, 다 버리는 행사(行捨)와 또 마음을 오로지 한군데만 집중하는 정(定)의 3각지를 써서 다스리는 것입니다.

우리는 보통 마음이 들뜰 때와 너무나 침울해서 혼침이 올 때 가장 공부의 장애가 되는 것입니다. 혼침(惛沈)과 도거(掉擧)는 마음이 가라앉거나 들떠서 곤란스러운 것으로서 공부할 때 두 가지의 큰 마장입니다.

따라서 마음이 들뜰 때는 몸이나 마음이나 번뇌가 다 허망한 것이니까 훨훨히 마치 사자분신(獅子奮迅)같이, 사자가 갈기를 떨치고 위용을 부리듯이 다 떨쳐버리는 경안(輕安)이나, 추억하지 않고 다 버리는 행사(行捨)나 또는 마음을 집중하는 정(定)의 3각지로 해서 들뜬 마음을 다스리고, 그 반대로 마음이 침울할 때는 택법(擇法)으로써 보다 더 알맞은 수행법을 철저히 간택하고 정진(精進)도 용맹심으로 더욱 분발하여 정진을 지속해 나가면 법희선열의 경계를 얻게 되는데 이러한 3각지로써 침울한 마음을 다스리는 것입니다. 이렇게 하면서 염각지(念覺支)로 항시 정·혜(定·慧)를 염하여 끊임없어야 합니다. 한량없이 밝은 불성자리를 떠나지 않는 이른바 일상삼매(一相三昧)의 지혜와 그 법성 자리를 비추어 보는 일상삼매를 지속적으로 닦아나가는 일행삼매(一行三昧)의 정(定)을 균등하게 닦으면서 마음을 다스려 나가는 것입니다.

아무튼 공부해 나가면서 이 택법, 정진, 희 또는 경안, 념, 정, 행사 등을 그때그때 필요에 따라서 조절해 나가는 것입니다.

이러한 7각지법은 지관법(止觀法)의 구체적 방법입니다. 지관의 지(止)는 이른바 정(定)에 해당하고 관(觀)은 혜(慧)에 해당합니다. 지관이나 정혜나 또는 일상삼매, 일행삼매나 다 같은 뜻입니다.

제6절 달마대사(達磨大師)의 이입사행론(二入四行論)

이입(二入) 법문은 금강삼매경(金剛三昧經)이나 또는 달마(菩提達磨 Bodhi-Dharma ?~528) 대사의 소실육문(少室六門)에 있는 법문입니다.

앞에서도 말씀한 바와 같이 관심론(觀心論) 법문은 굉장히 소중한 법문으로 종전에는 달마 스님이 지었다고 한 것인데, 근래에 와서는 신수 대사가 지었다는 연구도 나와 있으니 우리로서는 진실을 판단하기 어렵습니다마는 아무튼 이 리입(理入), 행입(行入)만은 달마 스님께서 역설한 소중한 법문이라고 전해지고 있습니다.

1. 리입(理入)

二入…理入과 行入을 말함(金剛三昧經上, 達磨의 少室六門)
理入…敎를 빌어(籍) 宗을 悟하면 一切衆生 同一眞性임을 信할 수 있으나 客塵妄想에 가리어 나타나지 못한다. 만약 妄을 捨하고 眞에 歸하면 聖凡이 等一하여 寂然無爲함을 理入이라 한다.

이입(二入)이란 리입(理入)과 행입(行入)을 말합니다. 리입(理入)이란 이치로 해서 먼저 알아차리는 것을 의미하고 행입(行入)은 행으로 들어간다는 말입니다.

달마 스님이나 또는 어떠한 도인들이나 먼저 이론적인 이른바 해오(解悟)를 먼저 앞세웠습니다. 먼저 이치를 앞세웠다는 말입니다. 이치를 먼저 알아야 바른 행을 할 수가 있겠지요.

저 유명한 아인슈타인(Einstein, Albert 1879~1955)도 자기 제자인 하이젠베르크(Heisenberg, Werner Karl 1901~)에게 '먼저 이론이 있어야 참다운 실험을 할 수가 있다'고 가르쳤다고 합니다. 사실 어떤 기술이라든가 실험도 역시 정확하고 정밀한 이론이 확립되어야 참다운 실험이 됩니다. 어떤 분야에서나 마찬가지입니다. 그렇기 때문에 하나의 도리도 이론적인 것이 먼저 확립이 되어야 합니다. 이치를 잘 모르면 우리가 닦는다 하더라도 많은 힘을 낭비하게 됩니다.

아까 말씀한 바와 같이 자기 행법(行法)이 자기 품성과 안 맞는 길을 그냥 어거지로 정진할 때는, 그것이 안 하는 것보다 나을지는 모르겠지마는, 자칫 몸도 무리가 오는 것이고 공부가 굉장히 더디어서 자기 스스로 생명의 낭비를 하는 셈입니다.

그러기 때문에, 이론적으로 정확히 바른 체계를 세워 가지고 수행을 해야 하는 것입니다.

리입(理入)은 '교(敎)를 빌어서 종(宗)을 즉 종지(宗旨)를 깨달으면 일체중생과 우주만유가 바로 동일한 불성(佛性)임을 통달하게 됩니다. 그러나 객진(客塵)인 번뇌 망상에 가리어 나타나지 못합니다. 만약 망상을 버리고서 진(眞)에 돌아가면, 성범(聖凡)이 등일(等一)하여, 평등일여(平等一如)하여 적연무위(寂然無爲)함을 신해(信解)함을 리입(理入)이라 한다'고 말하였습니다.

아무튼, 우리 불교 술어는 모두가 다 허투로 아무렇게나 붙인것이 아니라 철두철미 합리적인 것입니다. 객진(客塵)이란 어째서 번뇌를 하필이면 손객(客)자 객진이라 했는가? 이른바 번뇌의 별명이 진(塵)인데, 우리가 사는 세계는 번뇌에 때문은 세계라고 해서 진계(塵界)라고 하는데 이것은 본래 있는 것이 아니기 때문에 객진이라 하는 것입니다. 본래 법성에 들어 있지 않은 것이란 말입니다. 중생이 잘못보아서 허환상(虛幻相)을 내는 것이지 번뇌가 본래 따로 있는 것이 아닙니다. 본래는 일미평등한 청정무구한 진여불성의 청정법계인데 우리 중생이 범부의 소견으로 분별할 때 티끌같은 환상이 보이는 것입니다.

따라서, 이와 같이 분명히 느끼고 마땅히 이런 자리에다 마음을 두고서 설사, 남을 꾸중하더라도 진심(瞋心)이 치성하지가 않고 남에게 베풀 때도 역시 상을 안 내는 무주상(無住相) 보시가 될 수가 있겠지요. 물론 범부야 아직 법성과 하나가 못 되었으니까 온전히 무주상이 될 수는 없습니다.

이와 같이 우선 리입(理入)으로, 하나의 도리로 귀일(歸一)을 시켜야 하는 것입니다. 그러나 이렇게 이치는 쉬워도 앞서 말씀한 바와 같이 기도나 참선을 해서 마음이 어느 정도 정화되지 않으면 확신이 안되는 것입니다.

그러기에 무문(無門慧開 1229 無門關著)선사가 무문관(無門關)에서 말씀이, 공부 정진할 때 '구구순숙(久久純熟)이면' 오랫동안 순수히 닦을 때는 '자연내외 타성일편(自然內外打成一片)이라'고 했습니다. 염불이나 주문이나 화두나 애쓰고 지속적으로 염념상속(念念相續)으로 닦아 나갈 때는, 자연히 우리 마음 속에나 밖에나 모두가 다 하나로 통일되어 버린다는 말입니다.

이렇게 된 때라야 비로소 '모두가 다 비었구나, 모두 하나구나' 하고 진정으로 확신이 서는 것인데 그러기 전에는 이치로는 '그렇겠거니' 하지만 '정말 그렇구나!' 하는 확신을 가질 수가 없는 것입니다.

그렇기 때문에 꼭 우리가 참선이나 기도나 공부로 해서 하나의 자리를 '진정 그렇구나' 할 수 있는 정도로 확신을 갖도록 해야 하는 것입니다.

이와 같이 이론적인 것이 확립이 되면 다음은 행입(行入)입니다.

2. 행입(行入)

　理에 依하여 行을 일으키고 行에 依하여 理에 들어감을 行入이라 함. 行入에 四行이 있다.
　(1) 報冤行…무릇 修道人이 만약 冤苦를 受할 때는 마땅히 念할지니 내가 無始以來로 本을 捨하고 末을 좇아 諸有에 流浪하며 많은 冤憎을 일으켜 그릇됨이 限이 없었다. 지금 그릇됨이 없다고 할지라도 모두가 過去惡業의 業報이다. 甘心忍受하여 冤訴하지 않는다. 此心이 生할 때 理와 相應하며 바로 冤을 體하여 道에 나아감으로 報冤行이라 한다.
　(2) 隨緣行…만약 勝報榮譽를 받더라도 모두가 다 過去宿因의 所感이다. 緣이 다하면 다시 사라진다. 어찌 기뻐할 일이라 하겠는가. 得失의 因緣을 따라 마음이 增減이 無하면 八風이 動하지 않고 저절로 道에 順한다.

(3) 無所求行…智者는 眞理를 悟하고 安心無爲 萬有皆空하니 希求할 것이 없으며 無所求는 眞正한 道行에 順한다.
(4) 稱法行…自性淸淨의 理를 法이라 하는데 法體에는 慳貪이 없다. 이에 順하여 檀을 行한다. 이와 같이 法에 따라 六度(六波羅蜜)를 行함을 稱法行이라 한다.

1) 보원행(報寃行)

행입(行入)은 네 가지로 구분합니다. 리(理)로 들어가 네 가지 행을 하기에 리입사행(理入四行)이라고도 합니다. 행입이라 하는 것은 리(理)에 의하여 행을 일으키고 행에 의하여 리에 들어감으로 행입이라 하는 것입니다. 행입에는 사행(四行)이 있습니다.

하나는 보원행(報寃行)으로서 무릇 수도인이 여러 가지로 고통이 많이 있는 것인데 그런 고통 가운데도 원망하는 고통이 굉장히 심각합니다. 만약 원망하는 고통 곧 원고(寃苦)를 받을 때는 마땅히 생각할 것이 '내가 무시(無始) 이래로 근본을 버리고서 현상만 좇아 제유(諸有)에 유랑하여 많은 원증(寃憎)을 일으켜 그릇됨이 한이 없었다.'고 자기 성찰을 해야 합니다.

근본을 버린다는 것은 진여불성자리, 본체를 여읜다는 의미입니다. 우리는 근본을 버리고 허망한 현상만을 좇는 속물이 되어서 중생계인 삼계육도에 떠돌면서 많은 원망과 미움을 일으킨 것이 한이 없습니다. 남한테 원망도 많이 하고 또는 원망도 많이 받으며 원증을 일으켜 그릇됨은 한이 없었습니다. 이것은 분명한 사실입니다.

우리가 만약 과거에 업장이 없고 좋은 일만 많이 했다면은 인간으로 태어날 필요가 없이 저 천상에나 극락으로 가서 영생의 복락을 누릴 것입니다마는, 조금은 좋은 일도 했겠지마는 배신도 많이 하고 나쁜일을 했기 때문에 금생에 인간으로 온 것이므로 과거의 악업이란 한도 끝도 없다는 말입니다.

지금 고생받는 사람들이 흔히 호소하는 것을 보면 자기는 그래도 무던히 양심적으로 사는데 고통만 중첩되고 곤란스럽다고 하는 분들이 많이 있습니다. 남한테 별로 못된 일도 않고 사는데 항시 애꿎은 액운(厄運)만 계속 된다는 말을 하는 분들은 역시 인과(因果)를 모르는 소치입니다. 지금 그릇됨이 없다고 할지라도 모두가 과거 악업의 업보(業報)인 것입니다.

그러기 때문에 감심인수(甘心忍受)하여야 합니다. 그저 어떤 것이나 달게 받아야 하는 것입니다. 아무리 금생에는 애매한 것이라 하더라도, 누가 칼을 가지고 자기 목을 찌른다 하더라도, 다 과거세에 지은 것이므로 의연하게 감내해야 하는 것입니다. 참고 받아서 원망스럽게 호소하지 않아야 하는것입니다. 이와 같이 감심인수하여 원망스럽게 호소하지 않는 마음이 생길 때 체념이 되고 평등해지는 것입니다. 이런 마음이 생길 때 리(理)와 상응(相應)하며, 바로 원(冤)을 공(空)으로 통찰할 때 도(道)에 나아가는 것입니다. 과거세에 원망스런 일도 하고 받기도 하고 금생에도 남한테 원망도 받고 또는 남을 원망하는 그런 것을 모두 제법공(空)의 본체로 돌려 도(道)에 나아감으로 보원행이라 한다는 것입니다.

따라서, 우리가 공부할 때에 고생을 통해서 고생을 극복함으로 해서 공부가 나아가 질 것인데 고생이 없는 사람들은 사실은 공부가 잘 안된다고도 할 수 있는 것입니다. 그러기에 어떠한 고생도 반드시 본체로 돌려 생각할 때는 충분히 전화위복을 시켜서 공부에 조도(助道)가 되게 할 수가 있습니다. 남한테 배신을 당하거나 자기 걸망까지 몽땅 잃어버리거나 모두가 문제가 아닙니다. 이런 것을 통해서 '과거 전생에 내가 지은 것을 받는구나' 하는 자기 반성으로 말미암아 본체로 돌아가는 공부에 한껏 박차를 가할 수가 있습니다.

2) 수연행(隨緣行)

그 다음은 수연행(隨緣行)인데, 만약 우리가 과거세에 무던히 좋은 일을 하고 금생에 좋은 과보(果報)인 승보(勝報)를 받거나 영예스러운 것을 받더라도 모두가 다 과거 숙세에 지은 바 인(因)이 금생의 과보가 되는 것입니다. 명예롭고 지위가 높고 남들이 칭찬하더라도 인연이 있어서 지금 받지만 인연이 다하면 다시 사라지는 것입니다.

따라서 제 아무리 많은 보시를 받든지 남이 칭찬을 하든지 간에 기뻐할 필요가 아무것도 없습니다. 우리가 얻고 잃어버리는 득실(得失)의 인연을 따라 마음에 증감(增減)이 없으면은 팔풍(八風)이 동(動)하지 않는 것입니다.

팔풍(八風)이란 이·쇠·훼·예·칭·기·고·락(利衰毁譽稱譏苦樂)입니다. 우리가 이롭고, 쇠하고, 칭찬을 받고 또는 우리를 비방하고, 괴로움을 느끼고, 안락하고, 이것을 팔풍이라 합니다. 기쁠 때는 기쁘다고 마음이 들뜨고 기분 나쁘면 나쁘다고 침울하고, 남한테 비방받으면 마음이 불룩거리는 것이기 때문에 그런 것을 팔풍이라 합니다. 이런 계기에 마음이 동하지 않아야 공부했다고 할 수 있는 것 아니겠습니까?

우리가 얻는다고 더 기뻐하고 또는 잃는다고 하여 괴로워하는 등 득실에 따라 마음에 증감이 없을 때는 팔풍이 동하지 않고 저절로 도에 따르는 것입니다. 이렇게 하는 것이 수연행입니다.

3) 무소구행(無所求行)

다음에는 무소구행(無所求行)인데, 구함이 없는 행이라는 말입니다. 지혜로운 자는 진리를 깨닫고 안심무위(安心無爲)하고 만유개공(萬有皆空)의 도리에 안주(安住)하니, 마음이 조금도 다른 것에 대해서 속상할 필요가 없이 항시 안온하여 마음으로 동요가 없고 만유가 다 비어 있으니 희구(希求)할 것이 없으며, 바랄 것도 없고 다시 구할 것이 없는 이것이 즉 진정한 도행(道行)에 따르는 것이라는 말입니다.

그래서, 삼매 가운데도 무원삼매(無願三昧)가 있습니다. 원하는 것이 없는 삼매입니다. 내가 건강해야겠다, 오래 살아야겠다, 다른 사람이 나를 칭찬하게 해야겠다든가 또는 공부를 빨리 잘 해야겠다든가 그런 것은 바라지 않는 것입니다. 물론 게으름 부리면서 바라지 않으면 큰 탈이겠습니다마는, 최선을 다하면서 바라지 않는다는 것입니다. 이것이 무원삼매입니다. 따라서 무원삼매나 무소구행은 같은 의미가 됩니다.

4) 칭법행(稱法行)

다음은 칭법행(稱法行)에 대하여 자성청정(自性淸淨)의 리(理)를 법이라 하는데, 법은 두 가지로 쓰입니다. 본질적인 우주의 진리를 바로 법이라고 하고, 또는 만법(萬法)이라 할 때의 현상적인 제법(諸法)을 법이라고 합니다.

　자성청정의 리를 법이라 하는 법체에는 간탐이 없습니다. 자성청정한 진여에는 탐하고 아끼고 인색한 것이 없는 것입니다. 자기 몸뚱이를 다 주어도 조금도 아낌이 없기 때문에 살타왕자가 새끼를 낳고서 굶주리는 범에게 자기 몸을 바친 것이 아닙니까? 법의 도리에 따라서 단(檀 Dāna)을 곧, 무주상(無住相)보시를 행하는 것입니다. 이와 같이 법에 따라 보시, 지계, 인욕, 정진, 선정, 반야의 육바라밀(六波羅蜜)을 행함을 칭법행이라 합니다. 칭(稱)은 일컬을 칭자라고도 하지만 '무엇 무엇에 들어맞는다' 할 적에 칭자를 씁니다. 따라서 법에 들어맞는 행이란 뜻입니다.

　이 이입사행은 달마 대사께서도 역설을 하고 또는 금강삼매경(金剛三昧經)에도 나옵니다.

　금강삼매는 삼매 가운데서 가장 차원 높은 삼매가 금강삼매입니다. 수릉엄삼매, 금강삼매, 반야바라밀, 사자후삼매, 또는 불성(佛性) 모두가 다 같은 뜻입니다. 이른바 진여불성을 조금도 흠축(欠縮)없이 그대로 계합(契合)하는 경계가 바로 금강삼매입니다.

　따라서, 우리는 이와 같이 리입사행(理入四行)을 명심해서 어떤 경우에 어떤 고생을 하고 어떻게 불행한 시련을 겪는다 하더라도 '부처와 나와 둘이 아니고 설사 내가 당장 죽는다 할지라도 나한테는 아무런 손해가 없고 내 생명은 영생하고 나는 본래 만덕을 갖추고 있다'고 이론적으로 달관해야 합니다.

　부처님 당시에 어느 수행자가 친한 도반과 둘이 공부하다가 부처님을 친견하려고 같이 먼길을 떠났습니다. 가는 길이 멀어 오랜 시일이 걸리고, 목이 타는데 마침 길가에 있는 웅덩이

샘물을 만났으나 가뭄 때라 물은 거의 밭아 가고 그나마 물 안에는 피래미들이 우글거리고 있는 것입니다. 두 비구는 목이 말라서 그 물이라도 마시지 않으면 곧 죽을 지경이라서 고민을 했습니다. 이 물을 마시고 여기서 안 죽어야 부처님한테 가서 법문을 듣고 생사를 해탈해야 할 것이 아닌가? 그러나 저 피래미도 역시 하나의 생명인데 그 물을 마셔버리면 피래미를 죽이는 것이 되지 않는가? 물을 마시고 피래미들을 죽일 수도 없는 것이고 또 안 먹고서 죽어버리면 부처님한테 가지도 못하고 죽을 것이 뻔한데 참으로 난감한 일이었습니다. 그러나 둘 가운데 한 사람은 안 먹기로 작정을 했습니다. 그래서 얼마 못가다가 쓰러져 죽었습니다. 그러나 한 비구는 그 물을 마시고서 천신만고 끝에 가까스로 부처님 회상에 나아가서 부처님의 위없는 법문을 들었습니다. 부처님의 법문을 들으면서 환희 용약하면서도 불현듯 눈물이 앞을 가리는 것입니다. 그래서 그는 울먹이며 "세존이시여, 사실은 저는 이와 같이 세존의 무상법문을 듣고 환희 용약합니다마는, 저의 도반은 같이 오다가 하찮은 피래미들을 살리기 위해서 물을 마시지 않고 쓰러져 죽었습니다. 이제 저 홀로 부처님의 법문을 듣게 되오니 죄책감과 비감을 억누를 수가 없습니다"하고 호소를 했습니다. 그러니까 부처님께서 "비구여, 그대는 안 보이는가? 그대하고 같이 오다가 쓰러져 죽은 그 수행자는 즉시에 도리천에 태어나서 지금 내 뒤에서 법문을 듣고 있노라" 이렇게 말씀하셨다는 이야기입니다. 이런 설화는 단순한 비유담에 그치는 것이 아닌 것입니다. 우리는 절대로 죽음이 없는것입니다. 허환상인 이 몸뚱이만 인연따라 나고 죽고 하는 것이지 본래로 죽음은 없는 것입니다.

제3장 수증(修證)과 공덕(功德)

제1절 참선(參禪)

　불교에서는 문자를 많이 배우고 학문적으로 공부하는 것을 산사업(算沙業)이라고 폄하해서 말하기도 합니다. 모래사장에서 모래알을 헤아리는 것이 한도 끝도 없듯이 학문세계라는 것은 끝도 갓도 없이 분별시비를 할 수 밖에 없습니다.
　그래서 비록 불교의 경(經)이라 하더라도 석가모니 부처님께서 다 말씀하시지 않은 위경(僞經)도 많아서 그런 것을 볼 때에는 우리 마음이 망연해져서 어떻게 할 것인가, 도리어 혼란을 느낄 때가 있습니다.
　특히 밀교 가운데 의궤(儀軌) 같은 것은 더욱 그렇습니다. 이상야릇하게 우리의 소중한 삼학도(三學道)인 계율도 무시하고 방만한 대문이 다분히 있는데 후래인들은 그런 것을 무슨 도인들이 한 것처럼 생각하여 마음에 혼란을 느낍니다. 물론 그런 것 가운데는 머리 좋은 사람들이 경전의 명구문도 인용을 해 놓았기에 '방편으로는 필요한 것이구나' 하고 느낄 수도 있는 것입니다.

우리가 지금 이와 같이 하는 것은 모래알을 헤아리는 것과 같은 산사업처럼 그런 번쇄한 것을 하기 위해서 하는 것은 아닙니다. 다만 마음을 쉬어야 할 것인데, 마음을 쉬려고 할 때는 우리 마음이 하나의 도리로 통일이 되어야 합니다. 이른바 타성일편(打成一片)이라, 모두를 하나의 통일 원리로써 마음의 섣부른 의단을 풀어 버려야지 그러지 않고서는 마음을 쉴 수가 없습니다.

벽암록(碧巖錄)에 휴거헐거(休去歇去)라는 말이 있습니다. 쉬고 또 쉬어라, 상대 유한적(相對有限的)인 분별시비를 하지 말라는 것입니다. 이 말씀은 누구와 아무런 얘기도 하지 말라는 것이 아니라 말 한마디에나 어느 순간에도 부처님의 가르침인 진여법성(眞如法性) 자리에서 비추어서 하라는 것입니다.

저는 가끔 스피노자(Spinoza, Baruch 1632~1677)에 대한 말을 인용합니다. 그는 비록 가난한 철인으로 이층 하숙방에서 생명을 마쳤습니다만, '영원의 상에서 현실을 관찰하라, 그러면 그대 마음은 영원에 참여한다'고 말하였습니다. 그의 철학에는 부처님 사상이 많이 스며 있는 것을 느낄 수가 있습니다. 우리 중생들의 소견을 산에 비유하면 산기슭에서나 중턱에서의 전망같은 그런 하찮은 중생 경계에서 보니까 십인십색으로 가지가지의 번뇌에 묻어서 나오기 때문에 때묻은 행위가 될 수밖에 없습니다. 그러나 영원의 상, 영원의 이미지(image)에서 보라는 말은 법의 정상에서, 본질에서 보라는 것입니다. 제법공(諸法空)의 자리, 진공묘유(眞空妙有)의 자리에서 보아야 바로 보이는 것이지 그렇지 않으면은 바로 보일 수가 없습니다. 본질적인 관조(觀照)는 바로 우리 마음을 본질적으로 성숙케 하는 것입니다.

우리가 화두를 드는 것이나 염불하는 것이나 근본 의도가 어디에 있는가? 그것은 우리의 상대적인 개념지식, 헤아림을 떠나버린 본체를 여의지 않기 위해서 하는 것입니다. 따라서 우리 말이나 행동 하나하나는 우주의 근본 도리, 법성 도리에 입각해서 하라는 말이나 같은 뜻입니다.

마땅히, 우리는 상대적이고 개념적이고 유한적인 지식은 휴거 헐거라, 쉬고 또 쉬어버려야 합니다. 지금 우리에게 진여법성(眞如法性)이 발현(發現)되지 못하는 것은 마음을 쉬지 못하기 때문입니다. 휴거 헐거(休去歇去)라, 그러면 철수개화(鐵樹開花)라, 쇠로 된 나무에서 꽃이 핀다는 말입니다.

우리는 신비로운 것이나 부사의(不思議)한 소식을 보통은 눈에 안 보이는 것이라 무시 합니다마는 천지 우주 자체가 부사의 덩어리요 신비의 창고입니다. 따라서 우리가 정말로 마음을 쉬고 또 쉴 때는 자기도 모르게 자기한테 있는 초인적인 힘이 발휘하게 되는 것입니다. 우리는 지금 분별심으로 해서 초인적인 부처의 힘을 막고 있는 것입니다.

'쉬고 쉬어라. 그러면은 쇠로 만든 나무에서 꽃이 피어난다' 마음 쉬는 지름길이 참선(參禪)입니다. 우리가 제 아무리 이것 저것 많이 하더라도 결국은 마음을 쉬기 위해서 하는 것입니다. 우리 출가사문은 모두가 선(禪)을 생명으로 하고 있습니다. 우리는 가부좌 위에서 생명을 바칠 사람들입니다.

1. 선(禪)의 정의(定義)

禪(Dhyāna, 持訶那, 禪那)
思惟修, 寂慮, 棄惡, 功德叢林, 現法樂住 또는 三摩地(Samādhi 삼매)라고도 하며, 모두 心一境性의 이름이다. 또한 禪宗의 禪은 其名은 同一하나 其體는 涅槃妙心이다. 三明六通 등 諸功德이 禪定에 依하여 發得되므로 禪定은 最學道요 安樂法門이며 功德叢林이라 한다.

선(禪)은 무엇인가? 우선 뜻을 알아야 보다 더 확신이 서지 않겠습니까? 선(禪)은 선나(禪那 Dhyāna)나 같습니다. 풀이하면 사유수(思惟修)라 합니다. 바른 생각으로 닦는다는 말입니다. 그냥 보통 생각이 아니라 정사유(正思惟) 곧 바른 생각입니다. 바른 생각이란 반야(般若)의 도리, 제법공(諸法空) 도리, 오온개공(五蘊皆空) 도리를 분명히 알고서 또는 다만 공(空)이 아닌 중도(中道)의 도리, 중도실상(中道實相)의 도리가 이른바 정사유요, 정사유하면서 닦는 공부가 선이란 뜻입니다.

그 다음에는 적려(寂慮)라는 뜻입니다. 번뇌를 소멸하여 고요하고 밝게 생각하는 것입니다. 본분사(本分事)에서 생각한다는 뜻입니다.

그 다음에는 기악(棄惡)의 뜻이 있습니다. 상대유한적인 악만 아니라, 내가 있다 네가 있다 무엇이 좋다 궂다 하는 분별망상도 버리는 것입니다.

또는 공덕총림(功德叢林)이라 합니다. 달마 스님과 양무제

(梁武帝)가 거량할 때에 양무제는 "절도 많이 짓고 다리도 많이 놓고 많은 스님네한테 보시도 했는데 그 공덕이 얼마나 됩니까?" 하니까 달마 스님이 일언지하에 무공덕(無功德)이라 했습니다. 달마 스님은 선(禪)의 조사(祖師)이기 때문에 상대유한적인 공덕을 말씀하실 필요는 없었겠지요. 상대적인 공덕은 또 분명히 있으나 영원적인 진여법성에서 볼 때는 때문은 공덕인 것이지 무루공덕(無漏功德)은 못되는 것이기 때문에 무공덕이라고 하였던 것입니다.

그러나 참선은 공덕총림이라, 공덕이 하나 둘 있는 것이 아니라 총림같이 무더기로 많이 있다는 말입니다. 다시말하면 무한공덕입니다. 한도 끝도 없는 무루지혜를 얻는 것이거니 무한공덕이 안될 수가 없습니다.

그리고 오해하실까봐서 부언합니다마는 우리가 설사 무주상(無住相)이 못된다 하더라도 밥 한 끼 베푸는 것도 꼭 공덕이 됩니다. 저희들은 공부할 때 느낍니다마는 유위공덕(有爲功德)의 복덕도 많이 지은 사람들은 공부할 때 장애가 적습니다. 그러나 공을 못 세우고 자기 몸뚱이만 생각하고 자기 공부만 생각하는 사람들은 인연도 잘못 만나고, 병마가 엄습하고 장애가 많습니다. 따라서 유위공덕도 조도(助道)로서 필요한 것입니다. 그러나 공부하는 참선수행자들은 마땅히 복잡한 정(情)에 얽힌 것은 단연코 끊어버려야 하겠지요.

그리고 우리가 정말로 삼매(三昧)가 발득(發得)되어서 멸진정(滅盡定)을 성취할 때는 부처님께서 초기경전에서 말씀하신 신통부사의한 공덕인 삼명육통(三明六通)을 분명히 하는 것입니다. 물론 제가 못하니까 여러분들에게 자신있게 보여드릴 수는 없으나 확신은 분명히 합니다. 다만 게을러서 깊은 삼매에까지 못 들어가기 때문에 못하는 것이지 꼭 된다는 확신은 합니다.

그리고 부처님 말씀은 헛된 말씀은 한 말씀도 없습니다. 우리가 보통 부처님이 말씀한 신통자재(神通自在)같은 것은 비유나 상징에 불과한 것이 아니라 꼭 사실로 되는 것입니다. 가사, 천안통(天眼通)을 하면은 정말로 안목이 밝아서 우주를 다 보는 것입니다. 천이통(天耳通)을 하면은, 순수 청정무구한 청정법신에서 오는 본래의 청각(聽覺)이라는 것은 천지 우주의 음성을 다 듣는 것입니다. 영어를 안 배워도 영어로 말하는 것을 알아 듣는 것입니다. 가사, 천도재(薦度齋)를 모실 때에 굉장히 어려운 한문 아닙니까? 천도법문의 대부분이 화엄경, 법화경, 어록 등 중요한 데서 따온 법문이기에 한자도 어렵지만 뜻이 어렵습니다. 그런 어려운 것을 얼핏 생각하는 천박한 마음으로서는 한문을 전혀 안 배운 영가(靈駕)들이 어떻게 알 것인가 하지만 분명히 아는 것입니다.

지금 콤퓨터(computer)를 보십시오. 입력(入力)만 시켜놓으면 기기묘묘한 것이 다 나옵니다. 우리 마음 곧, 불심(佛心)이란 것은 무한의 가능 곧, 모두를 다 알고 할 수 있는 힘이 갖추어 있습니다. 마음의 능력은 이른바 콤퓨터로 비유한다면 무한공덕이 본래로 입력되어 있는 콤퓨터인 것입니다. 일체를 다 알고 할 수 있는 능력이 갖추어 있는 것입니다.

그러기에 마음이 중요하고 인간성이 존엄스러운 것입니다. 무엇을 좀 배우면 알고 안 배우면 모르는 정도 같으면 우리 인간성의 존엄이란 말을 할 수가 없습니다. 따라서 마음은 그와 같이 위대한 것이기 때문에 천상천하 유아독존(天上天下唯我獨尊)입니다. 우리 불교가 아니면은 인간의 존엄성을 말할 수가 없습니다.

　우리가 보통, 참선할 때 분별시비를 항시 못 끊어 버립니다. 삼매에 들어가야 비로소 끊는 것입니다. 일념(一念)이 딱 되어서 심일경성(心一境性)이라, 마음이 오직 한덩어리가 되어 버려야 삼매에 들어가는 것이고 삼매를 성취해야 삼명육통(三明六通)이라, 천안통, 숙명통, 누진통의 삼명통(三明通)을 합니다. 그러기에 부처님의 여래십호(如來十號) 가운데 명행족(明行足)이 있습니다. 밝은 것을 능히 다 갖추고 있다는 말입니다. 과거, 현재, 미래를 훤히 보는 천안통이요 또는 숙명통이라, 무시이래의 과거를 다 아는 것입니다. 지금은 최면술만 좀 잘해도 몇 생을 거슬러 안다고 합니다. 그런데 하물며 무량무변의 불지(佛智)를 통한다고 할 적에는 정말로 분명히 아는 것입니다.

　또는 누진통(漏盡通)이라, 모든 번뇌 습기(煩惱習氣)를 다 떼어버리는 것입니다. 습기를 못 떼었을 때는 아직 공덕이 못 나옵니다. 이른바 현법락주(現法樂住)라든가 하는 공덕이 못 나오는 것입니다. 습기를 떼어버려야 비로소 우리 심리와 생리가 정화되어서 공덕이 나오는 것입니다. 불경에, 우리 마음에서 욕심의 뿌리만 뽑아버리면 우리 발이 하늘로 뜬다는 것입니다. 그러나 공중을 비행하다가도 순간만 욕심을 내면 이른바 신족통(神足通)이 다 소멸되어 땅에 떨어지고 만다는 것입니다.

　우리는 불심공덕(佛心功德)을 분명히 믿어야 합니다. 여불공덕이 분호불수(與佛功德分毫不殊)라, 부처의 과불공덕(果佛功德) 즉, 불과를 성취한 공덕이 나와 더불어서 눈꼽만큼도 차이가 없는 것입니다. 이렇게 믿는 것이 참다운 신(信)입니다.

'부처는 저기 있고 나는 여기 있고 부처 공덕은 부처의 것이지 나한테는 무관하다'고 생각할 때는 참다운 신(信)이 못되는 것입니다.

또한 선정(禪定)을 현법락주(現法樂住)라고 합니다. 이 현법락주라는 것도 우리가 크게 관심을 둘 문제입니다. '참선하면 아무런 재미도 없겠지' 합니다마는 그렇지가 않습니다. 우선 처음에 재미는 몸과 마음이 가벼워집니다. 음식도 있으나마나 별 문제가 아니고 모든 것에 대해 자기도 모르는 가운데 상(相)이 점차로 가시게 됩니다. 이 상에 얽히고 저 상에 얽히면 굉장히 괴롭고 구속되는 옹색한 구속감을 지울 수가 없는 것인데 우선 나라는 생각이 차근차근 줄어지는 것입니다. '이 몸뚱이 가다가 죽어도 무방하고, 언제 죽어도 무방하다' 이런 생각이 들어갑니다. 이렇게 집착이 스러지다가 드디어 욕계를 초월한 법락(法樂)을 얻어서 한량없는 행복에 잠기는 것이 현법락주입니다.

삼매(三昧)는 삼마지(三摩地 Samādhi)와 같은 의미입니다. 앞에 든 것이 모두 심일경성(心一境性)이라 하여 우리 마음이 한 경계에 머물러서 즉 본체에 머물러서 분별망상이 없는 상태입니다. 그러나 또한 선종(禪宗)의 선은 그 이름은 동일하나 그 체(體)는 바로 열반묘심(涅槃妙心)입니다. 열반묘심은 바로 불심(佛心)을 말합니다.

선종(禪宗)이 이루어질 때는 화엄종이나 법화종 등 다른 종파와 대립해서 나온 것이 아니라 화엄이나 법화 등 모든 경론이나 종파를 초월해서 선종이 나왔습니다. 따라서 참선하는 분들은 다른 종파와 대립하거나 교(敎)와 대립한 것도 아닌 것이고, 팔만사천 법문 모두를 포괄하고 초월해서 선종이 나왔기 때문에 조금도 그런 문제에 대해서 상을 내지 말고 설사, 경을 안 배웠다 하더라도 불심(佛心) 가운데는 모두가 다 함장(含藏)되어 있으니 '우주의 진리 모두를 다 갖춘 공부를 한다' 하는 자부심으로 우리 선객(禪客)들은 공부를 지어 나가야 합니다.

또 삼명육통(三明六通) 등 제공덕이 선정에 의하여 발득(發得)되므로 최학도(最學道)라 곧, 배우는 길 가운데서 가장 수승한 길이란 말이요, 또는 안락법문(安樂法門)이라 합니다. 참선이란 것은 몸도 마음도 가장 안락스러운 것입니다. 잘 모르는 사람들은 가부좌(跏趺坐)하고 앉았으니까 어렵다고 생각할런지 모르지만 처음에 습인(習忍)이 발득될 때까지는 어려울지 몰라도 나쁜 버릇만 떨어지면 제일 쉬운 것입니다.

보통 사람들은 앉는 것도 그냥 함부로 앉고 자는 것도 함부로 자고 하지 않습니까? 그러나 참선수행자는 그렇지가 않습니다. 인간의 자세 가운데서 가부좌같이 좋은 자세가 없습니다. 가사, 이틀이나 사흘이나 누워 있으라고 하면 마음도 무겁고 머리도 무겁고 오히려 괴롭습니다만 가부좌가 행습이 되어서 앉아 있으면 며칠도 무방합니다.

왜냐 하면, 가부좌한 정삼각형 모습이 기하학(幾何學)적인 의미에서도 가장 안정된 모습인 것입니다. 둥그런 것은 아예 안정이 될 수도 없겠고 네모꼴보다도 정삼각형은 아래가 무겁고 넓고 위가 좁아서 제일 안정된 것입니다. 그리고 이 정삼각형을 미타(彌陀)의 지인(智印)이라 합니다. 아미타는 제불의 본사(本師)요 제불의 왕인데, 미타의 묘관찰지(妙觀察智)의 상징이 정삼각형입니다. 밀교에서는 부처님의 참다운 지혜의 상징적인 표치가 정삼각입니다. 이 모습이 가부좌하고 똑같습니다. 따라서, 가부좌할 때는 가장 몸이 안정되고 지혜가 제일 발동되기 쉬운 것입니다. 참선에 대한 공덕을 이와 같이 표현하는 것은 모두가 다 경론에 나와 있는 것입니다.

다른 사람들도 그저 가부좌 모양을 취하면 참선하고 있다고 하지만 참다운 참선이 못됩니다. 오직 마음이 본분사, 본체를 안 여의어야 참선입니다. 우리는 선에 대한 정의를 확실히 해두어야 합니다. 달마 스님의 어록을 보나, 육조단경을 보나 충분히 느낄 수가 있습니다. 우리 마음이 상을 여의고서 본래면목 자리를 여의지 않아야 참선입니다. 하나의 테크닉이나 형식적인 모양으로는 참선같은 모양을 할 수는 있겠지만 그러나 진정한 참선이 되는 것이 아닙니다.

화두를 참구 하더라도 제일의제(第一義諦), 상(相)을 떠나고 유무공(有無空)을 떠나버린 중도실상(中道實相)의 본체에다 마음을 안주시켜야 참된 화두가 되는 것이지, 그냥 의심만 한다고 참선이 되는 것은 아닙니다. 그러니까 무리하게 어거지도 의심한다 해가지고서 몸도 안 좋고 그러겠지요.

묵조선(默照禪), 묵조한다 하더라도 제일의제가 전제가 되고, 제일의제를 관조하는 마음이 있어야 하는 것입니다. 그렇지 못하면 혼침만 와서 꾸벅꾸벅합니다. 우리 마음으로 비추어 보는 반야가 있어야지, 반야 없이 덮어 놓고 앉아 있다고 할 때는 혼침만 많이 오는 것입니다. 공부하는데 있어서 가장 큰 마장이 혼침(惛沈)과 도거(掉擧)라, 혼침과 분별시비입니다. 어떻게 이 혼침을 이길 것인가? 어떻게 이 분별시비를 이길 것인가? 그것을 못 이기면 결국은 심일경성(心一境性)인 삼매에 못 들어가는 것입니다.

2. 선(禪)의 종류(種類)

① 外道禪…因果를 不信하고 有漏功德을 爲하여 닦음.
② 凡夫禪…因果를 信하고 有爲功德을 爲하여 닦음.
③ 小乘禪…我空을 信하고 解脫을 爲하여 닦음.
④ 大乘禪…我空및 法空을 信하고 解脫을 爲하여 닦음.
⑤ 最上乘禪 ┌ 如來禪 ┐ 本來 부처로서 一切無漏功德이 원만히
           └ 祖師禪 ┘ 具足함을 信解하고 닦는 禪.

다음은 선(禪)의 종류를 살펴 보겠습니다.

이른바 초월적 명상법(瞑想法)이나 다른 명상법 등 명상법에서도 무슨 재미가 좀 붙으면 그것이 참다운 선(禪)이라면서 부처님께서 말씀하신 선(禪)을 과소 평가하는 수도 있습니다. 우리가 한계를 분명히 알아야 지금 미국에서나 또는 인도 신지학(神智學 theosophy)에서 많이 나오는 명상법같은 것 때문에 혼미를 당하지 않습니다.

외도선(外道禪)은 인과(因果)를 불신하는 것입니다. 우리가 악을 행하고 파계무참(破戒無慚)한 짓을 하면 분명히 그 과보로 고(苦)가 있는 것이고 지금은 전생의 선근 덕택으로 넘어갈지 모르지만 죽은 다음에는 그 업덩이를 짊어지고 다시 고생을 많이 합니다. 인과를 무시하면 불교의 가르침이 못되는 것입니다. 또는 우리가 선(善)을 짓는다면 분명히 선의 과보로 안락을 얻는 것입니다. 불교는 인과를 밝히고 인과를 초월하는 것이지 인과를 무시하는 것이 아닙니다.

인과를 믿지 않고서 우선 재미가 좀 있고 우선 머리가 좋아지고 몸이 좋아지는 유루(有漏) 공덕을 위해서 닦는 것이 외도

선입니다. 명상계통은 보통 다 그렇습니다.

다음에는 범부선(凡夫禪)이 있습니다. 외도는 불교를 안 믿는 것이고 범부라 할 때는 벌써 불교는 믿는 분입니다. 인과를 믿는 것입니다. 인과를 믿지만 아직은 무위공덕(無爲功德), 해탈을 믿는 것이 아니라 복이 많아지고 재수도 좋아지고 집안도 좋아지고 자기 병도 낫고 하는 이런 세간적인 유위(有爲)공덕을 위해서 닦는 것이 범부선입니다.

그 다음에는 소승선(小乘禪)입니다. 소승이라 하더라도 소승법은 깨달은 분상(分上)입니다. 구경적인 깨달음은 못되어도 역시 견도(見道)해서, 진여불성이 현전해서, 자기 자성을 알긴 알았으나 다만 습기를 못 여의였다는 말입니다. 아공(我空)을 믿습니다. 내 몸뚱이는 지수화풍 사대(四大)로 이루어지고 내 마음도 역시 수나 상이나 행이나 식이 인연 따라 잠시 합해져서 되었으므로 내가 공(空)하다는 것을 믿지마는 일체 만법이 다 비었다는 법공(法空)을 미처 못 깨달은 것입니다. 소승도 깨달음이 철저하지 못하여 완전한 깨달음은 못되나 역시 깨달음의 분상이기 때문에 이러한 소승의 해탈을 위해서 닦는 것이 소승선입니다.

그 다음에 대승선(大乘禪)은 나도 원래 비고, 일체 만법도 다 비었다는 아공(我空), 법공(法空)을 믿습니다. 무슨 이데올로기나 무슨 주의나 또는 어떤 학설이나 이런 것이 모두가 다 인연 따라서 나온 것이지 본래 이것이 이른바 무가정(無假定)의 원리가 못되는 것입니다. 이런 법공자리를 미처 잘 모르는 사람들은 사회주의라하면 사회주의 사상을 원리적으로 믿고서 모두를 거기에 끼워 맞추려고 생각합니다. 이른바 경직된 교조주의(敎條主義 dogmatism)인 것입니다. 불교를 공부하더라도 법공을 철저히 못 증(證)한 사람들은 꼭 자기 식으로, 같은 법문도 자기 견해만 옳다고 생각하고 다른 사람의 생각은 별로 신통치 않게 생각합니다. 자기 주장, 자기가 느끼는 것만 옳다고 생각하는 것은 법공을 미처 모르는 사람들인 것입니다. 아공, 법공을 믿고서 해탈을 위하여 닦는 것이 대승선입니다.

그 다음 최상승선(最上乘禪)은 여래선(如來禪) 조사선(祖師禪)을 말합니다. 더러는 여래선을 대승선 가운데 넣는 분도 있습니다만 뜻을 잘못 해석한 것이라고 생각됩니다. 최상승선이란 다시 위없는 선이란 말입니다. 여래선, 조사선도 원래 둘이 아니요, 조사선이란 말도 원래 있는 것이 아니지만 구태여 본래성불(本來成佛)의 뜻을 강조한 방면에서 구분할 때 여래선은 주로 부처님 경전을 참고로 많이 하였다고 볼 수가 있고, 조사선은 부처님 가르침을 무시한 것은 아니겠지마는 이른바 불립문자(不立文字) 교외별전(敎外別傳)이라, 교 밖의 격외(格外) 도리에 보다 더 철저히 들어간다는 데서 이름지어진 것이라 볼 수가 있습니다. 최상승선은 본래부처로서 일체 무루공덕(無漏功德)이 원만히 구족함을 신해(信解)하고 닦는 선입니다. 따라서, 최상승선이 될 때는 모든 공덕을 다 원만히 갖추고 있음을 믿어야 하는 것입니다. 아공, 법공을 믿고 공덕총림(功德叢林)이나 또는 현법락주(現法樂住) 모두가 다 갖추고 있다고 믿는 것입니다.

따라서, 마음을 쉬지 않을래야 쉬지 않을 수가 없습니다. 그 공덕이 밖에 있는 것이 아니라 이 마음자리에 있습니다. 남을 미워도 하고 좋아도 하고 분별시비하는 이 마음은 본래 마음이 아니겠지마는 망상하는 이 마음 떠나서 또 다른 마음이 있지가 않은 것이기 때문에 분별시비하는 중생심, 이 마음 가운데에 일체공덕이 다 갖추어 있는 것입니다. 다만 닦지 못해서 공덕을 발득(發得) 못하는 차이 뿐입니다. 앞으로 닦은 뒤에 비로소 있는 것이 아니라 본래부터 있는 것입니다.

우리가 성불이라 할 때에 본래성불(本來成佛), 즉신성불(卽身成佛) 또는 당래성불(當來成佛)의 세 가지로 성불의 뜻을 구분해서 얘기도 합니다. 본래성불은 본래 부처가 되어 있다는 말이요, 즉신성불은 이몸 이대로 금생에 바로 부처를 이룬다는 말입니다. 본래 부처이기 때문에 금생에 충분히 부처를 이룰 수가 있어야 하겠지요. 또는 금생에 그렁저렁 했으면 금생에는 못 이룬다 하더라도 당래성불이라, 당위(當爲)적으로 마땅히 미래에는 성불이 된다는 말입니다.

그런데 참선하는 분들은 본래성불 자리를 분명히 믿어야 합니다. '본래 부처이기 때문에 자연적으로 일체의 번뇌와 때묻지 않은 모든 공덕을 원만히 갖추어 있다'고 믿을 때에 이른바 안심법문이 되는 것입니다. 구할 것이 없는 것입니다. 내 마음만 믿어버리면 사실은 구할 것이 없습니다. 따라서 휴거 헐거(休去歇去)라, 이 마음 쉬고 또 쉬어버리는 것입니다.

앞에서 복잡하고 어려운 근본불교를 말씀을 했습니다마는 마음 공덕을 생각할 때는 모두가 헛것입니다. 다만, 복잡한 현대사회요 고학력 시대라서 학자도 많고 또 수도인도 많은데 그런 분들이 또 불교를 했다는 분들이 여러 가지로 부처님 가르침을 쪼개고 보태고 하기 때문에 근본적인 체계를 못 세운 사람들은 혼미하고 혼란을 느껴 버립니다. 따라서 그런 혼란을 느끼지 않기 위해서 근본불교부터 여러 시간 동안 얘기를 했습니다마는 우리가 윤곽을 취해서 근본적인 줄거리만 잡은 다음에는 누구의 말씀에 대해서나 참고로는 할 망정 거기에 먹혀들 필요까지는 없는 것입니다.

　우리는 지금 최상승선만이 문제입니다. 이 가운에 다 들어 있으므로 그 외에 것은 문제시 할 필요가 없습니다. 마땅히 출가사문(出家沙門)은 최상승선만을 문제로 해야 합니다. 그래도 우리 생과 더불어서 묻어있는 근본적인 본능적인 구생기(俱生起)번뇌, 또는 금생에 나와서 잘못 듣고 잘못 배우고 잘못 생각하고 지은 분별기(分別起)번뇌, 이런 번뇌 때문에 최상승선을 한다 해도 역시 자꾸만 끄달리고 장애가 되고 합니다. 마땅히 우리는 최상승선 도리를 한발도 헛딛으면 안될 것입니다. 그러면 이제 구체적으로 최상승선은 어떠한 방편이 있는지를 살펴 보겠습니다.

3. 선(禪)의 방법(方法)

　① 公案禪(話頭禪)
　② 默照禪
　③ 念佛禪

　선(禪)의 방법은 여러 가지가 있지 않습니까마는 우리가 보통 아는 바 공안선(公案禪) 즉 화두선(話頭禪)입니다. 우리 한국은 주로 화두선으로 되어 있습니다. 조계종은 특히 그렇습니다. 그러나 다른 종파에서는 좀 다르겠지요. 그러나 조계종에서는 참선을 한번도 안한 분도 선을 말하면 '화두만 선이다'고 얘기를 합니다. 선방에서 한 철도 안 나본 학자들도 참선에 대한 논문을 쓸 때는 으레 공안선 화두선만을 얘기하는 것입니다. 적어도 참선에 대해서 논할 때는 자기 스스로 몇 철이나 참선공부를 해 본 사람이 말해야지 참선을 안 해본 이가 선(禪)을 말하는 것은 마치 헤엄칠 줄 모르는 사람이 수영(水泳)법을 말하는 것과 같이 오류를 범하기 쉽습니다.

또 묵조선(默照禪)은 화두없이 그냥 잠자코 중도실상(中道實相)의 불심(佛心) 경계를 관조하는 것입니다. 묵조(默照)가 나올 때에 그 연기유서(緣起由緒)를 보면 분명히 불지(佛智)인 중도실상(中道實相)의 본래면목(本來面目) 자리를 관조하는 것이며, 묵조란 뜻도 잠잠히 묵묵히 비춘다는 무념무상의 도리로, 일체 무루공덕(無漏功德)을 갖춘 본래면목 경계를 비추는 선인 것인데 뒤에는 덮어놓고서 묵묵하니 앉는 것으로만 압니다. 그러니까 근본 뜻도 잘 모르고 혼침 등 병통이 많이 생깁니다.

그러나 공안선도 가사, 조주 무자(趙州無字)의 화두의 연원을 보십시다. 어떤 승(僧)이 조주(趙州 778~897) 스님에게 물었습니다. "개가 불성이 있습니까 없습니까?" 불법의, 중도(中道)의 도리를 이치로라도 안다면 그런 질문은 할 턱이 없습니다. 진리를 이치로 알아버린 사람이 그런 질문이 필요하겠습니까? 그러나 사실은 한 천년(千年) 전이라서 지금 사람들같이 논리적으로나 합리적으로 생각을 못했을 것입니다. 따라서 '부처님 말씀으로는 일체중생 개유불성(一切衆生皆有佛性)이라, 일체 중생이 다 불성이 있다고 했으니 개도 역시 중생인지라 마땅히 불성이 있어야 할 것이 아닌가? 사람같으면 그래도 선악의 분별이 있기 때문에 불성이 있다고 할런지 모르겠지만 개란 껌껌하게 미혹되어 먹을 것이나 암놈 숫놈 밖에는 모르는 개한테 무슨 불성이 있을 것인가?' 그렇게 의심이 안 들 수가 없었을 것입니다.

일체 중생이 다 불성이 있다는 말을 듣고도 역시 현실로 눈앞에 보이는 개가, 어두운 업장 많은 그런 짐승이 무슨 불성이 있을 것인가 하는 생각에서 개도 불성이 있습니까? 라고 물었겠지요. 그 물음에 따라서 조주 스님이 "무(無)라" 없다고 하였습니다. 분명히 부처님께서는 있다고 하셨는데 왜 조주 스님이 없다고 하는 것인가? 그러면 참말로 없는 것인가? 우리는 이 공안선(公案禪)의 뜻을 깊이 생각해야 합니다.

이럴 때는 우리 마음자리를 선행적으로 이해를 해야 합니다. 마음이 본래 부처인데, 어째서 부처가 나타나지를 못하는 것인가? 이것은 다 아시는 바와 같이 산란심(散亂心) 때문입니다. 파도가 치면은 중천에 휘영청 밝은 달 그림자가 물 위에 제대로 비칠 수가 없겠지요. 똑같습니다. 우리 마음도 역시 산란스러우면 참다운 지혜가 못 나옵니다. 안정이 되어야 바른 지혜가 나올 수 있는 것이고, 특히 진여불성, 우리 본심자리는 정말로 산란심이 딱 정지가 되어야 하는 것입니다. 호흡도 산란심과 정비례합니다. 마음이 산란스러우면 호흡도 그 마음만치 산란스럽고 호흡이 고요해지면 마음도 고요해지고, 또 역으로 마음이 고요해지면 호흡도 고요해집니다. 그러기에 덮어놓고 하는 분들이 많지만 호흡법도 하지 않습니까?

따라서, 우리 마음도 어느 문제에다가 의심을 골똘히 품게 되면 우리 마음이 모아지고 정화(淨化)가 되겠지요. 그러나 수승한 근기가 된 사람들은 빨리 모아지는데 보통 근기는 그 의심 때문에 굉장히 괴로워지는 것입니다. 남을 믿는 것은 기분이 좋지만 남을 못 믿을 때는 괴롭지 않습니까? 그와 똑같이 의심도 제일의제(第一義諦) 본래면목 자리를 안 놓치고 의심하고 불성자리를 분명히 참구(參究)하는 태도로 의심한다면 빨리 모아지지마는 단순히 의심하는 의심으로는 더딘 것입니다.

　수승한 근기를 갖추면 빨리 하나가 되어서 몸도 마음도 개운하니까 별 문제시가 안되는 것입니다마는 업장이 많은 사람들은 의심한다는 것이 괴로우니까 그 때문에 상기(上氣)가 되고 별별 병이 나오게 됩니다.

　앞서, 칠각지(七覺支)도 말씀을 드렸습니다마는 칠각지 법문은 정(定)과 혜(慧)가 쌍수(雙修)가 되는 법문 아닙니까. 정과 혜가 균등(均等)이 되어야 합니다. 왜 그러는 것인가? 진여불성자리는 정과 혜가 본래로 구족원만하게 갖추어 있기 때문입니다. 원래 우리 마음자리가 정만 있고 혜가 없다면 정만 닦아도 되겠지요. 또 혜만 있고 정이 별로 없다거나 치우치게시리 무엇이 더 많다고 한다면 한 가지만 해도 될런지 모르겠지마는 우리 마음자리 불성은 원래 정과 혜가 균등하게 원만히 갖추어 있는 것입니다. 따라서 공부하는 인행적(因行的)인 수행법도 정과 혜가 가지런히 나가야 됩니다. 마치 새가 두 날개가 있어야 하늘에 잘 날을 수 있고, 수레에 양 바퀴가 있어야 바로 가듯이, 공안선의 화두를 든다 하더라도 '내 마음이 정혜균등(定慧均等)이 되어 있는 것인가?' 점검을 하여야 하고 남의 공부도 그렇게 점검을 해 주어야 됩니다.

　그러면 정혜균등한 것은 좋지만 어떻게 균등할 것인가? 좀 어려운 문제입니다. 무엇을 혜(慧)라고 할 것인가? 불경이나 조사어록이나 많이 외우는 것을 혜라고 할 것인가? 우리 공부하는 분상의 혜는 그것이 아닌 것입니다.

　보조 국사 어록에 적이상조(寂而常照)라, 적(寂) 곧, 고요한 것은 바로 정(定)에 해당합니다. 모든 번뇌가 없어져버린 자리입니다. 그러나 번뇌가 없다고 해서 아무것도 모르면 바보 아닙니까? 이른바 무기(無記)인 것입니다. 꼭 반야의 혜가 있어야 합니다. 반야의 혜는 모든 상을 다 떠나버린, 훤히 열린 바로 밝은 마음자리인 것입니다.

앞으로 현대 물리학을 말씀 드릴 적에 이 마음의 광명자리를 현대물리학적으로 증명한 것을 소개하겠습니다마는 사실 우리 마음은 본래가 바로 지혜 덩어리요, 본래 빛, 광명 덩어리입니다. 후불탱화(後佛幀畵)를 보십시오. 부처님의 광명이 삼천대천 세계를 다 비추고 도로 정수리로 들어가는 모습, 특히 정상에 광명이 들어오고 나가는 상징화가 그려져 있지 않습니까? 부처님 뿐만 아니라 우리 중생도 똑같이 광명이 나와서 천지 우주를 다 비추는 것인데 우리가 번뇌에 가리어 느끼지 못할 뿐입니다.

기독교 신학에서 가장 중요한 교리가 예수의 부활(復活)입니다. 꼭 그들은 자기들만 있는 중요한 보배같이 부활설을 내세우나, 예수만 부활한 것이 아니라 우리 중생이 다 부활하는 것입니다. 우리가 죽어지면 죽는 것입니까? 매미가 허물을 벗듯이, 뱀이 허물 벗듯이 몸뚱이 허물만 벗는 것이지, 우리 생명 자체는 죽음이 없는 것입니다. 따라서, 그것은 부활이 아니라 바로 영생 자체가 우리 인간인 것입니다. 그네들은 그런 도리를 잘 모르니까 그렇게 말하는 것입니다. 물론 예수가 죽은 뒤 삼일(三日)만에 어느 신도한테 모습으로 나타냈겠지만 예수만 그런 것이 아닙니다. 달마 대사 전기를 본 분들은 알지 않습니까?

달마(菩提達磨) 대사가 소림굴(少林窟)에서 9년 간 계시고 모든 교(敎)는 배격하여 문자(文字)를 세우지 말라 하였는데,

그 때에 중국에는 번역 불교가 성행하여 구법승(求法僧)들이 인도에 가서 천신만고 가져온 목숨보다 소중한 경전인지라, 경을 외우고 풀이하는데 세월 다 보내버리는 것입니다. 중국 사람들이 경을 번역하고 풀이하고 연구하는 것은 좋은데, 정작 마음 닦는 법을 소홀히 하는 경향이었습니다. 따라서 자기가 '중국에 와서 할 일은 무엇인가? 사명은 무엇인가? 마땅히 경에 집착할 것이 아니라 경의 본뜻을 중요시 해야 할 것 아닌가? 경의 본뜻은 무엇인가? 결국 직지인심(直指人心) 견성성불(見性成佛)이라, 오직 우리 마음 가리켜서 마음 깨달으면 본래 마음자리, 본래 자기, 참다운 대아(大我)가 곧 부처다' 그래서 달마 스님이 중국에 와서 참다운 진리는 문자 밖에 있다고 설파한 것입니다.

그러나 2조 혜가(慧可) 선사한테 능가경(楞伽經) 네 권을 전수했던 것입니다. 잘 모른 사람들은 '불립문자 교외별전이라, 경전은 필요없다'고 말하지만 달마 스님이 전법(傳法)의 표신(表信)으로 가사와 능가경 4권을 혜가 선사한테 전했다는 것만 보더라도, 경을 무시한 것이 아니라 참으로 경을 중요시한 것입니다. 경을 중요시하고 숭상한다는 것은 많이 외우는데 있는 것이 아니라 오직 경의 진의(眞義)인, 마음 닦고 바른 행동 취하고 삼매에 들어 바른 지혜를 얻는 것입니다.

다시 공안선 말씀으로 돌아가면, 우리가 화두를 드는 공부에 있어서 도인이나 선지식들이 말씀한 혜(慧)를 어떻게 놓치지 않을 것인가? 오직 마음을 모으는 정(定)과 더불어 어떻게 혜를 세울 것인가? 혜는 따지는 혜가 아니라 다 버리는 혜인 것입니다. '본래무일물(本來無一物)하니 하처야진애(何處惹塵埃)리요' 본래 아무것도 없는 것입니다. 내가 생각하는 관념도, 좋다 궂다 하는 것도, 이 현상계도 본래에는 아무것도 없는 것입니다. 그러나 그냥 없다고만 생각하면 무기(無記)에 빠집니다. 그냥 없는 것이 아니라, 그 가운데에 훤히 빛나는, 조금도 막힘이 없는, 우주 삼천대천 세계에 무장무애(無障無碍)한 진여연기(眞如緣起) 중도실상(中道實相)의 불성(佛性)이 상주(常住)하는 것입니다.

저는 라즈니쉬에 대해서 그의 방만한 행위 때문에 배격해 버렸습니다만 그가 어떻게 공부를 했던간에 천재이기 때문에 그의 저서 가운데 아주 좋은 대문이 있었습니다. '눈을 감을 때나 눈을 뜰 때나 행주좌와(行住坐臥)에 모든 것을 빛으로 생각하라' 이런 말을 했습니다. 눈을 뜨나 눈을 감으나 언제나 누구를 보나 모두를 다 광명의 화신으로 보라는 것입니다. 사실은 모두가 광명입니다. 금덩어리나 다이아몬드만 빛이 있는 것이 아니라 모두가 다 투명한 마니보주(摩尼寶珠) 같은 빛으로 이루어진 것입니다. 불안청정(佛眼淸淨)한 부처님의 차원에서는 진여불성 자체가 바로 광명이기 때문에 모두를 다 빛으로 안 볼 수가 없는 것입니다.

그러기에, 도인들이 깨달은 분상에서 '심월고원(心月孤圓)하니 광탄만상(光呑萬像)이로다, 마음달이 훤히 우주를 비추는데 광명이 우주를 다 삼키고 있구나!' 합니다. 우리가 참으로 깨달을 때에는 그런 경계가 되어야겠지요. 천지 우주가 그 야말로 송곳 끄트머리나 냄새나는 똥이나 모두가 다 부처님의 순수한, 심심미묘한 광명으로 빛나있다는 말입니다.

운문(雲門 864~949) 선사도 "여하시불(如何是佛)이니꼬?" 부처가 무엇인가? 라고 묻는 어느 스님네 대답에 "간시궐(乾屎橛)이니라." 마른 똥막대기라는 말입니다. 하필이면 마른 똥막대기뿐이겠습니까? 가장 더러운 것도, 가장 좋은 것도 모두가 다 부처가 아님이 없다는 말입니다.

따라서, 우리는 공안선의 '이뭣고' 선이나, '무자(無字)' 선이나 어떤 선을 하나 제일의제(第一義諦) 자리를 안 놓치는 것이 이른바 혜(慧)가 됩니다. 그러면 정(定)은 무엇인가? 정은 그 자리를 지속적으로 간단(間斷) 없이 밀고 나가는 것입니다. '시삼마(是甚麽)선'의 시초를 보면 혜를 어떻게 드는[擧] 것인가를 알 수 있습니다. '나한테 한 물건이 있으되 밝기는 해와 달보다 더 밝고, 검기는 칠보다 더 검고.' 이른바 명암을 초월한 것이 되겠지요. 그러나 우리 중생분상에서는 검은 것을 생각하면 혼침이 빨리 와버립니다. 참선하면서 눈을 감고 해보십시요. 참선이 익은 분들은 문제가 아니겠지만 초심자는 그냥 혼침이 와버립니다. '밝기는 해와 달보다 밝고 검기는 칠보다도 더 검은 그 무엇이, 하늘을 받치고 땅을 괴고 이미 천지를 감싸고 두루하는 것이, 명암(明暗)을 초월한 밝은 생명이 나와 더불어 있다'고 참구하는 것입니다. 마음이 머리에 있습니까, 가슴에 있습니까, 발에 있습니까, 어느 처소에 부분적으로 있는 것이 아니라 이 몸뚱이 전체가 불성 덩어리인 것입니다. 사람 뿐만이 아니라 천지 만물 두두물물이 불성 덩어리인 것입니다. 진여불성이 연기(緣起)한 현상이기에 현상 그대로 진여불성인 것입니다.

이와 같이 '이 뭣고'선 곧 '시삼마'선에서도 천지를 하나의 광명 덩어리로 보는 것입니다. 그렇게 하라는 것입니다. 어떤 화두나 '시삼마'선이 근거가 되는 것입니다. 이 무엇인가?는 본래면목 자리가 무엇인가?라는 말입니다. 달마 스님께서 서쪽에서 온 뜻이 무엇인가? 부처가 무엇인가? 또는 본분사(本分

事)가 무엇인가? 이런 데 따라서 천칠백(千七百) 공안이 나왔습니다. 따라서 참구(參究)하는 마음 자세 역시 그 자리를 안 놓쳐야 선인 것입니다. 묵조선도 똑같습니다.

그 다음에 염불선(念佛禪)이라,

저는 이번에 문제 의식으로 삼은 것이 돈오돈수와 돈오점수의 어떤 것이 옳은가? 하는 문제입니다. 옳은 것도 그른 것도 아닙니다. 돈오돈수도 옳고 돈오점수도 옳습니다. 다 말씀을 했습니다. 육조단경을 보더라도 돈오돈수란 대목도 있고 돈오점수라고 문자로 표현은 안했지만 그 의미로는 벌써 돈오점수가 나와 있습니다. 따라서 부질없는 갈등을 할 필요가 없습니다. 개념적인 해석을 잘 해버리면 갈등 될 필요도 없습니다. 돈오돈수를 무슨 뜻으로 말했던가? 뜻으로 생각할 때는 같은 뜻이 되어 버립니다.

또는 여래선과 조사선의 문제입니다. 이것도 괜히 부질없이 싸우는 것입니다. 부처가 말한 것이 옳은가? 조사가 말한 것이 옳은 것인가? 다 옳습니다. 다만 부처님이나 조사 스님이나 때에 따라, 너무 집착하면 집착하지 말라, 또 너무 집착을 안해서 허무감에 빠져 아무것도 없는 것이라고 무기에 떨어지면 곤란스럽기 때문에 이럴 때는 이것 저것 점차로 닦아야 한다고 나온 것입니다. 이와 같이 해석하면 되는 것이지 그런 표현된 문제 가지고 괜히 쓸데없는 낭비를 할 필요가 없습니다. 한 갈등(閒葛藤)이라, 한가로운 희론(戱論)에 불과합니다.

또는 염불이 옳은가? 참선이 옳은가? 또는 주문이 옳은가? 또는 참선과 염불은 어떤 관계에 있는 것인가? 이런 문제에 대해서도 저한테 문의하는 젊은 스님네들이 많습니다. 따라서 이런 기회에 미흡하나마 말씀 드리겠습니다. 제가 말씀드리면 자기가 내키는 법문이라 좋게 말하는 것이라고 생각하기 쉬우므로 마땅히 권위있는 경론을 전거로 해서 말씀을 드리도록 하겠습니다.

염불선(念佛禪)도 역시 원래 최상승선 도리입니다. 그러나 '극락세계가 저 십만억 국토를 넘어서 있다. 또는 나무 아미타불이나 관세음 보살이나 지장 보살이 우리 마음 밖에 있다' 이렇게 생각할 때는 참다운 염불도 못되고, 염불선도 못됩니다. 부처님께서 극락세계가 밖에 있다고 말씀을 하셨겠습니까? 부처님께서 우리 마음이나 부처가 내 밖에 있어서 애쓰고 생각하면은 우리를 돕는 가피를 주신다고 생각하셨을 리는 만무합니다.

불신충만어법계(佛身充滿於法界)라, 천지 우주가 바로 부처요, 시방여래시법계신(十方如來是法界身)이라, 부처는 바로 우주를 몸으로 합니다. 따라서 부처님께서 말씀하시고자 하는 근본 뜻을 헤아려야 하는 것입니다.

원래, 극락세계나 나무아미타불이나 정토(淨土) 법문을 말씀하신 경은 주로 대무량수경(大無量壽經), 관무량수경(觀無量壽經), 아미타경(阿彌陀經)인데 그런 경을 착실히 보아도 압니다. 그런데, 사람들은 착실히 잘 안 보고 말을 합니다. 착실히 본다면 한 경 내에서도 방편과 진실이 아울러 있습니다. '극락세계가 저 밖에 있다'고 말씀해 놓고도 같은 경 내에서 '그대 마음이 바로 극락세계다. 닦으면 그대로 극락이다' 이렇게도 말씀하셨습니다. 그런데 하근(下根) 중생은 방편설(方便說)만 가지고 따지며 시야비야(是也非也) 합니다.

따라서, 참다운 염불도 '본래 부처와 내가 둘이 아닌 자리'를 확인시키기 위해서, 천지 우주가 바로 부처고 내 마음이 부처기 때문에, 나무 아미타불이나 관세음 보살이나 부처 이름을 자꾸만 외워야 자기 암시가 되어 가까워지겠지만 부처님 이름을 외지 않고서 분별하는 생각만 할 때는 우리 마음이 부처와 가까워지겠습니까? 화두도, 무자나 이뭣고나 또는 판치생모(板齒生毛)나 모두가 다 일체 유루적(有漏的)인 상대 유위법을 떠나서 오직 불심(佛心)만 잡으라는 뜻입니다. 그렇다면 공안이나 염불이나 모두 다 같은 것입니다.

묵조(默照)도 청정미묘하고 일미평등한 진여불성을 관조하니까 같은 것이고, 또는 공안도 제일의제(第一義諦)인 한 물건 자리를 참구하는 것이니까 같은 것이고, 염불도 부처가 밖에 있다고 생각하고 행복스러운 극락이 십만억 밖에 있다고 생각할 때에 방편이 되는 것이지만 자기 마음이 바로 부처요 만법이 본래 부처일 때는 바로 선(禪)인 것입니다.

외도(外道)와 정도(正道)의 차이는 무엇인가? 외도는 마음 밖에 도를 구합니다. 별스런 재주있는 짓을 다해도 마음 밖에 무엇을 생각하면 외도인 것입니다. 행복도 불행도 화합도 모두가 다 마음에 있는 것입니다. 행동 바르게 하고 진리를 생각하면서 마음을 다스려야하는 것입니다. 우리 마음 다스리는 방법은 무엇이 좋은가? 산을 생각하고 물을 생각하고 무엇을 생각하더라도 마음의 본래면목을 생각하는 것 같이 빠르고 쉽고 확실한 것이 없습니다.

우리 마음은 본래 정서(情緖)와 지혜(智慧)와 의지(意志)가 다 갖추어져 있습니다. 그러나 우리는 과거 전생의 숙업 따라서 정서가 좀 더 많은 사람 또는 의지가 더 강한 사람 또는 지혜가 더 밝은 사람 등으로 비중의 차이가 있습니다. 따라서 정서나 지혜나 의지가 조화롭게 갖추고 있으면 모르거니와 우리 중생들은 조화롭지가 않습니다. 오직 부처님만이 지혜나 의지나 정서가 다 조화롭고 완벽한 것입니다.

우리 불성은 원래 원만무결한 것이지만 중생은 숙업(宿業) 따라서 그렇지 않기 때문에 정서나 의지로 참구하는 쪽보다 화두(話頭)를 의단(疑團)으로 참구(參究)하는 것도 무방할 것이고, 확신을 위주하고 의단을 싫어하는 사람은 화두없이 묵조(默照)하는 것도 좋겠지요. 어느 쪽으로 가나 다 성불하는 법입니다. 그러나 빠르고 더딘 차이는 있겠지요. 자기 근기에 맞으면 더 빠르고 쉬울 것입니다. 또는 정서가 수승한 사람들은 이것저것 별로 따질 필요가 없이 다만 근본 성품인 생명의 실상을 인격적으로 그리워하는 흠모심을 냅니다. 원래 부처인지라 어떤 누구나가 다 부처를 그리워하는 마음이 있습니다. 따라서 어떤 누구나 다 한결같이 염불의 마음이 있는 것입니다.

그러기에 화두하는 분도 기도를 할 때는 아미타불을 외우고 관세음 보살을 부르고 영가천도 할 때는 또 부처님을 부르는 것입니다. 부처님은 바로 우리 마음의 뿌리인 것입니다. 따라서, 그 뿌리에 돌아가고 싶은 마음은 바로 자연의 도리며 몇 만생을 윤회해도 필경에는 부처가 될 수밖에 없는 것입니다. 본래 부처거니 이 몸뚱이를 비롯한 모든 집착 때문에 공부를 잘못하는 것이지, 일체 분별망상이 없을 때는 바로 선정(禪定)에 다 들어가는 것입니다.

고인들 말씀에 무슨 공부 방법이든 '득정(得正)하면 가야(可也)라'는 말씀이 있습니다. 수행법에 있어서 주문을 외우든 화두를 참구하든 묵조하든 염불하든 득정하면 가야라, 바른 도리 바른 원리를 얻으면 좋다는 말입니다. 꼭 염불해야만 좋고 꼭 묵조해야만 좋은 것이 아니라 어느 행법을 취하든지간에 그 본분사, 본래면목 자리, 진여불성자리를 안 놓치는 것을 득정이라고 합니다. 그러나 그 반대로 바른 도리를 얻지 못하면 꼭 화두만 든다고 선이 되는 것도 아닌 것이고 또는 꼭 묵조만 한다고 선이 되는 것도 아닙니다. 요는 본체를 안 여읜, 본체에 걸맞는 공부가 참다운 공부요 참다운 선입니다.

그러나 역사적으로 볼 때에 인간들이 합리적으로 잘 생각을 못하니까 맨 처음에 화두공안을 내세운 도인들이 필요에 의해서 시설한 것이지만 뒤에 사람들은 부질없는 분별시비를 합니다. 묵조도 '고인들의 어구(語句)나 기연(機緣)에 대해서 이것저것 희론(戱論) 곧, 부질없는 분별시비를 하니까 그럴 필요가 없다. 본래 부처인지라 적연이응(寂然而應)해서 가만히 잠자코 있으면은 저절로 맑아져서 부처가 될 것이 아닌가?' 이렇게 그 당시에는 필요하니까 나왔던 것입니다.

대혜(大慧宗杲 1089~1163) 스님도 위대한 도인인데, 그냥 묵묵하니 고목(枯木)처럼 앉아서 꾸벅꾸벅 혼침에 떨어지니까 마땅히 무엇인가 참구를 해야 하겠기에 그래서, 화두선을 역설했고 그리고 선사들의 어구에 치우쳐서 따지고 부질없는 의심을 하니까 천동정각(天童正覺 ?~1157) 스님이 묵조선을 창도했던 것입니다.

염불은 부처님 당시부터서 염불(念佛)·염법(念法)·염승(念僧)이라고 무슨 경전에나 다 나와 있고 원래, 우리가 부처이기 때문에 또, 부처가 되어야 하기 때문에, 염불은 따지고 보면 내가 참 나를 생각하는 것입니다. 본래부처가 부처를 생각하기 때문에 역시 선(禪)이 됩니다.

그런데 깊은 고려 없이 염불은 하근기(下根機) 중생이 하는 것이라고 하면 문제가 큽니다. 우리네 할머니나 어머니들이 천념(千念)을 헤아리면서 애쓰고 몇 십년 동안 염불한 분도 어느 스님네가 "염불은 근기가 낮은 사람들이 하는 것이다. 화두를 해야 한다" 그렇게 해버리면 염불을 그만두고서 억지로 화두 의심을 하게 됩니다. 그것은 시간 낭비인 동시에 병통이 생기기 쉽습니다. 근세에 수월(水月音觀 1855~1928) 스님은 일자무식인데도 천수다라니(千手陀羅尼)로 깨달은 분 아닙니까? 모두가 다 부처라 생각하고서 노력하면 되는 것이지 섣부른 졸도(拙度)법문은 소경이 길을 인도하는 격입니다.

그러니까 우리는 공안선, 묵조선, 염불선 이런 수행법에 부질없이 시야비야 하는 것이니까 그럴 필요가 없다는 데서 저는 이와 같이 새삼스럽게 역설하게 되는 것입니다.

4. 선(禪의) 자세(姿勢)

```
一相三昧 ─ 慧…觀(如猫捕鼠) ┐
                              ├ 眞如三昧
一行三昧 ─ 定…止(如鷄抱卵) ┘
```

정과 혜를 말씀 드렸습니다마는 선(禪)이나 삼매(三昧)나 같은 뜻으로 삼매를 총괄해서 백팔삼매(百八三昧)라고도 하고 또 포괄적으로 말할 때는 일상삼매(一相三昧)와 일행삼매(一行三昧)입니다.

여기서 특별히 이 말씀을 드리는 것은 어제도 대체로 살펴본 바와 같이 달마 대사의 리입사행(理入四行)도 따지고 보면 일상삼매 일행삼매의 범주에 들어갑니다. 달마의 리입(理入)

즉, 본래 일체만유와 불성(佛性)이 둘이 아니라는 원리에 들어가는 것은 지혜(智慧)고 일상삼매입니다. 천지 우주 모두를 하나의 부처로 보는 것이 이른바 일상삼매입니다. 네가 있고 내가 있고 천차만별로 두두물물 구분하면 일상(一相)이 못되겠지요. 오직 부처라는 불성 일상(一相)으로 보는 것입니다. 여기에서의 상(相)은 우리가 상을 내는 상이 아니라 우주를 하나의 성품으로 본다는 뜻입니다. 따라서 이것은 지혜적이고 이른바 관(觀)이 됩니다.

어느 행법에 치우친 사람들은 관법(觀法)이 외도라고 합니다. 저는 관법만 좋아하는 사람도 아닙니다만 어느 분은 저더러 애는 퍽 쓰는데 관법 외도한다는 말을 여러번 들었습니다.

그러나 관은 바로 부처님 반야를 관조(觀照)한다는 말입니다. 또는 관심론 허두에 이른바 '관심일법이 총섭제행(觀心一法 總攝諸行)이라' 마음을 관찰하는 법이 모든 법을 갖추고 있다고 합니다. 화두나 주문이나 모두가 다 원리적으로는 관(觀) 속에 들어 있습니다. 우리가 남을 비판할 때는 잘 알고 해야 하는 것이지 잘 모르면서 피상적으로 비판해서는 오류를 범합니다. 그런 것은 하나의 구업(口業)이 되겠지요.

따라서 일상삼매(一相三昧)는 혜적(慧的)이고 관적(觀的)이란 말입니다. 관도 그냥 땅을 보고 하늘을 보는 그런 관이 아니라 바로 우리 자성(自性)을 보는 관이요, 혜도 보통 분별지혜가 아니라 반야지혜(般若智慧)입니다.

육조단경 부촉품에 일상삼매 일행삼매가 있고 4조 도신(道信) 대사의 입도안심요방편법문(入道安心要方便法門)에도 일상삼매 일행삼매가 나와 있습니다. 또는 5조 말씀에도 나와 있습니다. 따라서 불경이나 조사어록이나 공부하는 방법이 다

정(定)과 혜(慧)로 포괄이 됩니다.

　혜(慧)를 삼매분상에서 말할 때에 일상삼매인 것이고 정(定)은 일행삼매입니다. 일행삼매는 일상삼매라는 혜경계를 놓치지 않고서 염념상속(念念相續)으로 지속을 시킨다는 말입니다. 그래야 정과 혜가 쌍수(雙修) 곧, 아울러 닦아야만이 정혜균등(定慧均等)으로서 가지런히 조화가 되는 것입니다. 본래 우리가 부처거니, 부처 가운데는 정과 혜가 구족원만(具足圓滿)이거니, 우리 공부도 그렇게 상응(相應) 조화해 나가야 계합(契合)이 빠른 것입니다.

　삼매가 발득(發得)이 못되는 것이 정혜불균등이기 때문입니다. 그러기에 우리가 칠각지(七覺支) 법문을 주의할 필요가 있습니다. 내 공부가 지금 정과 혜가 균등히 조화가 되는 것인가? 조화가 된다면 혼침(惛沈)도 도거(掉擧)도 점차로 끊어지는 것입니다. 그래서 마치 이러한 자세를 여묘포서(如猫捕鼠)라, 고양이가 쥐를 잡을 때 찰나도 한눈 팔지 않고, 눈도 깜짝 않고서 쥐만 노려보는 것처럼 화두를 참구할 때나 염불할 때나 눈도 깜짝 않고서, 마음이 한눈 팔지 않고 그 자리만 생각하고 관찰해야 한다는 것입니다. 허튼 마음이 없이 그 자리만 관조(觀照)하고 참구하는 것을 여묘포서라고 조사어록에 표현이 되었습니다.

　그 다음에는 여계포란(如鷄抱卵)이라, 마치 닭이 알을 품듯이 한다는 뜻입니다. 닭이 계란을 품어서 부화시킬 때는 21일이 되어야 합니다. 말씀드렸듯이 21이나 7이나 굉장히 심심미묘한 수치(數値)인 것입니다. 21일 동안에 계란이 부화되는데 닭이 경망해서 계란을 품고 있다가 며칠 안되어서 풀떡 일어나 버리면 되겠습니까? 따스한 온기로 훈습을 시켜서 적당한 온도가 되면 계란의 생명이 차츰 무르익는 것입니다. 그래서 이른바 줄탁동시(啐啄同時)라, 그 안에서 생명이 발육이 되어 곧 나가야겠다고 미묘한 신호를 보내면 동시에 어미닭이 껍질을 쪼읍니다. 시기가 딱 맞아서 병아리가 되는 것입니다. 그것은 모두가 다 어미닭이 쉬임없이 계속 품고 있었기에 되는 것입니다.

참선 좀 하다가는 한 해나 했다고 해서 '내가 무던히 했는데' 그리고서 기분이 좀 좋으면 그만 둔다든가 또는 마음이 약간 열려서 몸도 마음도 공중에 뜨는 것같은 생각이 들면 이것이 깨달음인가보다고 훌쩍 자리를 떠나고 '그대 공부가 아직 멀었다'고 충고해도 선방을 떠나는 사람들이 더러 있습니다. 이렇게 되면 일행삼매가 못되는 것입니다.

생각해 보십시요. 남전보원(南泉普願 748~834) 선사도 30년 동안 산에서 안 나온 선지식입니다. 달마 대사도, 물론 교화를 위해서지만 소림굴에서 9년간 있었습니다. 일행삼매를 진득하니 못하기 때문에 근래에 와서 삼명육통(三明六通)하는 분들이 거의 안 보이지 않습니까? 우리 출가사문은 한사코 정해탈(定解脫) 곧, 선정해탈을 해야 하는 것입니다. 아는 것이야 재주가 있고 구변 좋고 경 많이 외우고 위풍이 늠름하면 충분히 도인으로 대접받을 수도 있겠지만, 선정해탈(禪定解脫)은 오랫동안 삼매에 들어 앉아야 되는 것입니다. 닭이 계란을 품듯이 진득하니 오랫동안 앉아야 합니다. 우리 참선 수행자들 정말로 명심을 하여야 합니다. 선방에서 공부하다가 방선(放禪) 죽비 치면 나와서 잔소리나 하고, 그러면 안하는 것보다는 낫다 하더라도 그래서는 공부가 익어지지 않는 것입니다. 방선해서 일어날 때도 안상(安詳)이라, 우리 수좌나 부처님 거동은 안상이라, 조용하고 점잖하고 사뿐히 일어나는 것입니다. 그렇게 해야만이 본체에다 머무르고 있는 그 마음이 흩어지지 않는 것입니다. 밥 먹을 때도 하마 그 마음이 흩어질새라 소중하니 가꾸는 것입니다. 그것이 이른바 보임(保任)입니다. 그렇게 해야 마음이 익어져서 병아리가 나오듯이 되는 것이지 그렇지 않으면 자성(自性)을 깨닫는 이른바 생사 대사가 어렵지 않겠습니까?

  우리 번뇌가 얼마나 무겁습니까, 지금 닦아나가는 우리 진지한 수행자들은 뼈저리게 통감하고 있지 않습니까. 자기 번뇌가 얼마나 지겹고 무거운가 말입니다.

제2절 염불(念佛)

1. 염불(念佛)의 의의(意義)

念者人人現前一念也 佛者人人本覺之眞性也 現前一念 覺悟本覺眞性
卽是可謂 上根人念佛也 是與佛不二 與佛不離之行也   — 智度論 —

다음에는 염불(念佛)에 대해서 말씀 드리겠습니다.

공부가 익어져서 한 고비를 넘어서면 염불이고 화두고 다 초월해버립니다. 그러나 화두나 염불이나 묵조나 모두가 다 한 고비를 넘어서기 전에 습인(習忍)을 익혀서 마음이 딱 자성(自性) 곧, 불성(佛性) 한자리에 머물기 전에 하는 것이지 익은 사람들한테는 이런 것이 없습니다. 그러기 때문에 마땅히 부질없는 시비논쟁은 말아야 합니다.

염불이라 할 때의 염(念)이란, 사람 사람마다 마음에 나타나는 생각을 염이라 하고 불(佛)은 사람 사람마다 갖추고 있는 깨달은 근본 성품을 말합니다. 이것은 다 아는 소식 아닙니까, 염불 공부란 우리 눈 앞에 좋다 궂다 시비분별하는 여러 가지 생각이 우리 본각(本覺)의 참 성품을 각오(覺悟)하는 것이요 이것이 곧 참다운 염불인 것입니다. 다시 말하면 부처와 내가 본래 하나임을 재확인하는 공부입니다. 생각은 누구나가 가지고 있는 것이고 부처도 우리가 본래 가지고 있는 본각진성(本覺眞性)인데 생각생각에 부처를 여의지 않고서 염(念)하는 것이 참다운 상근인(上根人)의 염불인 것입니다.

이러한 염불은 부처와 더불어서 둘이 아니고, 부처를 떠나지 않는 것입니다. 부처와 둘이 아니기 때문에 부처를 떠날 수가 없겠지요. 그러나 우리 중생들은 업장 때문에 자꾸만 떠나 버리니까 우리가 떠나지 않기 위해서, 내가 부처임을 재확인하기 위해서 염불을 하는 것입니다. 또는 미운 사람이나 고운 사람이나 다 부처란 것을 확인하기 위해서 염불하는 것입니다. 미운 사람도 부처요 좋아하는 사람도 부처라고 깨달으면 미워도 미운 사람에 집착하지 않고 좋아도 좋아하는 사람에 걸리지 않는 것입니다. 따라서, 우리가 자기한테나 남한테나 이런 도리를 역설하고 가르쳐야 하는 것입니다.

2. 염불(念佛)의 방법(方法)

1. 稱名念佛 2. 觀像念佛 3. 觀想念佛
4. 實相念佛…佛의 法身이 非有非空한 中道實相의 妙心임을 觀照하는 念佛

염불에도 여러 방법이 있습니다. 보통 염불이라고 하면 부처의 이름, 명호를 외우는 칭명염불(稱名念佛)이 있고 또는 부처의 상호 곧 32상(三十二相) 80종호(八十種好)를 갖춘 원만덕상을 관찰하는 관상염불(觀像念佛)이 있습니다. 우리는 좋은 그림을 보면 기분이 좋듯이 부처님의 상호만 보아도 우리 마음에 우러러 숭앙이 되고 한결 안심이 되고 아늑한 평온을 느끼게 되는 것입니다.

그 다음은 또 관상염불(觀想念佛)이 있습니다. 음은 똑같습니다만 앞의 것은 상(像)을 관찰하는 것이고 뒤의 것은 상상하는 것입니다. 부처님의 자비공덕(慈悲功德)이라든가 훤히 빛나는 지혜광명(智慧光明) 등 부처님의 공덕을 상상하는 염불입니다.

그 다음은 실상염불(實相念佛)입니다. 이것은 현상적인 가유(假有)나 허무에 집착하는 무(無)를 다 떠나서 중도실상(中道實相)의 진여불성(眞如佛性)자리 이른바 법신(法身)자리를 생각하는 염불인 것입니다. 따라서, 진여불성자리를 생각하는 실상염불이 참다운 본질적인 염불입니다. 이른바 법의 실상, 내 인간 생명의 실상, 우주 생명의 실상, 이것을 우리가 관찰하는 것입니다. 관찰은 분명히 뚫어지게 안 보이니까 볼 수는 없겠지요. 그래서 생각만 해도 관(觀)이라는 뜻이 다 포함되는 것입니다.

부처의 법신(法身)은 있지도 않고 또는 공(空)하지도 않은 중도실상의 생명의 광명을 관조하는 염불이 곧 실상염불입니다.

이런 데서 우리가 의심을 품는 문제는 부처님의 명호에 대해서 입니다. 우리 스님네나 재가 불자들 가운데 '어떤 부처를 염해야 할 것인가?' 하고 갈등을 일으키는 분이 있습니다. 지장경(地藏經)을 보면 지장 보살을 염하는 것이 제일 좋다고 되어 있고 아미타경(阿彌陀經)을 보면 아미타불을 한번만 잘 염해도 극락세계에 간다고 되어 있고 또 관음경(觀音經)을 보면 욕심 많을 때나 마음이 괴로울 때나 또는 무엇이 안될 때나 좋은 사람 만나고 싶을 때나 모두가 관세음 보살을 염하라고 되어 있습니다. 그래서 우리 불자(佛子)들은 '뭘 염해야 좋을 것인가?' 또는 '다 한꺼번에 염해야 할 것인가?' 하고 마음에 갈등을 갖습니다.

그런데 가령, 지장 보살님을 위주해서 염하면 관세음 보살이나 아미타불을 염하는 것보다도 지장 보살을 염하는 것이 훨씬 공덕이 많다는 생각을 하고 염할 때는 사실은 공덕을 크게 감하는 것입니다. 참답게 지장 보살을 염하는 것이 못됩니다. 또는 관세음 보살님을 염한다 하더라도 아미타불이나 지장 보살 염불은 별로 공덕이 없고 관세음 보살을 염하는 것이 가장 수승하다고 생각할 때도 참다운 공덕이 못되고 부처님 법에 여법한 염불도 못됩니다. 아미타불을 염할 때도 같은 도리입니다. 왜냐하면 부처님 법은 무장무애(無障無碍)하고 평등일미(平等一味)이기 때문입니다. 부처라는 평등일미 자리에는 높고 낮은 우열이 있을 수 없는 것입니다. 따라서 어느 명호(名號)나 다 좋은 것입니다.

그러면 '오, 주여!' 하고 기독교 식으로 한 명호만 했으면 될 것인데 무슨 필요로 복잡하니 많은 부처님의 명호가 필요 있을 것인가? 하고 의단을 품기가 쉽습니다. 이런 때는 부처님의 불성공덕(佛性功德)을 생각해야 됩니다. 불성공덕은 무한공덕입니다. 불가설(不可說)이라, 어떻게 말할 수가 없는 것입니다. 자비로운 쪽으로도 무한하고 또는 지혜로운 쪽으로도 무한하고 또는 지구 덩어리가 베풀어 주는 은혜 공덕으로 보더라도 무한합니다.

그래서 많은 부처와 보살 명호는 이른바 생신(生身) 보살이 아니라 법신(法身) 보살 명호로, 모두가 다 부처 공덕을 상징한 것입니다. 무장무애한 무량공덕을 자비로운 쪽으로는 관세음(觀世音) 보살이고 지혜로운 쪽으로는 문수(文殊) 보살, 대세지(大勢至) 보살이고 또는 원력(願力)쪽으로는 보현(普賢) 보살이고 또는 죽어서 가는 영가를 극락세계로 인도하는 쪽에서는 지장(地藏) 보살, 인로왕(引路王) 보살이고 또는 병고를 다스리고 구제하는 쪽에서는 약사여래(藥師如來), 약왕(藥王) 보살입니다. 또는 법신 부처님이 하늘에 있는 달이나 별이나 그런 광명체로 화현(化現)하는 쪽에서는 이른바 치성광여래(熾盛光如來)요, 일광(日光) 보살, 월광(月光) 보살이고 또 북두칠성 등 28수(宿) 그런 쪽에서 본다고 생각할 때는 칠성(七星)입니다. 예경할 때에 보십시요. 산신(山神)을 외울 때도 처음에 만덕고승(萬德高僧) 성개한적(性皆閑寂)이라는 말을 합니다. 역시 부처님 가르침 따라 성중(聖衆)을 먼저 내놓고서 나중에 산신이 나와있는 것입니다.

부처님의 청정무비한 무량공덕이 산에 들어가 있으면 산신인 것이고 물에 들어가 있으면 용왕(龍王)인 것이고 우리 지구에 들어있으면 지장 보살이요 또 별에 들어 있으면 치성광 여래인 것입니다. 그렇게 생각해야 올바른 해석이 되겠지요. 따라서 어떠한 때에 중생의 근기 따라서 산신 불공을 하더라도 우리 중생이 볼 때에 산인 것이지 바로 본다면 부처님 화신(化身)인 것입니다. '산은 산이요, 물은 물이라' 할 때도 산은 그냥 산이 아니요, 물도 그냥 마시는 물로만 볼 것이 아니라 바로 불성(佛性)의 산으로, 불성의 물로 보아야 하는 것입니다. 그런 뜻으로 해서 산은 산이고 물은 물이란 말이 나왔습니다.

경을 보면 다 그런 도리인 것입니다.

따라서 그와 같이 본다면 지장 보살을 부르나 또는 무엇을 외우나 간에 '부처님의 화신으로, 부처님의 공덕으로 우리 중생을 다스리는, 자비로 구제하는 공덕 명호이구나' 이렇게 생각하며 우리 마음이 부처님한테 이르러야 하는 것입니다. 그렇게 한다면 지장 보살이나 무엇을 염해도 공부에 조금도 손해가 없는 것입니다.

그러나 본사 아미타불이라, 모두를 포괄적으로 법·보·화(法報化) 삼신(三身)을 말할 때는 아미타불입니다. 그렇기 때문에 본사 아미타불이라고 하지 않습니까? 그래서 보통 염불할 때는 아미타불을 많이 하는 셈입니다만 어떤 명호를 부른다 하더라도 아미타불을 하는 것이나 다 똑같은 공덕이라고 생각해야 하는 것입니다.

3. 염불삼매(念佛三昧)

> 念佛三昧…因果二種이 有함
>
> ① 一念으로 佛의 相好를 觀하거나 또는 一心으로 法身의 實相을 觀하거나 혹은 一心으로 佛名을 稱하는 行法을 因行의 念佛三昧라 한다,
>
> ② 因行의 念佛三昧가 成熟되면 마음이 禪定에 들어가고 혹은 十方佛이 現前하며 혹은 法身의 實相에 契合되는데 이를 果成의 念佛三昧라 한다.

이제 염불삼매(念佛三昧)에 대해서 말씀드리겠습니다.

염불삼매에는 인(因)과(果)의 두 경계가 있습니다. 일심으

로 부처님의 상호를 관하는 관상(觀像)염불을 하거나 또는 일심으로 법신의 실상을 관하는 실상염불(實相念佛)을 하거나 혹은 일심으로 부처의 명호를 외우는 행법을 인행(因行)의 염불삼매라고 합니다. 따라서, 우리가 불명(佛名)을 외운다 하더라도 앞서 말씀드린 바와 같이 꼭 법신자리를 믿어야 참다운 염불이 되는 것입니다. 이것이 이른바 닦아갈 때 염불인 것입니다.

또 우리가 견성하기 전에, 인행의 염불삼매가 성숙되면 마음이 선정에 들어가서 혹은 시방불(十方佛)이 현전(現前)하며 혹은 법신의 실상 이른바 진여불성에 계합되는데 이것을 과성(果成)의 염불삼매라 합니다.

따라서 염불로도 견성(見性)하고 천수경으로도 견성하고 마음에서 업장만 녹아지면 다 견성합니다.

그러나, '시방불이 현전(現前)한다, 부처가 앞에 나온다'는 말이 표현될 때는 또 의단을 품습니다. 부처란 상(相)이 없는 것인데 어떻게 나올 것인가? 부처가 상이 있으면 참다운 부처가 못되겠지요. 우리는 이런 때도 부처님의 무량공덕을 생각해야 합니다. 부처님은 상이 없지마는 우리가 생각하는 것과 같이 아무것도 없는 허무가 아닌 것입니다. 부처님이 허무가 아니기 때문에 부처의 화신으로 6도중생(六道衆生)이 나오지 않습니까? 본래 실상은 색즉공(色卽空)이라, 본래의 몸뚱이 이대로 바로 공이지만 이것이 아무것도 없습니까? 따라서 부처님도 역시 필요한 때는 바로 부처님 상호를 우주에 가득 차게 나타낼 수가 있습니다.

관무량수경(觀無量壽經)을 보면 부처님의 몸은 크기가 육십만억 나유타신(那由陀身)이라 합니다. 나유타는 헤아릴 수 없는 무량수입니다. 그렇게 한도 끝도 없는 큰 몸이 부처님 몸이라는 말입니다. 그 뜻은 바로 시방여래 시법계신(十方如來 是法界身)이라, 우주가 바로 부처님 몸이란 뜻입니다. 우리는 경을 볼 때도 경의 말에 너무나 집착을 말고서 뜻을 생각해야 합니다. 또는 작게는 바늘구멍 가운데에도 부처님은 들어가신다고 말합니다. 바늘구멍 가운데에도 아무것도 없는 것이 아닙니다. 허공세계란 것은 그냥 공간을 말한 것이 아닙니다. 무량의 공덕을 갖춘, 상이 없는 세계가 바로 허공입니다. 보통으로 생각할 때는 아무것도 없는 공간이 허공이라 하지만 불교에서 말하는 허공은 그것이 아닙니다. 무량공덕을 갖춘, 상을 떠난 무량무변의 경계를 바로 허공이라고 합니다.

따라서, 일모공중에 무량불찰이 광연안립(一毛空中 無量佛刹 曠然安立)이라, 조그마한 터럭 가운데도 한없는 부처님 세계를 다 원만히 갖추어 있다는 말입니다. 이렇게 작고 적은 것으로 부처님 법은 비유할 수가 없는 것입니다. 무장무애란 것은 작고 큰 것이 없는 것입니다. 왜 그러는 것인가? 물질이 아닌 순수생명자리, 무량공덕을 갖춘 그 생명자리가 우주에 가득차 있습니다. 우주에 가득 차있는 그것은 작다 크다를 초월해 있습니다. 따라서 티끌 가운데나 삼천대천 세계 어디에나, 특별히 따로 있는 것이 아니라, 성품(性品)으로는 다 들어있는 것입니다. 성품으로는 다 갖추고 있습니다.

따라서 우리가 공부할 때 무진 애를 쓰고 공부는 하는데 그럴만한 인연이 성숙하면 자기도 모르는 가운데 앞이 확 열려서 부처님이 분명히 앞에 나오십니다. 더러는 부처님 상호가 방안에 가득 찰 때도 있습니다. 그러나 잘 모르는 사람들은 그러한 영상(影像)에 집착하고 맙니다. 그러면 공부가 그냥 악화가 됩니다.

　실상무상(實相無相)이라, 실상은 상이 없습니다. 또한 일정한 고유한 상이 없다고 해서 허무가 아니라 만상을 다 갖추고 있습니다. 따라서 기도를 모신다거나 그런 분들은 경험을 더러 하실 것입니다. 어떤 때는 금색으로 훤히 빛나는 부처님도 보이는 것이고 어떤 때는 밤인데도 훤히 밝아서 방안이 다 보이기도 합니다. 이런 때에도 집착하면 안됩니다. 부처가 그뿐만 되는 것이 아니니까 말입니다.

　우선 닦아나가는 수행법인 인행(因行) 공부를 하다가 좀 하기 싫거나 빨리 성취하고 싶고 대접을 받고 싶은 사람들은 오래 못 닦습니다. 오랫동안 참아야 하는 것입니다.

　고독지옥(孤獨地獄)이라, 우리가 외로운 것도 지옥같이 괴로운 것이 아닙니까? 그러나 니이체(Nietzsche) 말대로 '고독은 그대 고향이다. 고독한 가운데 그대의 고향을 가라' 이런 말은 우리한테 감동을 줍니다. 고독을 못 참으면 삼매에 어떻게 들겠습니까? 고독을 못 참으면 무슨 필요로 승려가 되겠습니까? 도반(道伴)이 좋기는 좋으나 너무나 밀착하면 공부에 방해가 됩니다. 그 사람 때문에 관심을 두어야 되겠지요. 대중이 좋으나 공부가 익은 다음에는 또 방해가 됩니다. 달마의 9년 면벽을 생각해 보십시오. 석존의 6년 고행상을 상기해 보십시오. 얼마나 고독했을 것인가 말입니다. 우리는 짐짓코 우리가 선택해서 출가사문이 된 것입니다. 그렇더라도 인간이니까 습기 때문에 고독한 때는 친한 사람도 만나고 싶겠지요. 그러나 냉철하게 자기를 추스려야 합니다.

4. 제경론(諸經論)의 염불법문(念佛法門)

여러 경론(經論)에 있는 염불법문을 추려서 말씀 드리겠습니다.

念佛三昧 能除種種 煩惱 及 先世罪 　　　— 智度論七 —

용수보살 대지도론(智度論)에는 '염불삼매는 능히 종종의 번뇌나 또 숙세 죄까지도 다 제거한다'고 하였습니다. 이것만 그러겠습니까? 화두나 다른 공부도 다 그렇습니다.

我本因地 以念佛心 入無生忍 　　　— 楞嚴經五 —

또 능엄경(楞嚴經)에는 '부처님께서 인행시(因行時)에, 부처를 생각하는 염불심으로 무생법문에 들어갔다'는 말씀이 있습니다. 석가모니 전에 부처가 없을 것인데 어떻게 부처를 염할 것인가? 부처란 것이 무엇입니까? 부처란 것은 자기 본심, 본각(本覺) 자리인 것입니다. 따라서 이런 때는 모양으로 상이 있는 부처를 생각하면은 의미가 안 통합니다. 자기 본래면목(本來面目) 자리가 바로 부처라는 뜻입니다. 이러한 본래면목 자리를 생각함으로 해서 우리가 무생법인(無生法忍) 곧, 불생불멸의 경지에 들어갔다는 말씀입니다.

念佛三昧 則爲總攝 一切諸法 是故非聲聞緣覺二乘境界
　　　— 念佛三昧經七 —

염불삼매경(念佛三昧經)에서는 '염불삼매는 곧 모든 수행법을 갖추고 있다'고 합니다. 부처의 모양만 생각하는 것은 그렇게 못되겠습니다만 부처를 본래면목이라고 생각할 때는 다른 묵조선이나 또는 화두선이나 또는 간경(看經)이나 모든 수행법이 다 염불삼매에 갖추고 있다는 말입니다. 간경자 혜안통투(看經者慧眼通透)라, 딴은 우리가 마음만 순수하면 경을 보면서도 바로 깨닫는 것입니다. '이런 고로 성문이나 연각이나 이승(二乘)경계가 아니다' 우리가 염불을 성문이라든가 낮은 근기만 한다는 말을 해서는 안되는 것입니다.

以專意 念佛因緣 隨順得生 他方佛土　　　　　 — 起信論 —

기신론(起信論)에는 '우리 마음을 오롯이 해서 염불하는 것으로 인연이 되어 부처의 세계에 태어난다'고 하였습니다. 우리가 마음으로, 꼭 무슨 부처 이름이 아니더라도, 부처를 생각하는, 자성을 생각하는 염불을 오랫동안 할 때에 이것이 인(因)이 되고 연(緣)이 되어서 극락세계, 이른바 깨닫는 세계, 모든 것이 다 광명으로 보이는 광명의 세계에 생을 얻는다는 것입니다.

如是罪人 以罪業故 應墮地獄 命終之時 地獄猛火 一時俱至 遇善知識 以大慈悲 爲說 阿彌陀佛 十力威德 不可思議 聞法歡喜 此人已除八十億劫 生死之罪 地獄猛火 化爲淸凉風 吹諸天華 華上皆有 化佛菩薩 迎接此人　　　　　　　　　　　　　 — 觀無量壽經 —

관무량수경(觀無量壽經)에는, '업장을 많이 지은 죄인들은 과거세나 금생에 지은 업장에 대한 과보로서 지옥에 응당 떨어질 것인데, 수명이 다할 적에 지옥의 맹렬한 불이 일시에 그 사람에게 달려 든다'는 것입니다.

　예전에 장선화라는 분은 염불로 인해서 왕생한 처사입니다만 이분은 도한(屠漢)이었습니다. 말하자면 도살장에서 도살하는 사람입니다. 하여튼 멋도 모르고 그저 돈벌기 좋아하고 고기 잘 먹고 그러니까 그런 짓을 했겠지요. 개 한 마리 죽이면 한 마리 죽인대로 개미 한 마리 죽이면 한 마리 죽인대로 그것이 업장으로 남는 것입니다. 부처와 둘이 아니고 생명이 같기 때문에 말입니다. 개미란 놈이 자꾸만 방에 와서 성가시게 한다고 차별을 두고 죽인다면 그것이 업으로 남는 것입니다. 돼지나 소나 유정물(有情物)인지라 죽을 때 꼭 원망을 품습니다. 소나 돼지가 죽을 때의 비창(悲愴)한 소리를 들어 보십시요.

　저는 인공(人共:人民共和國) 때 사람이 죽는 모습을 많이 보았습니다. 몽둥이로 때려서 산 사람이 그대로 죽는 모습도 보았습니다. 그 때에 원망스런 마음이 얼마나 크겠습니까? 생명이 원래 둘이 아닌 것인데 가사, 죽는 사람들이나 죽임을 당하는 돼지나 소나 '당신을 원망한다. 기어코 보복한다'고 말은 안할지라도 원한이 죽이는 그 사람한테 다 배이는 것입니다. 또는 그런 원혼들이 틀림없이 보복하겠다는 뜻을 갖는 것입니다. 원망에 사무치는데 보복을 안하겠습니까?

　따라서, 임명종시(臨命終時)에 그런 많은 업장 가운데서 가장 무서운 것이 무간지옥(無間地獄)의 맹화불입니다. 그런 불들이 일시에 달려들어서 괴롭히는 것입니다. 일반 병상에서 돌아가시는 분들 모습도 보십시오. 저같이 나이를 많이 먹은 사람은 다른 이의 임종도 많이 봤습니다만, 공부를 많이 하고 음식도 함부로 안 먹고 그런 분들은 깨끗이 돌아가십니다. 그렇지 못하고 죽을 때까지도 보약 많이 먹고 자기 몸만 생각하고 업장을 많이 지은 분들은 굉장히 괴로워 합니다. 이른바 단말마(斷末魔)의 고통이라, 그냥 손으로 허공을 허우적거리면서 괴로워하는 모습은 어떻게 말할 수 없을 정도입니다. 그런 것이 모두가 다 업장 때문에 그럽니다.

그런데 하물며 도한인 장선화 그 분은 그렇게 많은 소나 돼지를 죽였으니 그 업장으로 얼마나 괴로워 했겠습니까? 저승사자가 분명히 와서 묶어갈려고 합니다. 원한들의 상징으로 그와 같이 모습을 나타내는 것입니다.

이렇게 지옥맹화(地獄猛火)가 일시에 이른다 하더라도 다행히 선지식(善知識)을 만나 대자비로 그를 위해서 아미타불의 무량공덕에 대한 설법을 듣습니다. '아미타불은 우주에 가득 차 있는 생명 자체이고 그대의 본래면목 자체다. 또 아미타불은 모든 공덕을 다 갖추고 있어서 다만 지성으로 한번만 생각하고 한번만 이름을 외운다 하더라도 그대가 평소에 지은 바 죄업장이 다 없어진다. 지옥도 원래가 없는 것이고 바로만 보고 바로 생각하면 모두가 다 극락세계다' 선지식인지라 이렇게 설법을 하셨겠지요. 그를 위해서 설한 아미타불 십력위덕(十力威德) 부사의(不思議) 법문을 듣고 환희심을 냅니다.

불량한 사람 나쁜 사람이라도 죽을 때는 보통은 다 선량해 집니다. 저는 업장으로 유치장에 가서 3개월 동안 살았습니다마는 그때 사형수들을 많이 만났습니다. 제가 승려니까 저한테 위로를 받을려고 말을 많이 걸어 옵니다. 사형수들 같이 순진한 사람들을 저는 별로 못 보았습니다. 저런 사람들이 어떻게 사람을 죽였을까? 원래 부처니까 순진할 수 밖에는 없겠지요. 그리고 사형선고를 받았으니까 자기에 대한 체념을 해버리기에 죽을 때는 어떠한 사람이나 다 선량해집니다. 그러기에 고인들이 '새도 죽을 때는 가장 아름다운 노래를 지저귀고 악한 사람도 선량한 말을 한다'고 하지 않습니까?

따라서 이 장선화도 그렇게 고통을 받겠지마는 선지식을 만나 법문을 듣고는 환희심으로 그냥 선량한 마음이 발로되었습니다. 그래서 일심으로 염불을 하는데 나무 아미타불 열 마디가 미처 끝나기도 전에 지옥불이 꺼짐과 동시에 맑고 시원하고 환희 충만한 청량미(淸凉味)를 느끼고 극락에 왕생하였습니다.

극락 가운데 상품상생(上品上生)은 공부를 많이 해서 번뇌의 습기가 녹은 사람들만 갑니다. 그러나 금생에 성자(聖者)가 아니더라도 부처님 공부도 다소 하고 참선도 하고 염불하고 그런 분이 죽는 순간에 부처님 가르침을 100% 의심없이 믿고 죽는다면 죽는 순간의 그 마음으로 상품극락을 갈 수가 있습니다. 상품극락은 바로 화장세계(華藏世界)입니다.

살아서는 불량한 사람들이나 일반 사람들이나 잘못 믿기도 하겠지마는 죽을 때는 만사가 허무해서 선량한 마음이 발동이 되니까 잘 믿게 되는 것입니다. 또 믿을 수 밖에는 없습니다. 부사의 법문을 듣고서 환희심을 내는 사람들은 이미 팔십억겁(八十億劫) 생사죄를 멸하는 것입니다. 과거 숙세 무량세를 상징적으로 팔십억겁이라고 하는 것입니다. 무량세부터 지어 내려온 죄를 죽을 때에 선량한 마음을 내어 부처님을 생각하고 염불을 함으로써 제거하는 것입니다. 본래 마음이 자취가 없는 것인지라 죄도 또한 본래 뿌리가 없습니다.

그래서 지옥맹화가 바뀌어 맑고 서늘한 바람이 불고 하늘에선 꽃비가 내립니다. 꽃비 내린다는 말씀을 어제도 드렸습니다만 분명히 꽃비가 내리는 것입니다. 우리 중생의 때묻은 눈으로는 안 보이더라도 천안(天眼)만 통하면 틀림없이 꽃비를 볼 수가 있는 것입니다.

　부처님께서 영산회상(靈山會上)에서 금바라화(金波羅華-utpala) 꽃을 들고서 대중 앞에 보였습니다. 영축염화시상기(靈鷲拈花示上機)라, 영축산에서 부처님께서 금바라화 꽃을 척 들으시고 대중들 앞에 보였습니다. 그런데 대중들은 금바라화 꽃이 보이겠습니까? 우리 인간이 볼 수 있는 상대적인 금색광명이나 또는 어떤 물질로 만들어진 것이 아니기에 중생의 때묻은 육안(肉眼)으로는 보이지가 않는 것입니다. 이러한 연기(緣起)를 말한 경은 대범천왕문불결의경(大梵天王問佛決疑經: 현재는 위경(僞經)이라 함)으로서 대범천왕이 부처님께 금색바라화를 바치고 법문을 청하자 부처님께서 그 꽃을 들으셨다는 것입니다. 따라서 그 꽃은 사람이 드린 것이 아니라 범천왕이 드린 천상의 꽃인 것입니다.

　부처님께서 설법을 하실 때에는 우리 인간의 눈에는 안 보여도 범천왕이나 또는 제석천왕이나 천인(天人)들이 와서 법을 청하여 듣고 있는 것입니다. 특히 화엄경 설할 때에는 말로 한 것이 아니기에 우리 중생들은 듣지 못했어도 제석천왕이나 범천왕이나 또는 법신 보살은 다 듣는 것입니다. 부처님께서 영산회상에서 천상의 꽃, 바로 진리의 꽃인 금바라화를 들었지만 대중들은 부처님의 손만 보이기에 아무런 영문을 몰랐습니다. 그러나 삼명육통을 한 마하가섭(摩訶迦葉)만이 훤히 알아보고 방긋이 미소를 지었습니다. 그래서 부처님께서는 '나한테 있는 열반묘심(涅槃妙心)을 그대에게 전한다'고 했다는 게송이 있지 않습니까마는 아무튼 천상꽃이 분명히 있습니다.

따라서, 우리가 안다는 것이 얼마나 적습니까? 우리는 구경지(究竟地)까지 깨닫지 못하는 한에는 절대로 안다는 자랑을 할 수가 없습니다. 부처님의 무량공덕을 믿어야 참다운 믿음입니다. 보조어록(普照語錄)은 그것을 굉장히 역설했습니다. 과불공덕이 분호불수(果佛功德 分豪不殊)라, 부처가 성취한 공덕이 우리 본래 공덕과 더불어 눈꼽만치도 차이가 없다는 말입니다. 이렇게 믿어야 비로소 참다운 신앙입니다.

'청량한 바람이 불어와 하늘꽃이 흩날리는데 그 꽃 위에는 부처님과 보살들이 계시면서 저승에 들어가는 사람을 마중한다'고 하셨습니다. 관무량수경에 있는 법문입니다.

이런 상징적인 것을 사실로 느껴야 합니다. '이런 것은 모두가 미신이겠지, 우리에게 방편으로 말씀하셨겠지' 이렇게 생각하면 안됩니다.

나이 많은 불자님들은 특히 돌아갈 길에 대해서 관심을 많이 가질 것입니다마는 정말로 바르게 죽으면 꼭 불보살님이 마중을 나오는 것입니다. 이것을 성중래영(聖衆來迎)이라 합니다. 성중이 우리를 마중한다는 말입니다. 욕계의 하늘도 있고 색계천상도 있고 삼계 28천(三界二十八天)이 분명히 존재하는 것입니다. 이런 것은 '다 마음 가운데 있겠지' 합니다만 물론 마음의 화현이기는 하나 3계 28천이 가상(假相)으로는 분명히 존재하는 것입니다.

心懷戀慕 渴仰於佛 卽種善根 　　　— 法華經壽量品 —

'심회연모 갈앙어불하면 즉종선근(心懷戀慕 渴仰於佛 卽種善根)이라' 저는 말씀드리다가 자주 이 법문을 되풀이 많이 합니다. 마음으로 부처님에 대해서 연모(戀慕)하고 갈앙(渴仰)을 하면 바로 선근을 심는다는 말입니다. 우리가 부처님을 그리워하고 우리 자성(自性)을 그리워하게 하기 위해서 극락세계, 화장세계의 찬란한 장엄도 우리에게 말씀하신 것 아니겠습니까?

　우리가 신앙을 하는데 있어서 결정신심(決定信心)이 없으면 갈앙심(渴仰心)이 안 나옵니다. 따라서 결정신심을 두기 위해서 노력을 하고 정진을 해야 할 것입니다. 이 결정신심을 내는 데 있어서 경을 보면 이런 대목이 있습니다. '심불상속고로 부득결정신(心不相續故不得決定信)이라' 가사, 화두나 염불이나 공부가 상속되지 않기 때문에 결정적인, 꼭 옳다는 확신을 못 갖는다는 말입니다. 어떤 공부나 신(信)만 있고 해(解)가 없으면 안되는 것이지만 설사 해가 있더라도 신이 없으면 그냥 퇴타(退墮)하고 맙니다.

　믿음이라는 것은 인간 관계에 있어서나 특히 온 생명을 바치는 신앙에 있어서는 더욱 그렇습니다. 따라서 부처를 생각하는 마음이 상속되어야 결정신심이 나오고 참선을 하든 또는 염불을 하든 기도를 하든간에 결정신심을 얻어야 갈앙심이 생깁니다.

　종교 일반적인 의미에서도 순명(順命)이라, 신앙 대상에 대해서 순수하니 환희심으로 따르는 마음이 없으면 신앙이라고 할 수가 없습니다. 따라서 순명이 있을 때는 필연적으로 정결(淨潔)이 되는 것입니다.

　우리는 부처님의 명에 순수히 따라야 하겠지요. 따르면 응당 정결 신심이 되는 것이고 따라서 삼세제불이 모두 다 검소한 생활을 하셨기 때문에 우리 생활이 청빈(淸貧)하게 되지 않을 수가 없습니다. 청빈은 우리 수행자의 자랑이요 무기입니다. 우리가 신앙 대상에 대한 순명이 없고 또는 정결하지 못하고 청빈한 생활을 안한다면 출가사문이라고 할 수가 없는 것입니다. 마땅히 우리는 순명과 정결과 청빈에서 우리의 사명감과 자랑과 긍지를 느껴야 한다고 생각합니다.

앞에서 말씀드린 바 있는 심회연모(心懷戀慕)라, 우리 마음으로 부처에 대해서 연모하고 갈앙하는 그 마음은 굉장히 중요합니다. 팔상록(八相錄)에 나오는 법문입니다만, 부처님 당시 파사익왕(波斯匿王 Prasenajit)의 딸이 추녀개용(醜女改容)이라, 아주 못 생겼는데 얼굴이 바꿔지게 되었습니다. 어떻게 된 일인가? 세존에 대한 사무친 갈앙심 때문에 부처님의 광명을 스스로 감견(感見)했던 것입니다. 신앙에 사무치면 불성광명을 우리가 느끼고 현전에서 보는 것입니다. 부처님 광명은 무량광명이기 때문에 또 천지 우주가 바로 순수의 적광(寂光), 청정한 광명(淨光)으로 되어 있기 때문에 우리가 마음만 청정해지면 꼭 광명을 보는 것입니다. 역시 우리 마음이 일념(一念)이 되는 공부가 쉽지 않지만, 간절히 그리워하고 연모하는 그 마음은 우리 마음을 한결 빨리 통일이 되게 하고 비약시킵니다. 따라서 마땅히 부처님께 대해서 연모하고 갈앙하는 마음은 우리 인간 존재가 필수적으로 가져야 할 것이지만 번뇌에 가리어 버리면 참 어렵습니다. 마음이 맑아질수록 점점 더 갈앙심이 생기는 것입니다.

그래서, 우리가 삼매에 들어갈 때는 몸도 마음도 정화가 되면 된만치 유연선심(柔軟善心)이라, 마음도 훨씬 더 부드러워지고 또는 점차로 더 선심(善心)이 깊어지는 것입니다. 세상사람 모든 사람이 다 소중하며 풀포기 하나라도 함부로 할 수 없는 자비스런 마음이 됩니다. 이른바 동체대비(同體大悲)에 차츰 가까워지는 셈이지요. 마땅히 우리 마음으로 부처님한테 대해서, 우리 자성한테 대해서 연모 갈앙한다면 바로 우리 선근을 더 증장시키고 마음에 심는 것입니다.

　여기에서 이 갈앙하는 마음이 중요하기 때문에 제가 불경(佛經)에서 비유담 하나를 더 들겠습니다.

　과거 저사(底沙 Tiṣya) 부처님 회상에서 석가(釋迦) 행자와 미륵(彌勒) 행자가 도반이 되어 수행정진할 때였습니다. 그때 저사부처님이 두 수행자를 관찰하니 석가행자보다 미륵행자가 근기는 더 수승하나 장차 제도할 인연있는 국토 중생들은 석가가 제도할 국토 중생들이 훨씬 수승하므로 기왕이면 석가를 빨리 성취시켜서 인연이 성숙한 국토 중생을 제도하고자 작정하였습니다. 그런데 무상대각(無上大覺)을 성취한 부처님이 과거세에 점수(漸修)한 수행과정을 헤아려보면 3아승지겁(三阿僧祇劫)의 무량 세월 동안 닦으신 다음 마지막에 32상(三十二相)을 얻기 위해서 또다시 백겁(百劫) 동안 닦았다고 합니다.

　원만덕상(圓滿德相)은 우연히 된 것이 아니라 과거 전생의 무량한 선근(善根) 과보인 것입니다. 온 몸이 금색으로 생긴 것이나 머리카락이 나계상(螺髻相)인 야청색으로 되어서 빛나는 것이나 또는 미간에 백호상(白毫相)이 오른쪽으로 돌면서 삼천대천 세계를 비추게 된다는 것이나 원만상인 32상의 공덕은 무량한 세월인 백겁 동안 수없이 자기 몸뚱이를 희생하는 이른바 위법망구(爲法忘軀)의 무아행(無我行)을 다 했던 것입니다. 그래서 무아행을 할수록 얼굴도 석가모니 부처님을 닮아가는 것입니다.

그래서 하루는 저사부처님이 석가행자에게 산에 올라갈테니 따라오라고 하시고 신족통(神足通)으로 높은 산에 올라가셨습니다. 석가행자는 그런 신통이 없는지라 천신만고 끝에 가까스로 산에 올라가서 보니 저사불(底沙佛)이 화광삼매(火光三昧)에 들어계시는 것입니다. 석가모니 부처님부터서 6조 혜능스님까지 삽삼(卅三)조사 가운데서 한 6할 정도는 열반드실 때 화광삼매에 들어서 가셨습니다. 스스로 자기 가슴에서 삼매의 불을 내서 자기 몸을 다비(茶毘)를 했습니다.

저사불이 화광삼매에 들어 계시는데 그 광명이 너무나 장엄찬란하여 석가행자는 황홀한 동경과 환희용약하는 마음이 사무쳐 넋을 잃고 저사부처님을 우러러 뵈올 뿐이었습니다. 경을 보면 '첨앙존안(瞻仰尊顔)에 목불잠사(目不暫捨)라' 저사불의 존안을 우러러 뵈오면서 잠깐 동안도 눈을 뗄 수가 없었던 것입니다. 그래서 발을 옮기려다 한 발을 든 채로 7주야(七晝夜) 동안 밤낮으로 찬탄을 했습니다. 부처님을 찬탄하는 게송은 아시는 바와 같이 천상천하무여불 시방세계역부비 세간소유아진견 일체무유여불자(天上天下無如佛 十方世界亦無比 世間所有我盡見 一切無有如佛者)라 하는 게송입니다. 이 게송은 그때 나온 것이라 합니다. 교족칠일(翹足七日)이라, 이레 동안 한 발을 들고서 부처님을 찬탄한 공덕으로 석가행자는 미륵행자 보다도 9겁(九劫)을 초월해서 성불했습니다.

저는 맨 처음에는 참 기이하기도 하다고 생각한 것인데 나중에 깊이 생각해 보니까 그렇게 사무치게 찬탄한 공덕으로 9겁을 초월했다는 것이 너무도 당연하고 심심미묘한 뜻이 포함되었음을 통감하였습니다. 우리가 본래 부처인지라, 부처님 무량공덕을 100% 믿을 때는 우리 마음이 비약되는 것입니다.

우리는 그런 점을 생각을 해야 할 것입니다. 그리고 위법망구의 무아사신(無我捨身)의 공덕은 다생(多生)의 업장을 순식간에 소멸해 버리는 것입니다.

법화경 여래수량품(如來壽量品)에 본지수적(本地垂迹)이라, 석가모니 부처님은 금세에 화신불(化身佛)로 잠시간 모습을 나투신 것이지 본지불(本地佛), 본래불은 바로 무량수불이라 합니다. 무량수(無量壽)는 문자 그대로 생명이 한도 끝도 없는 영생불(永生佛)이라는 뜻입니다. 아미타불을 지혜쪽으로는 무량광불(無量光佛)이라 하고 시간적으로는 영생하는 무량수불(無量壽佛)이라고 합니다. 부처님 명호는 이와 같이 공덕 따라서 이름이 다르게 됩니다.

법화경 분별공덕품(分別功德品)에 부처님께서 "어느 중생이 부처님의 수명이 한정이 없고 공덕이 무량 무변하다는 말씀을 듣고서 능히 신해(信解)하는 생각을 내면 그 공덕이 한량없다"고 하십니다. 우리 신앙은 꼭 신해가 필요합니다. 신해행증(信解行證)이라, 믿기만 하고 해석이 없으면 맹목적인 맹신(盲信)이 되기 쉽습니다. 그러기에 고인들 말씀에도 '신이무해(信而無解)하면 단조무명(但助無明)이요, 믿고서 해가 없으면 무명만 더 조장할 뿐이요, 해이무신(解而無信)하면 즉타사견(卽墮邪見)이라, 해만 있고서 믿음이 없으면 사견에 떨어지기 쉽다'는 말씀이 있습니다.

其有衆生 聞佛壽命長遠 如是能生一念信解 所得功德 無有限量 善男子 善女人 爲阿耨多羅三藐三菩提 故於八十萬億那由他劫 行五波羅蜜 除般若波羅蜜 以是功德 比前功德 萬分千分 萬千億分 不及其一.

—法華經 分別功德品—

"이와 같이 부처님의 수명이 무량하고 공덕도 한량없다는 것을 신해하는 공덕은 한량이 없느니라. 선남자 선여인아, 보리 즉 무상대도를 위해서 무량세월인 8십만억 나유타겁을 두고서 반야 바라밀을 제외한 보시·지계·인욕·정진·선정 5바라밀을 닦는 공덕은 앞의 공덕에 비교한다면 만분 천분 만 천억분의 일에도 미치지 못하느니라."

따라서, 우리가 순수한 마음으로 부처님을 따르고 의지하는 공덕이 이렇게 크다는 것을 알 수가 있습니다.

若人疾欲至 不退轉者 應以恭敬心 執持佛名號 以信方便 念佛易行 疾至阿惟越地(不退轉地)　　　　　— 十住毘婆沙論 —

그 다음에는 용수 보살(龍樹菩薩) 십주비파사론(十住毘婆沙論)에 있는 법문입니다. 만약 사람이 빨리 불퇴전에 이르고자 한다면, 우리는 불퇴위까지 올라가야 안심하고 공부를 할 수가 있겠지요. 불성을 못 깨닫고 미처 증명을 못하면 즉 견성을 못한 분상에서는 항시 퇴전될 염려가 있는 것입니다. 따라서 후퇴가 안될려면 현전(現前)에 부처님의 무량공덕을 갖춘 불성과 계합이 되어야 합니다.

'만약 사람이 빨리 이러한 불퇴전지(不退轉地)에 오르고자 한다면 마땅히 공경심으로써 부처님의 명호를 굳게 지녀야 한다.' 불명호(佛名號)는 나무아미타불이나 관세음 보살이나 그런 명호만 말하는 것이 아니라 우리 자성불(自性佛)을 믿는 것도 포함이 됩니다.

'이 믿는 방편으로써 하기 쉬운 염불행을 하라.' 사실 염불이 하기는 가장 쉽습니다. 나도 부처요, 너도 부처요, 원래 우리가 가고자 하는 것도 부처요, 누구나가 할 수 있는 것이니까 쉽기는 쉽지요. 쉬우니까 이행문(易行門)이라, 염불의 쉬운 행의 그 믿는 방편으로써 할 때, 아유월지(阿惟越地:阿毘跋致 avinivartanīya) 곧 불퇴전지에 빨리 갈 수 있다는 것입니다. 우리 마음으로 명심하고 또 그리워하고 흠모하고 이런 믿음의 염불하는 방편으로 간다고 할 때는 빨리 갈 수 있다는 것입니다.

> 自性彌陀何處在 時時念念不須忘 一朝忽得情塵落 倒用橫拈常不離
> ― 懶翁大師 ―

나옹(懶翁慧勤) 스님 어록에 '자성미타하처재요, 우리 자성의 미타가 어느 곳에 있는고? 시시염념불수망이니, 시시때때로 잊지 말고서 간절히 생각할지니, 일조홀득정진락이면, 하루 아침에 문득 번뇌망상이 다 떨어지며는, 도용횡념상불리라, 거꾸로 쓰나 또는 누워 잡으나 떠나지 않는다' 는 말입니다.

번뇌망상이 미처 안 떨어질 때는 그냥 애쓰고 화두를 들려 하고 염불하려 하겠지만 한번 망념만 떨어져버리면 거꾸로 쓰나 옆으로 누웠으나 언제 어느 경우에나 조금도 자성경계 본래면목자리가 떠나지 않는 것입니다. 이것은 나옹화상 염불게송 가운데 끝에 있는 구절입니다.

> 阿彌陀佛淨妙法身 遍在一切衆生心地 故云心佛衆生 是三無差別 亦云心卽佛 佛卽心 心外無佛 佛外無心 如是眞實念佛 十二時中四威儀內 以阿彌陀佛名字 帖在心頭眼前 心眼佛名 打成一片 心心相續 念念不昧 久久成功則 忽爾之間 心念斷絶 阿彌陀眞體 卓爾現前 方信舊來不動名爲佛
> ― 太古大師 ―

그 다음은 태고 보우(太古普愚) 선사 게송입니다. '아미타불의 청정미묘한 법신이 두루 일체중생의 마음자리에 본래 갖추어 있기 때문에 심불중생이 시삼무차별(心佛衆生 是三無差別)이라, 마음이나 부처나 중생이나 세 가지가 차별이 본래 없는 것이다. 따라서 마음이 곧 부처요 부처가 바로 마음이라. 마음 밖에 부처가 없고 부처밖에 마음이 없도다. 이와 같이 진실한 염불을 할 때는 밤낮으로 행주좌와에 아미타불의 명호를 심두(心頭)에나 안전(眼前)에 붙여 두어라.'

맨처음에는 관상적으로나 실상염불(實相念佛)을 하기가 쉽지 않은 셈 아닙니까? 역시 이름을 부르면 부르기가 쉽고 또 우리가 가장 공경하고 그리워하는 이름이니까 계속 불러도 별로 싫증이 안 나겠지요. 아미타불 명호를 우리 마음에나 눈 앞에 여의지 않고 딱 붙이는 것입니다.

그래서 '심안불명(心眼佛名)이 타성일편(打成一片)이라' 우리 마음으로 생각하고 눈으로 실지로 광명무량한 세계를 볼려고 계속 공부해 나갈 때 마음이나 눈이나 부처의 명호가 하나가 되어버리는 것입니다. 처음에는 따로따로 생각을 할 수가 있는 것이지만 공부가 익어지면 이것이고 저것이고 하나가 되어버리는 것입니다. 모두를 다 하나로 통일시키는 것을 타성일편(打成一片)이라고 합니다. 어떤 공부를 하든지 우리 마음이 타성일편이 되어서 나와 우주가 하나로 되어버려야 합니다.

그래서 '마음에 그 자리를 애써 놓지 않고 상속적으로 생각 생각에 조금도 어두워지지 않게 오래오래 공을 이루면 문득 찰나 동안에 우리 범부심이 끊어진다. 그래서 아미타불 진체(眞體)인 우주에 변만한 진여불성이 활연히 앞에 나투나니 이

것이 바로 불생불멸한 생명의 실상인 부처임을 믿을지니라'
이런 뜻입니다.

眞如念佛 念佛功極 日日時時 於一切處 阿彌陀佛 淨妙眞體 冥現其
前 臨命終時 迎接九品蓮臺 上品往生　　— 普照著 念佛要門 —

또 보조(普照知訥) 국사의 염불요문(念佛要門)에는 '진여염불(眞如念佛)'이라, 진여염불은 앞에서도 든 바와 같이 대상적으로 부처를 구하는 것이 아니라 자성이 바로 미타이고 우주가 바로 부처라는 염불이 진여염불입니다. '진여염불의 공이 사무치면 나날이 때때로 어디에나 아미타불의 청정미묘한 진체(眞體)가 불현듯 그 앞에 나타난다. 그리고 임종할 때는 아미타불이나 관음 보살이나 성중(聖衆)들이 마중하여 구품연대(九品蓮臺)의 상품상생 극락세계에 왕생한다'고 하였습니다.

극락세계는 깨달은 경계에서 본다면 한점 티끌도 없고 오염이 없고 만공덕을 갖춘 세계가 바로 극락세계 아니겠습니까? 바로 보면 사바세계가 곧 적광토(寂光土)라, 이 세계가 이대로 극락세계인데 우리 중생이 번뇌에 가리워서 미처 수용을 못하는 것입니다.

若念佛者 當知此人是人中 分陀利華 觀音勢至 爲其勝友
　　　　　　　　　　　　　　　　— 觀無量壽經 —

'만약 부처를 생각하는 자는 즉, 본래면목을 안 떠나는 자는 마땅히 알지니 이런 사람은 사람 가운데 가장 향기로운 연꽃인 분다리화(分陀利華 Puṇḍarika)라 따라서, 관세음 보살이나 대세지 보살이 그를 가장 좋은 벗으로 삼는다.'

관음 대세지도 인간적인 때묻은 안목에는 볼 수가 없습니다. 그러나 모습이 필요하면 언제나 나오시는 것입니다. 우리 중생이 청정하고 정말로 순수할 때는 수시수처(隨時隨處)에 나오시는 것입니다. 그러나 우주에 갖추어 있는 본래 자비의 정기(精氣), 그 생명 성령(聖靈)이 관음이요, 지혜의 정기 곧 그 생명 성령이 문수요, 또는 대세지입니다. 염불은 지혜와 자비를 온전히 다 갖추어 있는 부처, 곧 본래면목(本來面目) 자리를 생각하고 추구하는 것이니까 마땅히 관음 보살이나 대세지 보살이 비록 염불행자가 범부라 하더라도 가장 좋은 벗으로 삼는 것입니다. 관음은 자비를 의미하고 대세지는 지혜를 의미하기 때문에 일체 보살을 다 대신한 것입니다. 그러기에 염불행자는 일체 천만 보살이 그를 좋은 벗으로 생각하고 보호하는 것입니다.

諸佛如來 是法界身 遍入一切 衆生心想中 是故 汝等 心想佛時 是心卽是 三十二相 八十隨形好 是心作佛 是心是佛 — 觀無量壽經 —

　제불여래는 바로 법계(法界)가 몸입니다. 법계란 삼천대천 우주 전체를 말하는 것입니다. 제불여래는 바로 법계가 몸이기 때문에 모든 중생의 마음속에 두루 들어 계시는 것입니다.
　대승적인 차원에서는 사람만이 중생이 아니라, 유정·무정 모두가 다 중생입니다. 사바세계의 두두물물이 다 중생이니까 또는 그런 중생으로 모든 법계가 구성되었으므로 부처님이 모든 중생의 마음 가운데 원래 들어계시는 것입니다. 부처님이 우리 속에 들어계신다는 의미는 모든 존재가 바로 부처님이라는 뜻입니다. 부처님이 어디에 들어 있는 것이 아니라 바로 부처입니다. 머리카락부터서 발끝까지 불성 아닌 것이 없습니다. 그러기에 부처님이 중생한테 들어계신다는 것은 바로 온전히 부처님이라는 뜻입니다. 개한테 불성이 있다고 할 때도 개의 심장에 있는 것도 아닌 것이고 머리에 있는 것도 아닌 것이고 온전히 전체가 바로 부처의 덩어리입니다.

'그러므로 만약 마음으로 부처님을 생각할 때는 부처님을 생각하는 그 마음이 바로 삼십이상 팔십종호라' 이것도 꼭 상으로만 생각할 것이 아니라 의미로 생각하면 무량공덕을 말한 것입니다. 부처님을 한번 생각하면 바로 그 생각이 부처님의 무량공덕을 생각하는 것이 되는 것이고 공덕을 갖추어 나가는 것이 되는 것입니다. 그러기 때문에 '바로 마음으로 부처를 짓고 또한 이 마음이 바로 부처다' 관무량수경에 있는 법문입니다.

달마(達磨 Bodhidharma ?~528) 스님께서 중국 광주에 오실 때에 이미 150살(또는 130세)이 되어서 오셨다고 기록에 있습니다. 그러니까 무던히 오랫동안 살으셨겠지요. 그리고 9년 면벽했으니까 몇 년이겠습니까? 지금이나 옛날이나 범부들은 남이 잘 되는 것을 시기도 하고 또 자기 아는 것보다도 조금 다르게 얘기하면 그것이 좋은 것이라 할지라도 굉장히 거부반응을 느낍니다. 그때에도 달마 스님께서 '불립문자 교외별전이라' 문자를 소홀히 한 것은 아니겠지마는 문자의 집착을 없애기 위해서 '심즉시불(心卽是佛)이라, 오직 그대 마음이 바로 부처다. 마음만 깨달으면 부처가 된다'고 말씀하였습니다. 사실 마음만 깨달으면 거기에 모두가 다 들어있는 것 아니겠습니까? 그런데 그 당시에 스님들이 아주 시기심을 많이 냈습니다. 그것도 보통 사람들이 아니라, 논장(論藏)들을 보면 그 당시 가장 훌륭하다는 광통율사(光統律師) 또는 인도에서 들어오신 보리유지(菩提流支 Bodhiraci 508년 中國에 옴) 그분들이 법집(法執)하여 시기를 했다고 합니다. 그래서, 그 분들이야 그랬으리요마는 그 밑에 있는 분들이 독살을 할려고 여섯번이나 했습니다. 얼마나 박해가 많았던가를 짐작할 수 있겠지요.

그 어른께서 중국에 들어오신 딴 뜻이 무엇이 있겠습니까? 오직 자기 생명을 모조리 바친다 하더라도 중생제도 외에는 다른 뜻이 없는 분인데, 그런 분을 독살할려고 했습니다. 그러나 다섯번째까지도 독이 안 받는 것입니다. 벌써 삼명육통(三明六通)을 통달한 분들은 '인연이 다 됐으니까 내가 가야겠다' 해서 가는 것이지 독살할려고 해서 갈 수가 있는 것도 아닙니다. 다섯번째까지는 독을 먹고 바위 위에다 대변을 누면 어떻게 독하든지 바위가 다 빠개져 버립니다. 이렇게 독을 다 안 받았지만 여섯번째는 '중국에 와서 내가 할 일은 다 하고 이제 인연이 다 됐다' 하시고는 독을 그대로 받고서 열반에 들었습니다. 그래서 웅이산(熊耳山)에다 입관을 해서 묻었습니다.

그 뒤에 위(魏)나라의 송운(松雲)이란 사람이 사신으로 인도까지 갔다가 중국으로 돌아오는 길에 총령(蔥嶺), 지금의 파미르고원을 넘어오는데 그때 수염이 털털하고 늙수그레한 한 스님이 주장자를 어깨에다 척 걸쳤는데 집세기 한 짝이 걸려 있는 것입니다. 그래서 사람도 없고 반갑기도 해서 수인사를 하고 물으니까 달마라고 합니다. 송운이 위나라로 돌아와서 말을 들어 보니까 달마 스님이 이미 돌아가셔서 관 속에 넣어 매장했다고 합니다. 그러나 그도 사신이라는 위신도 있는 것이기 때문에 이상하게 생각해서 달마 스님 묘소를 파 내놓고 보니까 관속에 시체는 어디로 간 곳이 없고 집세기 한짝만 남아 있는 것입니다. 예수만 부활한 것이 아니라 그야말로 달마 스님은 부활하여서 갔다고 볼 수가 있겠지요. 또 달마만 부활한 것이 아니라 우리 생명도 원래는 죽음이 없는 것이니까 사실은 다 부활입니다. 그네들이 저승세계를 잘 모르니까 예수의 부활설만 말씀을 했겠지요.

능가사자기(楞伽師資記)는 정각(淨覺) 스님이 저술한 책입니다. 5조 스님의 제자 가운데 십대 제자가 있었는데 혜능(慧能) 대사, 신수(神秀) 대사, 현색(玄蹟) 대사, 지선(智詵) 대사 등 십대 제자 가운데 한 분인 현색 대사의 제자가 정각 스님입니다. 정각 스님이 저술한 능가사자기가 전에는 미처 발견 안되었다가 돈황(敦煌)에서 발굴된 것은 1907년 경입니다. 돈황에서 발굴되어 나온 문서 가운데는 과거에 재래적으로 불교에서 모르는 것이 굉장히 많이 있습니다. 가사, 육조 혜능 스님하고 신수 대사가 마치 경쟁하는 것같이 단경에도 기록이 되어 있고 그렇게 전수가 되어온 것인데 돈황에서 나온 여러 가지 문서를 본다면 신수 스님도 위대한 도인이라고 나와 있습니다. 사실은 응당 도인이 되겠지요. 5조 홍인(弘忍) 대사 칠백(七百) 제자의 상수(上首) 제자인데 도인이 아니겠습니까? 그러나 종전에는 신수는 점수(漸修)나 하고 아무것도 아니고 육조 혜능 스님만 돈오돈수니까 위대하다고 칭송해 왔습니다만 돈황문서가 발굴된 다음에는 모두가 공평스럽게 바로잡는 작업들을 하고 있는 모양입니다.

따라서 4조 도신(道信) 대사의 입도안심요방편법문(入道安心要方便法門)도 그 전에는 몰랐습니다. 그 전에는 아무런 문헌이 없었는데 돈황에서 발굴한 능가사자기 가운데 이 법문이 들어 있습니다. 그 뒤에사 지극히 귀중하다고 훤전(喧傳)해서 여러 가지로 참고하고 주석이 나오게 되었습니다.
4조 도신대사의 법문 말씀입니다.

> 念佛卽是念心 求心卽是求佛 所以者何 識無形 佛無相貌 若也知此道理 卽是安心 常憶念佛 攀緣不起則 泯然無相 平等不二 入此位中 憶佛心謝 更不須徵 卽看此等 卽是如來 眞實法性身 亦名正法 亦名佛性 亦名諸法實相 實際 亦名淨土 亦名菩提 金剛三昧 本覺等 亦名涅槃界 般若等 名雖無量 皆同一體也

"염불이란 바로 자기 마음을 생각하는 것이며 마음을 구하는 것은 바로 부처를 구하는 것이다. 어째서 그런고 하면 식(識)이란 형체가 없고 부처란 무슨 모양이나 상이 있는 것이 아니다. 이와 같은 도리를 안다면 바로 안심이라"

부처나 마음이란 것이 모양이 있다고 할 때는 마음이 걸리겠지마는 마음이란 원래 모양이 없는 것입니다. 그래서 이런 도리를 안다고 할 때는 마음이 편안스럽다는 말입니다.

가사, 나한테 죄가 많이 있다고 생각할 때도 우리 마음으로 생각하겠지요. 승찬(僧璨 ?~606) 스님이 2조 혜가 스님한테 올 때 풍병에 찌들어서 '저한테는 죄가 많아서 이렇습니다' 하고 죄에서 벗어나게 해달라고 간청하니까 혜가 대사가 '죄가 그대 마음의 어디에 있는가?' 하였습니다. 마음이 원래 없거니 무슨 죄가 어디에 있겠습니까? 아무리 생각해보아도 죄를 어디서 끌어낼 터무니가 없습니다.

이와 같이 마음이 원래 없고 죄상도 본래 없으나 자성을 미처 깨닫지 못한 단계에서는 죄를 범해 놓으면 인과를 받습니다. 가사, 우리가 금생에 남의 것을 훔치기도 하고 남을 죽이기도 하고 또는 다른 동물도 함부로 하면서, 범부분상에서 이치로만 '상(相)이란 본래 없지가 않는가?' 하는 정도로는 과보를 면할 수가 없는 것입니다. 견성을 해서 자성불(自性佛)을 본 다음에야 죄상의 상을 여의는 것입니다. 따라서 이와 같이 마음도 원래 자취가 없고 마음이나 부처나 원래 형상이 없다는 도리를 알 때는 벌써 이것이 바로 안심이라는 말입니다.

달마 때부터 6조까지 주로 안심법문(安心法門)으로 모두가 다 마음을 안심케 했습니다. 따라서 여러분들께서도 먼저 안심이 되어야 하고 재가 불자님들한테 법문을 할 때도 안심을 시켜야 합니다. 안심을 시켜놓고서 철저히 도덕적인 계율을 지키라고 해야지, 안심도 없이 억지로 지키라고 하면 재미도 없고 또 구속감을 느낍니다.

또다시 도신 대사 말씀에 "항시 부처를 깊이 사무치게 생각하고 반연(攀緣)이 일어나지 않으면 모든 상(相)이 소멸되어 상이 없고 평등하여 둘이 아니다. 이런 자리에 들어간다면 부처님을 생각하고 마음으로 모든 상을 다 버리게 되는데 새삼스럽게 애쓰고 구할 필요가 없다. 이와 같이 본다면 이것이 바로 부처님의 진실한 법성신(法性身)이요. 또한 정법(正法)이고, 불성(佛性), 제법실상(諸法實相), 실제(實際), 보리(菩提), 금강삼매(金剛三昧), 본각(本覺), 열반계(涅槃界), 또는 반야(般若)라고 한다. 이름은 비록 헤아릴 수 없이 많으나 모두가 다 하나의 몸이니라" 하였습니다.

4조 도신 대사 말씀은 권위있는 말씀인 것이고 귀중한 말씀이기 때문에 더 알아보기로 하겠습니다.

我此法要 依楞伽經 諸佛心 第一 又依 文殊說般若經 一行三昧 卽念佛心是佛 妄心是凡夫 若善男子 善女人 欲入一行三昧 當先聞般若波羅

蜜 如說修學 然後 能入一行三昧 不退不壞 無碍無相 善男子 善女人
欲入一行三昧 應處空閑 捨諸亂意 不取相貌 繋心一佛 專稱名號 隨佛
方所 端身正向 能於一佛 念念相續 卽是念中 能見過去未來現在諸佛
何以故 念一佛功德 無量無邊 亦與無量諸佛功德 無二不思議
—道信 付法藏 四祖 入道安心要方便法門(楞伽師資記)—

"나의 이러한 법요는 능가경에 제불심(諸佛心) 제일(第一)에 의지하고 또 문수설반야경의 일행삼매(一行三昧) 에 의지했다."

저는 육조단경의 부촉품에 있는 '그대들이 만약 부처님의 일체종지를 얻을려고 하면 마땅히 일상삼매와 일행삼매를 증할지니라' 는 경구를 보고 또 4조가 말씀한 입도안심요방편 법문을 볼 때에 다 비슷한 법문이라서 '역시 위대한 분들은 생각이 비슷한 것이 당연한 일이구나' 하는 생각을 새삼스럽게 했습니다.

"즉 염불심시불(卽念佛心是佛)이요. 망념시범부(妄念是凡夫)라" 원래 부처인지라 부처를 염하는 그 마음이 바로 부처요 반대로 상을 내는 망념일 때는 범부라는 말입니다.

"만약 선남자 선여인이 일행삼매에 들어갈려고 할 때에는 마땅히 먼저 반야바라밀을 들어야 한다." 누누히 말씀 드렸습니다만 반야가 있으면 불자이고 반야가 없으면 불자가 못됩니다. 반야가 없으면 결국은 속물입니다. 반야가 있어야 참선이 되는 것이고 반야가 없으면 참선이 못됩니다. 반야는 무엇인가? 반야는 바로 제법공(諸法空)의 지혜입니다. 또한 진공묘유(眞空妙有)의 지혜입니다.

"그 반야바라밀에서 말씀하신 것 같이 배운 연후에야 능히 일행삼매에 들 수가 있다. 그래야 후퇴도 물러남도 없고 또는 파괴함도 없고 거리낌도 없고 또는 상이 없다. 선남자 선여인들이 일행삼매를 정작 공부할려고 할 때는 잡요한 시끄러운 인연이 없는 한가한 곳에서 모든 산란스러운 생각을 다 버리고 상을 취하지 않고 마음을 부처의 경계에 매어 두어야 한다."

부처의 경계는 무슨 경계인가? 이렇게 생각할 때에 우리 마음이 부처의 경계를 잡기가 좀 곤란스럽습니다. 부처란 것은 '본래면목 자리가 아닌가' 이렇게는 알지만 우리 마음을 부처의 경계에다 맨다고 할 때에는 어떻게 맬 것인가? 이렇게 의심을 품습니다. 그러나 부처란 것은 이것도 아니고 저것도 아니고 일체 존재의 생명인 동시에 상이 아니지만 인연이 닿으면 또 현상계에 상을 나투는 것입니다. 즉 유(有)도 아니고 가(假)도 아니고 공(空)도 아니고 진공묘유(眞空妙有)입니다. 그래서 그런 자리를 감견(感見)을 했으면 좋은데, 미처 감득(感得)을 못한 사람들은 부처에다 마음을 맬 수가 없는 것입니다.

그러나 그런 때라도 '나라는 이 몸뚱이나 너라는 몸뚱이나 천지 우주에 있는 모든 두두물물이 다 비어 있다'는 본래무일물(本來無一物) 자리를 먼저 생각해야 합니다. '그러나 다만 비어있는 것이 아니라 본래 비어 있는 무량무변한 자리에 무량공덕을 갖춘 청정적광(淸淨寂光)이 충만해 있구나' 이렇게 생각해서 마음을 매는 것이 실상관(實相觀)입니다.

이리하여 '전칭명호(專稱名號)라.' 우리가 초심일 때는 역시 뭐라해도 화두면 화두, 염불이면 염불 이름을 자꾸만 외우고 하나만 생각해야 마음이 모아집니다. 공부가 익어져서 한 고비를 넘은 사람들은 외울 것도 없지만 처음에는 하나로만 외워야 마음이 계속되어 통일이 잘 되는 것이지 이렇게 저렇게 하다가는 잡수(雜修)라, 잡스럽게 할 때에는 마음이 통일이 안 됩니다. 한 부처한테 마음을 내고 오로지 명호를 외우고 또 기왕이면 부처의 상호를 상상하면 좋겠지요. 상호란 허무한 것이 아니라 무량공덕을 갖춘 상호이기 때문에 우리가 우러를 때마다 그만치 흐트러진 마음이 거두어지는 것입니다. "부처님이 계신 방소(方所)에 따라서 단정히 바로 향해서 앉고 한 부처님에 대해서 생각생각에 생각이 끊어지지 않을 때에는 즉시 그 생각 가운데 능히 과거나 현재나 미래의 제불을 다 본다. 한 부처의 무량무변한 공덕을 생각하면 바로 무량한 부처님 공덕을 다 감견(感見)하여 제불공덕과 둘이 아닌 부사의한 공덕을 성취한다"는 도신 선사 입도안심요방편법문에 있는 염불찬탄의 법문입니다.

제3절 삼매(三昧)

1. 삼매(三昧)의 뜻

○ 三摩地(Samādhi) 舊稱 三昧 新稱 三摩地, 定·等持·心一境性·正受·調直定·正心行處·息慮凝心·現法樂住 等. 心念이 定止하므로 定이라 하고, 掉擧를 여의므로 等이라 하며 心이 散亂치 않으므로 持라 함. 定心과 散心에 通하고 다만 有心으로 平等保持함.
  大論云 善心一切處에 住하여 不動함을 是名 三昧라 함. (大論은 智度論)
○ 三摩鉢底(Samāpatti) 定의 一名 等至라 譯, 等은 定力에 依하여 惛沈의 煩惱를 여의고 心을 平靜安和의 境地에 이르게 하므로 至라 함. 有心과 無心에 通하고 다만 定에 在하며 散心과 不通함.
○ 三摩呬多(Samāhita) 定의 一名 等引이라 譯, 等은 惛沈과 散亂을 여의고 心을 平等하게 함이요, 이 境界에서 모든 功德을 일으키므로 引이라 함. 有心과 無心과 有漏와 無漏의 五蘊의 功德을 그 體로 함. 散心과 不通함.

— 智度論·唯識論·瑜伽師地論·俱舍論 —

삼매(三昧)에 대해서 계속해서 더 말씀을 하겠습니다.

삼매는 삼마지나 같은 뜻입니다. 삼마지(Samādhi)라는 인도 말을 한 문으로 할 때에 줄여서 삼매라고 했습니다. 전에는 삼매라 하고 새로 말할 때는 삼마지라 합니다. 뜻으로는 정(定), 등지(等持), 심일경성(心一境性) 또는 정수(正受), 조직정(調直定), 정심행처(正心行處), 식려응심(息慮凝心), 현법락주(現法樂住)로, 다 같은 뜻이며 이름마다 다 각기 그에 따른 공덕이 들어 있습니다. 이런 이름은 우리가 닦는 모양새라든가 또는 마음의 자세라든가 또는 얻어지는 공덕이라든가에 따라서 이름이 붙었습니다.

등지(等持)란 평등보지(平等保持)라는 말의 준말입니다. 조금도 차별이 없이 우리 마음을 평등하게 지니게 하는 것이므로 등지라고 하는 것입니다.

심일경성(心一境性)은 우리 마음이 진여불성자리 곧 하나의 본래 자리에 그대로 머무르는 경계이기 때문에 심일경성이라 합니다.

정수(正受)는 우리가 정다웁게 올바로 받아들인다는 말입니다. 우리 범부들은 모든 것을 올바르게 받아들이지를 못합니다. 올바르게 받아들이면 결국은 다 부처로 보여야 하는데 중생들은 업장대로 보는 것이니까 밉기도 하고 좋기도 합니다. 따라서 삼매는, 마음의 번뇌가 가시고 마치 파도가 자면 모두가 제대로 비치듯이, 때 묻지 않은 거울 모양이나 같은 것이 정수입니다.

조직정(調直定)이란, 범부 중생의 마음은 조화가 잘 안되어서 더러는 정(定)이 많기도 하고 지혜가 많기도 하고 의혹이 심하기도 할 때는 마음이 항시 산란스러운 것입니다. 마치 정(情)과 지(知)와 또는 의(意)가 조화되어야 하듯이 정(定)과 혜(慧)가 균등이 되어서 조화가 되면 마음이 곧게 됩니다. 그래서 조직정이란 마음이 조화롭고 곧은 선정이라는 뜻입니다.

정심행처(正心行處)는 우리 마음의 자세나 사념(思念)이 항시 바른 곳에 머물러 있다는 말입니다.

식려응심(息慮凝心)이란 분별시비하는 마음을 쉬고 본래 불심(佛心)에다 우리 마음을 집중시킨다는 말입니다.

현법락주(現法樂住)는 삼매 공덕에서 나오는 기쁨을 말합니다. 세속적인 오욕락(五欲樂)이 아니라 청정 불멸한 안락, 무량의 법락(法樂)에 안주한다는 뜻입니다. 현대가 너무나 물질이 풍요한 사회인지라 우리는 육감적이고 감각적인 것을 너무 많이 추구합니다. 이런 속락(俗樂)은 우리한테 업(業)만 더 증장을 시킵니다. 몸에나 마음에나 좋은 것이 못됩니다. 몸이 비대하기 때문에 주체 못하는 것 보십시요. 마땅히 법락만이 우리 마음에나 몸에나 가장 숭고한 행복인 것입니다.

삼매(三昧)란, 심념(心念)이 정지(定止)하므로 정(定)이라 하고, 우리 마음이 흔들려서 분별시비하는 도거(掉擧)를 여의므로 마음이 가지런하게 평등하게 되어서 등(等)이라 하며, 마음이 산란치 않으므로 지(持)라 합니다. 중생 마음은 산란스러운 산심(散心)인 것이고 수행이 되어서 삼매에 들면 안정된 정심(定心)이라 합니다. 그런데 산심과 정심에 통하고 다만 유심(有心)으로 평등보지(平等保持)함을 삼마지(三摩地) 곧 등지(等持)라 합니다. 지금 말씀드리는 것이 번쇄하게 느끼실 것입니다. 그러나 요즈음 삼매의 문제를 잘못 해석하는 분도 있고 책도 있어서 정확한 개념을 알아두면 참고가 되겠기에 번쇄함을 무릅쓰고 말씀을 드립니다.

포괄적으로는 삼매 가운데 삼마지·삼마발저·삼마희타 등

이 다 들어 있으나, 구체적으로는 삼마지·삼마발저·삼마희타로 구분하는 것입니다. 그런데 삼마지는 정심(定心)과 산심(散心)에 통하고 다만 유심(有心)으로 평등보지(平等保持)하는 것입니다.

삼매에도 유심삼매(有心三昧)와 무심삼매(無心三昧)가 있습니다. 아직 정도가 낮은 때는 분별하는 마음이 남아있는 유심(有心)삼매고 정도가 깊어지면 분별심이 스러진 무심삼매입니다. 그래서 삼마지는 아직은 무심삼매가 못되어 유심삼매(有心三昧)입니다. 그리고 우리 중생의 산심(散心)에도 삼마지 법이 있고 또 정심(定心)에도 있는데 산심(散心)에 있는 삼마지는 그 정도가 낮은 삼매이고 정심(定心)에 있는 삼마지는 고도한 삼매가 됩니다.

지도론에서는 '선심일체처(善心一切處)에 주(住)하여 부동(不動)함을 삼매라 한다'고 되어 있습니다. 불교에서 선심(善心)이란 유루법(有漏法)이 아닌 무루법(無漏法)에서 말할 때는 바로 불심(佛心)을 말하는 것입니다. 삼매라 하면 진리에 머물러 있는 마음이 삼매가 되는 것입니다.

다음에 삼마발저(Samāpatti)가 있습니다. 이것도 역시 삼매의 일종입니다. 정(定)의 뜻으로서 삼매의 일종이라 등지(等至)라고 합니다. 앞에 삼마지도 등지(等持)로서 음(音)은 같으나 가질 지(持)자요 삼마발저는 이를 지(至)자를 씁니다. 등(等)은 정력(定力)에 의하여 혼침과 산란의 번뇌를 여의고 마음이 평정(平靜)하고 평화스러운 경계를 의미하고 이러한 경지에 이르게 하므로 이를 지(至)자를 쓰는 것입니다. 등지(等至)는 유심(有心)과 무심(無心)에 통하고 오직 정심(定心)에만 있으며 산심(散心)에는 없는 것입니다. 삼마지 곧 등지(等持)

는 산란스러운 산심(散心)에도 있는 정도의 것이었지마는 삼마발저는 삼매가 보다 더 깊이 되어서 산심은 벌써 사라지고 정심(定心)만 있으나 마음까지 무심(無心)이 된 것은 아닙니다. 더러는 유심(有心)도 되고 더러는 무심(無心)도 된다는 것입니다. 산심이 없을 때 비로소 정심(定心)이라 합니다. 산심이 있는 사람들은 아직은 정에 든다는 말을 못 쓰는 것입니다. 산심이 사라져야 정에 든다고 할 수가 있습니다.

그 다음에 삼마희타(Samāhita)는 역시 삼매의 다른 이름의 하나로서, 삼마희타를 등인(等引)이라 번역하는데 등(等)은 혼침과 산란을 여의고 마음을 평등케 함이요 이 경계에서 모든 공덕을 일으키므로 인(引)이라 합니다. 유심(有心)과 무심(無心)과 또는 유루(有漏)와 무루의 5온의 공덕을 그 체(體)로 하며 산심(散心)과는 안통한다는 것입니다. 그러나 다만 앞에의 삼마지나 삼마발저와 다른 것은 삼매에 깊이 들므로 해서 삼명육통이라든가, 여러 가지 많은 공덕을 얻는 자리인 것입니다. 다시 말하면 등인(等引)이란 삼매로 해서 공덕을 이끌어 온다는 뜻입니다.

지도론이나 유식론이나 유가사지론이나 구사론이나 이런데에 이렇게 번쇄하게 나오니까 마음 닦는 공부하는 분들은 혼동을 느끼게 됩니다. 그런데서 불립문자(不立文字) 교외별전(敎外別傳)이나 조사 스님들의 간결한 법어가 있는 것이니까 이런 삼매 풀이는 참고로만 하시길 바랍니다.

2. 보리방편문(菩提方便門)

　용수(龍樹) 보살께서 저술한 책 가운데서 보리심론(菩提心論)이라 하는 논장에 공부하는 요체가 많이 설명되어 있습니다마는 이 보리방편문(菩提方便門)은 그 논장 가운데서 공부하는 요령을 금타(金陀 1898~1948) 스님께서 간추린 것입니다. 여기 있는 문장도 금타 스님께서 쓰신 문장 그대로 입니다. 전에 금강심론(金剛心論)을 낼 때는 저희들이 현대적인 어법을 좀 구사해서 냈습니다마는 생각해 보니까 별로 오래된 분도 아닌데 고인들의 문장을 그대로 옮기는 것이 그 분들의 생명을 호흡하는 것 같아서 금타 스님 문장 그대로 옮겼습니다.

　　菩提方便門
　이의 菩提란 覺의 義로서 菩提方便門은 見性悟道의 方便이라 定慧均持의 心을 一境에 住하는 妙訣이니 熟讀了義한 後 寂靜에 處하고 第一節만 寫하야 端坐正視의 壁面에 付하야써 觀而 念之하되 觀의 一相三昧로 見性하고 念의 一行三昧로 悟道함.

　　阿彌陀佛
　心은 虛空과 等할새 片雲隻影이 無한 廣大無邊의 虛空的 心界를 觀하면서 淸淨法身인달하야 毘盧遮那佛을 念하고 此 虛空의 心界에 超日月의 金色光明을 帶한 無垢의 淨水가 充滿한 海象의 性海를 觀하면서 圓滿報身인달하야 盧舍那佛을 念하고 內로 念起念滅의 無色衆生과 外로 日月星宿 山河大地 森羅萬象의 無情衆生과 人畜 乃至 蠢動含靈의 有情衆生과의 一切衆生을 性海無風 金波自涌인 海中漚로 觀하면서 千百億化身인달하야 釋迦牟尼佛을 念하고 다시 彼 無量無邊의 淸空心界와 淨滿性海와 漚相衆生을 空・性・相 一如의 一合相으로 通觀하면서 三身一佛인달하야 阿(化)彌(報)陀(法)佛을 常念하

고 內外生滅相인 無數衆生의 無常諸行을 心隨萬境轉인달하야 彌陀의 一大行相으로 思惟觀察할지니라.

보리(菩提)란 깨달음의 뜻으로서 보리방편문은 견성오도(見性悟道)의 하나의 방편입니다. 정(定)과 혜(慧)를 가지런히 지니는 마음을 한 가지 경계에 머물게 하는 묘한 비결이니 잘 읽어서 뜻을 깨달은 후 고요한 곳에 처하고 제일절만 써서 단정히 앉아 바로보는 벽면에 붙여서 관(觀)하고 생각하되 관의 일상삼매(一相三昧)로 견성(見性)하고 념(念)의 일행삼매(一行三昧)로 오도(悟道)함이라,

육조단경의 일상삼매 일행삼매나 또는 4조대사의 일상삼매 일행삼매와도 상통이 되기 때문에 관심을 가지고 특별히 여기에서 제가 말씀을 드리는 것입니다.

'심(心)은 허공과 등(等)할새 편운척영(片雲隻影)이, 조그마한 그림자나 흔적이나 흐림이 없는 광대무변의 허공적 마음 세계를 관찰하면서 청정법신(淸淨法身)인달하야, '인달하야' 이 말은 '무엇무엇인' 하는 접속사로 고어입니다. 곧 청정법신인 비로자나불을 생각하고 이와 같은 광대무변한 허공적 심계(心界)에 일월(日月)보다도 초월한 금색광명을 띤 무구(無垢)의 정수(淨水)가, 눈부신 세간적인 금색광명이 아닌 순수한 금색광명을 띠고 있는 띠끌이 없는 청정한 물의 성품이 충만한 해상적(海象的), 마치 바다와 같은 불성(佛性) 바다를 관찰하면서 이 자리가 바로 원만보신(圓滿報身)인 노사나불임을 염하고 자기 마음으로 생각이 일어나고 생각이 멸해지는 무색중생(無色衆生)과, 불교에서 중생이라 하면 자기 생각 즉 관념도 중생이라 합니다. 다만 모양이 없으니까 무색중생인 것입니

다. 밖으로 눈으로 보이는 일월성수(日月星宿)나 산하대지 삼라만상의 무정중생(無情衆生)과, 의식이 없이 보이는 중생은 우리 중생차원에서 무정중생인 것이지 본질적으로 본다면 일체존재가 다 진여불성의 화신인지라 모두가 다 마음이요 모두가 다 식(識)이 있는 것이 아니겠습니까, 사람이나 축생이나 내지 꾸물거리면서 식이 있는, 인간같은 6식이 아니라 5식을 말하겠지요. 준동함령의 유정중생(有情衆生)과의 일체중생을, 광대무변한 불성바다에 갖추어 있는 공덕으로 바람도 없이 금색파도가 스스로 뛰는 마치 바다에서 일어나는 물거품으로 관찰한다는 것입니다.

즉 앞에 든 우리 관념상의 무색중생이나 또는 우리가 밖으로 보이는 해나 달이나 또는 각 별들이나 산하대지나 삼라만상의 무정중생이나 우리 사람이나 축생이나 내지 준동함령의 유정중생이나 이런 것 모두를 어떻게 관찰하는가 하면, 광대무변한 불성바다에 바람도 없이 거기에 갖추어 있는 불성공덕으로 스스로 뛰노는 불성(佛性)의 물거품으로 관찰한다는 말입니다.

이것이 바로 천백억화신(千百億化身)인 석가모니불이구나 하고 념(念)하고, 석가모니불의 명의를 좁게 본다면 역사적인 석가모니 부처님만 화신이겠지마는 광범위하게 본질적으로 본다면 두두물물(頭頭物物) 모든 중생이 다 석가모니 부처님이 되는 화신입니다. 따라서 무색중생이나 또는 무정중생이나 유정중생이 모두가 다 천백억 화신이라는 말입니다. 석가모니 부처님과 우리 중생은 조금도 차이가 없습니다. 다만 상에서 볼 때에 석가모니 부처는 깨달은 부처이고 중생은 깨닫지 못한 부처일 뿐입니다.

다시 처음부터서 되풀이하여 저 무량무변의 청공심계(淸空心界)와, 청정법신 비로자나불인 청정하고 끝도 가도 없이 광대무변하게 비어 있는 마음세계와 정만성해(淨滿性海)와, 그 가운데 진여불성의 무량공덕의 성품이 가득 차 있는 생명의 바다인 원만보신과 또는 구상중생(漚相衆生)을, 불성바다에서 인연 따라서 물거품같이 일어나는 것 같은 천백억 화신인 구상중생을, 청공심계의 공(空)·정만성해인 성품의 바다인 성(性)·거기에서 일어나는 일체중생의 상(相)이 원래 셋이 아니라 하나인, 합해서 하나의 실상으로 통해서 관찰하면서 이것이 삼신일불(三身一佛)인, 청정법신이나 원만보신이나 또는 천백억화신이나 이 삼신이 원래 하나의 부처인 아미타불이라고 회통(會通)해서 항상 끊임없이 관찰하고 생각(念)하고,

부처님 명호는 그때그때 쓰임새의 차이가 있어서 학문적으로 공부할 때는 여러 가지로 갈등을 느낍니다. 아미타불이라 하면 우리가 쉽게 생각할 때는 극락세계 교주라고만 생각하기가 쉽습니다마는 그것은 상징적으로 하신 말씀인 것이고 가사, 관무량수경(觀無量壽經) 등에 나와 있는 아미타불은 아까 말씀드린 바와 같이 바로 우주 자체를 말합니다. 따라서 대일여래(大日如來) 또는 비로자나불(毘盧遮那佛)이나 같은 뜻입니다.

아미타불을 극락세계의 교주라 할 때도 뜻을 깊이 새겨보면 극락세계가 따로 있는 것이 아니요, 천지 우주가 바로 극락세계인 것입니다. 다만 중생이 번뇌에 가리어 극락세계의 무량공덕을 수용 못하는 것입니다. 이른바 정수(正受)와 같이 정다웁게 여법히 받아들이지 못하니까 더러운 땅인 예토(穢土)요, 사바세계(娑婆世界)가 되는 것이지 우리가 정말로 삼독오욕(三毒五欲)을 다 떼어버리고서 청정한 마음이 된다고 할 때는

정수(正受)가 되어 이대로 사바세계가 극락세계인 것입니다. 따라서, 극락세계 교주의 아미타불이란 뜻이나 천지 우주가 바로 아미타불이란 뜻이나 결국은 같은 뜻인 것입니다.

아미타불(阿彌陀佛)의 아(阿)자는 화신을 의미하고 미(彌)자는 보신을 의미하고 타(陀)자는 법신을 의미하나니 아미타불 곧, 참 나(眞我)를 생각하고, 마음으로나 밖으로 보이는 모든 현상이나 생하고 멸하는 헤아릴 수 없이 많은 중생의 덧없는 모든 행위를 심수만경전(心隨萬境轉)이라, 이것도 대승경전에서 자주 나옵니다. 우리 마음이 만 가지 경계로 구른다 곧, 바뀌진다는 말입니다. 마음이라 하는 우주의 실존 생명이 만 가지 인연 따라서 만 가지 경계로 전변한다, 인연 따라 변한다는 말입니다. 그러나 실제 실상인 마음 곧, 불성은 변하지 않겠지요. 다만 상만 나툴 뿐인데 우리 중생은 상만 보고 본 성품을 못 보는 것이니까 다르다, 변한다 하는 것이지 본체에서 본다면 변동이 없는 것입니다. 마음이 만 가지 경계에 전변하는 미타(彌陀)의 일대행상(一大行相)으로 생각하고 관찰해야 한다는 뜻입니다.

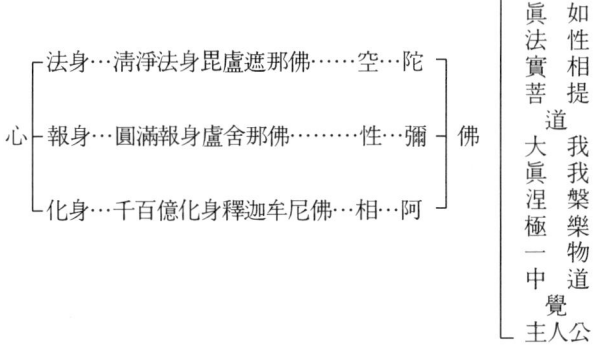

그래서 이 뜻을 보다 더 명확히 하기 위해서 다시 정리를 해 봅니다.

보리방편문 전 뜻을 한마디로 하면 심즉시불(心卽是佛)이라, 마음이 바로 부처인 것을 말씀한 것입니다. 그래서 마음의 본체는 법신(法身)입니다. 더 구체화시키면 청정법신 비로자나불 즉, 대일여래나 비로자나불이나 같은 뜻입니다. 또 마음의 본체에 갖추어 있는 무량공덕이 보신(報身)입니다. 마음이 텅 빈 허무한 마음이 아니라 거기에는 자비나 지혜나 무량공덕이 충만해 있는 것입니다. 무량공덕이 원만보신 노사나불입니다. 그리고 거기에서 인연 따라서 일어나는 별이나 은하계 등 우주나 인간이나 일체존재는 모두가 다 화신(化身)입니다. 더 구체적인 이름으로 하도 수가 많고 헤아릴 수 없으니까 천백억화신입니다.

따라서, 우리가 좁게 석가모니 부처님을 인도에서 나오신 부처님이라고만 생각하면 그것은 소승적이고, 대승적으로는 일체존재가 다 석가모니불인 것입니다. 화신의 현상계는 아미타불의 아(阿)에 해당하고 보신경계는 현상의 성품이 되니 미(彌)에 해당하고 화신과 보신이 둘이 아닌 본래 공(空)한 근본경계가 법신으로 타(陀)에 해당하는 것입니다. 그래서 삼신일불(三身一佛)인, 한 부처인 아미타불입니다.

그리고 부처님의 명호는 중생을 교화하는 인연 따라 그 공덕에 들어맞게 이름이 지어졌습니다. 여래(如來)라 곧 진리 그대로 왔다. 진여(眞如)라, 진리 그대로다. 또 진리에서 오고 진리로 돌아가기 때문에 여래여거(如來如去)라 하는 것입니다.

진리는 그대로 있지마는 사람은 자기 무명 따라 스스로 업을 지어 스스로 받을 뿐인 것입니다. 진여도 진리 그대로라는 말입니다. 진여를 줄여서 여(如)라는 말만으로도 진리를 표현합니다. 이렇듯 올바른 것이 진리요, 또는 일체 존재의 근본 성품이니까 법성(法性)이요 또는 불성(佛性)이라 또는 실상(實相)이라 하는데 이른바 우주 만유의 실존(實存)이라는 말입니다.

실존철학도 우주의 실상이 무엇인가? 나의 본래가 무엇인가?를 탐구하는 철학 아니겠습니까. 따라서 키에르케고르나 하이데거나 또는 야스퍼스의 철학을 보면 시각의 차이는 있으나 실존을 알려고 애도 쓰고 방불하게 실존의 윤곽을 말하기도 했습니다.

또는 보리(菩提)라 또는 도(道)라, 대아(大我)라 합니다. 중생은 소아 또는 속아(俗我)입니다. 속된 아(我)란 말입니다. 또는 진아라, 열반이라, 또는 극락이라, 또는 오직 하나의 일의제(一義諦) 즉 일물(一物)이라고도 합니다. '이것이 무엇인고' 할 때는 결국 이 자리를 구하는 것 아니겠습니까? 중도(中道)라, 또는 깨달음의 각(覺)이라, 바로 이것을 주인공(主人公)이라고도 합니다.

이렇게 법신, 보신, 화신도 원래 셋이 아닌 것입니다. 근본체성(體性)은 법신이고 근본체의 성공덕(性功德)인 자비나 지혜 등 무량 공덕은 보신이고 법계연기(法界緣起)라, 법계에 갖추어 있는 성공덕이 인연 따라 이루어지는 일체 존재가 화신입니다. 따라서 법신, 보신, 화신은 셋이 아니기 때문에 삼신일불(三身一佛)입니다.

그래서 이 보리방편문같은 공부 방식은 우리 자성(自性)이 바로 부처임을 밝힌 법문이기 때문에 이른바 자성선(自性禪)

이라고 이름 붙인 경론도 있습니다. 어느 선(禪)이나 다 부처를 또는 자성을 근본으로 하기 때문에 사실은 본질적으로는 똑같은 것입니다. 다만 어떻게 해야 빨리 마음을 통일시킬 것인가? 하는 것이 가장 어려운 문제 아닙니까. 이렇게 해보고 저렇게 해보고 우리가 몸부림치는 것도 다 마음이 통일이 안 되고 산란심과 혼침이 제거되지 않기 때문 아니겠습니까. 혼침과 산란심을 어떻게 빨리 없앨 것인가? 하는 문제는 우리 수행자에 있어서 가장 중요한 문제입니다. 부처님의 경전을 보면 거의가 다 산란심을 어떻게 제거하고 혼침을 막는가에 역점을 두고 있습니다. 우선 음식에 대한 계율을 보더라도 모두가 다 우리가 혼침을 덜 내게 하는 데에다 초점을 두고 말씀이 되었습니다. 가사 많이 먹거나 짜게 먹으면 분명히 혼침은 더 옵니다. 계율에 대해서는 다시 언급을 하겠습니다마는 아무튼 혼침과 도거(掉擧) 문제는 깊은 관심을 두고 싸워서 극복해야 할 문제입니다.

따라서, 산란심을 제거하려면 자기 수행법에 대해서 스스로가 환희심을 가지고 느껴야 하는 것입니다. 싫증나는 문제를 억지로 하라면 잘 안되는 것입니다. 그러기 때문에 부처님 수행법 가운데 구분한 것을 보면 수신문(隨信門)과 수법문(隨法門)이 있습니다. 믿음을 주로 하는 문이 있고 또는 부처님이나 조사 스님들이 말하는 어떤 법에 따라서 가사, 관법(觀法)에서 무슨 관을 한다든가 또는 화두를 든다든가 어떤 법에 따라서 하는 수행법이 수법문(隨法門)입니다. 수신문은 신앙대상을 생명의 실상으로 확신하고 믿음을 위주로 공부하는 방법이 수신문(隨信門)입니다. 기독교라든가 이슬람교라든가의 가르침은 수신문에 해당하겠지요. '오! 주여' 하듯이 하나의 신앙 대상에 대해서 전폭적인 신심으로 나가는 것입니다. 그러기에 믿음으로 가는 수신문은 타력문(他力門)이고 또는 어떤 수행법으로 관조하고 참구해가는 수법문은 자력문(自力門)으로서 다 각기 특징이 있습니다.

그러나 하나만 필요하고 다른 것은 필요없다고 하면 또 문제가 생기는 것입니다. 물론 어떻게 하든지간에 공부 정진에 있어서 한 고비만 넘어서 버리면 자력·타력이 하나가 되어 버립니다마는 우리 인간 자체가 원래 믿는 정서도 필요하고 지혜도 필요한 것이기 때문에 한 가지에만 치우쳐 버리면 오래 감내(堪耐)를 잘 못합니다. 중간에 하기 싫지 않게 나갈려면 우리 인간성에 본래 갖추어 있는 믿음도, 참구하는 지혜도 가지런히 나가야 되는 것입니다.

그러기에, 우리가 흠모 추구하는 부처님은 바로 생명 자체요, 나 또한 생명이요, 본래면목도 역시 생명이기 때문에 일체 존재가 바로 생명인지라 부처란 바로 생명의 실상이며 내 생명의 본질이라고 생각할 때는 저절로 자기 고향같이 그리운 생각이 드는 것입니다. 그렇게 내 생명의 본질이라고 생각하여 흠모하고 연모하는 염불하는 마음이 밑받침되어 있어야 어떤 공부를 하든지 싫증이 나지 않습니다.

그런데 4선정법(四禪定法)에도 말씀이 나옵니다만 아함경(阿含經)에서 보면 석존께서 보리수하에서 성도하실 때도 사선정 멸진정(滅盡定)을 닦아서 대각(大覺)을 성취했습니다. 또 열반드실 때에도 역시 멸진정을 거쳐서 4선정의 삼매에서 열반에 드셨습니다. 그리고 아라한도 초선(初禪) 2선 3선 4선을 거쳐 멸진정에서 아라한도를 성취한다고 여러 군데에 나와 있습니다. 그리고 달마 스님께서 중국에 오시기 전까지는 대체로 선이라 하면 4선정 멸진정 법을 닦았습니다.

그러면 달마 스님 뒤에는 필요가 없는 것인가? 하는 것이 문제가 됩니다. 그러나 근본불교(根本佛敎)가 필요가 없다면 마땅히 4선정 멸진정이 필요가 없어 폐기를 해야겠지요. 그러나 근본불교도 필요하다면 4선정 멸진정을 꼭 참고해야 합니다. 왜냐하면 근기가 수승해서 범부가 비약적으로 멸진정에 들어가면 모르겠지만 보통은 그렇게 되지 않고 성불까지의 과정에 수많은 경계가 우리를 산란하게 하는 것입니다. 경계에 따라 기분이 좋은 때와 나쁜 때가 있어서 좋은 경계에는 집착해서 얽매이고 나쁘면 나쁜대로 또 벗어날려고 얽매이는 것입니다. 참선할 때에 무서운 것이 나와서 유혹도 하고 공포심을 준다면 우리는 그놈 뗄려고 몸부림치고 애를 씁니다만 그럴수록 도리어 더 달라붙습니다. 따라서 그때그때 경계를 대치(對治)해 나가고 부정(否定)해 가는 법을 알아야 하는 것입니다. 그런 삼매의 과정을 설명한 것이 4선정 멸진정이기 때문에 반드시 닦아야 할 삼매법인 것입니다.

우리 범부가 견성오도(見性悟道)하는 직전에 들어가는 선근의 경계가 무간정(無間定)인데, 무간정까지 갔다 하더라도 기분이 너무 황홀하니까 만심(慢心)을 부리기가 쉽습니다. '이만치 되었으니 사회에 나가서 중생 제도하면 되겠지, 불경이나 법의 해석도 척척 되니 이것이 바로 견성이겠지!' 하고는 닦지 않아 버리면 결국은 그대로 범부로 끝나 버리지요. 아만심이나 자의식이 과잉한 사람들은 견성을 핑계해 가지고서 도인이라고 행세를 하는 것입니다. 아는 것은 무던히 아니까 도인같이 보이기도 하겠지요. 그러면 대망언(大妄言) 죄를 짓게 됩니다.

따라서 단박에 깨닫는 분도 있겠지마는 그와 같이 단박에 쉽게 되는 것이 아니기 때문에 공부하는 방법이 자기 마음에 내켜야 환희심을 내고 환희심을 내야 피로가 안 생기고 몸에 병도 안 생기는 것입니다. 싫어하면서 억지로 하면 꼭 병이 되고 맙니다. 그래서 항시 우리 마음의 바닥에서는 훤히 빛나는, 행복도 자비도 지혜도 모든 것을 다 갖춘 그 자리, 눈만 바로 뜨면 바로 나올 수 있는 자리, 나한테 본래 갖춘 그 자리를 한사코 여의지 않아야 합니다. 다만 우리 번뇌 망상 때문에 가려져 있는 것인데, 번뇌 망상을 대별하면 이른바 혼침과 도거입니다. 따라서 우리는 분별시비 망상하는 도거나 또는 꾸벅꾸벅 혼침해 버리는 동안은 결국은 우리가 죽는 시간입니다.

그래서 그걸 없애기 위해서 우리가 최선의 힘을 다해야 합니다. 그러기 위해서 감성적(感性的)으로 예술적인 능력도 있고 그런 소질이 많은 사람들은 역시 부처님을 생명적으로, 그리움 쪽으로 참구하는 수신행(隨信行)이 훨씬 더 적성에 맞을 것이고 또는 자력적으로 '내가 본래 부처인데 어디에 무얼 의지할 것인가?' 이렇게 성격상 아주 강직하고 이지적(理智的)인 분들은 수법행(隨法行)의 수행법을 참구하는 것도 좋을 것입니다. 또는 감성적이고 예술적인 유연심(柔軟心)이 더 강하다 하더라도 본래 지혜도 갖추고 있는 것이기 때문에 전적으로 감성적인 쪽만 구해서는 싫증을 내는 것이므로 지혜로 참구(參究)하는 방법도 참고로 해서 보완을 시키는 것이고, 또는 강강(剛剛)해서 자력적인 분도 부처님을 생명으로 추구해서 어느 때는 법당에서 절도 많이 해보고 해제(解制) 때는 기도를 모셔보는 그런 것이 필요한 것입니다.

우리는 꼭 염불만 해야 한다거나 죽도록까지 꼭 화두만 해야 한다고 집착을 말고서 화두나 염불이나 내나 진여불성 그 자리를 밝히는 것이니까, 자기 적성과 인연에 따라서 정진하면 공부에 싫증이 안 나고 우리 마음이 정혜균등(定慧均等)해서 깊은 삼매 경계를 성취할 수가 있을 것입니다.

3. 삼매(三昧)의 종류(種類)

1) 사종삼매(四種三昧)

　四種三昧
　　○ 常坐三昧…又名一行三昧(文殊說般若經에 依함) 九十日을 一期로 함. 閑居靜處·持戒淸淨·端坐正念
　　○ 常行三昧…又名般舟三昧로서 般舟三昧經에 依하여 修함.
　　　※ 般舟三昧 參照.
　　　要言하면 步步聲聲念念唯在阿彌陀佛
　　○ 半行半坐三昧…方等三昧 또는 法華三昧라고도 함. 大方等陀羅尼經에 依함. 閑靜處에서 道場을 莊嚴하고 七日을 期하여 長齋하고 日에 三時洗浴至誠心으로 罪咎를 懺悔하고 行旋과 坐禪을 적당히 兼하며 中道實相의 理를 觀함.
　　○ 非坐非行三昧…위의 三種三昧에 屬하지 않은 諸三昧를 말하며 大品般若經에서는 覺意三昧 또는 隨自意三昧라고도 稱함.
　　　　　　　　　　　　　　　　　　　　　― 止觀 ―
　　※ 흔히 春秋에는 常行三昧·夏冬에는 常坐三昧를 修行者의 樂欲에 따라 이를 修함.

천태(天台) 스님같은 분이 불교의 복잡한 여러 가지 수행법 상을 정리했기 때문에 우리로서는 참 많이 도움이 되는 것입니다. 이 사종삼매(四種三昧)도 역시 천태지의 선사가 체계를 세운 것입니다.

　상좌삼매(常坐三昧)는 항상 앉아서 하는 삼매라는 말입니다. 좌선할 때 결제 하는 것은 상좌삼매가 되겠지요. 끊임없이 행한다고 해서 일행삼매(一行三昧)라고도 합니다. 문수설 반야경(文殊說般若經)에 의한 것인데 4조 도신 대사께서도 의지했다는 경이고 육조단경도 부촉품에 문수설 반야경에 의지해서 말씀을 하였고 90일을 일기(一期)로 한거정처(閑居靜處), 즉 고요하고 한가한 곳을 선택해야 할 것이고 마땅히 지계청정(持戒淸淨)이라, 계행이 청정해야 합니다. 계행이 청정하지 않으면 삼매에는 절대로 못 들어 갑니다. 그리고 단좌정념(端坐正念)이라, 단정히 가부좌해서 바로 정념으로 화두나 염불이나 일심으로 참구해야 합니다.

　그 다음에는 상행삼매(常行三昧)가 있습니다. 일행삼매와 상행삼매는 구분을 해야 합니다. 일행삼매는 바로 끊임없이 닦는다는 상좌삼매와 같은 것이고 상행삼매는 서서만 하는 삼매입니다. 앉아 있으면 졸림이 오는 것이니까 서서 포행(布行: 經行)하면서 하는 삼매이며 반주삼매(般舟三昧)라고도 합니다. 반주삼매경(般舟三昧經)에 의지해서 닦는데 과거의 선지식들이 반주삼매경에 의해서 공부를 많이 했습니다. 그리고 결제 동안에 7일 동안 용맹정진을 하는 것도 이 반주삼매경에 의지해서 하고 있는 것입니다. 상좌삼매와는 앉아서 하는 것과 서서 하는 차이 뿐입니다.

　상행삼매는 어떻게 하는고 하면, 밥먹을 때와 용변볼 때 외에는 앉지를 않고 사뭇 서서하는 것입니다. 그러니까 안 자고 안 눕고 하루에 한끼 먹고 누구와 말도 않고, 좀 어려운 수행이 되겠지요. 목욕도 하루에 한번 이상 세번까지 하라는 것이고 내의(內衣)도 꼭 하루에 한번씩 갈아 입으라는 것입니다. 이와 같이 아주 엄격하니 규제가 되어 있습니다. 그런 것이 무슨 필요가 있는 것인가? 하지마는 생각을 깊이 해야 합니다. 우리에게서 악취가 풍기면 나쁜 악귀들이 주변에서 냄새를 맡고 배회하고, 우리 몸에서나 주변에서 향내가 풍기고 깨끗할 때는 도량청정무하예 삼보천룡강차지(道場淸淨無瑕穢, 三寶天龍降此地)하듯이 선신들이 옹호합니다. 틀림없이 호법선신들은 향기를 좋아하고 맑은 것을 좋아합니다.

그리고는 보보성성 염념유재 아미타불(步步聲聲 念念唯在 阿彌陀佛)이라, 걸음걸음 소리소리 생각생각에 오직 아미타불만 염한다는 말입니다. 우리가 기왕이면 불호(佛號)를 부를 때는 이른바 부처님의 총대명사요 삼신일불인 아미타불을 외우는 것이 합리적이 되겠지요. 처음 공부하는 사람들은 무엇인가 하나에다 마음을 딱 잡아야지 그렇지 않으면 공부가 안되는 것입니다. 화두면 화두 또는 부처면 부처 명호를 딱 잡아서 참구해야 산란스러운 마음이 모아지는 것입니다.

다음 반행반좌삼매(半行半坐三昧)라, 반(半) 정도는 서서 하고 반(半)은 앉아서 하는 것으로 방등삼매(方等三昧) 또는 법화삼매(法華三昧)라고도 합니다. 대방등다라니경(大方等陀羅尼經)에 의하여 역시 한적한 곳에서 도량을 깨끗이 장엄하고 이레 동안을 기하여 장재(長齋) 곧 일일일식(一日一食)합니다. 장재의 재는 낮에 사시(巳時)에 올리는 것입니다. 부처님께 낮에 한번 올리고 우리는 한 끼를 먹는 것입니다. 비구계(比丘戒)에서는 재 한 때만 먹으라는 것입니다. 장재란 일주일이면 일주일 동안 하루 한 끼만 먹으라는 것입니다.

또 하루에 세번 목욕을 하고 지성심(至誠心)으로 자기의 허물을 참회합니다. 우리가 공부할 때 무참괴(無慙愧)면 공부가 안 나아가집니다. 가령, 공부할 때 아무리 공(空)을 관찰해도 법성(法性)을 미처 못 깨달은 사람들은 죄의 허물을 못 벗어나는 것입니다. 참회를 해야 죄가 가벼워지고 소멸되어 가는 것입니다. 우리가 무생참회(無生懺悔)로 본래 죄가 없다는 생각과 더불어서 작법참회(作法懺悔)라, 법으로 즉 말이나 행동 등 모양을 취해서 참회하는 것입니다. 참회의 참(懺)은 자기 양심에 참회하는 것이고 회(悔)는 남에게 참회는 것입니다. 지성심으로 죄구(罪咎)를 참회해 버려야 마음이 개운해지고 차근차근 몸도 마음도 가벼워집니다. 죄를 지었는데도 부끄러움 없이 지내면 몸도 마음도 가벼워지지가 않습니다. 반행반좌삼매(半行半坐三昧)는 왔다갔다 포행하면서 하는 행선(行禪)과 좌선(坐禪)을, 적당히 겸해서 합니다.

 반주삼매는 행선만 하는 것인데 혼침도 제거하고 몸의 거북한 점을 풀기위한 것이므로 좌선을 좋아하는 분들은 좌선만 해도 좋은 것이지만 한가지만 할 때에 너무나 지루하면 이것저것 섞어서 겸해도 무방합니다. 이렇게 하면서 우리 마음은 중도실상(中道實相)의 원리 즉 진여법성 경계를 관조합니다.

 그 다음에 비좌비행삼매(非坐非行三昧)는 좌선이나 또는 행선을 떠나서 그외의 자세로 하는 삼매입니다. 곧, 삼종삼매에 속하지 않는 모든 삼매를 말하며 이것은 대품반야경(大品般若經)에 있는 각의삼매(覺意三昧) 또는 수자의삼매(隨自意三昧) 곧 자기 마음 내키는대로 뜻에 따라서, 근기에 따라서 구애없이 하는 삼매입니다. 누워서 하는 것도 비좌비행삼매의 한 방법입니다.

 이렇게 4종삼매를 말씀 드렸습니다. 이 삼매를 하는데 있어서는 흔히 보통, 계절 따라서 봄이나 가을에는 상행삼매쪽을 하고 또는 여름이나 겨울에는 우리가 결제하듯이 상좌삼매를 하는데 수행자의 취향과 인연 따라서 하면 됩니다.

부처님 당시에 다라표(陀羅票 Dravya) 비구라고 별로 알려지지 않았습니다만 저는 그 분을 굉장히 위대한 분으로 생각하고 있습니다. 그분은 부처님 제자로서 총명하고 독실하여 14세에 출가해서 거의 2년 동안에 공부를 마치고 16세에 아라한과를 성취해서 삼명육통(三明六通)을 다 하게 되었습니다. 그리고는 '이제 중생에게 모든 것을 바쳐야겠구나.' 생각하고 요새 말로 지객(知客) 소임을 맡아 어두운 밤에는 좌수출화(左手出火)라, 화광삼매(火光三昧)에 들어서 왼편손에서는 광명을 내어 비추고 오른손으로 우수지와(右手指臥)라, 오른손으로는 와구(臥具) 있는 처소를 가리켜서 오는 분들을 맞이해 대중 시중을 들었습니다. 겨우 14세에 출가해서 16세에 아라한과를 성취하고 화광삼매를 낼 수 있는 법력을 다 갖추었습니다. 우리 인간성이라는 것은 개발 여하에 따라서 얼마나 위대한가, 하는 것을 새삼스럽게 느낄 수가 있습니다.

우리 나라 신라 진흥왕 때에도 현광(玄光) 스님은 화광삼매에 들었고 제자들도 화광삼매나 수광삼매(水光三昧)에 들었다는 기록이 있습니다. 그리고 앞서도 말씀 드렸습니다마는 부처님부터 6조 혜능까지 삼십삼(三十三) 조사 가운데 거의 6할 정도는 다 임종 때에 화광삼매에 들어서 자기 심장에서 삼매의 불을 내어 자기 육신을 스스로 화장하여 사리(舍利)를 남겼습니다.

사실 우리 불성(佛性)이라 하는 것이 마니보주(摩尼寶珠) 같은 무량무변한 만능(萬能)의 공덕장(功德藏)이기 때문에 불성을 밝혀서 깊은 삼매에 들어 갈 수만 있다면 신통도 마음대로 할 수가 있다는 것입니다. 자기 몸을 우주에 가득차게 할 수도 있는 것이고 또는 조그만한 쇳덩이 속에 들어갈 수도 있는 것입니다. 그렇게 할 수 있는 것이 왜 가능한 것인가? 제법공(諸法空)도리에서 본다면 모두가 물질적으로 있지가 않은 것이니까 석벽무애 비행자재(石壁無碍飛行自在)라, 바위 벽도 거리낌이 없고 비행도 자유자재하게 할 수가 있는 것입니다. 색(色) 즉 공(空)이라 바위가 실제로 있는 것이 아닙니다.

무게도 실제로 무게가 있는 것이 아닌 것입니다. 우리 몸의 체중이 대류권(對流圈) 이내에서는 50kg, 60kg 하지만 성층권(成層圈)에 올라가면 그렇게 안됩니다. 또는 더 올라가서 중간권(中間圈), 온도권(溫度圈) 또는 전리권(電離圈) 자기권(磁氣圈)에 올라갈수록 무게가 줄어지는 것입니다. 따라서 자기권 위에 진공(眞空)권에 이르게 된다면 무게가 전혀 없는 것입니다. 따라서 대류권 내에서 우리 무게가 몇 십kg하는 것이지 꼭 정해진 고유한 것이 아니듯 바위라는 것도 강도가 얼마고 무게가 얼마라고 물리학적으로는 계산할 수가 있겠으나 본질적으로는 강도가 있는 것이 아닌 것입니다. 제법이 공일 때 어느 것만 공이고 쇳덩어리나 바위 덩어리같은 것은 공이 아니라는 것은 아닙니다. 그것도 역시 분석한 뒤에 공이 아니라 그대로 바로 공 곧, 색즉공(色卽空)인 것입니다.

우리가 그런 점에서도 신통자재(神通自在)하는 것이 무슨 요술이나 기적처럼 부사의(不思議)하게 생각할 것이 아니요 우리와 절대로 무관한 것이 아닙니다. 다라표 비구도 역시 우리하고 똑같이, 본래 갖추어 있는 것은 호리불차(毫釐不差)입니다. 따라서 우리가 할 일은 무엇인가? 우리한테 갖추어 있는 그런 부사의한 신통묘지(神通妙智)를, 마니보주같은 부사의한 힘을 자아내는 것입니다. 어떻게 자아낼 것인가? 우리가 여법(如法)히 바로 행동하고 깊은 삼매에 들어서 번뇌를 모조리 없애는 멸진정을(滅盡定)을 성취하고 무량공덕을 자아내면 되는 것입니다. 그렇게 하기 위해서는 꼭 4선정에 들어가야 합니다. 4선정에 들어가야 욕계 번뇌(欲界煩惱)를 여의고 색계 무색계까지 들어가고 그래서 멸진정으로써 삼계(三界)를 벗어나는 것입니다. 따라서 우선은 욕계 번뇌를 한사코 버려야 합니다. 욕계 번뇌를 못 버리면 절대로 자성(自性)공덕이 나올 수가 없습니다.

우바국다(優婆麴多 Upaguta) 존자는 33조사 중 제4대(第四代) 조사(祖師)입니다. 부처님 다음 마하가섭, 아난존자, 상나화수, 그 다음에 제 4대인데 우바국다 존자는 별로 잘 생긴 얼굴은 아니기때문에 무상호불(無相好佛)이라고 불리웁니다만 이 분은 사방(四方)이 사십장(四十丈)이나 되는 석실(石室)에 한 사람 제도할 때마다 성냥개비만한 산가치 하나씩을 넣어서 그 석실이 가득 차도록까지 많은 사람들을 아라한과를 성취하도록 제도했다고 합니다.

그런데 유행(遊行)을 하다가 갑자기 날씨가 흐려 비가 오기 때문에 빈 석실에 들어갔는데 마침 한 젊은 여인도 비를 피하여 석실로 들어와 밤새 비가 개이지 않아서 할 수 없이 함께 하룻밤을 지냈습니다. 그 이튿날 지나가던 바라문이 보고서 나쁜 소문을 퍼트렸습니다. 더구나 부처님 제자고 위대한 사람이니까 바라문교에서는 시기심에 불타서 갖은 모략과 별별 모함을 다 했던 것입니다.

그래서 할 수 없이 아쇼카(阿育王 Aśoka) 왕은 대중 앞에서 해명할 수 있는 기회를 만들었습니다. 우바국다가 그 자리에 나가서 즉시에 삼매에 들어 하늘로 솟아 올라 18신변(十八神變)의 부사의한 신통을 보였습니다. 삼명육통을 다 통달한 도인들은 18신변을 다 합니다. 신통이라는 것은 계행이 절대로 철저해야 하는 것입니다. 음욕을 미처 못 여의면 신통을 못한다는 것은 공변된 정설입니다. 18신변을 바라본 비방한 사람들이 도리어 찬탄해서 숭앙하게 되었다는 기록이 있습니다.

　아무튼, 신통자재하는 법력을 부리기 위해서는 꼭 근본선(根本禪)인 4선정과 멸진정을 거쳐야 합니다. 근본선을 못 거치면 결국 신통은 못하는 것이고, 당시에 부처님께서 하시던 무량신통에 대해서도 사람들은 공상같이 생각하고 소위 '상징적이라든가 또는 중생을 교화하기 위해서 과장해서 표현했겠지' 합니다마는 근본선을 충분히 이해한다면 그런 모든 신통묘지를 온전히 믿게 되는 것입니다. 4선정은 외도(外道)도 삼매정진하면 발득(發得)할 수 있으나 번뇌와 습기(習氣)를 모조리 멸진(滅盡)하는 멸진정은 성자(聖者)에 한(限)하는 것입니다.

2) 반주삼매 (般舟三昧)

　　般舟三昧(Pratyutpanna samādhi)
　　一切佛現前三昧라 譯함. 또는 見佛定이라고도 한다. 이 三昧를 닦으면 모든 부처님이 눈앞에 現前하기 때문이다. 此三昧의 威信力·三昧力·本功德力에 依하여 아직 天眼通을 得하지 않았으나 能히 十方現在諸佛을 見得한다.　　　　　　　　　　— 智度論 —
　　此三昧를 修함에는 ① 獨處閑居 ② 持戒完具 ③ 日中一食 ④ 默言精進 ⑤ 三時洗浴 ⑥ 飮食과 用便外에 坐不得 ⑦ 常經行無休息

⑧ 一念彌陀佛(般舟三昧經은 彌陀經典中 最古의 文獻, 現存 大乘經典중 最初의 經典)

　반주삼매(般舟三昧)에 대해서 얼핏 언급은 했습니다마는 중요한 것이기 때문에 좀더 구체적으로 말씀드리겠습니다. 이것은 뜻으로 풀이 하면 일체불현전삼매(一切佛現前三昧)입니다. 일체 부처님이 눈앞에 나오는 삼매이니까 불자라고 하면 누구나 다 지대한 관심을 가질 수 밖에 없습니다. 또는 견불정(見佛定)이라고도 합니다. 이 삼매를 닦으면 모든 부처님이 눈앞에 현전하기 때문에 견불정이라고 하는 것입니다.

　이 삼매의 위신력 또는 삼매력 또는 근본 공덕력에 의하여 아직 천안통(天眼通)을 득하지 않았으나 능히 시방 현재 제불을 견득(見得)한다고 합니다. 천안통을 통하면 응당 원근(遠近)에 관계없이 다 보이는 것이고 또 삼세제불을 다 볼 수가 있겠지만 천안통을 통하지 않았다 하더라도 우리 마음이 일념이 되고 사무치도록 성실하다면 그런 위신력 삼매력 또는 사무친 그 공덕력에 따라서 부처님을 뵐 수 있다는 말입니다. 용수보살 지도론에 있는 말씀입니다.

　따라서, 기도만 잘 모셔서 몸과 마음이 청정히 된다면 꼭 천안통을 안 통한다 하더라도 어느 정도 신통을 부릴 수가 있는 것이고 특히 부처님을 뵐 수가 있는 것입니다. 부처님이라는 것은 가만히 어디에 계시는 것이 아니라 우주의 근본 생명, 정기, 에너지이기 때문에, 사람끼리도 누군가를 간절히 생각하면 그 사람이 이상하게도 끌려오듯이, 이심전심(以心傳心)으로 통하는 것인데 하물며 중생염불 불환억(衆生念佛 佛還憶)이라, 우리 중생이 부처님을 간절히 생각한다면 그 정성에 끌려 역시 부처도 우리를 굽어 보는 것입니다. 생명은 그런 신비로운 힘이 분명히 있기 때문에 그런 신통력이나, 또는 아직 4선정을 성취하지 못했더라도 정성에 따라 그런 공덕력 또는 위신력 삼매력에 따라서 삼세불을 눈앞에 볼 수가 있다는 것입니다.

먼저 이 삼매를 수행할 때 인연조건이란 독처한거(獨處閑居)라, 우리가 대중적으로 공부할 때는 사실 오로지 삼매에 들기는 좀 어렵습니다. 왜냐하면 주변 조건에 관심을 두어야 하니까요. 옆에서 누가 아프면 우리 수자가 그대로 놔 둘수는 없겠지요. 돌봐야 하는 것이고 또는 자기가 한 끼 먹는다고 어디 가서 혼자 있기도 곤란스러운 것이고 대중이 근기가 달라서, 이 반주삼매는 근기가 약한 사람들은 할 수가 없는 것입니다. 그래서 근기 약한 도반이 있다고 생각할 때는 굉장히 장애가 됩니다. 우리가 보살심으로서 더불어 닦는다고 생각할 때는 모르거니와 정말로 내가 꼭 며칠 동안에 깨달아야겠다고 비장하게 마음 먹을 때는 한가한 데서 혼자 독처(獨處)에서 지내면서 수행하는 것이 바람직하고 효과적입니다.

지계완구(持戒完具)라, 계행도 그냥 보통이 아니라 철저히 지켜야 하는 것입니다. 신청정 심청정(身淸淨心淸淨)이라, 우리 몸이 청정해야 마음도 청정합니다. 상관성이 있는 것입니다. 또는 동시에 우리가 공부해서 꼭 가피를 입으려면 제불보살은 말할 것도 없지만 호법신장이 도와야 하는 것입니다. 우리 주변에는 여러 가지 저급신 고급신이 많이 있는 것인데 우리가 청정하지 않아서 냄새가 나고 더러운 때는 더러운 것과 상응하는 악신 악귀가 모여 오는 것이고 청정한 때는 악귀들은 침범 못하고 청정과 상응하는 선신들이 우리를 지키는 것입니다.

　중국의 율종을 세운 남산도선(南山道宣 596~667) 율사(律師)가 어두운 밤에 보행하다가 허방을 잘못 딛어가지고 넘어지니까 시꺼먼 놈이 앞에 나오더니 부추겨서 일으킵니다. 그래서 도선 국사가 "누구인고?" 하니까 "저는 북방 비사문천왕(毘沙門天王) 왕자의 장경인데 율사님께서 넘어지시니까 일으켜 드립니다." 도선 국사가 "기왕이면 내가 넘어지기 전에 할 것이지 넘어진 뒤에 그러느냐"고 하니까 "제가 미리 알기는 했지마는 율사님이 뒤를 본 다음에 닦지 않아서 냄새가 나서 미처 접근을 못했습니다." 이런 것은 뒤에 분들이 만들어 낸 말씀인가는 모르겠습니다마는 역시 그런 선신들은 우리 몸에서나 옷에서나 냄새가 나면 접근을 잘못 하는 것입니다.

　일중일식(日中一食)이라, 일중일식은 오정(午正)을 넘어서면 안된다고 되어 있습니다. 하루에 한 끼를 먹되 많이 먹는 것이 아니라 일단식(一摶食 또는 一段食) 곧 주먹밥 정도로 먹는 것입니다.

　그리고 묵언정진(默言精進)이라, 말이라는 것이 개념이기 때문에 말을 하면 그만치 산란스러워집니다. 우리가 말을 않 하면 갑갑하겠지만 공부가 익어진 사람들도 역시 묵언하는 것이 참 좋습니다. 그래야 마음이 헷갈리지 않고 오롯이 통일되어가는 것입니다.

　삼시세욕(三時洗浴)이라, 세 때에 목욕한다는 것입니다. 그리고 음식과 용변외에는 좌부득(坐不得)이라, 앉지 말아야 합니다. 앉아 버리면 편해지고 또는 혼침이 오기 쉬우니까 그것을 막기 위해서입니다.

　상경행 무휴식(常經行無休息)이라, 항시 경행(經行 vihāra)

즉, 거닐며 포행하고 휴식을 말아야 합니다. 그리고 일념아미타불(一念阿彌陀佛)이라, 오로지 아미타불을 생각하고 외우며 끊임없이 공부해 나가는 것입니다.

이렇게 반주삼매를 닦는 것입니다. 7일 동안 이렇게 닦는다면 업장이 무거운 사람이 아니면 꼭 부처님을 뵈올 수가 있다는 것입니다. 그러기에 일체불현전(一切佛現前) 삼매가 되지 않습니까.

중국의 선도(善導 613~681) 대사나 율종(律宗)의 도선(道宣) 율사나 또는 여산(廬山)에서 공부한 혜원(慧遠) 대사 그 분들은 꼭 이런 반주삼매를 매월 한번씩은 했다는 것입니다. 우리 보통 사람들은 매월 하기는 어렵겠지요. 선방에서도 하안거 때나 동안거 때나 일주일 동안 용맹정진하지 않습니까만 참고로 하면 큰 도움이 될 것입니다.

> 此三昧를 修持하면 諸厄難을 免하고 諸天龍神이 擁護愛敬하며 十八不共法을 發得함. 또한 이 三昧가 成熟하면 或은 스스로 天眼·天耳를 得하여 十方佛所에 飛到하여 問法斷疑網하고 또한 스스로 神通이 無하여도 恒時 阿彌陀佛 等 諸佛을 念하여 心을 一處에 住하면 곧 佛을 見하고 疑問을 請問할 수 있으며, 또는 念佛을 修習하는 者 中에 離欲이 있고 未離欲이 있는데 그들 中에 佛像을 見하는 者, 生身을 見하는 者, 過미現 諸佛을 見하는 者도 있다. 換言하면 諸佛의 法身은 定相이 無하므로 皆是衆緣에 依하여 生하고 畢竟空寂 無相하여 如夢 如幻하여 實體가 없다.
> ― 諸經論及 特히 廬山慧遠의 質疑를 鳩摩羅什이 答함 ―

이 삼매를 받들어서 지닌다면 모든 액난을 면하고 또는 모든 천상이나 또는 용이나 신장들이 우리를 옹호애경하여 공경하고 18불공법(不共法)을 발득한다고 합니다. 불성의 무량공덕을 18종으로 구분해서 보통 말합니다. 그러나 여기서는 성불의 경계는 아니기 때문에 완전한 것은 못되지요. 또한 이 삼매를 성취하면 원력에 따라서 천안(天眼) 천이(天耳)를 얻어서 시방 부처님이 계신 곳에 날아가서 의심있는 법을 물어 해결하기도 합니다.

우리는 이런 것에 대해서도 깊이 생각해야 합니다. 꼭 이렇게 않는다 하더라도 착실히 공부하는 분들은 자기도 모르는 가운데 꿈속에서라도 홀연히 문제가 척척 풀릴 수가 있습니다. 그리고 자기도 모르는 어느 스님 모습을 하고 왔다든가 또는 어떤 고귀한 모습을 하고 와서 의문을 다 풀어주는 경우도 있는 것입니다. 천지 우주란 부처님의 심심미묘한 불성이 충만해 있기 때문에 진지하고 청정한 마음으로 구한다면 자기도 모르는 가운데 척척 풀려가는 것입니다. 우리는 신비로운 불성에 갖춘 무한공덕을 믿어야 하는 것입니다. 모두를 다 할 수가 있고 모두를 다 알 수가 있다는 말입니다.

이와 같이 반주삼매행을 닦는다면 천안 천이통을 얻을 수 있을 뿐만 아니라 시방불(十方佛)의 부처님 처소에 날아가서 법을 묻고서 의심을 끊을 수가 있다는 말입니다. 또한 설사 신통이 안 나온다 하더라도 항시 아미타불 등 제불을 염하여 마음을 한군데에 머물게 하면 바로 부처님을 뵈옵고 의문을 청문(請問)할 수가 있으며 또는 염불을 수습(修習)하는 자 중에는 욕심을 다 떠난 분도 있고 또는 욕심을 미처 떠나지 못한 분도 있는데 그들 중에는 부처님의 상호를 볼 수 있는 자도 있습니다.

그러나 부처님의 법신의 몸은 원래 상(相)이 없는 것입니다. 인연 따라서 나투었다 하더라도 본래는 상이 없는 것입니다.

결정상(決定相)이 없기 때문에 인연 따라서 상이 나오겠지요. 일정한 고유한 상이 있다면 인연 따라서 상이 나올 수가 없습니다. 마치 꿈과 같고 허깨비 같아서 실다운 그러한 고유한 몸이 없다는 말입니다.

여산 혜원(廬山慧遠 335~417) 선사는 굉장히 위대한 분입니다. 당시 승속(僧俗)간에 명사들 123인을 모아 백련사 염불회(白蓮社念佛會)를 시설하였습니다. 혜원 선사는 이 반주 삼매경을 읽고서 의문이 생기니까, 그 당시 삼장법사인 구마라습(鳩摩羅什 kumārajīva 343~413) 존자에게 사람을 보내 물어보니 구마라습이 답신을 한 내용을 위에 말씀 드렸습니다.

이 반주삼매경은 미타경전(彌陀經典)인 대무량수경(大無量壽經) 관무량수경(觀無量壽經) 아미타경(阿彌陀經)이라든가 기타 여러 가지 경전 가운데서 최고(最古)의 문헌에 속하며 또한 현존한 대승경전 중에서도 가장 최초의 경전이라고 전래되어 있습니다.

4. 삼매수증(三昧修證)의 인원과만(因圓果滿)

우리가 공부하는 인행공덕(因行功德) 곧 성불(成佛)을 위한 수행하는 공덕이 원만하게 되어야 결과도 원만히 되겠지요. 보통 우리가 의욕만 있어서 실제로 인행공덕을 닦지 않으면서 결과만 얻으려고 생각합니다. 마땅히 부처님께서 말씀하신 인행공덕은 여법(如法)히 수순(隨順)해서 닦아야 한다는 말입니다. 그러면 자동적으로 공덕의 과보를 얻을 수가 있습니다.

운문(雲門) 선사가 말씀한 삼종병(三種病) 가운데 미도조작

(未到造作)이라, 우리가 아직 이루지 않은 분상에서 애쓰고 높은 경계로 올라갈려고 성급한 마음으로 구하기만 합니다. 그러면 마음이 더욱 초조하고 공부도 잘 안되는 것입니다. 인행공덕만 착실히 닦아나간다면 자기도 모르는 가운데 점차로 마음이 열려가는 것입니다. 따라서 마땅히 의젓하고 느긋한 마음으로 범부지의 인행공덕을 충분히 닦아야 하겠습니다.

因圓果滿

如斯히 間斷없이 專心全力하야 觀而念之하면 習忍(修習安忍)이 生하면서 相似覺을 成就하는 동시에 明得定과 明增定의 性忍位인 性地를 거쳐 印順定에서 비로소 道種忍이 生하고 純一無雜한 一心支인 無間定에 入하매 心이 明鏡止水와 如할지라.

오직 加行功德으로써 假觀의 一相三昧에서 見性的 實相三昧에, 念修의 一行三昧에서 證道의 普賢三昧에 如此히 觀念에서 實證으로 思惟修得하나니 於是乎 身證心悟로써 正覺 初步의 信忍을 成就하고 順忍으로써 金剛喩定에 住하야 修者의 願力에 따라 隨分覺으로써 無生忍을 거쳐 寂滅忍인 究竟覺에 達하는 것이 本覺境地인 涅槃岸에 到하는 捷徑이니 勤策衆은 如是觀으로써 如是果를 證할진져.

— 金剛心論 —

이와 같이, 일승법문(一乘法門)을 일상삼매나 또는 일행삼매 즉 진여삼매, 진여법성을 떠나지 않는 공부를 간단없이, 끊어지거나 쉬는 사이도 없이 전심전력하여 관이념지(觀而念之)하면, 관찰하고 생각하면 이란 말입니다. 관념(觀念)이라는 것이 우리 공부인에 있어서는 깊은 뜻입니다. 관(觀)은 지혜(慧)고 념(念)은 정(定)에 해당합니다. 바꾸어 말하면은 관은 일상삼매고 념은 일행삼매입니다. 관은 상대적인 관이 아니라 바로 진리를 관조(觀照) 관찰하는 것이니까 바로 정수(正受)고 정심행처(正心行處)입니다. 진여를 관하는 것이 참다운 관이 됩니다. 따라서 그와같이 관하니까 바로 지혜가 되지요. 념하는 것은 간격이 없이 염념, 생각 생각에 상속적(相續的)으로 한다는 것입니다.

반야 지혜의 경계, 진여법성 경계를 조금도 빈틈이 없이 바로 생각해 나간다고 하면 습인(習忍) 곧 수습안인(修習安忍)이 생깁니다. 곧 닦아 익혀서 편안히 머문다는 말입니다. 참선공부에 있어서 이 습인이 생기게 되면 한 시간 두 시간 앉아 정진하는 정도는 어렵지 않고 습인이 안되면 부스럭거리며 굉장히 괴로움을 느낍니다. 따라서 관이념지(觀而念之)해서 화두나 또는 기타 염불이나 어떤 진리를 지혜와 선정과 쌍수해서 닦아 나간다면 자기도 모르는 가운데 수습안인(修習安忍)인 습인(習忍)이 생기는 것입니다.

또한 상사각(相似覺)을 성취합니다. 상사각은 참다운 정각(正覺), 견성이 아니고 어렴풋이 닮은 깨달음이란 말입니다. 자의식이 과잉하고 또는 아만이 있는 사람들은 자칫하면 상사각 정도 가지고서 공부를 다 마쳤다고 하는 사람도 있습니다. 분별지혜 곧 간혜지(乾慧智)로는 별로 막힘이 없는 경계인 것입니다.

동시에 명득정(明得定)과 4선근에서 말씀했습니다만 마음이 껌껌하다가 확 열려 오는 것입니다. 몸이 쩌르르해서 전류에 감전된 모양으로 몸이 개운해지고 또는 머리도 시원하고 가슴도 쾌적하고 아주 가뿐한 상태입니다. 명득정과 또는 공부 정도가 더욱더 깊어져서 명증정(明增定)의 성인위(性忍位)인 성지(性地)에 이르면 한결 마음이 안정되어 가는 것입니다.

인순정(印順定)에서, 인순정은 보다 마음이 맑아옴을 확실히 확인하는 경계입니다. 전에는 공부에 대한 신념이 모호했지만 공부가 익어지면 자기 몸에 대해서도 별로 애착도 생기지가 않고, 무아(無我) 무소유(無所有)가 완전히는 못된다 하더라도 어렴풋이나마 인증이 되는 것입니다.

　여기에서 비로소 도종인(道種忍)이 생기고, '정말로 진리를 위해서 목숨을 바쳐야겠구나, 다른 것은 안해야겠구나' 하는 마음 그런, 서원이 생기는 것입니다. 이른바 도의 종자가 마음에 뿌리를 내리는 것입니다.

　순일무잡(純一無雜)한 일심지(一心支)인, 다른 헛것이 섞이지가 않고 순수한 마음 곧, 다른 생각이 없이 오로지 순수한 마음 하나뿐인 무간정(無間定)에 들어가니, 이것은 번뇌 때문에 마음이 괴롭지 않고 즉 번뇌가 사이에 낄 수가 없다는 말입니다. 마음이 순일무잡의 순수한 일심지가 되니 어떻게 번뇌가 그 사이에 낄 수가 있겠습니까.

　마음이 명경지수(明鏡止水)와 같은지라. 맑은 거울에 때가 없이 모든 것이 바로 다 비춰오고 파동치지 않는 고요한 물위에 모든 형상들이 비춰오듯이 그와 같다는 말입니다. 공부할 때에 자기 마음을 점검해 보면 짐작되지 않겠습니까. 내 마음이 명경지수 같은가? 하고 말입니다. 그러나 이러한 경계도 공부가 다 된 것이 아닙니다.

　오직 가행공덕(加行功德)으로써, 더욱더 정진해 나가야 한다는 말입니다. 무간정에 들고 또는 마음이 맑은 거울과 고요한 물같이 되었다 하더라도 함부로 망동하면 그만 뚝 떨어지고 마는 것입니다. 입선(入禪) 중에 무간정을 체험했다 하더라도 방선(放禪)한 뒤에 잔소리나 하고 함부로 해버리면 간곳이 없게 됩니다.

따라서 안상(安祥)과 보임(保任)이라, 그 명경지수같은 마음을 하마 흩어질새라, 소중히 가꾸어야 하는 것입니다. 부질없는 말도 않고 밥 먹을 때나 걸어갈 때나 항시 마음을 불성경계(佛性境界)에다 딱 머문, 그 자리를 조금도 여의지 않고서 공부해야 더 나아가지는 것입니다. 무간정까지 갔다가도 견성까지 가려면 앞서 말씀드린 바 한껏 가행공덕을 거듭해야 하는 것입니다.

가관(假觀)적 일상삼매란, 아직은 참다운 무루(無漏) 정관(正觀)에는 못 드는 것입니다. 가사 '무량 무변한 진여불성 광명이 충만해 있구나' 이렇게 생각하더라도 실제로 보이는 것이 아니요, 부처님께서 말씀했으니까 '있거니' 하고서 믿고 나가는 것이지 실제로 있지 않으니까 가관(假觀)인 것입니다. 가관적 일상삼매에서 항시 '그렇거니' 하고서 상을 안 내는 일상삼매가 오랫동안 익혀지면 실지로 진여불성이 있는 줄 확신이 되어 견성적(見性的) 실상삼매(實相三昧)에, 익어져서 점차로 나가다가 번뇌가 끊어지면 본래 부처인지라 응당 필연적으로 견성이 되어야 이른바 실상삼매가 되는 것입니다.

또는 염수적(念修的) 곧 염념상속해서 끊어지지 않게 공부해 나가는 일행삼매에서 증도적(證道的), 도를 증하는 보현삼매에 들게 됩니다.

이와 같이 관념(觀念)에서 실증(實證)에로 사유수득(思惟修得)하나니, 맨 처음에는 관념입니다. 우리는 관념을 처음부터서 배제할 수는 없습니다. 우리가 처음부터 견성할 수는 없는 문제 아닙니까. 처음에는 부처님 말씀, 조사 스님들 말씀에 의지해서 우선은 관념으로 착실히 공부하다 보면 안주(安住)하게 되는 것입니다. '내가 부처다'고 하다보면 결국은 본래 부처인지라 부처가 되어간다는 말입니다. 이렇게 생각하면서 닦아서 얻는 것입니다.

　어시호(於是乎), 이에 있어서 신증심오(身證心悟)로써, 몸으로 증하고 마음으로 깨닫는다는 말입니다. 몸으로 증해야 하기 때문에 꼭 철저한 계행이 필요합니다. 몸과 마음이 둘이 아니기 때문에 철저한 계행이 앞서야 합니다.

　정각초보(正覺初步)의 신인(信忍)을 성취하고 순인(順忍)으로써 금강유정(金剛喩定)에 주(住)하여, 정말 정각초보인 진여불성을 초견성을 해야 참다운 믿음이 생기는 것입니다. 우리가 불성을 못 보았을 때는 항시 의심이 남는 것입니다. 확실히 믿음이 생긴다면 부처님 말씀에 온전히 따라가지 않을 수 없는 것입니다. 자기 스스로 증명을 해버렸으니 어떻게 안 따라가겠습니까. 순인으로써 금강유정이라, 곧 견성오도를 하는 것입니다.

　견성오도에 주(住)하여 수자(修者)의 원력에 따라 수분각(隨分覺)으로써, 보살십지로 한다면 초지에 견성하고 그로부터 점차로 올라가는 것입니다. 그것도 역시 자기 원 따라서 용맹정진을 안 쉬고 한다면 비약적으로 차서(次序)를 뛰어 넘어갈 수도 있는 것이고 게으름 부린다면 차근차근 더디 올라가고 또 더구나 중생제도 핑계하고 사회 사업이나 한다고 할 때는 더 못 가고 멈추고 말겠지요.

　무생인(無生忍)을 거쳐 적멸인(寂滅忍)인 구경각에 달하는 것이 본각경지(本覺境地)인 열반안(涅槃岸)에 도(到)하는 첩경이니 근책중(勤策衆)은, 부지런히 닦아나가는 수행자는 이와 같이 진여실상의 관법 곧 실상관(實相觀)으로써 부처님의 불과를 증득(證得)해야 합니다.

5. 불성공덕(佛性功德)

1) 오지여래(五智如來)

　우리가 '불성(佛性)이 어떻다, 불성은 무한공덕을 갖추고 있다. 우리 자성은 심심미묘하다' 이렇게 말을 보통은 합니다마는 정말로 체계적으로 어떤 공덕이 있는가? 그런것은 잘 모르고 넘어가지 않습니까. 그러나 밀교(密教) 등 경전에 소상히 설명이 되어 있습니다. 그래서 순수밀교에 있는 법문으로 법성공덕(法性功德) 진여불성공덕(眞如佛性功德)을 체계적으로 다섯 공덕으로 구분한 것이 5지여래(五智如來) 법문입니다.
　지수화풍의 4대(四大)와 거기에 공(空)을 더하여 5대(五大)라고 합니다. 우리가 물리적인 상징으로서 표현할 때는 지수화풍공 5대라고 하는 것이고, 물질이 그대로 물질인 것이 아니라 바로 불성이요, 성품으로서는 바로 생명이니까 5지여래(五智如來)라고 말합니다. 또 5지여래에 따른 각기 지혜가 있어서 5지(五智)라고 합니다. 그러나 5지(智)나 5대(大)가 각기 뿔뿔이 존재하는 것이 아니라 원융무애한 일미평등(一味平等)의 불성(佛性)인데 그 별덕(別德)을 5지·5대·5여래(如來)라 하는 것입니다.
　아까 말씀드린 바와 같이 물리적 상징으로 본다면 땅기운 같은 이른바 물질적인 질료가 되는 것은 지(地)요, 수분은 수(水)요 또 불기운 온도는 화(火)요, 동력은 풍(風)이요. 지수화풍 4대가 의지할 공간은 공(空)입니다. 이와 같이 질적으로 보아서는 그렇지만 그것이 바로 생명이기 때문에 오지여래(五

智如來)라 하고 각기 여래마다 특징적인 지혜인 5지(五智)가 있는 것입니다.

　　五智如來
　　毘盧遮那를 光明遍照 盧舍那를 淨滿 그리고 釋迦牟尼佛을 能仁寂默覺이라 譯하니 能仁의 良心을 가지고 寂靜에 處하야 身口意를 三緘한 후 淨滿한 性海를 見證하고 究竟覺을 成就함일새 自身이 곧 大日이라 心이 虛空과 等하야 其 體性이 無障無碍함으로 第一智名을 法界體性智라 云하고 其 無碍光明이 如日遍照함으로 佛號를 大日如來 곧 毘盧遮那佛이라 謂하는 바 器界日은 一小世界를 照明하되 有障有碍하나 心界日은 大千沙界를 遍照하되 無障無碍함으로 大日이라 稱하며
　　心이 虛空과 等하되 但空이 않이오 風性의 一氣가 等量平滿함으로 第二智名을 平等性智라 云하고 佛號를 不空如來라 謂하며
　　一氣平滿한 等虛空의 心界에 火性의 智光慧熖이 等量炯滿하야 明暗이 無하되 能히 起滅을 示하는 沙界의 差別相을 通하야 眞如의 隨緣不變性을 觀察할새 第三智名을 妙觀察智라 云하고 佛號를 彌陀如來라 謂하며
　　無邊無量의 等虛空的 心界에 超日月의 金色光明을 帶한 水性的 識水가 淨滿함으로 第四智名을 大圓鏡智라 云하고 佛號를 阿閦如來라 謂하며
　　彼 淨光의 地性的 金色에 主로 四寶色을 帶하였으니 寂體엔 風性의 黑金色과 火性의 赤金色과 水性의 白金色과 地性의 黃金色이 純一混和하야 紫磨金色의 一道光明이 常住不動하되 其 照用엔 四寶色光明이 各其性能의 無量功德을 發揮하야 交徹炳煥할새 正午當陽의 摩尼寶珠가 輝煌燦爛하야 無數寶光이 無邊爛曜함과 如함으로 第五智名을 成所作智라 云하고 佛號를 寶生如來라 謂하나니
　　第一智는 法身의 總智요 其他는 別智라 第二 第三 第四의 三智는 報身의 能智요 第五智는 化身의 所智인 바 別稱하야 五智如來라 云하고 總稱하야 阿彌陀佛이라 謂하니 諸佛中 首班이오 彌陀의 妙觀察智印 △印이 一切如來智印의 原型이니

제3절 三昧

阿字는 無의 義로서 化身, 彌字는 滿의 義로서 報身, 陀字는 法의 義로서 法身을 意味하야 本具三身인 阿彌陀佛에 總該할새 法界體性인 一法身에 平等性으로 妙觀察하는 大圓鏡的 能智報身과 成所作의 所智化身을 兼하고 四智에 萬德을 俱하니라 　　　— 金剛心論 —

　비로자나불의 비로자나(毘盧遮那 Vairocana)는 인도말 범음(梵音)을 딴 것인데 뜻으로는 광명변조(光明遍照)라, 부처님의 청정미묘한 정광(淨光), 적광(寂光)이 우주 삼천대천 세계에 끝도 가도 없이 충만해 있다는 뜻입니다. 광명이 두루 비춘다는 말입니다. 비로자나불은 이른바 법신불입니다. 보신인 노사나불의 노사나(盧舍那)는 정만(淨滿) 즉 법성, 불성이 충만해 있다는 말입니다. 법신이 그냥 그대로만 있는 것이 아니라 법신의 체에 불성이 충만해 있는 것입니다. 그리고 석가모니는 능인적묵각(能仁寂默覺)이라는 뜻인데 모든 무주상(無住相)의 지혜와 자비를 신·구·의 삼업(三業)으로 원만히 갖춤과 동시에 우리 마음의 산란을 여의고 깨달은 각(覺), 곧 깨달은 부처라는 말입니다.

　환언하면 무주상의 자비와 지혜를 갖춘 능인(能仁)의 양심을 가지고 고요한 곳에 처하여, 마땅히 수행자가 공부할 때는 자기 혼자만의 성취를 위하는 식의 마음 갖고는 공부가 안되는 것입니다. 내 몸뚱이를 언제나 모든 중생한테 바쳐야겠다는 능인의 양심을 가지고 있어야 공부가 성취되는 것입니다. 본래 공부 자체가 자타를 떠난 우주적인, 우주와 둘이 아닌 자리의 공부이기 때문에 차별심을 가지고 공부하면 공부가 안되는 것입니다. 따라서 무주상의 자비와 지혜라 할 수 있는 능인의 양심을 가지고 고요한 곳에 처해서 신·구·의를 삼함(三緘)이라, 봉한다, 닫아버린다는 뜻이지요. 몸으로 허튼 행동

않고 입으로 허튼 말 않고 또는 뜻으로 부질없는 생각을 않을 뿐만 아니라 가급적이면 일체 활동을 삼가해야 되는 것입니다.

우리가 행주좌와(行住坐臥)에 그렁저렁 공부하는 식으로 나갈려면 모르겠지만 '꼭 내가 불성을 증명한다, 한사코 견성한다'고 할 때에는 자기 목숨을 걸어야 합니다. 대사일번 대활현전(大死一番大活現前)이라, 한번 크게 죽어야 크게 산다는 말입니다. 기독교에서도 거듭나지 않으면 하나님을 볼 수 없는 것이라고 하지 않습니까? 진정으로 우리는 거듭나야 하는 것입니다. 신·구·의 삼함이라, 몸으로 활동을 될수록 적게 합니다. 구참 수행자들은 산책이나 활동을 않더라도 공부 자체로 해서 몸을 조절할 수 있습니다.

이렇게 나간다면 본래 부처이기 때문에 필연적으로 정만(淨滿)의 성해(性海) 즉 불성 자리를 깨닫고 증명하게 되는 것입니다. 그래서 구경각을 성취함일새 자신이 곧 대일(大日)이라, 비로자나불이란 말입니다. 마음이 허공과 같아서 마음의 체성(體性)이 무장무애하므로 비로자나불에 상응되는 지혜가 법계체성지(法界體性智)입니다. 법계의 모든 것을 다 알고 또는 법계체성에 계합된 지혜라는 말입니다. 또 법계체성지의 거리낌없는 광명이 마치 해와 같이 두루 비추므로 부처 이름을 대일여래(大日如來) 곧 비로자나불이라 말하는 바 태양계의 태양은 태양계 한 세계를 비추고 밝게 하되 유장유애(有障有碍)라, 거리낌이 있고 장애가 있습니다. 그래서 깜깜한 암실이나 물질을 뚫고 들어갈 수가 없습니다. 그러나 마음 달〔心月〕은 삼천대천 세계를 다 두루 비추되 무장무애라, 조금도 거리낌이 없는 것입니다. 쇳덩이 속에나 바위 속에나 문제가 아닙니다. 왜냐하면 돌이나 쇠나 다 본래 공(空)하여 불성으로 되었기 때문에 무장무애입니다. 무장무애하므로 이른바 보통 태양이 아니라 대일(大日)이라 칭하는 것입니다.

　마음이 허공과 같되 다만 공이 아니요, 풍성적(風性的)인 기운이 등량평만(等量平滿)하므로 평등성지(平等性智)라 하고 부처의 이름을 불공여래(不空如來)라고 말합니다. 5지여래 가운데 두번째가 되겠지요.

　일기(一氣) 곧 우주 에너지, 에너지나 정기(精氣)라고 하면 우리가 알기가 쉽지 않겠습니까. 우주의 정기가 평등하고 가득찬 허공같은 마음세계에 화성적(火性的) 지혜의 불꽃 곧 그런 지혜 광명은 조금도 흠이 없이 원만하게 빛나고 충만해서 본래 꺼짐이 없으되 능히 일어났다 멸했다하는 것을 보이는 사바세계의 차별상을 통하여 진여의 수연불변성(隨緣不變性) 곧 인연에 따르되 변치않는 성품인데 진여불성이 인연에 따른다 하더라도 진여는 변치가 않는 것입니다. 진여가 나무가 되면 나무로 변하는 것이 아니라 가상(假相)이 그렇게 보일 뿐인 것이지 진여의 성품은 변치 않는 것입니다. 이러한 진여의 수연불변성을 관찰함을 신묘하게 관찰하는 지혜인 묘관찰지(妙觀察智)라 말하고 불호(佛號)를 미타여래(彌陀如來)라 합니다.

　무변무량의 허공같은 마음세계에 일월을 초월한 금색광명, 곧 순수한 불성광명(佛性光明)을 말한 것입니다. 태양광선이나 그런 가시적(可視的)인 눈부신 광명은 물리적인 광명이지만 순수한 불성 광명은 그런 물리적인 광명이 아닌 것입니다. 금색광명을 띄고 있는 수성적(水性的)인 성품의 물 에너지가 청정하게 충만함으로 모든 것을 원만하게 비추는 지혜를 대원경지(大圓鏡智)라고 말합니다. 마치 큰 거울이 형상을 비추듯이 우주를 비추는 지혜입니다. 그리고 불호는 아촉여래(阿閦如來)라 합니다.

청정한 광명인 지성적(地性的) 금색에, 금색도 역시 사바세계에 있는 물질적 금색이 아닌 청정광명 금색에 주로 사보색(四寶色)을 띠었으니 적체(寂體)인 법신의 몸에는 풍성적(風性的) 흑금색(黑金色)과 화성적 적금색과 수성적 백금색과 지성적 황금색이 순일 혼화(混和)하여, 뿔뿔이 있는 것이 아니라 원융하니 혼화하여 그 색이 자마금색(紫磨金色)이라, 자마금색은 순수세계의 광명입니다. 도인들이 견성할 때도 자마금색의 원광(圓光)을 증득(證得)하고 열반에 들 때도 자마금색의 광명 구름이 떠오르는 가운데 열반하는 경우도 있습니다.

자마금색의 순수 광명이 상주부동하게 항시 머물러 있습니다. 법성경계 불성경계는 영원히 불생불멸한 자마금색의 광명이 항시 그대로 있는 것입니다. 그런 광명이 인연 따라서 산이 되고 또는 지구가 되고 또는 태양이 되더라도 역시 그런 광명은 변치가 않는 것입니다. 다만 우리 인간의 눈에 태양으로 보이고 무엇으로 보이고 할 뿐인 것입니다. 상주부동하되 곧 항상 변함없이 머물러 있으나 비추는 용(用)에는 그런 사보색 광명이 각기 성능의 무량공덕이 있습니다. 가사, 흑금색은 흑금색의 공덕이 있고 또는 황금색은 황금색의 무량공덕을 발휘하여 그런 공덕이나 빛이 서로 피차 어우러져서 빛나고 있는 것입니다. 마치 한없이 찬란한 보배인 마니보주는 밤에도 빛나는 것이지마는 더구나 대낮에 정오에 태양이 빛나고 있을 때는 얼마나 휘황찬란히 빛나겠습니까. 마니보주가 휘황찬란하여 헤아릴 수 없는 보배광명이 한량없이 빛남과 같음으로 성소작지(成所作智)라 말하고 부처이름을 보생여래(寶生如來)라 말합니다.

제1 지혜인 법계체성지는 법신 비로자나불의 총지(總智)요, 기타는 별지(別智)입니다. 제2, 제3, 제4의 삼지(三智)는 보신의 능지(能智)요. 제5지는 화신의 소지(所智)인 바 별칭하여 5지여래라 하고 총칭하여 아미타불이라고 말하니 제불중(諸佛中) 수반(首班)이요 미타의 묘관찰지인 삼각형(△)이 일체 여래지인(如來智印)의 원형입니다.

아미타의 아(阿)자는 무(無)의 뜻으로서 화신, 미(彌)자는 원만하다는 의미로 해서 보신, 타(陀)자는 법의 뜻으로서 법신을 의미하여 본래 삼신(三身)을 다 갖추어 있는 아미타불에 모두 다 해당할새, 법계체성지인 한 법신에 평등성으로 묘관찰하는 대원경적 능지(能智) 보신과, 또는 성소작의 소지(所智) 화신을 겸하고 4지에 만덕을 갖추어 있는 5지여래가 바로 우리의 자성공덕(自性功德)입니다. 그리고 법신·보신·화신의 삼신일불(三身一佛)인 아미타불이 바로 우리의 참 자아〔眞我〕요 본래면목입니다.

2) 열반사덕(涅槃四德)

불교와 같은 가장 위없는 종교가 아니더라도 어떠한 분야에서나 고결한 비젼(Vision)이나 이상(理想)이 없으면 우리 행동이 감격스럽게 실천할 수가 없습니다. 이른바 목적 의식, 이상에 대한 가치관을 확실히 해두어야 하는 근본문제에 있어서 불성공덕이 어떠한 것인가? 불성공덕에 대한 인식이나 믿고 해석하는 신해(信解)가 애매모호하면 생명을 내걸고 공부도 할 수가 없을 뿐만 아니라 출가한 의의에 대해서도 항시 회의를 품습니다. 성불이란 것은 얼마만치 중요한 것이고 어떠한 가치와 공덕이 있는 것인가? 이런 것에 대한 정립이 꼭 선행적으로 우리 수행자한테는 필요합니다. 거기에 대응한 법문이 이미 밝힌 바 오지여래(五智如來)와 열반사덕(涅槃四德)입니다.

涅槃…滅度·不生·安樂·極樂·解脫

涅槃四德
1. 常德…常恒不變하여 生滅이 없음.
2. 樂德…無爲安樂함.
3. 我德…神通妙用이 大自在함(八大自在我).
4. 淨德…一切垢染을 解脫하여 淸淨함.

열반(涅槃 nirvana)이란 멸도(滅度) 곧 번뇌가 다 완전히 다 멸해버렸다는 뜻입니다. 불생(不生)이라, 불생불멸한 불생은 바로 영생(永生)과 같은 뜻입니다. 낳지않고 죽지 않으니까 응당 영생이 되겠지요. 또는 안락(安樂)이라, 아무런 번뇌가 없으니 안락스러울 것이고 또 같은 안락도 변동과 소멸이 없고 사무친 위없는 안락이기 때문에 바로 극락(極樂)입니다. 또 어떤 구속이나 얽매임이 없이 자유자재하기 때문에 해탈(解脫)이 되는 것입니다.

열반의 공덕은 물론 무량공덕입니다. 그러기 때문에 부처님 경전마다 부처님 공덕은 불가설(不可說) 불가설이라, 어떻게 말씀을 다 할 수가 없다는 말입니다. 항하사 모래수와 같다는 비유로도 부처님 공덕을 표현하고 있습니다. 그러한 무량공덕을 네가지 속성으로 구분한 것이 열반사덕(涅槃四德)입니다.

다시 환언하면 처음에 상덕(常德)이라, 상덕은 상항불변(常恒不變)해서 우리들이 얻는 지혜나 자비나 무량공덕이 변동이 없는 것입니다. 아무런 변동이 없어서 생멸이 없는 것입니다.

그 다음에는 아무리 변동이 없다 하더라도 행복감을 주지 않아서는 또 별 가치가 없을 것입니다. 행복도 무한의 행복이 되어야 현상적인 오욕(五欲)경계에서 맛보는 시원찮은 행복에 관념이나 몸을 내던지지 않겠지요. 우리가 출가한 것도 세속적인 행복보다도 비교할 수 없는 생사해탈의 무한한 행복이 있기 때문에 출가를 했던 것입니다. 락덕(樂德)이란, 무위안락(無爲安樂)이라, 조금도 조작이 없는, 상대적인 행복이 아닌 절대적인 행복이란 말입니다.

다음 아덕(我德)이라, 아덕을 잘못 생각하여 단순히 피상적으로 해석을 하는 분도 더러 있습니다. 아덕은 무한의 가능성 무제한의 지혜공덕 자리입니다. 이른바 중생들의 속된 아(俗我), 조그만한 소아(小我) 또는 망령된 망아(妄我) 이런 것이 중생들이 나라하고 고집하는 아(我)가 되지 않겠습니까마는 아덕은 그런 아가 아니라, 본래면목을 훤히 밝힌 깨달은 자리의 대아(大我)의 덕이란 말입니다. 이것도 나나 너나 하는 상만 떠났을 뿐이라고 간단히 생각할 것이 아니라 일체 모든 것을 다 알 수가 있고 다 할 수가 있는 무한의 능력을 이미 합니다. 신통묘용(神通妙用)을 대자재(大自在)라 하는데 대자재를 갖춘 공덕이 아덕(我德)입니다.

열반 아덕을 팔덕(八德)이라, 여덟 가지로 덕을 말한 것도 있습니다. 이런 것은 무량신통을 다 갖추어 있는 자리를 여덟 갈래로 풀이한 것입니다. 그야말로 천안통, 천이통 등 모든 신통이 다 들어 있다는 말입니다. 앞서도 말씀드린 바와 같이 자기 몸을 바늘 구멍만한 데에도 자재롭게 들어갈 수도 있는 것이고 또는 삼천대천 세계로 자기 몸을 한없이 키울 수도 있다는 것입니다. 원래 크고 작고 상대를 떠나버린 세계이기 때문에 마땅히 그런 능력이 있어야 됩니다.

그런데, 잘못 생각한 사람들은 신통은 외도(外道)나 하는 것이라고 폄하(貶下)를 합니다. 물론 누진통(漏盡通)을 빼놓고 다른 것은 외도도 합니다. 그러나 외도가 한다 하더라도 외도도 철저한 계행을 지켜야 5신통을 하는 것입니다. 그냥 그렁저렁 하면서 천안통·천이통 그런 신통을 할 수가 있는 것이 아닙니다. 외도공부하는 법칙을 보면 굉장히 까다롭습니다. 하물며 그 보다도 훨씬 더 넘어선 누진통까지 할려면 그야말로 보다 한결 철저해야 되겠지요.

마땅히 아덕(我德) 자리에 대하여 깊은 관심을 두고 생각해야 합니다. 자기한테 갖추어 있는 자성공덕, 본래면목 공덕이 무한함을 확신해야 합니다. 우리가 아프다는 것은 과거 숙세 인연도 있고 금생에 섭생을 잘못해서 아픈 것도 있겠습니다만 협소한 자아(自我) 관념 때문에 아픈 경우가 많습니다. 마음이 옹졸하면 그마만치 우리 세포 활동도 거기에 따르는 것입니다. 기분 좋을 때 음식을 먹으면 소화가 잘 되고 기분 안 좋을 때 억지로 먹으면 소화가 안되듯이 마음이 아덕(我德), 본래면목 쪽으로 가까워지면 가까워질수록 우리 생리도 따라서 좋은 영향을 받는 것입니다. 내가 없고 네가 없고 내 것도 없고 천지 우주 모두가 다 만공덕을 갖춘 진여불성 뿐이라고 확신을 해버리면 웬만큼 속이 답답한 우울증이나 조울증이나 그런 것은 싹 가시는 것입니다. 그러기에 부처님 말씀이나 위대한 선지식 말씀은 한마디 들으면 그냥 마음이 시원스럽게 툭 트이는 것입니다. 우리 자성공덕 자체가 조금도 막힘이 없는 것인데 그 자리에 무슨 생사가 있겠습니까 무슨 병이 있겠습니까.

병도 따지고 보면은 일체가 유심조(唯心造) 아니겠습니까. 금생이 되었든 과거가 되었든 마음 잘못 썼기에 병이 되는 것입니다. 따라서 마땅히 병을 빨리 나을려고 생각할 때는 마음 자세가 본래의 자리, 병도 없고 생사도 없고, 남을 미워할 것도 없고 좋아할 것도 없는 자리에다 마음을 둔다면 웬만한 병은 물러가는 것입니다. 그리고 이른바 귀신같은 것은 절대로 못 짚이는 것입니다.

다음에 정덕(淨德)이라, 맑은 덕이라는 말입니다. 일체 구염(垢染)을 해탈하여 청정함이라, 구염은 바로 번뇌입니다. 따라서 일체 번뇌가 없는 자리란 말입니다.

이와 같이 영생불멸해서 모든 공덕이 조금도 변치 않고서 그대로 갖추어 있는 상덕(常德)이 있고 위없는 최고의 행복을 완전히 갖추어 있는 락덕(樂德)이 있고 또는 모두를 다 할 수 있고 알 수 있는 신통묘용을 갖추어 있는 아덕(我德)이 있고 또는 일체 번뇌를 다 떠나 오염된 것은 아무것도 없는 정덕(淨德)이 열반사덕(涅槃四德) 즉 우리 자성의 무량공덕입니다. 이 자리를 확신하여야 합니다. 이 자리를 확신하고 닦아야 용기도 나고 생사대사를 위하여 이 몸뚱이 몇천 개 바친다 하더라도 아깝지 않다는 대 결단을 내릴수도 있습니다.

5지여래도 내나 열반4덕을 다른 각도로 풀이한 것이지 다른 것이 아닙니다. 5지여래와 열반4덕을 함께 정리하여 봅니다.

```
      五智如來 — 五    智 — 涅槃四德-五大
  1. 大日如來 — 法界體性智 — 總  德…空 ⋄
  2. 不空如來 — 平 等 性 智 — 樂  德…風 □
  3. 彌陀如來 — 妙 觀 察 智 — 常  德…火 △
  4. 阿閦如來 — 大 圓 鏡 智 — 我  德…水 ○
```

5. 寶生如來 — 成所作智 — 淨　德…地 □

　우리 자성(自性)에 갖추어 있는 총덕(總德)은 대일여래(大日如來), 비로자나불 입니다. 자성의 자비 지혜 광명이 삼천대천세계를 비추되 조금도 장애없이 무장무애합니다. 곧 삼천대천세계가 바로 자성 광명이기에 부처님은 바로 법계를 몸으로 하는 인격적인 생명 자체이기 때문에 대일여래 부처님이라 하는 것입니다. 따라서 비로자나불이나 아미타불한테 참배한다 하더라도 결국 참 자기한테 귀의하는 것입니다.
　다음 불공여래(不空如來)입니다. 대일여래가 끝도 가도 없이 우주를 두루 비춘다고 했지만 그러면 그 가운데가 아무것도 없이 텅 비었을 것인가? 비지 않고 무량공덕이 충만합니다. 불공여래는 평등성지요 락덕(樂德)입니다. 열반4덕의 락덕은 지나치지 않고서 원만하게 조화를 이룬 락덕입니다만 선정을 닦을 때 기쁨이 넘쳐서, 기쁨이 도리어 지나치면 마장(魔障)이 되는 것입니다만 여기 락덕은 청정무구한 순수한 기쁨을 의미합니다. 불공여래는 더 구체적으로 표현하면 불공성취 여래라고도 합니다.
　그 다음에는 미타여래(彌陀如來)라, 아미타불을 삼신일불(三身一佛)이라고 생각할 때는 5덕을 다 갖춘 총덕(總德)을 의미합니다만 여기있는 미타여래는 묘관찰지 즉 일미평등한 진여불성 공덕이 무량의 세계를 나투는데, 은하계가 되고 태양계가 되고 또는 삼라만상 두두물물이 된다 하더라도 오히려 조금도 진여불성과 차별이 없는 것입니다. 중생은 하나의 현상적인 무엇이 되어버리면 그것에 집착해서 그것이 실지로 있다는 실제성으로 느낍니다마는 부처님의 무량지혜는 그렇지 않습니다. 어떻게 되든지 진여불성이 그대로 조금도 변질이 없는 것입니다. 앞서 말씀한 바와 같이 영(零)이 곧 제로가 몇 천 개 곱하나 보태나 내나 영은 영 아닙니까. 또는 그림자를 몇 천 개 중복시키고 곱하나 보태나 나누나 결국은 그림자는 그림자라는 말입니다. 그와 똑같이 진여불성은 산이 되고 내(川)가 되고 나가 되고 너가 되고 무엇이 된다 하더라도 진여불성 자리는 조금도 변동이나 변질이 없다는 말입니다. 이런 지혜가 미타여래의 묘관찰지입니다. 그러기 때문에 이른바 동체대비(同體大悲)라, 강도를 보나 누구를 보나 그 죄를 미워하는 것이지 사람자체를 미워할 수 없는 것입니다. 이것은 상주부동(常住不動)한 상덕(常德)이고 또 지수화풍 사대(四大)로 생각할 때는 화(火)요, 화는 지혜를 상징합니다.

다음에 아촉여래(阿閦如來)의 지혜 공덕은 대원경지입니다. 일체존재의 모두를 다 원융무애하게 조금도 차별이 없이 비추어보는 지혜라는 말입니다. 따라서 묘관찰 지혜는 현상계가 되어도 조금도 변동이 없는 경계를 비추어 본다고 할 수 있는 것이고 대원경지는 성상체용(性相體用)을 다 융통무애하게 한번에 비추어 본다는 말입니다. 그러나 이런 것들이 나누어서 이것 저것 따로 있는 것이 아니라 그런 공덕을 우리 중생들이 알기 쉽게 하기 위해서 구분한 것에 불과한 것이지 원래는 모두가 하나의 대일여래 공덕인 것입니다. 그래서 대일여래 공덕은 총덕(總德)인 것이고 나머지 불공여래, 미타여래, 아촉여래 또는 보생여래의 공덕은 별덕(別德)입니다.

그 다음 보생여래(寶生如來)의 지혜공덕은 성소작지라, 사바세계에서 문학이나 예술이나 과학이나 이런 재주를 부리는 문화현상, 문명현상 등 모든 작위(作爲) 행위가 성소작지에 해당합니다. 따라서 자기가 아주 훌륭한 시를 지었다고 합시다. '내가 재주가 있고 학문을 많이 공부하고 또 예술성이 풍부하니까 이와 같이 지었다' 하는 것을 불교의 견해로는 사부견(士夫見)이라 하는 망견(妄見)으로 본다는 말입니다. 내가 공부를 많이 해서 내 능력으로 훌륭한 집을 지었고 내 능력이 많아서 에디슨같이 많은 발명을 많이 했다거나, 딴은 에디슨도 만일 우월심을 품고 스스로 자랑했다면 사부견이 되는 것입니다. 내가 대통령이 되어서 치적을 많이 남겼다고 한다면 이것도 사부견입니다. 내나 잘 되고 못되고 이런 것이 따지고 보면 진여불성의 인연 따라서 이루어진 것입니다. 나라는 것이 원래 없고 너라는 것이 없는 것인데 어떻게 내가 무슨 재주가 있어 가지고 내가 특별히 무엇을 만들고 하겠습니까? 우리 중생들은 본래면목자리를 잘 모르므로 자기가 무슨 책을 내고 글씨를 잘 쓰고 하면 꼭 자기 솜씨가 좋고 기능이 훌륭하다고 생각합니다. 그런 것을 사부견이라 합니다. 여기 말씀하는 성소작지는 정덕(淨德)이라, 조금도 오염됨이 없는 일체 무작위(無作爲) 공덕을 말합니다. 따라서 이것을 지수화풍으로 말하면 지(地)에 해당합니다.

  지수화풍 4대와 공(空)을 물리적인 것이라고 해석할 수는 없으나 하나의 성품이 형상화 될 수 있는 요소로 본다면 지요 수요 화요 또는 풍이요 공이라는 말입니다. 천지 우주가 이루어지는 것이 성겁(成劫)인데 성겁은 어디서 나올 것인가? 하면 이것은 공겁(空劫)에서 나옵니다. 공겁은 아무것도 없는 것인가? 하지만 공겁은 아무것도 없는 것이 아니라 우리 인간이 볼 수 있는 현상적인 즉 물리적인 것은 아무것도 없으나 진여불성의 성품은 부증불감(不增不減)이라, 조금도 더하지 않고 덜

하지 않고 꽉 차 있는 것입니다. 모양(相)만 없는 것이지 본질적인 성품은 온전히 갖추어 있는 것입니다. 그 성품은 무엇인가? 하면은 여기 있는 지요 수요 화요 풍이요 하는 것입니다.

그래서 지수화풍 4대도 능조사대(能造四大) 즉, 물질이 아닌 성품적인 4대는 능조사대라 하는 것이고 가사, 산소나 수소와 같이 원소화된 4대는 소조사대(所造四大)라고 말하는 것입니다. 따라서 능조사대는 공겁이 되어서 우주가 텅텅 비어지고 또는 괴겁이 되어서 전부가 파괴된다 하더라도 조금도 부증불감이라, 감되지도 않고 더하지도 않는다는 것입니다. 우리는 이런 것을 깊이 느껴 삿된 견해를 갖지 않아야 합니다. 그러나 소조사대는 파괴가 되고 소멸되고 바꾸어지고 텅텅 비어지고 하는 것입니다. 공(空)은 지수화풍이 존재해야 할 이른바 장(場), 순수한 공간성을 말합니다. 또 우리가 보는 공간은 산소, 질소, 수소 등 물질로 차 있지만 부처님께서 말씀하신 허공세계는 그런 것이 없는 순수 공간성을 의미합니다.

부처의 공덕, 우리 자성공덕을 열반사덕, 오지여래로 되어 있는 법문 체계는 누가 개인이 만든 것이 아니라 부처님 당시부터 내려온 것인데, 근래에는 이런 훌륭한 가르침을 별로 찾아내어 역설을 않습니다. 그러니까 우리가 스스로 깨달으면 이것저것 아는 것이므로 안내하는 정도로만 소개하는 것입니다.

이와 같이 지수화풍공 오대(五大)를 하나의 도식으로 만든 것이 이 오지여래 오지총관도(五智總觀圖)입니다. 밀교에서 잡부밀교(雜部密敎)가 아닌 순수밀교는 부처님의 정당한 가르침입니다. 대일경(大日經) 또는 금강정경(金剛頂經)을 의지한 가르침입니다. 우리 중생들이 눈으로 볼 수도 없고 또는 분별

五智總觀圖
(又名金剛心印・佛心印・字輪・金輪圖)

시비하는 마음으로 느낄 수도 없는 자리를 말씀하신 것이 주로 밀교입니다.

  따라서 밀교에서는 오지여래를 관찰하는 법이 있습니다. 관찰하는 법에는 여러 가지 방식이 있지만 우선 우리 몸을 중심으로 공부하는 것이 실감이 나고 빠르겠지요. 그래서 우리가 앉아 있다면 아래 부분인 배꼽 밑으로는 지(地)로 봅니다. 이렇게 관찰하는 것이 생각해 보면 아주 합리적이고 또 심심미묘한 의의가 있는 것입니다. 수(水)는 둥그런 복부, 배꼽 위에서 심장까지를 말하고 화(火)는 심장에서 목까지이고 풍(風)은 얼굴 전체를 말하고 공(空)은 지나 수나 화나 풍이나 모두가 공간성이 있어야 존재성을 가질 수가 있으므로 모두를 합한 중심점에다 두는데 우리 머리의 정상으로 봅니다. 이와 같이 자기 몸을 중심으로 해서 관찰하는 법은 밀교에서 오륜신관(五輪身觀) 또는 오자엄신관(五字嚴身觀)이라 합니다. '내 아랫도리는 지(地)로서 성소작지를 갖추었고 내 복부는 대원경지이기 때문에 아주 원만스러운 지혜를 다 갖추었으며 내 심장은 묘관찰지이기 때문에 모든 관찰하는 지혜를 다 갖추었고 내 목 위에는 풍이기 때문에 평등성지를 다 갖추었으며 공(空)자리는 머리 꼭대기인 정상으로서 가운데 중심인 동시에 총덕을 온전히 갖추었다' 이렇게 관찰하는 법입니다.

그러나 복잡하니까 참선하는 분들은 '이런 것도 있구나' 하고서 자기 몸뚱이가 싫어질 때는 내 아랫도리는 정덕(淨德)이고 내 심장은 상덕(常德)이고, 이와 같이 몸을 불성공덕에 비추어 생각하면 그때그때 싫증을 제거할 수가 있는 방편도 되겠습니다. 별덕으로는 자기 몸을 떠나서 지(地)덕으로 성소작지를 생각하고 수(水)덕으로 대원경지를 생각하고 이렇게 각기 5지여래에 마음을 두고 생각하는 법도 있습니다. 부처님의 법문은 모두가 우리에게 어떻게 번뇌망상을 없앨 것인가? 또는 혼침을 어떻게 제거할 것인가? 하는 선교방편(善巧方便)의 말씀입니다.

그러나 나에게는 일체 공덕이 갖추어 있고 우주에도 조그만한 티끌 가운데도 모두 갖추어 있다고 느껴버리면 사실은 복잡하고 어려운 방편에 얽매일 필요가 없습니다.

여러 가지 공덕을 다 모아서 표현한 것이 오지총관도(五智總觀圖)입니다. 네모진 것은 이 지(地)의 정덕(淨德)이요 둥그런 원은 아덕(我德)이 되고 또 삼각형은 상덕(常德)이며 묘관찰 지혜이고 또한 반원은 이른바 락덕(樂德)입니다. 그리고 공은 정상의 한점이니까 가운데 점에 해당합니다. 이러한 5지 총관도를 그려서 우리가 혼침이나 분별시비 번뇌망상이 많을 때 이를 없애기 위해서 오지총관도(五智總觀圖) 곧 금강심인(金剛心印)·불심인(佛心印)·금륜도(金輪圖)를 공부하는 앞에다 붙여놓고 부처님의 무량공덕이 한량없음을 관조(觀照)하는 것입니다. 여기에 나와 있는 법문은 어느 개인적인 독단은 조금도 없으며 또한 금타 스님께서 말씀한 법문은 모두가 불경에 있는 말씀을 인용했고 다만, 현대적인 과학 이론이나 현기(懸記) 곧 미래에 대한 통찰 등은 금타 스님의 독창적인 법문입니다.

제4장 수행(修行)의 조도(助道)

제1절 계율론(戒律論)

　다음은 계율론(戒律論)입니다. 부처님 당시에는 다시 말할 것도 없고 중국 당나라 때 불교가 융성할 때에 백장(百丈 720~814) 스님 시대 이전에는 선객(禪客)들이 보통 율원(律院)에서 지냈다고 합니다. 즉 율원에 선방(禪房)이 있었다고 할 정도로 선(禪)과 계율과는 굉장히 밀접한 관계가 있습니다. 그런데 근래에 와서 중국이나 한국이나 일본이나 대승권에서는 상당히 계율을 무시하는 경향이 있습니다.
　그러나 제가 앞서 말씀드린 바와 같이 우리가 깊은 삼매에 들어야 때묻지 않은 무루지(無漏智)가 나오는 것인데 무루지를 얻으려고 할 때에는 삼매에 들어야 하고 삼매에 들려면 계율이 청정하지 않으면 절대로 안되는 것입니다.

 따라서 우리는 경·율·론 삼장(三藏)에 계율에 대하여 극명하게 밝히고 있는 뜻을 깊이 새겨야 합니다. 우리 중생이 출가사문이나 재가불자나 성불하기 위해서 꼭 지켜야 할 필수적인 규범이 계율입니다. 따라서 계율은 꼭 지켜야 하는 것입니다. 재가불자들은 지키기가 어려운 것이니까 지킬 덕목을 좀 적게 하신 것이지 지키지 말라는 것은 절대로 아닙니다. 재가불자들도 '내가 꼭 성불을 해야겠다. 내가 견성을 해야겠다' 고 생각할 때에는 우리 출가사문과 똑같이 계율을 지켜야 하는 것입니다. 이런 뜻으로 이른바 육재일(六齋日)이 있고 이런 육재일 날은 재가불자들도 꼭 출가수행자와 같이 하라는 것입니다. 내외간에도 재일(齋日)에는 성관계도 금하고, 공양도 낮에 한 때만 먹고, 고기도 먹지 말고, 이와 같이 육재일 동안 만은 출가사문같이 하다가, 죽을 임시만 되면 정말로 출가사문같이 꼭 다 지키라는 것입니다. 그러한 것인데 요사이 세상이 문란스럽기 때문에 지금, 육재일 날 지키는 재가불자가 얼마나 있습니까?

 제법이 본래 공(空)한 도리에서만 본다면 선도 없고 악도 없고 나도 없고 너도 없고 본래가 일미평등(一味平等)하니 무엇이 따로 있겠습니까마는 생사윤회하는 속물이 되지 않고 성불해야 한다고 할 때에는 준엄하게 규범을 지켜야 하는 것입니다. 공자나 또는 마호멧트(Mahomet)나 모든 성자들도 함부로 방종해도 좋다는 말은 어디에도 없습니다. 그렇기 때문에 우리 불가에서 출가(出家)가 있지 않습니까? 만일 함부로 해도 좋다고 하면 무슨 필요로 출가가 있겠습니까? 또한 신부나 수녀가 무엇 때문에 있겠습니까?

1. 계(戒)의 위상(位相)

戒律…尸羅(Sila)：身心의 過를 防禁하는 것. 淸凉이라 譯함.

계율은 시라(尸羅:Sila)인데 몸과 마음의 허물을 방지하고 금하는 것입니다. 그래서 청량(淸凉)이라고 번역합니다. 저는 우리 스님네와 제 자신에 대해서도 경책하는 의미에서 계율을 역설하게 되는 것입니다. 몇 십년 동안 출가 생활을 해왔어도 계율을 지키기가 어려운 것이니까, 그렇게 더욱 사무치게 느끼는 것입니다. 저같은 경우도 부처님께서 말씀하신 계율을 온전히 100% 지켰다면 이미 삼명육통(三明六通)을 충분히 통달했을 것입니다.

一切衆生 初入三寶海 以信爲本 住在佛家 以戒爲本 ―瓔珞本業經―

우리는 지금, 재가불자나 출가불자나 삼보(三寶)의 바다에 들어온 것입니다. 이제는 마땅히 신앙심을 근본으로 하고 불가(佛家)에서 머물고 산다면 마땅히 계율을 근본으로 하여야 합니다.

부처님 당시에는 꼭 율장을 다 배우고 암송을 하였습니다. 율장에도 사분율(四分律), 오분율(五分律), 십송율(十誦律) 마하승기율(摩訶僧祇律) 등 그런 율법이 갖추어 있습니다. 우리 승가에서는 율장을 공부를 해야 하는 것인데 요즈음은 율을 별로 공부를 안합니다만 자기 스스로라도 꼭 율법을 공부해야 합니다. 저는 율법을 많이 공부한 사람은 아닙니다마는 대강 윤곽은 했기 때문에 지금까지 율법 공부를 안한 분들을 위해서 이렇게 귀중한 시간이지만 말씀을 드려야겠습니다.

1) 계(戒)의 사위(四位)와 사과(四科)

 戒의 四位…五戒·八戒·十戒·具足戒(比丘: 250戒, 比丘尼: 348戒) ※이는 在家戒와 小乘戒의 分相임

계를 지키는 네 가지 위상이 있습니다. 다섯가지 계인 오계(五戒)는 재가계(在家戒)이고 또 팔계(八戒)도 재가계입니다.
그러나 십계(十戒:十善戒는 在家戒)나 구족계(具足戒)는 출가사문의 계입니다. 구족계는 모두를 다 갖춘 계로써 비구계가 250계요, 비구니가 받는 계는 348계입니다. 비구니들은 비구에 대해서 의지가 비교적 여리고 인정이 너무 많아서 정에 끌리기 쉽기 때문에 인정을 막아주는 의미에서 비구보다 계율이 많습니다. 여인들의 몸으로서 출가했다는 것은 지극히 무서운 결의가 있고 장한 일이라고 생각이 됩니다. 이는 소승계의 분상입니다. 이와 같이 오계·팔계·십계·구족계를 계의 4위(四位)라고 합니다.

 戒의 四科…戒法·戒體·戒行·戒相

다음에는 계의 사과(四科)입니다.
계율의 내용적인 구분을 네 과목으로 나누어 계법(戒法)·계체(戒體)·계행(戒行)·계상(戒相)의 사과(四科)라 합니다.
계법(戒法)이란 어떻게 계를 받는가 하는 계를 받는 의식입니다.

다음에 계체(戒體)란, 살생(殺生)하지 말라, 투도(偸盜)하지 말라, 또는 사음(邪淫)하지 말라, 또는 망언(妄言)하지 말라, 또는 술 먹지 말라, 하는 계율을 연비를 하고 받을 때는 자기도 모르는 가운데 마음에 뜨거운 맹세가 들어있는 것입니다. 업장이 무거운 사람들은 그 맹세가 쉽게 흐려져 버립니다만 보통은 한번 계를 받으면 이러한 계를 받았다 하는 맹세하는 흔적이 형식으로서는 안 보인다 하더라도 자기 마음에 자리하게 됩니다. 다시 말씀드리면 우리 잠재의식에다 종자를 심는다는 말입니다.

취한(醉漢) 바라문 이야기가 있습니다. (智度論十三) 한 바라문이 술에 취해가지고서도 석가모니 부처님이 위대하기 때문에 계를 받고 출가사문이 되어야겠다고 마음 먹고서 세존한테 와서 사정해서 계를 받았습니다. 아난존자는 술 취한 바라문에게 부처님께서 계를 주신다고 하니까 불평이 있었는데, 그 술취한 바라문이 하룻밤 자고는 그 이튿날 술이 깨니까 나가버렸습니다. 그러니까 아난존자가 부처님에게 "세존께서는 왜 지키지도 못하고 하룻밤 자고 가버릴 바라문한테 계를 주셨습니까" 하고 말씀을 드리니까 부처님 말씀이 "담복화(薝葍花)는 시든다 하더라도 여느 꽃보다도 더 향기로운 것이다"고 말씀하셨습니다.

성자의 말씀은 성품도 현상도 다 비추어 보는 것입니다. 담복화라는 꽃은 치자꽃 종류인데 향내가 진동하는 꽃이라고 합니다. 그런 담복화는 시든다 하더라도 여느 꽃 보다 더 향기롭다는 말씀은, 한번 계를 받으면 비록 형식적인 계행은 못 지킨다 하더라도 계체(戒體)인, 계를 받았다 하는 종자는 잠재의식 가운데 심어 둔다는 것입니다. 그래서 인연이 도래하면 다시 자라나 꽃피게 되는 것입니다.

계행(戒行)은 이것은 계체에 따라서 행동에 옮기는 행위입니다. 계행이야 우리 출가사문들은 250 계를 받았지만 그대로 다 지킬 수가 있겠습니까? 율사가 된 분도 그대로 지키는 것은 참으로 어려운 일입니다. 계체 따라서 우리가 애써서 그대로 지켜 행하는 것이 계행입니다.

계상(戒相)은 겉으로, 형식으로 나타나 보이는 계행의 모습입니다. 따라서 우리는 마땅히 계의 사과(四科)를 다 갖추어야 하겠지요. 계법도 알아야 하고, 계체는 설사 파계(破戒)한다 하더라도 분명히 남아있는 것입니다. 계를 한번 받은 분들은 취한 바라문처럼 금생에는 잘못 지킨다 하더라도 다시 어느 생인가 숙선개발(宿善開發)할 때에, 숙세에 지은 선근이 개발할 때에는 꼭 출가를 하는 것입니다.

우리가 금생에 출가한 것도 금생만의 공덕으로 출가한 것이 아니라 다생겁래(多生劫來)의 선근공덕(善根功德)입니다. 순치황제 출가시(順治皇帝出家詩)에 '석년루대중근기(昔年累代重根基)'라, 과거 전생 무량세 동안에 닦아온 선근이 쌓이고 쌓여서 이렇게 출가사문이 된 것입니다. 우리가 지금 수하고 있는 법의(法衣)는 청정복(淸淨服)이라, 청정한 계율을 지키라는 의복이요 자비복(慈悲服)이라, 일체 중생에게 자비를 베풀라는 의복입니다.

2) 지계(持戒)의 옹호(擁護)

三歸戒와 三十六部 神王
佛語梵志 是三十六部神王 此諸善神 凡有萬億恒河沙鬼神 以爲眷屬 陰相番代 以護善男子善女人等 受三歸者 　　　— 佛說灌頂經 —

그 다음에 삼귀계(三歸戒)와 삼십육부신왕(三十六部神王)이라. 부처님께서 범지(梵志:波羅門)에게 말씀하시기를 '이 삼십육부신왕의 모든 선신들이 만억항하사 귀신들을 자기 권속으로 가지고 있어서 안 보이게 서로 교대하여 삼귀의 계를 받은 선남자와 선여인들을 지키느니라' 하시었습니다. 부처에게 귀의하고 법에 귀의하고 승에 귀의한, 삼보에 귀의한 분들을 지킨다는 말입니다.

우리는 삼귀계를 받으면 그저 '우리 마음도 몸도 맑아지고 나중에 성불이 되겠지' 이런 정도의 것이 아닙니다. 불보에 12신장(神將), 법보에 12신장, 또는 승보에 12신장 이와 같은 36부신왕들과 신장들이, 중생들이 안 보이는 가운데 서로 교대해서 삼귀계를 받은 선남자 선여인을 수호한다는 말입니다. 바로 지금 수호하고 있는 것입니다.

정말로 우리 곁에는 지금 호법신장이 다 수호하고 있는 것입니다. 그러나 계를 못 지키면 떠나버립니다. 우리가 아픈 병도 낫고 또는 불사할 때에 잘 풀리기도 하는 것도 모두가 다 우리 사람 힘 뿐만이 아닙니다. 불보살과 선신이 지켜서 그러는 것입니다.

> 五戒와 二十五善神…一戒에 五善神 합하여 二十五善神이 五戒를 受持한 者를 恒時 擁護함.　　　　　　　　　　— 佛說灌經 —

5계(五戒)를 받으면 살생하지 말라, 도둑질하지 말라, 삿된 음행을 하지 말라, 거짓말 등을 하지 말라, 술먹지 말라 하는 5계의 하나의 계마다 다섯 선신(善神)이, 합하여 25 선신이 5계를 수지한 자를 항시 옹호한다고 합니다. 불설관경(佛說灌

經)에 있습니다. 다른 경에도 이러한 말씀들이 많이 나와 있습니다. 따라서 삼귀오계를 잘 지킨다 하는 것이 얼마만치 공덕이 큰 것인가를 깊이 느껴야 합니다.

3) 소승계(小乘戒)와 대승계(大乘戒)·삼취정계(三聚淨戒)

小乘戒…十戒·具足戒(比丘: 250戒, 比丘尼: 348戒)

소승계에는 십계(十戒), 구족계(具足戒)가 있습니다. 10계에는 사미십계(沙彌十戒)와 사미니십계(沙彌尼十戒)가 있고 구족계는 비구 250계, 비구니 348계입니다. 우리가 다 못 지킨다 하더라도 250계의 계상 정도는 알아둘 필요가 있습니다. 다른 분들이 아무렇게나 행동할 때, '부처님 계율에 그래서는 안되는데'하고 바른 충고도 할 수 있고 스스로도 한결 경건해지는 슬기도 생기는 것입니다.

大乘戒…十重四十八輕戒·三聚戒(三聚淨戒)

대승계는 십중사십팔경계(十重四十八輕戒)라, 지금은 보통 계를 받을 때에 십중사십팔경계를 받고서 말아버리지만 부처님께서 말씀하신 것은 금구직설(金口直說)이라, 거짓말이 아닌 진실한 말씀이기 때문에 250계 등의 다른 계율도 꼭 지켜야 하는 것입니다. 물론 이 가운데는 인도에는 있고 우리 한국에서나 중국에서는 필요없는 것도 없잖아 있습니다. 그런 사소한 것은 별문제가 아니겠지요. 그러나 사소한 것도 그 당시에는 꼭 성불에 필요하기 때문에 제정이 되었던 것입니다.

三聚淨戒…攝律儀戒 · 攝善法戒 · 攝衆生戒

　大乘小乘의 온갖 戒法이 다 이 가운데 包攝되며 그 戒法이 본래 淸淨하므로 淨戒라 함. 五 · 八 · 十 · 具等의 別解脫戒는 三聚淨戒中의 攝律儀戒의 一部分임.

　삼취계(三聚戒)는 삼취정계(三聚淨戒)라고도 합니다. 삼취정계는 부처님 계율 모두를 다 통틀어서 통합한 것입니다.

　섭율의계(攝律儀戒)는 십계나 오계나 출가계나 재가계 등 모든 계를 다 포함해서 말하는 것입니다.

　그리고 섭선법계(攝善法戒)는 우리가 적극적으로 선한 행동을 취하는 것입니다. 계율에 없다 하더라도 보살심(菩薩心)을 내어가지고 6바라밀을 지키는 육도만행(六度萬行)도 여기에 들어있는 것입니다.

　그 다음에 섭중생계(攝衆生戒)도 역시 적극적으로 우리가 중생을 위해서 베푼다는 말입니다. 보시(布施) 등 모든 섭법(攝法)이 섭중생계에 들어가는 것입니다.

　삼취정계는 대승 소승의 온갖 계법이 다 이 가운데 속하며, 그 계법이 본래 청정하므로 정계(淨戒)라고 합니다. 5계나 8계나 또는 10계나 구족계 등을 별해탈계(別解脫戒)라고도 합니다. '이것은 하고 저것은 하지 말라' 등 여러 종류로 경계하는 말씀이기 때문에 별해탈계라고 하는 것입니다. 별해탈계는 삼취정계 중의 섭율의계의 일부분입니다.

在家戒…五戒 · 八戒(八齋戒 또는 八關戒) · 十善戒

　재가계는 앞서도 나와있는 5계 · 8계 · 십선계(十善戒)입니다만 8계는 팔재계 또는 팔관계라고 합니다. 따라서 육재일(六

齋日)날 꼭 재를 지켜야 합니다. 재(齋)는 오전에 한 끼만 먹는 것입니다. 음식이 얼마만치 공부에 장애가 있는가를 공부하는 사람들은 절실히 느낄 것입니다. 오후불식(午後不食)도 하고 일종(또는 日中:一日一食)을 하는 분들은 맨 처음에는 탈기가 되기도 합니다만 나중에 두 끼나 세 끼나 간식을 한다면 몸이 무거워서 공부에 장애를 느낍니다. 부처님께서 말씀하신 것은 조금도 헛말씀이 없습니다. 삼세재불이 다 한결같이 일종〔一日一食〕위주이셨습니다. 출가 수행자는 원칙적으로 부처님에게 재 한번 올리고서 한 때만 먹으라는 것입니다. 그러나 현대는 과학 문명 시대요 공해 시대이기 때문에 한 끼 먹고 공부를 하려면 힘이 좀 겹겠지요. 그래서 아침에 죽도 먹고 또 오후에는 먹어도 약석(藥石)으로 먹는 것이니까 갖추갖추 먹으려는 생각은 절대로 말아야 할 것입니다.

그리고 십선계는 몸으로 불살생(不殺生)·불투도(不偸盜)·불사음(不邪淫) 입으로 불망어(不妄語)·불양설(不兩舌)·불악구(不惡口)·불기어(不綺語) 뜻으로 불탐욕(不貪慾)·불진에(不嗔恚)·불사견(不邪見) 등입니다.

4) 별수계(別受戒)와 통수계(通受戒), 수계의식(受戒儀式)

> 別受戒…五戒·十戒·具足戒 等의 別解脫戒(波羅提木叉:
> Pratimoksa)는 受戒作法에 依하여 스승으로부터 받음.

별수계(別受戒)라는 말은 5계나 10계나 구족계 등의 별해탈계 이른바 바라제목차(pratimoksa)는 수계작법(受戒作法)에 의하여 스승으로부터서 받는다는 말입니다.

우리가 계를 받을 때에는 자서수계(自誓受戒)라, 부처님 앞에서 자기 스스로 목욕 재계하여 청정한 몸으로 참회하고 맹세하여 받는 것을 자서수계라 하고, 별수계는 꼭 스승한테 수계법식 따라서 받는 계율입니다.

따라서 5계나 10계나 구족계나 이런 별해탈계는 꼭 스승한테 작법에 따라서 받으나 8계는 스승이 없더라도 자기 스스로 부처님께 맹세하고 받는 것입니다. 가사, 재가 불자들이 법당에 들어가서 부처님께 참회하고 맹세해도 되는 것입니다. 다만 계를 받을 때에 정말로 참회한다면 몸이 쩌르르하면서 맑은 기운이 자기 몸과 마음에 엄습이 되어야 하는 것입니다.

참회법에 보면 하품 참회(下品懺悔)는 온 몸에 땀이 나고 눈에서는 눈물이 쏟아진다고 되어 있습니다. 과거 전생부터서 얼마나 많은 죄를 지었던가? 금생에 계율을 잘못 지킨다면 모두가 다 과거 전생에 못 지어서 그런 것입니다. 따라서 하품 참회만 되어도 몸에서 땀이 나고 눈에서는 눈물이 나오는 것입니다. 중품(中品) 참회는 온 몸에서는 견디기 어려운 뜨거운 열과 땀이 솟구쳐 나오고 눈에서는 피눈물이 비오듯 쏟아져 내리는 것이고 상품(上品) 참회는 온 몸의 털구멍에서 피가 튀쳐 나오고 눈에서도 피가 쏟아져 나온다고 합니다.

따라서, 계를 받을 때에 적어도 하품 참회 정도는 되어야 계를 받을 수 있는 자격이 된다고 볼 수가 있습니다. 그러기에 재가 불자들도 계를 받을 때에 부처님 앞에 참회하고 이런 증상을 발득(發得)하는 것이 필요하며 비구계나 비구니계를 받을 때는 미리 사흘이나 칠일이나 참회 기도를 하고 정진하는 것입니다. 참선하는 분들은 용맹정진을 해서 그야말로 상품 참회 정도로 사무치게 느껴야 하는 것입니다.

또 참회할 때에는 두 가지 참회가 있습니다. 한 가지는 무생참회(無生懺悔)라, 출가불자는 마땅히 불생불멸의 불성을 생각해야 합니다. 무생 참회란 '죄도 없고 너 나도 없고, 내가 없거니 어떻게 죄가 있겠는가' 선악시비 자타를 다 초월한 자리에다가 마음을 머물게 하는 것입니다. 그러나 작법 참회(作法懺悔)라, 현상적인 의미에서는 또 분명히 우리가 죄를 범했는데 생각만 '죄의 자성이 없거니' 하는 것이지 자기 몸뚱이는 그렇게 말을 안 듣는 것입니다. 따라서 우리 몸뚱이, 말 안 듣는 그 놈까지를 다스려 버리려면 작법 참회까지 곁들여야 합니다. 그것은 연비도 하고, 손가락도 불에 태우며 이 몸뚱이를 돌보지 않으며 천배(千拜)고 만배(萬拜)고 절도 하며 참회하는 것입니다. 손가락을 태우고 몸을 태우는 것이 꼭 그렇게 해야만 한다는 것은 아니나 하여튼 그런 고행도 갸륵하고 장한 일이라고 생각합니다.

通受戒…十重四十八輕戒 · 三聚淨戒
出家 · 在家가 다 通해서 받으므로 通受戒라 함.

그 다음에 통수계(通受戒)는 재가나 출가나 같이 통해서 받는 계이기 때문에 통수계라고 하는 것입니다. 통수계는 십중금사십팔경계(十重禁四十八輕戒) 이른바 보살계와 삼취정계가 통수계에 해당합니다.

또한 승가에서는 포살(布薩)을 원칙적으로 한달에 두번씩 보름마다 해야 하는 것입니다. 포살은 뜻이 정주(淨住)라, 청정계율에 머물기 위해서 하는 것입니다. 업장의 몸이기 때문에 씻으려고 무진 애를 씁니다. 출가사문이 어느 누구가 애를 안 쓰는 분이 있습니까? 눈물을 흘리기도 하고, 그때그때 참회도 하고, 더러는 더 사무치면 '이 몸뚱이 차라리 없애버려야겠구나' 이렇게 생각할 때도 있을 것입니다. 그러나 잘 안됩니다. 그래서 그런 것을 막아주기 위해서 이른바 포살일이 있는 것입니다. 이때는 주로 십중금사십팔경계의 계상(戒相)을 법사가 일일히 대중들한테 묻는 것입니다. "대덕들께서 이 계에 대해서 어긋남이 없습니까?" 물으면 없는 사람들은 아무말도 않지마는 자기가 참회할 것이 있으면 있다고 말을 하고 참회를 하는 것입니다. 그렇게 포살한다면 우리가 포살법 때문에 두려워서 함부로 행동을 못할 것이고, 한번씩 경과할 때마다 새로운 다짐과 맹세를 하게 될 것입니다.

> 受戒儀式…스승에 依支해서 받는 從他得과 스스로 佛前에서 善心으로 自誓하여 받는 自誓得이 있음.

그 다음 수계 의식(受戒儀式)입니다. 수계 의식에는 스승에 의지해서 받는 종타득(從他得)과 또는 스스로 불전에서 선심(善心)으로 자서(自誓)하며, 참회하고 받는 자서득(自誓得)의 두 가지 의식이 있습니다.

2. 계(戒)의 체성(體性)

1) 성계(性戒)와 차계(遮戒)

> 性戒와 遮戒…性戒는 殺生·偸盜·邪淫·妄語의 四重戒를 말하며 佛制가 아니라도 저절로 罪惡이 되는 戒임. 遮戒는 性戒以外의 戒律을 말함.

계에는 성계(性戒)와 차계(遮戒)가 있습니다. 성계는 계 자체가 악성(惡性)이라는 말입니다. 가사 담배를 피운다던가 술을 먹는다든가 그런 종류는 계 자체가 원래 나쁜 것은 아닌 것이고 다만 많이 먹어서 나쁜 것입니다. 담배도 어떠한 때 한번 피웠다 하더라도 그것이 별로 나쁜 것은 아니겠지요. 그러나 인이 박혀서 중독이 되면 그것은 나빠져버리는 것입니다. 그런 것을 차계(遮戒)라고 합니다. 또 대중과 같이 있는데 목욕도 않고 냄새가 역겹게 풍긴다면 이것도 그 자체가 악은 아니겠지만 대중한테 피해를 끼치는 것입니다.

그러나 성계는, 살생한다면 생명을 죽이는 그 자체가 악(惡)이라는 것입니다. 부처님께서 설사 말씀하지 않았다 하더라도 벌써 다른 생명을 해친다면 가령, 어릴적에 개구리를 많이 잡는다거나 또는 낚시를 많이 한다면 내생까지 안 가도 금생에 꼭 과보를 받습니다. 악보(惡報)를 받습니다. 재가 불자들을 제도할 때에 우리는 그런 것을 항시 말씀을 하여야 합니다. 또, 고기를 많이 먹는다면 '요즈음은 공해가 심하니까 단백질을 많이 섭취해야 하지 않겠는가? 더구나 운동 선수같은 사람들은 힘을 많이 쓸려니까 많이 먹어야 할 것이 아닌가?' 이렇게 생각해서 그때그때 너무 관용을 많이 해버립니다. 그러나 고기를 많이 먹는 것도 역시 살생하고 관계가 있는 것입니다. 살생을 했으니 고기를 먹는 것이지 살생 안하면 고기를 먹을 수 있겠습니까? 살생하는 어려운 일은 남한테 시키고 자기는 그냥 열매만 따먹는 그야말로 이기심까지 곁들어서 용납할 수가 없겠지요. 그런 살생이나 또는 도둑질이나 그 성품 자체가 죄입니다.

불교가 아니더라도 도둑질은 악(惡)이 아니요 죄 아닙니까?

옛날 고대에는 남의 것을 훔치면 그냥 팔을 몽땅 잘라버렸습니다. 그렇게 엄하게 외연적(外緣的)으로도 제재를 가했던 것입니다. 죽은 다음에도 살생하거나 훔치거나 꼭 나쁜 벌을 받는 것입니다.

또는 사음(邪淫)도 자체가 죄입니다. 삿된 음행을 한다면 자기 몸이나 남의 몸도 결국 오염시키는 것입니다. 또는 순결한 마음을 오염시키는 것입니다. 재가 불자들은 배필이 있으니까, 상대적으로 재가 불자들이니까 죄가 안되는 것이지 부처님 사상으로 본다면 그것도 한 가지 욕심이고 음욕이기 때문에 죄라는 말입니다. 부처님께서 관용을 베풀어서, 재가 불자 처지에서는 음행을 완전히 금할 수는 없는 것이고 사음만 안 해야 한다고 한 것이지 음행 자체는 벌써 허물이라는 말입니다. 음행의 허물로 해서 우리가 생사 인연을 짓는 것입니다.

쇼펜하우워 책 가운데에 감명 깊게 남는 말이 있습니다. '천상이 있는가 없는가 나는 모른다. 천상이 있다면 천상 사람들은 결혼하지 않을 것이다.' 그는 속인이면서도 평생 동안 독신으로 지낸 분입니다. 저는 그런 위대한 사람들을 많이 헤아려 봅니다. 칸트나 니이체나 쇼펜하우워나 음악가로 베에토벤이나 슈베르트나 또는 조각가로 미켈란젤로나 레오나드로다빈치나 말입니다. 그 분들은 다 독신으로 지냈습니다. 물론 어떻게 지냈던가 개인적 사생활은 알 수가 없습니다마는 아무튼, 그들의 뜨거운 이상과 소신을 위하여 모든 애욕이나 욕망을 다 바친 사람들입니다.

또는 망어(妄語)라, 거짓말도 역시 자체가 벌써 죄라는 말입니다. 다만 마음 가운데 무겁고 가볍고의 차이만 있습니다. 보통 거짓말은 가벼운 거짓말이지마는 대망어(大妄語)는 4바라이(四波羅夷)죄에 해당합니다. 자기가 진리를 미처 못 깨닫고 깨달았다 하고 못 증(證)하고 증했다고 하는 것입니다. 이것은 우리 공부인들이 그야말로 준엄하게 자기 점검을 해야 합니다. 깨닫지도 못하고서 깨달았다고 하고 또는 도인이 아니면서 도인인척 한다는 말입니다. 자기가 반성해 보면 알 일입니다. 나한테 욕심이 있는가 없는가? 나한테 진심(瞋心)이 남아 있는가 안 남아 있는가? 우선 대망언은 자기 양심을 속이는 것이고 성자의 법을 속이는 것입니다. 따라서 신성한 법의를 입을 자격이 없는 것입니다. 마땅히 우리 출가사문은 준엄하게 자기 점검을 해야 합니다.

이러한 살생, 투도, 사음 또는 망어 이러한 사중계(四重戒)는 부처님께서 제정한 것이 아니더라도 저절로 그대로 죄악이 되는 것입니다.

그리고 차계(遮戒)는, 성계(性戒) 외에 다른 계들은 성품 자체는 나쁜 것이 아닌 것인데 우리가 잘못 행위함으로 해서 남도 싫어하고 자기 공부에 장애도 있는 것입니다. 술을 많이 먹어서 흥분하면 싸우기 쉽고 지혜도 흐려지고 온갖 허물이 있게 되지 않습니까?

2) 정공계(定共戒)와 도공계(道共戒)

定共戒…色界・無色界의 諸禪定을 修持하면 그 定心과 아울러 身中에 스스로 防非止惡의 戒體를 生하는 것. 此는 有漏定이므로 戒體 또한 有漏임.

그 다음에는 정공계(定共戒)라, 이것은 선정(禪定)과 더불어서 계체가 우리한테 확립이 된다는 말입니다. 색계(色界), 무색계(無色界)의 제선정을 곧 초선정, 2선정 하는 색계의 4선 정과 무색계의 공무변처(空無邊處), 식무변처(識無邊處) 등의 모든 선정을 수지해서, 벌써 선정에 들어갔다고 하면 정심(定心)이 확립이 된 것입니다. 그와 동시에 몸 가운데 또는 잠재의식 가운데 방비지악(方非止惡)이라, 비행을 막고 악을 그치게 되는 것입니다. 벌써 마음이 고요한데 함부로 바람 피우고, 함부로 음식을 먹을려고 하겠습니까? 이렇게 방비지악의 계체가 생기는 것입니다. 계체는 눈에 보이는 것이 아닙니다. 눈에는 안 보이지만 잠재의식에나 몸에나 자기도 모르는 가운데 그 기운이 배이는 것입니다.

　이것은, 유루정(有漏定)이므로 계체 또한 유루입니다. 성자의 무루청정(無漏淸淨)한, 모든 상(相)을 여읜 경계는 미처 못되나, 외도라도 선정에 들면 살생이나 투도나 사음이나 망어도 못하는 것입니다. 외도에서도 정작 선정을 닦아서 오통(五通)을 통한 사람들은 응당 파계 무참한 짓을 할 수가 없는 것입니다. 삼계를 초월하는 삼매는 우리 성자 밖에는 못 들어가지만 외도라도 색계, 무색계의 삼매에는 들어갈 수 있고 또 삼매에 들어간다면 계율을 범할 수가 없는 것입니다. 그러나 아직 해탈이 아니기 때문에 이것은 유루선정(有漏禪定)이므로 계체 또한 유루입니다.

　　道共戒…三乘의 聖者가 見道·修道의 位에 至하여 無漏智를 發하므로 無漏智와 더불어 스스로 防非止惡의 戒體를 發得한다. 戒體 또한 無漏임.

　그리고 그 다음에는 도공계(道共戒)라, 견성오도와 더불어서 자동적으로 이루어지는 계라는 말입니다. 성문승이나 연각승이나 보살승이나 삼승성자(三乘聖者)가 견도, 수도의 위(位)에 이르러서 번뇌의 때가 묻어있지 않는 무루의 지혜를 발하므로 무루지(無漏智)와 더불어서 스스로 방비지악(防非止惡)이 되는 계체를 몸과 마음에 발득(發得)하게 된다는 말입니다. 그러므로 계체는 바로 무루(無漏)입니다. 남을 점검할 때나 자기를 점검할 때나 이것은 다 통용되는 문제입니다.

3) 불성계(佛性戒)

> 佛性戒…梵網經所說의 大乘戒로서 佛戒 또는 佛乘戒라고도 함. 一切衆生이 本具한 佛性이 淸淨無垢하여 一切의 허물을 떠났으며 이 佛性을 體로 하여 佛果에 이르기 때문이다. 이는 諸佛이 住하는 一實相의 淨戒이니 一切大乘戒의 都名임. '一切衆生皆有佛性이니, 一切意識色是情是心이 皆入佛性戒中이므로 一切有心者는 皆應攝 佛性戒할지니 衆生受佛性戒하면 卽入諸佛位하느니라'(梵網經下) '佛離一切相하야 而住淨戒하니 所謂離諸相인 一相一味라. 若能如是 離一切相하여 而住於戒하면 此戒卽是佛性戒라'(大日經十七)

그 다음 불성계(佛性戒)는 대승계를 말하는 것입니다. 물론 소승계는 그 가운데에 자동적으로 포함이 되어야 하겠지요. 범망경(梵網經) 소설의 대승계인 십중금사십팔경계(十重禁四十八輕戒)는 불성계입니다.

불성계는 불계(佛戒) 또는 불승계(佛乘戒)라고도 합니다. 불성계의 불성이라는 말은 일불승(一佛乘)으로서 성문이나 연각이나 또는 보살이나 있지만 사실은 모두가 일불승 뿐입니다. 일불승 가운데 다 들어 있습니다. 일체 만유가 일미평등한 진여불성인지라 본래에서 본다면 모두가 다 하나의 불승이라는 말입니다. 그런 때문에 불승이라 합니다. 법화경에 유유일승법(唯有一乘法)이요, 오직 한 불승만 있고 무이역무삼(無二亦無三)이라, 역시 성문, 연각, 보살로 구분한 것은 중생차원에서 얼마만큼 부처님에게 가까워 있는가? 하는 것으로 구분한 것이지 부처님 차원의 불안(佛眼)으로 본다면 성문승도 연각승(緣覺乘)도 중생도 모두가 다 부처라는 말입니다. 따라서 오직 일불승만 존재하고 다른 것은 모두가 다 가상(假相)이요. 실상은 일불승 뿐입니다.

일체 중생이 본래 갖춘 불성이 청정무구하여 일체의 허물을 떠났으며 이 불성을 체로하여 불과(佛果)에 이르기 때문에 불성계라고 한다는 말입니다. 이는 모든 부처님이 머무는 일실상(一實相)의 일미평등한 진여실상의 청정계율이니 따라서 진여불성, 이것은 바로 우주의 실상이기 때문에 우주의 실상은 그 우주에 따르는 규범(規範)이 있습니다. 봄이 되다가 봄이 안되고 겨울로 되돌아가겠습니까? 이와 똑같이 우주는 우주에 따르는 섭리(攝理)가 있는 것입니다. 다른 생물을 죽이는 것은 벌써 우주의 섭리를 어기는 것입니다. 훔치는 것도 우주의 섭리를 어기는 것이고, 도인이 아니면서 도인인 체 해도 우주의 섭리를 어기는 것입니다. 음행도 마찬가지입니다.

불성계는 일체 대승계의 도명(都名), 즉 모두 한번에 포괄한 계의 이름인 것입니다. 범망경에 '일체중생 개유불성(一切衆生皆有佛性)이니, 모든 중생이 다 불성이 있는 것이니 일체의 뜻(意)과 분별하는 식(識)과 또는 물질적인 색(色)과 또는 우리 망정(妄情)이나 인정(人情)이나 우리 마음(心)이 모두 불성계 가운데 들어간다'고 하였습니다.

우리 인정도 역시 불쌍한 사람, 가엾은 사람을 보고서 가엾이 생각하는 것을 유교(有敎) 정도로는 측은지심(惻隱之心)이라고 좋게 봅니다마는 부처님께서 본다면 한가지 속정(俗情)으로 바로 망정의 범주에 들어갑니다. 특수한 사람에게 특별히 생각하는 인정이나, 또는 우리가 쓰고 있는 중생심이라든가 모두가 다 불성 가운데 있는 것입니다. 불성 가운데 들어가면 모두가 다 불성이 되어 버립니다. 불안(佛眼)으로 통찰하면 일체 만유가 바로 진여불성(眞如佛性)입니다.

'모두 다 불성계 가운데 들어가므로 일체 인간이나 기타 유정인 자는 모두 마땅히 불성계를 수(受) 할지니 중생이 이 불성계를 받으면 바로 제불의 자리에 들어간다'고 하였습니다. 따라서 불성계를 받고 맹세를 한다면 이미 우리는 불성자리에 들어갔다는 말입니다.

대일경(大日經)에 '불은 리일체상(離一切相)하고, 모든 상을 여의고 정계(淨戒)에 상주하니 이른바 모든 상을 여읜 일상일미(一相一味)라, 만약 이와 같이 일체상을 여의고 계에 머물면 이 계가 바로 불성계니라'고 말씀하였습니다. 여기에 있는 우리 출가사문들은 다 불성계를 받으신 분들이니까 사실은 모두 불성계 중에 지금 있는 것입니다. 따라서 일체가 모두가 다 청정합니다. 그러므로 청정한만치 청정 불성에 수순(隨順)해야 하겠지요.

4) 수대승계(受大乘戒) 십인(十忍)

受大乘戒十忍…大乘受戒의 精神을 열 가지로 벌린 것.
1. 割肉食鷹   2. 投身餓虎   3. 斫頭謝天   4. 折骨出髓
5. 挑身千燈   6. 挑眼布施   7. 剝皮寫經   8. 刺心決志
9. 燒身供佛   10. 刺血灑地   （順正記）

수대승계십인(受大乘戒十忍)이라. 저는 대승계십인에 대해서 감명이 큰 것이 백양사 운문암으로 6·25사변 전에 출가했습니다마는 그때 법당에 창호지에다 대승계십인이라고 쓴 법문이 붙여 있었습니다. 저는 그것을 보고서 적어 두었는데 나중에 불경에 나온것을 보고 더욱더 깊이 감동했습니다.

대승계를 받을 때는 다짐을 받습니다. 열 가지로 참는 계율인데 '그대가 이것을 참을 수가 있는가?' 하고, 옛날에는 그렇게 해서 받았다고 합니다. 대승계 수계의 정신을 열가지로 벌린 것입니다.

1에 할육식응(割肉食鷹)이라, 비둘기를 살리기 위한 인연설이 있습니다만(智度論, 西域記 等), 부처님께서 과거 전생에 인행시(因行時)에 시비왕(尸毘王 Sibika)으로 있을 때에 비둘기 한 마리가 매한테 쫓겨서 품안에 들어왔는데 매가 쫓아와서 비둘기를 내달라고 간청하므로 시비왕이 비둘기 대신 비둘기 만큼의 자기 살을 떼어 주겠다 하고는 저울의 한 쪽에 비둘기를 올려놓고 한 쪽에다 자기 살을 아무리 떼어 놓아도 도무지 비둘기하고 무게가 같지가 않는 것입니다. 그래서 팔뚝을 떼어 놓아도 안되고 나중에는 몸뚱이채 온통 올려 놓았다는 설화가 있습니다마는 그대가 이렇게 할 수가 있는가? 하면, 맹세로 다짐을 받으니까 '예 할 수가 있습니다' 하고 대답을 해야 되겠죠.

2에 투신아호(投身餓虎)라, 그대가 주린 범에게 몸을 줄 수가 있는가?

3에 작두사천(斫頭謝天)이라, 부처님께서 과거 설산동자(雪山童子)로 인행할 때 법문 한 귀절을 듣기 위해 나찰(羅刹)에게 몸을 바쳤다는 설화에서, 제석천이 나찰로 변하여 법문을 일러 주었으므로 고맙다고 목을 베어 사례할 수 있는가? 하는 다짐입니다.

4에 절골출수(折骨出髓)라, 이것은 상제(常啼 Sadāpralapa) 보살 설화입니다. 반야바라밀을 얻기 위해서 뼈를 분질러서 골수를 낼 수가 있는가?

5에 도신천등(挑身千燈)이라, 그대 몸에다가 부처님을 찬탄하기 위해서 천등을 키울 수가 있는가?

6에 도안보시(挑眼布施)라, 그대 눈을 빼어서 보시를 할 수가 있는 것인가? 도안보시에 대해서는 설화가 굉장히 많습니다. 가나제바(迦那提婆 Kana-deva) 존자는 용수보살의 제자로 15대 조사입니다. 가나제바는 얼굴이 잘나서 탁발할 때 여인들이 너무나 지겹게 따라오니까 자기의 한쪽 눈을 빼어서 주었습니다. 그래서 애꾸눈이 되었다고 합니다. 그리고 연화색(蓮花色 Utpalavarṇi) 비구니는 그의 미모를 사모하는 포악스러운 사람이 자기를 겁탈하려 하니 양쪽 눈을 빼어 주었다고 합니다. 또는 사리불(舍利弗 Śāriputra) 존자가 전생에 탁발을 나갔을 때에 어떤 바라문이 시험하려고 "부처님 가르침을 믿는 사람들은 자기 몸뚱이도 보시한다는데 그대도 그렇게 할 수가 있는가?" 할 수 있다고 대답했더니 "나한테 필요한 것은 당신 눈이다. 줄 수 있는가?" 한참이나 주저하다가 부처님의 보시 말씀을 생각하고 눈알을 빼서 바라문에게 주었습니다. 바라문은 그 소중한 눈알을 받아가지고 요긴하게 쓰는 것이 아니라 그냥 땅에다 던지고 자기 발로 밟아버리는 것입니다. 그때에 사리불은 후회가 되어서 '이제부터 중생 보시는 그만두고 내 공부만 해야겠다'고 후회한 허물로 해서 석존회상에서도 오랜 동안이나 성문승이 되었다고 합니다. 부처님 대승계를 받는 것은 이렇게 무서운 계율입니다. 성불을 기약할 때에는 대승계 받을 그런 각오가 있어야 합니다.

　7에 박피사경(剝皮寫經)이라, 자기 피부를 벗겨서 말려가지고서 경을 베낄 수가 있는가? 요법(樂法)바라문의 설화가 있습니다. 법을 좋아하고 간절히 추구한다고 해서 이름을 요법(樂法)이라고 붙인 것입니다. 요법바라문이 10년 동안이나 법을 얻기 위해 천신만고 별의별 갖은 고행을 다하고 너무나 진실하므로 제석천왕이 감동이 되어 같은 바라문 모습으로 요법바라문 앞에 나타나 '내가 무상법문(無上法門)을 말할테니 그대가 피부를 벗겨서 종이로 하고 피를 먹으로 하고 뼈를 붓으로 해서 내가 말하는 위없는 법을 적을 수가 있는가?' 요법바라문은 주저없이 자기 피부를 벗겨서 볕에 말리는 것입니다. 그 순간 바라문 모습은 사라지고 허공중에서 제석천의 찬탄하는 소리와 부처님의 법문이 울려 퍼졌다고 합니다.

　또 다른 경전에는 요법바라문이 진실하게 법을 구하니까 마구니 파순(波旬 Papiyas)은 저 사람이 결국 공부가 되어서 성취되면 욕계가 하마 무너질까봐서 항시 전전긍긍하였습니다. 악마 파순은 우리 수행인을 파괴시킬려고 그때그때 갖은 노력을 다 하는 것입니다. 잠 속에 이상한 꿈을 꾼다거나 또는 몽정(夢精)을 한다거나 그런 것이 생리적인 것도 있지마는 마구니의 침범이 굉장히 많은 것입니다. 마구니는 요법바라문이 깨달아 욕계에서 떠날까봐 공부를 못하게 하려고, 그 목숨을 빼앗아 버리려고 요법바라문 앞에 나타나 '내가 무상해탈의 법을 아는데 그대가 피부를 벗겨서 종이로 하고 피를 먹으로 하고 뼈를 붓으로 해서 이 수승한 법을 적을 수가 있다면 말을 하겠다.' 그러니까 요법바라문이 주저없이 피부를 칼로 벗겨

볕에 말리려 하니까 마즉소멸(魔卽消滅)이라, 악마가 순식간에 사라져 버렸다는 것입니다. 도를 위해서는 몸을 바치겠다는 위법망구(爲法忘軀)의 생각 외에 다른 생각이 전혀 있을 수가 없을 때에는 마구니가 존재할 수가 없는 것입니다. '위법망구에 마즉소멸이라' 우리는 이런 뜻을 깊이 생각해야 할 것입니다.

8에 자심결지(刺心決志)라, 자기 심장을 베어내어 성불을 다짐할 수가 있겠는가?

9에 소신공불(燒身供佛)이라, 자기 몸을 다 태워서 부처님께 바칠 수 있는가?

10에 자혈쇄지(刺血灑地)라, 가뭄에 말라죽는 식물을 살리기 위해서 자기 피를 뽑아서 뿌릴 수 있는가? 이상 열 가지 인욕(忍辱)의 다짐이 대승계 십인입니다.

대승이라고 장담하는 분들은 이런 다짐이 있어야 비로소 대승이라고 장담할 수가 있습니다. 그저 걸림없이 방만하게 아무렇게나 하는 것이 대승이라고 생각해서는 안되는 것입니다.

3. 지계(持戒)와 범계(犯戒)의 과(果)

1) 파계오과(破戒五過) · 육식십과(肉食十過) · 의어오과(依語五過)

破戒五過
1. 自身을 害함.   2. 他人의 呵責을 받음.   3. 惡名流布
4. 臨終後悔   5. 死墮惡道   (四分律)

파계오과(破戒五過)라, 파계에는 다섯 가지 허물이 있습니다. 하나는 자기 몸을 해칩니다. 파계하고서 자기 몸이 좋을 수가 없습니다. 마음이나 몸은 절대로 둘이 아닌 것이므로 가책(呵責)을 받으면 자기 몸도 괴롭고 또는 생리도 그만치 장애를 받는것입니다. 그리고 타인의 가책을 받습니다. 파계한 사람을 누가 좋다고 하고 꾸짖지 않는 사람이 있겠습니까? 또는 악명유포(惡名流布)라, 세상이란 신비롭기 때문에 나쁜 소문은 숨기더라도 자기도 모르는 가운데 흘러다니는 것입니다. 넷째는 임종후회(臨終後悔)라, 죽음에 당하면 내생의 악의 과보를 받을 생각을 하면 응당 후회가 되겠지요. 다섯째는 사타악도(死墮惡道)라, 죽어지면 인과 필연으로 분명히 삼악도에 떨어지는 것입니다. 이것은 사분율이나 오분율이나 각 경론에 다 있습니다.

肉食十過
1. 衆生己親　2. 見生驚怖　3. 壞他信心　4. 行人不應食
5. 羅刹習氣　6. 學術不成　7. 生命同己　8. 天聖遠離
9. 不淨所出　10. 死墮惡道　　　　　(法苑珠林九十二)

그 다음에는 고기를 먹는 열 가지 허물입니다. 그때그때 슬며시 고기를 좀 먹는 사람들은 큰 죄는 아니더라도 참회를 하여야 합니다.

중생기친(衆生己親)이라, 중생이 다 자기와 같은 동체(同體)라는 것입니다.

견생경포(見生驚怖)라, 소나 돼지나 그런 동물들도 고기 먹는 이를 싫어합니다. 우리가 산중에 오래 있으면 알 수가 있습니다. 정말로 우리가 고기 같은 것 안 먹고 몇년 동안 지내면 확실히 산중에 있는 새들도 가까이 와서 지저귀고 친하려고 하는 것입니다. 그러나 고기를 많이 먹는 사람들은 짐승들도 두려워서 옆에도 안 오는 것입니다. 설사 옆에 온다 하더라도 마음으로는 두려워하는 것입니다. 또 고기먹는 것이 절대로 살로 안 갑니다. 부처님께서 말씀하신 것은 이치에, 우주의 도리에 다 맞는 것입니다.

괴타신심(壞他信心)이라, 우리 출가사문이나 불교를 잘 믿는다는 재가불자들이 닭이나 돼지나 통채로 구워먹고 싱싱해야 좋다고 살아있는 생선을 마구 먹는 모습을 다른 신심있는 사람들이 본다면 신심을 무너뜨리는 것입니다. 우리는 정말로 이 원수같은 몸뚱이 때문에 성불을 빨리 못합니다. 몸뚱이는 성불하는 도구로 귀한 것이지, 그렇지 않을 때에는 귀할 것이 아무것도 없습니다. 다만 업장의 덩어리일 뿐입니다. 그러기에 몸뚱이가 원적(怨賊)이라, 바로 원수요 도적이란 말입니다. 이 원수같은 몸뚱이 살좀 찌게 해서 우리한테 무슨 득이 있습니까? 살찌게 해 놓으면 망상만 더 하고 음탕한 마음만 한결 치성하고 비대하여 운신하기 불편하고 질병에 걸리기가 쉽습니다. 따라서 수행자는 마땅히 남이 먹는다 하더라도, 또 권하더라도 응하지 말아야 합니다. 도반 축에 못 가고 소외를 당하기에 할 수 없이 응한다고 하는데 그런 나약한 말을 해서는 안됩니다. 우리 스승은, 우리 행동의 규범은 부처님한테 있습니다. 설사 안 먹는다고 매를 맞더라도 말입니다.

또는 나찰습기(羅刹習氣)라, 나찰같은 나쁜 귀신들은 고기 냄새나 또는 파, 마늘 냄새나 우리 몸을 깨끗이 안해서 냄새가 나면 나찰습기가 따르는 것입니다. 고기를 많이 먹는 서양 사람 옆에 가면 노랑내가 풍깁니다. 그런 냄새는 나찰들이 좋아하는 것입니다.

학술불성(學術不成)이라, 따라서 마음 닦는 공부에는 해롭다는 말입니다. 일반적인 학술도 이루기 어렵고 더구나 순수하게 마음을 닦을 때는 필요치 않은 것입니다.

생명동기(生命同己)라, 생명이 원래 나와 더불어서 둘이 아니니 어찌 다른 생명을 해칠 수가 있겠는가, 말입니다.

천성원리(天聖遠離)라, 호법신장은 멀리 떠나 버립니다. 고기를 먹으면 그 냄새 때문에 호법신장이 가까이 올 수가 없습니다.

부정소출(不淨所出)이라, 고기를 많이 먹으면 내장도 오염시키고 배설물도 냄새가 더욱 지독한 것입니다.

사타악도(死墮惡道)라, 죽어서는 마땅히 악도에 떨어지겠죠. 그러나 다른 좋은 일을 많이 한 사람들은 상쇄(相殺)가 되어서 악도에까지 안 떨어질 수도 있겠습니다.

依語五過…正敎에 對하여 正解를 不得하면 五過를 生함.
1. 不正信　　2. 勇猛을 退함.　　3. 他人을 証함.
4. 法을 誹謗함　5. 聖法을 輕히 함.　　　(成實論)

의어오과(依語五過)라, 이것은 정통조사(正統祖師)의 말씀이라든가 부처님의 말씀을 잘못 해석해서 허물을 범한다는 말입니다. 바른 가르침에 대하여 바른 해석을 얻지 못하면 다섯 가지 허물이 생긴다는 것입니다.

부정신(不正信)이라, 바른 해석을 못하면 바른 신앙이 생길 수가 없습니다.

또는 용맹심을 후퇴시킵니다. 앞서도 말씀 드렸습니다마는 가령, 상락아정(常樂我淨)이나 오지여래(五智如來)의 법문도 불경에 분명히 있는 것인데, 그런 법문도 바르게 모르고서 '해탈하면 즐거움이 있고, 무엇을 좀 알고 상을 떠나는 것이겠지' 이런 모호한 정도로만 알아서는 신명을 걸고 용매정진할 결단이 서지 않는 것입니다. '모든 행복과 지혜와 자비와 모두를 원만히 갖추고 모두를 다 알 수가 있고 할 수 있는 일체 신통묘지를 다 갖추게 된다. 이것이 다 내 원래 자성(自性)이다' 이렇게 안다면 적어도 우리 출가사문이 거기에 안 갈려고 하는 사람이 누가 있겠습니까? 따라서 우리가 잘못 생각하고 잘못 해석한다면 용맹을 퇴타(退墮)한다는 말입니다.

또는 타인을 속이는 것입니다. 같은 계율 해석도 '대승계에서는 무방하지 않겠는가, 고기먹는 것쯤은 아무렇지 않지 않은가' 이렇게 함부로 말을 하여 다른 사람을 속이는 것입니다.

또 법을 비방하게 됩니다. 부처님 법은 거짓말이 없는 법이고 진실한 법인 것인데 잘 몰라서 자기 생각으로 합리화 시키면 벌써 법을 비방하는 것입니다.

또는 성법(聖法)을 가볍게 하게 됩니다. 성인의 법은 거짓이 없고 진실한 위없는 법인데 불법(佛法)의 무량공덕을 말하지 않고 방편설법만 한다면 성법을 함부로 하여 성법(聖法)을 가벼이 하는 것입니다.

2) 중후불식(中後不食) · 오신불식(五辛不食) · 식죽오리(食粥五利)

> 中後不食…不過中食戒로서 여러 經典에 佛言 中後不食有五福을 說하였음.
> 1. 少淫   2. 少睡   3. 得一心
> 4. 無下風   5. 身得安樂

그 다음에는 중후불식(中後不食)이라, 이것은 오후에 먹지 않는 것입니다. 저 같은 사람도 일종한다고 하지만 저는 위선(僞善)적으로 가끔 간식도 하고 또 어디 가면, 대접한다고 하면 먹기도 합니다마는 제 마음의 원칙은 죽을 때까지 일종한다고 단호히 정해져 있습니다. 또 일종을 하면 훨씬 더 몸이 가볍고 공부에도 크게 도움이 됩니다.

중후불식이란 불과중식계(不過中食戒)라 합니다. 정오(正午)를 넘어서 먹지 말라는 것입니다. 아무때나 한 때만 먹으면 무방하다고 생각하는 분도 있습니다만 그런 것이 아니라 부처님 계율은 꼭 정오 안에 먹으라는 것입니다.

저는 부처님 가르침에 대해서 생각하면 할수록 사무치게 감사합니다. 아무때나 한 때 먹으라고 할 수도 있는데 하필이면 꼭 오정 이전에 먹으라고 한 것은 태양이 남중(南中)할 때인 오정 때가 우리 생리 활동이 가장 왕성하고 따라서 소화기능도 제일 좋은 때이기 때문입니다. 밤에 간식하고 자면 소화가 잘 안되는 것 보십시오. 부처님께서는 무불통지(無不通知)이십니다. 우리 심리나 생리나 다 알으신 것입니다. 합리화 시키기 좋아하는 사람들은 '부처님은 그저 마음 닦는 법이나 알았지 무슨 생리를 알 것인가? 현대 생리학에서나 우리 몸에 대해서 과학적으로 확실히 아는 것이고 단백질이나 비타민 등 몇 칼로리를 먹어야 할 것이 아닌가?' 이렇게 생각합니다. 우리 젊은 스님들 정말로 부처님 말씀을 보다 더 깊이 믿어야 합니다. 부처님은 우리 생리도 심리도 모두를 다 훤히 아시는 분입니다. 부처님의 지혜는 일체종지(一切種智) 아닙니까.

중후불식, 오후불식을 한다면 다섯 가지 복을 얻는다고 합니다. 오복(五福)을 말입니다. 독신 수행자가 가장 무서운 것이 역시 음심(淫心) 아닙니까. 음심은 마지막까지 달라 붙는 망념인 것입니다. 석가모니께서 수하 성도하실 때에 육년 고행을 통해서 그렇게 못 잡수시고 피골이 상접한 때에도, 성도하실 그 찰라도 일억팔천 마구니 가운데 삼천녀, 그렇게 알량하게 예쁘게 생긴 것들이 와서 방해를 하였습니다. 우리가 별스럽게 자기 망념을 안간힘 쓰고 죽여도 그것들에게 넘어지고 넘어지고 합니다. 그런데 중후불식하면 소음(小淫)이라, 음심이 적고 또는 소수(小睡)라, 그 무서운 원수인 잠이 적어지고 득일심(得一心)이라, 마음을 하나로 모으기 쉽습니다.

사실 우리가 세 끼를 먹는다면 먹는 사람들은 좋을 수도 있겠지요. 그러나 준비하고 설겆이 하는 것이 모두가 다 중생 빚입니다. 이 몸뚱이는 꼭 세 끼 먹어야만이 되는 것은 아닙니다. 더구나 현대적인 배운 사람들은 더욱더 세 끼 다 먹으려 하고 또 따뜻한 밥만 먹을려고 합니다. 우리는 부처님 제자입니다. 부처님 말씀은 모두가 성불하기 위한 말씀입니다. 우선 시간만 생각하더라도 장만하는 시간, 또 먹는 시간, 양치하는 시간 또 많이 먹으면 포행해 가지고 소화시키는 시간 얼마나 많은 시간이 낭비가 됩니까,

무하풍(無下風)이라, 적게 먹으면 몸이 가뿐하고 방귀도 없습니다. 신득안락(身得安樂)이라, 몸이 항시 안락스럽다는 것입니다. 오후불식하는 스님들은 짐작이 되실 것입니다. 항시 몸이 가뿐한 것입니다. 일종을 해도 철저하지 못한 저같은 사람이 창피를 무릎쓰고 부처님 말씀이기에 말씀을 드렸습니다.

五辛(五葷)…맵고 냄새가 강한 植物로서 고기와 같이 佛弟子가 먹지 않아야 할 냄새나고 매운 채소, 마늘〔大蒜〕· 부초〔茖葱〕· 파〔慈

蔥〕·달래〔蘭蔥〕·흥거(興渠…中國이나 우리 나라에는 없음)
　※ 是五種 一切食中不得食 若故食 犯輕垢罪　　— 梵綱經下 —
　※ 諸衆生 求三摩提 當斷 世間五種辛菜 食時 發淫 生啖 增恚 如是食辛之人 縱能宣說十二部經 十方 天仙 嫌其 臭穢 咸皆遠離
　　　　　　　　　　　　　　　　　　　— 楞嚴經八 —

　오신채(五辛菜)에 대해서는 보통 '이것은 고기도 아닌데, 본래 불구부정(不垢不淨)인데 이런 것좀 먹는 것이 대승불교 공부하는 사람한테 무슨 상관이 있을 것인가' 하는 생각을 흔히 합니다. 그러나 그것이 공부인에게는 굉장히 중요합니다. 이른바 우리가 호법선신(護法善神)들의 가피(加被)를 받고, 스스로 도를 증명하려면 꼭 필요한 것입니다. 망상이 일어나는 것은 사소한 것 때문이기도 하므로 기왕이면 부처님 말씀대로 망상의 계기가 될 수 있는 사소한 것들까지도 제거해야 됩니다. 그러한데서 오신채도 금하고 있는 것입니다.
　오신채는 맵고 냄새가 가장 강한 식물로서 고기와 같이 불제자가 먹지 말아야 할 매운 채소 즉 마늘, 부추, 파, 달래, 흥거인데 흥거는 중국이나 우리 나라에는 없다고 합니다. 이것을 먹는 사람들은 잘 모르나 안 먹는 사람들이 먹는 사람 옆에 가면 굉장히 악취가 풍깁니다. 저는 행인지 불행인지 젊어서 일본에 가서 한동안 지냈는데 이따금 한국 김치가 먹고 싶어서 한국 식당에서(으레껏 마늘을 넣었겠지요) 식사를 하고 전차나 타면 옆사람들이 굉장히 싫어하는 것입니다. 남이 싫어하면, 그 당시 부처님 법문을 잘 모르니까 다만 상식적으로 남이 싫어하고 또 악취를 풍기기 싫어서 안 먹어야겠다고 생각했던 것인데 부처님 법문을 보니까 확실히 금기(禁忌)가 되어 있는 것입니다. 마땅히 우리는 이런 것도 주의를 해야 합니다.

위에 든 '오신채는 모든 음식 가운데 먹어서 안될 음식이다. 짐짓 우리가 먹는다면 이른바 범경구죄(犯輕垢罪)라, 가벼운 죄를 범한다'는 말씀이 범망경(梵網經)에 있습니다. 범망경은 소승경전이 아니지 않습니까? 또는 능엄경(楞嚴經)에는 '모든 중생이 삼마제(三摩提)를 구할 때는 마땅히 세간의 오종 신채를 끊어라, 이것을 먹는다면 음탕한 마음이 더 생겨나고 또는 가래나 담이 더 많이 생기며 진심(瞋心)이 더 치성한다. 이와 같이 오신채를 먹는 사람이 비록 부처님의 경전인 12부경을 능히 통달해서 설한다 하더라도 시방에 있는 천상 선신들이 그 좋지 않은 냄새를 싫어하여 모두 다 멀리 떠나버린다'고 하였습니다. 이런, 경에 있는 말씀들은 범부들이 상식적으로 낸 말씀들은 아니지 않습니까. 우리가 깊이 명심해야 한다고 생각합니다.

食粥五利…除飢・除渴・消宿食・大小便調適・除風患
※ 粥則見於手中文 齋則過午不食・禪林의 常法에 朝는 粥을 먹음.

그 다음에 식죽오리(食粥五利)라, 죽을 먹으면 다섯 가지 이익이 있다는 말입니다. 안 먹는 사람은 죽 먹기를, 죽 자체를 싫어하는 사람도 있습니다. 그러나 백장청규(百丈淸規)에도 오재조죽(午齋朝粥)이라, 점심 한 때 밥을 먹고 아침에는 죽을 먹으라는 것입니다. 낮에 먹는 밥은 법식(法食)으로서, 재식(齋食)으로 먹고 아침에는 요기를 위해서 조금 죽을 먹는 것입니다.

죽을 먹으면 다섯 가지 이익이 있는데 제기(除飢)라, 우선 주림을 제거하고 제갈(除渴)이라, 갈증을 풀고 또는 소숙식(消宿食)이라, 숙식은 소화가 안되어서 끌끌하니 체한 것을 말합니다. 이것도 해소를 시키고 또는 대소변 조적(大小便調適)이라, 대소변을 적당히 조화롭게 하고 제풍환(除風患)이라, 풍병을 제거한다는 말입니다.

그리고 죽을 먹을 때는 새벽에 손에 들고 있는 경의 글자가 겨우 보일 정도인 때요, 점심때 한 끼 재식을 먹을 때는 오정을 지나면 먹지 말라고 되어 있습니다. 선림(禪林) 즉 선원의 상법(常法)에 아침에는 죽을 먹는 것입니다.

4. 계율(戒律)에 대한 성언(聖言)

이제 계법(戒法)에 대한 불조(佛祖)의 경론(經論) 말씀 몇 가지를 소개해 드리겠습니다. 우리 중생들 번뇌가 많지만 특히 음(淫), 노(怒), 치(痴)라, 곧 신역(新譯)으로 삼독심을 탐, 진, 치라 하지만 부처님 당시라든가 근본불교는 음, 노, 치라 하여 음심을 제일 먼저 말합니다. 어찌 그런고 하면 음심 때문에 우리가 삼계육도(三界六道)에 윤회하기 때문입니다. 음심이 아니면 삼계육도에 윤회할 까닭이 없지 않겠습니까? 따라서 삼계육도를 벗어난다는 차원에서 본다면 음심이라는 것이 번뇌 가운데서 가장 큰 비중을 차지한다는 말입니다.

無量劫中 被淫怒痴　煩惱毒箭 受大苦切　　　— 涅槃經五 —

우리가 무량겁중에 음, 노, 치의 번뇌의 독스러운 화살에 맞아가지고서 일체의 고액(苦厄)을 받게 된다는 말입니다. 따라서 이런 삼독(三毒) 번뇌가 우리의 본능에 얼마나 깊게 뿌리박혀 있는가를 짐작할 수 있습니다. 열반경에 있는 말씀입니다.

그 다음에는 '보살에는 두 종류의 파계가 있는데 음, 노, 치를 위시한 악업(惡業)을 지어서 그 악보(惡報)로 지옥·아귀·축생·아수라의 불선도(不善道)에 향(向)하는 것이고 또는 성문(聲聞)·벽지불지(僻支佛地)에 향함이다(智度論八十)' 보살의 파계는 삼독심이나 나쁜 악업으로도 물론 파계가 되겠지마는 성문승이나 벽지불승 등 소승 공부를 하는 것도 파계라고 합니다. 원래 자타가 없는 근원적인 불교 사상을 떠나서 자기 공부만 알고 남을 무시하고 자기만 생각하는, 독선적인 개인 이기심이나 집단 이기심이나 그런 것도 파계입니다. 또 닦는다 하더라도 마지막 피 한 방울까지도 중생을 위해 바쳐야겠다는 서원(誓願)이 아니고 혼자만의 안락을 얻기 위해서 또는 자기를 과시하고 대접받기 위하여 파벌을 만든다, 또는 무슨 교주가 된다든가, 그런 생각들은 모두가 하나의 성문, 벽지불 생각입니다. 그것도 역시 보살의 파계가 된다는 말입니다. 지도론(智度論)에 나오는 말씀입니다.

그 다음에 사종삼마야계(四種三摩耶戒)라는 말씀이 있습니다. 삼마야(samaya)는 본서원(本誓願)이란 뜻입니다. 불타의 본서원 즉 우주에 본래 갖추어 있는 도리라는 뜻입니다. 살(殺)·도(盜)·음(淫)·망(妄)의 사바라이(四波羅夷)란 단두(斷頭)라, 목을 끊는다는 말입니다. 세속적으로 말하면 사형선고죠, 4바라이란 목을 끊는 단두죄로 중계(重戒)인 것입니다. 부처님 당시에는 4바라이를 범하면 참회해도 소용 없고 금생에는 다시 출가사문이 못되고 승가에서 쫓겨나는 것입니다.

'4바라이로서 제불불가월(諸佛不可越)의, 제불이 넘을 수 없는 다시 바꿀 수 없는 계법이므로 삼마야계라 한다'고 합니다. 우주 자체내에 갖추고 있는 본래적인 도리이기 때문에 부처님도 마음대로 바꿀 수 없다는 말입니다. 부처님이야 법 자체이기 때문에 바꿀 필요가 없겠지요, 대일경 구연품(大日經具緣品)에 있습니다.

阿難 云何攝心 我名爲戒 若諸世界 六道衆生 其心 不淫則 不隨其生死相續 汝修三昧 本出塵勞 淫心不除 塵不可出 縱有多智 禪定現前 如不斷淫 必落魔道 上品魔王 中品魔民 下品魔女 彼等諸魔 亦有徒衆 各各自謂無上道 我滅度後 末法之中 多此魔民 熾盛世間 廣行貪淫 爲善知識 令諸衆生 落愛見坑 失菩提路 汝敎世人 修三摩地 先斷心淫 是名如來 先佛世尊 第一決定 淸淨明誨 是故阿難 若未斷淫 修禪定者 如蒸砂石 欲其成飯 經百千劫 祇名熟砂 何以故 此非飯本 如我此說 名爲佛說 不如此說 卽波旬說　　　　　　— 楞嚴經六 —

그 다음에는 능엄경에 있는 법문인데 부처님과 아난(阿難) 존자와 문법하고 대답하시는 구절입니다. 부처님께서 말씀하시기를 '아난아, 어떻게 마음을 다스려야 하는가? 아명위계(我名爲戒)라, 내 가르침은 계가 된다' 부처님께서 마지막 설법도 '계로써 스승을 삼아라' 하였습니다. '만약 모든 세계의 육도중생이 그 마음이 음탕한 것이 없으면 곧 생사상속(生死相續)에, 죽고 사는 윤회에 따르지 않는다' 음탕한 마음이 없다면 어떻게 출생하게 되겠습니까. 응당 부모의 음욕으로 태어나게 되는 것입니다. 천상도 욕계천의 아래 도리천까지는 인간과 똑같은 음욕으로 생사가 생기고 그 위에 올라갈수록 음욕이 차근차근 점차로 줄어지다가 색계에 올라갔을 때는 전적으로 음욕이 없으므로 남녀가 없는 것입니다. 우리 출가사문이 비구나 비구니나 머리를 깎는 것은 외도와 구분을 하기 위해서도 그러지만 벌써 남녀를 초월해 버렸다는 뜻입니다.

그대들이 삼매를 닦는 것은 그 본 뜻이 모든 번뇌를 떠남에 있다. 그러나 음심을 제거하지 않는다면 번뇌에서 헤어날 수가 없다. 비록 지혜가 많이 있어가지고 다소 선정이 현전하지마는, 여기서의 선정은 욕계정(欲界定)입니다. 색계정은 다시 말할 것도 없이 초월해 버리니까 상관이 없지만 비록 지혜가 있어가지고 명상도 좀 잘하고 무엇도 좀 알아맞히고 제법 도사짓도 할 수가 있는 욕계의 선정이 됐다 하더라도, 음욕을 끊지 않으면 반드시 마도(魔道)에 떨어지고 만다.

우리는 이런 부처님의 말씀을 굉장히 주의해야 합니다. 부처님 말씀은 우주의 도리입니다. 우리가 재주가 있어 도사처럼 무엇을 좀 알고 어느 정도 삼매에 든다해도 색계 이상의 선정에 못 들어가면 욕계정(欲界定)에서는 결국 음탕한 마음을 아직 못 여읜 단계라 결국 마도에 떨어지고 만다는 말입니다. 마도에 떨어져서 상품(上品)은, 재주가 있고 영리한 부류들은 마왕도에서 대중을 이끌고, 사이비 교주가 되는 것입니다. 가까운 근래에 백백교(白白敎)라든가 또는 용화교(龍華敎) 교주가 있지 않습니까? 얼굴도 잘나고 그야말로 똑똑하고 정력도 강하고 그러니까 어느 정도 삼매에 들고 아는 말도 도인과 같이 하겠지요. 그러나 음욕을 못 떼었으니까 나중에는 이상한 짓을 하다가 결국에는 매장 당하고 말았습니다.

상품은 마왕이요 중품은 마민(魔民)이요, 하품은 마녀(魔女)가 되어, 상품은 똑똑하니까 우두머리가 되고 그 다음은 그 밑에 따라서 한 동아리가 되어 시중도 하는 것입니다. 그러한 여러 마구니들은 그에 따른 무리들이 있어서 저희끼리 동아리가 되어가지고, 과거 전생에도 모두 비슷한 짓을 했겠지요. 보통은 다 과거 숙세에 부류끼리 다시 만납니다. 그러니까 그런 마구니들도 자기 패거리가 있지 않겠습니까? 지금 한국의 종교만 보더라도 수백 개의 종파가 넘을 것입니다. 불교만 해도 40종파가 넘지 않습니까? 그런데 각기 종파마다 자기들이 최고로 옳다고 합니다.

세존이 멸도 후 말법지중(末法之中)에서는, 말법은 부처님 법이 점차로 흐려지는 것입니다. 정법(正法)인 때는 도인들이 많이 나와서 정말로 삼명육통도 하여서 누가 교만심을 낸다면 신통을 부려서 교만심을 조복(調伏)시키는데 지금이야 빈말로밖에는 하지 못하니까 아만심이 있는 사람에게 말이 딸리면 도리어 당할 수밖에 없겠지요. 이런 많은 마구니들이 세간에 치성하게 번성해 있어서 마구니들이 번성하니까 널리 탐욕스럽고 음탕한 무리들이 선지식이라 하며, 내가 잘났다고 거드름을 피운다는 말입니다. 모든 중생들로 하여금 애욕의 구렁에 빠뜨린다, 자기만 빠지면 좋은데 자기 동아리들과 여러 다른 사람들도 빠뜨리는 것입니다. 그래가지고 무상대도를 닦는 진리의 길을 잃어버린다, 여러 사람이 더불어서 잃어버리고 마는 셈이죠.

'그대들은 세상 사람들한테 삼마지(三摩地)를 어떻게 닦으라고 가르칠 것인가? 먼저 음탕한 마음부터 끊어야 한다. 이러한 것은 과거 무수한 부처님들께서 말씀하신 제일 결정적인 청정하고 밝은 가르침이라, 이러한 고로 아난아, 만약 음탕한 마음을 아직 끊지 않고 선정을 닦는 사람들은 마치 모래를 삶아서 밥을 짓는 것이나 같다, 모래를 아무리 삶는다 하더라도 밥이 되겠습니까? 이같은 것은 위선적인 것은 될런지 몰라도 마음은 맑아올 수 없는 것입니다. 백천겁을 경과하더라도 다만 뜨거운 모래만 되는 것이다. 어찌 그런고 하면 본래 그것이 모래이지 밥이 아니기 때문이다. 내가 이와 같이 말하는 법문들이, 즉 음욕을 끊으라는 것, 이것이 바로 불설이고 이와 같은 말이 아닌 것은 마왕 파순설이니라' 능엄경에 있는 말씀입니다.

너무나 무서운 말씀들 아닙니까? 우리 중생들을 돌이켜 보면 어이가 없을 때도 많이 있습니다. 우리는 과거를 돌아보면은 누구나가 다 부끄러움을 느낍니다. 용수(龍樹) 보살은 제 2의 석가란 분 아닙니까? 용수 보살도 30세 전후는 외도신통을 배워서 같은 동아리들 넷이 궁중에 들어가 예쁜 궁녀들을 침범하고 신통으로 몸을 감추어 버리니까 누구인지 알 수가 없습니다. 그래서 왕은 궁녀들을 모아서 여러 가지로 경책하고 힘도 세고 칼을 잘 쓰는 역사(力士) 몇 십 명에게 명령만 하면 무엇이 보이든 안 보이든 칼을 휘저어라 하였습니다. 그때 이 네 사람들이 다시 궁중에 들어가서 궁녀들을 희롱하고 침범하려고 하는데 왕이 신호를 보내니까 역사들이 공간을 향해서 보이나 안 보이나 칼을 사방으로 휘둘러 세 사람은 칼에 맞아 죽었는데 용수는 왕의 뒤에 숨어서 가까스로 위기를 모면했습니다. 그뒤 곧바로 참회(懺悔)하고 부처님 법에 의지해서 출가해 제2의 석가란 성자가 되지 않았습니까. 용수 보살은 400세나 살았다고 합니다.

그 당시 왕은 용수 보살한테 장수하는 비법을 배웠다고 합니다. 그 왕이 용수 보살한테 장수 비법을 배워서 너무 장수를 하니까, 태자가 왕 위에 오르고 싶은데 그렇게 안되는 것은 용수 때문이라고 생각하고 용수를 죽일려고 하였으나 안되니까 용수한테 간절히 제발 오래 살지 말고 죽어달라고 간청을 했습니다. 그때 용수 보살은 용지(龍智)나 가나제바(迦那提婆)에게 법을 이미 다 전수했고 인연이 다 했기 때문에 '이제 가야겠구나' 하고 이른바 선탈(蟬脫)해서 이승의 인연을 마쳤습니다. 선탈이란 매미같이 허물만 두고 가버리는 것입니다. 그러니까 용수 보살같은 분도 한때는 못된 짓을 하고 그랬는데 우리가 참회하고 새로운 출발을 하는 것은 어느 때나 늦지 않습니다. 100세가 되어도 늦지가 않습니다.

아시는 바와 같이 협존자(脇尊者)는 80세에 출가 했습니다. 80세에 출가를 하니 늙은이가 의지할 데 없으니까 승가에 들어왔다고 주위에서는 비웃었습니다. 그러나 그런 말들은 들은 척도 하지 않고 내가 결정코 무상대도를 이루어 삼명육통을 통하고 팔만장경에 통달무애하지 않으면 절대로 내 몸의 옆구리를 자리에 대지 않겠다고 맹세를 하고 공부를 하여서 3년 안에 정말로 팔만장경에 통달무애하고 삼명육통을 다 통했다는 것입니다. 80세에도 그러는데 우리가 과거를 돌아다 봐서 다소 부끄럽다 하더라도 아무때라도 참회를 하면 늦지가 않습니다.

5. 성겁초(成劫初)의 인간(人間)

성겁초(成劫初)의 인간(人間)이라, 우리 인간은 성겁초에 태어나 지금까지 인간 즉 동업중생(同業衆生)이 점차로 번성해 온 것이 아닙니까? 그러면 성겁초에는 어떻게 태어났는가?

기독교에서 하나님께서 아담과 이브를 창조했다는 설도 불교적으로 조명한다면 어느 정도는 이해가 됩니다. 그런 것이 물론 상징(象徵)이지만 아무런 근거가 없는 것은 아닙니다. 따라서 우리는 기독교와 대화할 때에도 자기가 미처 이해가 안된다고 해서 비과학적이라고 비방을 함부로 해서는 안됩니다. 그런 것들이 말씀드린 바와 같이 비유(譬喩)와 상징의 베일(Veil)만 벗겨버리면 내나 성자들이 말한 것은 부처님 가르침과 상통이 되는 점도 많습니다.

공겁(空劫)이 지나고 성겁(成劫)이 되는데 그러면 텅텅 빈 공겁의 허무 가운데서 어떻게 성겁이 될 것인가? 앞으로 과학적인 우주 발생설도 말씀도 드리겠습니다마는 중생의 공업력(共業力)으로 천지 우주가 이루어진 것입니다. 그러면 중생의 업력으로 해서 어떻게 이루어지는 것인가? 텅텅 비어버린 허공세계인데 중생은 어디에 가 존재하고 있었을 것인가? 공겁이 되면 색(色) 곧, 물질적인 질료(質料)로 이루어진 중생들은 성불을 못하면 각기 행업(行業) 따라서 색계의 광음천(光音天) 이상이나 저 무색계로 올라가 버립니다. 따라서 이선천(二禪天) 이하에는 중생이 없는 것이지만 무색계(無色界)나 색계(色界)의 광음천(光音天) 이상에는 중생들이 있습니다. 그 중생들은 비록 천계(天界)에 있다 하더라도 아직 중생이니까, 중생이라는 것은 아직 아(我)가 있고 아가 있으니 좋아하고 싫어하는 마음의 분별이 있는 존재를 말합니다.

'지도무난 유혐간택(至道無難唯嫌簡擇)이니 단막증애면 통연명백(但莫憎愛 洞然明白)이라' 지극한 도는 별로 어렵지 않는 것인데 오직 간택을 싫어한다는 말입니다. 다만 미워하고 또는 사랑하는 마음 즉 좋아하고 싫어하는 마음만 없다면 통연명백(洞然明白)이라는 말입니다. 신심명(信心銘:三祖 僧璨

著)에 있는 법어입니다. 따라서 아직도 성불을 못했기 때문에 아직 높은 천상에 머물러 있으며 괴겁(壞劫)이 되어서 천지가 다 파괴되더라도 괴겁의 재해를 받지를 않으나 아직은 삼계내에 있는 중생이기 때문에 좋아하고 싫어하는 마음이 남아있는 것입니다. 좋아하고 싫어하는 그 마음이 동력(動力)이 되어 순수한 우주의 기운을 움직이는 것입니다. 그러한 움직이는 기운이 바람이 되고 금색구름인 금장운(金藏雲)이 되어 인연따라 결합해서 우주가 구성된다고 합니다.

이것은 마치 현대 물리학에서 우주의 장(場) 에너지가 그 진동 여하에 따라서 중성자(中性子)·양자(陽子)·전자(電子) 등의 소립자(素粒子)가 이루어지고 소립자 등의 결합 여하에 따라서 수소·산소 등 각 원소가 이루어져 물질계가 구성되는 원리와도 비슷한 도리입니다. 구사론(俱舍論)이나 기세경(起世經) 같은 경을 보면 그렇게 세밀한 것은 아니지만 간단 명료하게 중생의 공업력(共業力)으로 천지 우주가 구성된다고 하였습니다.

> 成劫初期의 人間은 皆是 化生으로서 色界人과 如이 身에 光明이 有하고 모두 識食이나 後에, 地味가 生하여 味를 耽하기 때문에 地味가 便隱해서 다시 地皮餅이 生함.

성겁 초기의 인간은 다 화생(化生)입니다. 지금 우리 인간은 태생(胎生)이지만 음욕으로 생기지 않으니까 성겁초기의 인간은 화생입니다. 물론 음욕으로 생기지 않은 미물들인 화생도 있습니다. 성겁 초기의 인간은 화생으로서 색계인(色界人)과 같이 몸에 광명이 있고 모두 식(識)을 음식으로 합니다. 그러니까 다른 음식 물질적인 분단식(分段食)이 필요가 없지요. 밥이나 물질적인 음식을 분단식이라 합니다. 본래 갖추고 있는 식(識) 자체가 불멸(不滅)의 생명이기 때문에 음식이 필요치 않는 것입니다. 그러나 후에 우주가 생겨나고 지미(地味) 곧 땅 맛이 생기고, 물질이 생기니까 땅 맛이 있겠지요. 아직은 중생이기 때문에 땅 맛이 있으니까 호기심으로 맛을 보게 됩니다. 그런데 맛을 탐하기 때문에 지미(地味)가 곧 숨어버리고 곧 다시 지피병(地皮餅)이 생깁니다.

지피병이란, 땅 껍질에 떡조각 같은 바위옷 같은 모양으로 덮이는 것을 의미합니다. 그런데 지금 말씀은 먼저 중생의 공업력으로 지구 덩어리나 삼천대천 세계가 이루어진 다음 이야기 입니다. 괴겁이 지나 공겁이 되어 광음천 밑에 있는 초선천(初禪天)에나 그런 데는 수재(水災), 풍재(風災), 화재(火災)로 없어져 버렸지마는 저 무색계나 광음천까지는 거기에 살만한 중생이 있는 것입니다. 색계 이상 올라가면 신통을 다하기 때문에 광음천인도 신통자재하여 온 천지가 막힘없이 훤히 보인다는 것입니다.

劫初 光音天人 相謂 我等欲至 閻浮提地 卽來下地 食地肥故 失神足 皆共號呪 自相謂言 我等窮厄 不能復還天上   — 增一阿含經 —

겁초에 광음천 천인들이 서로 말하기를 우리들이 저 아래에 땅덩어리가 생겼으니까 한번 살고 싶다고 원하는 마음이 통해서, 불성과 계합되어 버리면 다시 태어남을 바라지 않는 불원삼매(不願三昧)이지만 아직은 범부인지라 새로운 것이 보이면 호기심을 내어 저 아래 염부제(閻浮提) 즉 사바세계에 가고 싶다는 마음이 생겨서 바로 땅에 내려가서 앞서 말한 바와 같이 지미(地味)인 땅의 맛을 자꾸만 찍어 먹다가 신통을 잃어 버립니다. 광음천 천인들은 몸뚱이가 전부 광명인데 사바세계의 상이 있는 물질을 먹으니까 자기도 모르는 가운데 몸이 오염(汚染)되는 것입니다. 태초에 우리 인간은 그와 같이 광명신(光明身)인데 이것 먹고 저것 먹고 자꾸만 먹다 보니까 차근차근 오염되어 광명은 다 잃어버리고, 처음에는 신족통(神足通)으로 몇 천리 몇 만리를 마음만 먹으면 갈 수가 있지만 오염된 몸이 무거우니까 갈 수가 없다는 것입니다. 그래서 슬프게 부르짖어 보지만 아무리 부르짖어 본들 이미 몸이 무거워졌는데 어떻게 광음천에 올라갈 수가 있습니까? 그래서 서로 말 하기를 '우리들은 액을 만나 궁해서 다시 천상에 올라갈 수가 없구나' 하고 한탄한다는 것입니다.

우리들은 이와 같이 몸이 더럽게 오염되어서 도저히 천상에 올라갈 수 없다는 것입니다. 이런 것이 근본불교인 증일아함경(增一阿含經)에 뚜렷이 있습니다.

　　　天地更始 溼溼空處 了無所有 亦無日月 地涌甘泉 味如蘇蜜 時光音
　　　諸天 或有福盡 來生 或樂觀新地 性多輕躁 以指嘗之 如是再三 轉得其
　　　味 食之不已 漸生麁肌失天妙色 神足光明　　　 ― 經律異相一 ―

천지가 맨 처음에 이루어질 때는 모두가 다 텅텅 빈 허공세계라, 바로 허공무일물(虛空無一物)입니다. 따라서 그때는 해나 달도 없습니다. 땅에서는 맛있는 것만 솟아 나오는데 마치 제호(醍醐) 같이 꿀맛보다 맛있는 것이기 때문에 광음천 하늘에 있는 복이 다한 중생들이 내려온다는 것입니다. 광음천에 있더라도 공부가 더 잘된 천인(天人)도 있고 못된 천상 인간도 있겠지요. 그런데 이미 복이 다하면 자꾸만 망상이 나오는 것입니다. 이와 같이 염부제(閻浮提) 즉 사바세계가 생겨났다 하더라도 복이 다하지 않았으면 무슨 필요로 염부제에 올려고 하겠습니까만 망상이 나와서 그렇게 좋은 천상에 있기가 싫어진 것입니다. 박복(薄福)한 사람들이 부처님 법을 닦으라 해도 마다하지 않습니까? 계행을 철저히 지키면 꼭 성불한다고 해도 지킬려고 하지 않는 것입니다. 그와 같이 복이 다하면 차츰 마음이 망상쪽으로 기우는 것입니다. 복이 다한 천인들이 염부제에 내려온다는 것입니다.

또는 새로운 땅에 호기심이 생겨 내려오는데 성품이 경망하고 진득하지 못하니까 새로운 것에 대해서 검토도 안해보고 훌쩍 내려와 이것 저것 맛보고 하겠지요. 자기 손으로 찍어 맛보는데 맛이 있으니까 두번 세번 자꾸만 찍어먹다 보니 그 맛에 맛들어 버려서 먹는 것을 그치지 않고 먹다보니 자기도 모르는 가운데 점차로 거치러운 오염된 피부가 생기고 오염된 살이 생기고 뼈가 생겨서 결국은 광음천에 있던 광명신(光明身)도, 신통도 다 잃어버린다는 말입니다.

잘 모르는 사람들은 불교가 인본주의(人本主義)니까 우리 인간이 천상천하에 가장 위대한 것이다고 합니다. 깨달아서 석가모니 부처님같이 되고 자성(自性: 佛性)을 깨달아야 위대한 것이지 그렇지 못하면 천상보다 못한 것입니다. 우리 불자들은 마땅히 꼭 성불한다는 기약이 있으니까 어느 천상에 대해서도 손색이 없는 중생이 아니겠습니까마는 그렇지 못하면은 사실 천상보다 훨씬 더 못한 것입니다. 신통도 자비도 재주도 그만큼 못 부리는 것이고 안락도 그만 못한 것입니다.

> 由漸耽味 地味便隱 從斯復有 地皮餠生 競耽食之　　— 俱舍論 —
> 地皮餠…劫初에 地味가 隱한 後 地에 自生하여 人을 養하는 것.

그래서 최초 인간이 맨 처음에 땅거죽에 있는 지미(地味)를 맛들여 탐착하니까 이내 숨어버립니다. 그것이 본래 있는 것이 아니기 때문에 우리 중생이 탐착하면 결국은 좋은 것은 숨어버리는 것입니다. 그 다음에 나온 것이 조금더 물질적인 농도가 더 강한 즉, 떡같은 지피병이 자생적으로 나와서 인간들을 기른다는 것입니다.

> 林藤…劫初人의 食物로서 地餠復隱하여 이 때에 다시 林藤出現하여 競耽食之함.　　— 俱舍論 —

또 이런 것을 점차로 탐욕심을 내어 더 먹다 보면 지피병이 나오고 그것도 먹다보면 그것도 숨어버리는데 그 뒤에 자생적으로 나온 것이 임등(林藤)이라, 이것은 먹을 수 있는 물질적인 것으로 지구상에 나타나 서로 피차 먹기 시작한다고 합니다.

기왕 이렇게 먹는 버릇을 붙였으니까 안 먹으면 허출하겠지요.

> 香稻…香氣있는 米稻로서 劫初時에 林藤이 隱한 後 自然히 地上에서 生함.
> 有非耕種 香稻自生 衆共取之 以充所食　　— 俱舍論 —

다시 임등이 숨어버린 뒤에 자연이 지상에 나온 것이 향도(香稻)라, 향기가 있는 벼로써 지금같이 씨앗을 뿌려서 이루어진 벼나 보리와 같은 것이 아니고 자생적으로 나온 것입니다. 이런 것을 중생들이 다 섭취해서 자기 배를 채운다는 말입니다. 이런 것은 구사론에 다 있는 법문입니다.

　　　林藤香稻轉次食之 身光漸滅 日月方現　　　— 寄歸傳 —

임등이나 또는 그 뒤에 나온 향기로운 벼나 굉장히 맛있다고 기록이 되어 있습니다. 향도를 더욱더 안 쉬고 먹는다면 몸의 광명이 점차 사라진다는 것입니다. 많이 먹으면 먹을수록 몸 광명은 점차 사라지는 것입니다.

그 뒤에 어두컴컴하니까 해와 달이 나오게 된다고 합니다.

이런 것이 얼마나 현실하고 들어맞는지 잘 모르겠습니다만 저는 100% 다 믿습니다. 우리가 어째서 일종해야 하는 것인가. 무엇 때문에 적게 먹어야 하는 가를 참고하여 보더라도 짐작할 수 있겠지요. 겁초 인간은 아무것도 안 먹었다는 것입니다. 다만 생명 자체인 식식(識食) 뿐이었다는 것입니다.

본래 만법유식(萬法唯識)이라, 모든 것이 결국 식(識) 아닙니까? 일체가 유심(一切唯心)이라, 일체 만법이 오직 마음 뿐이라 본래로 물질이 아닙니다. 우리 정신은 내나 물질이 아니지 않습니까? 우리가 죽어지면 몸뚱이 이것이 무엇입니까? 그러나 우리 생명 자체는 죽음이 없는 것입니다. 생명 자체는 불생불멸한 것이기 때문에 사실은 밖에서 꼭 얼마만큼의 칼로리가 제공되어야 지탱되는 것은 아닙니다. 우리 버릇 때문에 거기에 최면되어 버린 것이지 우리 식(識) 자체에, 우리 마음 자체에 불생불멸한 생명의 힘이 갖추어 있다는 말입니다. 따라서 우리 생명을 부양(扶養)시키는 근본은 결국은 우리 생명 자체인 것입니다. 그래서 식식(識食)이라 합니다.

또 한 가지는 촉식(觸食)이라, 우리가 좋은 영화나 좋은 예술품이나 명미(明媚)한 풍경을 본다면 밥이나 다른 간식은 잊어버릴 수가 있지 않습니까. 그런 정도가 촉식입니다. 또는 염식(念食)이라, 가사 원력(願力)을 세운다든가 반가운 사람과 곧 만나야겠다는 기대가 있다든가 할 때는 음식이 별로 필요 없는 것입니다.

그리고 분단식(分段食)이라, 밥이나 물질로 된 음식이 되겠지요. 따라서 분단식을 많이 먹으면 먹을수록 우리한테 있는 정기를 뽑아버리는 것입니다. 그러나 워낙 과거 전생부터서 업을 짓고 대대로 사람으로 전변(轉變)해 왔기 때문에 그런 버릇이 습(習)이 되어 우리가 금생에는 너무 안 먹을 수도 없는 것입니다.

제2절 바라밀(波羅蜜)과 수릉엄삼매(首楞嚴三昧)

1. 십바라밀(十波羅蜜)과 보살십지(菩薩十地)

가끔 그때그때 언급을 했습니다만 공부해가는 과정 즉, 위차(位次)를 가장 권위 있게 다룬 가르침이 보살십지(菩薩十地)입니다. 십지에 대해서는 연각십지나 또는 성문십지 등 여러 가지가 있고, 다 소중한 것이지마는 가장 권위있는 전거(典據)로 삼을 법문은 화엄경에 있는 보살십지입니다.

보살초지에 올라갈 때는 앞서 살펴본 사선근(四善根:四加行)을 이미 닦은 정도로서 설사, 난법(煖法) 등 4선근의 법상(法相)은 모른다 하더라도 선근이 쌓여서 마음의 번뇌가 사라져 가면 마음이 명경지수(明鏡止水)와 같이 맑고 고요하게 되어야 하는데 더욱 정진하여 범부(凡夫)의 이생성(異生性)을 초월하고 불성(佛性)을 견성하는 보살초지에 올라가는 것입니다.

十波羅蜜과 菩薩十地
初엔 菩薩이 이미 貪心 三分二를 除하고 見惑을 破할새 비로소 聖性을 得하야 我·法 二空의 理를 證하고 大歡喜를 生하니 歡喜地요

同時에 一切를 救護하야 써 無住相의 布施를 行하고 此에 基하야 涅槃岸에 到할새 檀波羅蜜을 成就함이오
　二엔 殘餘一分의 貪心을 除함에 따라 일찌기 見惑에 基하였던 思惑을 除하는 同時에 戒波羅蜜을 成就할새 毁犯의 垢를 離한 身으로 하야금 思念이 淸淨하니 離垢地요
　三엔 瞋心을 抑制하고 忍辱波羅蜜을 成就하야 써 諦察法忍을 得하니 智慧가 顯發할새 發光地요
　四엔 精進波羅蜜을 成就하니 慧性으로 하야금 熾盛케 할새 焰慧地요
　五엔 瞋心의 根本이 除去되는 同時에 禪定波羅蜜을 成就하고 理事를 契合하야 써 眞俗二智의 相應을 成功함에 따라 塵沙惑을 除하게 되니 極難勝地요
　六엔 何等의 貪瞋 二心이 已盡함에 따라 慧波羅蜜을 成就하니 最勝智를 發하야 染淨이 無한 一眞法界의 行相이 現前할새 現前地요
　七엔 貪瞋已盡에 따라 一分의 痴心이 除去되니 大悲心을 發하야 方便波羅蜜을 成就하고 二乘의 自度를 遠離할새 遠行地요
　八엔 이미 二乘을 遠離하고 菩薩의 大願을 發한지라 此地에서 願波羅蜜을 成就하고 無相觀을 作하야 任運無功用을 相續할 뿐이니 不動地요
　九엔 力波羅蜜을 成就하고 十力을 具足하야 써 一切處에서 可度와 不可度를 知하야 能히 說法할새 善慧地요
　十엔 障道無明의 根本을 斷盡하고 受用法樂智와 成熟有情智로써 智波羅蜜을 成就할새 無邊의 功德을 具足하야 無邊의 功德水를 出生함이 大雲이 淸淨의 衆水를 生함과 如함일새 法雲地니
　後의 四波羅蜜이란 第六을 開하야 十地에 配對한 者니라

　처음에는 보살이 이미 탐심(貪心)의 3분의 2를 제하고 견혹(見惑)을 파할새, 견혹은 견해에 따른 번뇌요, 견도후(見道後)에 닦는 번뇌 습기(習氣)는 수혹(修惑) 또는 사혹(思惑)이라고 합니다. 따라서 견도전(見道前)의 범부지에서는 수행(修行)이

라 하고 견도 후에 비로소 참다운 수도(修道)가 되는 것입니다.

비로소 성인(聖人)의 성품을 얻어서, 진여불성을 현관(現觀)하여 즉, 불성과 계합하여 아(我)·법(法)이 공(空)한 도리를 증명하고, 내가 있다는 실아(實我)와 또는 법이 있다는 실법(實法) 즉, 금이요 다이아몬드요 또는 나요 너요 이런 것은 본래 실제에서 있지가 않다는 실법이 공한 도리를 증명한다는 말입니다.

대환희를 생(生)하니 환희지(歡喜地)요, 우리가 근본 성품을 깨닫고 우주와 하나로 되어버리면 한량없는 기쁨을 느끼게 되어 환희용약하니 환희지입니다.

동시에 일체를 구호하여, 본래 천지 우주와 하나가 되어버렸으니 나무도 내 몸이요 자기 원수도 내 몸이요 모두가 하나가 되어 자비심이 저절로 나오는 이른바 동체대비(同體大悲)가 되는 것입니다. 그래서 무주상(無住相)의 보시를 행하고, 자타가 없거니 상이 나올 수가 없습니다. 이것에 근거해서 열반안(涅槃岸)에 이를새, 해탈의 언덕에 이른다는 뜻으로서 모든 번뇌와 일체 만사에 걸리지 않는 깨달음의 경계에 들어간다는 말입니다.

단(檀)바라밀을, 보시바라밀을 바로 성취한다. 그전에는 보시하기 싫어도 체면 때문에 주기도 하고 위선을 여읠 수가 없었으나 나와 남이 본래 둘이 아니니 상(相)이 없는 무주상(無住相)의 보시를 행한다는 것입니다.

제2에는 나머지 일분의 탐심을 제(除)함에 따라, 보살 초지에서는 3분의 2를 제거했지요. 따라서 보살 초지에서 견성오도를 했다하더라도 어떤 경계에 부딪치면 번뇌를 일으킬 때도 있으나 파계(破戒)에 이르지는 않습니다. 그러나 2지(二地)에서는 나머지 3분의 1의 탐심의 뿌리까지를 뽑는 것입니다. 저번에 소승4과 중 수다원(須陀洹: 豫流果)과 다음의 사다함(斯陀含)과까지도 탐심을 다 끊어버리지 못하고 약간 남아있기 때문에 일래과(一來果)라, 욕계에 한번 와서 공부해 가지고 성취한다고 하였습니다.

일찌기 견혹(見惑)에 근거했던 사혹(思惑: 修惑)을 제(除)하는 동시에, 사혹 즉 수혹이 분별에 근거해 있던 것이므로 이치만 통해버리면 과거 습기는 남아있을 망정 다시 새삼스럽게 번뇌를 일으킬 필요는 없겠지요. 계(戒)바라밀을 성취할새, 이미 범한 허물이라도 여읜 몸으로 하여금 사념(思念)이 청정하니 이구지(離垢地)요, 파계한 허물은 보살2지가 되어야 비로소 가시게 됩니다. 사혹을 제(除)하여 우리 생각에 있는 습기까지도 어느 정도 끊어버려야 과거에 지었던 파계의 허물, 이미 지었던 번뇌의 때를 벗어나는 경계라는 말입니다.

제3에는 진심(嗔心)을 억제하고, 진심이 뿌리가 더 깊습니다. 탐심을 다 끊어버렸다 하더라도 물론 미세한 것이지만 진심의 습기는 아직 남아있는 것입니다. 인욕(忍辱)바라밀을 성취하여서 체찰법인(諦察法忍)을 얻으니, 모든 것을 뚜렷이 본래대로 여법히 통찰할 수 있는 것을 얻어서 지혜가 현발(顯發)할새 발광지(發光地)요, 우리가 천안통같은 신통을 하려면 적어도 발광지까지 정진해야 마음대로 하는 것입니다. 그러기 때문에 참선 수자가 되면 한사코 발광지까지는 밀어 부쳐야겠지요. 우리 자성이 본래 광명인데 본전은 좀 찾아야만 합니다.

제4에는 정진(精進)바라밀을 성취하니 혜성(慧性)으로 하여금 치성케 할새 염혜지(焰慧地)요, 더욱더 지혜가 현발한다는 말입니다.

 제5에는 진심(嗔心)의 근본이 제거되는 동시에, 품위가 있고 자비심이 좀 있다 하여도 기분이 사나울 때는 찌푸리는 것을 보지 않습니까. 참선을 오래 했다는 수행자도 기분이 언짢으면 불현듯 진심(嗔心)이 나오는 것인데, 진심의 근본이 제거되어야 선정(禪定) 바라밀을 성취하는 것이며, 진정한 선정이 된다면 마땅히 진심으로 동하는 마음이 없어야 하는 것입니다. 따라서 5지에서 비로소 선정 바라밀을, 참다운 깊은 선정을 성취한다는 말입니다. 리사(理事)를 계합(契合)하여서, 원리나 현상이나 상대나 절대나 모든 상대관념을 다 비워버리고 걸림없는 하나로 된다는 말입니다. 앞에는 약간 어렴풋이 계합하였지만 이제는 온전히 계합이 되어서 진속이지(眞俗二智)의 상응(相應)을 성공함에 따라 진사혹(塵沙惑)을, 항하사같은 번뇌를 다 제거하게 되니 지극히 극복하기 어려운 극난승지(極難勝地)를 성취하게 됩니다.

 제6에는 하등의, 이렇다 저렇다 할 탐심 진심이 이미 끊어짐에 따라 혜(慧)바라밀을 성취하니 최승지(最勝智)를 발하여 염정(染淨)이, 염오되고 또는 청정함이 없는 일진법계(一眞法界)의 행상(行相)이 현전(現前)할새 현전지(現前地)요, 6지에 이르러야 삼천대천 세계를 앉아서 훤히 볼 수 있는 경계가 됩니다. 마치 손바닥에다 암마라(Āmra 과일 이름)과를 하나 놓고 보는 것과 같이 삼천 세계를 확연히 볼 수 있다는 것입니다. 그와 같이 현전하므로 모든 현상을 다 통달하는 경지라는 말입니다.

 제7은 탐·진이 이미 끊어짐에 따라 남아있던 일분의 치심이 제거되니, 물론 미세한 무명심은 아직도 남아 있겠습니다마는 대비심(大悲心)을 발하여 방편(方便)바라밀을 성취하고, 부처님께서 경을 설하실 때 그 심심미묘한 방편을 보십시요. 진정한 방편 지혜는 모든 탐진치 삼독심이 끊어져야 나타나게 되는 것입니다. 이승(二乘)의 자도(自度)를 원리(遠離)할새, 성문이나 연각의 자기 스스로만을 제도하는 그런 옹졸한 경계를 떠난다는 말입니다. 그러므로 원행지(遠行地)요.

 8지에는 이미 이승(二乘) 곧 성문(聲聞)·연각(緣覺)을 멀리 여의고 보살의 대원을 발한지라 차지(此地)에서 원(願)바라밀을 성취하고 무상관(無相觀)을 작(作)하여 임운무공용(任運無功用)을 상속할 뿐이니 부동지(不動地)요, 그때는 아무런 것도 자기가 지어서 할 필요가 없이 신통도 마음대로 하고 모두가 다 마음먹는 대로 되어버린다는 말입니다.

 9에는 역(力)바라밀을 성취하고 십력(十力)을 구족하여서 일체처에서 가도(可度)와 불가도(不可度)를 다 알아서 능히 설법할새 선혜지(善慧地)요.

 10에는 장도(障道)무명의, 자성(自性)을 가리운 근본 무명의 근본을 다 끊어버리고서 수용법락지(受用法樂智) 곧, 모든 영원한 안락, 극락세계를 다 수용할 지혜와 성숙유정지(成熟有情智) 곧 모든 유정을 성숙시키는 지혜로써 지(智)바라밀을 성취할새 무변(無邊)의 공덕을 갖추어서 무변의 공덕수를 출생하니 대운(大雲)이 청정한 진여불성의 물을 생(生)함과 같을새 법운지(法雲地)니, 후의 4바라밀이란 제6을 개(開)하여서, 곧 제6반야바라밀을 부연하여 십지(十地)에 배대한 것입니다.

 따라서, 우리가 수행 정진할 때는 여러 가지 경전이나 조사(祖師) 스님 어록도 많이 있는데 특히 화엄경 10지 법문을 소홀히 하면 공부 경계를 자기 나름대로 그릇 해석하게 됩니다.

따라서 우리는 공부하는 과정이나 차서를 참고할 때는 꼭 화엄경같은 권위 있는 가르침으로 점검을 해야 하는 것입니다.

2. 반야심경(般若心經)의 독해(讀解)

반야심경을 모르는 불자가 재가(在家)나 출가(出家)나 없을 것입니다. 더구나 오늘 이 자리에 모인 스님네들이야 더 말할 것 없이 숙달하신 내용이기 때문에 새삼스럽게 해설할 필요도 없겠으나 금타 스님의 심경(心經) 번역은 누구나가 꼭 살펴볼 만한 내용이라고 생각합니다. 지금까지 한국이나 중국, 일본을 통해서 반야심경의 번역이나 주석이 100종이 훨씬 넘는다고 합니다. 그런 가운데 훌륭한 강백(講伯)이 해설했다는 것도 상당한 오류가 있습니다. 곧, 반야사상의 당체즉공(當體卽空)의 도리를 제대로 설파를 못했다는 것을 느끼게 됩니다.

다 아는 바와 같이 꼭 참선만 해서 깨달은 것이 아니라 부처님 법문은 대도무문(大道無門)이기 때문에 경을 볼 때나 또는 기도나 주문이나 염불이나 우리 마음 자세가 본체인 본래면목(本來面目)자리를 안 여읜다면 모두가 다 참다운 공부가 되고 바로 참선과 통하는 것입니다. 따라서 경을 보아도 정말로 진지한 마음으로 본다면 간경자 혜안통투(看經者慧眼通透)라, 혜안이 통해서 공부가 성취된다는 말입니다. 그래서 우리 참선 수행자라 하더라도 경을 무시해서는 안될 것입니다. 선방에 들어가서 결제하면 볼 필요는 없습니다만 그러나 해제한 뒤에는 조사어록이라든가 부처님께서 말씀하신 중요한 경전을 보는 것은 크게 조도(助道)가 됩니다. 게으름부리다가도 법문 말씀 한마디에 뜨끔하니 심기일전해서 마음에 사무친 경책을 받기도 하는 것입니다.

般若波羅蜜多心經의 讀解
(心經은) 本師 釋迦牟尼佛께서 舍利子에 對하신 修道法門이니라
經文만의 素讀이 一이오
二에 懸吐의 音讀과
三에 訓讀이라
四에 略解의 解讀만으로 了知하고
五에 第二(懸吐의 音讀)와 第四(略解의 解讀)로 竝讀하다가
六에 第三(訓讀)과 第四(解讀)로 合讀하니
七에 意讀만으로 終하야
八에 이를 悉皆 義釋할지라
九에 觀解로 照了하고
十에 默照할새
如實信의 信滿으로써 法에 住하야 如實解의 解滿으로써 實行하고 如實修行의 行滿으로써 實證하되 身證心悟의 證滿으로 成佛할진져

반야바라밀다 심경의 독해(讀解)라

심경은 본사 석가모니불께서 사리불(舍利弗)에 대하신 수도법문입니다. 경문만 한번 읽고 다음에는 보다 세밀히 읽기 위해서 토를 붙여서 음독(音讀)하고 다음에는 새기면서 읽고 다음에는 조금더 풀이해서 뜻을 헤아리고 제5에는 현토(懸吐)의 음독과 제4의 약해(略解)의 해독(解讀)도 아울러서 읽어가다가 제6에는 훈독(訓讀)과 제4의 해독을 같이 아울러서 읽어가게 되면 점차로 뜻이 깊어지는 것입니다. 제7에는 읽지도 않고 뜻만 살피고서, 우리가 경을 볼 때도 소리를 안 내고 가만히 참선하는 자세로 비추어 볼 수도 있는 것 아닙니까, 8은 모두를 다 뜻만으로 해석하고 9에는 관해(觀解)로 비추어 보고

제10에는 묵조(默照)해서 비추어 본다는 말입니다.

그렇게 읽다보면 결국은 독서백번(讀書百番) 의자통(意自通)이라, 스스로 통한다고 하듯이 처음에는 건성이라 하더라도 자꾸만 읽어가다 보면 성인의 말씀이기 때문에 또는 우리 마음이 본래 불성(佛性)이기 때문에 점차로 자기 마음이 밝아져 불성과 걸맞은 여법한 믿음이 깃들게 되는 것입니다.

여실(如實)한 신(信)의 신만(信滿) 곧, 여실한 믿음이 원만해진다는 말입니다. 처음에는 별로 깊지 않은 옅은 믿음이겠습니다만, 제법이 공(諸法空)한 도리를 직설로 설파한 법문은 착실하게 보면 볼수록 더욱더 공(空)에 사무치게 되어 신앙심을 깊게 해줍니다.

법에 주(住)하여 여법한 해석이 원만해지므로써 여실(如實)한 수행이 되고 여실한 수행이 원만하므로써 실증(實證)하는 것이니 우리 몸으로 증(證)하고 마음으로 깨닫는 신증심오(身證心悟)는 원래 둘이 아닙니다. 마땅히 참다운 깨달음은 마음도 깨닫고 몸도 아울러 증명이 되어서 우리 몸도 속화된, 물질화된 소조사대(所造四大)가 순수한 4대인 능조사대(能造四大)로 바꾸어지는 것입니다. 소위 환골탈태(換骨奪胎)가 되는 것입니다. 우리 생리와 심리가 바뀌진다는 말입니다. 증만(證滿) 곧 원만한 증득(證得)으로 성불하게 된다는 의미입니다.

般若心經의 略解
序分 第一

(心經 현토)

| 觀自在의 菩薩이 行深般若波羅蜜多 時에 | 三身 四智에 萬德을 具備한 一大人의 大自在境을 觀察하는 菩薩이 深密의 正智로써 彼岸에 到하는 法을 修行할 時에 |

제2절 波羅蜜과 首楞嚴三昧

照見五蘊皆空하야	먼저 妄情으로 이미 分別하든 色法인 色蘊과 心法인 受想行識의 四蘊은 일찌기 假相假名으로서 名相이 本 空일새 五蘊의 皆空함을 照見하야
度一切苦厄이니	生老病死의 四苦를 主로 한 一切苦厄의 苦海를 渡하나니

반야심경의 약해(略解)를 보겠습니다.

어떤 경전이나 서분(序分)이 있고 정종분(正宗分)이 있고 유통분(流通分)이 있습니다. 서분은 서론이요. 본론이 정종분이고 결론은 유통분인 것입니다.

서분이라, 관자재(觀自在)의 보살이; 삼신사지(三身四智)에 모든 공덕을 구비한 일대인(一大人)의 대자재경(大自在境)을 관찰하는 보살이,

관자재 보살은 관세음 보살과 같은데 이렇게 깊은 뜻이 있습니다. 관자재 보살을 풀이하면 법신(法身)·보신(報身)·화신(化身)의 삼신(三身)과 본래 진여불성에 갖추어 있는 지혜인 성소작지(成所作智)·묘관찰지(妙觀察智)·대원경지(大圓鏡智)·평등성지(平等性智)의 무량한 지혜와 만덕을 갖추어 있는 경계를 다 관찰한다는 말입니다. 다시 말씀드리면 우주 전체의 성품과 현상을 조금도 빠짐없이 갖추어 볼 수 있는 보살이 이른바 관세음 보살이라는 말입니다. 보살이란 진리를 여법히 통찰하고 행하는 이를 말합니다.

다음에 행심반야바라밀다시; 심밀(深密)의, 깊고 비밀스러운 바른 지혜로써 피안(彼岸)에, 해탈의 언덕에 이르는 법을 수행할 때에,

조견오온 개공하야; 먼저 망정(妄情)으로 이미 분별하던 색법인 색온(色蘊)과 심법인 수상행식의 사온(四蘊)은 일찌기 가

상가명(假相假名)으로서, 참다운 상도 아니고 참다운 이름도 아닌 명과 상이 원래 공할새 오온이 다 공임을 비추어 봐서,

　　도 일체고액이니; 생로병사를 주로하는 일체고액의 고해를 제도하나니

正宗分 第二

舍利子야 色不異空이오 空不異色일새 色卽是空이오 空卽是色이라 受想行識도 亦復如是니	舍利子야 色이란 空性의 如如相으로서 色體가 別有함이 않이오 空體의 幻華일새 色이 空과 不異하고 空이 色과 不異하야 空 그대로 色이오 色 그대로 空이라 四蘊(受想行識)도 또한 그러하니
舍利子야 是諸法空의 相이	舍利子야 이러한 五蘊(色受想行識)의 諸法이 本空한 實相은
不生不滅이며	元來 生하였음이 아니니 滅하지 못하고
不垢不淨이며	染垢하지 않았으니 洗淨하지 못하고
不增不減일새	欠縮없이 圓滿하니 增減하지 못할지라
是故로 空中에 無色이라 無受想行識이니	그러므로 諸法空의 實相엔 色이란 假相도 無하고 受想行識이란 假名도 無하야 無名이란 假相假名의 總代名詞로서 根本無名(色受想行識)이 無하니
無眼耳鼻舌身意요	六根(眼耳鼻舌身意)도 無하고
無色聲香味觸法이오	枝末無明(六根)이 無하니 六塵(色聲香味觸法)도 無하며
無眼界요 乃至 無意識界일새	이미 根塵(六根六塵)이 無하니 前五識의 所智境界(眼識界・耳識界・鼻識界・舌識界・身識界)도 無하고 能智의 意識界도 無하야
無無明이라 亦無無明盡이며	無明이란 都是 本無할새 無明의 盡할 것도 無하며
乃至無老死라 亦無老死盡이며	따라서 行・識・名色・六處・觸・受・愛・取・有・生도 無할새 乃至 老死의 盡할 것도 無하며

제2절 波羅蜜과 首楞嚴三昧   375

無苦集滅道니	이와 같이 三世의 苦果와 그 集因을 밝히신 十二支의 因緣法이란 곧 五蘊法에 基한 者로서 實相에 本無할새 修道證滅할 것도 無하니
無智라 亦無得하야 以無所得일새 故로	已上 五蘊法의 凡夫智와 十二因緣法의 緣覺智와 四諦法의 聲聞智 等 一切 有爲法의 有漏智란 夢幻泡影을 計執함과 如하야 皆是 虛妄일새 一切有漏의 智가 無하고 따라서 有漏의 得도 無하며 生死有漏를 得할 바가 無하므로
菩提薩埵는	諸相의 無明雲을 開하고 非相의 佛性日을 見하는 開士는
依般若波羅蜜多니 故로	無爲法의 無漏智로써 涅槃岸에 到하는 法에 依하므로
心無罣碍요 無罣碍 故로 無有恐怖라 遠離顚倒夢想하고 究竟涅槃하나니	心에 有漏의 罣碍가 無하고 罣碍가 無함으로 無明心의 極端인 死厄의 恐怖가 無해짐에 따라 一切의 顚倒夢想을 遠離하고 涅槃에 究竟하나니
三世諸佛도 依般若波羅蜜多故로 得阿耨多羅三藐三菩提시니라	三世諸佛도 如此 修行하야 無上菩提를 證得 하시나니라

본론인 정종분(正宗分)에,

사리자야 색불이공이오 공불이색일새 색즉시공이오 공즉시색이라; 사리자야 색(色)이란 공성(空性)의 여여상(如如相)으로서, 색이 원래 따로 있는 것이 아니라 원래 공성 그대로 인연따라 그림자같은 상을 내었다는 말입니다. 즉 어느 상이라도 진리에 맞는 여법한 상입니다. 색이란 그 성품이 공(空)이라는 것이지 없던 것이 나오고 진리에 안 들어 있는 것이 아니라 무슨 색이든지, 무슨 물질이나 모두가 다 본체에서 본다면 진여의 여법한 현상이라는 말입니다. 색체가 따로 있음이 아니요, 공체에서 피어나오는 허깨비 꽃, 허망한 그림자일새, 색과 공이 다르지 않고 공이 색과 다르지 않아서 공 그대로 색이요 색 그대로 공이라, 분석한 뒤의 공이 아니라 바로 색즉공입니다. 색 그대로 공이요 또는 공 그대로 색입니다. 진여불성이 어떻게 바꾸어진다 하더라도 변질이 되거나 변동이 되는 것이 아닙니다. 꿈같은 허환상(虛幻相)이 상만 나툴 뿐이기에 바로 즉공입니다. 물리학자처럼 분자를 원자로 분석하듯이 분석한 뒤의 공은 석공(析空)이고 반야심경의 공은 즉공(卽空)인 것입니다.

수상행식도 역부여시니; 4온도 또한 그러하니 수와 상, 행, 식도 역시 그와 같이 공이라는 말입니다.

사리자야 시제법공의 상이; 사리자야 이러한 색·수·상·행·식 오온의 제법이 본래 공한 실상(實相)은,

불생불멸이며 불구부정이며 부증불감일새; 원래 생하였음이 아니니 멸하지 못하고, (보통은 생도 아니요 멸도 아니요 라고 번역합니다만 이런 풀이가 금타 스님의 독특한 풀이입니다.) 실상(實相)에서 통찰할 때는 원래 생겨나지 않았으니 멸할 것도 없고, 염구(染垢)되지 않았으니, 원래 오염되지 않았다는 말입니다. 오염되게 보는 것은 우리 중생이 잘못 보는 것입니다. 세정(洗淨)하지 못하고, 다시 씻을 필요가 업고, 흠축없이 원만하니 증감하지 못할지라, 아무 흠절이 없이 원만무결하니 새삼 더하고 덜고 할 필요가 없다는 뜻입니다.

시고로 공중에 무색이라 무수상행식이니; 그러므로 제법공의 실상은 색이란 가상(假相)도 무(無)하고 또는 수상행식이란 가명(假名)도 무하여 무명(無明)이란 가상가명의 총 대명사로

서 근본무명이 무하니, 그 무명이란 것은 결국 가상을 실상으로 보고 가명을 실제로 생각하는 데서 생기지 않습니까. 무명의 시초도 제법의 상을 여실하게 보지 못해서 무명이 나오는 것입니다.

무안이비설신의요 무색성향미촉법이요; 안의비설신의 6근(根)도 무하고 지말무명인 6근이 무하니 또 6진(塵)인 색성향미촉법도 무하며,

무안계요 내지 무의식계일새; 이미 6근과 6진이 무하니 전5식의 소지경계(所智境界) 즉 안식계·이식계·비식계·설식계·신식계도 무하고 능지(能智)의, 능히 분별하는 의식계도 무하며,

무무명이라 역무무명진이며; 무명이란 도시 본래 없을새 무명을 다할 것도 없으며, 무무명 역무무명진의 풀이를 잘 새기십시오. 무명이란 본래 없으니 무명을 없앨 것도 없다는 말입니다. 무명이 있어야 무명을 여읠 것이 있지 않겠습니까.

내지무노사 역무노사진이며; 따라서 행·식·명색·육처·촉·수·애·취·유·생도 무할새, 반야심경에서 무명이나 내지 무노사는 십이인연법을 인용한 것입니다. 원래 무명이 없거니 무명에서 파생되는 행이나 식이나 다 응당 없고 따라서 늙어서 죽는 것도 결국은 없다는 말입니다. 노사를 다할 것도 없다, 즉 노사가 없다고 하면 끊을 것도 없다는 말입니다. 원래 무명이 없기 때문에 무명에서 파생된 십이인연법(十二因緣法)의 십일지(十一支)가 있을 필요가 없습니다.

무고집멸도니; 무고집멸도는 상당히 세밀히 풀이가 되었습니다. 이와 같이 삼세의 고과(苦果) 곧 삼악도(三惡道)나 우리 중생이 윤회하는 육도(六道)는 고의 과보입니다. 과거세에 지

은 무명과 삼독심에서 업을 지은 고의 과라는 뜻입니다. 그 집인(集因)을 밝히신 십이지의 인연법이란 곧, 5온법에 근거한 것으로서 원래 실상에는 없을새 수도증멸(修道證滅)할 것도 없다. 우리가 공을 미처 모를 때 이렇게 저렇게 분별하는 것이지 제법공의 경계 곧 색도 공이요 또는 우리 마음 우리 관념도 공이요 모두 공이라는 도리를 안다면 사제(四諦)법문이 무슨 필요가 있겠습니까. 고나 집이나 또는 멸이나 도나 모두가 다 색(色)이 있고 심(心)도 있는 데서 나온 것이지 색심(色心)이 공하다면 이런 것이 어디에 붙어 있을 수가 없는 것입니다.

무지라 역무득하야 이무소득일새 고로; 이상 5온법의 범부지(凡夫智)와 십이인연법의 연각지(緣覺智)와 사제법의 성문지(聲聞智) 등 일체유위법의 유루지(有漏智)란, 물론 부처님께서 아함경에서 오온법이나 십이인연법을 말씀하신 법문이 유루라는 말은 아닙니다. 그러나 표면에 나타난 문자로서는 색심(色心)을 설하고 본래자성자리를 분명히 말씀한 것이 아니기에 아직 방편설이 되겠지요. 몽환포영 곧 꿈이나 허깨비나 또는 거품이나 그림자같이 허망한 것들을 집착함과 같이 모두가 한결같이 허망하니, 일체 유루(有漏)의 지(智)가 무하고 따라서 유루의 득(得)도 무하며 생사유루(生死有漏)를 득할 바 없으므로, 이무소득고 즉 아무런 소득이 없다는 말입니다. 우리가 무엇이 잘 되었다, 잘났다, 또 무엇이든 많이 안다, 이런 것도 결국은 때묻은 번뇌의 득이므로 얻을 바가 없다는 뜻입니다. 따라서 생사윤회할 까닭이 없다는 뜻입니다.

보리살타는 의반야바라밀다니 고로; 모든 상의 무명운(無明雲)을 걷고서 상이 아닌 불성일(佛性日)을 견(見)하는 개사(開士)는, 개사는 살타보살을 말하는 것입니다. 따라서 반야심경을 여실히 아는 정도가 되면 벌써 보살지위에 올라가는 것입니다. 공을 알면 대승초입(大乘初入)이라, 대승에 입문하는 것이므로 반야를 모르면 대승이 못되는 것입니다. 무위법(無爲法)의 무루지로써 열반안에 이르는 법에 의하므로,

　심무괘애요 무괘애고로 무유공포라 원리전도몽상하고 구경열반하나니; 마음에 유루의 괘애(罣碍)가, 유루의 그림자나 거리낌이 없고 괘애가 없으므로 무명심의 극단인 죽음의 공포가 없어짐에 따라 일체의 전도몽상을 멀리 여의고 열반의 구경각(究竟覺)을 성취하게 된다는 뜻입니다. 우리 범부심은 잠재의식이나 현재의식이나 간에 모두가 다 죽음의 공포를 면하지 못합니다. 자기가 실제로 존재한다고 생각할 때는 응당 죽음의 공포는 따르겠지요. 마음에 아직 번뇌가 남아있는 거리낌이 없어지고 또는 그런 거리낌이 없으므로 무명심의 극단인 죽음의 공포가 없어짐에 따라 일체의 거꾸로 보는 전도몽상을 멀리 여의고 열반을 구경(究竟)한다는 말입니다.

　삼세제불도 의반야바라밀다고로 득 아뇩다라 삼먁삼보리시니라; 삼세제불도 이와 같이 수행하여 무상보리(無上菩提)를 증득하시나니라, 삼세제불도 반야바라밀를 수행하셨습니다. 따라서 오온이 개공한 반야의 지혜를 떠나서 성불할 수 없는 것입니다.

　　　　流通分 第三

故知하라 般若波羅蜜多가 是大神呪며 是大明呪며

是無上呪며

故로 알아라 般若波羅蜜多가 究竟覺까지 成就하는 妙不可思議의 大總相法門이며

根塵識의 諸惑을 斷하고 寂滅을 證하니 度無極의 三明과 六通이 生하는 大方便이며

八萬藏經을 讀破하고 千七百公案을 立證함보

	다 勝한 法이며
是無等等呪니	最上無比의 總持니
能除一切苦요	以上 그대로의 解義修行이 堅固하면 多羅尼神通藏에 住할새 諸魔가 不侵이오
眞實不虛라	一切의 虛妄相을 離한 實相의 智慧라
故로 說般若波羅蜜多呪일새	故로 이의 實相智인 般若로써 到彼岸하는 約法을 重說할새
卽說呪曰	곧 般若波羅蜜多의 話頭요 公案이라 이를 더욱 短縮하야 總括하면
揭帝 揭帝 婆羅揭帝 婆羅僧揭帝 菩提 娑婆訶	揭帝 揭帝 婆羅揭帝 婆羅僧揭帝 菩提 娑婆訶 라시니 般若波羅蜜多呪 그대로 般若波羅蜜多의 因이 되고 果가 됨을 了知할지라

유통분(流通分)이라.

고지하라 반야바라밀다가 시대신주며 시대명주며 시무상주며 시무등등주니; 고로 알아라 반야바라밀다가 구경각까지 성취하는 묘불가사의(妙不可思議)의 대총상 법문이며 6근 6진 6식의 제혹(諸惑)을 단하고 적멸을, 해탈을 증하니, 도무극(度無極) 곧 다시 더 높은 곳이 없는 가장 수승한 삼명(三明: 天眼通·宿命通·漏盡通)과 육통(六通: 三明에 神足通·他心通·天耳通을 합한 神通)이 생하는 대방편이며 팔만대장경을 독파하고 1700공안(公案)을 입증함보다 수승한 법이며 최상무비(最上無比)의 총지(總持)니,

능제일체고요 진실불허라; 이상 그대로의 뜻을 알고서 수행이 견고하면은 다라니신통장 곧 일체재앙을 없애고 모든 공덕을 갖추는 법인 다라니신통장에 머물게 되니 모든 마구니가 침범할 수 없고 일체허망상을 떠난 실상(實相)의 지혜입니다.

고로 반야바라밀다주(般若波羅蜜多呪)를 설(說)할새 곧, 아

제아제 바라아제 바라승아제 보디사바하라 한다. 이 주문은 실상지(實相智)인 반야로써 도피안(到彼岸)하는 압축된 간략한 법문으로서 곧 반야바라밀다의 화두(話頭)요 공안이 되니 반야바라밀다주 그대로 인(因)이 되고 과(果)가 됨을 깨달아야 합니다.

다음은 금타 스님이 주를 붙인 것입니다.

> 蓋明心而 見性이오 見性而 悟道일새 先修後悟란 修는 迷修요 先悟後修란 修는 悟修니 修法에 있언 講經이나 誦呪나 參禪이나 觀法이나 그의 方法은 多少 差異가 有하지만 迷·悟의 境은 一也요 證이란 身證이며 悟란 心悟일새 身證心悟를 證悟라 云하나니라

대저 마음 밝힘이 견성이요, 견성이 바로 오도일새 먼저 닦고 뒤에 깨닫는 선수후오(先修後悟)란 미혹된 수행법이요 먼저 깨닫고 뒤에 닦는 선오후수(先悟後修)란 참다운 수행법인 오수(悟修)이니, 수법에 있어서 경을 보는 것이나 또는 송주나 참선이나 관법이나 그 방법은 다소 차이가 있지만, 천수경으로 깨달으나 염불하고 깨달으나 화두로 깨달으나, 깨달은 경계는 둘이 아니요, 증(證)이란 몸으로 증하는 것이요 오(悟)란 마음으로 깨닫는 것이니 신증심오(身證心悟)를 증오(證悟)라 합니다.

3. 수릉엄삼매(首楞嚴三昧)

1) 삼매도(三昧圖)

이 금강심론은 제가 허두에도 말씀 드렸습니다마는 굉장히

중요한 논서(論書)입니다. 나중에 참고해서 보시기 바랍니다. 이 가운데에 해탈십육지(解脫十六地)도 있고 또는 수릉엄삼매도가 있습니다. 이 그림을 보면 무엇이 무엇인지 어리둥절 하겠지요.

저는 처음에 백양사(白羊寺) 운문암(雲門庵)으로 출가를 했습니다. 운문암에 가서 보니까 큰 방에 이 삼매도가 부착되어 있는데 불교입문 정도는 알고서 출가를 했지만 무엇인지 알 수가 없었습니다. 그러나 알 수는 없지마는 과거 숙세(宿世)의 인연이었던지 그것이 아주 귀중한 보배처럼 생각되었습니다.

그러나 그 부착한 것을 제가 뗄 수는 없고 또 그 때는 대중이 다 분산되어 버려서 누구한테 물어 볼 수도 없었습니다. 그 때는 6·25사변 훨씬 전이기 때문에 산중에는 빨치산이 있어서 국군하고 싸우기도 하고 참 험악한 때입니다. 깊은 산중이라 먹을 것도 부족하고 또 조금만 의심쩍으면 끌려가서 문초를 받기도 하기 때문에 스님네가 오래 살지 않았습니다.

또한 운문암 가풍은 참선만 시키지, 밤에는 절대로 불을 못 켭니다. 그때, 그런 깊은 산중 절에는 초도 없고 석유 호롱불 밖에 없었는데 더러 초가 있을 때는 부처님 앞에만 간단히 잠시간만 밝힙니다. 또 사시(巳時) 마지를 올리고서 하루 한 때만 먹기 때문에 사시에 부처님한테 마지 올릴 때만 촛불을 좀 켜고 조석예불은 어두운 법당에서 죽비로 딱딱 치고 예불을 모십니다.

그런 때에 저는 거기서 공양주도 지내고 부목(負木)도 할려니까 너무나 고되기도 해서 '안되겠구나. 다른 데에 가서 공부를 해야겠구나' 하는 마음이 생겨서 다른 데로 갈려고 마음먹었는데 이 수릉엄삼매도가 욕심나서 갈 수가 있습니까?

그래서 떼어갈 수는 없고 할 수 없이, 아직 행자인지라 협착하고 누추한 뒷방에서 밤에 호롱불을 켜놓고서, 그것도 밖에 비치면은 어른 스님들한테 꾸중을 들으니까 해어진 모포로 창을 가리고서 삼매도를 베꼈습니다.

나중에는 금타 스님께서 직접으로 그려서 복사한 수릉엄삼매도 3장을 가지고 나오기도 했습니다마는 저로 해서는 아주 인연 깊은 수릉엄삼매도 입니다.

삼매는 무량 삼매이지만 보통 108삼매로 구분합니다. 백팔삼매 가운데서 가장 최고의 삼매가 수릉엄삼매입니다.

이 수릉엄삼매는 바로 일체 번뇌를 모조리 없애는 멸진정(滅盡定)을 성취해야 얻을 수 있는 삼매인 것입니다. 수릉엄삼매는 다른 이름으로 반야바라밀(般若波羅蜜)이라, 또는 금강삼매(金剛三昧) 곧 어떤 번뇌로도 파괴될 수가 없고 우주 만유의 근본 성품인 금강불성을 훤히 깨달아 일체종지(一切種智)를 다 얻는 삼매이며, 또는 사자후삼매(獅子吼三昧)라, 사자의 포효가 뭇 짐승들을 조복받듯이 이 보다도 더 깊은 삼매는 없다는 말입니다. 또는 바로 불성(佛性)이라, 수릉엄삼매란 바로 불성을 말합니다. 불성자리를 조금도 흠절이 없이 훤히 투철하게 깨닫는 삼매가 수릉엄삼매인 것입니다.

우리는 금생에 꼭 수릉엄삼매에 들어야 하겠습니다. 불경에 보면 수릉엄삼매에 들 때는 마치 삼천대천 세계를 자기 손바닥 안에 놓고 소상히 볼 수 있는 부사의한 지혜가 성취된다고 합니다. 우리에게는 그런 지혜가 분명히 본래로 갖추어 있는 것입니다.

首楞嚴三昧圖

又名般若波羅蜜金剛三昧、師子吼三昧、佛性等圖
成身會一千六十一尊位

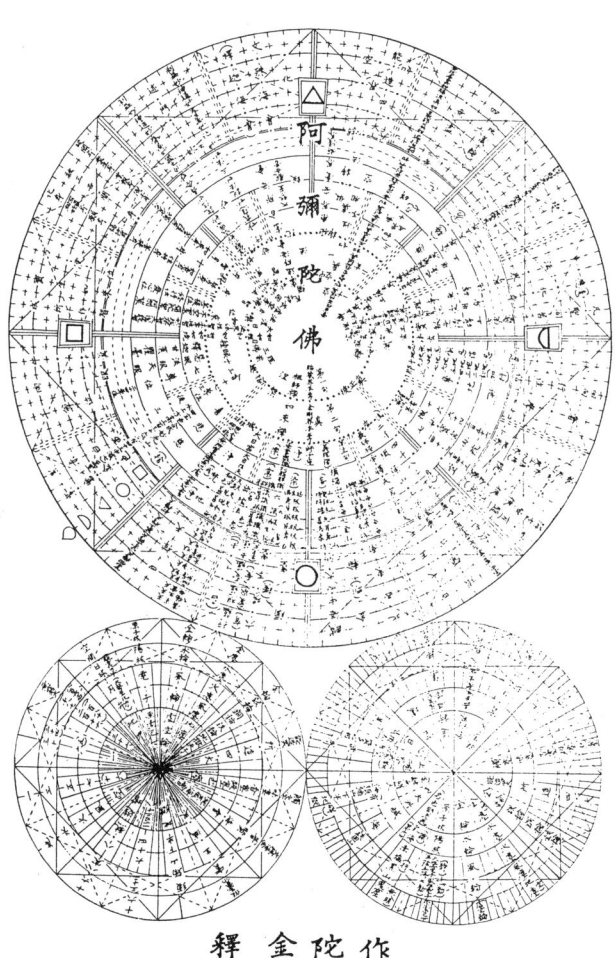

法性偈三句中八
一中一切多中一 一即一切多即一 一微塵中含十方 一切塵中亦如是
無量遠劫即一念 一念即是無量劫 九世十世互相即 仍不雜亂隔別成

無障礙蓮華三昧頌
歸命本覺心法身 常住妙法心蓮臺 本來具足三身佛 三十七尊住心城
普門塵數諸三昧 遠離因果法然具 無邊德海本圓滿 還我頂禮心諸佛

作寫　陀華　金清　釋釋

2) 삼매도결(三昧圖訣)

금타 스님께서는 수릉엄삼매도결을 상편만 저술하시고 오십세에 세연(世緣)을 마쳤습니다. 그래서 하편은 후래인들이 수릉엄삼매를 성취하여 내도록 해야 할 것입니다.

首楞嚴三昧圖訣 上篇
本訣은 心으로 爲宗일새 空으로 爲體요 性相으로 爲用이라 此에 基하야 圖示한 首楞嚴三昧의 境界圖를 了解케 함인져.

본결(本訣)은 마음으로 종(宗)을 삼을새 공(空)으로 체(體)를 삼고 성상(性相)으로 용(用)을 삼는데 이에 근거하여 도시(圖示)한 수릉엄삼매의 경계도를 깨달아 알게 하기 위한다는 의미입니다.

수릉엄삼매에 들어서 우주를 관찰할 때 우주의 모든 일진법계(一眞法界) 현상을 이렇게 도시(圖示)한 것입니다. 따라서 수릉엄삼매도를 보려면 이 수릉엄삼매도결을 참고하기 바랍니다. 수릉엄삼매도에는 팔만사천 부처님 법문 가운데 중요한 법문들이 발췌되어 도식화(圖式化)되어 있습니다. 그래서 한 가운데에 있는 아미타불은 바로 대일여래(大日如來)로서 법신, 보신, 화신의 삼신일불(三身一佛)이요, 바로 자성미타(自性彌陀)라고 하는 자성(自性)의 명호(名號)입니다. 극락세계 교주인 아미타불이란 뜻만은 아닙니다.

그러나 자성이 바로 아미타불이고 우주의 실상이 바로 극락이므로 부처와 중생과 제법이 본래 다르지 않습니다. 그래서 수릉엄삼매도를 간략히 말하면 불성도(佛性圖) 자성도(自性圖)인 것입니다. 삼매도의 한가운데 불위(佛位)로 향해서 닦아 올라가는 것입니다. 본래는 심천(深淺) 상하(上下)도 없지만 중생 경계에서 중생을 성불로 유도하는 면에서 바깥의 낮은 데에서부터 차근차근 깊이 닦아 들어가는 법의 심천 한계를 표시하였습니다.

3계(三界) 28천(二十八天)이라든가 또는 지·수·화·풍·공 등 불교 우주관이 다 들어 있습니다. 이른바 물리학적인 표현을 구태여 쓴다면 지·수·화·풍·공 5대(五大)라고 할 수가 있는 것이고 이것을 생명적으로, 인격적으로 표현하면 오지여래(五智如來)라고 말합니다. 여기에 있는 네모(□)는 지(地)를 의미하고 원(○)은 수(水)를, 삼각(△)은 화(火)를, 반원(⌒)은 풍(風)을, 그리고 가운데 향공상(⚬)은 또 점(·)으로서 공(空)을 상징합니다. 불교의 체계는 모두가 정밀하고 엄정한 체계입니다. 헛되고 모호한 것이 없습니다.

다 아는 바와 같이 사제(四諦)법문도 얼마나 철학적이고 논리적입니까. 12인연법도 호리도 군더더기가 없는 바로 우주의 도리로 천지 우주의 운행(運行)과 윤회(輪廻)하는 법도를 밝히고 있는 것입니다.

그리고 아래쪽은 현대 물리학과 불교의 분석적인 법상과 대비해서 표시한 것입니다. 적어도 석존(釋尊) 이후에 물리학과 불교의 해석학적인 교리와 대비해서 말씀한 분은 금타 스님이 처음이라고 생각합니다.

그리고 모든 것이 점선과 직선으로 연결되어 있는데 직선은 지혜〔智:金剛界〕를 의미하고 점선은 리(理:胎藏界)를 의미합니다. 따라서 앞서 말씀드린 바와 같이 정(定)이나 혜(慧)나, 지혜(智慧)나 리(理)나, 지(止)나 관(觀)이나 모두가 다 심심미묘한 공덕으로서 본래 우주 본체에 갖추어 있는 것입니다. 리(理)는 그 공덕으로 말하면 우주 만법을 섭인(攝引)하는 인력(引力)이요 자비(慈悲)입니다. 자비와 지혜는 본원적으로 우주에 갖추고 있습니다. 그렇기 때문에 우리가 자비심을 못 낸다든가 반야 지혜가 없다면 공부가 안되겠지요. 따라서 리(理)와 지(智)가 이렇게 서로 서로 상즉상입(相卽相入)하는 원융무애한 관계를 리지불이(理智不二)라 합니다. 여러 가지로 구분하는 것은 우리 중생들이 알기 쉽게 하기 위해서 분별 지혜로 구분한 것이지 원융무애인 경계이기 때문에 리(理) 따로 있고 지(智) 따로 있는 것이 아니요 리와 지가 원래 둘이 아니라는 뜻입니다. 이런 도리는 자세히 설명하기도 어렵고 너무 번쇄하게 설명하게 되면 분별 갈등이 되기 쉽습니다.

다음은 불조(佛祖)의 명구문(名句文)을 해설하도록 하겠습니다.

上編序分의 名句文
「諸行」二字는 名이오「諸行無常」四字는 句며「諸行無常 是生滅法 生滅滅已 寂滅爲樂」十六字는 文일새 自性의 體를 詮함이 名이오 義를 顯함이 句며 體用齊示의 文字가 文이니 本編은 首楞嚴三昧圖에 擧示한 佛祖의 若干 名句를 原文 或은 纂文으로써 引證하야 本訣의 序分에 代함이니라.

상편 서분의 명구문이라,

명구문(名句文)이란 것은 불경의 술어로서 명(名)과 구(句)와 문(文)으로 구성된 문장으로서 요즈음 말하는 문학적, 문법적으로 구성되어 있는 경문(經文)을 말합니다.

재행(諸行) 두 글자는 명(名)이요, 재행무상 네 글자는 구(句)며 재행무상 시생멸법 생명멸이 적멸위락 16자는 문(文)으로서 자성(自性)의 체(體)를 전(詮)하여 나타냄이 명(名)이요, 뜻을 나타냄이 구(句)며, 체와 용을 아울러서 보이는 문장이 문(文)이니, 본편은 수릉엄삼매도에 거시(擧示)한 불조(佛祖)의 약간 명구를 원문 혹은 찬문 곧 약간 풀이한 말씀으로써 인증(引證)하여 본결의 서분에 대함이니라.

따라서 금강심론에 있는 법문들은 불조의 경론(經論)에서 많은 인용을 한 것입니다.

首楞嚴

「首楞嚴三昧經」中에 「菩薩이 得 首楞嚴三昧하면 能以三千大千世界로 入芥子中하야 令諸山河日月星宿로 悉現케 하되 如故而不迫迮하야 示諸衆生하나니 首楞嚴三昧의 不可思議勢力이 如是라」시고 「智度論」 四十七에 「首楞嚴三昧者는 秦言 健相이니 分別知諸三昧行相多少淺深함이 如大將知諸兵力多少라」 하고 「復次 菩薩이 得此三昧하면 諸煩惱魔及魔人이 無能壞者하나니 譬如 轉輪聖王主兵寶將의 所往至處에 無能壞伏」 이랐으며 「玄應音義」 二十三에 「首楞伽摩는 此云健行定이오 亦言 健相인 바 舊云首楞嚴也」 랐고 「涅槃經」 二十七에 「首楞嚴者는 名一切事竟이니 嚴者는 名堅이라 一切畢竟而得堅固함을 名首楞嚴일새 以是故로 言首楞嚴定이며 名爲佛性이니 首楞嚴三昧者-有五種名하야 一者 首楞嚴三昧요 二者 般若波羅蜜이오 三者 金剛三昧요 四者 獅子吼三昧요 五者 佛性이라 隨其所作處處에 得名이라」시니 首楞嚴이란 新云 首楞伽摩로서 健相이라 健行이라 一切事竟이라 譯한 佛所得의 三昧名인 바 健相이란 佛德이 堅固하사 諸魔가 能壞치 못함일새요 健行이란 諸佛修行이 如金剛般若行임으로 써요 一切事竟이란 佛德의 究竟을 云함이니

換言하면 一實相인 一相이오 一相인 健相일새 곧 首楞嚴이란 먼저 觀念的 一相三昧로써 健相인 實相을 見證하고 健行인 般若一行으로

써 理事를 契合하되 如金剛의 堅固를 得하야 卽理卽事인 一切事에 通達究竟함이니라

　수릉엄삼매경에 '보살이 수릉엄삼매를 얻으면 능히 삼천대천 세계가 개자(芥子)씨 가운데에 들어가서 모든 산하 일월성수로 다 나타나게 한다' 함은 한도 끝도 없이 넓은 삼천대천 세계가 개자씨 가운데 들어가서 산이나 내나 해나 달이나 별이나 모두를 다 나타낸다는 말입니다. '여고이 불박책(如故而不迫迮)이라' 이전에 있는 산이나 시냇물이나 또는 무엇이나 조금도 좁혀지지 않고서 '모든 중생에게 보이나니' 작은 것, 큰 것이 따로 있다고 생각하는 중생의 차별 견해에서는 이해할 수가 없는 문제입니다. 이렇게 삼천대천 세계를 아주 작다고 할 수 있는 개자씨 안에 들어가게 해서 능히 해나 달을 이전과 조금도 차이 없이, 줄이지 않고서 모든 중생에게 보이나니 '수릉엄삼매의 불가사의 세력이 이와 같도다' 하였습니다.
　생명의 실상인 진여불성은 대소(大小)나 높낮이의 차이나 또는 있다 없다는 상이나 모든 상을 다 떠났기에 들어가고 안 들어가고 또는 많다 적다 크다 작다 하는 구분을 할 수가 없는 것입니다.
　지도론(智度論) 47에 '수릉엄삼매자는 진언(秦言)으로 건상(建相)이니' 건상이란 다시 파괴할 수 없는 상이란 뜻으로 상을 떠난 실상을 말한 셈입니다. '모든 삼매의 행상을 알고 많고 적음과 깊고 옅은 것을 분별해서 다 아는 것이 마치 대장이 병력의 수를 아는 것과 같다'고 하였고 '또한 보살이 이 삼매를 얻으면 모든 번뇌마라든가 마군이가 능히 파괴할 수 없나니 마치 전륜성왕이' 전륜성왕은 마군이를 척파하고 선법을

지키는 왕으로 왕 가운데 가장 신성한 왕을 말합니다. '모든 병졸이나 장군들이 이르는 곳에, 마군이나 또는 번뇌가 덤빌 수가 없듯이 수릉엄삼매를 얻는다면 모든 마장이 능히 파괴할 수가 없다'고 하였고

현응음의(玄應音義) 23에 '수릉가마(首楞伽摩 Śuraṁgama)는 건행정(健行定)이라, 이것도 역시 파괴할 수 없는 정(定)이요, 삼매며 다시 말하기를 건상(建相)인 바, 파괴할 수 없는 실상인 바 이전 경에서 말한 것은 수릉엄이니라'하였고

또는 열반경 27에 '수릉엄자는 명일체사경(名一體事竟)이니' 모두를 다 할 수 있는 일체종지를 성취한다는 말입니다. '엄(嚴)이란 이름하여 견(堅)이라, 일체필경이라 모두를 다 마쳐서 견고부동함을 수릉엄이라고 이름할새 이런 고로 수릉엄정이라 말하며' 수릉엄은 가장 참된 건상 건행이란 뜻입니다. 파괴없음을 의미하는 동시에 파괴할 수 없는 가장 깊고 견고한 삼매라는 말입니다. '또 바로 불성이라 이름하는 것이니 수릉엄삼매는 다섯 종류의 이름이 있어서 하나는 수릉엄삼매요, 둘은 반야바라밀이요, 셋에는 금강삼매요, 넷에는 사자후삼매요, 사자가 백수의 왕이므로 삼매 가운데 왕이라는 뜻입니다. 다섯에는 불성이라, 그때그때 경우에 따라서 이름을 붙였다' 하였으니,

수릉엄이란 수릉가마로서 건상이라, 바로 실상이라 건행이라, 여법한 삼매요 행위라 일체사경이라, 모든 일체 종지를 다 성취했다, 이렇게 번역하는데 부처님께서 얻는 삼매명인 바, 건상이란 불덕(佛德)이 견고하여 제마(諸魔)가 능히 파괴치 못함일새요, 건행이란 제불(諸佛)의 수행이 금강반야행임과 같음으로써요, 파괴할 수 없는 반야행이라는 말입니다. 반야는

제법공의 지혜인데 파괴할래야 어떻게 파괴할 수 있겠습니까. 일체사경이란 불덕(佛德)의 구경(究境)을 말함이니, (여기까지는 각 경론을 의지했고 다음은 저자의 말이 됩니다.)

　바꾸어서 말하면 일실상(一實相)인 일상(一相)이요 (실상이 둘이나 셋이나 있을 수가 없지 않겠습니까. 물론 일상이란 것도 단순한 하나의 상(相)이 아니라 상대를 여읜 절대적(絕對的)인 실상입니다) 일상은 건상일새 (여법한 상일새) 곧 수릉엄이란 먼저 관념적 일상삼매(一相三昧)로써 (우리가 아직 범부지 인지라 처음에는 관념적이지 않을 수가 없습니다. 존재의 실상을 깨닫고 우리의 마음이 불성과 온전히 결합되었다면 모르거니와 아직 그렇지 못한 중생 경계에서는 우선 관념적으로 부처님 말씀에 의지하지 않을 수가 없습니다) 건상인 실상을 견증(見證)하고 또는 건행인 반야일행(般若一行)으로써 (건상과 건행인 여법한 수행은 바로 반야일행입니다. 제법공도리를 놓치지 않는 수행이 이른바 반야일행이라는 말입니다.) 이와 같이 리사(理事)를 계합하되 여금강(如金剛)의 견고를 득하여 (금강의 견고함과 같음을 얻어서) 즉리즉사(卽理卽事)라 (리가 바로 사인) 일체사에 통달구경함이니라, (일체 만사에 원만히 통달해야 한다는 뜻입니다.)

※ 게송 음미(偈頌吟味) ①

　불경(佛經)을 보면 무슨 경이나 꼭 게송이 같이 곁들여 있습니다. 역시 부처님께서 중생을 교화하는 묘(妙)가 부사의(不思議)하기 때문에 우리 마음을 평온하고 순수한 정서로써 순화시킨다는 의미가 포함되었다고 생각이 됩니다.
　더구나 저같이 말주변없는 사람이 하루에 너댓 시간씩 원리만 말을 하니까 굉장히 딱딱할 것입니다. 그래서 밤에 한 시간 동안에는 공부하는데 유익한 게송을 골라서 음미(吟味)해 보도록 하겠습니다.

　1) 부용(芙蓉) 스님의 임운무애게(任運無碍偈)

　부용도해(芙蓉道楷 ?~1118) 스님은 중국 중세기 북송(北宋) 때 조동종(曹洞宗)의 위대한 선사입니다. 이 스님은 청백하고 도행(道行)이 높아 총림(叢林)에는 물론이요 도속(道俗)이 존경하므로 당시 휘종(徽宗) 황제가 자가사(紫袈裟) 즉 금란가사(金襴袈裟)와 당호를 하사했는데 받지를 않고 되돌려 보냈습니다. 보통 사람같으면 자기가 유명한 선사(禪師)라 하더라도 감격을 하면서 받아야 할 것인데 몇번 간청을 해도 사절하였던 것입니다. 그래서 임금의 노여움을 사서 그 벌로 귀양을 가게 되었습니다. 귀양도 참 별난 귀양도 있지 않습니까. 한 5년 동안이나 귀양살이를 하였는데 그곳에 수백 명의 학도들이 모여 스님 밑에서 공부를 하게 되니 황제는 뉘우치고 화엄선사(華嚴禪寺)라는 절 이름을 내렸다고 합니다. 그렇게 유명한 스님입니다. 그 뒤 병도 없이 입적하였는데 나이가 아마 76세이었던 모양이지요. 그래서 벌써 우리도 그 나이에 가까워지니까 더욱 친밀감이 들어서 가장 허두에 말씀드리겠습니다.

任運無碍偈
吾年七十六　　　내 나이 이미 칠십육인데
世緣今已足　　　세상인연 이제 모두 마치었도다
生不愛天堂　　　살아서는 천당을 바라지 않고
死不怕地獄　　　죽어서는 지옥도 두렵지 않네
撒手橫身三界外　뿌리치고 삼계 밖에 내 몸을 두니
騰騰任運何拘束　등등임운에 무슨 구속 있을 것인고
　　　　　　　　(걸림없는 경계에)
　　　　　　　　　　　　　　　— 芙蓉道楷 —

'오년 칠십육(吾年七十六)인데 세연금이족(世緣今已足)이라' 내 나이가 벌써 76인데 세상 인연이 다 해서 더 바랄 것이 없이 이걸로서 이미 만족을 한다는 말입니다. '생불애천당(生不愛天堂)이요 사불파지옥(死不怕地獄)이라' 살아서는 참선공부에만 애썼지 천상같은 것은 바랄 만한 틈도 겨를도 없었다는 말입니다. 오로지 정진만 했다는 의미가 되겠지요. 또한 금생에 닦을 만큼 닦았으니 죽음에 이르러서는 지옥을 두려워

할 것도 없다는 말입니다. '살수횡신삼계외(撒手橫身三界外)하니' 살수는 손을 뿌리친다는 말로 그냥 모든 잡연(雜緣)을 다 뿌리치고 간다는 뜻입니다. 삼계 밖에 몸을 누인다는 말은 공부를 했으니 삼계에 갇혀 있지 않고 해탈을 했다는 뜻이 됩니다. 이제 손을 뿌리치고 해탈의 경계에 들어간다는 말입니다. '등등임운 하구속(騰騰任運何拘束)이리요' 등등임운(騰騰任運)은 조금도 조작이 없이 법 그대로, 불교말로 하면 법이자연(法爾自然)이라, 법 그대로이니 조금도 구속이 없이 당당하다는 뜻입니다. 등등임운이니 어찌 내가 구속이 있을 것인고. 이런 게송입니다.

공부하다가도 이런 게송을 한번 읊어보면은 그마만치 마음이 시원스럽기도 하지 않겠습니까?

내 나이 76세 세상 인연이 다해서 가는 것인데 서운할 것도 미련도 애착도 없고 조금도 불평이 있을 수 없다. 따라서 살아서는 오직 내 최선을 다해서 공부하였을 뿐이지 천상이고 행복이고 그런 것을 바랄 만한 겨를도 없었다. 바르게 살았으니 죽어서 지옥이 두려울 것도 없는 것이고 잡연을 뿌리치고 삼계 밖에, 해탈의 경계에다 몸을 두니 등등임운 하구속이리요, 이제 당당하고 활발발지(活鱍鱍地)라, 무엇을 두려워하고 끓릴 것이 있을 것인가, 그저 의젓이 인연 따라서 자연의 법도에 따를 뿐이라는 뜻입니다. 그야말로 임금이 주는 금란가사, 찬란한 가사를 보통 사람같으면 못 받아서 한(恨)일 것인데 그렇게 안 받다가 귀양살이까지 할 수 있는 청빈(淸貧)한 수행자의 귀감입니다.

2) 석옥(石屋) 화상 임종게(臨終偈)

다음은 임제종(臨濟宗) 전등법사요 한국 조계종의 종조(宗祖)인 태고 보우(太古普愚) 선사의 스승 되는 석옥청공(石屋淸珙 ?~1352) 화상이 읊은 임종게(臨終偈)입니다. 앞의 게송도 임종게입니다만, 다른 게송도 중요하겠지만 도인들이 열반 들 때에 남겨 놓은 임종게는 우리에게 더욱더 숙연한 감명을 줍니다.

```
無火定偈
青山不着臭尸骸    청산은 냄새나는 시체를 받지 않는데
死了何須掘土埋    죽어서 하필이면 땅에다 묻을 것인가,
顧我也無三昧火    나를 돌아보니 삼매의 불이 없구나
先前絶後一堆柴    앞에 있다 이내 사라질 장작더미 뿐,
                              ― 石屋淸珙 ―
```

'청산불착 취시해(靑山不着臭尸骸)하니' 청산은 냄새나는 시체를 받지 않으니, 붙이지 않는다는 말입니다. 맑은 청산도 바로 본다면 하나의 생명인데 그런 맑은 청산이 나같이 참선공부를 좀 했더라도 죽으면 냄새나는 시체이므로 붙이기를 싫어할 것이니, '사료하수 굴토매(死了何須掘土埋)리요' 죽어서 가는 길에 어찌 하필 땅을 파고서 시체를 묻을 것인가? 속인들이나 매장을 할 것이지 우리 공부하는 출가사문들을 무슨 필요로 매장을 할 것인가 하는 말입니다. 청산도 냄새를 풍기는 시체를 붙이기 싫어하는데 그 땅에다 냄새나는 시체를 무슨 필요로 묻어야만 할 것인가? 그러니까 자기 시체를 매장을 할

필요가 없다는 얘기지요. 그러나 '고아야무삼매화(顧我也無三昧火)라' 그렇다고 해서 과거 위대한 조사들처럼 화광삼매(火光三昧)에 들어서 자기 몸을 태우면 좋은데 그럴만한 법력도 없다는 한탄입니다. 나를 돌아다 보니 삼매의 불이 없다는 말입니다.

삼매의 불, 출가사문이 되어서 참선 수행을 하는 우리 수행자들이 저나 여러분이나 임종 때에 이런 한탄이 안 나오리라고 장담을 하겠습니까? 부처와 나와 둘이 아니고 달마와 나와 둘이 아닌데, 그런 분들은 화광삼매에 들어서 삼매의 불로 자기 시체를 태워서 사리(舍利 Sarīra)를 남겼던 것입니다.

아란(阿難 Ānanda, 阿難陀)존자는 마하가섭 다음의 제삼대(第三代)조사입니다. 대체로 그런 분들이 임종 들 때는 미리서 내가 언제 가겠다고 말씀을 합니다. 그런 것은 미련을 두어서가 아니라 마지막 설법을 하기 위해서, 제도 못한 사람들을 마저 제도하기 위해서 방편으로 말씀하는 것입니다. 아란존자도 열반에 들 것을 미리서 예언하였습니다. 그리고 자기가 열반들 장소로 마가타국(Magadha國)에서는 오래 있었으므로 갠지스강(Ganges江)을 건너서 한가한 비사리국(毘舍離 Vaiśāli國)으로 갈려고 하였습니다. 아란존자는 삼대조사이고 부처님 종제(從弟)이며 부처님을 20여년 동안 시봉하였고 부처님 법문을 하나도 빠짐없이 모두 다 외울 정도로 위대한 분이기 때문에 아란존자의 열반상(涅槃相)을 뵈옵기 위해서 많은 사람들이 모여 들었습니다. 그런데 마가타국을 떠나서 저쪽 비사리국으로 간다고 하니까 그때 마가타국의 왕인 아사세왕(阿闍世王 Ajātaśatru)은 숭앙하는 성자가 다른 나라에 가서 열반든다는 소식에 굉장히 섭섭해서 가지 못하게 말리려고 많은 군대를 거느리고 아란존자가 떠난 길을 뒤따라 갔습니다. 그런데 이미 갠지스강 저 편에 있는 비사리(비야리)에서는 그 나라 왕이 아 난존자를 마중하러 군대를 이끌고 갠지스강 기슭으로 오는 것입니다. 아란존자는 갠지스강을 건너려고 모래 사장으로 나왔는데 그때 벌써 아사세왕은 곧바로 뒤쫓아와서 진을 치고 있고 저쪽을 건느다 보니까 그곳 비사리국 왕이 군대를 거느리고 마중을 나와있는 것입니다. 아란존자는 자기 때문에 큰 싸움이 일어나서는 안되겠다고 생각하여 배를 타고 강심(江心)에 이르러 배 위에서 공중으로 솟아 올랐습니다. 그리고는 18신변(神變)을 나투고 화광삼매(火光三昧)에 들어 가슴에서 불을 내어 공중에서 자기 몸을 태웠습니다. 삼매가 순숙되면 마음대로 할 수 있다는 것입니다. 불이나 물이나 무엇이든지 낼 수 있다는 것입니다. 그것은 우리 불성 가운데는 불이나 물이나 무엇이고 모든 성품이 모두가 다 들어 있어서 깊은 삼매에 들면 그걸 자재(自在) 한다는 것입니다. 그래서 화광삼매로써 사리를 내어 양쪽 기슭으로 이분(二分)해서 떨어뜨렸습니다. 그러니 싸울 수가 있겠습니까? 양편이 다 한없이 슬퍼하고 우러러 찬탄하였습니다.

　그러한 열반상을 청공화상이 모를 리가 만무하겠지요. 그래도 조실로 불리고 태고 스님 뿐만 아니라 위대한 제자가 많이 있는데, 자기가 자기를 돌아보니 마땅히 화광삼매 정도는 있어야 할 것인데 푸른 청산에다 냄새나는 시체를 묻는다는 것은 아예 내키지 않고 그렇다고 화광삼매에 들만한 법력이 없다는 것입니다. 저같은 사람도 이대로 죽으면 어찌할 것인가? 아무리 생각해봐도 가당치도 않습니다. 앞으로 죽을 날까지 얼마나 가려는지 모르겠지만 부지런히 공부해가지고 이런 정도의 한탄은 안해야 할 것인데 어떻게 되려는지 참 너무나 안타까운 일입니다.

나를 돌아보니 삼매의 불이 없고서 다만 '선전절후일퇴시(先前絶後一堆柴)라' 지금 자기 앞에는 사부대중이 모여서 화장하려고 쌓아놓은 한무더기 장작 더미가 있는데 자기를 화장하면 곧 사라지고 말겠지요. 그래서 자기 앞에 있지만 이윽고 사라지고 없어질 한 무더기의 나무뿐이로다 하는 말입니다. 이렇게 석옥청공 화상은 읊었습니다.

이런 것을 우리 참선 공부하는 스님네들은 명감(名鑑)을 삼아서 부지런히 삼매를 닦아서 꼭 이런 후회를 하지 않도록 공부를 해야 할 것입니다. 부처와 나와 둘이 아니고 또는 아란존자와 나와 둘이 아니지 않습니까?

3) 천고송(天鼓頌)

우리는 도리천(忉利天)이라든가 또는 야마천(夜摩天)이나 도솔천(兜率天)이나 말하면 꿈속 나라처럼 감도 잘 안 잡히고 믿지도 않는 불자들도 있습니다. 그러나 그런 천상은 분명히 존재합니다. 색즉공(色卽空)이라 또는 오온개공(五蘊皆空)이라, 모든 상이 본래 공이라는 차원에서 본다면 나도 없고 인간도 없습니다. 그러나 인간이라는 상(相)도 허망상이나마, 가상(假相)이나마 있다고 할 때는 욕계(欲界)뿐만 아니라 색계나 무색계나 삼계(三界)가 엄연히 있는 것입니다. 다만 그 있는 것은 인간도 가상으로 있듯이 실존적이 아니라 가상으로 있다는 말입니다.

도리천은 바로 사왕천(四王天) 다음이니까 욕계천(欲界天)

가운데는 낮은 천상입니다. 도리천 다음에는 야마천 그 다음에는 도솔천, 그 다음에는 화락천(化樂天), 욕계천의 마지막 하늘이 타화자재천(他化自在天)인데, 말씀드린 바와 같이 욕계에서 올라갈수록 점차로 욕심이 희박해지다가 색계에 올라가서는 잠욕〔睡眠欲〕, 식욕, 음욕 등 욕심이 모두 떨어지는 것입니다. 욕계천에 있는 도리천의 공덕에 대한 게송이 있습니다. 이 게송은 당화엄경(唐華嚴經)에 있는 법문인데 어떻게 해서 이런 게송이 나왔는가 하는 그 연원이 있습니다.

  도리천의 왕은 제석천(帝釋天)입니다. 그런데 도리천은 욕계의 범주에 들어있어서 역시 게으름도 피우고 또는 망상도 하고 번뇌를 다 떼지 않은 욕계천입니다. 우리 인간 세상같으면 게으름 피우면 계속 게을러질 수도 있고 공부를 조금 했으면 그때그때 반성하고 경각심을 내겠습니다마는 도리천에 있는 중생들은 인간 보다는 조금 더 높은, 업장이 더 가벼운 세계이기 때문에 게으름을 내면 북이 없는데도 법성(法性: 佛性) 자연의 도리로서 자동적으로 북소리가 울려오는 것을 천고(天鼓)라고 합니다. 천고는 하늘 북인데 물형적(物形的)인 어떤 북이 있어서 소리가 나오는 것이 아니라 게으름 부림에 따라서 그에 상응하여 울려나오는 북소리 자체가 게으름을 없애고 정진을 일깨우는 북소리라는 뜻입니다. 극락세계의 나무나 숲이나 모두 염불(念佛)·염법(念法)·염승(念僧)이라, 부처를 노래하고 또한 법을 노래하고 승가를 노래하듯이 그런 높은 세계는 소리 가운데 법문의 의미가 다 들어있는 것입니다. 따라서 도리천에서 저절로 울려오는 북소리도 어떻게 들려오는가 하면, 이를 천고송(天鼓頌)이라 하는데,

天鼓頌
一切五欲悉無常　　일체의 오욕락은 모두 다 무상하여
如水聚沫性虛僞　　물거품과 같아서 성품은 허위로다.
諸有如夢如陽焰　　모든 것 꿈 같고 아지랑이 같아
亦如浮雲水中月　　또한 뜬구름이요 물에 비친 달이로다.

— 唐華嚴經十五 —

 '일체오욕실무상(一切五欲悉無常)이라' 일체의 오욕이 모두가 다 덧이 없다는 말입니다. 오욕은 재색식명수(財色食名睡)라, 재물욕이나 음욕·식욕·명예욕·잠욕이나 이런 오욕이 모두가 다 허무하고 무상하다는 말입니다. 명곡(名曲) 리듬에는 거의 다 무상(無常)이 깃들어 있기 때문에 명곡을 듣고, 같은 연극이라도 비극을 보는 것이 훨씬 더 우리 인생을 성숙되게 합니다. 그것이 이른바 카타르시스(Katharsis) 아니겠습니까.

 '여수취말성허위(如水聚沫性虛僞)라' 마치 우리 인생이나 세상의 모든 것은 물거품같아 그 성품이 허망하고 거짓이라는 말입니다. 우리 인간도 바로 못 보듯이 도리천도 욕계천상이기 때문에 바로 못 깨달아 좋다 궂다 하지만 모두가 다 사실이 아니요 거짓되어 허망하다는 말입니다.

 '제유여몽여양염(諸有如夢如陽焰)하니' 제유(諸有)는 모든 존재하는 것들로서, 상대적으로 있는 것은 모두가 다 꿈같고 아지랑이〔陽焰〕 같으며 '역여부운수중월(亦如浮雲水中月)이라' 역시 뜬구름 같고 물속에 비친 달 같도다. 이와 같이 도리천 북소리가 울려온다는 것입니다.

 참선을 깊이 하면 경험을 한 분도 있을 것입니다마는 자기도 모르는 가운데 북소리같은 아주 청아한 소리가 울려오면 불현듯 심신이 개운해지고 산란한 마음의 갈등이 풀려나가는 것입니다. 그래서 '이런 경계가 바로 도리천의 북소리가 되겠구나' 하는 것을 느낄 수가 있는 것입니다. 따라서 우주란 것은 이렇게 신비로운 것입니다.

4) 대지(大智)선사 영득한인송(贏得閑人頌)

그 다음에는 대지(大智)선사의 게송입니다. 한 200년 전의 일본 스님으로 참선도 통달했다는 분이고 또는 역대 일본 승려 가운데 게송을 제일 잘 하는 분이라는 정도로 이름있는 분입니다.

진불암(眞佛庵)에서 저와 같이 지낸 도반들은 이 게송을 기억할 것입니다. 그때 이 게송을 써서 벽에 붙인 적이 있습니다.

贏得閑人頌
幸作福田衣下身   다행히도 가사를 입는 몸이 되어서
乾坤贏得一閑人   천지에 한가로운 사문이 되었도다.
有緣卽住無緣去   인연있어 머물다 인연 다 하면 떠나가나니
一任淸風送白雲   맑은 바람 부는대로 흘러가는 흰구름처럼,
— 大智禪師 —

'행작복전의하신(幸作福田衣下身)하니' 다행히도 복전의(福田衣) 밑에 몸이 되었다는 말입니다. 복전의란 가사로서 바로 복밭이 되는 옷이라는 뜻입니다. 생각해보면 생각할수록 옷 가운데서 가사같이 복밭이 되는 옷이 없는데 다행히도 자기같은 존재가 복전의 아래의 몸이 되었다는 깊은 감회의 표현입니다.

그래서 '건곤영득일한인(乾坤贏得一閑人)이로다.' 천지간에 모든 것을 극복하고 모든 번뇌를 다 이겨낸 위대한 승리자요 삼계를 초월한 한가로운 사람이 되었도다.

 그러니 '유연즉주무연거(有緣卽住無緣去)요' 인연이 있으면 머물고 인연 다 하면 바로 떠나는 것이니 조금도 집착이 없이 인연따라 산다는 말입니다. 죽을 때나 또는 이별할 때나 또는 어느 절에서 살다가 떠날 때나 말입니다. 보통은 불사(佛事)나 좀 해놓으면 모두 계속 살려고 합니다만 인연이 다할 때 떠나지 않으면 결국은 번뇌의 앙금이 가라앉는 것입니다. 천지간에 일체를 다 초월해 버렸으니 어디 가나 문제가 아니라는 말입니다. 도리어 자기 것이 아무것도 없으면 공부하기 편리합니다. 천지간에 모든 것을 다 초월하여 이겨버린 한가한 사람, 불교에서는 한인(閑人)이라 하면 공부를 다 해마쳐서 할 것이 없다는 말입니다. 한가한 사람이 되었으니 인연이 있으면 머물고 인연이 없으면 떠난다는 것입니다. 이렇게 하는 것이,

 '일임청풍송백운(一任淸風送白雲)이라' 마치 맑은 바람에 흰구름이 가는 것이나 같다는 말입니다. 그러기에 수행자를 가리켜서 운수(雲水)라 하지 않습니까? 행운유수(行雲流水)라, 구름이 떠가는 것 같고 물이 흘러가는 것 같다는 말입니다. 아무런 찌꺼기나 섭섭함이나 아쉬움이 있을 수가 없는 것입니다. 그저 그런대로 인연 따라서 가되 마음은 항시 진여불성 자리에 머물러 있는 것입니다. 공부가 되어버리면 진여불성과 온전히 하나가 되었으니 아무런 조작이 없이 임운등등 등등임운이 될 것이고 공부가 미숙한 때에는 애써야 되는 것입니다.

5) 부설거사(浮雪居士) 사허부구게(四虛浮漚偈)

저는 출가했을 때에 운문암(雲門庵) 절에 가서 보니 법당 안에 수릉엄삼매도(首楞嚴三昧圖)와 순치황제 출가시(順治皇帝出家詩), 그리고 부설거사 사허부구게(浮雪居士四虛浮漚偈)가 붙여 있어서 특별히 인상깊게 간직하고 외우고 있습니다. 요 근래 큰 스님들도 순치황제 출가시나 부설거사 사허부구게는 상당히 좋아하면서 소개를 하는 것 같습니다. 우리 공부인 한테 이 부설거사의 허부구게가 굉장히 의의깊은 법문이 됩니다.

부설거사(浮雪居士)는 다 아는 바와 같이 신라 때 도인 거사입니다. 자기 아내 묘화(妙花)도 아들 등운(登雲)과 딸 월명(月明)도 다 깨달은 도인이라고 전합니다. 부안(扶安) 변산 월명암에 가면 월명각시라고 부설거사 딸의 부도가 있을 정도로 네 분 다 위대한 분으로, 마치 인도의 유마거사(維摩居士)나 중국의 방거사(龐居士)와 비교하기도 하는 위대한 분입니다. 애초에는 승려인데 과거 숙세 인연으로 묘화 아가씨와 만나게 되어 할 수 없이 결혼은 했으나 거사로 있으면서도 승려 못지 않게 공부 정진하여 도반들보다도 더 빨리 깨달아서 도반들을 다 제도한 분이라고 합니다.

浮雪居士四虛浮漚偈
妻子眷屬森如竹　　거느린 처자권속 삼대밭 같고
金銀玉帛積似邱　　쌓여진 금은옥백 산더미 같아도
臨終獨自孤魂逝　　임종에 당하여 외로운 혼만 떠나가니
思量也是虛浮漚　　생각하면 이 또한 허망한 뜬거품이요,

朝朝役役紅塵路　　날마다 힘들여서 살아온 세상길에
爵位巍高已白頭　　벼슬길 올랐어도 머리는 백발이라
閻王不怕佩金魚　　염왕은 벼슬과 영화를 두려워 않거니
思量也是虛浮漚　　생각하면 이 또한 허망한 뜬거품이요,
錦心繡口風雷舌　　재주가 뛰어나서 말로는 요설변재
千首詩輕萬戶侯　　천글귀 시를 지어 만호후를 경멸해도
增長多生人我本　　다생겁의 아만의 근본만 늘게 하나니
思量也是虛浮漚　　생각하면 이 또한 허망한 뜬거품이요,
假使說法如雲雨　　가사, 비구름 몰아치듯 설법을 잘 하여
感得天花石點頭　　하늘꽃 감동하고 돌멩이 끄덕여도
乾慧未能免生死　　껍데기 지혜로는 생사를 못 면하니
思量也是虛浮漚　　생각하면 이 또한 허망한 뜬거품이로다.

　'처자권속삼여죽(妻子眷屬森如竹)하고' 처자와 권속이 번성해서 마치 삼대나 대밭의 대나무같이 수가 많고, '금은옥백적사구(金銀玉帛積似邱)라도' 금이나 은이나 또는 옥이나 비단이나 재산이 많아서 마치 산더미같이 많다 해도, '임종독자고혼서(臨終獨自孤魂逝)하니' 죽어서 갈 때는 홀로 외로운 혼으로 돌아가니, '사량야시허부구(思量也是虛浮漚)라' 생각해보니 이것도 허망한 뜬거품이로다.
　네 가지 끝 글귀가 모두가 허부구이기 때문에 허부구게라고 합니다. 처자권속이 그렇게 많고 재산인 금은옥백이 산더미같이 많다 하더라도 임종 때는 결국은 홀로 외롭게 혼만 가는 것이니 생각해보면 이것도 역시 허망한 뜬거품이라는 말입니다. 우리 수행자라고 해서 허망하지 않겠습니까?
　'조조역역홍진로(朝朝役役紅塵路)요' 아침마다 날마다 하루종일 애쓰고 애쓰는 세상 길에서, 세상은 복잡하고 번뇌가 많으니까 홍진이라 합니다. 이러한 고달프고 때묻은 세상 바닥

에서, '작위재고이백두(爵位纔高已白頭)요' 벼슬 지위가 가까스로 높이 좀 올라갈 땐 이미 벌써 센머리가 되는 것이니 '염왕불파패금어(閻王不怕佩金魚)라' 금어는 벼슬아치들이 차는 훈패나 같은 것입니다. 염라대왕은 저승에서 우리의 행동을 심판하는 존재입니다. 설사 심판은 않는다 하더라도 우리 잠재의식 마음자리에 들어 있는 업의 종자는 스스로 심판이 되어서 업 따라 굴러가는 것입니다. 따라서 상징적으로 염라대왕이 한다고 볼 수도 있는 것이겠지요. 염라대왕은 우리가 높은 벼슬아치가 된 것을 두려워 하지 않나니, 이것도 생각해보면 허망한 뜬거품이로구나.

다음에는 '금심수구풍뇌설(錦心繡口風雷舌)이라' 비단같은 마음 수놓아서 울긋불긋한 입이니까 재주가 많아 말 재간의 요설변재가 바람같고 번개같이 능란하고 '천수시경만호후(千首詩輕萬戶侯)라도' 천호후나 만호후는 이른바 지방의 호족이나 왕자 제후(諸侯)라는 말입니다. 시를 잘 지어서 많은 시로써 이름이 유명해지면 만호후와 같은 제후(왕)도 가벼워 한다는 말입니다. 그럴 정도로 명예라든가 능력이 훌륭하더라도, '증장다생인아본(增長多生人我本)하니' 인아란 아만심을 말합니다. 다생겁래로 우리가 인간인지라 어떤 누구나가 아만이 있습니다. 아무리 못난 사람도 자기 잘났다는 생각은 있는 것입니다. 시를 잘 쓰고 제후(왕)를 가볍게 할 수 있을 만한 정도가 되어도 이런 것은 모두가 다 다생겁래로 자기 아만심의 근본만 더 증장을 시킨다는 말입니다. 우리가 참다운 깨달음의 경계에서 본다면 이것도 아무 쓸데가 없는 것이라, 생각해보니 이것도 역시 허망한 뜬거품이로구나.

다음 마지막 절에는 '가사설법여운우(假使說法如雲雨)하고'

가사, 법을 설하는 것이 마치 구름과 비와 같이, 구름이 흘러가고 또는 비가 오듯이 막힘없이 설법을 잘해서(법사를 말하겠지요) '감득천화석점두(感得天花石點頭)라도' 사람만 감동시키는 것이 아니라 하늘 꽃도 감동하고 돌같은 무생물도 끄덕끄덕 수긍할 정도로 한다는 말입니다.

옛날 남인도의 진나(陳那 Diṅnāga) 법사(보살)는 대승법문을 하는 데도 당시에 모두들 법집(法執)에 휩싸여 수긍하지 않고 오히려 비방만 하니까 하도 한탄스러워서 산에 올라가 돌을 세워놓고 대승법문을 했더니 어찌나 도리에 맞는 법문이던지 돌들이 끄덕끄덕하였다는 것입니다. 그래서 석점두(石點頭)라 합니다. 하늘에 있는 꽃이 감동하고 돌들이 수긍할 정도로 설법을 잘 하더라도 '간혜미능면생사(乾慧未能免生死)하니' 간혜(乾慧)는 마른 지혜라는 말입니다. 물기가 있으면은 바싹 마르지가 않겠지요. 선정의 물이 없으면, 선정은 물로 비유합니다. 바싹 마른 지혜 곧 실증(實證)이 없는 허망한 분별 지혜라는 말입니다. 세간에서 남한테 칭찬도 받고 잘났다는 말도 듣고 설법도 잘 하더라도 생사 문제에는 아무런 힘이 되지 못하는 것입니다. 부처를 욕하고 조사를 나무라고 별스런 똑똑한 소리를 다 하더라도 선정으로 습기를 못 녹였으면 생사에는 힘이 없고 해탈과는 아무런 상관이 없는 것입니다. 따라서 이렇게 설법을 잘 해서 돌멩이들이 끄덕이고 하늘에 있는 꽃이 감동할 정도가 된다 해도 바싹 마른 지혜, 다만 이론만의 지혜, 해오(解悟)만의 지혜인 간혜(乾慧)로는 생사를 면할 수가 없다는 말입니다. 따라서 생각해 보면 이것도 역시 허망한 뜬 거품이로구나.

중국 당나라 약산유엄(藥山惟儼 745~828) 선사는 석두희천

(石頭希遷 700~790) 스님의 제자로 마조(馬祖) 스님과 같은 시대의 선사입니다. '강남(江南)은 약산 유엄선사요 강서(江西)는 마조 도일 스님이라'고 할 정도로 유명한 분입니다. 그런데 선사이기 때문에 설법을 잘 안하는데 많은 대중들이 간절히 설법을 청했더니 법상에 올라가 아무말 없이 한참 눈만 끔벅끔벅하고 있다가 내려와서 조실방으로 가버렸습니다. 원주(院主)가 따라가서 이렇게 수많은 사람이 모여서 스님의 법문을 청했는데 어찌 그러시느냐고 물었더니 '불경(佛經)의 해설은 강사(講師)가 하고 계율을 설(說)하는 데는 율사(律師)가 있는데 나는 선사(禪師)가 아니냐'고 하면서 다시는 말이 없었다는 것입니다. 선사들은 이렇게 많은 말이 없는 것인데 저는 선사의 분상에서 너무 번다한 해설을 하였습니다.

제3절 현상(現象)과 본체(本體)

1. 물질(物質)과 에너지(Energy)

　오늘은 과학 얘기를 하겠습니다. 저는 과학에는 문외한이기 때문에 피상적인 상식밖에는 없습니다. 그러나 현대가 과학만능시대이고 또한 현대 과학에서 부처님 말씀을 증명하는 학설이 나와 있고 그 내용이 우리가 수행정진 하는데도 조도(助道)가 될까 하여 간략히 살펴보도록 하겠습니다.
　우리들의 통념으로는 절대 물질이 있다고 생각을 합니다. 산소나 수소나 그런 각 원소가 변치않고 고유하게 그대로 있다고 생각하는 것이 보통 상식적인 생각입니다. 특히 고전 물리학, 뉴우턴(Newton, Isaac 1643~1727)이나 또는 데카르트(Descartes, René 1596~1650)의 고전 물리학은 절대 물질, 절대 시간, 절대 공간이 있다고 생각합니다. 따라서 그런 정도의 과학 같으면 우리 마음공부에는 아무런 필요가 없습니다. 그러나 다행히도 현대 물리학은 절대 시간, 절대 공간, 절대 물질이 없다는 것을 과학적으로 증명했기 때문에 부처님께서 말씀하신 제행무상(諸行無常) 또는 제법무아(諸法無我) 이른바 제법공(諸法空)의 반야(般若)도리를 현대과학은 증명을 하고 있는 것입니다. 곧 양자역학(量子力學)이나 또는 아인슈타인(Einstein, Albert 1879~1955)의 상대성 원리(相對性原理) 등은 모든 것이 상대적으로 있는 것이지 절대적으로 고유하게 있지 않은 것이라고 말합니다. 따라서 현대인으로서 제법공(諸法空)의 도리라든가 제법무상을 못 느끼는 것은 현대 과학도 모르는 소치인 것입니다.

그러기 때문에 현대 물리학, 현대 역학 이런 것을 대강이라도 윤곽을 살펴본다면 우리한테 가장 지겨운 번뇌인 제법(諸法)이 있다는 분별심, 우리한테 가장 무서운 병인 내가 있고 일체 만물이 우리가 지각하는 그대로 존재한다는 유병(有病)을 최파(摧破)하는데 조도(助道)가 될 수 있는 것입니다. 그런데서 물리학적인 지식을 윤곽적인 것 밖에는 잘 모르면서도 감히 중요한 것을 간추려 말씀드리기로 하겠습니다.

제가 이렇게 과학을 말하니까 괜히 필요없이 이것저것을 번쇄하게 얘기한다는 생각을 가질 분도 있을런지 모르겠지만 특히 현대 물리학은 앞으로 두고두고 우리 수행인에게도 지극히 긴요한 상식이 되는 것입니다. 그리고 제가 이런 자리를 마련하는 것은 아마 마지막이 될런지도 모르겠습니다.

중세기 종교 개혁자인 마르틴 루터(Luther, Martin 1483~1546)는 설법단(설교단)에 올라가면 한참 동안 눈을 감고 있다가 이윽고 말을 꺼냈다고 합니다. 마르틴 루터 정도가 되면 우리가 말하는 법신불을 미처 깨닫지는 못했다 하더라도 업장이 가벼워서 어렴풋이는 진여불성의 도리를 음미하고 느꼈을 것입니다. 다만 부처님의 가르침을 못 만나서 마음이 확철대오로 온전히 틔이지는 못했다 하더라도 느끼고 있었을 것입니다. 기독교의 요한복음서에도 '나는 진리요 길이요 빛이라'고 있지 않습니까? 따라서 틀림없이 루터는 설교하기에 앞서 눈을 감고서 진리에 대해서 조금도 빗나가지 않아야겠다는 서원을 하였을 것입니다.

제가 과학을 말씀드리는 것은 여담이나 같은 것이고 우리에게 가장 중요한 것은 어떻게 중 노릇을 바르게 할 것인가, 의 문제입니다. 일반 세속 사람들이나 또는 재가불자들은 우리 출가사문들이 중 노릇을 잘못한다고 지적도 많이 하고 규탄도 합니다. 우리 출가사문이 이렇게 모여서 공부하는 자리가 흔하지는 않을 것입니다. 또는 더러 있다하더라도 우리 스스로 반성을 촉구하는 자리는 별로 없기 때문에 소중한 시간이라서 그때그때 마음 일어나는 대로 말씀을 드립니다만은 과연 그와 같이 지적 당한대로 우리가 지금 중 노릇을 잘못하고 있는 것인가? 반성할 필요가 있습니다.

가사, 우리가 도반을 사귀는 문제도 굉장히 중요한 문제 아닙니까? 삼종(三種) 선지식(善知識)이라, 선지식도 세 부류가 있는데 법으로 인도하는 교수(敎授)선지식, 또는 같이 절차탁마하는 동행(同行)선지식, 그리고 공부하는데 여러 가지 자료라든가 물질적으로 도와주며 외호하는 외호(外護)선지식입니다. 우리는 도반을 삼을 때 잘 생각해야 합니다. 스승이야 큰 스님이 많이 계시니까 그때그때 법을 물으면 되는 것이고 또는 어차피 우리는 누군가가 베풀어 주어도 살고 주지 않아도 아쉬운 대로 지낼 수 있으니까 외호문제는 별 문제가 아니겠지요.

신라 때 무상(無相 680~756) 대사는 왕자로서 중국에 들어가

선지식을 만나 수행법을 간택하고 티벳트(Tibet)와 접경지로서 굉장히 교통 사납고 살기 어려운 험난한 지방인 사천성(四川 省) 산중에서 공부하였는데 식량이 떨어지면 황토 흙을 주워 먹을 정도로 고행을 했습니다. 쌀이나 보리에만 불성이 있는 것이 아니라 황토 흙도 불성으로 이루어졌습니다. 정말로 바른 마음, 사무친 마음으로 공부한다면 황토를 먹더라도 배탈도 안 나는 것입니다. 또는 의복도 남루한 채로 어떻게 검소한 생활이었던지 산에 왔던 포수들이 짐승인줄 알고 활을 겨누기도 하였다고 합니다. 이와 같이 두타행(頭陀行)을 한 스님으로서 마조(馬祖道一 709~788) 대사의 스승이었다고 전해올 정도로 위대한 분이어서 지금 무상대사에 대해서 학자들 사이에는 아주 큰 관심사가 되고 있습니다.

아무튼 우리가 벗을 사귈 때, 벗을 잘 골라야 합니다. 자기만 생각하는 욕심이 많고 또는 다른 벗과 친하면 시기심도 품는 벗도 있습니다. 성실하고 겸손하여 올바른 정견(正見)을 가지고 모든 것을 소중히 하고 검소하게 지내며 또한 인연이 다하여 헤어진다 해도 미련도 원망도 없이 순결한 마음을 갖는 도반이 아니면 조도(助道)가 될 수 없습니다.

우리가 길을 갈 때에도 자기와 같은 정도가 되거나 나아야지 자기보다 못한 사람은 결국은 짐이 되는 것입니다. 우리는 짐이 될 벗을 사귈 만한 여유가 없습니다. 내일 죽을지 모레 죽을지 모르는 인생 아닙니까? 지금은 대형 사고도 많은 세상이어서 어느 때에 갈지 모르는 무상한 인생에, 우리가 제도할 수 있는 능력이 없고 또는 충고를 정당히 하더라도 바른 길로 나아갈 수 없는, 법에 어긋나는 사람들과 어울려 시간을 낭비할 필요가 없는 것입니다.

여법(如法)하지 못한 일에는 함께 하지 말고 엄연히 끊어야 하는 것입니다. 우리는 어젯밤에도 게송에서 보았습니다마는 우리는 무상복전(無上福田)인 가사를 입고 있는 몸입니다. 위 없는 무상복전이 된다는 것은 모든 상을 여의고서 모든 중생에게 아낌없이 바친다는 의미가 있기 때문입니다. 그런 마음만 갖는다면 누구에게나 지탄받을 만한 까닭은 아무것도 없습니다.

우리 몸뚱이는 공부하는데 소중한 것이지 그렇지 않으면 원수집이요 바로 원적(怨敵)입니다. 따라서 반드시 자기 공부를 바른길로, 부처님 경계로 이끄는데 조도가 되는 유익한 벗, 동행선지식을 사귀어야 할 뿐만 아니라 자기 스스로가 그런 벗이 될 수 있도록 노력을 해야 하는 것입니다.

벗 가운데도 삼거(三擧)에 해당하는 사람은 함께 할 수 없는 것입니다. 계율상 삼거는 사바라이죄(四波羅夷罪)를 파계한 벗에 대해서 '그대가 지금 잘못됐다. 참회해야 한다'고 해도 인정을 안하는 사람입니다. 또는 저지른 잘못에 대하여 합리화 시켜서 충고를 안 듣던가 충고를 수용하더라도 나중에 조금도 참회하는 빛이 없이 또다시 저지르는 사람입니다. 또는 음욕은 도에 방해가 안된다고 하는 사람입니다. 그런 말을 하는 도반들은 삼거라고 해서 드러내어 지적하고 상대를 하지 말라는 것입니다.

살생이나 투도나 또는 사음이나 또는 미처 못 증(證)하고 증했다고 아만심을 내는 경우에 잘못된 것을 스스로 인정하지 않는다거나, 인정을 하고도 참회하여 고치지 않는다거나 또는 그런 짓을 해도 무방하다고 하면 상대를 말고서 아예 사귀지 말아야 합니다. 마땅히 우리는 벗 사귈 때에 참으로 주의해야 합니다.

팔만사천 번뇌가 있지만 그 근본은 탐·진·치·만·의(貪·瞋·痴·慢·疑)입니다. 탐진치 삼독심과 아울러 만심과 의심입니다. 만심은 자기 정도 이상으로 뽐내는 교만심입니다. 만심이 있으면 부처님 법문도 안 들어갑니다. 일지반해 반가통(一知半解半可通)이라, 통하지 못하고서도, 조금 아름아름하고 근본을 확실히 모르고서 조금 알아 놓으면 자꾸만 자기 지견(知見)만 내는 것입니다. 그렇게 만심이 있는 사람들은 부처님법이나 또는 성자의 법을 인증을 잘 안합니다. 만심이 있어 자기가 생각한 것이 더 옳다고 해서 성자를 의심하는 것입니다. 이것이 탐진치만의, 근본 번뇌입니다. 마땅히 근본 번뇌만은 준엄한 반야의 칼로 베어야 합니다.

1) 물리학(物理學)의 발전(發展)

과학에 있어서 권위있는 학설을 인용하여 소개하겠습니다.

　　物質과 에너지(energy)
　　物質과 에너지는 對立되는 것이라는 古典物理的인 생각(뉴우턴 Newton, Isaac)은 아인슈타인(Einstein, Albert)의 相對性 理論으로써 物質과 에너지는 하나의 場의 兩面으로 생각하게 되었다.
　　粒子나 波動이 古典物理學에서는 아주 다른 對立된 것으로 생각되어 왔는데 事實은 電子가 그 測定手段 如何에 따라 波動이나 粒子로 나타남을 알게 되었다.

고전 물리학은 앞서 말씀드린 바와 같이 절대 물질, 절대 시간, 절대 공간이 있다고 보는 것입니다. 또 물질과 에너지(energy)가 대립된다고 생각하는 뉴우턴적인 고전 물리학은, 아인슈타인의 상대성 이론으로써 물질과 에너지는 하나의 장(場 field)의 양면으로 생각하게 되었습니다. 또는 입자(粒子)나 파동(波動)이 고전 물리학에서는 아주 다른 대립된 것으로 생각되어 왔는데 사실은 전자(電子)같은 소립자(素粒子)는 그 측정 수단 여하에 따라서 파동이나 입자로 나타남을 알게 된 것입니다.

전자(電子) 등의 소립자는 고유한 존재로 있는 것이 아니라 장(場) 에너지가 진동하는 양상에 불과한 것입니다. 따라서 물질의 근본요소가 되어 있는 산소나 수소나 탄소나 질소나 또는 라듐(radium)이나 그런 것을 물질의 원소(元素)라 하는데, 물질의 각 원소도 고유하게 가만히 있는 것이 아닌 것입니다. 그러면 어떠한 것인가?

대체로 물리학을 배워서 알겠지만 배울 때 뿐이지 우리가 현실적으로 부딪치는 것이 내가 있고 너가 있고 물질이 그대로 실제로 있어 보이니까 다 잊어버리기 쉽습니다.

가사, 수소는 물이나 지구 덩어리나 우리 몸뚱이나 어디에나 안 들어 있는 데가 없지 않습니까. 그러한 수소도 고유한 수소가 있는 것이 아니라 양성자(陽性子)를 중심핵(中心核)으로 해서 전자 하나가 도는 것입니다. 원자핵을 중심으로 전자 두 개가 돌면 헬륨(helium)이고 전자가 여섯 개가 돌면 탄소입니다.

그런 때는 전자만 수가 많아지는 것이 아니라 원자핵(양성자)도 전자수와 똑같이 더해집니다. 또 대부분 다 중성자도 같은 수가 핵 가운데에 있습니다. 그러니까 (+)전기를 갖는 양성자와 중성을 갖는 중성자가 항시 같은 수로 해서 이루어진다는 것입니다. 따라서 그 수가 많아짐에 따라서, 산소, 수소,

질소, 탄소 등의 차이가 생기는 것입니다. 플루토늄(plutonium)은 전자가 242개가, 라듐(radium)은 226개의 전자가 원자핵의 주위를 돈다고 합니다. 그러니까 파괴하기가 쉽겠지요.

따라서 그와 같이 고유한 산소고 수소고 그런 것이 있는 것이 아니라 모두 다 양성자나 중성자나 또는 전자나 그런 것이 어떻게 모여 있는가, 그 모여 있는 결합 여하에 따라 산소나 수소 등 원소가 결정되는 것입니다.

그러면 양성자나 또는 중성자나 또는 전자는 무엇인가? 그런데 소립자를 측정하려해도 정확히 측정을 할 수가 없다는 것입니다. 가사, 운동량(運動量)을 측정하려면 위치(位置)를 잴 수 없고 위치를 정확히 잴려고 할 때는 운동을 하는 진동량(振動量)을 잴 수 없다는 것입니다. 그러한 데서 이른바 불확정성(不確定性) 원리라, 확정한다는 것은 원리적으로 불가능하다, 물질이란 궁극적으로 끝트머리에 가면 확실한 것이 없다는 것입니다.

물질의 근본 장(場)을 구성하는 기본적인 입자(粒子)요, 더 이상 분할할 수 없는 가장 미세한 소립자(素粒子)는 무엇인가? 이것이 파동(波動)인가? 입자(粒子)인가? 모두가 저 궁극에 가면 결국은 다 빛인데 그 빛이 입자(알갱이)인가? 또는 파동으로 연결되어 있는가? 그것은, 정밀을 자랑하는 현대 물리학도 모르는 것입니다. 모든 물질이나 빛이 입자임과 동시에 파동적인 성격을 띄고 있기 때문입니다. 그것이 이른바 현대 물리학의 불확정성 원리입니다. 확실할 수가 없다는 말입니다.

따라서 물질은 궁극에는 전기도 없고 또는 질량(質量)도 없고 따라서 공간성이 없는, 결국 물질은 비물질(非物質)인 에너지만 남게 됩니다.

現代物理學은 아인슈타인이 光速不變性을 公理로 하여 相對性理論을 發展시켰으며 이 相對性理論과 量子物理學을 두 기둥으로 하여 發展한 것이다.

그 다음에 현대 물리학은 아인슈타인이 광속불변성(光速不變性)을 공리(公理)로 하였는데 즉, 일초(一秒) 동안에 30만 km 광속도는 변할 수가 없다는 광속불변성을 공리(公理)로 하여 상대성이론을 발전시켰으며 이 상대성이론과 양자물리학을 두 기둥으로 하여 발전된 것이 현대 물리학입니다.

따라서 고전 물리학과 현대 물리학의 차이는 무엇인고 하면, 고전 물리학은 뉴우턴이나 또는 맥스웰(Maxwell 1831~ 1879) 등에 의해 창도되었는데 이것은 절대 시간도, 절대 공간도 있고 절대 물질도 있다고 보는 것입니다. 그러나 현대 물리학은 아인슈타인의 상대성 이론이나 양자물리학의 두 학설을 기둥으로 하여 된 것이기 때문에 이것은 절대 시간도 없고 절대 공간도 없고 절대 물질도 없다는 것입니다. 이렇듯 모든 물질이란 결국 비물질인 에너지의 운동양상에 불과한 것이며 따라서 고유한 물질이 없거니, 공간성도 시간성도 존재할 수가 없는 것입니다.

양자(量子)물리학의 양자(量子)는 물질량의 최소 단위라는 뜻이고 양자(陽子) 곧 양성자(陽性子)는 양(+) 전기를 가진 소립자로 중성자와 함께 원자핵의 구성 요소입니다. 따라서 양자물리학은 모든 물질을 더 이상 나눌 수 없는 가장 미세한 알갱이, 물질인가 물질이 아닌가 알 수 없는 불가시적(不可視的)인 그 자리, 그런 것을 문제로 해서 이루어진 물리학이 양자물리학입니다.

이와 같이 현대 물리학의 중요한 계기인 '모든 존재는 상대다' 하는 상대성 원리는 따지고 보면 불교의 연기법(緣起法)의 부분적인 해석입니다. 인연 따라서 이것이 있으니까 저것이 있고 이것이 멸하면 저것도 멸한다는 연기법의 사상과 상대성의 이론과는 서로 상응되는 도리입니다. 이러한 상대성 이론과 양자물리학을 기둥으로 이루어진 현대 물리학이 어떤 것이라는 개념을 알아두는 것은 굉장히 필요합니다. 이것은 절대 시간도 없고 절대 공간도 없고 절대 물질도 없다는 것이니 바로 제법(諸法)이 공(空)하다는 도리와 같습니다.

따라서 내 수명(壽命)이 50세다 또는 몇세다 하는 것은 상식적 분야인 것이지 현대 물리학적으로 본다면 이 몸뚱이도 고유한 물질이 아닌 허무한 현상이니, 인간 수명이 몇년이라는 이른바 불법(佛法)의 수자상(壽者相)이 있을 수가 없습니다. 따라서 과거도 없고 미래도 없고 현재도 없다 하는 삼세심불가득(三世心不可得)의 부처님 말씀들을 다행히도 현대 물리학이 점차로 밝혀나가고 있는 것입니다.

우리 인간들은 불교인이 아니더라도, 우리가 장차 어떻게 태어나든 다른 종교를 믿든간에 종당(從當)에는 어느 누구나 불자가 안될 수가 없을 것입니다. 왜냐하면 현대 물리학이라든가 현대 철학인 실존철학이라든가 모든 분야에서 인간의 지혜는 날로 불교와 가까워 오고 있기 때문입니다. 예술이나 문학이나 어떤 분야에서나 모두가 다 근본적인 문제에 있어서는 생명의 실상을 밝히는 부처님 사상으로까지 들어가지 않으면 참다운 것이 못됩니다. 그것은 진·선·미(眞善美)의 근본성품이 바로 진여불성(眞如佛性)이기 때문입니다. 상대성을 초월한 영원한 피안(彼岸)의 세계에 대한 간절한 그리움과 수행

(修行)이 없이 참다운 창조적인 걸작이 이루어질 수는 없습니다.

2) 물질의 형성(形成)과 기본 구조(構造)

物質의 形成은 電荷의 結合作用에 不過하며 電荷는 接着劑와 같은 作用을 한다. 陰電荷와 陽電荷는 서로 結合하며 같은 電荷는 서로 반발 分離한다.

그 다음에 물질의 형성은 전하(電荷) 곧 음(-) 전하와 양(+) 전하의 결합 작용에 불과하며 따라서 원자핵은 양(+)전하인 것이고 그 밖에를 도는 전자는 음(-)전하입니다. 따라서 음(-), 양(+)이 어떻게 결합되었는가에 따라서 산소, 수소 등 물질의 원소가 형성되는 것입니다. 전하는 마치 접착제와 같은 작용을 합니다. 음전하와 양전하는 서로서로 이끌고 결합하며 같은 전하인 음(-)끼리 또는 양(+)끼리는 서로 반발하고 분리합니다.

現代物理學이 物質의 基本 構造를 탐구한 結果 허망하게도 物質이란 本來부터 存在하지 않으며 다만 場(電磁氣場)만이 實在한다는 結論에 도달하였다. 場만이 根本的인 物理的 實體이며 素粒子는 場의 局部的인 凝結體에 不過하다. 場은 空間 어느 곳에나 存在하는 連續體이다. 光速이 秒速 30만km이니 지극히 작은 粒子라도 그 안에는 엄청난 큰 에너지가 농축되어 있음을 알 수 있다. 우라늄 原子核을 中性子로 쏘아 分裂시키면 폭발하는 것이 原子彈이며 水素原子核의 融合에서 나오는 偉力이 水素폭탄이다.

그 다음에 현대물리학이 물질의 기본 구조를 탐구한 결과 허망하게도 물질이란 본래부터 존재하지 않으며 다만 전자기(電磁氣)가 충만한 장(場)만이 실재한다는 것입니다. 따라서 우주에 있는 가장 미세한 알갱이가 어디서 나왔는고 하면 전자기를 띠고 있는 하나의 근본 바탕 즉, 장(場)인 근본 바탕에서 나왔다는 것입니다. 근본 바탕에서 인연 따라서 이렇게 뛰고 저렇게 뛰는 것이 즉 말하자면 전자고 양자고 한다는 말입니다. 전문적인 얘기는 될수록 피하겠습니다만 이런 정도는 꼭 알아두어야 합니다.

우주란 것은 전자기장(電磁氣場), 곧 전기(-)와 자기(+)를 띤 무엇인가가 우주에 충만해있다는 것입니다. 이렇듯 무한의 에너지를 갖춘 빛이 우주에는 가득 차 있습니다.

우리 마음이 기분 나쁘다 좋다 하는 사소한 마음만 품어도 우리 몸을 구성한 전자나 양자의 구조가 바뀌어지는 것입니다. 그러기에 기분 나쁠 때 음식을 먹으면 소화가 잘 안되고 기분 좋을 때에 먹으면 소화가 잘 되지 않습니까?

우리 생각 하나하나가 우리 몸을 구성하는 것입니다. 따라서 그 역으로 우리 몸을 함부로 행동해 버리면 그만치 마음도 오염되는 것입니다. 근본 성품은 오염이 안되지만 무명(無明)에 따른 행위로 어둡고 흐린 업(業)이 형성되는 것입니다.

그런 전자기장(場)만이 근본적인 물리적 실체이며, 진정한 만유(萬有)의 실상은 진여불성(眞如佛性)이지만 우선 물리학적으로는 전자기장이 물리적 실체라고 알 뿐입니다. 공간성을 초월한 형이상(形而上)적인 물(物) 자체를 밝히지 못하는데 물리학의 한계가 있습니다. 가장 작은 알갱이인 소립자는 장(場)의 국부적인 응결, 장이 엉겨서 모인 것에 불과하고 장(場)은 공간 어느 곳에나 존재하는 연속체라는 것입니다.

불성(佛性)이 삼천대천 세계에 없는 데가 없이, 삼천대천 세계가 바로 불성으로 되었듯이 장도 역시 언제 어디에나 존재하는데 사실은 장(場)만이 존재하는 것입니다. 지금 우리가 사는 대류권(對流圈)은 물론이고 성층권(成層圈)에 올라가도 장은 있고 온도권(溫度圈), 전리권(電離圈), 자기권(磁氣圈)에 올라가도 장은 있다는 말입니다. 어느 곳이나 장은 꽉 차 있다는 것입니다. 따라서 이런 전자기장이 모든 물질과 공간에 충만해 있다는 이런 이론만 가지고도 '부처님의 진여불성이 천지 우주에 충만해 있다. 또는 비로자나불이 광명변조(光明遍照)라, 우주에 진여불성의 광명이 두루 해 있다' 이런 법문들을 현대 과학에서도 하나하나 증명하고 있는 것입니다.

우리가 공부 안하면 결국은 과학도에게 점차로 뒤지고 맙니다. 저는 아인슈타인과 어느 저명한 신학자와 대담하는 기록을 보았는데 아인슈타인의 말이 신학자의 말보다 종교 철학적으로 한결 더 깊게 생각되기도 하였습니다. 부처님의 가르침으로 조명하니까 그렇게 생각이 되었겠지요.

광속(光速)은 빛의 속도인데 초속 30만km. 일초 동안에 30만km 속도니까 얼마나 엄청난 에너지입니까? 눈에 보이지도 않는 그런 빛의 알갱이 하나 속에 갖추어져 있는 것이 이른바 일초 동안 30만km가는 힘이라는 말입니다. 그러기에 일미진중함시방(一微塵中含十方)이라, 한 티끌 가운데 시방세계 모든 힘이 다 들어 있다는 말입니다. 어디에만 있는 것이 아니라 우주에는 그런 힘이 꽉 차 있는 것입니다. 지극히 작은 입자라도 그 안에는 엄청난 큰 에너지가 농축되어 있음을 알 수 있습니다.

우라늄(uranium 電子 238개) 원자핵을 중성자로 쏘아 분열시키면 폭발하는 것이 바로 원자탄이며, 그렇게 무서운 원자력이 어디서 오는 것인가 하면 원자력도 역시 내나 불성(佛性)으로 구성되었습니다. 또 수소(hydrogen) 원자핵의 융합에서 나오는 위력이 수소폭탄입니다. 따라서 진여불성이 소중한 것을 잘 모르니까, 그런 것을 만들어서 사람도 살생하고 무서운 무기가 되지 않습니까? 마땅히 우리가 할 수 있는 지상명령은 '오직 진여불성을 깨닫는 길 뿐이다' 이렇게만 알아도 얼마나 큰 공덕이겠습니까?

> 에너지는 곧 粒子이며 또한 場이며, 場이 곧 空이다. 空은 粒子가 生成 消滅의 律動을 끊임없이 계속하고 있는 살아있는 能力인 生命의 장(場)이다. 그러므로 現代 物理學은 色은 곧 空이며 眞空妙有라는 生命에 한 걸음 더 다가선 셈이다.

또한, 에너지는 곧 입자이며, 또한 장(場)이며, 장은 곧 공(空)이라는 것입니다. 물질로서의 질량(質量)이 없다면 바로 공 아닙니까? 질량이 있다고 해야 공간성이 있고 또 시간성이 있는 물질인데 시간성, 공간성이 없다면 결국은 공일 수밖에 없습니다. 공(空)은 입자가 이루어지고 또는 소멸되는 율동을 끊임없이 계속하고 있는, 살아있는 능력인 생명의 장(場)인 것입니다. 공은 다만 비어있는 것이 아니라 무량한 에너지가 충만해 있는 공이라는 말입니다.

이러한 (-), (+) 에너지가 부처님의 생명관(生命觀)으로 풀이하면 자비와 지혜입니다. 또 이것이 바로 지(止)요 관(觀)이요, 정(定)이요 혜(慧)인 것입니다. 우주에는 이와 같이 근원적으로 음, 양이 들어있는 것입니다. 따라서 우리가 자비와 지혜를 구한다면 우리 마음이 자기도 모르는 가운데 저절로 진여법성에 가까워지는 것입니다. 그러므로 현대 물리학은 색은 곧 공이며, 진공묘유(眞空妙有)라는 생명에 한 걸음 더 다가선 셈입니다.

3) 우주시대(宇宙時代)의 종교(宗敎)

'종교 없는 과학은 절름발이요, 과학없는 종교는 맹인(盲人)이다' 아인슈타인의 말입니다. 우리가 종교를 믿더라도 합리적인 도리에 입각하여 믿어야 하지, 불합리한데도 분별없이 전통적인 권위나 인습적인 법집(法執)을 답습한다면 참다운 종교가 못됩니다. 맹신(盲信)에 불과합니다. 아집(我執), 법집을 여의는 것이 참다운 과학이요 진정한 종교입니다. 이런 과학정신이 기본이 되어서 현대 물리학이 나온 것 아닙니까?

따라서, 종교없는 과학이란 것은 무엇인고 하면 근본 생명없는, 뿌리없는 과학에 불과 합니다. 과학의 근원에 있는 참되고 영원하고 모든 능력과 공덕을 다 갖추고 있는 생명의 실상, 이것이 인생과 우주의 근본이라고 믿고 과학을 해야 하는 것인데 그렇지 못하고 산소나 수소나 이런 입자(粒子)가 근본이요, 물질이 근본이다고 생각하는 유물적인 사고방식으로 과학을 한다면 결국 절름발이요 참다운 과학이 못되는 것입니다.

또 아인슈타인은 '우주적 종교성이 가장 강하게 나타나고 있는 종교는 불교다. 또한 현대 과학이 결(缺)하고 있는 것을 메꾸어 주는 종교가 있다면 그것은 불교다'고 말하였습니다. 역시 아인슈타인은 불교를 진정으로 아는 분입니다.

아무튼 위대한 천재들은 불교를 믿는다는 말을 직접으로 표현하지는 않으나 불교 진리에 가까운 말들을 합니다. 가끔 인용한 바와 같이 소크라테스(Socrates 410~399 B.C.)나 또는 플라톤(Platon 427~347 B.C.)이나 또는 아리스토텔레스(Aristoteles 384~322 B.C.)나 말입니다. 칸트(Kant 1724~1804)나 니이체(Nietsche)나 쇼펜하우어(Schopenhauer)나 또는 그리스 철인들 모두가 다 우리 불교의 조명으로 본다면 모두 훌륭한 철인(哲人)입니다.

따라서 그런 불교의 지혜로 기독교도 이슬람도 통찰한다면 다 화해롭게 수용이 되는 것입니다. 다만 그네들이 아직 미흡한 점을 일깨워 훤히 틔인 해탈의 자리를 우리가 앞으로 가르쳐야겠지요. 앞으로 몇 백년 뒤가 될런지는 몰라도 본래가 진여불성이기 때문에 기독교나 이슬람교나 불교에 흡수되지 않을 수 없을 것입니다.

'물질은 최초에는 방사선(放射線) 형태 즉 광량자(光量子) 곧 광자(光子)'라고 합니다. 물질은 어느 물질이나 궁극적으로 광량자라고 생각할 때 모두가 다 빛이라는 말은 틀림이 없는 진실입니다. 따라서 '내 몸뚱이나 돌멩이나 똥이나 다 부처다 '라는 말은 똥이나 그 무엇이나 본질적으로는 빛이라는 말입니다. 생명의 실상인 아미타불은 무량광불(無量光佛)이요, 법신불(法身佛)인 비로자나불(毘盧遮那佛)은 대일여래(大日如來)이자 광명변조(光明遍照)입니다.

또한 신과학사상(新科學思想)에서는 물질은 곧 의식(意識)이므로 물질을 바로 생명이라고 합니다. 우리네 민속에서 우리 어머니나 할머니 들이 산에 가면 바위나 큰 나무에다도 합장배례하고 당산(堂山)을 받들고 하는 것도 역시 우리가 그것으로 집착해 버리니까 나쁜 것이지 일체 만유를 생명으로 받드는 자세는 나쁜 것이 아닙니다. 잘 모르는 사람들은 산신(山神) 숭배다 용왕(龍王) 숭배다 하는 등은 무속(巫俗)이요, 미신

(迷信)이라고 말합니다. 그러나 산을 구성한 진여불성이 산신이요 물로 표현된 진여불성이 용왕이라고 진여(眞如)의 도리에 따라 이해한다면 허물이 될 것이 없습니다.

물질은 곧, 의식이요 생명이므로 지구(地球)도 태양(太陽)도 다같은 생명이며 태양은 관음 보살(觀音菩薩) 화신(化身)이요 또, 대세지(大勢至) 보살과 문수(文殊) 보살은 지혜의 화신입니다. 또 지구는 이대로 바로 지장(地藏) 보살입니다.

우리는 이제 부처님의 광대무변한 가르침을 조그만한 자기 생각으로 좁혀서는 안됩니다. 원융무애한 생명을 구분짓고 가로막는 망념(妄念)을 털어버려야 합니다. 삼천대천(三千大千) 세계가 바로 부처님이거니 5척(五尺) 남짓한 이 몸뚱이에 들어있는 의식만 생명이 아니라 산하대지 두두물물이 한결같이 다 생명입니다. 우리 마음이 못 열리어서 나로 보이고 너로 보이고 남으로 보이고, 그 무엇으로 느끼는 것입니다. 불교에서 가장 중요한 신심(信心)은 마음을 활짝 열고 천지와 나와 둘이 아니고 너와 나가 둘이 아니고 부처와 나와 둘이 아니라는 반야 지혜를 믿는 것입니다.

　　哲學을 經으로 하고 科學을 緯로 하여 새로운 宇宙時代의 宗敎가 되어야 한다.

철학을 경(經)으로 하고 과학을 위(緯)로 하여, 경과 위는 날과 씨 아닙니까. 이와 같이 철학과 과학이 보완하고 조화하여 새로운 우주 시대의 종교가 반드시 되어야만 하는 것입니다.

　　光子(光量子 light quantum photon)는 아인슈타인 주장으로 電磁氣

場을 量子化해서 얻어지는 質量 제로(0)의 粒子이며 스핀(spin 旋回) 1을 갖는다.

 광자(光子)는 광량자(光量子)를 말하는 것인데 아인슈타인이 맨 처음에 주장을 했습니다. 앞서 말씀드린 바와 같이 우주는 근본 바탕이 물리적으로 본다면 전자기장(電磁氣場)을 양자화(量子化)해서, 더 이상 나눌 수 없는 자리에서 얻어지는 질량은 제로(0)의 입자요. 또 이것은 한 바퀴 도는 진동을 합니다.
 벌써 광량자 자리에 가서는 질량이 없다는 것입니다. 즉 물질인가 물질이 아닌가 알 수 없다는 말입니다. 따라서 물질이라는 것은 결국은 본질적으로는 다 비어 있는 것입니다.
 우리 마음이 한번 동(動)하면은, 한번 분별심 내면은, 거기에 상응하여 바로 소립자로 움직이는 것입니다. 그러기 때문에 어제 말씀드린 바와 같이 중생의 공업력(共業力)으로 우주가 구성이 된다는 말입니다. 무(無)에서 유(有)가 나오는 것이 아니라 우리 중생이 좋다, 궂다, 사랑한다, 미워한다 하는 마음들이 동력(動力)이 되어 우주의 장(場) 에너지를 충동하면 소립자가 이루어지고 인간의 염력(念力)은 또한 소립자들의 구조를 바꾸기도 하는 것입니다.
 따라서, 모양 자체가 바로 색즉공(色卽空)입니다. 본래 물질이 아닌 것이 빙빙 돌고 결합하여 모양같이 보인다고 근본적으로 물질이 아닌 것이 물질로 되겠습니까? 제로(0)를 몇번 보태고 곱한다 하더라도 결국은 제로는 제로인 것입니다. 그림자를 천 만번 포갠다 하더라도 그림자는 그림자 아닙니까? 불성(佛性)이 다이아몬드가 된다 하더라도 불성은 불성인 것입니다.
 그러기 때문에 우리가 쉽게 말하는 '부처가 보면 다 부처고, 개가 보면 개고, 사람이 보면 중생이라'는 말들이 다 이치에 합당한 말들입니다.

> 近代의 機械論的 宇宙觀은 데카르트, 뉴우턴 등의 이른바 近代的 思考는 神이 太初에 宇宙의 物質 粒子를 創造하여 不變의 法則으로 運動하고 있으며 절대 時間, 절대 空間, 절대 物質 등이 存在한다고 함.
> 現代 物理學은 20世紀에 나타난 量子力學과 아인슈타인의 相對性 原理와 하이젠베르그의 不確定性 原理 등을 골격으로 하여 이루어졌다고 함.

 근대의 데카르트나 뉴우턴 등의 기계론적 우주관, 다시 말하자면 하나의 공식적인 우주관 이른바 근대적 사고(思考)는 신(神)이, (자기네들이 잘 모르니까 모르는 것은 신이라고 했겠지요.) 태초에 우주의 물질 입자를 창조하여 불변의 법칙으로 운동하고 있으며 절대 시간, 절대 공간, 절대 물질 등이 존재한다고 하는 것이 근대적 사고방식, 기계론적 우주관입니다.
 이런 우주관은 한낱 상식에 불과하니까 우리는 이런 오류는 떠나야 합니다. 물론 이것도 역시 중세기 보다는 더 앞서 있어서 그 당시로는 참신한 과학이 되었겠지요.
 현대 물리학은 20세기에 나타난 양자역학과 아인슈타인의 상대성원리와 또는 하이젠베르크의 불확정성의 원리 등을 골격으로 이루어졌는데 그 내용은 지금까지 대강 말씀드린 대로입니다.

2. 불교의 우주론(宇宙論)

佛敎宇宙論

1. 成劫…有情의 共業增上力으로 말미암아 空間에 微細한 金色風(金藏雲)을 일으켜 차례로 風輪·水輪·金輪을 生하며 처음 一增減劫 동안에 初禪天으로부터 地獄界에 이르기까지 次第로 成立하고 後의 十九增減劫에 光音天으로부터 有情이 次第로 降生하여 無間地獄에 一人의 有情이 生함을 最後로 함. 卽 器世間 및 有情世間이 成立한다. 合하여 二十增減劫 동안임.
2. 住劫…器世間과 有情世間이 安穩하게 存在하는 時로서 二十增減劫을 經過함.
3. 壞劫…亦是 二十增減劫 동안이다. 그 中 初의 十九增減劫 동안에 初禪天에서 地獄에 이르는 모든 有情은 各其 業因에 따라 二禪 以上에 나아가서 한 사람도 남기지 않음을 有情世間壞라 함.
   마지막 一增減劫에 일곱해〔七太陽〕가 나타나 火災를 일으켜 먼저 地獄에서부터 初禪天까지를 태워버리고 다음 水災를 일으켜 二禪天 以下를 떠내려 보내고 다음 風災를 일으켜 三禪 以下를 흩어 없앤다〔飄散〕.
4. 空劫…世界가 온전히 虛空無一物이 되어 다시 다음 成劫에 이르기까지의 二十增減劫 동안을 말함.

― 起世經·智度論·俱舍論 ―

그러면 우리 불교의 우주관(宇宙觀)은 어떤 것인가?
불교의 우주관을 대강 검토해 보도록 합시다. 불교 우주관은 우주가 이루어지는 성겁(成劫)과 또는 우주에 모든 중생들이 존재하는 주겁(住劫)과 또는 허물어져 파괴되는 괴겁(壞劫)과 제로가 되어 텅텅 비어버리는 공겁(空劫)과 다시금 성겁이 되는 이른바 영겁순환(永劫循環)이요, 영겁 동안 사겁(四劫)이 되풀이되는 것입니다.

그러면 성겁은 어떻게 되었는가?

앞서 언급한 바와 같이 유정의 공업증상력(共業增上力)이라, 모든 중생들의 공동의 업력인 공업(共業)이 점차 증가되는 힘으로 말미암아 공간에 미세한 금색 바람을 일으켜, 금색 바람을 금장운(金藏雲)이라고 합니다. 즉 금색광명을 띤 구름이란 뜻입니다. 차례로 풍륜(風輪) 또는 수륜(水輪) 또는 금륜(金輪)을 생(生)하여 처음 일증감겁(一增減劫), (수명이 팔만 사천세(八萬四千歲)부터서 100년 만에 한 살씩 나이가 줄어서 10세에 이르는 동안을 감겁(減劫)이라고 하고 그 반대로 10세로부터 100년에 한 살씩 더 늘어 팔만 사천세에 이르는 동안을 증겁(增劫)이라 합니다. 일증감겁은 그와 같이 감겁과 증겁을 합한 기간입니다.) 이런 기간에 초선천(初禪天)으로 부터 지옥계에 이르기까지 차제(次弟)로 성립됩니다. 지옥(地獄) 등이 처음부터 있었던 것은 아닙니다. 공겁 때는 모두가 다 없던 것이 점차로 중생의 좋다 싫다 하는 등의 업력 따라서 환경, 지구, 하늘의 별들이 이루어지는 것입니다.

그리고 다음에 더 오랫동안인 19증감겁 동안에 색계(色界) 이선천(二禪天) 중의 제 3천인 광음천(光音天)으로부터 유정(有情)이 차제로 강생(降生)합니다. 광음천은 광명으로 이루어진 색계(色界)입니다. 광음천에는 말도 필요없이 생각만하면 입에서 광명이 나와서 이심전심(以心傳心)으로서 통할 수 있는 하늘이라고 합니다. 광음천으로부터서 유정이 차례로 아래로 내려와서 음식을 찍어 먹고 하는 것은 어제 말씀을 드렸습니다. 그리고는 무간지옥에 한 사람의 유정이 생겨남을 최후로 기세간계(器世間界) 즉 우주와 유정세간(有情世間)이 성립한다고 합니다. 이와 같이 성겁에는 겨우 유정이 오직 한 사람이 나온다고 합니다. 말하자면, 복(福)이 다 되어서 또는 성품이 경망스러워서 새로운 것을 바라고 유정이 내려 왔다고 합니다.

그 다음에 주겁(住劫)이라. 기세간(器世間)은 불교 술어로서 형식적인, 물질적인 우주를 말합니다. 또 유정세간(有情世間)은 우리 인간이나 천인(天人)이나 유정 곧 의식이 있는 존재들입니다. 주겁은 기세간과 유정세간이 안온하게 존재하는 때로서 20증감겁을 경과한다고 합니다. 처음 성겁(成劫)도 일증감겁(一增減劫) 동안에 형식적인 지구나 천체 등 우주가 이루어지고 나머지 19증감겁 동안에 유정이 이루어지므로 합하면 20증감겁입니다.

그 다음에 괴겁(壞劫)인데 파괴될 때의 말입니다. 현대 물리학도 장차 우리 지구나 각 천체가 피괴되어 가는 것을 추론하고 있습니다. 그리고 영국의 호킹(Stephen Hawking) 박사같은 분들은 우주가 이루어져서 완전히 파괴될 때까지 100억년 정도라고 계산을 했습니다. 그런데 그 분은 역시 천재이기 때문에 물리학자에 지나지 않지마는 부처님 말씀과 상당히 가까운 말이 많이 있습니다. 천재란 마음이 여느 사람들보다 한결 맑아서 불심(佛心)에 가까운 사람들이라 불교를 안 믿는다 하더라도 그와 같이 부처님 가르침에 가까워지는 것을 알 수가 있습니다. 따라서 천재란 쇼펜하우어 말이 아니라도 기억력이 좋아서 많이 아는 것이 천재가 아니라 우리 마음이 얼마만치 본질적인 진리에 가까이 있는가? 하는 것입니다. 그래서 우리 출가사문들은 이미 천재의 범주에 들어 있는 것입니다.

괴겁(壞劫)도 역시 20증감겁 동안인데 처음 19증감겁 동안에 초선천(初禪天)에서 지옥에 이르기까지 모든 유정은 각기 자기가 지은 바 업력(業力)에 따라서 2선천 이상에 나아가서 한 사람도 남기지 않음을 유정세간괴(有情世間壞)라, 유정세간이 다 허물어진다고 합니다. 지금 기독교에서 이른바 시한부 종말론(終末論)을 부르짖는 사람들이 얼마나 많습니까. 앞으로 곧 종말이 온다고 그것을 믿고서 떠들어대고 하니 참으로 딱한 사람들 아닙니까? 우리는 부처님을 믿었다는 것이 얼마나 행복스러운가를 감격하지 않을 수가 없습니다. 호킹 박사도 100억 년이라니까 아직은 멀었고 부처님 말씀은 방금 말씀한 바와 같이 20증감겁 동안에 파괴된다는 것인데 또 파괴될려고 할 때는 사람과 함께 마구 다 무너지는 것이 아니라는 것입니다.

천지 우주는 진여불성의 대자비(大慈悲)로 뭉쳐 있는 완벽한 생명체입니다. 부처님은 대자대비(大慈大悲)가 근본이기 때문에 초선천에서 지옥에 이르기까지 모든 유정은 각기 자기 지은 바 업에 따라서 2선천 이상으로 간 뒤에야 점차로 무너진다는 것입니다. 만일 사람을 그대로 태운 채로 무너져버리면 불성(佛性)이라는 것이 얼마나 무자비 하겠습니까. 따라서 우리는 진여불성을 지향하여 점차로 정화(淨化)되어 가는 것입니다. 가장 먼저가 출가사문과 부처님 제자가 되겠지요. 이스라엘 사람들은 자기들이 선택받았다고 하지만 사실은 우리가 선택받은 사람들입니다.

초선천에서 지옥에 이르기까지 모든 유정은 각기 자기가 지은 업력 따라서 더디 가고 빨리 가고 하는데 2선천 이상을 올라간 뒤에야 비로소 모든 유정세간이 파괴된다고 하니 한 사람도 남기지 않고 이선천(二禪天) 이상으로 승천(昇天)하고 나서 파괴된다는 사실이 얼마나 자비로운 도리입니까? 우주의 도리는 그러한 자비가 근본인 것입니다.

그리고는 마지막 일증감겁(一增減劫)에 일곱 해〔太陽〕가 나타나서 화재(火災)를 일으켜 먼저 지옥에서부터 초선천까지 태워버리고 다음에 수재(水災)를 일으켜 2선천 이하를 떠내려 보내고 다음 풍재(風災)를 일으켜 3선천 이하를 불어 없앤다고, 경에는 표산(飄散)이라는 말로 쓰여 있습니다.

공겁(空劫)이라, 세계가 온전히 허공무일물(虛空無一物)이 되어서 다시 다음 성겁(成劫)에 이르기까지 또 역시 20증감겁 동안을 요합니다. 그래서 성·주·괴·공 4겁을 합하여 80증감겁이 소요됩니다. 이러한 우주론은 기세경(起世經)이나 용수 보살 지도론(智度論)이나 또는 구사론(俱舍論)에 있습니다.

3. 색(色:物質)의 근본 구조(根本構造)

불교의 교리에서 나온 물질의 구조를 알아보겠습니다. 현대 물리학에서 물질의 가장 미세한 소립자인 광량자(光量子)의 본질이 불교에서 물질의 근본으로 삼는 금진(金塵)이라고 생각하면 되겠습니다.

> 金塵의 構造…宇宙의 本質인 物心一如의 心體에는 本來로 地·水·火·風 四大의 四性과 四相이 갖추어 있는데 그 四性과 四相이 和融하여 一極微를 이루어 서로 分離할 수 없으므로 八事俱生하여 隨一不滅이라 稱한다.
> 이 極微를 四方·上下의 六方과 中心의 七微가 合成되어 처음으로

天眼所見의 阿耨色이 되는데 바로 金塵이다.
 이 金塵은 天眼과 輪王眼과 佛果를 得한 菩薩眼에만 見得할 수 있다. 金塵 곧 一阿耨色은 金中에서 往來하여도 無障 無碍하며 百四十의 事體功德을 갖추고 있다. 또한 圓常하여 다시 生滅이 없고 空劫時에는 離散하여 空中에 浮遊하나 體法은 恒有하며 그 作用에 있어서 生滅 無常하다.　　　　— 大日經疏一 · 俱舍論光記 · 勝論 —

　우주의 본질인 물심일여(物心一如)의 심체(心體)에는 지·수·화·풍(地水火風) 4대(大)의 네 가지 성품과 사상(四相)이 본래로 갖추어 있습니다. 우리는 우주의 본체에 있는 근본적인 본성품을 생각해야 합니다. 근본 성품에는 지수화풍 4대를 비롯한 일체 만덕이 본래로 원만히 갖추어 있습니다. 그 성품은 인연 따라서 상(相)으로 나오는데 지수화풍 4대의 4성(性)과 4상(相)이 서로 원융무애하여, 거리낌 없이 섞이어서 일극미(一極微)를 이루어 서로 분리할 수 없으므로 팔사구생(八事俱生) 한다는 것입니다.
　팔사구생이란 구사론 등에 나오는 말로 여덟 가지 기운이 한번에 화융(和融)하게 뭉쳐서 나온다는 말입니다. 팔사구생의 여덟 가지란 앞에 든 지수화풍 4대의 네 가지 성품과 4대의 상인 네 가지 상이 함께 어울려서 나오므로 팔사구생입니다. 그래서 수일불멸(隨一不滅)이라, 뭉쳐진 그 하나가 멸하지 않는다고 하는 것입니다.
　사방(四方)과 상하(上下)의 육방(六方)과 가운데 중심(中心)을 합하면 일곱 군데인데 불교에서는 일체가 역동적인 생명력이므로 사방과 상하 그리고 중심의 7이란 수치를 생명 활동의 중요한 수치로 중요시하는 것입니다.
　일극미(一極微)인, 물질도 아닌 하나의 기운, 에너지가 사방

상하 중심의 칠미(七微) 합성이 되어 처음으로 천안소견(天眼所見)이라, 중생의 오욕의 때묻은 눈으로 볼 수 있는 것이 아니라 천안통으로 볼 수 있는 아누(Anu 阿耨)색이 되는데 이것이 바로 금진(金塵)이라고 합니다.

아누다라삼먁삼보리에서도 나오는 그런 개념 하나 하나가 모두가 다 의미 심중합니다. 우리 인간이 알고 있는 원자핵이나 그런 물질적인 존재가 아니라 그보다 더 훨씬 더 저편에 있는, 즉 생명 에너지의 근본 구성체라고 할 수 있는 것이 바로 금진인 것입니다.

이 금진은 천안(天眼)과 전륜성왕(轉輪聖王)의 안목과 또는 견성오도(見性悟道)해서 삼매에 들어가 불과(佛果)를 얻은 보살의 눈에만 견득(見得)이라, 보아서 얻을 수가 있다는 것입니다. 따라서 벌써 견성오도를 확실히 했다면 금진인 한량없는 금색광명을 훤히 현관(現觀)이라, 현전(現前)하게 체험하게 되겠습니다.

금진 곧 일아누색(一阿耨色)은 금(金) 가운데서 왕래하여도 무장무애하여 거리낌이 없으며 140의 사체공덕(事體功德)을 갖추고 있다 합니다. 불성공덕(佛性功德)은 무량공덕이나 편의에 따라서 법수로서 140의 공덕으로 구분하여 일일히 말씀한 법문이 불경에 나와 있습니다. 티끌만도 못하고 원자핵보다 한결 근원적인 미세한 에너지로 응집된 그 가운데에 벌써 140의 부처님의 무량공덕을 다 갖추고 있다는 말입니다. 그렇기 때문에 일미진중 함시방(一微塵中含十方)이라는 말씀이 성립되지 않겠습니까.

또한 원만하고 항상하여 다시 생멸이 없고 공겁(空劫)시에도 금진은 존재하는 것입니다. 공중에 흩어져 있기는 하지만

체(體)는 소멸이 안되어 체법(體法)은 항유(恒有)하며 그 작용에 있어서는 생멸무상(生滅無常)입니다.

또는 유식론(唯識論)에는 일체 현상을 아뢰야식(阿賴耶識) 종자의 변현(變現)이라고 합니다. 모두가 다 유식(唯識)이라, 만법이 유식이요, 일체가 유심조(唯心造)라는 사상에서 본다면 물질은 체(體)가 있는 것이 아니며 금진도 또한 마음의 묘유(妙有) 현상이니 물질의 체성(體性)이 있는 것이 아니라는 말입니다.

금진은 금강(金剛) 또는 금륜(金輪)이라고도 하며 묘유(妙有)의 본질이라는 말입니다.

4. 물질(物質)의 분석(分析)·석공관(析空觀)

物質의 分析(析空觀)

```
物    體 ------------------
隙遊塵(成分) ---------------
牛毛塵(分子) ---------------
羊毛塵(元素) ---------------    欲界塵
兎毛塵(電子) ---------------
水    塵(陽核) ---------------
金    塵(核의 本質) -----------  色界塵
微    (識粒) ---------------
極  微(色究竟) ---------------  無色界塵
隣  虛(染心根) ---------------
```

불교에서 구사론 등 근본 론장(論藏) 가운데 석공관(析空觀)이 있습니다. 우리 중생들이 공(空)을 느끼기가 어려운 것이니까 색(물질)을 분석하는 방편을 써서 공을 느끼게 하는 것입니다.

물체를 분석하여 우선 극유진(隙遊塵)이라 하는데, 날씨가 좋을 때 문틈으로 태양 광선이 비춰오는 것을 보면 그 광선 속에 헤아릴 수 없는 티끌이 떠놀고 있어 보이지 않습니까. 그런 정도의 작은 것을 말합니다. 현대적인 말로 표현한다면 물질의 성분(成分)이라고 할 수 있습니다.

보다 더 미세한 것이 우모진(牛毛塵)입니다. 마치 소터럭 끄트머리같은 그 정도로 작다는 말입니다. 이런 말은 그와 꼭 같다는 것이 아니고 옛날 사람이 비유로 표현한 것입니다. 현대적인 술어로는 분자(分子) 정도가 되고 더 작은 것은 양모진(羊毛塵)으로 양털 끄트머리 정도로 눈에 안 보이는 원소(元素) 정도입니다. 그 다음에 토모진(兎毛塵)으로 토끼털 끄트머리 정도로 전자(電子) 정도에 비유됩니다. 그 다음은 수진(水塵)으로 양성자(陽性子), 중성자(中性子) 정도이고, 앞에서 말한 금진(金塵)은 원자핵(原子核)의 본질(本質)을 의미합니다.

이런 불교적인 분석은 옛날에 도인들이 중생들이 물질에 대해서 너무 집착을 하니까 '분석하면 모든 존재들이 다 허망하게 비어버린다'고 하기 위한 법문을 시설하여 이른바 석공관(析空觀)이라, 물질을 분석해서 공으로 돌아가는 관법(觀法)을 제시하였던 것입니다. 그래서 금진(金塵)은 미(微)로 구성되고, 미는 극미(極微)로 구성되고, 극미는 인허(隣虛)라는 공간성이 있는지 없는지 잘 모르는 기운으로 구성되었다고 분석을 했습니다.

따라서, 금진은 핵의 본질이지요. 미는 식의 알갱이[識粒]요, 또는 극미는 색구경(色究竟) 즉 색의 가장 끄트머리고 인

허(隣虛)는 염심근(染心根)이라, 우리 마음이 오염되어 있는 가장 시초인 것입니다.

물체에서 수진(水塵)까지는 욕계에 있는 티끌, 욕계진(欲界塵)이라 하고 또 금진은 광명체 즉 광명이 본질이기 때문에 이것은 색계진(色界塵)이라 하고 또 우리 의식의 헤아림의 흔적들은 무색계진(無色界塵)이니까 내나 우리의 식(識)도 물질화 될 수가 있고 물질도 결국은 식이고 마음이라는 것입니다.

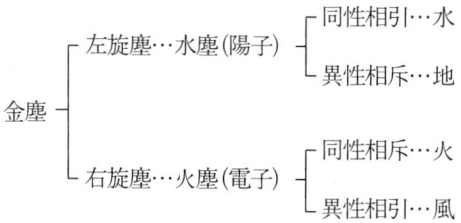

地·水·火·風 四大의 構造

앞에서 물질의 구조같은 것은 대강 살펴본 셈입니다만 불교에서 말하는 지·수·화·풍 4대(四大)가 어떻게 구성이 되었는가? 하는 문제 입니다.

순수한 우주의 기운인 금진(金塵)이 좌선(左旋) 곧 좌편으로 진동하면 수진(水塵)이 되고 우편으로 진동하면 화진(火塵)이 된다는 것입니다. 화진은 현대적으로 대비해서 말하면 전자(電子)고 수진은 이른바 양자(陽子)가 되는 것입니다. 원자핵 즉 양성자 중성자는 불교에서 말하면 수진이라는 것입니다.

따라서 전자라든가 또는 이 양성자 중성자가 어떻게 나왔는가 하는 원리를 현대 물리학자들은 거의 비슷하게 말을 합니다. 가사 라듐(radium)을 분석하면 전자의 흐름은 오른쪽으로 구부러지고 양성자의 흐름은 왼쪽으로 굽어지고 또는 감마(gamma: γ)선은 구부러지지 않는다는 것입니다. 이와 같이 어렴풋이나마 현대 물리학에서도 좌선(左旋)과 우선(右旋)의 도리를 말합니다.

불교 가르침 가운데서 금진이란 말은 원래 있으나 좌선진, 우선진이나 수진은 양자와 같고 화진은 전자와 같다는 이런 말씀을 한 것은 금타 스님이 처음입니다. 현대에 태어난 분이기 때문에 현대 물리학과 대비 회통(會通)을 시킨다는 의미에서 필수적으로 밝혀야겠지요.

아무튼, 우리 마음의 싫어하는 기운은 금진을 오른쪽으로 돌려서 전자를 창조한다고 할 수 있고 또 좋아하는 마음은 그 반대로 금진을 왼쪽으로 돌려서 양성자 등을 창조하는 것입니다. 이렇듯 우주에너지인 금진(金塵)은 우뢰 심리 여하에 따라서 전자화(電子化)되고 양자화(陽子化)되어 형상화되는 것입니다.

저명한 의학자들 말도 성을 내면 몸에 해로운 요소인 아드레날린(adrenalin)이 더 증가되고, 웃고 기분 좋으면 우리를 건강하게 해주는 엔돌핀(endorphines)이 생긴다고 합니다. 그런 것이 모두가 다 부처님 원리에서 본다면 수긍이 가는 것입니다.

앞서 말씀드린 바와 같이 성겁 초기(成劫初期)에 광음천(光音天)이라든가 더 위의 무색계(無色界)에 있는 중생들이 좋다 궂다 하는 분별이 시초 동력(動力)이 되는 이른바 중생들의 공업력(共業力)이 쌓이고 모이니까 전자가 되고 양자가 되어 우주를 구성하게 되는 것입니다.

또한, 모든 것들이 생명이니까 의당 역동성(力動性)이 있어야겠지요. 따라서 양자인 수진은 같은 성질끼리는 서로 이끌고 또 다른 성질과는 서로 배척하는데 수진 즉 양자에 있어서 같은 성질끼리 이끈 것은 수(水)라고 하고 다른 성질을 배척하는 것은 지(地)라고 합니다. 가사, 중성자와 양성자가 서로 어우러져서 원자핵이 되는 것도 서로 이끌어서 된 것입니다. 또 우편으로 도는 금진인 화진(火塵) 즉 전자는 성질이 수진(水塵)과는 반대로 동성끼리는 서로 배척하고 또는 이성끼리는 서로 이끄는데 동성끼리 서로 배척하는 것은 화(火)라고 하고 이성끼리 이끄는 것은 풍(風)이라고 합니다.

지수화풍 사대(四大)가 이렇게 하여 이루어지는 것입니다. 지수화풍 사대가 어디서 나왔는가? 하는것도 역시 금타 스님이 처음으로 발설을 했습니다. 옛날에야 이렇게 할 필요가 없었겠지요.

물질이란 그 근본이 어떻게 나왔는가 하는 문제는 우리 불교인들이 꼭 풀어야 할 문제입니다. 세속인인 물리학자들이 푸는 우주의 근본 문제를 풀지 못하면 그마만치 불교를 불신하는 것입니다. 마땅히 그들이 아는 것보다도 훨씬 더 앞서서 이끌어야 할 과제가 현대 불교가 당면한 문제이기도 합니다. 또한 물질의 근원이 본래 공(空)하다는 도리를 분별 지혜인 간혜(乾慧)로라도 알고 있으면 우리들의 상(相)을 여의는 데도 크게 조도(助道)가 될 것입니다.

5. 삼천대천 세계(三千大千世界)

三千大千 世界
- 一小世界…須彌山을 中心으로 七山八海를 交互로 두루고 鐵圍山을 外廓으로 한 世界를 말함.

1. 小千世界…一小世界를 千合함을 말함.
2. 中千世界…小千世界를 千合함을 말함.
3. 大千世界…中千世界를 千合함을 말함.

　　모두 合하여 大千世界의 數量은 十億世界이다. (一小世界×1000=小千世界, 小千世界×1000=中千世界=1000000 中千世界×1000=大千世界 즉 1000000×1000=1000000000=10億世界가 三千大千世界임.

※ 이 三千大千世界는 第四禪天과 같으며 成도 壞도 同時임.

— 智度論・佛地論 —

　불교 우주관은 생성소멸(生成消滅)적인 차원에서 본다면 성겁, 주겁, 괴겁, 공겁입니다만 천체가 얼마나 큰가 하는 공간적인 의미에서 본다면 삼천대천(三千大千) 세계입니다.

　불교에서 한 세계를 일소세계(一小世界)라 하는데 이는 태양계를 중심으로 하는 한 세계를 말하는 것이라고 볼 수가 있습니다. 일소세계란 수미산(須彌山 Sameru-parvata)을 중심으로 7산(山) 8해(海)를 교호(交互)로 번갈아 두루고 철위산(鐵圍山 Cakravada)을 가장 밖에 있는 외곽으로 한 세계를 말합니다. 그래서 구산팔해(九山八海) 즉, 아홉 산과 여덟 바다인데 그 이름이 다 있습니다. 수릉엄삼매도에 보면 같이 번갈아 둘러 이루어지는 표현이 되어 있습니다.

　아무튼, 이런 말씀은 그 당시에는 세밀한 분석이 필요없고 다만 어떻게 중생들이 망상을 안 내고 성불할 것인가? 하는 것이 문제이기 때문에 상징적으로 말씀을 했습니다. 부처님이 아시는 그대로 말해서는 중생들이 알 수가 없으니까 말입니다. 그러나 중생들은 세계가 어떻게 생겼는가? 나는 대체로 어디서 태어났는가? 물질의 근본은 무엇인가? 그런 의문은 그 당시 미개한 때에는 품을 수가 없었겠지요. 따라서 그때그때 대응해서만 말씀을 했던 것입니다.

　현대 천문학에서도 태양계(太陽界) 밖에 은하계(銀河界)가 또 끝없이 많이 전개된다고 하지 않습니까? 그래서 태양계를 중심으로 여러 유성이 도는 한 단위의 세계 즉 일소세계(一小世界)를 천개 합한 것이 소천세계(小千世界)요, 이 소천세계를 다시 천개 합해서 중천(中千)세계고 중천세계가 천개 합해서 대천(大千)세계입니다. 그러니까 한 세계의 천개에 천배가 십만이고 다시 천배가 십억이 됩니다. 그래서 대천세계는 수치로 보면 십억 세계인데 소천 중천 대천으로 합해서 말하면 천이 세번 있으므로 삼천대천(三千大千) 세계라고 하는 것입니다.

　이 삼천대천 세계는 이른바 사선천(四禪天)과 같으며 성주괴공(成住壞空)의 시기도 똑같이 합니다. 4선천은 물질 세계를 다 통합한 세계인 것입니다.

　무색계는 의식만 있으니까 물질 세계의 공간적인 의미가 없겠지요. 공간도 실존적인 고유한 공간이 아니라 다만 상(相)을 나툰 거품같고 안개같은 허망상만 있는 공간입니다. 내 몸뚱이도 거품같고 안개같은 것인데 우리가 있다고 집착하듯이 삼천 대천 세계 4선천도 또한 본질적으로는 그림자같은 것에 지나지 않습니다.

6. 수묘게(數妙偈)

　　數妙偈
　　一是不空萬法起焉　　滿十俱空非空而空

제3절 現象과 本體

二假相應非本非迹　　三法輾轉因果同時
本具四大居常五位　　四大互因二八成實
七依一實六輪常轉　　二四三三互爲因果
五位三法含藏一實　　九果八因包和常住
胎藏十六隨緣比周　　一地三水五火七風
三五爲本一七示迹　　七三滿數五一過半
滿者欲平過半生歪　　離垢一地十五金剛
等體金塵遍滿十方　　一切萬有隨器分資
雖現此身內外正依　　地水火風四界攝持
金塵合空性相難分　　細根麁境隱顯左右
金塵一七便成水塵　　三七陰火五七陽性
七七起風又七化土　　地塵五分四水一火
左轉水地引同斥異　　右轉風火引異斥同
地下風動水貪火嗔　　緣起若存緣滅若亡
隱性顯相二名一實　　欲隱無內欲顯無外

  수묘게(數妙偈)에 대해서 알아 보겠습니다.

  이것은 수치에 묘한 진리가 포함돼 있다는, 말하자면 수(數) 자체가 바로 우주에 있는 생명의 상징이라는 것입니다. 철학자로서는 그리스의 피타고라스(Pythagoras)가 수(數)가 생명이라는 말을 처음으로 하였다는데 주역(周易)도 마찬가지입니다. 우주는 바로 수(數)로 구성되어 있다는 말입니다. 소리나 또는 사이클(cycle) 즉 단파, 장파같은 주파수(周波數) 등 어떻게 진동하는가? 하는 것이 모두 수입니다. 우리는 수라는 것에 신비로운 영감을 느낄 수가 있습니다. 가사, 현대는 기술 문명, 기술의 싸움이라고 하는데 기술이란 것이 모두가 다 수에서 근원이 되는 것입니다. 따라서 수학을 못하면 물리학을 못하는 것 아닙니까. 또 철학을 할 때도 수학은 항시 기본이 됩니다.

수묘게(數妙偈)는 하나부터 열까지 그 수(數)의 원리를 풀이한 것입니다.

일시불공 만법기언(一是不空萬法起焉), 하나〔一〕이것은 공(空)이 아니어서 만법이 일어나,

만십구공 벼공이공(滿十俱空非空而空)이라, 만수(滿數)인 십(十)이 되면 공이 되는데 공이 아니면서 바로 공이 되는 것이다. 즉 본래 공이 아닌 존재가 어느 한계에 이르러 만수(滿數)가 갖추어지면 공으로 돌아간다는 말입니다. 성겁이 되고 주겁이 되고 괴겁 동안에는 (-), (+)가 차이가 있으니까 활동이 되는 것이지 합해져 버리면, 다 차버리면 공겁이 되는 것입니다. 그래서 움직이는 싸이클이 완전히 (-), (+)가 동등히 되어서 합(合)해져버리면 공겁이 되는 것입니다.

이가상응 비본비적(二假相應非本非迹)이라, 공과 공이 아닌 것 즉 공(空)도 유(有)도 가(假)인데 두〔二〕가(假)가 서로 같이 응하면서 결국은 근본도 아니고 결과도 아니다. 이 말은 공이 근본이 되거나 또는 유가 근본이 되는 것도 아니고 색(色:有) 즉 공(空)이요 공즉색이니 서로 같이 겸해있다는 말입니다. 인연에 따르면 있는 것 같이 보이지만은 인연이 소멸되면 공이 되는 것입니다.

삼법전전 인과동시(三法輾轉因果同時)라, 혹(惑)업(業)고(苦)를 삼법(三法)이라 합니다. 혹은 번뇌요, 업은 번뇌 따라서 신구의(身口意) 삼업(三業)으로 짓는 행위요, 업으로 받는 과가 고(苦)입니다. 번뇌에서 업을 짓고 고를 받는 3법이 전전(輾轉)이라, 구르고 굴러서 같이 인이 되고 또는 과가 된다는 말입니다. 가사, 우리가 누구를 미운 사람이라고 할 때는 그 미운 생각이 혹이고, 미운 이를 비방하거나 때리는 행위 등이

업이며 그 업으로 인하여 받는 보복 등이 고(苦)입니다. 그러한 번뇌와 업은 또한 우리 잠재 의식에다 미운 종자를 심는 것입니다. 양자역학의 도리로 본다면 밉다고 생각할 때는 우리 생리에 전자를 더 증가를 시키고 좋다고 생각하면 양자를 증가를 시키는 것입니다. 욕심이나 진심(嗔心)을 많이 내면 낼수록 더욱 더 증가되다가 욕심이나 진심(嗔心)이나 굳어지면 응어리가 생기는 것입니다. 성을 많이 내고 욕심을 많이 내면 결국은 응어리가 생겨 몸의 조화가 깨져서 병이 생기는 것입니다. 암(癌) 등도 역시 욕심이나 진심이 모이고 모여서 응어리진 것에 지나지 않습니다.

본구사대(本具四大) 거상오위(居常五位)라, 본래 지·수·화·풍 4대가 근본 성품(불성)에 갖추어 있고 일체 만법을 5위(位)로 포괄하는데 그 5위도 또한 근본 성품에 온전히 갖추어 있다는 것입니다. 5위는 근본 불교의 법상(法相)풀이로서 색법(色法)·심법(心法)·심소유법(心所有法)·심부상응법(心不相應法)·무위법(無爲法)입니다.

사대호인(四大互因) 이팔성실(二八成實)이라, 지수화풍 사대가 서로 이끌어서 2×8=16, 16의 도리로 실상(實相) 세계가 이루어지도다. 16의 수치(數值)는 1지(地) 3수(水) 5화(火) 7풍(風)을 합하여 16이 되는데 밀교(密敎)에서 원만무진(圓滿無盡)을 의미합니다.

칠의일실(七依一實) 육륜상전(六輪常轉)이라, 순수한 일금진(一金塵)이 제 7식〔末那識〕 또는 7풍에 의지하여 육도중생으로 항시 윤회한다는 말입니다. 본래는 순수 생명인 금진자리인데 제7 말나식(末那識)인 망식(妄識)에 의하여 지옥·아귀·축생·아수라·인간·천상 등 6도(六途)를 끊임없이 윤회하는 것입니다.

　이사삼삼 호위인과(二四三三互爲因果)라, 2×4=8의 팔식(八識)과 3×3=9의 9식(九識)이라, 9식은 청정식(淸淨識)으로 근본 바탕인 진여불성이고 8식은 아뢰야식(阿賴耶識)으로서 일체 유정(有情)의 근본심식(根本心識)을 말하는데 이 8식과 9식이 서로 인이 되고 과가 된다는 뜻입니다.

　오위삼법 함장일실(五位三法含藏一實)이라, 아까 말한 심법·색법·심소유법·심부상응법·무위법의 5위(五位)와 혹업고(惑業苦)의 3법(三法)이 돌고 돈다 하더라도 일실(一實)인 청정한 금강불성은 다 언제나 갖추어 있다는 뜻입니다.

　구과팔인 포화상주(九果八因包和常住)라, 청정식인 9식은 과(果)이고 8식인 아뢰야식은 일체 업(業)을 갈무리하는 장식(藏識)인 인(因)인데 항시 서로 포함하여 조화롭게 존재한다는 뜻입니다.

　태장십륙 수연비주(胎藏十六隨緣比周)라, 태장계는 16수로 되어 있다는 말인데 16수는 1지(地)·3수(水)·5화(火)·7풍(風)의 수를 합하면 16이 됩니다. 이런 법수(法數)는 여기서 설명을 다할 수는 없고 하여튼 우주를 구성하는 기본 공덕수(功德數)가 16입니다. 태장계란 밀교(密敎)에서 말하는 원리의 세계입니다. 생명의 본체인 성품 공덕이 인연 따라 두루 미치게 된다는 뜻입니다.

　일지삼수 오화칠풍(一地三水 五火七風)이라, 생명적인 수치 곧 태장계 수치로 봐서 1은 지(地)에 해당하고 3은 수(水)에 해당하고 5는 화(火)에 해당하고 7은 풍(風)에 해당합니다.

　삼오위본 일칠시적(三五爲本一七示迹)이라, 3인 수(水)와 5인 화(火)가 근본이 되고 1인 지(地)와 7인 풍(風)이 자취가 된다는 말입니다.

　그래서 칠삼만수 오일과반(七三滿數五一過半)이라, 7인 풍과 3인 수(水)가 합하면 만수인 10이고 또는 5인 화(火)와 1인 지(地)가 합하면 6이 되니 반(半)을 넘는다는 뜻입니다.

　만자욕평 과반생의(滿者欲平過半生歪)라, 7과 3이 합해진 만수(滿數)는 가만히 있을려고 하지만 5와 1인 즉 화(火)와 지(地)가 6이 되어서 반수를 넘으니까 삐뚜름하게 반발한다는 뜻입니다. 마이너스(-) 프러스(+)가, 음양이 같으면 역동적(力動的)인 성겁(成劫)이 안되나 우주 에너지가 똑같지가 않으니까 움직이고 결합하고 하여 성겁(成劫)이 되는 것입니다. 다행인지 불행인지 그와 같이 똑같지 않으니까 사람으로 나와서 우리가 있는 것이지 같았으면 항시 공겁에 머물러 인간으로 나올 수 없습니다.

　리구일지 십오금강(離垢一地十五金剛)이라, 1인 지(地)에서 모든 번뇌를 여의면 15금강이라, 15야(夜) 만월같이 일체 공덕을 갖춘 훤히 트인 금강세계가 된다. 그래서 태장계 16공덕은 변함이 없습니다.

　등체금진 변만시방(等體金塵遍滿十方)이라, 우주와 같은 체성(體性)인 금진이 온 세계에 편만해 있으니 우주가 바로 금진세계입니다.

　일체만유 수기분자(一切萬有隨器分資)라, 일체 만유는 각기 그릇 따라서 곧 업(業) 따라서 공덕을 달리 받고 있습니다.

　수현차신 내외정의(雖現此身內外正依)라, 비록 이 몸을 나투어도 정신과 육체, 성품과 환경을 다 갖추었으며

　지수화풍 사계섭지(地水火風四界攝持)라, 우주란 것은 지와 수와 화와 풍과 이런 것이 서로 어우러져서 구성이 되었다.

금진합공 성상리분(金塵合空性相離分)이라, 금진은 본래 허공과 합해 있으니 성품과 상(相)을 나누기 어렵다.

세근추경 은현좌우(細根麤境隱顯左右)라, 세근은 성품으로 있는 능조사대(能造四大)에 해당하는 것이고 추경은 현상으로 나툰 소조사대(所造四大)인데 능조사대와 소조사대가 서로 인연 따라 나타났다 숨었다 자유자재로 한다는 뜻입니다. 상(相)과 성품이 본래 둘이 아니기 때문에 그렇지 않겠습니까? 중생이란 업력으로 상(相)이 나타나는 것이고 업력이 다하면 성품으로 숨어지는 것입니다.

금진일칠 변성수진(金塵一七便成水塵)이라, 1금진이 7풍(七風)으로 동(動)하면 수진(水塵)이 되고

삼칠음화 오칠양성(三七陰火五七陽性)이라, 3수(三水)가 7풍(七風)으로 동(動)하면 음화(陰火)요, 5화(五火)가 7풍(七風)으로 동(動)하면 양성(陽性)이다.

칠칠기풍 우칠화토(七七起風又七化土)라, 7풍(七風)이 7풍을 만나면 더욱 풍(風)이 세고 다시 7풍(七風)을 더하면 토(土)가 된다.

지진오분 사수일화(地塵五分四水一火)라, 토(土)를 구성한 지진(地塵)을 분석해 본다면 5분지 4가 수(水)가 되고 5분지 1이 화(火)가 된다.

좌전수지 인동척이(左轉水地引同斥異)라, 금진(金塵)이 좌편으로 진동하면 수(水)와 지(地)가 되는데 같은 것은 서로 이끌어 수(水)가 되고 다른 것은 배척하여 지(地)가 되며,

우전풍화 인이척동(右轉風火引異斥同)이라, 금진(金塵)이 오른편으로 돌면 풍(風)과 화(火)가 되는데 다른 것은 이끌어 풍(風)이 되고 같은 것은 배척하여 화(火)가 된다.

지하풍동 수탐화진(地下風動水貪火嗔)이라, 지진(地塵) 경계에 수(水)가 동하면 탐(貪)이 되고 화(火)가 동하면 진(瞋)이 된다.

연기약존 연멸약망(緣起若存緣滅若亡)이라, 인연이 있으면 존재하는 것 같고 인연이 멸(滅)하면 없는 것 같으니 실제로 멸하는 실멸(實滅)이 아니고 실재로 있는 실유(實有)가 아니다.

은성현상 이명일실(隱性顯相二名一實)이라, 숨어 있는 성품과 나타난 현상이 이름만 둘이지 본래로는 하나인 실상(實相)이다.

욕은무내 욕현무외(欲隱無內欲顯無外)라, 숨고자 해도 안이 없고 나타나고자 해도 밖이 없거니 본래 진리란 상하 내외가 없는 원만구족(圓滿具足)한 진여실상(眞如實相)이기 때문입니다. 저도 수묘게를 저자로부터 설명 들은 일이 없기 때문에 산승의 해설이 미흡한 데가 많을 것입니다.

7. 열반진색(涅槃眞色)

涅槃眞色
○ 涅槃은 色·聲·香·味·觸·生·住·壞·男·女의 十相이 無함.
○ 色是無常이나 因滅是色하여 獲得解脫常住色　　― 涅槃經 ―
○ 如來藏中 性色眞空 性空眞色 淸淨本然 周遍法界　― 楞嚴經 ―
○ 一毛孔中에 無量佛刹이 莊嚴淸淨하여 曠然安立이라
　　　　　　　　　　　　　　　　　　　　　― 華嚴經 ―
○ 刹刹塵塵이 俱說俱聽하여 說聽을 同時하니 妙哉라 此境이여
　　　　　　　　　　　　　　　　　　　　― 四明敎行錄 ―
○ 妙色湛然常安住 不移生老病死遷　　　　　― 名義集 ―

우리는 색(色)이라 하면 색즉공(色卽空)인 허망한 색이 아닌 가? 이렇게만 생각하고 진색(眞色) 또는 묘색(妙色)을 보통 무시하기 쉽습니다. 그러나 우리가 색즉공·제법공하는 그러한 색과 묘색과 진색은 경을 보면 엄연히 구분되어 있습니다. 이른바 진공묘유(眞空妙有)는 공(空)의 실체로 나타나는 실존적인 실상(實相)의 색 곧, 진색(眞色)이요 묘색(妙色)인데 이것을 부정하면 대승불법(大乘佛法)이 성립이 안되는 것입니다.

열반(涅槃)은 색·성·향·미·촉·생(生)·주(住)·괴(壞)·남(男)·여(女)의 십상(十相)이 없습니다. 그러니까 열반은 무상(無相)이라, 상을 여읜 영생(永生)의 자리요 번뇌가 멸해 버린 자리 아니겠습니까, 그래서 열반은 현상적이고 물질적인 색이나, 소리나, 향기나, 맛이나, 촉감이나, 또는 우주가 생기고 사람이 생기고 무엇이 생겼다는 생상(生相)이나, 또는 머물러 산다는 그런 머무름〔住〕이나, 머물다가 다시 파괴되는 괴상(壞相)이나, 또는 남자다, 여자다, 하는 상(相)도 열반경계에는 없는 것입니다. 남, 여가 뚜렷이 구분이 있는 것은 욕계의 범주내에서 뿐입니다. 욕계를 떠나면 벌써 남, 여의 상이 없는 것입니다. 따라서 십상(十相)이 없는 것이 열반상이라는 말입니다.

열반경에서는 '색시무상(色是無常)이나' 물질적인 색은 덧없지마는, '인멸시색(因滅是色)하여' 이 무상한 색이 멸함으로 말미암아 '획득해탈상주색(獲得解脫常住色)이라' 변함없이 영원히 존재하는 모든 번뇌를 해탈한 진실한 색(色) 곧 무량무변한 청정광명을 얻을 수 있다는 법문입니다. 현대 물리학에서 증명하는 바와 같이 저 물질의 끄트머리, 물질의 근원에는 광명만 남습니다. 따라서 일체의 존재란 것은 사실은 광명 위에 이루어진 광명의 파동입니다.

　색이 비록 무상하나 이 무상한 색(色)이 멸함으로 말미암아서 해탈상주색 즉 성·주·괴·공에도 상관없고 또는 생·주·이·멸에 상관없고, 인간의 생·로·병·사에도 상관이 없이 항시 영원히 머무는 해탈상주색인 묘색, 진색인 무량광명을 성취하는 것입니다.

　능엄경에는 '여래장중(如來藏中)에 성색진공(性色眞空)이요 성공진색(性空眞色)이라' 무량공덕을 갖춘 불성(佛性) 성품의 묘색(妙色)은 바로 진공이요 여래장중에는 성품 곧 본체가 비어 있는 공(空)한 자리가 그대로 실상인 진색(眞色)이라는 것입니다. 그래서 '청정본연 주변법계(淸淨本然周遍法界)라' 본래 청정한 진여 불성이 우주에 두루해 있는 것입니다.

　화엄경에는 '일모공중(一毛空中)에 무량불찰(無量佛刹)이' 미소(微少)한 터럭 구멍속에 한량없는 부처님의 나라가, '장엄청정(莊嚴淸淨)하여 광연안립(曠然安立)이라' 장엄하고 청정하게 조금도 줄어지지 않고 그대로 광활하게 보존돼 있다는 법문인데 능엄경, 화엄경, 유마경 등에 있는 법문입니다.

　상대를 초월한 세계에는 크다, 작다, 많다, 적다 할 수가 없습니다. 따라서 일즉일체(一卽一切) 일체즉일(一切卽一)이라, 하나가 일체요 일체가 하나입니다. 삼천대천 세계가 즉 나요, 내가 즉 삼천대천 세계이고, 하나의 티끌이 삼천대천 세계요, 삼천대천 세계가 바로 한 티끌입니다. 이런 심심미묘한 가운데서는 하나의 터럭 구멍 가운데 무량불찰(無量佛刹)이, 삼천대천 세계가 장엄청정히 들어 있지마는 그것이 조금도 축소도 안되고 그대로라는 말입니다.

　'진진찰찰(塵塵刹刹)이 구설구청(俱說俱聽)하여' 우주의 헤아릴 수 없이 많은 이 땅이나 저 땅이나, 적광토나 사바세계나 극락세계나, 또는 이것이나 저것이나 일체 모두가 다 함께 설법하고 함께 듣는다는 말입니다.

저 영국의 18세기 시인 윌리암 블레이크(Blake, William 1757~1827) 시(詩)에도 모래알 한 톨에서 우주를 보고 장미 꽃에서 천지 조화를 본다는 시 구절이 있지 않습니까마는 도인이 아니더라도 위대한 시인은 이와 같이 신비한 우주의 조화를 느낍니다. 어느 국토 어느 나라, 사바세계나 극락정토나, 또는 나무나 풀 한 포기를 보더라도 그렇게 범연히 보아 넘기지 않는 것입니다. 이런 것들을 바로 보면은 모두가 진여불성 아님이 없기 때문에 서로서로 설법하고 설법을 듣고 있는 것입니다. 모든 존재는 본래로 유기적(有機的)인 원융무애한 생명체입니다.

자연을 훼손하지 말라고 여러 모로 캠페인을 하는 것은 좋으나 철학적으로 모든 존재의 동일(同一)한 생명관을 가르치는 것이 가장 근본적인 대책입니다. 중국의 황하(黃河)를 저 하류(下流)에서 제 아무리 맑히려 해도 맑힐 수가 있겠습니까? 저 황토층에서 황토가 내려오니 상류(上流)를 맑혀야 하는데 무슨 일이나 근원을 맑히는 데는 철학적 종교가 있어야 하는 것입니다. 근본 원리를 파악해 버리면 저절로 자연 훼손을 하지 말라고 안해도 일체가 동일한 생명이라고 생각할 때 어떻게 함부로 파괴하겠습니까? 지금 사회 운동권에서 고생하는 분들은 더러는 헛고생, 서투른 짓을 많이 합니다.

찰찰진진 두두물물이 모두가 서로 설법하고 서로 듣고 있습니다. 풀도 설법하고, 풀도 듣고 있고 돌멩이 하나도 설법하고 같이 듣고 있는 것입니다.

그리고 '설청(說聽)을 동시(同時)하니' 먼저고 나중이 있는 것이 아니라 서로서로 동시에 설법(說法)하고 청법(聽法)한다는 말입니다. '묘재(妙哉)라 차경(此境)이여!' 이 경계가 얼마나 신묘한 것인고! 이 게송은 사명(四明 知禮~宋時代) 존자라고 하는 분의 게송입니다. 천태교의 위대한 분이라서 존자라고까지 이름을 붙인 것입니다.

'묘색잠연 상안주(妙色湛然常安住)하여' 묘색이 고요하고 맑게 항시 안주한다는 말인데 신묘한 진공묘유의 색, 청정미묘한 생명의 광명이 항시 안주해서 '불이생로병사천(不移生老病死遷)이라' 생로병사에 따라서 옮기지 않는다. 생로병사야 있든 말든 일체 차별 경계를 초월하여 영원 불멸하게 빛나는 청정광불(清淨光佛) 바로 아미타불입니다.

※ 게송 음미(偈頌吟味) ②

1) 순치황제(順治皇帝) 출가시(出家詩)

 이 시간은 가장 졸리는 시간이기 때문에 순치 황제 출가시(順治皇帝出家詩)를 풀이하겠습니다. 저희같이 세속에 잘 적응하지 못하는 사람은 승려가 못되었으면 숨막힐 수밖에 없는데, 승려가 되는 길 밖에 달리 살 수는 없습니다. 그러나 황제와 같이 존귀한 신분으로는 그런 자리를 떠나가기라는 것은 굉장히 어렵습니다. 순치 황제는 중국 청나라 셋째 임금으로서 마치 한국의 세종 대왕같은 성군(聖君)이며 호가 순치입니다. 이 출가시는 예술적인 시작품이라기 보다는 철학적이고 심오한 불법(佛法)의 뜻이 들어 있기 때문에 옛부터 우리 불가(佛家)에서도 많이 회자(膾炙)하고 있는 셈입니다.
 신라 때 법흥왕(法興王)도 출가하고 왕비도 출가하고 그 다음에 진흥왕(眞興王)도 출가하고 진흥왕의 왕비도 출가했습니다. 진흥왕은 출가해서 법명이 법운(法雲 法空)이고 왕비는 법류(法流)라고 했습니다마는 우리는 그것을 보더라도 역시 과거 숙세에 선근이 있는 사람은 그렇게 왕위마저도 능히 뿌리칠 수가 있다는 사실을 생각할 때 우리에게도 많은 격려를 주는 것입니다. 사실 한 나라의 왕이 되어 권력을 부리고 영화를 누리다가 다 뿌리치고 출가한다는 것은 참으로 어려운 일입니다.

순치 황제는 한국 땅 덩어리 20배가 넘는 중국에서 18년 동안 단 하루도 쉴 새 없이 싸워서 중원(中原)을 통일 시켰습니다. 죽을 고비를 몇번이나 넘기고 승리를 얻어서 가까스로 중원을 통일시켜 천하를 호령하는 황제가 되어서 마음대로 부귀영화와 호강을 누릴 수 있는 자리를 뿌리치고 나온다니 얼마나 불심(佛心)이 장한 분이겠습니까, 그런 것을 생각하면서 같이 새겨 봅시다.

천하 총림(叢林)이라 해서, 당나라 때에는 양자강을 중심으로 해서 마조(馬祖道一) 스님은 강의 서쪽에 가 있었고 석두희천(石頭希遷) 스님은 강남에 있었습니다. 그 당시 선객(禪客)들은 강북이나 강남을 오락가락하면서 공부를 했습니다. 두 분 다 위대한 도인이기 때문에 공부하기가 퍽 좋았던 것입니다.

특히 방거사(龐居士) 같은 분도, 처음에 강남의 석두 스님한테 가서 문법(問法)을 했습니다. "만법과 더불어서 짝하지 않는 법이 어떤 법입니까?" 하고 물었습니다. 상(相)을 떠난 것이 어떤 법입니까의 말이나 같습니다. 그러니까 석두 스님은 입을 딱 틀어 막았습니다. 말을 더 못하게 말입니다. 석두 스님은 아주 준엄한 분이기 때문에 말 몇마디로서 그 사람의 불심(佛心)을 자아내는 분입니다. 방거사로서는 아직은 뜻을 잘 모르지만 '불법이라는 것은 결국 말에 있지 않구나, 나에게 괜히 허튼 말을 말고서 마음을 닦으라는 경책이구나' 그렇게 짐작을 했겠지요. 그곳에서 확실히는 깨닫지 못해서 다시 강서의 마조 스님한테 가서 "만법과 더불어 짝하지 않는 법이 어떤 법입니까?" 만법에 끄달리지 않는 법이란 성자의 청정한 무루법(無漏法)이 되겠지요. 마조 스님 대답이 "일구흡진서강수(一口吸盡西江水)라" 서강(양자강) 물을 한 입에 들이마시면 말을 해주마고 하였습니다. 대승법(大乘法)이란 나를 생각하고 너를 생각하고 그런 자질구레한 것을 생각 할 때에는 얻을 수가 없습니다. 모양도 관념도 몽땅 다 버려야 하는 것입니다. 양자강 물을 어떻게 다 들이킬 수가 있겠습니까마는 그런 대인적 기풍, 큰 그릇이 되어야 비로소 알 수가 있다는 말이겠지요. 방거사가 거기서 확철대오 했다고 합니다.

順治皇帝出家詩
天下叢林飯似山　　천하총림 산중에는 먹을 것이 두루 있어
鉢盂到處任君餐　　바루 들고 가는 곳에 음식 걱정할 것 없네,
黃金白璧非爲貴　　이 세상에 귀한 것이 황금백옥 아니로다
惟有袈裟被最難　　어렵고도 제일인건 가사 입는 일이구나.

천하총림에는 밥이 산같이 흔하게 있다는 말입니다. 총림에는 어느곳이나 먹을 것이 넉넉하다는 뜻입니다. 절집은 어디를 가나 조금도 거절 않고서 밥을 주지 않습니까? 가사입고 바루만 가지고 가면 도처(到處)마다 걱정없이 마치, 임금 부럽지 않게 마음대로 먹고 살 수 있는 것입니다. 참으로 복밭에 사는 것입니다. 바릿대만 가지고 가면 임금 찬수와 같다는 뜻입니다.

또한 황금이나 백옥같이 빛나는 구슬인 백벽(白璧)이 귀한

것이 아니라 오직 가사(袈裟) 입는 것이 가장 어려운 일이며 또한 가장 귀하고 어떠한 보물 보다도 그 무엇보다도 더 소중하다는 말 아닙니까?

朕乃大地山河主	산하대지 모두 얻어 내가 주인 되었어도
憂國憂民事轉煩	나라 근심 백성 걱정 일만 더욱 번거롭다.
百年三萬六千日	백년 동안 헤어보니 삼만육천 날들인데
不及僧家半日閑	승가 절집 한가로운 반나절만 못하구나.

　내가 중국 중원 땅을 통일을 시켰으니 위세가 당당한 산하의 주인이 되었어도 나라를 걱정하고 백성을 염려하는 걱정이 날이 갈수록 더 심하다는 말입니다. 우리가 대통령이 되면 편할 줄 알아도 해 본 사람들의 술회나 전기를 보면 굉장히 괴로운 모양 같습니다. 나라를 걱정하고 백성을 염려하는 마음이 갈수록 더욱 더 번거롭도다.
　우리가 백년 동안, 날 수를 헤어보면 삼만육천일인데 날이면 날마다 그와 같이 애만 쓰는 생활이란 승가에서 반나절 동안 아주 한가하고 맑은 수행 생활에 미칠 수가 없다는 말입니다.

悔恨當初一念差	후회되고 한스럽다 애당초에 일념차로
黃袍換却紫袈裟	자가사를 물리치고 황룡포를 입었구나,
我本西方一衲子	내가 본래 서방에서 수행하던 납자인데
緣何流落帝王家	무슨 인연 업이 있어 제왕가에 떨어졌나,

　한스럽고 후회되도다, 차라리 애초에 임금이 안되었으면 사람도 많이 안 죽이고 업을 더 짖지 않았을텐데 당초에 생각 하나 잘못한 차이로 가사를 입지 못하고 임금의 곤룡포를 입었

다는 말입니다. 이렇게 임금된 것을 가사 입은 것만 못하다고 할 적에 그 얼마나 장한 뜻이겠습니까?

나는 본래 서방의 일납자(一納子)라고 하니 아마, 자기 전생에 인도에서 부처님이나 도인들 밑에서 공부를 했던 모양이지요. 임금 정도가 되어 가지고 그 자리를 뿌리치고 나올 때는 어렴풋이나마 과거 전생을 알 수 있는 어떠한 선근이 있었겠지요. 나는 본래 서방의 한 납자, 수행자였는데, 무슨 인연으로 또 얼마나 업을 지었기에 바로 승려가 되지 못하고 제왕가인 임금 집안에 태어났는고,

  未生之前誰是我　생겨나기 이전에는 그 누구가 나였으며
  我生之後我爲誰　이 세상에 태어나온 나는 또한 누구인고,
  長大成人纔是我　가까스로 자라나서 어른이 된 나이지만
  合眼朦朧又是誰　눈감으면 몽롱하는 그는 또한 누구인고,

내가 생겨나기 전에는 누가 나였는가, 말입니다. 불교라는 것은 자기가 무엇인가? 하는 내나 자기의 근본 문제 아닙니까? 우리가 습마물 임마래(什麽物恁麽來)오, 그 무엇이 이렇게 왔는고? 하는 것도 자기 문제입니다. 실존 철학도 자기 문제 아닙니까, 내가 생겨나기 전에는 누가 나였었고, 태어난 후에 나는 또 누구인고? 우리는 이런 문제 의식을 가져야 합니다. 이런 문제를 제대로 못 가지면 공부를 제대로 여법히 못하는 것입니다. 과거에는 과연 나는 누구고 금생에 태어난 뒤에는 나는 누군고?

겨우 가까스로 자라나서 성인이 된 나는 또 누구며 한번 눈감고 몽롱해지면 죽어지는 것인데 죽어서 내세에 갈 나는 누구인고? 그러니까 전생에 나는 누구이고, 금생에 나는 누구인

고, 내생에 나는 누구인가? 애쓰고 생활하다 한번 눈 감아지면 인생은 그만 아닙니까. 사실 우리가 과거, 현재를 생각할 때에는 굉장히 중요한 문제입니다. 과거에 이와 같은 몸이 있었습니까? 이와 같은 눈, 이와 같은 손, 이런 몸 이것은 금생 뿐입니다. 과거에는 흔적도 없었습니다. 과거에는 또 그 앞에 과거의 업장 따라 받은, 그에 걸맞은 몸이 있었겠지요. 미래는 또 금생에 지은 업에 따라서 미래의 몸을 받을 뿐이지 금생과 같은 몸이 있을 리가 없습니다. 따라서 이 몸뚱이는 금생뿐인 일과성(一過性)의 허무한 존재입니다.

百年世事三更夢　　백년 동안 세상살이 삼경밤의 꿈결이요
萬里江山一局棋　　만리강산 다투어도 바둑 한판 승부로다,
禹疏九州湯伐桀　　우임금이 세운 나라 폭군걸왕 탕이치고
秦呑六國漢登基　　진시황이 육국 삼켜 한고조가 터잡았다,

　백년 동안 한평생 허대는 것이 모두가 다 한바탕 꿈이며 내 땅이요. 내 나라요. 만리강산을 놓고 싸워온 것이 따지고 보면 결국은 한판의 바둑놀이나 같은 것이다는 말입니다.
　우(禹)임금은 요순 시대인 순(舜)임금 밑에서 아주 물을 잘 다스렸습니다. 중국은 황하의 범람 때문에 고액을 많이 받았는데 물 다스리는 재주가 있어서 순 임금한데 인정을 받아 왕위를 물려 받았습니다. 우 임금은 아홉 지역(九洲)를 잘 다스려 하(夏)나라를 세웠으나 그 후손인 걸(桀)은 폭군이 되어 탕(湯)임금이 걸을 치고서 은(殷)나라를 세웠습니다. 옛날에 로마가 망하고 그 다음에는 또 다른 나라가 망하듯이 역사적으로 동서양을 불문하고 그렇게 흥망성쇠는 끊임없이 되풀이 됩니다. 그 다음에 은 나라는 다시 주(周)나라에 멸망되고 진시

황(秦始皇)이 주나라 및 6국을 다 삼켜서 멸망시키고 천하를 통일하였는데 나중에 한 나라 한 고조(漢高祖)가 진 나라를 치고 나라를 세워서 임금 자리에 올랐습니다. 이렇게 해서 설사 영화를 좀 누렸더라도 그런 세상 일이 얼마나 오래 가겠습니까?

兒孫自有兒孫福　후손들은 저스스로 복을 짓고 나왔으니
不爲兒孫作馬牛　마소처럼 애를 써도 자손 위함 아니로다.
古來多少英雄漢　옛날부터 내려오는 다소간의 영웅호걸
南北東西臥土泥　동서 남북 여기저기 흙구덩에 누웠구나.

자손들은 누구나 스스로의 복이 있다는 말입니다. 조상이 아무리 큰 나라를 남겨 준다해도 방탕한 후손 같으면 당대를 지탱하지 못하고 나라를 망칩니다. 그와 똑같이 어떤 누구나 자업자득(自業自得)이라, 자기 업을 자기가 받으므로 자손을 위해서 애쓴다 해도 자식을 위하는 것이 아니라는 말입니다. 아손(兒孫)은 스스로 자기들의 복이 있는 것이니, 자손들을 위해서 말과 소를 사고 또는 말이나 소처럼 애쓰는 것이 자손을 위하는 것이 아니라는 말입니다. 가장 중요한 것은 참답게 인생을 사는 법을 가르치는 것이 보배가 되겠지요.

옛날부터 많은 영웅들이 지금은 모두다 죽어서 여기저기 흙 속에 파묻혀 있는 것이다. 왕릉이 산더미같이 큰들 무슨 필요가 있고 권속이 삼대같이 많은들 진정한 해탈의 행복에 그 무슨 도움이 되겠습니까?

來時歡喜去時悲　태어날 때 기뻐하고 죽을 때는 슬프지만
空在人間走一回　공 가운데 부질없이 돌다가는 인간이요,
不如不來亦不去　그대로도 오는 것도 가는 것도 이 아닌데

也無歡喜也無悲　　기쁠 것도 슬플 것도 또한 역시 없는거네,

사람이면 누구나 태어날 때 기뻐하고 죽을 때는 슬퍼하는 것이나 우리 인간이라는 것이 부질없이 공(空) 가운데서 한 바퀴 돌다가는 것이나 같다는 말입니다. 사실, 허망하니 부질없이 한 세상 빙빙 돌다 가는 것입니다. 잘못 살면 업만 더하고 잘 살면 업이 좀 적을 뿐이겠지요. 기왕 태어났으면 밑져서 가면 안되겠습니다. 과거 전생에 그래도 무던히 지었기에 사람이 되었는데 금생에 파계무참한 짓만 한다면 결국은 밑지고 가는 것 밖에는 안되겠지요.

불여불래역불거(不如不來亦不去)라, 무거무래역무주(無去無來亦無住)라는 법문도 있듯이, 그대로 머물지도 않고 오는 것도 아니고 가는 것도 아니라, 날 때는 기뻐하고 돌아갈 때는 슬퍼하지만 생각해 보면 허망하게 한 세상 그저 꿈같이 살다가 가는 것인데, 본래에서 본다면 머무는 것도 아니고 오는 것도 아니고 가는 것도 아닌데, 본래에서 본다면 기뻐할 것도 없고 슬퍼할 것도 없는 것입니다.

　　每日淸閑自己知　　매일 맑고 한가하니 자기자신 깨달아서
　　紅塵世界苦相離　　홍진 세계 괴로움을 남김없이 여의고서
　　口中吃的淸和味　　청정하고 평온하게 선열락을 음미하니
　　身上願被白衲衣　　내 몸 위에 누더기를 걸치는 것 원이로세,

매일 맑고 한가하니 자기를 알고 자기를 깨달아 홍진 세계, 때묻은 세상의 괴로움을 여의고 청정하고 평온한 선열락을 음미하게 되니 내 몸에 오직 누더기 걸치고 공부하는 것만을 서원하는 뜨거운 구도(求道) 정신입니다.

| 五湖四海爲上客 　오호사해 천지간에 가장 높은 손님되어
| 逍遙佛殿任君捿 　불전에서 소요하니 임금살이 부럽잖다.
| 莫道出家容易得 　도에 들어 출가함이 용이하다 하지 마라
| 昔年累代重根基 　예로부터 누대 동안 선근 쌓은 공덕이다.

오호(五湖)는 중국에 큰 호수가 다섯 군데 있으니까 중국을 대신하는 말이요, 사해(四海)는 세계를 말합니다. 중국이나 세계나 모든 천지에서 출가사문인 상객(上客)이 되어 부처님 도량을 소요하면 임금살이 보다 수승하다는 뜻입니다. 출가가 쉽게 얻은 것이라고 말하지 말라, 출가하는 것이 쉬운 일이 아닙니다. 우리가 세속이 싫어서 출가한다 하더라도 과거 전생에 역시 선근을 많이 심어서 현세에 살기가 싫어지게 되는 것입니다. 현세에 감투를 쓰고 호강하는 것이 아무런 가치있게 안 보이기 때문에 출가하는 것입니다. 그러기에 출가가 쉽게 얻어진다고 말하지 말라. 예로부터서 누대 동안 두고 두고 선근을 쌓은 공덕이라, 우리는 그런 공덕을 지금 쌓은 과보로 해서 출가사문이 되었습니다.

| 十八年來不自由 　열여덟 해 사는 동안 자유라곤 없었구나
| 山河大戰幾時休 　산하에서 큰 싸움에 몇 차례나 쉬었던고,
| 我今撒手歸山去 　내가 이제 뿌리치고 절산으로 돌아가니
| 那管千愁與萬愁 　천만 가지 온갖 시름 어이하여 상관하리,

순치 황제는 18년 동안 왕위에 있다가 떠났습니다. 18년이나 산하에서 큰 싸움을 벌려 큰 나라로 이룩한 것입니다. 그러니 18년 동안 얼마나 부자유스러웠으며 큰 싸움이 계속되었는데 몇 차례나 안온하게 쉬었을 것인가? 도저히 마음 놓고 쉴

수가 없었다는 말입니다. 그와 같이 애쓰고 싸우고 위험한 고비도 많이 넘겨 왔는데 이제는 손을 뿌리치고 산으로 돌아가니, 만 가지 시름과 천 가지 시름이 어찌 나와 더불어 할 것인고, 나한테는 그런 많은 시름이 아무런 상관이 없다는 것입니다.

이런 순치 황제 출가시에서 보는 바와 같이 과거에 나는 누구였던가? 또는 현재의 나는 누구인가? 또는 앞으로 죽어서, 몽롱하니 눈 감고서 돌아가는 나는 대체로 누구일 것인가? 이런 생각을 해야 합니다.

우리 수행자는 념사(念死)라, 죽음을 생각해야 합니다. 죽음이 두려워서가 아니라 대체로 죽음이란 어떤 것인가? 내 죽음은 언제 올 것인가? 또는 나는 죽어서 어디로 갈 것인가를 생각한다면 우리가 함부로 행동할 수가 없습니다. 우리 수행자가 그때그때 번뇌를 여의는 방편들이 많이 있습니다마는 아무튼 과거의 나 또는 현재의 나, 나는 지금 어떻게 살고 있는가? 이런 문제 의식을 꼭 가져야 합니다. 그 표준은, 규범(規範)은 어디에 있는 것인가? 그 규범은 필경 부처님의 바른 정법(正法)을 떠나서 있을 수가 없습니다.

제4절 심성(心性)과 법계(法界)

1. 유식삼성(唯識三性)

우리 인간성을 풀이할 때 해심밀경(解深密經)이나 유식론(唯識論), 이른바 법상종(法相宗) 계통에서는 유식삼성(唯識三性)이라는 법문이 있습니다. 유식삼성을 살펴보고 공부를 하면은 우리 인간성과 만유의 실상에 대하여 가장 보편적이고 궁극적인 체계를 확립하게 됩니다.

> 唯識三性
> 1. 遍計所執性…情有理無
> 2. 依他起性……如幻假有
> 3. 圓成實性……情無理有, 眞如(眞空妙有)
> ※ 上의 三性으로써 非空非有한 中道實相을 表現함.

맨 처음에는 변계소집성(遍計所執性)이라,
이것은 우리 중생차원의 마음 가짐입니다. 모든 것을 두루 집착해서 바르게 판단하지 못하는 성품이라는 말입니다. 우리

제4절 心性과 法界   463

중생은 이것이나 저것이나 모두를 삼독심(三毒心)에 가리워진 눈으로 보는 것이라서 바로 못 봅니다. 그래서 만 가지 것을 다 집착하고 헤아려서 바로 못 보는 것이 변계소집성입니다.

따라서 이것은 정유리무(情有理無)라, 범부의 망정(妄情)에만 있고 원래 본바탕 법성(法性) 자리인 리(理)에는 없다는 말입니다. 아직 범부지에서 옳지 않다고 해서 옳지 않은 것도 아니고 범부지에서 옳다고 해서 옳은 것도 아닙니다. 우리가 영원적인 차원, 불성(佛性) 차원에서 본 것이라야 비로소 바른 것입니다. 따라서 우리 범부가 두루 헤아리고 집착하는 이것은 바른 것이 못됩니다.

그 다음에는 의타기성(依他起性)이라,

이것은 인연(因緣) 따라서 이루어진 성질입니다. 자기란 존재는 인연 따라 이루어지고 한 포기 풀도 인연 따라서 이루어졌습니다. 사바세계에 있는 두두물물, 산하대지, 삼라만상 모두가 다 인연 따라 이루어지지 않은 것은 하나도 없습니다. 따라서 이것은 실제로 있는 것이 아니라 잠시 허망한 가상(假相)으로 존재한다는 것입니다.

이것은 여환가유(如幻假有)라, 허깨비같이, 물 위에 뜬 거품과 같이, 안개같이, 허환상(虛幻相)인 것이지 실제로 존재하는 것이 아닙니다. 그러나 제행이 무상이라, 우리에게 있는 것 같이 보이는 것이지 실제로는 있지가 않은 것입니다. 왜 그런 것인가? 인연생(因緣生)이기 때문에 순간 찰나도 같은 모습, 고유한 존재가 없습니다. 다만 중생이 안목이 짧아서 그냥 오늘 젊다가 내일 늙어 버려서 수염이 나면 알겠지만 서서히 바꾸어지니까 모를 뿐인 것이지 정밀하게 관찰한다면 일초(一秒)의 일만분의 일 동안도 머물러 있지 않습니다. 자기 얼굴 주름

살도 자기도 모르는 가운데 차츰 깊이 패어져 가는 것입니다. 따라서 산하대지 삼라만상 모두가 다 무상한 것이기 때문에, 수유(須臾) 찰나도 머물러 있지 않는 것입니다. 공간적으로 보더라도 어느 공간에도 머물러 있을 수가 없는 것입니다. 그러기 때문에 무상(無常)이요 공(空)이요, 무상이요 공이기 때문에 나(我)라고 할 아무 건덕지가 없습니다.

그 다음 원성실성(圓性實性)이라,

이것은 본래적인, 중생의 망상분별을 떠나버린 참다운 성품 자체를 말합니다. 이른바, 불성(佛性), 법성(法性), 실상(實相) 경계가 원성실성입니다. 원만히 성취된 무한 공덕을 갖춘 진여불성(眞如佛性)이라는 말입니다.

이것은 정무리유(情無理有)라, 범부의 망정(妄情)에는 있지 않고 우주의 참다운 도리(理)에는 있다는 말입니다. 따라서 진여(眞如), 진공묘유(眞空妙有), 이 자리가 원성실성인데 이것이 우리의 본 성품입니다. 우리가 인연 따라서 이루어진 물건이나 또는 유정이나 어느 존재를 볼 때에 바로 보면은 원성실성이고 잘못 보면은 변계소집성입니다. 오직 견해에 따른 것이지 그 자체가 나쁜 것은 아닙니다.

한 송이 꽃을 본다하더라도 꽃은 꽃대로 자연 그대로 피어 나온 것인데 우리 중생이 곱다 안 곱다 예쁘다 밉다 하는 것입니다. 본래에서는 그런 것이 없지 않습니까, 따라서 본래대로 본다면 진여불성이 그때그때 인연 따라서 꽃같이 꽃의 가상(假相)을 내고, 진여불성이 인연 따라서 사람같은 가상을 내고, 뜬 구름같고 또는 안개같은 모양을 가상으로 내는 것인데 우리가 거기에다 이것 저것 나요 너라고 집착하는 것입니다. 이러한 삼성(三性)으로서 비공비유(非空非有)한, 공도 아니고 또는 유도 아닌 중도실상(中道實相)을 표현하고 있는 것입니다.

2. 십식(十識)

그 다음에는 십식(十識)에 대해서 살펴 보겠습니다.

　十　識
1. 眼　識(안식, 눈)
2. 耳　識(이식, 귀)
3. 鼻　識(비식, 코)
4. 舌　識(설식, 혀)
5. 身　識(신식, 몸)
6. 意　識(의식, 뜻)
7. 末那識(말나식, 我痴 我見 我慢 我愛 등의 妄識)
8. 阿賴耶識(아뢰야식, 藏識)
9. 菴摩羅識(암마라식, 無垢識, 白淨識)
10. 乾栗陀耶識(건률타야식, 眞實心, 堅實心, 佛心)

보통은 9식(識)까지 말하나 총괄한다는 의미에서 10식까지를 시설하기도 합니다. 안식이라, 이식이라, 비식이라, 설식이라, 신식이라, 의식이라, 여기까지를 6식(六識)이라고 합니다.

제7식을 말라식(Manas 末那識)이라 하는데, 말라식은 심리학에서 말하는 잠재의식입니다. 따라서 서양의 프로이드(Freud, Sigmund 1856~1939)나 융(Jung, Carl Gustav 1875~1961)이나 그런 심리학자들은 말라식 정도는 알았다고 볼 수가 있습니다. 그러나 지금 융같은 사람은 불교도 공부를 좀 했으니까 어렴풋이 아뢰야식(Ālaya vijñana 阿賴耶識)을 언급하고 있는 것 같습니다.

말라식은 잘못 봐서 내가 있다고 고집하는 어리석음인 아치(我痴), 또는 어리석음 때문에 나라는 견해가 더욱 더 치성하고 번성하는 아견(我見), 자기를 정도 이상으로 생각하는 아만(我慢) 즉 별것도 아니면서 자기가 하는 것은 꼭 무엇인가 좋고 겉으로는 겸손한 체 하지만 속으로는 그렇지 않은 것입니다. 보통 중생은 아만을 품고 있습니다. 그리고, 자기를 아끼고 사랑하는 아애(我愛)가 있습니다.

아무리 공부를 좀 했다해도 역시 범부지에서는 자기라는 것을 못 여의니까, 무아·무소유가 못되면은 아애가 있고, 아치가 있고, 아견이 있고, 아만이 있습니다. 정도의 차이 뿐인 것이지 범부라 생각할 때는 이것이 다 있습니다. 따라서 말라식을 망식(妄識)이라, 즉 우리 의식의 뿌리가 되어서 그때그때 나쁜 생각 좋은 생각 모든 허튼 생각을 하는 것입니다.

또 말라식의 근거가 무엇인가? 말라식의 근거는 제8 아뢰야식입니다. 이른바 나쁜 종자 좋은 종자 모든 종자를 훈습(熏習)을 시켜 담아둔다는 것입니다. 좋은 훈기도 여기에다 인상을 머물게 하고 나쁜 행위도 역시 훈기를 아뢰야식에다 나쁜 인상을 머물게 한다는 말입니다. 그래서 종자식(種子識), 또는 장식(藏識)이라고 합니다.

그 다음에 제9식은 암마라식(Āmra 菴摩羅識)이라, 이것은 무구식(無垢識)이라고도 합니다. 때가 없는 즉 번뇌가 없는 식이고 또는 청정한 식이니까 백정식(白淨識)이라고도 이름을 합니다.

유식론을 공부한 사람들은 제8식만을 말한데도 있고, 제9식까지를 말한 데도 있습니다. 복잡한 문제이지만 한번 들어 두면 나중에 편리할 것입니다.

8식설은 현장(玄奘 622~664) 법사 등이 주장하였고 진제(眞諦 Paramārtha, Gunarata 499~569) 삼장 등은 9식설을 주장한 분들입니다. 그런데 그 차이가 어디에 있는가, 간단히 말하면 8식 아뢰야식까지로 모든 식을 마무리하는 주장은 아뢰야식 가운데 염정(染淨) 곧 오염된 식과 청정한 식이 같이 아울러 있다는 것입니다. 그러니까 청정한 식 즉 백정식의 요소가 아뢰야식 가운데 다 갖추어 있다는 것입니다. 그래서 그분들은 새삼스레 무슨 필요로 9식설을 낼 것인가? 하는 것입니다.

그러나 9식설을 말하는 분들은 분명히 오염된 식과 청정한 본래식은 차이가 있는 지라 마땅히 별도로 시설해야 한다고 합니다. 사실 따지고 보면 싸울 것도 없는 것인데 옛날에는 8식, 9식설 가지고도 많이 싸웠습니다. 현대와 같이 서로 논리적이고 합리적인 훈련을 하였으면 그렇게 되겠습니까?

제10식도 진실심(眞實心), 또는 견실심(堅實心)·건률타야식(Hṛdaya 乾栗陀耶識)이라고 하는데 9암마라식의 별칭인 동시에 모든 식(識)을 통틀어서 10식으로 포괄한 것입니다.

3. 십법계(十法界)

十法界

六道
1. 地獄法界…上品의 五逆十惡을 犯하여 寒熱叫喚의 苦를 受하는 최하의 境界
2. 畜生法界…中品의 五逆十惡을 犯하여 呑噉殺戮의 苦를 受하는 畜類의 境界
3. 餓鬼法界…下品의 五逆十惡을 犯하여 飢渴의 苦를 受하는

惡鬼의 境界
4. 阿修羅法界…下品의 十善을 行하고 通力自在를 得한 非人의 境界
5. 人法界…五戒 또는 中品의 十善을 修하여 人中의 苦樂을 受하는 境界
6. 天法界…上品의 十善을 修하고 아울러 禪定을 修하여 天界에 生하고 靜妙의 樂을 受하는 境界

四聖
7. 聲聞法界…解脫을 위하여 佛의 聲敎에 따라 四諦의 觀法을 닦는 境界
8. 緣覺法界…解脫을 위하여 十二因緣法을 닦는 境界
9. 菩薩法界…無上菩提를 위하여 六度萬行을 닦는 境界
10. 佛法界…自覺覺他・覺行窮滿의 境界

※ 十善…不殺生・不偸盜・不邪婬…身
　　　　不妄語・不兩舌・不惡口・不綺語…口
　　　　不貪慾・不嗔恚・不邪見(不痴)…意

※ 五逆…殺父・殺母・殺阿羅漢・破和合僧・佛身出血

　우리가 바로 깨달으면 일체 만유가 일진법계(一眞法界), 오직 진여불성의 일진법계 뿐인데 우리 중생 차원에서, 이와 같이 중생의 근기에 따라 나누어서 시설한 것이 십법계(十法界)입니다.
　제일 아래인 지옥법계(地獄法界)는 상품(上品)의 오역(五逆)이나 십악(十惡)을 범(犯)하면 받는 경계입니다. 부처님 몸에서 피를 낸다거나 화합승가를 파괴한다거나 또는 부모를 죽인다거나 아라한을 죽이는 것은 오역죄에 해당하고 십악(十惡)은 십선(十善)의 반대로서 오역이나 십악을 범하여 한열규환(寒熱叫喚)의 고를 받는, 그야말로 뜨겁고 춥고 한없는 괴로움에 울부짖는 고통이 극심한 최하의 경계가 지옥법계입니다.
　그 다음 축생(畜生)법계는 중품(中品)의 오역(五逆)이나 십악(十惡)을 범하여 탄담살육(吞噉殺戮)이라, 서로 잡아먹고 서로 삼키고 서로 죽이는 고를 받는 축생의 경계입니다.

그 다음 아귀(餓鬼)법계는 우리 인간이 안 보이는 경계 아닙니까? 하품(下品)의 오역죄나 십악을 범하여 기갈(飢渴)의, 주리고 목마른 고통을 받는 악귀(惡鬼) 세계입니다. 따라서 우리가 죽어지면 수행자는 죄를 범하면 몰라도 그렇지 않으면 아귀계에는 머물지 않습니다. 우리는 중유(中有) 또는 중음(中陰)이라고 해서 저승에 좀 머물기는 하나 바로, 지은 업장의 과보로 해서 다른 생(生)으로 떠나가는 것입니다. 우리는 일껏 출가사문이 되어서 무상복전의(無上福田衣)를 입었으니 용맹정진을 통하여 한사코 삼계(三界)를 벗어난 성자가 되어야만 합니다.

앞에 지옥, 아귀, 축생은 삼악도(三惡道)이고 그 다음 아수라, 사람, 천상은 삼선도(三善道)입니다.

다음 아수라(阿修羅)법계는, 아수라도 분명히 존재하는 세계이지만 우리 인간의 눈에는 안 보입니다. 천안통을 통하면 아수라계도 보고 아귀계도 봅니다. 하품의 십선을 행하고 통력자재(通力自在)를 득(得)한 비인(非人), 사람이 아닌 영체(靈體)의 경계입니다.

아수라 뿐만 아니라 아귀 귀신도 역시 업통(業通)이지만 약간의 저급한 통력(通力)을 합니다. 그러니까 아귀가 되어 헤매이다가 인연이 있는 사람한테 접신(接神)하여 점쟁이가 되게도 합니다. 그러나 아수라세계는 아귀세계보다 더 통력이 있는 세계입니다. 따라서 자칭 도사(道士)라 하며 몇 백명씩 신도를 거느리고 알아맞히는 소리 하는 사람은 보통 아수라신이 지피고 있다고 볼 수가 있지요. 아수라 신들은 꽤 통력이 있기 때문에 어떤 때는 꼭 도인(道人) 같은 행세도 하고 도인같은 소리도 합니다. 그러나 그의 행동을 보면 압니다. 욕심을 다 떼었는가? 음욕도 못 떼고 물욕도 못 떼고 욕심을 못 떼었다면 별 볼일 없는 욕계중생입니다.

인(人)법계라, 사람 법계는 오계(五戒) 또는 중품(中品)의 십선(十善)을 닦아서 인중(人中)의 고락을 받는 경계입니다. 따라서 우리는 세속에 있던 출가를 했던 간에 우리는 다섯 가지 계행이나 중품의 십선계는 닦아서 인간으로 왔습니다. 더욱이 출가사문들은 부처님 당시나 또는 옛날부터 부처님 법을 독실히 믿은 불자였기에 금생에 젊은 나이로 승려가 된 것입니다.

천(天)법계라, 상품의 십선을 닦고 아울러 선정(禪定)을 닦아서 천상에 생하고 정묘(靜妙)한 안락을 받는 경계입니다. 따라서 천상계는 단계로 본다면 우리 인간보다는 높습니다. 다만 천상이 너무나 안락스러우니까 애쓰고 공부를 더 하려고 마음먹지 않기 때문에 성불을 잘못 하는 것입니다. 사람은 고(苦)가 있어서, 생로병사의 고생에서 벗어날려고 몸부림치는 데서 성불이 빠른 것인데, 그러기에 성불로 나아가는 의미에서 인간이 소중한 경계입니다. 여기까지 4생(生) 6도(道)라, 태란습화(胎卵濕化) 4생과 6도입니다.

그 다음에는 4성(聖)이라, 4종류의 성자, 곧 성문법계 또는 연각법계, 보살법계, 불법계입니다.

성문(聲聞)승은 해탈을 위하여 부처님께서 말씀하신 가르침에 따라 주로 4제관법(四諦觀法)을 닦는 경계입니다. 그런데 성문법계는 4제 법문 가운데서도 아직은 무생(無生)4제나 또는 무량(無量)4제나 또는 무작(無作)4제의 정도는 아니고 생멸(生滅)4제 정도입니다. 실제로 고(苦)도 있고 고의 원인이 되는 집(集)도 있고 또는 실제로 멸(滅)도 있고 실제로 닦는 도(道)도 있다는 곧, 상대적으로 고집멸도가 실존적으로 있다는 차원의 가르침을 받고서 닦아 깨달은 하품의 성인경계가 성문법계입니다.

연각(緣覺)은 부처님 가르침이 아니더라고 과거 숙세에 선근이 많아서 자연을 보고 깨닫기도 하고 십이인연이나 인연법을 관찰하여 깨닫기도 합니다. 이런 성자를 연각승 또는 독각(獨覺)승이라고 합니다.

그 다음에는 보살(菩薩)법계라, 무상보리(無上菩提)를 위하여 육도 만행(六度萬行) 곧 6바라밀(六波羅蜜)을 닦는 경계입니다. 과거 전생에 선근이 많아서 자기만 공부하는 것이 아니라 남과 더불어서 공부하는 분들입니다. 현대같은 이런 혼란한 사회에 나온 불자는 대체로 거의 다 보살 후신(後身)입니다. 자기 혼자만 닦고 만다는 분은 거의 없지 않습니까. 자기가 공부를 해서 좀 알면 머물러 버리는 것이 아니라, 보살기질은 절대로 머물지 않습니다. 무상보리를 위하여 성불까지 쉬지 않고 육도만행 곧 육발라밀(六波羅蜜)을 닦는 것입니다.

불법계(佛法界)는 자각각타(自覺覺他) 각행궁만(覺行窮滿)이라, 모든 행과 지혜, 일체종지(一切種智)를 다 갖춘 경계가 되지 않겠습니까. 따라서 우리는 마땅히 보살이 되어야 부처를 성취할 수 있습니다. 나와 남을 구분하는 정도에서는 도저히 불과(佛果)를 이룰 수가 없습니다. 따라서 자기 스스로 항시 내가 보살인가 아닌가를 점검해 보아야 합니다. 내가 얼마나 남한테 잘 베푸는가, 인욕은 얼마나 하는가, 또는 선정을, 얼마만치 용맹정진하는가를 통절하게 성찰해야 하는 것입니다.

 십선(十善)은 불살생·불투도·불사음으로 몸으로 짓는 세 가지이고, 또는 불망어·불양설·불기어·불악구로서 거짓말 말고, 이간질 하지 말고, 욕 말고, 음탕한 말이나 꾸며서 하는 말 곧 기어(綺語)를 하지 않는 것이 입으로 짓는 네 가지며 또 뜻으로는 탐내지 않고, 성내지 않고, 삿된 생각을 내지 않는 것이 뜻으로 짓는 세 가지입니다.
 오역(五逆)은 아버지 죽이고, 어머니 죽이고, 아라한 즉 성자를 죽이고, 또는 파화합승(破和合僧)이라, 이간질해서 승려끼리 싸움을 부추겨 승가의 화합을 깨뜨리는 것입니다. 요사이 종단 싸움 같은 것도 사실은 파화합승의 죄를 범하고 있는 것입니다. 될수록 서로 양보하고 겸허하게 화합하는 것이 승려인데 그렇지 못하면 파화합승입니다. 불신출혈(佛身出血)이라, 부처님 몸에 상처를 입히는 것입니다.

제5장 삼계(三界) 해탈(解脫)

제1절 삼계(三界)와 해탈(解脫)

1. 삼계(三界)

 우리가 보통 '삼계를 떠난다' 또는 '삼계에 머물러 있다' 하는 말들을 많이 하지 않습니까마는, 삼계(三界)는 중생이 생사 윤회하는 경계입니다. 따라서 마땅히 삼계를 벗어나야 하고 삼계를 벗어 나는 것은 이른바 성자가 되는 것입니다.
 그러나 과거 전생의 선근에 따라 비약적으로 빨리 벗어나는 분도 있기는 하나 보통은 점차로 공부 정진 따라서 닦아 올라 가는 것입니다. 그런데 선정에 들어가는 초선정(初禪定), 2선정, 3선정, 4선정 이런 선정은 모두가 다 각 천인(天人)의 선근 정도와 상응되는 것입니다. 가령, 초선천(初禪天)에 나기 위해서는 초선정을 닦으면 된다는 말입니다. 따라서 우리가

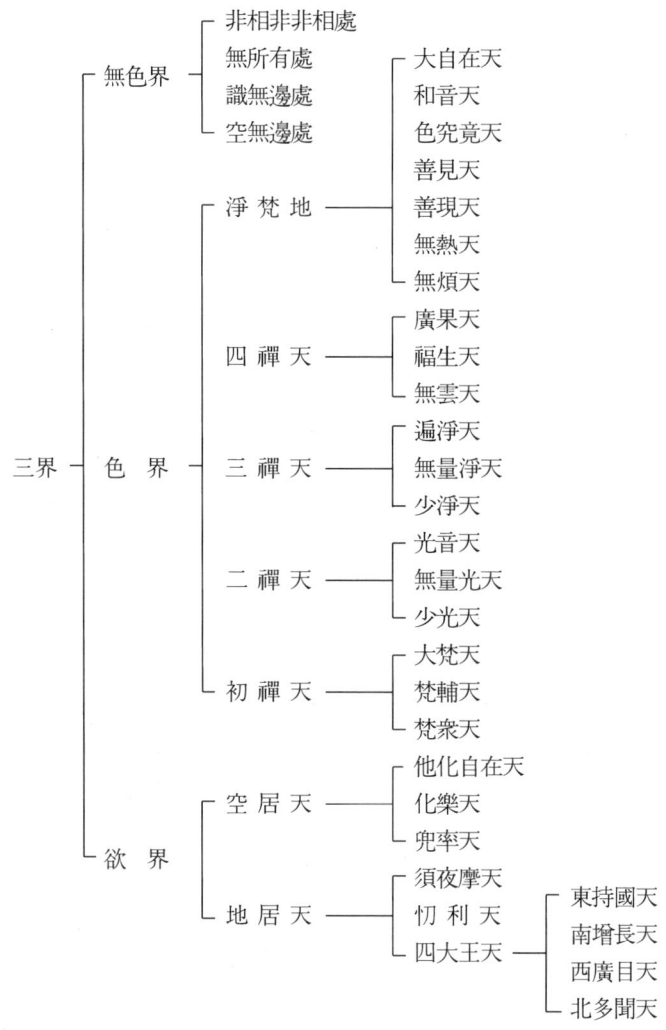

지금 초선천에 있지 않더라도 마음 정도가 초선정에 들어갔다면 벌써 초선천에 있는 존재, 그런 천인들과 정도가 같다는 말입니다. 또, 우리가 2선정(二禪定)에 들어가면 2선천에 있는 천인들과 똑같은 능력과 선근이 되는 것입니다.

삼계는 욕계(欲界), 색계(色界), 무색계(無色界)를 말하고 욕계는 6욕천(六欲天)으로 되었는데 우선 지거천(地居天)과 공거천(空居天)으로 나눕니다. 지거천은 소위 각 원소의 단계인 지진(地塵) 곧, 지구나 토성이나 다른 별들이나 질료(質料)를 의지해 사는 중생들이 지거천입니다. 공거천은 업장이 좀 가벼워서 지거천을 떠나 있는 허공 가운데 사는 중생입니다. 이런 천인들은 몸뚱이가 우리 몸뚱이 같지가 않기 때문에 허공에서 마음대로 공간을 집으로 알고 산다는 것입니다.

그리고 지거천에는 사대왕천(四大王天) 즉 사왕천(四王天)과 도리천(忉利天)·수야마천(須夜摩天) 즉 야마천의 셋이 있고 다시 사왕천 밑에는 동쪽에 지국천(持國天), 남쪽에 증장천(增長天), 서쪽에 광목천(廣目天), 북쪽에 다문천(多聞天)으로 구분됩니다.

그러면 우리 인간은 어디에 존재하는가? 우리 인간이 존재하는 곳은 욕계의 4왕천 가운데 남쪽 증장천(增長天)에 딸린 남섬부주(南贍浮洲) 곧 염부제(閻浮提)입니다. 그러나 우리 불자들은 재가, 출가를 불문하고 사실은 벌써 그 업장이 상당한 정도로 정화되어 있다고 볼 수 있습니다. 지금 욕계에 있다 할지라도 얼마만치 욕심을 떠나 있는가? 번뇌를 떠나 있는가?에 따라서 그에 상응한 높은 경계에 있다고 볼 수가 있습니다.

그리고 공거천은 도솔천(兜率天), 화락천(化樂天), 타화자재천(他化自在天)의 셋인데 다 천상이니까 천상 나름대로 통력

(通力)도 있습니다. 삼명육통(三明六通)같은 원래 법성에 갖추고 있는 통력은 못하더라도 그대로 그 업력에 따른 보통(報通)이 있는 것입니다.

 석가모니 부처님의 어머니인 마야(Mahā-māyā 摩耶) 부인은 세연(世緣)을 마치고 도리천에 태어 났습니다. 역시 그 어머니가 청정하였기 때문에 그런 훌륭한 세존(世尊)을 낳았겠지요. 흔히 세간에서 알기는 불교는 자기 부모도 모르고 윤리를 무시한다고 하지만 절대로 그렇지 않습니다. 부처님께서는 어머님을 위해서 3개월 동안 도리천에 올라 가셔서 어머님과 도리천의 천상인들을 위해서 설법을 하셨던 것입니다. 어머니도 역시 아들을 낳고 7일 만에 돌아가셨기 때문에 그 아들에 대해서 두고두고 안스러운 마음이 남아 있었겠지요. 그래서 부처님은 도리천에 올라가서 세상은 허망하고 생사가 본래 없는 것이라고 법문을 하셨을 것입니다. 모자(母子)의 정이라는 게 그렇게 두터운 것입니다. 우리가 출가할 때 '은애불능단(恩愛不能斷)이나' 은혜와 사랑을 끊기가 어렵지만 '기은입무위(棄恩入無爲)면' 은혜와 사랑을 버리고 상(相)을 여읜 무위법에 들어가면 '진실보은자(眞實報恩者)라' 진정으로 은혜를 갚는 것이로다. 라는 게송이 있습니다.

 부처님이 열반에 드실 때는 어머니 마야 부인이 내려와서 눈물을 흘리면서 비감(悲感)에 잠겨 관을 지켜 보고 있으려니까 불현듯이 관문이 열리고 세존께서는 가부좌한 채로 어머니에게 마지막 설법을 하셨습니다. "어머니시여! 제행무상이니 회자정리(會者定離)요 시생멸법(是生滅法)입니다. 세상 일은 다 무상하여 만나면은 꼭 헤어지는 것이요, 낳는 것은 필시 죽기 마련이니 슬퍼하지 말으시고 이별과 생사를 초월한 부처님 법을 생각하소서"라고 하시니 어머니께서 그제야 슬픔을 진정하고 안위(安慰)의 미소를 지었다는 것입니다.

아무튼 도리천도 중생들이 생각하는 이상으로 훌륭한 곳입니다. 도리천에만 가도 음식을 먹고 싶으면 저절로 음식이 나온다는 것입니다. 천상들은 분단식(分段食)을 먹는 것이 아니고 향기만 맡는다고 합니다. 따라서 야마천은 더욱 말할 것도 없고 도솔천, 화락천, 타화자재천 이렇게 올라갈수록 받는 안락이나 능력이 더욱더 수승한 것으로 표현되어 있습니다. 화락천(化樂天)은 문자 그대로 가령, 괴로운 경계도 전화위복(轉禍爲福)을 시켜서 기쁘고 즐거운 경계로 만든다는 것입니다.

그 다음에 있는 타화자재천은 욕계천의 가장 위층인데 마왕(魔王) 파순(波旬)은 여기에 삽니다. 따라서 마왕은 보통 밑에 있는 천상보다도 훨씬 더 능력을 잘 부리는 것입니다. 우리가 앉아 있으면 더러는 이상한 모양을 내어 나투기도 하고 또 꿈 속에 현몽하여 우리 공부를 방해하기도 합니다. 마왕은 하여튼 우리가 욕계를 벗어 날세라 친구 모습으로 오기도 하고 이성의 모양으로 오기도 해서 가지가지로 훼방을 놓는 것입니다.

그 다음, 초선천은 앞서 말씀드린 바와 같이 삼매를 닦아서 욕계번뇌를 떠나야 비로소 초선천에 들어갑니다. 그래서 입정(入定)이라, 선정에 든다는 것은 욕계번뇌를 떠나야 되는 것입니다. 욕계번뇌의 가장 중요한 것은 식욕(食欲), 잠욕〔睡眠欲〕, 음욕(婬欲)입니다. 욕계에서도 식욕과 잠욕과 음욕의 정도에 따라서 차이가 있습니다. 가사, 음욕에 있어서도 사대왕천과 도리천까지는 남녀 이성의 결합이 있는 셈이지만 야마천에 올라가면 이성 결합이 없이 단순히 서로 포옹할 정도이고 그 다음 도솔천은 악수만 하는 정도고 화락천은 서로 피차 바라보고 미소만 띠우는 정도이며 그리고 마지막 타화자재천에 오르면 그 음욕이 눈으로만 눈웃음 짓는 정도라고 합니다. 부처님 가르침은 참으로 미묘하고 감사하고 감격스럽습니다.

 우리가 공부를 해서 그와 같이 욕심을 다 떠나면 초선정에 들어 천상으로는 초선천에 납니다. 중생들이 정진하여 공부가 좀 되었다고 하더라도 자기를 점검해서 욕심이 남아 있다면 아직 욕계정(欲界定)이라, 욕계에서의 정신통일에 불과한 것입니다. 이른바 명상법이나 닦아서 조금 더 맑아진 것이지 선정(禪定)이라는 이름을 붙일 수가 없는 것입니다. 그래서 우리 공부하는 분들은 자기 점검에 엄격해야 합니다.

 범중천(梵衆天), 범보천(梵輔天), 대범천(大梵天)이 초선천의 세 하늘입니다. 이것은 역시 점차로 번뇌가 희박해져 가는 정도에 따라서 층별(層別)의 차이가 있습니다.

 2선천에 들어가서는 온전히, 그야말로 광명이 훤히 빛나서 광명 뿐입니다. 본래가 광명인데 삼독(三毒) 오욕심(五欲心)에 가려 있다가 선정이 깊어짐에 따라 차근차근 빛나는 것입니다. 처음 소광천(少光天)에서는 조금 덜 빛나고 그 다음에는 무량광천(無量光天)이라, 훤히 한량없이 빛난다는 것입니다. 그 다음 광음천(光音天)에는 광명으로 해서 조금도 막힘이 없이 누구한테 무슨 말을 하려고 할 때도 마음만 먹으면 광명으로 서로 상통하여 이심전심(以心傳心)으로 영통이 된다고 합니다.

 그래서 고집이 세고 강강(强剛)한 천인(天人)이 허물을 범할 때 옆에서 충고하여도 듣지 않는 천인들에게는 상대하지 않는 벌을 주는 범단지법(梵壇 brahma-daṇḍa)이라 하여 서로 말하지 않고 상대하지 않는 묵빈대치(默擯對治)법이 있습니다.
　좁게 보면 초선천만 범천(梵天)이고 넓게는 초선천·2선천·3선천·4선천을 모두 범천이라고 말합니다. 브라만(Brahman)이 범천에 소속된다고 할 수 있지요. 이런 범천, 곧 4선천에 있는 중생들은 아직도 중생인지라 서로 그릇된 짓도 하는데 그 가운데 말을 안 들으면 그 벌칙이 상대를 안해버리는 것입니다.
　부처님께서 열반 들으시려 하자 아란존자가 '차익(車匿)비구와 같이 고집 센 강강(剛剛)한 비구는 어떻게 다스려야 합니까' 하고 여쭈니까 '범단지법으로 대처하라' 하셨습니다. 충고를 하여 들으면 좋은데 안 들으면 우리 출가사문이 서로 싸울 수는 없는 것이고 말하지 않고 상대하지 않는 묵빈대치(默擯對治)의 법으로 다스리는 것입니다.
　3선천의 소정천(少淨天)은 청청하기는 하나 아직은 번뇌의 때가 좀 남아있다는 것입니다. 그 다음에는 훨씬 더 맑아져서 한량없이 맑은 경계를 얻음은 무량정천(無量淨天)이고, 그 다음은 변정천(遍淨天)이라, 끝도 가도 없이 삼천대천 세계 구석구석까지 맑은 경계입니다. 부처님 나라는 한 삼천대천 세계가 전부가 아닙니다. 삼천대천 세계가 무량으로 있는 것입니다.
　4선천은 번뇌의 그림자가 없는 무운천(無雲天), 그리고 번뇌의 구름이 없기 때문에 복이 저절로 오는 복생천(福生天), 그리고 넓이가 삼천대천 세계와 같이 광대무변한 광과천(廣果天)입니다.
　4선천을 의지해서 정범지(淨梵地)가 있는데 보통 4선천의 광과천까지는 일반 외도나 천중들이 갈 수가 있습니다. 그러나 그 다음 정범지는 청정한 곳이므로 성자만 가는 곳입니다.

정범지에 있는 무번천(無煩天)은 번뇌가 없는 천상경계요, 무열천(無熱天)은 번뇌가 없으니 항시 청량미를 맛보는 경계요, 선현천(善現天)은 모두가 다 좋게만 광명으로 보이는 경계로서 우리 중생들은 기분이 좀 나쁘면 다 나쁘게 보이고 밉게 보이겠지만 여기서는 벌써 애증(愛憎)을 떠난 경계라는 말입니다. 또는 선견천(善見天)은 모두가 좋게만 보이니 우리의 견해도 응당히 선량하게 되는 경계요, 색구경천(色究竟天)은 모든 존재의 끄트머리 즉 모든 광명의 본질로서 가장 청청한 광명을 음미하고 생활하는 하늘의 경계입니다.

그 다음 화음천(和音天)은 신묘한 음률(音律)이 우주에 충만해 있는 경계입니다. 우리가 금강경에 색(色)이나 소리로는 여래(如來)를 볼 수 없다는 말씀이 있으니까 색은 별것이 아니고 광명이 별것인가? 극락세계나 영원의 세계는 소리가 없지 않은가? 하지만 우주란 것은 세간적인 때문은 색이나 소리를 초월한 영원한 묘색(妙色)과 묘음(妙音)이 충만해 있는 것입니다. 또한 정확한 수리로써 구성되어 있기 때문에 우주 자연의 도리에 어긋나고 잘못 살면 역사의 심판을 받습니다.

앞서 언급한 광명은 태양빛같이 눈부신 광명이 아니라 청정 적광(寂光), 정광(淨光)입니다. 그런 적광은 영생으로 항시 상주부동한 것이고, 음향이나 하나의 리듬(rhythm)도 화명애아(和明哀雅)라고 하여 법화경이나 또는 화엄경을 보면 천상의 음률 표현을 하고 있는데 보통 우리가 느끼는 명곡과는 비교할 수 없이 한결 청정하고 무상한 오욕(五欲) 경계를 떠나버린 청정하고 평온하며 신묘한 음악인 것입니다. 그런 묘음이 우주에는 항시 울리고 있는 것입니다. 따라서 가사, 광명진언(光明

眞言)이나 또는 어떤 진언이나 모든 진언이란 우주에 있는 신묘한 리듬을 그대로 표현한 것이기 때문에 의미로 풀이가 어려운 것입니다. 우주에는 그와 같이 신묘한 리듬이 항시 있습니다. 우리가 명곡을 들으면 좋아하는 것도 가장 신묘한 리듬이 우리 불성 가운데 원래 존재하기 때문에 명곡을 들으면 그만치 우리 마음도 맑아지는 것입니다.

그 다음 무색계는 색을 떠나버린 하나의 심식(心識) 곧, 마음만 있는 중생이 사는 세계입니다.

무색계의 공무변처(空無邊處)는 공이 끝도 가도 없는 무량무변의 세계를 다 수용할 수 있는 경계이고, 또 식(識)무변처는 일체가 유심조(唯心造)요 만법이 유식(唯識)이라, 모든 것이 마음으로 통찰해 보이는 경계입니다. 처음에는 텅텅 비어 보였지만 업장이 더 녹아지니까 아무것도 없는 것이 아니라 오직 마음 곧 의식인 생명이 충만해 있음을 깨닫는 경계요, 무소유처(無所有處)는 식(識)이라고 할 것도 없고 무엇이라 이름 지을 수도 없는, 이름과 상(相)을 여읜 경계입니다. 또 비상비비상처(非想非非想處)는 번뇌가 거의 다 스러져서 번뇌가 있는 것도 같고 없는 것도 같아 번뇌가 있는 것을 지각(知覺)하지 못할 정도로 청정한 경계이며 3계 가운데 최상의 천상입니다.

부처님께서도 보리수하(菩提樹下)에서 성도하시기 전 6년 고행 때도 육사외도(六師外道)한테 가서 여러 가지로 많이 배웠습니다마는 그런 가운데도 3외도한테 배웠다는 사실은 주목해야 되겠습니다. 왜냐하면 우리 공부와 관계가 있고 우리에게도 아주 훌륭한 귀감이 되기 때문입니다.

맨 처음에 고행외도(苦行外道)인 발가바(Bhargava) 선인한테 가서 가지가지의 심각한 고행을 했는데, 어떤 기록에서는 발가바외도한테 배운 고행은 별것이 아니라고 폄하하는 사람도 있습니다. 그러나 그것은 잘못된 생각입니다. 물론 그 당시 싯달타(Siddhārtha 悉達多) 태자가 부처님같은 분을 만났으면 다시 말할 것도 없이 고행을 별로 않고서도 깨달음을 성취했겠지요. 그러나 고행으로서 미처 해탈을 못했다 할지라도 욕계 번뇌는 초월하여 범천(梵天)에 날 수 있는 능력은 얻었던 것입니다. 3아승지겁을 닦아온 부처님인지라 고행을 해도 느낌과 얻음이 다르겠지요. 업장이 무거운 사람은 고행을 하면 그것에만 집착해서 고행을 할려고 하지마는 선량하고 총명한 사람은 고행을 해도 얻을 것은 얻고 버릴 것은 버리는 것입니다.

그러나 '고행의 목적이 무엇인가'를 부처님께서 물었을 때에 '범천(梵天)에 나는 것'이라고 함으로 '그러면 하늘에 나는 것은 영생(永生)을 하고 인생고를 다 벗어나는 것인가?' 부처님께서 되물으니까 '범천에 난다 하더라도 역시 복진타락(福盡墮落)이라' 복이 다하면 다시 타락한다고 대답하니까 부처님께서는 '내가 바라는 것은 생로병사를 영원히 떠나는 것이요, 그런 하늘에 태어나기를 위한 것이 아니라' 하고 발가바 선인을 버리고서 다시 스승을 찾아간 것이 아라라칼마입니다.

아라라칼마(Alara kalma)는 이른바 수정주의(修定主義)자로서 선정에 드는 공부를 하는 외도의 스승이었습니다. 부처님은 그에게 '대체 어떤 공부를 하느냐'고 묻자 '무색계의 무소유처정(無所有處定)을 닦는 것'이라고 하였습니다.

무소유처는 무색계의 셋째번 하늘이니 상당히 높은 경계지요. 그러니까 그 당시 인도에는 벌써 선정에 깊이 들어간 분들이 많이 있었습니다. 이 분들을 가리켜 신선, 바라문선인이라고 합니다. 부처님께서는 벌써 욕심을 떠난 단계이기 때문에 얼마 안 가서 자기 스승과 같은 정도로 무소유처까지 들어가는 삼매(三昧)를 발득(發得)했습니다. 무소유처에 들어가 보니 재미가 있고 쾌락도 있으며 분별망상은 거의 가셨으나 아직은 삼계내(三界內)이기 때문에 해탈의 법락(法樂)은 못되어 만족할 수가 없었습니다. 보통 사람 같으면 그 정도 같으면 되겠다 싶어 멈추어 버리겠지요. 수승한 근기와 수승하지 않는 사람의 근기와의 차이는 이런 데에 있는 것입니다. 수승한 근기는 보통 웬만한 것에 절대로 머물지 못하는 것입니다.

 부처님이 아라라칼마한테 '무소유처까지 들어가는 목적이 무엇인가' 라고 물으니까 '무소유처정을 닦는 것은 모든 괴로움을 떠나 안락스럽고, 5신통(五神通)을 얻으며 사후에는 무소유처 천상에 태어나기 위함이라' '그러면 생로병사를 해탈하고 영생을 합니까?' '영생은 하지 못하고 다만 오백대겁(五百大劫)까지는 살고 그 뒤에는 다시 떨어지게 된다'고 대답함으로 부처님께서는 '내가 바라는 것은 영생 해탈이 목적이라' 시며 떠나려 하자 자기 아들로서 자기보다 공부가 한 차원 높은 웃다카라마풋타(Uddaka Ramaputta)에게 찾아가라고 하여 그에게 갔습니다.

 웃다카라마풋타에게 가서 '스승님은 대체로 어떤 공부를 하십니까?' '나는 무소유처를 지나 비상비비상처정(非想非非想處定)을 증득(證得)하는 공부를 한다'고 하여 세존께서는 그곳에서 순식간에 비상비비상처정을 증득(證得)하였습니다. 그리고는 다시 물었습니다. '비상비비상처를 닦는 목적이 무엇입니까?' '비상비비상처에 태어나서 오랜 세월 동안 천상묘락을 누리기 위함이라' '그러면 그곳에서는 영생을 할 수 있습니까?' '영생을 할 수는 없고 팔만대겁(八萬大劫)을 살다가 선정의 복이 다하면 떨어진다.' 팔만대겁은 그야말로 삼천갑자 동방삭이보다도 훨씬 더 많겠습니다마는 다시 또 떨어져서 잘못하면 지옥에도 간다고 합니다. '내가 바라는 것은 오직 생로병사를 해탈함인데 여기도 머물 데가 아니구나. 이제는 스스로 혼자 닦아 나가야겠구나' 생각하고 그곳을 떠났습니다. 세 선인(仙人)들은 그 당시 인도의 위대한 스승이지만 그들의 법은 삼계를 벗어나는 생사 해탈의 법은 못되는 것입니다. 그래서 부처님은 보리수하(菩提樹下)에서 신명을 걸고 좌정을 하신 것입니다.

그런데 현교(顯敎)에는 없으나 밀교(密敎)에 있는 법문인데 보리수하에서 싯달타 태자가 공부를 할 때 삼세제불(三世諸佛)이 경각(警覺)을 시켰다고 말합니다. 우리는 이런 밀교도 공부를 하다 보면 참고 할 대문이 많습니다. 그것은 뭣인고 하면, 천지 우주가 바로 부처님 아닙니까. 우리가 공부하는 것은 우리 자성불(自性佛)의 기운과 부처님의 가르침이 서로 화합되어서 깨닫는 것입니다. 우리 자성이 부처가 아니라면 제 아무리 두드리고 가르친다고 하더라도 될 수가 없겠지요. 그러나 본래가 부처이기 때문에 자기는 몰라도 사실은 자성불이 부처가 되고자 몸부림치는 것을 우리 중생들이 욕심과 진심과 치심으로써 억지로 막고 있는 것입니다. 이것만 애써서 차근차근 거둔다면 자생적으로 본래 자성불이 나타나는 것입니다. 자성불은 꼭 내 몸뚱이의 머리나 심장이나 어디에 갇혀 있는 것인가? 자성불(自性佛)은 바로 무장무애한 우주 생명 자체이기 때문에 머리카락부터 발끝까지 침투가 안된 곳이 없습니다. 자성불은 자기 몸이 되고 우주 만유가 다 되었습니다.

따라서 우리가 설사 스승이 없다 하더라도 정말로 바르게만 닦는다면 꼭 자성불을 성취할 수가 있는 것입니다. 정말로 계행 지키고 한사코 공부하려고 정진해 보십시오. 자기도 모르는 가운데 바른 스승이 생기고 공부할 처소가 생기는 것입니다. 천지 신명은 심심미묘한 것입니다. 한탄할 것은 자기 번뇌요, 다른 것에 책임을 전가시킬 아무런 것도 없습니다.

보리수하에서 싯달타가 그와 같이 '이제 다른 이에 의지하지 않고 내 스스로가 깨달아야겠다'고 비장한 결심을 할 때, 선정(禪定)도 벌써 삼계내의 가장 꼭대기인 비상비비상처까지 올라갔다고 할 때 정말로 신묘한 지혜가 발동하였을 것이며 따라서 삼세제불이 감응(感應)하게 된 것입니다. 그래서 밀교 경전의 표현을 보면 삼세제불이 경각을 시켜서 즉신성불(即身成佛)하는 오상성신법(五相成身法)을 주었다는 기록도 있습니다. 그런 복잡한 것은 생략하기로 합시다.

2. 구해탈(俱解脫)

俱解脫 ┌ 慧解脫…一切法이 本來清淨하고 平等一味하여 一切功德을 具足함을 信解함.
       └ 定解脫…禪定解脫

그러면 우리가 삼계(三界)에서 어떻게 해탈을 해야 하는 것인가, 하는 것이 우리의 지상 명제가 되는 셈 아니겠습니까? 해탈(解脫)에는 지혜해탈(慧解脫)과 선정해탈(定解脫)이 있는데 두 가지 해탈이 함께 이루어져야 하기 때문에 합하여 구해탈(俱解脫)이라 합니다. 따라서 참다운 성자는 지혜에 걸림이 있는 즉, 견혹(見惑)을 타파하고 또는 우리가 선정에 들어서 사혹(思惑) 또는 수혹(修惑) 즉, 일체 사물의 진상을 알지 못하는 데서 이루어지는 번뇌를 여의는 정해탈(定解脫)을 성취하여야만 합니다.

사혹 즉, 수혹은 참선이든 기도이든 선정(禪定)에 들어가는 길 외에는 어떻게 여읠래야 여읠 길이 없습니다. 지혜로서는 일초직입 여래지(一超直入如來地)라, 바로 번연히 깨달아서 '본래 내가 부처구나' 하는 확신이 오기도 합니다만 그러나 정작 우리가 만사에 자재(自在)하는 해탈의 경계에 달하려고 할 때는 꼭 선정에 들어가야 합니다. 선정에 들어가는 길 외에는 다른 길이 없습니다. 그래야 사혹 즉, 수혹을 여의고 우리의 심리와 더불어 생리가 맑아오는 것입니다. 이른바 환골탈태가 된다는 말입니다.

혜해탈(慧解脫)은 일체제법이 본래 청정하고 평등일미하여 일체 공덕을 구족함을 깨닫는 것입니다. 그러나 정해탈이 못되면 이른바 보임수행(保任修行)을 닦지 못해서 습기가 녹지 않으면 참다운 선정해탈(禪定解脫)이 못됩니다.

그래서 정해탈이 되려면 꼭 멸진정(滅盡定)을 성취해야 합니다. 따라서 우리 공부하는 출가사문들은 한사코 혜해탈의 근거 위에서 선정해탈을 해야 합니다. 그렇지 못하면 부처님의 말씀을 옮길 정도지 자기 스스로 우러나와서 부처님의 무량 법문과 자재신통을 할 수가 없는 것입니다.

제2절 해탈(解脫)의 과정(過程)

그 다음에는 4가행, 4선정, 멸진정 등 앞에서 다 말씀을 드렸습니다만 해탈에 있어서 꼭 거쳐야 할 과정입니다. 물론 누차 말씀했듯이 근기에 따라 점차로 가는 사람도 있고 단번에 뛰어넘기도 합니다.

解脫의 過程

1) 四加行(四善根) ― ① 煖法…明得定
　　　　　　　　　② 頂法…明增定
　　　　　　　　　③ 忍法…印順定
　　　　　　　　　④ 世第一法…無間定

2) 四禪定(四禪天) ― ① 初禪定…離生喜樂地
　　　　　　　　　② 二禪定…定生喜樂地
　　　　　　　　　③ 三禪定…離喜妙樂地
　　　　　　　　　④ 四禪定…捨念淸淨地

3) 滅盡定…一切煩惱習氣를 滅盡하는 三昧
　　○ 四禪定은 正道와 外道가 共修하나 滅盡定은 正道(聖道)에 限함.

4가행(四加行)은 4선근(四善根)으로서 우리가 미처 견도(見

道)를 못할 때는 아직 범부지이니까 수행을 애쓰고 한다고 해서 가행(加行)이라 합니다. 따라서 우리가 여름 결제(結制)하고 겨울 결제하고 또는 백일 동안 기도하는 것은 모두 다 가행정진(加行精進)입니다. 그냥 그렁저렁 하는 것이 아니라 간단 없이 해야 가행이라고 합니다. 그런 한계를 잘 알아야 합니다. 따라서, 했다 말았다 하는 것은 가행이 못됩니다. 참선 좀 했다고 나와서는 함부로 하고 그만 두어 버리면 바로 후퇴가 됩니다. 우리는 지속적인 가행정진을 해야 난법(煖法)에서 정법(頂法)으로 인법(忍法)으로 공부가 깊어집니다.

　마땅히 공부 기운이 흩어지지 않도록, 앞에서 말씀드린 바와 같이 안상(安詳)이라, 부처님이나 수도인의 거동을 안상으로 표현합니다. 부처님께서 탁발하고 오셔서 안상히 앉고 또는 선정에 드셨다가 안상히 일어서고 한다는 말씀이 경에 나옵니다. 안상이란 편안하고 조용하고 조금도 무리가 없고 자연스럽고 자상하게 하는 자세가 안상입니다. 이렇게 정진해야 명득정(明得定)을 빨리 얻는 것입니다.

　그러나 사실은 애쓰고 공부해도 난법상에 미처 못 들어가는 분도 있는데 그것은 수행법이 근기에 맞지 않아 무리가 되어서 못 들어갈 수도 있는 것이고 또는 과거 업장이 무거운 소치이기도 함으로 법당에 가서 몇 천배 절을 하는 것도 참 좋습니다.

　의상(義湘 625~702) 대사는 중국에 들어가서 화엄종 삼대(三代) 현수(賢首 643~712) 대사와 같이 동참 수학하고 또 화엄경을 통달하여 법성게(法性偈)를 지은 분이니까 굉장히 위대한 분 아닙니까? 그렇게 했어도 결국은 선정 해탈은 미처 못했던가 보지요. 그래서 낙산사(洛山寺) 홍련암(紅蓮庵)에서 관음

기도를 모시는데 아무리 애를 써도 자기라는 아(我)의 근본 번뇌가 끊어지지 않는 것입니다. 삼매에 들어가야 자기라는 아(我)가 끊어지는데, 의상 대사도 자기를 점검해 보니 아상(我相)이 남아있는 것입니다. 그래서 '이렇게 죄덩어리인 몸뚱이 차라리 몸을 바꾸어야겠구나' 하고 홍련암 바위에서 바닷물에 몸을 던졌습니다. 몸뚱이를 버리는 그 찰나 활연히 깨닫고 관세음 보살이 몸을 안아 안전하였다는 설화가 있습니다. 천지 우주가 바로 부처님 몸이요, 부처님 마음입니다. 우리가 정말로 사무치면 반드시 부사의한 도움이 있습니다. 기도든 공부든 모든 정당한 소원은 꼭 성취가 되는 것입니다.

이렇게 우리가 삼매에 들기 위해서는 4선근(四善根)의 행으로서 우선 닦아나가야 합니다. 우리가 비약적으로 가기가 어려운 문제 아닙니까?

그러나 난법상(煖法相) 닦아서 명득정(明得定)이라, 가슴도 머리도 온몸이 시원해 온다 하더라도, 나와서 번잡스러운 일들로 흔들어 버리면 결국은 어디에 간 곳이 없이 공부가 퇴타(退墮)하게 됩니다.

정법상(頂法相) 곧 명증정(明增定)이라, 이는 밝음이 더 증장(增長)한 경계를 말합니다. 처음에는 앞이 컴컴하다가 난법상에서부터는 온몸이 맑아와서 정법상이 되면 뿌연히 달같은 것이 비쳐오는 것입니다. 이 경계를 욕계정천(欲界頂天)이라 하는데 벌써, 정법은 욕계의 꼭대기라는 의미입니다. 그러나 다시 파계무참(破戒無慚)한 짓을 한다거나 그렁저렁 방만하게 지내면 다시 후퇴하는 것입니다. 그래서 지속적으로 닦아 나가야 비로소 인법(忍法) 경계가 옵니다.

인법(忍法)은 무엇인가 하면, 내 몸뚱이나 물질이나 또는 명예나 지위나 모두 다 허망하여 실다웁게 여기지 않는 마음이 깊이 박혀졌다는 말입니다. 인법상(忍法相)이 되면 함부로 행동을 못합니다. 물론 완전무결하게 계율을 다 지킬 수는 없겠지만 벌써 맑고 선량한 기운이 몸과 마음에 깊이 배어져 눈이 샛별같이 빛나오므로 망상이나 혼침이 어디에 붙을 수가 없습니다. 여기서도 그만 두면 후퇴됩니다.

그러나 여기서 안 쉬고 지속적으로 나아간다면 이른바 세제일법(世第一法)이라, 범부 세간에서는 여기가 제일 높은 곳이라는 말입니다. 여기서는 번뇌 때문에 시달리지 않고 분별시비가 안 나오니까 분별시비를 몰아내기 위해서 작위(作爲)로 애쓸 필요도 없습니다. 그러기에 번뇌가 사이에 끼일 수가 없어서 견도(見道) 곧 견성(見性)하는 그 자리와 간격이 없으므로 무간정(無間定)입니다. 이 자리에 머물게 되면 필연적으로 견도에 나아가게 됩니다. 마음이 명경지수(明鏡止水)라, 맑은 거울이나 고요한 물 같으니 모두를 보면 다 그립고 긍정적으로 보이는 것입니다. 그러나 무간정에서 '내 마음을 반조(反照)해 보니 무간정이 되었구나, 공부가 이 정도 같으면 거의 다 하지 않았겠느냐' 하고 흔들어 버리면 결국은 또 견도에는 못 들어갑니다.

따라서 이런 차서를 잘 모르면은 정진 중에 재미가 좋고 또는 무슨 빛이나 별난 경계가 나타나게 되면 공부가 다 되었다고 자만심을 느낍니다. 대체로 빨리 깨달아야겠다고 하는 성급한 분들은 이런 위험성을 범하기가 쉽습니다. 무간정에서는 가장 근원적인 진여불성(眞如佛性)을 완전히 깨닫지 못했을지라도 상사각(相似覺)이라 하여 거의 비슷하게 깨달은 단계입니다.

무간정에서 초선정에 들어갈 때는 벌써 욕계를 초월하니까 오염된 몸뚱이가 청정한 몸뚱이로 바뀌어지는 것입니다. 이른바 소조사대(所造四大)가 능조사대(能造四大)로 바뀌어지는 것입니다. 우리 범부 몸뚱이는 오염된 지·수·화·풍인 소조(所造)사대입니다. 그러나 선정을 발득(發得)해서 초선정에 들어갈 때는 오염된 사대가 청정한 능조(能造)사대로 바뀌어지기 때문에, 바뀌어지는 가운데 2, 4는 8이라 8촉이 나옵니다.

8촉(八觸)은 무엇인고 하면, 그때에 경험되는 동(動)·양(痒)·경(輕)·중(重)·냉(冷)·난(煖)·삽(澁)·활(滑) 등의 여덟 가지 경계입니다.

처음에 몸이 떨리는 동(動)이라, 몸이 가려운 양(痒)이라, 몸이 가볍게 느껴지는 경(輕)이라, 몸이 묵직하게 느껴지는 중(重)이라, 몸이 써늘하게 느껴지는 냉(冷)이라, 몸이 뜨겁게 느껴지는 난(煖)이라, 몸이 상어 가죽같이 깔깔하게 느껴지는 삽(澁)이라, 몸이 부드럽게 느껴지는 활(滑)이라, 이런 증상들이 그때그때 교차되는 것입니다.

그러나 이러한 증상 뿐만 아니라 선정의 공덕으로 열 가지가 생깁니다. 십공덕(十功德)이란, 공(空)·명(明)·정(定)·지(智)·선심(善心)·유연(柔軟)·희(喜)·락(樂)·해탈(解脫)·경계상응(境界相應)입니다. 처음에 공(空)이라, 몸이 가벼워서 자기 몸뚱이에 조금도 부담을 느끼지 않고 항시 공중에 뜬 기분이고 그 다음에는 명(明)이라, 마음이 밝아져서 경전에 대한 문제나 모든 의단(疑團)이 훤히 풀리게 되고 다음 정(定)이라, 마음이 고요하여 선정에 들어가며 또는 지(智)라, 성(性)과 상(相)과 체(體)와 용(用)에 대하여 걸림없는 지혜가 발동하고 선심(善心)이라, 마음이 그지없이 선량해지고 유연

(柔軟)이라, 심신(心身)이 유순하여 모든 인연에 수순(隨順)하며 희(喜)라, 의식(意識)에 깨달음의 가쁨을 느끼고 안이비설신(眼耳鼻舌身) 5식(識)에 무분별의 즐거움을 느끼며 해탈(解脫)이라, 만사에 걸림이 없는 해탈을 느끼며 경계상응(境界相應)이라, 모든 경계에 막힘이 없이 수긍하게 되는 것 등이 이른바 초선정에 들어갈 때 증험하는 십공덕(十功德)입니다.

그러나 이런 가운데 몸이 뜨겁던 차던 간에 텅텅 비어서 자기 몸에 대해서 아무런 부담을 느끼지 않고 마음이 훤히 밝아 별로 모르는 것이 없이 이것이나 저것이나 보면 척척 풀리고, 이런 마음이 항시 기본적으로 따라야 초선에 들어가는 증상이 되겠지요. 그리고 2선부터는 이미 오염된 사대(四大)가 청정한 사대로 바뀌어져 버려서 뜨겁고 덥고 그런 증상이 있을 수가 없는 것입니다.

그런데 이와 같이 욕계를 초월해서 초선정에 들어간다면 몸도 마음도 가볍고 부담이 없고 그지없는 행복감에 충만하게 되니 희락지(喜樂地)라, 진정한 법락(法樂)을 느끼는 경계입니다. 이러한 법락을 느끼게 되면 세속적인 오욕락(五欲樂: 재물·이성·음식·명예·수면)에 대한 마음은 아예 존재할 수가 없습니다.

그 다음 2선정에 들어가면 마음이 한결 청정해집니다. 왜 그런고하면 희락지에서는 아직 욕계 번뇌의 뿌리는 여의지 못했으나 2선정에서는 욕계 번뇌의 뿌리를 뽑아 버렸기에 마음이 훨씬 청정해지는 것입니다. 그래서 정생희락지(定生喜樂地)라, 초선정에서는 기쁨이 있다가 즐거움이 있다가 또는 더했다 덜했다가 하지만 그 다음은 그냥 잠잠하니 희락이 안정되는 것입니다.

그러나 원래 법성(法性)에는 기쁨이나 즐거움의 희락도 없는 것이므로 따라서 선정이 더 깊어지면 마음은 더 총명해지고 더 맑아지면서 희락을 떠나는 것입니다. 이것이 3선정 경계인 리희묘락지(離喜妙樂地)라, 기쁨을 떠나고 묘락을 경험하는 경계입니다.

그리고 4선정에서는 희락을 다 떠나서 사념청정지(捨念淸淨地)라, 모든 분별심을 여의고 청정한 마음만 지속되는 경계입니다.

그 다음에 멸진정(滅盡定)은 4선정을 다 통과해서 일체 번뇌의 습기(習氣) 곧 번뇌의 종자를 다 완전히 없애는 삼매(三昧)입니다. 바라문이나 또는 힌두교나 일반 외도도 4선정까지는 닦아 증득할 수 있으나, 외도는 원래 해탈을 구하는 근기가 못되고 천상에 올라가서 신묘한 안락을 맛보려는 것이기 때문에 멸진정에까지는 못 들어가는 것입니다. 해탈을 구하는 분들은 안락(安樂)이나 유위(有爲) 공덕은 문제시 하지 않는 것입니다.

따라서 근기가 약하고 수승하지 못한 사람들은 초선에 올라가서 희락만 느껴도 공부가 다 되었구나 하고 또는 2선에 올라가서 희락에 잠기게 되면 거기에 머물러 버리는 것입니다. 불경에 보면 3선정에 들어갈 때 기쁨의 정도가 제일 좋다는 것입니다. 초선의 희락이나 2선의 희락이나 아직은 거치른 희락이며 약간의 변동이 있으나 3선과 같이 동요를 떠난 묘락(妙樂)은 아주 신묘하기 때문에 불경에서도 기쁨과 즐거움의 절정을 표현할 때는 3선정의 묘락을 인용하기도 합니다.

멸진정은 기쁨이라든가 또는 즐거움, 모두를 떠날 수 있는 용기가 있어야 됩니다. 며칠이고 몇 년이고 이 몸뚱이 죽어도 좋다 하고 정진을 해야 멸진정에 들어갑니다. 4선정은 정도(正道)와 외도(外道)가 다 같이 닦으나 멸진정은 정도에 한해 있습니다. 또 정도라 하더라도 비약적으로 멸진에 들어가는 것이 아닙니다. 늦게 되었든 빨리 되었든, 중간 차서를 뛰어넘든 뛰어넘지 못하든 간에 4선정을 닦아야 갑니다. 업장이 가벼우면 더 빨리 갈 것이고 업장이 무거우면 더디 가는 차이 뿐입니다. 마땅히 신명(身命)을 걸지 않으면 안됩니다. 해탈 공부는 자기 목숨을 바치는 공부입니다. 그렇기 때문에 대사일번에 대활현전(大死一番大活現前)이 아니겠습니까?

※ 게송음미(偈頌吟味) ③

1) 교범바제(憍梵波提)의 수설게(水說偈)

이렇게 난삽(難澁)한 법문을 여러 시간을 듣게 되어서 특히 노덕 스님들은 굉장히 지루하실 것입니다. 그러나 우리 만남이 그렇게 자주 있는 것은 아니지 않습니까, 또 인생은 찰나무상이기 때문에 춘한노건(春寒老健)이라, 봄눈이 금새 녹아 버리듯이 나이 먹은 사람들은 어느 때 쓰러질 줄 모르는 것입니다. 따라서 지리하시더라도 내일 하루 남았습니다. 분위기를 유연하게 하기 위하여 교범바제의 게송을 소개해 드리겠습니다.

교범바제(憍梵波提 Gavāṁpati), 이 분은 부처님 당시 사리불(舍利弗 Śāriputra) 존자의 제자입니다. 부처님 당시 부처님 계시는 곳에서 살지 않고 천상에 올라가서 사는 제자들이 있었는데 한 분이 교범바제고 또 한분은 빈두로(賓頭盧 Piṇḍolabh) 존자입니다. 빈두로 존자는 우리가 독성님 또는 나반 존자라고 하는 분입니다. 여러 가지 인연도 있습니다만 교범바제는 과거세에 죄를 많이 짓고서 500세(世) 동안 소〔牛〕의 과보를 받았습니다. 그래서 금생에 인간으로 태어나서는 소처럼 한번 먹은 것을 다시 되씹는 버릇이 있었는데 아라한(阿羅漢)을 성취한 뒤에도 반추(反芻)하는 소의 습성(習性)을 못 떼니까 사람들이 흉도 내고 빈정거리기도 하는 것이었습니다. 그러나 아라한을 비방하면 결국 구업(口業)죄를 짓지요. 그래서 부처님이 일반 중생들을 연민하는 마음으로 구업죄를 짓지 않게 하기 위해서 교범바제에게 도리천에 가서 중생을 제도하라고 분부하셨던 것입니다.

　그래서 교범바제가 도리천에 가서 지내는데 부처님께서 열반에 드신 뒤 칠엽굴(七葉窟)에서 부처님 법문을 결집(結集)할 때 모든 아라한들을 다 소집하는데, 마하가섭(摩訶迦葉)이 교범바제한테도 도리천에 사자(使者)를 보내서 참여하라고 했습니다. 교범바제는 사자로 온 비구에게 부처님께서도 이미 열반드셨고 은사 되는 사리불도 가셨다는 말을 듣고는 아라한이지만 도저히 그 슬픔을 감당키 어려웠습니다. 상(相)에 걸리지는 않았겠지만 역시 마음으로 가까운 분을 이별하는 것은 슬픈 일이겠지요. 그래서 나는 도저히 슬픔 때문에 결집에 참여를 할 수 없다면서 신통으로 허공에 솟아 올라 화광삼매(火光三昧)에 들어서 자기 몸을 태워 가지고, 다시 수광삼매(水光三昧)로 물이 되어, 흐르는 물로 마하가섭한데 이르러 물 가운데서 마지막 하직하는 게송을 읊었기에 수설게(水說偈)라고 합니다. 역시 공부가 성취되고 하나도 때묻지 않은 분들의 게송들이라 간단하지마는 우리의 심금을 울리고 마음을 정화하는 것입니다.

憍梵波提稽首禮	교범바제는 머리를 조아리고 절 올립니다
妙衆第一大德僧	성중 가운데 어른이신 대덕 존자이시여,
聞佛滅度我隨去	부처님의 열반 듣고 저도 또한 따르오리
如大象去象子隨	어른 코끼리 앞서면 어린 새끼 뒤따르듯,

— 阿含經·智度論 —

　　교범바제는 뜻으로 풀이하면 우작(牛嚼 또는 牛跡·牛呵) 비구라고 합니다. 교범바제는 머리를 조아려서 절을 합니다. 마하가섭은 성중 가운데 어른이므로 마하가섭 대덕 스님한테 제가 머리를 조아려서 예배를 드립니다. 부처님께서 열반에 드셨으니 저도 역시 따라가야 할 것이 아닙니까? 마치 어른 코끼리가 앞서가면 어린 코끼리가 따라가듯이 저도 역시 부처님과 은사님을 따라가야 하지 않겠습니까? 이렇게 애절하게 읊었습니다. 이 게송을 볼 때는 꼭 코끼리가 뚜벅 뚜벅 걸어가면 새끼들이 따라가는 것이 연상됨과 동시에 그런 도인들도 역시 법의 은혜와 스승에 대한 생각을 하면 도저히 슬픔을 감당할 수 없었겠지요.
　　아함경(阿含經)이나 지도론(智度論二)에 나와 있는 게송입니다.

2. 두순학(杜荀鶴)의 안인게(安忍偈)

三伏閉門被一衲	삼복 더위 문을 닫고 누더기를 걸치고서
兼無松竹蔭房廊	송죽 숲도 시원스런 방사 또한 아니지만
安禪不必須山水	하필이면 산수 좋아 편안해야 참선일까
滅得心頭火自凉	마음 번뇌 사라지면 불이라도 서늘하리.

— 唐代杜荀鶴 —

두순학(杜荀鶴)은 당나라 사람으로서 정확한 신분은 알려지지 않았으나 평생을 두고 청빈(淸貧) 위주한 수도인이었습니다.

삼복폐문피일납(三伏閉門被一衲)이라, 삼복 더위에 문을 닫고서 누더기 걸치고 정진하고 있다는 것입니다. 삼복 더위만 해도 무더운데 하물며 문을 닫고 게다가 누더기를 입고 있으니 오죽이나 덥겠습니까? 그러나 정진하는데 구태여 소나무나 대나무 숲도 있고 그늘에 있는 시원한 방사가 아니라도 상관할 바 아니며, 우리가 참선하는데 반드시 산수가 좋은 곳에서 공부해야만 할 것인가?

멸득심두(滅得心頭)하면, 우리 마음의 번뇌만 다 없애버린다면, 화자량(火自凉)이로다. 불도 추위도 주림도 문제될 것이 아니며 또한 시정(市井) 가운데 참선한다 해도 오히려 청량한 법락을 즐길 수 있다는 게송입니다.

3. 결사문법게(決死問法偈)

設滿世界火	설사 온 세계가 불바다일지라도
必過要聞法	반드시 뚫고 나가 불법 배우고
會當成佛道	맹세코 마땅히 불도 이루어
廣濟生死流	생사고 중생들 모두 건지리,

― 無量壽經 ―

일본 중세기에 오다노부나가라는 장수가 자기에게 대항하던 적군의 장군이 숨어 있던 절을 쳐들어 갔는데 적장이 나오질 않으므로 성질이 조급한 장군은 화가 치밀어 스님네가 한 분도 도망을 못 가게 하고서 절 안에 스님네가 있는 채로 불을 질러 버렸습니다. 스님네가 다 비참하게 화장을 당했겠지요. 그때에도 이런 게송을 읊으면서 목숨을 마치었다는 일화가 있습니다. 이 게송은 무량수경(無量壽經)에 있는 법문입니다.

　설사 온 세계에 불바다가 되어 한없이 위험한 경우일지라도, 필과요문법(必過要聞法)이라, 요(要)는 꼭 한사코라고 풀이합니다. 반드시 지나가서 한사코 법을 들을지니, 우리가 참다운 진리를 쉽게 들을 수 있는 것은 아니지 않습니까? 설사 온 세계에 난리가 나서 불바다가 되었다 하더라도 꼭 반드시 뚫고 나가서 법을 들을지니, 회당성불도(會當成佛道)하여, 회당의 회(會)도 여기서는 만난다는 뜻이 아니고 맹세할회라고도 풀이가 됩니다. 맹세코 불도를 성취하여 널리 무량 중생을 제도하리라는 서원(誓願)이 담겨 있는 게송입니다.

4. 장사경잠(長沙景岑)의 백척간두게(百尺竿頭偈)

다음은 우리들이 흔히 외우고 있는 게송입니다.

> 百尺竿頭坐底人　　백척간두 꼭대기에 주저앉은 사람아
> 雖然得入未爲眞　　비록 도에 드나 참다움은 못되나니
> 百尺竿頭進一步　　백척간두 그곳에서 한 걸음 더 내 딛어야
> 十方世界是全身　　시방세계 그대로 부처님의 온몸일세
> 　　　　　　　　　　　　　　　　― 長沙景岑 ―

장사경잠(長沙景岑 ?~868) 스님은 남전보원(南泉普願 748~834) 선사의 제자입니다. 마조도일(馬祖道一 707~786) 선사 밑

에 삼대 준족이라 하여 백장회해(百丈懷海 749~814), 서당지장(西堂智藏 735~814), 남전보원, 삼대 선사가 가장 이름이 있고 훌륭한 분이라고 정평이 있습니다. 태안사(泰安寺)를 개산한 혜철(惠哲 785~861) 국사는 그 가운데서 서당지장 선사한테 법을 받은 분입니다. 장흥 보림사(寶林寺)를 개산한 도의(道義) 선사도 역시 서당지장 선사의 법을 받았고 남원 실상사(實相寺)를 개산한 홍척(洪陟) 국사 역시 서당지장 선사 법을 계승한 분입니다. 벽암록(碧巖錄)이나 무문관(無門關)을 보면 그런 분들의 공안이 굉장히 많습니다. 장사경잠에 따른 화두도 벽암록에 있습니다.

공부가 백척간두(百尺竿頭)까지 갔으니 이미 공부가 상당히 되었다고 할 수 있겠지요. 그러나 거기까지 가서 머물러 버린 사람, 백척간두에 올라가서 거기에 걸려 버린 사람은 비록 깨달았다 하더라도 아직 참다운 것은 못된다는 말입니다. 비록 득입(得入) 되었다 하더라도 아직 참다운 것은 되지 못하니, 그러니까 공부를 해 가지고 어느 정도 깨달았다 하더라도 그로서 다 끝난 것이 아니라는 뜻입니다.

백척간두에서 오히려 다시 더 한 발을 내딛으라는 말입니다. 세간법을 떠나서 출세간이 되고 공부가 익어졌으면 다시 무량 중생을 제도하려 내려와야 되는 것인데 그렇지 못하면 보살이라 할 수가 없겠지요. 따라서 백척간두에서 한 발을 더 내딛어야 시방세계가 바로 참다운 자기요, 부처의 장엄법신이라는 게송입니다.

5. 장경혜릉(長慶慧稜)의 권렴견천게(捲簾見天偈)

　장경혜릉(長慶慧稜) 스님은 설봉 대사의 제자입니다. 설봉의존(雪峰義存 821~908) 대사도 벽암록이나 무문관에 이 분의 공안 화두가 있을 정도로 위대한 분입니다. 또 설봉 스님의 제자 현사사비(玄沙師備 835~908) 스님도 위대한 선지식입니다.
　현사 스님한테 어느 스님이 '여하시불(如何是佛)이니꼬' 부처가 무엇입니까? 하고 물으니, '진시방세계 시일과명주(盡十方世界是一顆明珠)라' 부처고 중생이고 우주만유가 바로 한 덩어리의 밝은 마니보주와 같은 보배구슬이라고 말했습니다. 우리가 깨달은 분상에서 본다면 온 세계 만법이 평등 무차별한 영롱한 광명의 구슬과 같다는 말입니다. 어디에도 막힘이 없는 구슬과 같은 것이 온천지 사바세계요, 삼천대천 세계라는 말입니다.
　현사 스님의 출가 인연이 있습니다. 현사 스님은 어부(漁夫)인데 30대에 자기 아버지와 같이 어망을 지고 고기잡이를 나갔습니다. 어망의 한쪽 귀는 아버지가 잡고 한쪽은 자기가 잡고 있었는데 그때에 비가 많이 와서 어망이 급류에 휩쓸려 떠내려 가려고 하는 것입니다. 자기 아버지는 평생 동안 어업만 해온 셈이라 살림 도구인 어망이 그대로 떠내려 가면 큰일이겠지요. 그래서 안간힘을 쓰고 잡고 있는데 물의 수세로 보아서 도저히 어떻게 견딜 수가 없는 것입니다. 그대로 있다가는 자기 아버지도 그물도 현사 스님도 한꺼번에 떠내려 갈 도리밖에 없었습니다. 현사 스님은 그때 생각에 '내 나이 30밖에는 안되었는데 이대로 죽을 수가 없다. 무엇인가 금생에 나온

보람을 해야할 것 아닌가?' 그는 어부이고 별로 공부도 안한 사람이었지만 선근이 있었는지라, 과거 전생에 사문이 되어 공부한 사람이었던지 도저히 그대로 죽을 수가 없는 것이었습니다. '그물을 놓자니 자기 아버지가 떠내려 갈 것이고 놓치 않으면 자기도 한꺼번에 죽을 것이고' 고민하다가 비장한 각오를 하고서 잡고 있던 그물 벼리를 놓아 버렸습니다. 자기 아버지는 그물과 함께 급류에 휩싸여서 수장(水葬)이 되어 버렸 겠지요.

어차피 자기가 놓으나 안 놓으나 아버지는 돌아가시지마는 그래도 자기만 살고 아버지가 가셨다는 생각에 출가한 뒤에도 두고두고 죄책감을 떨치지 못하였습니다. 그래서 수행도 진지하고 한 점의 빈틈도 없이 정진하여 위대한 성자가 되었다는 말입니다. 그래서 나중에 수자들을 제접할 때도 굉장히 준엄하여 웬만한 것도 용납을 안했던 것입니다.

그런데 현사 스님은 설봉 스님 제자이므로 장경혜릉 스님에게는 사형이 되므로 사형한테 가서도 공부하고 또는 은사한테도 가서 공부하고 왔다갔다 하면서 12년 동안에 무명베로 만든 좌복이 일곱 개나 떨어질 정도로 일심정념으로 정진했습니다. 그랬어도 공부가 안 틔이는 것입니다. 그 동안에 몹시 고생도 하고 여러 모로 자기를 매질도 하고 심각한 고행을 했겠지요. 그러나 12년 동안이나 공부를 했으니까 무던히 공부가 익었겠지요. 그러다가 12년이 다 되는 여름이었던가, 선방에서 발을 휙 젖히고서 밖을 내다보는데 문득 산천 경계가 훤히 열려버리는 것이었습니다. 발을 들고 산천 경계를 볼 때에 활연대오를 해버렸다는 말입니다. 그때에 읊은 게송입니다.

也大差矣也大差矣	크게 차이 있구나 크게 차이 있구나
捲起簾來見天下	드린 발을 걷고서 천하 경계 바라보니,
有人問我解我宗	어느 누가 나에게 깨달은 바 묻는다면
拈起拂子劈口打	불자 들고 입을 쳐 말을 막아 버리리,

— 長慶慧稜 —

크게 차이가 있구나 크게 차이가 있구나, 범부로 있을 때에 느끼던 자기 경계와 활연대오(豁然大悟)한 경계와는 도저히 비교할 수 없다는 환희충만한 심경(心境)입니다. '견성오도 해도 약간 더 알고 마음이 시원하겠지' 이렇게 생각할지 모르겠지만, 그렇게 사소한 차이가 아닙니다. 12년 동안에 좌복을 일곱개나 떨어뜨리면서 공부를 하다가 발을 걷고서 바깥 하늘을 바라볼 때 활연대오하여 깨달아 버렸는데 깨닫기 전의 범부경계와 깨달은 성자의 경계는 참으로 하늘과 땅의 차이임을 감탄하는 말입니다.

만약 어떤 사람이 나한테 무슨 종지(宗旨)를 깨달았는가? 묻는다고 하면 염기불자(拈起拂子)하여, 총채와 같은 불자(拂子)를 들어서 벽구타(劈口打)라, 그 입을 때려서 쪼개어 버린다는 말입니다. 자기가 공부한 것을 생각하면 그야말로 사무친 마음이 있었겠지요. 몇번 죽을려고도 해보았을 것이고 겨우 가까스로 깨달은 것이며 깨달은 종지(宗旨)란 말도 상(相)도 여읜 것인데 그냥 말 몇 마디로 쉽게 알려고 묻는다면 괘씸하기도 하겠지요.

보통, 사람들이 찾아오면 그냥 말로만 알려고 애씁니다. 많은 말을 않더라도 화두면 화두, 염불이면 염불, 주문이면 주문으로 오로지 공부하고 계행 지키고 닦아나가면 원래 부처인지라 부처가 될 수 밖에 없는 것인데 말로만 알려고 애를 씁니다. 그러기에 과거 조사 스님이나 도인들은 너무 세밀한 너절한 말을 않는 것입니다. 그것은 모두 다 스스로 공부를 시키기 위해 그러는 것입니다. 결국은 참구자득(參究自得)이라, 참구해서 스스로 알아야 한다는 말입니다. 깨달은 경계를 묻는다면 불자(拂子)를 들어서 그 입아귀를 부수어 버린다는 말입니다.

6. 도원(道元) 선사 학소옹게(鶴笑翁偈)

永平雖谷淺	영평사의 골이 비록 옅다 하더라도
勅命重重重	임금님의 칙명은 무겁고도 무겁도다.
却被猿鶴笑	원숭이가 입으면 도리어 학이 웃으리
紫衣一老翁	늙은 중이 분수 아닌 자가사를 걸치다니

— 道元禪師 —

　도원(道元 1200~1253) 선사는 일본 조동종의 개조(開祖)로 일본에서 가장 위대한 선사라고 하는 분입니다. 이 게송은 그저 평범한 영탄시(詠嘆詩)이나, 도인들의 겸사(謙辭)한 마음을 잘 나타내고 있습니다. 겸사한 마음은 얼마나 소중한 마음입니까? 근래에 고암(古庵) 스님이나 운허(耘虛) 스님이나 그분들의 겸사한 태도가 얼마나 우리 마음에 훈훈한 교훈으로 남습니까?
　영평사(永平寺)는 도원 선사가 머무는 조동종의 대본산입니다. 그 당시 위대한 선사니까 왕이 자가사 곧 금란가사를 하사했는데 그때에 이 게송이 나온 것입니다. 영평의 골이 풍경이 좋거나 깊은 골이 아니고 옅어서 별로 신통할 것이 없지만 칙

명중중중(勅命重重重)이라, 중자가 세번이나 거푸 되어 있습니다. 서산(西山休靜) 대사도 선조(宣祖)와 같이 거량(擧揚) 할 때 굽신거렸다 하여 지금 사람들은 안 좋게 생각도 하겠지요. 그러나 임금이 다스리는 상황일 때는 도인들도 그 정도에 맞추어서 할 수밖에 없는 것입니다. 마땅히 그 당시 인연 따라서 맞추는 것이 이른바 도인도, 성현도, 여세추이(與世推移)라, 세간 인연따라 수순(隨順)하는 것입니다. 영평의 골이 비록 옅다 하더라도 임금님이 주신 가사, 그 임금님의 칙명(勅命)은 무겁고 무겁습니다. 원숭이가 가사를 입으면 학이 웃지 않겠습니까? 그렇게 도인이지만 성자의 경계인 학같은 분들이 본다면 자기는 하등 별것이 아니라는 말입니다. 저같이 늙은 중이 금란가사를 수한다면 다른 선지식들이 비웃지 않겠습니까? 하는 뜻입니다. 부용도해 선사처럼 가사를 안 받기 때문에 귀양살이를 간 분들이나 뜻이 같지 않습니까? 선지식들도 그때그때 상황 따라서 각기 개성 따라서 행동을 달리 합니다.

7. 중봉명본(中峯明本)의 신광송(神光頌)

　다음에 중봉(中峯明本 1263~1323) 대사는 원(元)나라 때 분인데 우리 불교에 굉장히 공로를 많이 끼친 위대한 분입니다. 고봉어록도 있는데 고봉(高峰原妙 1238~1295) 대사가 스승입니다.
　고봉 대사는 일반 대중방에는 고목당(枯木堂)이라 현판을 걸고 자기가 거처하는 선실에는 사관(死關)이라 붙여 놓고서 십년 동안 문지방을 넘지 않았다는 진지한 수행자였습니다.

내가 죽어도 무상 대도를 성취하지 않고서는 안 나오겠다는 결사 부동한 뜻이 되었겠지요.

고봉 대사의 법제자가 즉 중봉명본 스님인데 투철한 선사(禪師)이면서도 불·유·선(佛儒仙)의 3교일치(三敎一致)를 제창한 선지식입니다. 또한 스님은 마치 왕사, 국사같은 대접을 받고 명필 조맹부(趙孟頫)와는 절친한 막역지간이었습니다. 스님은 사람이 너무 많이 찾아와서 도저히 견딜 수가 없어서 이리 피하고 저리 피하면서 공부를 하는데 자기가 지내는 암자를 허깨비같이 잠시간 상없이 머문다고 환주암(幻住庵)이라 이름 지어서 잠시 머물다가 사람들이 몰려 들면 미련 없이 다른 데로 가서 또 환주암이라 하고 지내는데 나중에는 몇 차례나 배(船)에 가서 숨어 정진하기도 하였습니다.

또 중봉대사는 화두 참구하는 임제종인데 공부하는 방식은 참선, 염불을 회통(會通)해서 주장한 분입니다. 이 분이 지은 간단한 게송을 소개합니다.

神光不昧　신묘한 불성광명 어둡지 않고
萬古徽猷　만고에 오히려 장엄하나니
入此門內　불법의 문안으로 들어오려면
莫存知解　아는 체 분별심을 두지 말아라

― 中峰明本 ―

신광(神光)은 도광(道光)이나 불광(佛光)이나 같은 뜻입니다. 신광불매란 신비로운, 영원적인, 영생불멸한 광명이 조금도 어둡지 않다는 말입니다. 그래서 만고휘유(萬古徽猷)라, 만고에 오히려 더 아름답고 장엄하다는 뜻입니다. 부처님의 순수한 불성광명의 빛은 조금도 어둠이 없이 만고에 오히려 아름다우니 부처님 법을 순수하게 닦는 이 문중에 들어와서는 지해(知解) 분별을 내지 말라는 말입니다. 그래서 그 뒤에 선방에서는 기둥에다가 입차문내(入此門內) 막존지해(莫存知解)를 써서 붙이기도 하였습니다.

8. 조원(祖元) 선사 참춘풍게(斬春風偈)

조원(祖元 1126~1286) 선사도 역시 원(元)나라 때 분입니다. 그때는 난리가 나서 우리 승려도 공부하기가 굉장히 곤란스러운 때입니다. 마침 조원 선사가 있는 절에 원나라 군대가 들어와서 칼을 겨누고 스님네를 위협하는 것입니다. 조원 선사에게도 와서 칼을 들이대고 협박을 하므로 그때에 읊은 게송입니다.

乾坤無地卓孤筇　천지간에 외로운 지팡이 세울 땅 없으나
喜得人空法亦空　기쁘도다 인공(人空) 법공(法空) 모두 깨달았도다
珍重大元三尺劒　소중한 원나라 삼척 장검도
電光影裏斬春風　봄바람 칼로 베는 그림자로다
　　　　　　　　　　　　　　— 祖元禪師 —

천지가 모두 난리가 되어서 어디가나 편안하게 쉴 수가 없으니, 천지간에 내 외로운 지팡이를 세울 땅이 없다는 말입니다. 더군다나 산중에는 피난민이 많아서 출가한 수행자가 되었다하더라도 어디가 쉴 데가 없으니까 수행자로서 한탄도 되었겠지요. 그러나 감사하고 기쁘게도 나(我)도 비었다는 것을 깨닫고 법공(法空)도 증명했다. 그러니까 아공(我空), 법공(法

空)을 온전히 성취했다는 뜻이겠지요. 장군들이 가져온 삼척 검으로, 서슬이 퍼런 칼로서 설사 내 목을 벤다하더라도 마치 봄바람이 지나가듯이 조금도 내 마음에 거리낌이 없다는 뜻입니다. 그래서 군졸들은 이 게송을 보고 크게 느끼고 뉘우쳐서 물러갔다는 것입니다.

또 스님들의 임종 때를 보면 여러 말을 많이 한 분도 있고 단 몇 마디만 간략히 한 분도 있고 구구합니다만 이것은 조원 선사의 임종 때의 게송 두 귀절입니다.

> 百億毛頭獅子現　백억 터럭 끝에 사자 나투어
> 百億毛頭獅子吼　백억 터럭 끝에 사자후 한다
> ― 祖元遺偈 ―

백억모두사자현(百億毛頭獅子現)이요, 백억 개나 되는 많은 털끝마다 사자가 나타나고 백억모두사자후(百億毛頭獅子吼)라, 털끄트머리에 나타난 백억 사자가 모두 다 사자후를 토한다는 말입니다. 깨달은 분상인지라 두두물물 모두가 다 터럭까지도 사자가 곧 부처님이 나타나 보인다는 것입니다. 사자는 부처님의 상징 아닙니까? 부처님은 성자이기 때문에 인중(人中) 사자라고 하는데 부처님이 터럭 끝마다, 두두물물 모든 데에 다 나타나 보이는 것이고 백억 터럭 끝마다 부처님이 사자후 하시는 설법이 여실하다는 뜻입니다. 따라서 진진찰찰이 구설구청이라, 그야말로 산이나 내나 흙이나 식물이나 동물이나 모두 다 서로 설법하고 서로 듣는다는 것이나 같은 소식입니다.

9. 백운경한(白雲景閑) 임종게(臨終偈)

다음은 백운경한(白雲景閑) 스님의 임종게송입니다.

人生七十歲	인생 칠십년이
古來亦希有	고래에 드무나니,
七十七年來	칠십칠년 전에 와서
七十七年去	칠십칠년 되어 돌아가도다
虛虛皆歸路	모두 다 비어있는 돌아갈 길에
頭頭是故鄕	모두가 바로 고향이로다
我身本不有	이몸 본래 있지 않았고
心亦無所住	마음 또한 머물지 않으니
作灰散十方	재로 만들어 시방에 뿌리고
勿占檀那地	남의 땅 점하여 묻지 말아라.

― 白雲景閑(1299~1375 고려말 白雲錄 二卷) ―

경한 스님은 고려 말 스님으로서 원(元)나라에 들어가 석옥 청공 스님의 법을 받고 돌아와서 해주 신광사에서 크게 선풍을 드날린 선지식입니다.

저도 아직 77세는 못되었으니까 이 스님 나이까지는 세월이 있는 셈인데 이 스님은 77세까지 사신 모양이지요. 인생 칠십세는 옛부터 또한 드물게 있는 것인데, 칠십칠년 전에는 내가 왔고 칠십칠년 뒤에는 내가 떠나가나니, 이것은 간단 명료한 시 아닙니까? 내가 칠십칠년 전에 와 가지고서 칠십칠년 뒤에는 내가 가는 것이니 생각해보면 모두가 허망하고, 생각할 것이 아무것도 없이 다 털어버리고 고향길에 들어서니. 두두시 고향(頭頭是故鄕)이라, 내가 돌아갈 때 이것 저것에 걸리고 미련이 있으면 돌아가는 그리운 고향길이 못되겠지요.

그러나 깨달은 분에게는 가고 오는 것이 없이 모두 다 고향이고 적광토(寂光土)입니다. 내 몸도 본래 있는 것이 아니고, 내 마음도 역시 머무를 바가 없으니 내 몸을 화장해서 재를 만들어 시방(十方)에 흩으리니 단나(檀那)의 땅, 곧 재가 불자의 땅에다 내 시체를 묻을 필요가 없다.

본래가 공(空)인지라 몸도 허망한 것이고 마음도 허망한 것이고 원래 내 것도 아니고 네 것도 아니고, 그러니까 재를 만들어서 뿌리는데 아무 걸림이 없다는 게송입니다.

제3절 해탈십육지(解脫十六地)

 오늘 마무리하려고 생각하니 시간이 너무나 짧습니다. 부처님 가르침이 심오(深奧)하고 범위가 넓어서 말씀하고자 하면 한도 끝도 없습니다. 그러나 부처님 법문은 심즉시불(心卽是佛)이라, 마음이 바로 부처고 또는 심청정시불(心淸淨是佛)이라, 마음이 청정하면 바로 부처이기 때문에 줄이면 몇 말씀으로 줄일 수가 있는 것이고 퍼뜨리면 끝없이 확장하여 부연시킬 수가 있습니다. 그러나 대체로 마무리를 해보겠습니다.
 수행의 위차(位次)인 해탈 십육지(解脫十六地)가 있습니다. 수행을 하려면 어떤 과정을 밟아서 해야 할 것인가 하는 위차이기 때문에 실수(實修)하는 수행자로서는 굉장히 중요합니다. 위차를 모르므로서는 암중모색을 할 수가 있는 것이고, 또한 동시에 아만심이 있는 사람들은 증상만(增上慢)을 낼 수 있는 것입니다. 수행위차라고 하는 것은 그렇게 중요하기 때문에 옛부터 번쇄하게 논의가 많이 되어 왔습니다.
 밀교(密敎)에서는 십지(十地)를 말하고 유가(瑜伽)는 십칠지(十七地)를 말하며 또는 성문승(聲聞乘)도 나름대로 십지(十

地)를 말하고, 연각승(緣覺乘)도 역시 십지(十地)를 말하고 또는 보살승도 역시 화엄경에서 십지(十地)를 말하고 또한 그와 동시에 오십오위(五十五位), 오십일위(五十一位), 오십육위(五十六位)…… 등등의 여러 가지 수행론이 있는 것을 보면 얼마나 중요한 지 알 수가 있습니다. 그러면 이런 가운데서 어떻게 서로 연관이 될 것인가?

달마(達磨) 대사께서 불립문자 교외별전(不立文字 教外別傳)을 말씀한 것도 무엇인고 하면, 복잡한 문제들을 따지다 보면 소중한 마음도 못 닦고 말아 버리기 때문이었습니다. 또 큰 스님들이 '분별시비하지 말라, 경을 보지 말라'고 하는 것도 지극히 노파심절한 말씀입니다. 왜냐하면 이런 위차 문제만 해결하려고 해도 오랜 시일과 정력이 소모되기 때문입니다.

그래서, 저는 금타 스님께 대해서 감사를 느끼는 것이 이런 성문십지, 연각십지, 보살십지 또는 오십오위나 오십육위나 그런 여러가지 위차에 관해서 대비(對比)시켜 가지고 회통(會通)하여 하나의 체계를 세웠기 때문입니다. 제가 생각할 때는 석존(釋尊) 이후에 그렇게 하신 분이 현대에까지 아직은 없지 않는가? 하는 생각이 들고, 저도 사실 젊어서는 상당히 교만한 편이었습니다마는 이런 공부를 할 기회가 없었다면 엉뚱하게도 '공부가 다 되었다'고 아만심에 젖어서 무거운 죄를 범했을지도 모릅니다.

저는 승려가 된 뒤 법화경(法華經)을 보고서 '내 공부가 이제 다 되었다'는 생각이 들어서 교학 공부를 그만둘려고 마음 먹었습니다. '불교라는 것이 상대와 절대와 성상체용(性相體用)이 상즉상입(相卽相入)하여 본래 둘이 아닌 법을 알고 우주법계 그대로 제법실상(諸法實相)의 도리를 알았으면 앞으로 인연 따라 증오(證悟)를 위하여 닦아나가면 되는 것이지 무엇이 더 필요한 것인가?' 이렇게 생각을 했었습니다. 그러나 나중에 이런 수도의 위차(位次) 법문을 보고서 '우리 범부가 공부해 간다는 것이 지극히 멀고도 먼 길을 가야 하는 것이구나' 하는 것을 느꼈습니다.

이 해탈십육지(解脫十六地)는 금타 스님께서 성문십지, 연각십지, 보살십지 또는 오십오위라든가 여러 가지 밀교의 계위를 합해서 비교해 가면서 보살 10지를 근간으로 하여 회통을 시킨 수행 체계입니다. 물론 이 작업이 완전무결한 것인지 아닌지는 제가 그 경계가 못되기는 하나, 저는 확신하고 있습니다. 그것은 그 내용이 확실한 전거(典據)를 인용(引用)한 것이기 때문입니다. 앞으로 두고두고 수행자나 선지식들이 연구하고 검토할 소중한 문제입니다.

처음에는 삼보에 귀의하는 초삼귀지(三歸地)라, 그 다음 신심과 원력을 확립하는 신원지(信願地), 다음은 선택한 수행법을 닦아서 익히는 습인지(習忍地), 거기에 따라서 자기의 수행을 보다 더 맹렬히 지속적으로 정진하는 경지가 가행지(加行地)입니다. 이 4가행지까지는 범부지(凡夫地)입니다.

다음 5의 금강지(金剛地)는 금강불성(金剛佛性) 곧, 자성불성(自性佛性)을 직관적으로 견증(見證)할 때 이른바 증오(證悟)할 때요, 6은 희락지(喜樂地)라, 금강지를 성취해서 법락(法樂), 선정락(禪定樂)이 더욱 증장(增長)되어서 무한불멸의 희락을 느낄 때이고, 7에 리구지(離垢地)라, 금강지를 성취해서 욕계 번뇌를 대부분은 털어버렸지만 아직도 제거되지 못한 욕계 번뇌의 습기를 완전히 제거할 경계입니다. 8에는 발광지(發光地)라, 진여 곧 진여불성(眞如佛性)의 모든 공덕의 광명이 현발(現發)할 때이고, 9에 정진지(精進地)라, 그래도 습기가 아직 남아 있으니 정진을 더욱 가속화 하고, 10은 선정지(禪定地)라, 이른바 아(我)를 멸진(滅盡)하는 멸진정(滅盡定)이라, 수(受)와 상(想)과 행(行)과 식(識)의 4온(蘊)을 멸진해 버려야 누진통(漏盡通)을 하는데 그런 선정을 여기서 닦는 경지입니다. 물론 앞에서도 닦기는 하였지만 완전한 것은 못되었고 깊은 선정으로써 습기(習氣)를 떼어버리니 11에 현전지(現前地)로서 일진법계(一眞法界)의 현상이 앞에 나타나는 경계입니다.

12는 나한지(羅漢地)라, 아라한과를 성취하고 13에 지불지(支佛地)라, 독각승(獨覺乘) 즉 연각승(緣覺乘)의 자리로 모든 인연 관계를 모두 통달해 버리는 자리입니다. 그 다음 14에 보살지(菩薩地)라, 자기도 깨달을 뿐 아니라 무량중생을 제도하겠다는 원(願)을 세우는 경지요, 그리고 부동지(不動地)라, 번뇌의 습기가 없기 때문에 조금도 후퇴가 없고, 임운등등(任運騰騰) 등등임운으로서 조작이 없이 자연적으로 모든 공덕을 할 수 있는 경계를 성취하였고, 15에 유여지(有餘地)라, 그래도 아직은 불지(佛地)와 같이 완전하지 못하나, 16에 무여지(無餘地)라, 부족함이 조금도 남지 않은 완전무결한 경지라, 따라서 우리 범부가 초삼귀지에서 삼보(三寶)에 들어가고, 차근차근 공부해서 무여지에서 정각묘각(正覺妙覺)을 성취하는 자리입니다.

그러나 이미 말씀드린 바와 같이 이렇게 점차로 차근차근 올라가는 분도 있고, 또는 비약적으로 뛰어서 처음부터 끝까지 가는 분도 있고, 또는 중간에 2·3지를 뛰어 넘어서 가는 분도 있고, 근기 따라서 구구합니다. 근기가 수승한 분들은 과거 숙세 선근도 많이 있고 용맹정진할 정력도 수승하기 때문에 그와같이 뛰어 넘을 수가 있으나, 그렇지 못한 분들은 올라 갔다가 내려오는 수도 있습니다. 그러나 금강지를 성취하면 성자의 경계이기 때문에 범부로 내려올 수는 없는 것입니다. 그리고 법에 대해서 조금도 흐트러짐이 없고 후퇴가 없는 완전한 부동지를 성취함은 14보살지입니다.

다음에 금타 스님의 해탈십육지 원문을 보겠습니다.

解脫十六地
初. 三歸地
一切의 佛陀는 佛寶, 佛陀께옵서 說하신 敎法은 法寶, 其 敎法에 依하야 修業하는 者는 僧寶라 云하니라 佛이란 覺知의 義요 法이란 法軌의 義요 僧이란 和合의 義며 寶란 其性의 明淨함과 勢力의 偉大함이 最上 無比하야 能히 世間을 莊嚴하되 永久不變하야 世界에 希有한 故라

三寶에 六種 義가 有하야

一에 同體三寶를 一體三寶 又는 同相三寶라고도 云하니 三寶 一一의 體에 三寶의 義가 有하야 佛의 體上에 覺照의 義가 有함은 佛寶, 軌則의 義가 有함은 法寶, 違諍의 過가 無함은 僧寶며 乃至 僧에 觀智가 有함은 佛寶, 軌則이 有함은 法寶, 和合함은 僧寶일새요

二에 別相三寶를 化相三寶 又는 別體三寶라고도 云하니 諸佛의 三身을 佛寶, 六度를 法寶, 十聖을 僧寶라 云함은 大乘三寶며 丈六의 化身을 佛寶, 四諦·十二因緣의 法을 法寶, 四果·緣覺을 僧寶라 云함은 小乘三寶요

三에 一乘三寶란 究竟의 法身을 佛寶, 一乘의 法을 法寶, 一乘의 菩薩衆을 僧寶라 云하니 이는 「勝鬘經」「法華經」 等의 義요

四에 三乘三寶란 三乘者를 爲하사 現하신 佛의 三身을 佛寶, 三乘의 法을 法寶, 三乘의 衆을 僧寶라 云함도 亦是 「勝鬘經」과 「攝論」 等의 義요

五에 眞實三寶란 佛의 三身을 佛寶, 一切 無漏의 敎理行果를 法

寶, 見諦 以上의 三乘聖衆을 僧寶라 云함이오
 六에 住持三寶란 佛滅後 世間에 住하는 三寶로서 木佛·畵像 等을 佛寶, 三藏의 文句를 法寶, 剃髮染衣를 僧寶라 云함이니 一·三·五의 三種은 大乘에 局限하고 二·四·六의 三種은 大小乘에 通하니라
 비록 三歸戒를 初受할지라도 解脫을 目的 할진댄 반다시 大乘三寶에 歸依할진져
 戒란 入道方便이라 不可缺이니 戒相으론 律儀를 攝하고 戒德으론 大道에 通할새 五戒는 戒經의 首位로서 爲先 第一 不殺生戒에 있어 無生의 理를 證하면 大乘이오 不然하면 小乘이니라

 일체의 불타(佛陀)는 불보(佛寶)요, 협소한 사람들은 부처님도 꼭 석가모니 부처님만 믿는다거나 또는 같은 정토신앙을 하더라도 꼭 아미타불만 숭상합니다. 이렇게 되면 참 협소합니다. 역사적으로 필요하니까 부처님께서 말씀하신 것이지 부처님의 경계가 어느 한 부처님이 있고, 두 가지 부처님이 있다면 참다운 불교가 못됩니다. 그야말로 무장무애(無障無碍)라, 조금도 거리낌이나 한계가 없는 것이고 천지 우주가 바로 불타이기에 시방여래(十方如來)는 법계(法界)를 몸으로 하는 것입니다. 따라서 부처에 대해서 이부처 저부처로 따로 생각하면 대승적인 생각이 못되는 것입니다. 불타께서 설하신 교법은 법보(法寶), 그 교법에 의하여 수업하는 자는 승보(僧寶)라 말합니다.
 불(佛)이란 각지(覺知)의 뜻 즉, 깨닫는다는 뜻이요, 법(法)이란 법궤(法軌) 곧 우주의 규범이란 뜻이요, 승(僧)이란 화합의 뜻이며, 보(寶)란 기성(其性)이 밝고 청정함과 동시에 그 세력의 위대함이 최상무비(最上無比)하여 능히 세간을 장엄하되 영구불변하여 세계에 희유(希有)한 때문이라.

제3절 解脫十六地

삼보에 6종의 뜻이 있어서 1에 동체삼보(同體三寶)를 일체삼보 또는 동상(同相)삼보라고도 말하니 삼보 일일의 체에 삼보의 뜻이 있어 불(佛)의 체상(體上)에 각조(覺照) 곧 깨닫고 비춘다는 뜻이 있음은 불보(佛寶)요, 궤칙(軌則)의 뜻이 있음은 법보(法寶), 또는 다투는 허물이 없음은 승보(僧寶)며, 내지 승(僧)에 관찰하는 지혜가 있으면 불보요, 규범이 있음은 법보, 화합함은 승보입니다.

2에 별상삼보(別相三寶)를 화상(化相)삼보 또는 별체(別體)삼보라고도 말하니 제불의 삼신(三身)을 불보, 육도(六度)를 법보, 십성(十聖)을 승보라 말함은 대승삼보며 장육(丈六)의 화신을 불보, 사제(四諦)·십이인연(十二因緣)의 법을 법보, 사과(四果)·연각(緣覺)을 승보라 말함은 소승삼보요,

3에 일승삼보(一乘三寶)란 구경(究竟)의 법신을 불보, 일승의 법을 법보, 일승의 보살중을 승보라 말하니 이는 승만경, 법화경 등의 뜻이요,

4에 삼승삼보(三乘三寶)란 삼승자를 위하여 현(現)하신 불의 삼신(三身)을 불보, 삼승(三乘)의 법을 법보, 삼승의 중을 승보라 말함도 역시 승만경, 섭론 등의 뜻이요,

5에 진실삼보(眞實三寶)란 불의 삼신(三身)을 불보, 일체 무루(無漏)의 교리행과(敎理行果)를 법보, 견체(見諦) 이상의 삼승성중(三乘聖衆)을 승보라 말함이요,

6에 주지삼보(住持三寶)란 불멸후(佛滅後) 세간에 주(住)하는 삼보로서 목불·화상 등을 불보, 삼장(三藏)의 문구를 법보, 체발염의(剃髮染衣)를 승보라 말함이니 1, 3, 5의 삼종은 대승에 국한하고 2, 4, 6의 삼종은 대소승에 통(通)하니라.

비록 삼귀계를 초수(初受)할지라도 해탈을 목적할진댄 반드

시 대승삼보에 귀의해야 합니다.

　계(戒)란 입도방편(入道方便)이라 불가결이니, 우리가 방편이라 하면 안해도 무방하다고 하는 분도 있습니다만 그렇지 않습니다. 보통 세간적인 방편이라는 말이 아닙니다. 일체경론(一切經論)은 따지고 보면 다 방편인 것입니다. 따라서 불가(佛家)에서 말하는 방편은 꼭 지켜야 합니다. 방편에 의지해서 통하고 방편에 의지해서 깨닫는 것입니다. 계상(戒相)으로는 율의(律儀)를 섭(攝)하고 계덕(戒德)으로는 대도(大道)에 통할새 5계(五戒)는 계경(戒經)의 수위로서 위선 제일 불살생계(不殺生戒)에 있어 무생(無生)의 리(理)를 증하면 대승이요, 그렇지 않으면 소승이니라, 진여불성 자리에 입각해서 계를 지키면 대승인 것이고, 불쌍하니까 안 죽인다는 정도는 계를 지켜도 소승인 것입니다.

　여기에서 삼보(三寶)를 풀이하는 것은 모두가 다 불경에 있는 것이니까 보다 구체적으로 알기 위해서는 승만경이나 법화경이나 경론을 보면 되겠습니다마는 아무튼 이와 같이 육종삼보(六種三寶) 곧 여섯 종류로 삼보를 말해 있는 것을 생각하고 이 소승삼보는 일차 참고로 하는 것은 필요하지만 결국은 대승삼보를 의지해야만이 대승적인 신앙이라 할 수 있습니다.

　대승삼보의 요체는 무엇인가? 이것은 천지 우주가 바로 부처이고, 법보는 천지우주의 도리라, 따라서 어떤 것도 불보 가운데 안 들어가 있는 것이 없고, 어떤 도리도 법보 가운데 안 들어가 있는 것이 없습니다. 승보는 바로 현상계 모두가 승보입니다. 특히 오늘날은 부처님 도리 곧 우주의 법칙대로 바로 믿을 때입니다. 바로 못 믿으면 필요없는 갈등과 정력의 소모를 많이 합니다. 기독교나 이슬람이나 공산주의나 따지고 보면 법보에 다 포함되어 있습니다. 다만 그네들은 법보를 제대로 온전히 모르기 때문에 부분적으로 이렇게 생각하고 저렇게 생각해서 집착하는 것이지 그것이 법보 아닌 것은 아닙니다. 그렇기 때문에 참다운 진실된 법보로 인도하면 되는 것이지 적으로 몰아세워서 싸울 필요는 없는 것입니다.

二. 信願地

證前엔 迷信이오 證後엔 正信이니 願도 迷信에 根據하면 俗人의 願이오 正信에 立脚하면 道人의 願이며 비록 正信의 發願이라도 小法에 止하면 小乘이오 다시 大願을 發하야 動搖가 無하면 大乘이니 信과 願에 있어 其 宜를 得하야 거듭 成就할지니라
聲聞十地에 있어 初受三歸地가 곧 初 三歸地며 二 信地와 三 信法地가 곧 信願地와 等하나 信法에 있어 生滅四諦나 無生四諦에 局하지 않고 無量四諦 又는 無作四諦를 信하야 藏·通·別·圓의 四敎義를 會通하야 벌써 此地에서 會三歸一의 理를 達하고 究竟 成就를 目的하야 먼저 信心과 願力을 成就하니라

2에 신원지(信願地)라, 신심과 원력을 세우는 경지입니다.
증전(證前)에는 미신(迷信)이요, 증후(證後)에는 정신(正信)이니, 사실 견성오도를 못할 때는 항시 회의가 남습니다. 자기 스스로 불성을 본 것이 아니기 때문에 무엇을 안다고 해도 마음속에는 의심이 깔려 있는 것입니다. 원(願)도 미신에 근거하면 속인의 원이오, 정신에 입각하면 도인의 원이며, 비록 정신(正信)의 발원이라도 소법(小法)에 그치면 소승이요, 다시 대원을 발하여 동요가 없으면 대승이니, 신과 원에 있어 그 참뜻을 터득하여 거듭 성취해야 합니다.
성문 10지에 있어 초수삼귀지(初受三歸地)가 곧 초 삼귀지며, 2. 신지(信地)와 3. 신법지(信法地)가 곧 신원지(信願地)와

등(等)하나, 이것은 각 계위를 회통하여 대비한 것입니다. 신법(信法)에 있어서 생멸사제(生滅四諦)나 무생사제(無生四諦)에 국집하지 않고 무량사제(無量四諦) 또는 무작사제(無作四諦)를 신(信)하여 장·통·별·원(藏通別圓)의 사교의(四敎義)를 회통(會通)하여 이 자리에서 회삼귀일(會三歸一)의 리(理)를 달하고, 구경성취를 목적하여 먼저 신심과 원력을 성취하여야 합니다.

三. 習忍地

伏忍·信忍·順忍·無生忍·寂滅忍 等 五忍 中 前 四忍에 各有 上·中·下 三品하고 後 一忍에 有 上·下 二品하니 特히 伏忍에 있어 上을 道種忍, 中을 性忍, 下를 習忍이라 稱하는 바 聲聞乘의 四 內凡夫地(五停心觀을 修하는 位)나 五 學信戒地(三學 成就의 位)에 屬하고 緣覺乘의 一 苦行具足地(戒行을 修하는 位) 二 自覺甚深十二因緣地(十二因緣의 觀法을 修하는 位) 三 覺了四聖諦地(四諦觀을 修하는 位) 等에 屬하나 三 習忍地란 小乘의 修法에 局하지 않고 無量法門으로써 隨機應量하야 修習安忍을 成就함이니라

제3은 습인지(習忍地)라,
복인(伏忍), 신인(信忍), 순인(順忍), 무생인(無生忍), 적멸인(寂滅忍) 등 5인(忍) 중 전 4인에 각각 상, 중, 하 삼품(三品)이 있고 후 일인(一忍)에 있어 상, 하 이품(二品)이 있으니 특히 복인(伏忍)에 있어, 복인은 번뇌를 다 끊은 것이 아니라 번뇌를 눌러 억제하는 경지입니다. 따라서 범부지에서는 강인하게 번뇌를 억제해야 합니다. 요사이 개방주의를 좋아하는 사람은 아무렇게나 보는대로 자유롭게 하려고 합니다만 그래 버리면 수행도 못하고 불교가 안되어 버립니다. 마땅히 부당

한 것은 버리고 눌러야 합니다.

　복인에 있어 상(上)을 도종인(道種忍), 중(中)을 성인(性忍), 하(下)를 습인(習忍)이라 칭하는 바, 복인을 이렇게 셋으로 나누는 것입니다. 상품은 도종인으로서 이미 도(道)의 종자가 심어져서 범하려고 해도 안되는 것입니다. 고기를 먹으려 해도 먹을 수 없습니다. 중품은 성인(性忍)이라, 성품에 종자가 깊어가는 것이고 하품은 습인(習忍)이라, 습인은 강한 의지로 공부를 익혀가는 것입니다.

　성문승의 4. 내범부지(內凡夫地) 곧 오정심관(五停心觀)을 닦는 자리나, 5. 학신계지(學信戒地) 곧 삼학(三學) 성취의 자리에 속하고, 연각승의 1. 고행구족지(苦行具足地) 곧 계행을 닦는 자리 2. 자각심심십이인연지(自覺甚深十二因緣地) 곧 십이인연의 관법을 닦는 자리 3. 각료사성제지(覺了四聖諦地) 곧 사제관을 닦는 자리 등에 속하나, 습인지란 소승의 수법(修法)에 국집하지 않고 무량법문으로써 근기에 따라서 잘 익혀 편안하게 감내하는 경지를 성취하는 것입니다.

　보통 초심 수행자는 습인지에 있습니다. 기회를 만들어 근본불교도 공부하고 율장도 공부를 해야 합니다. 자기 스승이 말했다고 해서 꼭 한 가지만 생각하고 말아버리면 그만치 국량이 좁아져서 법집(法執)하기 쉽습니다. 불교란 천지 우주를 통섭(通攝)한 것이기 때문에 우리 마음을 확 열어서 좋은 것은 모조리 받아들여 조도(助道)로 삼아야 합니다. 특히 이조(李朝) 때는 불교가 중국과 교류되지 못하고 고려말(高麗末) 불교 그대로 산중에서 국집하게 되었습니다. 또한 8·15 해방 뒤에도 제대로 발전하지는 못하였습니다.

四. 加行地

어느 修法이든지 得正하면 可하니 習忍을 成就한 後 依法 結制하고(冬安居가 絶好함) 經驗者의 外護指導下에서 一心不亂하야 三密을 守하며 勇猛精進으로써 間斷없이 加行하면 반다시 煖位에서 明得定, 頂位에서 明增定, 忍位에서 印順定, 世第一法位에서 無間定을 次第 成就하나니 이를 五相成身位에 配하면 明得定은 通達心의 前相이오 明增定은 곧 第一 通達菩提心位며 印順定은 第二 修菩提心位며 無間定은 第三 成金剛心位니 곧 四禪을 通貫한 一心支로서 그 極點이 滅盡定일새 無間道의 直後가 解脫道니라

그리고 明得定과 明增定에서 性忍을 成就하나니 이가 共十地의 第二 性地요 印順定에서 道種忍을 成就하나니 이가 共十地의 第三 八忍地인 同時에 聲聞乘의 第六 八忍地(聲聞見道의 位)며 性忍과 道種忍이 아울러 緣覺乘의 第四 甚深利智地(甚深의 無相智를 生하는 位)와 第五 八聖道地(八聖道를 修하는 位)와 第六 覺了法界虛空界衆生界地(이의 三界를 覺了하는 位) 等에 該當하니라

4에 가행지(加行地)라, 어느 수법(修法)이든지 득정(得正)하면 곧 본체를 여의지 않고 정당성을 얻으면 되는 것이며. 습인을 성취한 후 법대로 결제(結制)하고, 동안거(冬安居)가 절호(絶好)합니다. 인도 지방은 우기(雨期)가 있으므로 하안거(夏安居)이지만 동북 아시아 지방은 겨울이 되어야 훨씬 긴장도 되고 잡연(雜緣)도 적게 됩니다.

경험자의 외호(外護) 지도하에서 정진하는데, 역시 스승이 있어야겠지요. 마장 때문에 공부가 막히거나 무슨 경계가 나와서 산란할 때는 적절한 지도를 못 받으면 안됩니다.

일심불란(一心不亂)하여 삼밀(三密)을 지키며, 신구의(身口意) 삼업(三業)을 본질적으로 삼밀이라 합니다. 용맹정진으로써 간단없이, 꼭 수행은 간단이 없어야 합니다. 그래야 습인도

성취가 되고 업장의 습기가 녹아지는 것이지 하다말다 하면 조금 나갔다가도 다시 후퇴해버립니다. 한철 공부하고 나서 해제철에 그렁저렁 방만해 버리면 공부 기운이 간 곳이 없게 됩니다. 가행정진(加行精進)하면 반드시 난위(煖位)에서 명득정(明得定) 곧 마음이 밝아오는 경지입니다.

그리고 정위(頂位)에서 명증정(明增定)으로 밝음의 정도가 증가되고 또 안 쉬고 닦아나가면 참으로 '모두가 비었구나 이 몸뚱이도 별것이 아니구나' 나도 공(空)하고 만법이 무상함을 사무치게 느끼게 됩니다. 그렇게 느끼면 함부로 망동할 수가 없겠지요. 이 자리가 인순정(印順定)입니다.

인위(忍位)에서 인순정(印順定), 다시 세제일법위(世第一法位)에서 무간정(無間定)인데 이 자리는 세간에서는 제일 높은 자리입니다. 번뇌가 낄 간격이 없고 오직 청정한 정념만 지속되는 자리입니다. 이렇게 차례로 성취하는 것이니,

이를 오상성신위(五相成身位) 곧 단계로 공부해가는 밀교의 법상인 오상성신위에 배치한다면 명득정은 통달심(通達心)의 전상(前相)이요, 명증정(明增定)은 곧 제1 통달보리심위(通達菩提心位)라, 명증정을 얻으면 마음이 밝아져서 무슨 경전이든 문자 해석만 되면 그 뜻이 술술 풀이가 되므로 통달보리심위라 합니다. 따라서 강원 교육을 받고도 참선을 못하면 제대로 소화를 못하는 것입니다. 강사가 되려는 분은 더욱 꼭 참선과 같이 병행해야, 견성오도는 미처 못한다 하더라도 통달보리심이 되어 경전을 바르게 지도할 수 있을 것입니다.

인순정(印順定)은 제2 수보리심위(修菩提心位), 곧 통달보리심을 더욱 닦아 익혀지는 자리입니다.

무간정(無間定)은 제3성금강심위(成金剛心位)니, 아직 금강

심을 확실히는 못 증(證)한다 하더라도 금강심을 어렴풋이 증(證)하니 곧 4선(四禪)을 통관한 일심지(一心支)로서, 일심지는 4선정을 통관합니다. 일심지(一心支)란 동요되지 않는 맑은 마음입니다. 그러니까 초선 들어가나 2선, 3선, 4선 들어가나 일심지는 그대로 지속이 되는 것입니다. 일심지가 안되면 선정이 못되는 것입니다. 따라서 어떤 경우에도 마음이 흐트러뜨리지 않는 경계입니다. 지금 세간에서 주체의식(主體意識)이라는 말을 하지마는 사실은 일심지(一心支)가 되어야 참다운 주체의식이 됩니다. 그전에는 항시 바람부는 대로 물결치는 대로 마음이 흘러 가는 것입니다.

그 극점이 멸진정(滅盡定)이며 무간도(無間道)의 직후가 해탈(解脫)입니다. 따라서 금강지(金剛地)부터는 모두가 해탈도에 들어선 것입니다.

그리고 명득정과 명증정에서 성인(性忍)을 성취하는데 이 자리가 공십지(共十地)의, 공십지는 성문·연각·보살 등의 계위(階位)를 다 합하여 이루어진 계위를 말합니다. 제2 성지(性地)요 인순정에서 도종인을 성취하니 이가 공십지의 제3 팔인지(八忍地)인 동시에 성문승의 제6 팔인지 곧 성문 견도(見道)의 자리인데, 성문 견도(見道)는 대승의 참 견도(견성)가 아니며 수자(修者)가 인순정(印順定)에 들어가면 마음이 밝아서 기분이 쇄락하고 지견(知見)이 발하여 일체법을 헤아려 알 듯한 경계이므로 아만심을 내어 참 견성했다고 날뛰는 사람들이 있습니다.

성인(性忍)과 도종인이 아울러 연각승의 제4 심심이지지(甚深利智地), 곧 심심의 무상지(無相智)를 생하는 자리와, 제5 팔성도지(八聖道地), 팔성도를 닦는 자리와, 제6 각료법계허공계중생계지(覺了法界虛空界衆生界地), 삼계를 각료(覺了)하는 자리 등에 해당합니다.

五. 金剛地

菩薩이 將登正覺할새 皆坐 金剛座라 說하신 金剛座란 곧 金剛地로서 五相成身位次의 第四 成金剛身位니 解脫道에 第一步를 印한지라 共十地의 第四 見地요 또 聲聞乘의 第七 須陀洹地(預流果의 位)며 緣覺乘의 第七 證寂滅地(緣覺 見道의 位)인 同時에 第八 六通地(六神通을 得하는 位)의 初步니

換言하면 五 金剛地란 地層의 最低인 金剛輪이 獨露한 境地로서 鍛鐵의 去鏽함 같고 籠鳥의 脫出함 같이 生死網을 出離하야 衆生身 中의 金剛佛性을 見證한 者니 진실로 本格的 肉眼을 成就할새 漸次하야 天眼·法眼·慧眼·佛眼을 得할지라 修者는 此地를 成就하야사 비로소 金剛薩埵라 名하니라

5에 금강지(金剛地)라, 보살이 장차 정각(正覺)에 오르려 할 때, 금강불성(金剛佛性) 곧 자기자성(自己自性), 우주의 실상(實相)을 깨닫는 것이므로 정각이라 하는데 온전한 정각은 습기를 다 없앤 보살십지를 거쳐야 합니다. 그러니까 정각의 초보인 셈입니다.

개좌(皆坐) 금강좌(金剛座)라 설하신 금강좌란 곧 금강지(金剛地)로서, 금강좌라고 하는 것은 자기 생명의 본질이 훤히 빛나서 금강불성으로 화(化)해 버린 경계입니다.

밀교의 수행차서인 오상성신위차(五相成身位次)의 제4 성금강신위(成金剛身位)니 해탈도에 제일보를 자리하였으며 그 자리가 공십지(共十地)의 제4 견지(見地)요, 또 성문승의 제7 수다원지(須陀洹地) 곧 예류과의 자리며, 연각승의 제7 증적멸지(證寂滅地) 곧 연각 견도(見道)의 자리인 동시에 제8 육통지

(六通地) 곧 육신통(六神通)을 얻는 자리의 초보니, 육신통을 하려면 필수적으로 금강지를 먼저 성취해야 합니다.

다시 바꿔말하면 5 금강지란 지층(地層)의 최저인 금강륜(金剛輪)이 나타난 경지로서 무쇠의 녹을 제거함과 같이 새장에 갇혀있는 새가 새장을 탈출함과 같이 생사(生死)의 그물을 떠나야 합니다. 범부 중생은 새장의 새처럼 생사(生死)의 그물에 갇혀 있습니다. 공부를 좀 했다 하더라도 금강불성을 증명하지 못하면 모두가 다 번뇌의 새장에 갇혀 있는 신세입니다.

중생 몸의 실상인 금강불성을 깨달아 증명하였고 진실로 본격적인 육안(肉眼)을 성취하였으니, 우리 육안은 탐진치에 어두워져 바로 보지 못하니 온전한 육안이 못됩니다. 금강지를 성취해야 바로 보게 됩니다. 점차로 천안(天眼), 법안(法眼), 혜안(慧眼), 불안(佛眼)을 얻게 됩니다. 그래서 수행자는 이 금강지를 성취하여야 비로소 금강살타(金剛薩埵) 곧 금강지를 성취한 보살이라 이름하게 됩니다.

六. 喜 樂 地

　三界를 九地로 區分할새 欲界는 五趣가 不同하나 同一의 散地(欲界의 果報에 定心이 無함으로 써라) 임으로 一地로 合하고 色界와 無色界를 各 四地로 分하야 一에 欲界五趣地니 欲界내에 地獄・餓鬼・畜生・人・天의 五趣(阿修羅는 天에 攝함)가 有한바 이를 合하야 一地를 成한 者며 二에 離生喜樂地니 欲界의 生을 離함에 因하야 喜受와 樂受가 生하는 地로서 眼・耳・身・意의 四識만이 有하고 鼻・舌 二識이 無함으로 無分別의 樂受가 相應하야 意識에 有分別의 喜受가 相應하니 곧 色界의 初禪天이며 三에 定生喜樂地니 初禪定의 喜樂을 因으로 하고 更히 勝妙의 喜樂이 生하는 地로서 此地 已上엔 總히 五識(眼識・耳識・鼻識・舌識・身識)을 離하고 但 意識만이 有함으로 或 喜受가 相應하고 或 樂受가 相應하니 곧 二禪天이며 四에

離喜妙樂地니 喜受 오히려 麁心이므로 二禪의 喜를 離하고 獨히 靜妙無分別의 樂에 住하는 地로서 곧 三禪天이며 五에 捨念淸淨地니 樂受 오히려 粗心임으로 이를 離하고 淸淨無爲한 捨受의 念에 住하는 地로서 곧 四禪天이며(以上 四地는 色界임) 六에 空無邊處地니 色界의 色을 厭하야 空을 思하되 空에 邊際가 無한 觀解를 作하는 者가 生하는 地로서 卽 無色界의 第一天이며 七에 識無邊處地니 前의 外空을 厭하야 內識을 思하되 識에 邊際가 無한 觀解를 作하는 者가 生하는 地로서 卽 無色界의 第二天이며 八에 無所有處地니 前의 內識을 厭하고 無所有를 思하야 無所有의 觀解를 作하는 者가 生하는 地로서 卽 無色界의 第三天이며 九에 非想非非想處地니 前地와 如한 麁相이 無(非想)하고 極히 微細한 想念(非非想)은 有하는 地라 卽 無色界의 第四天으로서 三界 中 第一의 果報니라

蓋 無色界를 識界, 色界를 根界, 欲界를 境(塵)界로 區分할 수 있으나 各界가 各具 三界하야 橫으론 區分할 수 없고 縱으로 分位한다면 欲境界를 麁塵三界, 色根界를 細塵三界, 無色識界를 極微三界라 稱할가, 何如間 三界란 根・境・識의 別稱으로서 相的으로 境이오 性的으론 根이며 分別的으론 識일새 五蘊이 各具 五蘊하야 區別키 難하나 一如한 中에 性相이 分明하니 了別이 不無니라

修者는 金剛座에 坐하야 空無邊處를 觀念하면 離生喜樂地에 到하고 識無邊處를 觀念하면 定生喜樂地에 無所有處를 觀念하면 離喜妙樂地에, 非想非非想處에 住하면 捨念淸淨地에 到할새 六 喜樂地란 離生喜樂과 定生喜樂이 生하는 地로서 聲聞乘의 第八 斯陀含地(一來果의 位)와 共十地의 第五 薄地에 該當하고 五 金剛地와 六 喜樂地를 合해서 菩薩乘의 初 歡喜地에 當하니라

6에 희락지(喜樂地)란 삼계(三界)를 9지(九地)로 구분하여 욕계(欲界)는 5취(趣) 즉 지옥・아귀・축생・천상・인간이 같지 않으나 동일한 산란심의 경계이므로 다 합하여 산지(散地)라 하고 색계(色界)와 무색계(無色界)를 각각 4지(地)로 구분합니다.

1에 욕계오취지(欲界五趣地)니, 욕계 내에 지옥·아귀·축생·인(人)·천(天)의 오취(아수라는 천(天)에 포섭함)가 있는 바 이를 합하여 일지(一地)를 이룬 것이며,

2에 리생희락지(離生喜樂地)니, 욕계의 생을 떠남으로 말미암아 희수(喜受) 곧 의식에 나오는 기쁨과, 락수(樂受) 곧 몸에서 느끼는 즐거움이 생(生)하는 지(地)로서 안·이·신·의의 4식(識)만이 있고, 비·설(鼻舌) 2식(識)이 없으므로 무분별의 락수가 상응하며 의식에 유분별의 희수가 상응하니 곧 색계의 초선천이며, 초선에 들어가면 냄새도 모르고 맛도 모르는 것입니다.

3에 정생희락지(定生喜樂地)니, 초선정의 희락(喜樂)을 인(因)으로 하고 다시 승묘(勝妙)한 희락이 생하는 경지로서 이 지(地) 이 상에는 모두 오식(五識: 眼識·耳識·鼻識·舌識·身識)을 여의고, 곧 눈으로 봐도 안 보이고, 귀로 들어도 안 들리고, 코로 냄새 맡아도 냄새가 안 나고, 입맛도 모르고, 몸에 촉감도 모르고, 다만 의식(意識)만이 있으므로, 2선천 이상은 의식 뿐이고 5식은 없습니다. 혹 희수가 상응하고 혹 락수가 상응하니 곧 2선천이며, 희수나 락수가 서로 교차 한다는 말입니다.

4에 리희묘락지(離喜妙樂地)니, 기쁨을 여의고 신묘한 안락인 묘락을 얻는 경지니 희수도 오히려 추심(麁心)이므로, 추심은 거치러운 마음으로 기쁨도 공부로 보아서는 거치러운 번뇌입니다. 2선의 희(喜)를 떠나고 오로지 정묘한 무분별의 안락에 머무는 경지로서 곧 3선천이며,

5에 사념청정지(捨念淸淨地)니, 모든 번뇌 망상을 떠나 청정한 경지니, 락수(樂受)도 오히려 거치러운 마음이므로 이를

떠나고 청정하고 조금도 조작이 없고 고나 락을 받는 것이 전혀 없는 생각에 머무는 경지로서 곧 4선천인데 이상 4지(地)는 색계입니다.

6에 공무변처지(空無邊處地)니, 색지(색계)의 색을 싫어하여 공(空)을 생각하되 공에 한계가 없다고 관찰하는 지혜를 짓는 자가 생하는 경지로서 즉 무색계의 제 1천이며,

7에 식무변처지(識無邊處地)니, 앞의 외공(外空)을 싫어하여 내식(內識)을 생각하되 식(識)에 한계가 없다고 관찰하는 자가 생(生)한 경지로서 무색계의 제 2천이며,

8에 무소유처지(無所有處地)니, 앞의 내식(內識)을 싫어하고 무소유를 생각하여 무소유를 관찰하는 지혜있는 자가 생하는 경지로서 즉 무색계의 제 3천이며,

9에 비상비비상처지(非想非非想處地)니 앞의 경지와 같은 거치러운 추상(麁想)이 없고[非想], 극히 미세한 상념[非非想]만 있는 경지 곧, 삼계의 꼭대기인 비상비비상처도 아직은 생각인가 아닌가 하는 미세한 생각은 남아 있다는 경지입니다. 이러한 경계가 무색계의 제 4천으로서 삼계 중 제일 수승(殊勝)한 과보(果報)입니다.

그런데 무색계를 식계(識界), 색계를 근계(根界), 욕계를 경(境:塵)계로 구분할 수 있으나 각계(各界)가 각각 삼계(三界)를 갖추어서 다만 현상적인 상(相)만 차이가 있을 뿐이지 성품 차원에서는 다 일여평등(一如平等)합니다.

그래서, 횡(橫)으로는 구분할 수 없고, 횡으로는 하나가 다 포함하고 있기 때문에 구분할 수 없습니다. 우주란 따로따로 뿔뿔이 있는 것이 아니라 결국은 하나로 다 연결되어 있는 것입니다. 가사, 김씨 박씨가 따로 따로 있다고 알지만 현대 물

리학으로만 보더라도 산소나 수소 등의 원소로 구성된 몸이기에 산소나 수소 등의 원소 차원으로는 결국 다 붙어 있는 것입니다. 원소의 차원에서만 보더라도 다 붙어 있는 것인데 하물며 원소를 구성한 근본 성품인 불성(佛性)차원에서는 나나 너나 공간이나 모두가 다 동일한 불성 뿐입니다. 그래서 횡으로 보아서는 구분할 수가 없습니다. 이렇게 우리는 근본에서, 진여불성 자리에서 문제를 풀어가야 합니다. 지금은 더욱 그럴 때입니다. 그렇지 않으면 괜히 네 문중 내 문중, 네 종파 내 종파, 내 종교 네 종교로 부질없는 소모와 갈등만 할 뿐입니다.

종(縱)으로 나눈다면 욕경계(欲境界)를 추진삼계(麁塵三界), 번뇌가 거치로운 경계, 색근계(色根界)를 세진삼계(細塵三界), 번뇌가 좀 미세한 경계, 무색식계(無色識界)를 극미삼계(極微三界), 번뇌가 아주 미세한 경계로 나눌 수 있겠으나,

하여튼, 삼계란 근(根), 경(境), 식(識)의 별칭으로서, 우리 마음의 번뇌로 본다면 6근, 6경, 6식이 맑아 들어가는 정도를 별칭한 것입니다. 그래서 상(相)적으로는 경(境)이오, 성(性)적으로는 근(根)이며, 분별적으로는 식(識)일새, 오온(五蘊)이 각기 오온을 갖추어 구별하기 어려우나 평등일여한 가운데 성상(性相)이 분명하니 또한 구분하지 않을 수 없습니다.

수행자는 금강지를 성취하여 공무변처를 관념(觀念)하면 리생희락지에 이르고, 식무변처를 관념하면 정생희락지에, 무소유처를 관념하면 리희묘락지에, 비상비비상처에 머물면 사념청정지에 이르는 것인데, 6 희락지란 리생희락과 정생희락이 생하는 경지로서 성문승의 제8 사다함지(斯陀含地) 즉 일래과(一來果)로, 욕계 번뇌가 마저 녹지 못해서 욕계에 한번 오는

위(位)와 공십지(共十地)의 제5 박지(薄地)에 해당하고, 5 금강지와 6 희락지를 합해서 보살승의 초환희지에 해당합니다. 여기까지가 보살초지에 해당합니다. 금타 스님께서는 보살십지를 표준하고 여러 가지 계위를 대비(對比) 회통(會通)시킨 것입니다.

七. 離垢地

離喜妙樂의 境界를 거쳐 捨念淸淨地에 到하는 地니 聲聞乘의 九 阿那含地(不還果의 位)에 當하고 菩薩乘의 第二地에 合하며 共十地의 第六 離欲地에 當하니라

7. 리구지(離垢地)라, 거치러운 희수(喜受)를 여의고 묘락(妙樂)을 얻는 경계를 거쳐서 사념청정지(思念淸淨地)에 이르는 경지니, 성문승의 9 아나함지 즉 불환과(不還果)의 위(位)로 욕계 번뇌를 떠났으니 욕계에 다시 오지 않는 자리에 해당하고, 보살승의 제 2지에 합(合)하며 공십지(共十地)의 제6 리욕지(離欲地)에 해당합니다.

八. 發光地

加行功德으로 一時的으로 三界를 出離하매 心光이 發하야 九次第定의 極位인 滅受想定(滅盡定)을 비로소 吟味하는 地니 菩薩乘의 第三地에 合하니라

8. 발광지(發光地)라, 수행자는 가행공덕이 참으로 필요합니다. 간단(間斷)없이 공부해야 앞으로 나가는 것이지 그렇지 못하면 안됩니다. 따라서 게으름이라는 것이 수행자로서는 큰 원수입니다. 혼침(惛沈)과 도거(掉擧)도 가행공덕으로서 사라지는 것인데 가행을 하지 않고서는 어떻게 할 별도리가 없습

니다. 정진을 않고서 말로만 알려고 하면 되겠습니까?

　가행공덕으로 일시적으로 삼계를 출리(出離)하니 심광(心光)이, 마음의 광명이 발하여 구차제정(九次第定) 곧 4선정(四禪定), 4공정(四空定), 멸진정(滅盡定)이 구차제정입니다.

　구차제정은 세존께서 보리수 아래서 성도하실 때도 구차제정에 의거하고, 열반드실 때도 구차제정에 의거했습니다. 아함경(阿含經)이나 성도기(成道記)에 다 나와 있습니다. 따라서 인도지방의 도인들은 대체로 이와 같이 구차제정에 의거했고, 현재 우리도 공부하는데 있어서 이 4선정, 4공정, 멸진정의 한계를 알아야 자기 공부를 정확히 점검할 수가 있고 우리 번뇌 습기를 온전히 여읠 수가 있습니다.

　현대 과학만능 시대에 있어서 구차제정(九次第定) 법문은 부처님께서 몸소 실천하시고 역설한 가장 합리적인 선정(禪定)의 차서이니 우리 수행자는 깊이 참고해야 할 것입니다.

　이 발광지(發光地)에서 삼계(三界) 번뇌를 소멸함에 따라 심광(心光)이 발하여 구차제정의 마지막 자리인 멸수상정(滅受想定) 곧 멸진정(滅盡定)을 비로소 음미하는 경지이니 보살승(菩薩乘)의 3지(三地)에 해당합니다.

　　九. 精進地
　　菩薩十地에서 十波羅蜜을 成就하고 十眞如를 證하니
　　歡喜地에서 施波羅蜜을 成就하고 遍行眞如(我·法 二空의 所顯으로서 諸法에 通行함으로)를 證하며 離垢地에서 戒波羅蜜을 成就하고 最勝眞如(無邊의 德을 具足하야 一切法에서 最勝함으로)를 證하며 發光地에서 忍辱波羅蜜을 成就하고 勝流眞如(此 眞如 所流의 敎法이 至極히 殊勝함으로)를 證하며 燄慧地에서 精進波羅蜜을 成就하고 無攝受眞如(繫屬한 바 無하야 我執 等에 依하고 또 取하는 바 않임으로)를 證하며 難勝地에서 禪定(靜慮)波羅蜜을 成就하고 無別眞如(差

別의 類가 無하야 眼 等의 異類가 有함과 如함이 않임으로)를 證하며 現前地에서 般若波羅蜜을 成就하고 無染淨眞如(本性이 無染한지라 後에 다시 淨해진다고 說할 수 없음으로)를 證하며 遠行地에서 方便善巧(廻向方便善巧와 拔濟方便善巧)波羅蜜을 成就하고 法無別眞如(多數法에 種種으로 安立하되 別異가 無함으로)를 證하며 不動地에서 願(求菩提願과 利樂他願)波羅蜜을 成就하고 不增減眞如(增減의 執을 離하야 淨染에 따라 增減됨이 아님으로)를 證하는 同時에 또 相土自在所依眞如를 證할 수 있으니 이를 證得已하면 身相을 現하고 國土를 示함에 自在하며 善慧地에서 力(修習力과 思擇力) 波羅蜜을 成就하고 智(受用法樂智와 成熟有情智)自在所依眞如를 證하니 이를 證得已하면 無碍解에 自在를 得하며 法雲地에서 智波羅蜜을 成就하고 業自在等所依眞如를 證得已하면 普히 一切 神通의 作業陀羅尼定門에서 皆 自在를 得하니라

眞如性은 實로 差別이 無하나 勝德에 따라 十種을 假立하나니 菩薩初地 中에서 이미 一切에 達하야 能히 證行할 수 있지만 아직 圓滿치 못함으로 圓滿하기 爲함인져,

9에 정진지(精進地)라, 보살십지에서 십바라밀(十波羅蜜)을 성취하고 십진여(十眞如)를 증험하게 되는데,

환희지(歡喜地)에서 시바라밀(施波羅蜜)을 성취하고 아(我), 법(法), 이공(二空)의 경계에서 제법에 두루 통하므로 변행진여(遍行眞如)를 증험하며,

리구지(離垢地)에서 계바라밀(戒波羅蜜)을 성취하고, 리구지가 되어야 과거 지었던 죄를 소멸합니다. 단순히 참회한다고 해서 과거에 지었던 죄가 소멸되는 것이 아닙니다. 작은 것은 녹아지나 이른바 4바라이(四波羅夷)죄는 리구지에 들어가야 없애는 것입니다. 리구지를 성취 못하고서는 파계의 습기가 없어지지 않습니다. 무변(無邊)의 덕을 구족하여 일체법에서 최승함으로 최승진여(最勝眞如)를 증험하며,

발광지(發光地)에서 인욕바라밀(忍辱波羅蜜)을 성취하고, 이 진여(眞如)에서 유출(流出)되는 교법이 지극히 수승하므로 승류진여(勝流眞如)를 증험하며,

염혜지(焰慧地)에서 정진바라밀(精進波羅蜜)을 성취하고, 걸리는 바 없어서 아집 등에 의하고 또 취하는 바 아니므로 무섭수진여(無攝受眞如)를 증험하며,

난승지(難勝地)에서 선정(禪定: 靜慮)바라밀(波羅蜜)을 성취하고, 차별의 종류가 없으니 안(眼)·이(耳) 등의 구별이 없으므로 무별진여(無別眞如)를 증험하며,

현전지(現前地)에서 반야바라밀(般若波羅蜜)을 성취하고, 본성이 본래 오염됨이 아니니 후에 다시 맑힌다고 말할 수 없으므로 무염정진여(無染淨眞如)를 증험하며,

원행지(遠行地)에서 방편선교바라밀(方便善巧波羅蜜) 곧 모든 공덕을 회향(廻向)하는 방편과 중생을 제도하는 방편바라밀을 성취하고, 다수법에 종종으로 안립(安立)하되 다름 없으므로 법무별진여(法無別眞如)를 증험하며,

부동지(不動地)에서 원바라밀(願波羅蜜) 곧 구보리원(求菩提願)과 이락타원(利樂他願)바라밀을 성취하고, 증감(增減)의 집착을 떠나서 정염(淨染)에 따라 증감됨이 아니므로 부증감진여(不增減眞如)를 증험하는 동시에, 또 상토자재소의진여(相土自在所依眞如)를 증험할 수 있으니 이를 증득(證得)하게 되면 몸을 나타내고 국토 자연을 나타내는데 자재하며, 이 경지는 자기 몸을 마음대로 작게도 크게도 할 수 있고 또는 다른 모든 것을 마음대로 할 수 있는 신통지혜입니다. 지금 원자력이 무시무시한 재주를 부리고 있지만 그런 것은 불성 가운데 들어있는 능력의 일단에 불과합니다. 불성은 대소, 시비, 선악

의 차별이 없는 무한공덕이기 때문에 크다 작다고 할 수도 없는 것이고 개자씨 속에다 삼천대천 세계를 다 집어넣는다 해도 조금도 줄어지게 안 보이는 것입니다. 이런 도리를 깊이 생각하여야 합니다.

선혜지(善慧地)에서 력바라밀(力波羅蜜) 곧, 수습력(修習力)과 사택력(思擇力) 바라밀을 성취하고, 지(智:受用法樂智와 成熟有情智) 자재소의진여(自在所依眞如)를 증험하니 이를 증득(證得)하게 되면 거리낌 없는 지혜에 자재하게 되며,

법운지(法雲地)에서 지바라밀(智波羅蜜)을 성취하고 모든 업(業)을 자유자재하는 진여를 증득하면 일체 신통 경계에 자재하게 됩니다.

진여성(眞如性)은 실로 차별이 없으나 원만하고 수승한 덕(德)에 따라 십종(十種)을 잠시 구분하여 세운 것인데 보살초지 중에서 이미 일체에 달(達)하여 능히 증험하고 행할 수 있으나 아직 원만치 못함으로 원만케 하기 위하여 부연 설명한 것입니다.

解脫十六地에 있어 七·八·十一의 三地는 菩薩 十地의 二·三·六의 三地名 그대로, 九·十의 二地는 十波羅蜜 中 四·五의 冠詞를 引用하고 十二·十三·十四·十五·十六의 五地는 瑜伽十七地 中 十三 聲聞地 十四 獨覺地 十五 菩薩地 十六 有餘依地 十七 無餘依地 等과 共十地의 七 聲聞地 八 支佛地 九 菩薩地 十 佛地 等을 參酌한 者니 對照할진져

해탈십육지에 있어 7, 8, 11의 3지(地)는 보살십지의 2, 3, 6의 3지명(地名) 그대로이고 9, 10의 2지는 십바라밀중 4, 5의 관사(冠詞:머리말)를 인용하고 12, 13, 14, 15, 16의 5지

는 유가십칠지(瑜伽十七地) 중(유가는 밀교의 유가사지론인데 굉장히 훌륭한 론장입니다. 유가사지론은 무착보살이 미륵보살의 감응을 받아서 저술한 것입니다.) 13 성문지, 14 독각지, 15 보살지, 16 유여의지, 17 무여의지 등과 공십지(共十地)의 7 성문지, 8 지불지, 9 보살지, 10 불지(佛地) 등을 참작한 것이니 대조하면 되겠습니다.

　　十. 禪 定 地
　菩薩乘의 五 難勝地에 當함
　　十一. 現 前 地
　菩薩乘의 六 現前地에 合함
　　十二. 羅 漢 地
　聲聞乘의 極果인 十 阿羅漢地 卽 無學果의 位와 緣覺乘의 九 徹和蜜地 卽 無學果를 證하는 位와 菩薩乘의 七 遠行地와 共十地의 七 已辨地 卽 阿羅漢果의 位에 當할새니라
　　十三. 支 佛 地
　緣覺乘의 極果인 十 習氣漸薄地로서 習氣를 侵害하는 位니 共十地의 八 支佛地에 合하고 證理邊으론 菩薩乘의 八 不動地에 當하니라
　　十四. 菩 薩 地
　菩薩乘의 九 善慧地와 共十地의 九 菩薩地에 合當하니라
　　十五. 有 餘 地
　瑜伽十七地 中 第十六 有餘依地 略稱으로서 菩薩乘의 終地인 十法雲地에 當하고 共十地론 九 菩薩地에 攝하며 또 等覺位도 이에 含容되나 因位의 等覺이란 五十位의 總代名詞라 云謂 할 수 있음으로 이를 略함

　10에 선정지(禪定地)라, 보살승의 5. 난승지에 해당하며,
　11에 현전지(現前地)라, 보살승의 6. 현전지에 합당하고,
　12에 나한지(羅漢地)라, 성문승(聲聞乘)의 마지막 자리인

10. 아라한지 즉 무학과(無學果)의 자리와 연각승(緣覺乘)의 9. 철화밀지(徹和蜜地) 즉 무학과를 증득하는 자리와 보살승의 7. 원행지와 공십지(共十地)의 7. 이변지(已辨地) 즉 아라한과의 경지에 해당합니다.

13에 지불지(支佛地)라, 연각승의 마지막 끝자리인 10. 습기점박지(習氣漸薄地)로서 습기를 침해하는 경계니 공십지의 8. 지불지에 합하고 원리를 증명하는 의미에서는 보살승의 8. 부동지에 해당합니다.

14에 보살지(菩薩地)라, 보살승의 9. 선혜지와 공십지의 9. 보살지에 합당합니다.

15에 유여지(有餘地)라, 유가십칠지(瑜伽十七地) 중 제 16. 유여의지(有餘依地)의 약칭으로서 보살승의 마지막 끝자리인 10. 법운지에 해당하고 공십지로는 9. 보살지에 들어가며 또 등각위(等覺位)도 이에 포함되나 인위(因位)의 등각이란 오십위(五十位)의 총 대명사라 말할 수 있으므로 이를 생략합니다.

　　十六. 無餘地

　　瑜伽十七地의 終位인 無餘依地의 略稱으로서 共十地의 十 佛地에 當하는 妙覺의 位니 四覺 中 本覺을 除하고 十六地에 按配하면 이가 究竟覺이오 四地까지가 相似覺 五地부터 隨分覺이며 五忍으로 按配하면 四地까지 伏忍, 八地까지 信忍, 十一地까지 順忍, 十四地까지 無生忍, 終二地가 寂滅忍으로서 三地까지가 下伏忍(習忍), 四 加行地 中 明得定과 明增定이 中伏忍(性忍), 印順定이 上伏忍(道種忍), 五·六 合地가 下信忍, 七地가 中信忍, 八地가 上信忍, 九地가 下順忍, 十地가 中順忍, 十一地가 上順忍, 十二地가 下無生忍, 十三地가 中無生忍, 十四地가 上無生忍, 十五地가 下寂滅忍, 十六地가 上寂滅忍인 바 이를 十四忍이라고도 云하고 上寂滅忍을 除하야 十三觀門이라고도 謂하나니

且 空·性·相 三宗은 元來 橫的으로 揀別할 바 않이오 縱的으로 그 程度를 各示한다면 伏·信·順 等 三忍은 相宗이오 無生忍은 性宗이며 寂滅忍은 空宗이니라 그리고 四加行位·十信·十住·十行·十廻向·十地·等覺·妙覺 等 諸位를 都合한 五十六位說, 等覺位를 除한 五十五位說, 四加行位를 除한 五十二位 或 五十一位說, 十信位를 外凡夫位라 하야 이를 除한 四十二位 或 四十一位說 等이 有하고 且 十住·十行·十廻向을 內凡夫位 或 三賢位라 云하며 十地를 十聖位라 謂하는 三賢十聖說, 初·二·三地를 三賢位, 四地를 入聖之門, 五地부터 十地까지를 六聖位라 云謂하는 三賢六聖說 等이 有하는 바 筆者는 五十五位說과 三賢六聖說을 支持하는 同時에 五十五位를 漸次한 次第漸修說을 打破하고 內의 五十位에 있어 五位十重 又는 十位五重으로 縱橫 觀察하야 五蘊皆空을 證하는 境地로서 곧 五智如來를 成就하는 方便이라 云하오니

　三界 四大의 色陰을 걷고 諸法空을 證하면 비로소 正信이 生할새 初信이오 受陰을 걷고 二無我를 證하면 初發心의 歡喜地에 住할새 初發心住요 想陰을 걷고 分別心을 除却하면 如來의 妙德으로써 十方에 隨順하야 歡喜로 行할새 初歡喜行이오 行陰을 걷고 一切에 通하면 一切衆生을 救護할새 初救護一切衆生廻向이오 識陰을 걷고 처음으로 正覺에 登하야 歡喜踊躍할새 初歡喜地며 且 加行功德으로써 初地를 成就하면 初信과 같은 信이 生하고 初住와 같은 地에 住하고 初行과 같이 行하고 初廻向과 같이 廻向하나니 餘皆 倣此할지오, 加之에 初·二地란 色陰 三·四地란 受陰 五·六地란 想陰 七·八地란 行陰 九·十地란 識陰을 걷는 等의 果位로서 加行이란 因位일새

　勤策修行하야 此等 五十位를 圓滿 成就하면 곧 妙覺이라 名하니 解脫十六地란 菩薩十地를 根幹으로 하고 聲聞十地, 緣覺十地, 三乘共十地, 密敎十地, 瑜伽十七地, 信·住·行·廻向 等 四의 十位, 五相成身位, 五忍, 十三觀門, 四加行道 等을 枝葉으로 하야 顯密을 會通한지라 修者ㅡ初生三歸地하고 乃至 十六生無餘地하야 究竟 成就할지니 正히 十六生成佛說에 合하니라 (聲聞＋緣覺＋菩薩＝解脫十四地까지)

甲申夏 碧山閑人 撰

16에 무여지(無餘地)라, 열반에도 유여열반, 무여열반이 있는데 해석이 구구합니다. 유가17지의 마지막 위인 무여의지(無餘依地)의 약칭으로서 공십지의 10. 불지(佛地)에 당하는 묘각(妙覺)의 자리니, 4각중 본각(本覺)을 제하고 16지에 안배하면 이가 구경각(究竟覺)이요, 4지까지가 상사각(相似覺), 5지부터 수분각(隨分覺)이며, 5인(忍)으로 안배하면 4지까지 복인(伏忍), 8지까지 신인(信忍), 11지까지 순인(順忍), 14지까지 무생인(無生忍), 나머지 2지가 적멸인(寂滅忍)으로서 3지까지가 하복인(下伏忍:習忍), 4가행지(四加行地) 중 명득정과 명증정이 중복인(中伏忍:性忍), 인순정(印順定)이 상복인(上伏忍:道種忍), 5, 6합지가 하신인(下信忍), 7지가 중신인(中信忍), 8지가 상신인(上信忍), 9지가 하순인(下順忍), 10지가 중순인(中順忍), 11지가 상순인(上順忍), 12지가 하무생인(下無生忍), 13지가 중무생인(中無生忍), 14지가 상무생인(上無生忍), 15지가 하적멸인(下寂滅忍), 16지가 상적멸인(上寂滅忍) 인바 이를 14인(忍)이라고도 말하고 상적멸인을 제하여 13관문(觀門)이라고도 말합니다.

또한 공(空)·성(性)·상(相) 3종(宗)은 원래 횡적으로 간별할 바 아니요, 종적으로 그 정도를 각각 시설한다면 복(伏)·신(信)·순(順) 등 3인은 상종(相宗)이요, 무생인은 성종(性宗)이며 적멸인은 공종(空宗)이니라. 그리고 4가행위(四加行位)·십신(十信)·십주(十住)·십행(十行)·십회향(十廻向)·십지(十地)·등각(等覺)·묘각(妙覺) 등 제위를 도합한 56위설 또는 등각위를 제한 55위설 또는 4가행위를 제한 52위설 혹은 51위설 또는 십신위(十信位)를 외범부위(外凡夫位)라 하여 이를 제한 42위설 혹은 41위설 등이 있고,

또는 십주·십행·십회향을 내범부위(內凡夫位) 혹은 삼현위(三賢位)라 하며, 십지를 십성위(十聖位)라 이르는 삼현십성설(三賢十聖說). 또는 초·2·3지를 삼현위, 4지를 입성지문(入聖之門), 5지부터 10지까지를 육성위(六聖位)라 말하는 삼현육성설(三賢六聖說) 등이 있는데,

필자(금타 스님)는 55위설과 삼현육성설을 지지하는 동시에 55위를 점차한 차제점수설(次第漸修說)을 타파하고 내(內)의 50위에 있어 오위십중(五位十重) 또는 십위오중(十位五重)으로 종횡 관찰하여 오온개공을 증득하는 경지로서 곧 오지여래(五智如來)를 성취하는 방편이라고 합니다.

삼계(三界) 사대(四大)의 색음(色陰)을 걷고, 우리 중생이 공부할 때에 가장 중요한 것이 제가 누차 말씀드린 색 곧 물질이 있다고 하는 유병(有病)입니다. 현대 물리학도 지금 없다고 밝히는데 하물며 반야바라밀을 배워야 하는 불자들이 유병에 걸리면 공부가 안됩니다. 꼭 색음을 끊어야 합니다. 그리고 제법공의 도리를 깨달아야 반야바라밀이 되지 않겠습니까. 반야지혜에 어두우면 보시(布施)도 제대로 못되고 또는 사회운동도 아무것도 제대로 못되는 것입니다. 가까운 사람에게 누구한테나 가장 소중한 보배가 제법공(諸法空)자리를 증득하게 하고 제법공도리를 깨닫기 위한 신심을 내게 하는 것입니다.

제법공을 증해야 비로소 정신(正信)이 생하니 초신(初信)이요, 수음(受陰)을 걷고 이무아(二無我: 我空·法空)를 증(證)하면 초발심의 환희지에 머무를새 초발심주(初發心住)요, 상음(想陰)을 걷고 분별심을 없애버리면 여래의 묘덕으로써 시방에 수순하여 환희로 행할새 초환희행(初歡喜行)이요, 행음(行陰)을 걷고 일체에 통하면 일체 중생을 구호할새 초구호일

체중생회향(初救護一切衆生廻向)이요, 식음(識陰)을 걷고 처음으로 정각(正覺)에 등(登)하여 환희용약할새 초환희지(初歡喜地)며 또는 가행공덕으로써 초지(初地)를 성취하면 초신(初信)과 같은 신이 생하고 초주(初住)와 같은 지에 주하고 초행(初行)과 같이 행하고, 초회향(初廻向)과 같이 회향하나니, 나머지는 다 이와 같습니다. 이에 더해서 초·2지란 색음(色陰), 3·4지란 수음(受陰), 5·6지란 상음(想陰), 7·8지란 행음(行陰), 9·10지란 식음(識陰)을 걷는 등의 과위(果位)로서, 가행(加行)이란 인위(因位)를 의미합니다.

부지런히 수행하여 이러한 50위를 원만성취하면 곧 묘각(妙覺)이라 이름하니 해탈십육지란 보살십지를 근간으로 하고 성문십지, 연각십지, 삼승공십지, 밀교십지, 유가십칠지, 신(信)·주(住)·행(行)·회향(廻向) 등 넷의 10위, 오상성신위(五相成身位), 오인(五忍), 십삼관문(十三觀門), 사가행(四加行) 등을 지엽으로 하여 현교(顯敎)와 밀교(密敎)를 회통(會通)한지라, 수행자는 처음에 삼보에 귀의하고 점차 수행하여 16무여지(無餘地)에 이르러 마지막까지 빠짐없이 성취하는 것이니 바로 십육생성불설(十六生成佛說)에 합당합니다.

제4절 수도(修道)의 위차(位次)

다음은 수도(修道)의 위차(位次)를 도식화한 것입니다. 이것은 금타 스님께서 하신 것은 아니지만 금강심론에 있는 것을 근거로 하고 금강심론에 미처 안 나와 있는 것도 각 경론에서 인용하여 한 체계로 묶은 것입니다.

그래서, 맨 처음에 화엄경(華嚴經)의 보살십지(菩薩十地)에 근거를 두고 그리고 유식(唯識)의 십바라밀(十波羅蜜) 또는 수릉엄경(首楞嚴經)의 오십육위사만성불위(五十六位四滿成佛位), 그 다음에 금강심론의 해탈십육지(解脫十六地), 또 인왕경(仁王經) 교화품에 있는 오인십삼관문(五忍十三觀門), 또는 지도론(智度論)에 있는 구차제정(九次第定), 그 다음에 유가론의 유가십칠지(瑜伽十七地), 그 다음에 지도론에 있는 삼승공십지(三乘共十地), 그리고 대승동성경(大乘同性經)에 있는 성문십지(聲聞十地), 연각십지(緣覺十地), 또는 보리심론(菩提心論)에 있는 오상성신위(五相成身位)입니다. 보리심론은 용수 보살이 저술한 논장입니다. 다음에 유식론에 있는 유식오위(唯識五位), 천태 대사 지관론(止觀論)에 있는 육즉(六卽), 구사론(俱舍論)에 있는 사도(四道), 비장보론(秘藏寶論)의 십주심(十住心), 비장보론을 지은 분은 일본의 공해(弘法空海 774~835 日本 眞言宗의 開祖) 대사입니다. 또 십우도서(十牛圖序)는 중국의 확암지원(廓庵志遠)선사의 창설이라 하며 다른 설이 있기도 합니다. 이런 데에 나와 있는 성불하는 계위를 한 체계로 묶은 것입니다.

그리고 가운데 두 선으로 갈라 놓았는데 두 선 위에는 욕계(欲界) 곧 아직 깨닫지 못한 범부위(凡夫位)이고 그 아래는 깨달은 성자위(聖者位)입니다. 성자(聖者)나 현자(賢者)에 대해서도 경론에 따라 달리 표현하여 확정하기는 어려우나 진여불성(眞如佛性)을 증득(證得)함을 기준하여 성자(聖者)라 표현하였습니다.

맨 나중에 십주심(十住心)과 십우도서(十牛圖序)는 그런 계위가 확실히 구분할 수 있는 것이 아니기 때문에 구태여 구분을 안했습니다.

이것이 완벽한 것은 아니나 대체로 보살십지(菩薩十地)에 근거를 두고, 여러 가지 권위 있는 경론을 전거로 하여 대비회통(對比會通)한 수행(修行)과 수도(修道)의 위차(位次)입니다.

修 道 의

菩薩乘十地 (華嚴經) a	十波羅蜜 (唯識論9) b	五十六位四滿成佛位 (首楞嚴經) c	解脫十六地 (金剛心論) d	五(十四)忍 (十三觀門) (仁王經敬化品) e	九 次 第 定 (智度論) f	瑜伽十七地 (瑜伽論) g
			初. 三歸地			
			二. 信願地			一. 五識身相應
			三. 習忍地	下伏忍 (習忍)	黃昏天地夢想 (牛毛塵) 七色現前(羊毛塵)	
		煖位 頂位 忍位 世第一位 〔四加行凡夫位〕	四. 加行地	中伏忍 (性忍)	(明得定) 識光發現(兎毛塵) (明增定) 心月現前(水塵)	二. 意 地
				上伏忍 (道種忍)	(印順定) 心月廣狹自在(水塵) (無間定) 心日現前(金塵)	
初. 歡喜地	檀波羅蜜	初 (信住行地廻向) 〔三賢位〕	五. 金剛地 六. 喜樂地	下信忍	① 初　　禪 ② 二　　禪 ③ 三　　禪 ④ 四　　禪	三. 有尋有伺地(初) 四. 無尋有伺地 五. 無尋無伺地(二)
二. 離垢地	戒 〃	二. (〃)	七. 離垢地	中信忍	⑤ 空無邊處定 ⑥ 識無邊處定 ⑦ 無所有處定 ⑧ 非想非非想處定	六. 三摩呬多地(等) 七. 非三摩呬多 八. 有 心 地
三. 發光地	忍辱 〃	三. (〃)	八. 發光地	上信忍	⑨ 滅 盡 定 (受陰滅盡)	九. 無 心 地
四. 欲慧地	精進 〃	四. (〃)··(入聖位)	九. 精進地	下順忍		十. 聞所成地
五. 難勝地	禪 〃	五. (〃)	十. 禪定地	中順忍	(想 〃)	十一. 思所成地
六. 現前地	慧 〃	六. (〃) 〔六聖位〕	十一. 現前地	上順忍		十二. 修所成地
七. 遠行地	方便 〃	七. (〃)	十二. 羅漢地	下無生忍	(行 〃)	十三. 聲 聞 地
八. 不動地	願 〃	八. (〃)	十三. 支佛地	中無生忍		十四. 獨 覺 地
九. 善慧地	力 〃	九. (〃)	十四. 菩薩地	上無生忍	(識 〃)	十五. 菩 薩 地
十. 法雲地	智 〃	十. (〃) 等覺	十五. 有餘地	下寂滅忍		十六. 有餘依地
		妙 覺	十六. 無餘地	上寂滅忍		十七. 無餘依地

참고: ① a, d, e를 配對의 根幹으로 하였으며 配對가 可能한 것은 線으로 區分지었음.
② 各 經論의 配對基準이 相異한 경우가 있으므로 정확한 配對란 어려움.
③ 漸修, 頓悟의 根機여부에 따라 次第를 밟아가는 次第 漸修 또는 몇 단계씩 뛰어 證悟하는 間超 그리고 단번에 究竟覺을 成就하는 頓超가 있음.

位 次

제4절 修道의 位次

三乘共十地 (智度論18)	聲聞乘十地 (大乘同性經)	緣覺乘十地 (大乘同性經)	五相成身位 (菩提心論)	唯識五位 (唯識論)	六 卽 (止觀一의三)	四道 (俱舍論 二十五)	十住心 (秘藏寶論)	十牛圖 (廓庵志遠)
h	i	j	k	l	m	n	o	p
	初. 受三歸地			一. 資糧位 (十 住 十 行 十 廻向)	一. 理卽		一. 異生 羝羊心	一. 尋 牛
	二. 信 地				二. 名卽			
	三. 信法地							
一. 乾慧地 (五停心 別相念 總相念處의 三賢位)	四. 內凡夫地 (五停心觀等)	一. 苦行具足地			三. 觀行卽 ①隨喜品 ②讀誦品 ③說法品 ④兼行六度品 ⑤正行六度品	一. 加 行 道	二. 愚童 持齊心	二. 見 跡
		二. 自覺甚深 十二因緣地						
	五. 學信戒地	三. 覺了四聖諦地						
二. 性 地		四. 甚深利智地 (無相智의生)	通達心 前 相				三. 嬰童 無畏心	三. 見 牛
		五. 八聖道地	通達菩提心位	二. 加行位			四. 唯蘊 無我心	四. 得 牛
			修菩提心位					
			成金剛心位		四. 相似卽	二. 無間道		
三. 八忍地	六. 八忍地 (聲聞見道位)	六. 覺了法界 虛空界衆 生界地	成金剛身位	三. 通達位	五. 分眞卽 (十住位 · 十行位 · 十廻向位 · 十地位 · 等覺位)	三. 解脫道 四. 勝進道	五. 拔業 因種心	五. 牧 牛
四. 見 地	七. 須陀洹地 (預流果)	七. 證寂滅地 (六通初)		四. 修習位 (十地)			六. 他緣 大乘心	六. 騎牛歸家
五. 三薄地	八. 斯多含地 (一來果)						七. 覺心 不生心	七. 忘牛存人
六. 離欲地	九. 阿那含地 (不還果)	八. 六 通 地					八. 一道 無畏心	八. 人牛俱忘
七. 已辦地 (阿羅漢果)	十. 阿羅漢地	九. 徹和蜜地 (無學果證)					九. 極無 自性心	九. 返本還源
八. 支佛地		十. 習氣漸薄地						
九. 菩薩地							十. 秘蜜 莊嚴心	十. 入塵垂手
十. 佛 地			佛身圓滿位	五. 究竟位	六. 究竟卽			

④ 同一한 語로서 配對가 一致하지 않는 경우는 論者에 따라 主張과 意義를 달리 하기 때문임.
⑤ c에 있어서 等覺이 菩薩의 極位를 意味하여 이를 別示할 時는 五十六位가 되고 等覺이 諸位의 隨分覺이 될 時는 이를 減하여 五十五位가 됨.
⑥ m의 理卽이란 一切衆生의 自性淸淨心으로서 本來 妄念을 離한 覺體를 意味하므로 修行의 次位가 아님.

제5절 삼계 해탈(三界解脫)

1. 삼계(三界)

凡夫가 生死往來하는 世界를 三에 分하니
一에 欲界란 淫欲과 食欲을 主로 하고 諸欲을 從으로 한 有情의 世界로서 上은 六欲天으로부터 中은 人界의 四大洲를 經하야 下는 無間地獄에 至하기까지를 云함이오
二에 色界란 色은 質碍의 義으로서 有形의 物質을 云함이니 此 界는 欲界의 上에 在하야 淫·食 二欲을 主로 한 諸欲을 離한 有情의 世界로서 身體나 依處나 物質의 物은 總히 殊妙精好할새니 此 色界를 禪定의 淺深麁妙에 由하야 四級의 四禪天이라 或은 靜慮라 云하고 此中에서 或은 十六天을 立하며 或은 十七天을 立하며 或은 十八天을 立함이오
三에 無色界란 物質的의 色이 都無할새 身體나 依處가 無하고 오직 心識으로써 深妙한 禪定에 住할 따름이라 다만 果報가 色界보다 勝한 義에 就하야 其 上에 在하다심이니 此에 亦是 四天이 有하야 或은 四無色이라 四空處라 云하는 바
要컨대 三界란 色陰을 銷却하는 三品의 程度를 示한 者로서 枝末無明인 六境이 欲界요 根本無明인 六根이 色界요 受·想·行·識의 染識인 六識이 無色界라 六境·六根·六識의 十八天으로 色界를 無

제5절 三界 解脫   547

色界까지 延長함이 法合하니 龐大한 欲界와 細微한 無色界는 色界에 立脚한 禪定으로써 分明히 自證劃定할지오 同時에 欲界의 四大의假想인 六境이 虛妄不實함을 信忍한 四善根이 信位에서 그의 實相을 證하고 此 地에 住하야 解行一如로써 受·想·行·識 四陰의 滅盡에 따라 常·樂·我·淨을 成就할새 名이 四滿成佛의 妙覺인 바 解悟에 있언 一念에 三界를 超越할 수 있으나 證悟에 있언 界分이 本有하니 三界를 圖示하면 如左하니라

 저번에 삼계(三界)를 도식으로 해서 설명을 드렸습니다마는 금강심론에 나와 있는 삼계 풀이를 보도록 하겠습니다.
 범부가 생사왕래하는 세계를 셋으로 나누니 1. 욕계(欲界)란 음욕과 식욕을 주로 하고 모든 제반 욕심을 종으로 한, 보통은 욕계 삼욕(三欲)이라고 해서 음욕, 식욕, 잠(수면)욕으로 말합니다. 유정(有情)의 세계로서, 위는 6욕천(六欲天)으로부터 중(中)은 우리 인간의 사대주(四大洲)를 거쳐서 하(下)는 무간지옥에 이르기까지를 욕계라고 하며,
 2. 색계(色界)란 색은 질애(質碍) 곧 물질이라는 뜻입니다. 물리적인 술어로 하면 질료라고 말합니다. 유형의 물질을 말함이니 이 세계는 욕계의 위에 있어서 음욕이나 식욕이나 잠욕이나 그런 욕심을 주로 한 모든 욕망을 떠난 유정의 세계로서 신체(身體)나 의처(依處)인 환경이나 물질적인 물(物)은 모두 다 수묘정호(殊妙精好)할새니, 이것은 보통 우리가 보는 물질이 아니라 이른바 광명세계(光明世界)를 말합니다. 색계에 올라가면 벌써 자기 몸도 주변도 모두 다 광명세계인 것입니다. 우리는 광명세계에 대해서 거부 반응을 느낄 만한 하등의 아무것도 없습니다. 현대 물리학도, 이미 말씀드린 바와 같이 저 근원에는 하나의 광량자(光量子) 즉 가장 미세한 광자(光

子)라 하는 것이 파도처럼 우주에 충만하여 우주의 장(場)이 되어 있다는 것입니다. 전자나 양성자나 중성자나 모두가 다 광명의 파동입니다. 어떻게 말로 표현할 수 없는 그야말로 깨끗하고 청정하고 미묘한 빛으로 색계는 이루어져 있습니다.

　이러한 색계의 선정(禪定)이 옅고 깊고 또는 거칠고 묘한 정도에 따라서 4급의 사선천(四禪天)이라 혹은 사정려(四靜慮)라 말하고 이중에는 혹은 16천을 세우고, 혹은 17천을 세우며, 혹은 18천을 세우기도 하는데, 그러니까 욕계와 무색계는 고정적으로 욕계 6욕천 무색계 4천을 말하는데 색계는 16천이라 하는데도 있고 17천이라 하기도 하고 18천이라 하는 데도 있고 또는 19천을 말하는 데도 있습니다.

　3. 무색계(無色界)란 물질적인 색이 조금도 없으며 신체나 의지하는 환경도 없고 오직 심식(心識)으로써 심묘(深妙)한 선정에 머물 따름인데. 다만 그 과보가 색계보다 더 수승한 곧 업장이 가벼운 정도에 따라서 그 위에 있다 하심이니, 이것에 역시 4천(四天)이 있어서 혹은 4무색(四無色)이라, 4공처(四空處)라고 말합니다.

　요컨대 3계란, 색음을 곧 번뇌의 어두움을 다 녹여서 없애는 3품의 정도를 보인 것으로서 지말(枝末)무명 곧 거칠은 번뇌인 6경(境)이 욕계요, 근본무명인 6근(根)이 색계요. 수와 상과 행과 식의 염식(染識)인 6식(識)이 무색계라. 6경·6근·6식의 18천으로 색계를 무색계까지 연장함이 법에 합하니, 6경, 6근, 6식이면 3×6은 18입니다.

　추대(麤大)한 욕계, 본래 근(根)은 색계인데 욕계는 추대(麤大)해서 업장 때문에 퍼뜨려져서 되었습니다. 또는 보다 더 정밀한 무색계는 색계에 입각한 선정으로써 분명히 스스로 증명해서 한계를 밝혀야 할 것이요, 동시에 욕계의 사대적(四大的) 가상(假相)인 6경(境)이 허망부실함을 신인(信忍)한 사선근(四善根)이,

　따라서 우리가 일심 정념으로 가행정진하는 것은 욕계의 모든 경계가 허망부실하다는 것을 확실히 믿기 때문입니다. 확실히 못 믿으면 4선근이 못됩니다. 아무리 자기가 공부했다고 별 소리를 다 해도 역시 욕계의 6경이 허망부실한 것을 깊게 못 믿으면 아직 공부는 미숙한 것입니다. 4선근이 미처 못되었다는 말입니다. 공부하는 분은 자기 점검을 잘 하여야 합니다. 자기 몸뚱이도 허망하고 감투도 재물도 허망하고 자기 목숨까지도 허망하다고 생각하는 마음이 확신 되어서 실제로 확립이 되어야 이른바 4선근이 되었다는 말입니다. 그래야 성불할 수 있는 준비가 되는 것입니다.

　신위(信位)에서 그의 실상을 증명하고 이 경지에 머물러서 해(解)와 행(行)의 일여(一如)로써 수·상·행·식 4온(四蘊)의 번뇌가 소멸됨에 따라 상락아정(常樂我淨) 곧 상주부동하여 영생하는 상(常)과, 무한의 행복인 안락(樂)과, 삼명육통을 다하고 모두를 다 알고 모두를 다 할 수 있는 아(我)와, 또는 번뇌가 흔적도 없는 정(淨)이 열반사덕(涅槃四德)인 상락아정이며 우리 자성공덕(自性功德)입니다. 자성공덕을 항시 마음에다 두어야 합니다. 생사를 초월하여 불생불멸해서 영생하고, 한량없이 안락해서 일체 행복을 원만히 다 구족하고, 신통자재해서 모든 지혜공덕을 다 갖추고, 청청 무구해서 조금도 번뇌의 때가 없는 것이 우리의 본 마음입니다. 이것을 성취해야 비로소 상실된 자기 고향, 잃어버린 자아를 찾는 것입니다. 자아의 회복, 상실된 자아를 찾아야 한다 하지만 얄팍한 깨달

음이 아니라 이렇게 심오한 상락아정의 무량공덕을 깨닫는 것입니다.

이렇게 우리 자성은 깊고도 묘하고 공덕원만이기 때문에 인간성은 존엄한 것입니다. 인간성의 존엄을 말하는 것은 이 존엄성이 다른 것과 비교 할 수가 없으니까 존엄한 것입니다. 따라서 뭘 좀 알고, 자유를 좀 구하고, 그런 정도로 존엄스럽다고 하면 그것은 존엄한 인간성의 모독입니다.

상락아정을 성취할새 이름이 사만성불(四滿成佛)이라, 신해행증(信解行證)의 원만입니다. 믿음으로 원만, 해석으로 원만 또는 행으로 원만, 증명으로 원만입니다. 이러한 사만성불이 묘각(妙覺)인 바 해오(解悟)에 있어서는 일념(一念)에 삼계를 초월할 수 있으나 증오(證悟)에는, 증명하는 깨달음에는 계분(界分) 곧 자기 업장의 소멸에 따른 차서가 본래 있는 것이니 삼계를 도시(圖示)할 것 같으면 앞에 있는 것과 같습니다.

2. 사선정(四禪定)

　　前의 四善根이란 곧 地·水·火·風 四大의 顯界인 色蘊을 打成一片하는 境界요
　　四禪定이란 密界의 그 實色을 證見하는 同時에 受·想·行·識 四蘊의 四禪으로써 常·樂·我·淨 四德의 四定에 轉入하는 境界니 곧 四無色의 境界一相을 觀察함은 四禪이오 그의 思惟로써 一行함은 四定이라
　　空無邊處를 觀하고 念하야 色界의 金塵相을 見하고 欲界의 虛妄相을 一掃한 涅槃界의 淨德을 證함은 初禪定이오
　　識無邊處를 觀하고 念하야 微塵의 阿耨色을 見하는 同時에 水性的 受陰을 걷고 淨心의 我德을 證함은 二禪定이오 無所有處를 觀하고

念하야 色究竟의 極微相을 見하는 同時에 火性的 想陰을 轉하야 一道光明의 常德을 證함은 三禪定이오
　非想非非想處를 觀하고 念하야 微微의 隣虛相을 見하는 同時에 風性的 行陰을 轉하야 樂德을 證함은 四禪定일새 四禪定이란 곧 娑婆 卽 寂光土임을 見하고 娑婆世界 그대로 極樂世界임을 證함이니라
　그리하야 欲界의 惑網을 超脫하고 色界에 生할새 諸功德을 生하는 依地根本이 되는지라 四禪定을 本禪이라고도 稱하니 身에 動·痒·輕·重·冷·煖·澁·滑의 八觸이 生하고 心에 空·明·定·智·善心·柔軟·喜·樂·解脫·境界相應의 十功德이 生함은 初禪定에 入한 證相이며 初禪부터 鼻·舌 二識이 無하고 二禪부턴 五識을 모두 離하고 다만 意識만 有하니 或은 眼·耳·身 三識의 喜受가 有하야 意識과 相應하고 意識의 樂受가 有하야 三識과 相應하는 바 意識의 喜悅이 麁大할새 喜受요 樂受가 않이로되 三禪엔 亦是 意識만이 有하야 樂·捨 二受가 相應하되 怡悅의 相이 至極淨妙할새 樂受며 四禪엔 亦是 意識뿐이오 오직 捨受와 相應할 뿐이니라
　그리고 相에 있어 四禪에 각각 三級씩 有하고 性에 있어 四級 乃至 八級을 言하는 바 天이란 密界의 地相으로서 色界 十二天에 無色界의 淨梵地를 加하야 色界라 總稱함도 有하니 곧 禪定의 次序니라
　그런데 四大의 實色인 줄 是認할 뿐이오 四大의 虛相을 離한 實相임을 感得못함은 凡夫의 所見일새요 四陰을 四德으로 轉換못함은 外道의 淺見일새 다만 根機에 있을 따름이오 三界에 있지 않음을 了知하는 同時에 四禪定을 外道禪이라 貶하고 近來의 死禪 곧 無記定이나 妄想定인 邪定의 修行을 能事로 自認하는 啞羊僧을 警戒하노라.
　四禪定이란 三乘聖者의 共修하는 根本禪임을 再吟味하기 바라며 滅盡定을 거쳐 究竟成就할지니라.

　이 사선정(四禪定)은 앞에서 대강 살펴보았습니다만 바로 근본선(根本禪)으로서 모든 선정의 근본이 되며 증오(證悟)를 위한 필수(必須)적인 선법(禪法)입니다. 금강심론에 한결 구체적으로 되어 있으므로 정확한 인식을 하도록 합시다.

앞의 사선근(四善根)이란 곧 지·수·화·풍 4대(四大)의 현계(顯界) 곧 나타나 있는, 우리 중생들이 경험할 수 있는 상대 유한적인 세계라는 말입니다. 현계의 반대가 밀계(密界)입니다. 색온(色蘊)을 타성일편(打成一片)하는 경계요 곧, 모두를 하나의 공상(空相)으로 돌려 버리는 것입니다.

따라서, 이 4선근에서 이것이나 저것이나 물질이요 내 몸뚱이요, 이런 것들을 처부셔 공상(空相)으로 통찰하지 못하면은 4선근은 못된다는 말입니다. 우리 공부는 한 말로 말하면 4대 색온이 다 비었다고 달관(達觀)하는 것입니다. 내 몸뚱이까지 포함하여 천지 우주의 모든, 있는 것이 다 비었다고 보아야 하는 것이고, 본래로 비어 있는 것이기 때문에 정진해 나가면 차근차근 비어지는 것을 체험하게 되는 것입니다. 안 비어지면 참선이 잘못 되는 것이지요. 원래가 빈 것인데 안 비어질 까닭이 있겠습니까? 다시 말하면 욕심이나 분노심이 점차로 줄어가고 상(相)이 가셔가겠죠, 상이라는 것은 내나 무엇이 실제로 있다는 것이요, 있다고 집착해서 상이 생기는 것이니까 말입니다.

그 다음에는 무슨 공부인가? 수·상·행·식(受想行識)인 우리 마음에 오염되어 있는 습기(習氣)를 없애는 것입니다. 불교 수행의 근본은 그것입니다. 눈으로 보이는 상대 유한적인 것이 모두 다 비어 있다는 것과 내 마음에 스며 있는 오염(汚染)을 차근차근 없애는 작업입니다. 이렇게 한 마디로 정리할 수 있습니다.

불경(佛經)의 근본 요지는 다 그런 뜻입니다. 근본불교에는, '네 몸뚱이가 비었다'고 가르치면 소중히 아끼는 자기 몸뚱이인데 상식 밖의 깊은 뜻을 어떻게 알겠습니까, 중생이 못 알아

들으니까 12년 동안이나 중생 근기에 따라 가르쳐가다가 그 다음에 부처님께서 '그대가 바로 비었느니라, 그대 몸뚱이는 지·수·화·풍 4대로 구성되었고 그대 마음은 수·상·행·식으로 잠시 구성되어 있으니 본래로 다 비었느니라' 하고 일체가 다 비었다는 제법공(諸法空) 도리를 또한 22년 동안이나 말씀했던 것입니다. 공(空)을 깨닫기가 얼마나 어렵기에 그렇게 되었겠습니까,

제법공 도리, 반야(般若)의 지혜가 없으면 참선도 못되고 불교도 아닙니다. 염불(念佛)도 제법공 자리에 입각해야지 그렇게 못하면 하나의 방편에 불과합니다. 극락세계가 십만억 국토 저 밖에 가 있다 하면 천지 우주가 다 비었는데 어디 밖이 있고 안이 있습니까? 천지 우주는 이대로 극락세계요, 이대로 광명세계입니다. 극락세계의 별명이 광명세계요, 화장(華藏)세계입니다. 화장세계는 일체 공덕을 다 갖춘 찬란 무변한 세계라는 말입니다. 행복과 자비와 지혜와 모든 공덕을 다 갖춘 영생불멸의 세계가 연화장(蓮華藏)세계이고 극락이라는 말입니다. 이것만이 실제로 존재하는 실존(實存)적 세계인데 우리 중생의 업장으로 물질이라는 환상에 얽매여서 바로 못 보는 것입니다. 또는 우리가 물질이 있다고 하는 병 때문에 우리 마음이 오염되어 있는 것입니다. 오염된 마음을 떼어버리면 본래 극락세계인지라 극락세계가 되어버리는 것입니다.

그래서, 경에 사바세계가 곧 적광토(寂光土)라, 사바세계를 떠나서 저 밖에 극락세계가 있는 것이 아니라 한 발도 떠나지 않고 바로 내 몸 이대로 부처요, 이 세계 그대로 극락세계인데 다만 우리 중생이 어두워서 못 보는 것입니다. 어두워서 못 보는 데에 허물이 있는 것이지, 극락세계와 사바세계, 예토(穢

土)와 정토(淨土)가 따로 있지가 않은 것입니다. 현대는 이렇게 분명히 깨달아야 할 절박한 시대입니다. 현대 물리학도 여기에 가까이 와 있습니다.

그러기에 제가 말씀드리는 것은 앞으로 종교는 과학을 근거로 해서 이루어져야 한다는 말입니다. 부처님 가르침은 다 한결같이 실상(實相)을 근거로 해서 말씀하신 것입니다.

저는 타성일편(打成一片)이란 말을 거듭 역설하고자 합니다. 우리는 일체 만법을 하나의 원리로 통일한 인생관이 되어야 하기 때문입니다. 우주의 모든 존재가 본래로 하나이기 때문에 모든 것을 하나로 통일시켜 버려야지, 그러지 못하고 이래 저래 막히고 거리끼면 자기 마음도 항시 의단이 풀리지 않고 마음의 흐름을 제거할 수 없는 것입니다. 모두가 하나의 불성(佛性)이요, 불성이 아닌 것은 어디에도 없습니다. 물질이란 환상이 없어져 버리면 결국은 진여불성(眞如佛性)만 남지 않겠습니까?

사선정(四禪定)이란 밀계(密界)의 그 실색(實色)을 증명해서 보는 동시에 수·생·행·식 4온(蘊)의 4선(禪)으로써 상·락·아·정 4덕(四德)의 4정(定)에 전입(轉入)하는 경계이니 곧 4무색(無色)의 경계일상(境界一相)을 관찰함은 4선(禪)이요, 그의 사유(思惟)로써 일행(一行)함은 4정(定)입니다.

공무변처(空無邊處)를 관(觀)하고 념(念)하여 색계의 금진상(金塵相)을 견(見)하고, 금진상을 견해야 금강지입니다.

관법(觀法)을 관법 외도(外道)라고 폄(貶)하는 사람들도 있습니다마는 부처님의 모든 수행법도 관법이요 6조 스님까지 한결같이 관법인데 관법이 외도일 수는 없습니다. 그런 것이 지금 한국 불교의 미숙한 풍토입니다. 참 통탄할 일입니다. 우리는 그런 법집(法執), 불경에도 의지하지 않고 자기 주관적으로 아무렇게나 국집하는 그런 법집을 떠나야 합니다. 아함경이나 금강경이나 화엄경이나 다 관법이 아닌 것이 있습니까? 관조(觀照)하는 수행법 속에 모든 수행법이 다 포함되어 있습니다.

욕계의 허망상을 없애고 열반계의 정덕(淨德)을 증험하는 것이 초선정(初禪定)입니다.

식무변처(識無邊處)를 관하고 넘하여 미진(微塵)의 아누색(阿耨色)을 견(見)하는 동시에 수성(水性)적 수음(受陰) 곧 감수(感受)해서 얻은 번뇌를 걷고 청정한 마음의 아덕(我德)을 증(證)함은 2선정(二禪定)이요.

무소유처(無所有處)를 관하고 넘하여 색구경(色究竟)의 극미상(極微相)을 견(見)하는 동시에 화성(火性)적 상음(想陰)을 전(轉)하여 일도광명(一道光明)의 상덕(常德)을 증(證)함은 3선정(三禪定)입니다. 사바세계가 오로지 광명뿐인 광명정토, 광명세계로서 그런 광명은 어디에 있고 어디에 없는 것이 아니라 항상 충만해 있으니까 상덕입니다.

비상비비상처(非想非非想處)를 관하고 넘하여 미미의 인허상(隣虛相)을 견(見)하는 동시에 풍성(風性)적 행음(行陰)을 전하여 락(樂)덕을 증함은 4선정(四禪定)일새 4선정이란 곧 사바세계 즉 적광토(寂光土)임을 견(見)하고 사바세계 그대로 극락세계임을 증험하는 선정입니다.

그리하여 욕계의 혹망(惑網) 곧 욕계의 번뇌의 그물을 초탈하고 색계에 생활새 모든 공덕을 생하는 의지(依地) 근본이 되는지라, 욕계의 욕심 뿌리가 뽑혀 버려야 공덕이 생기는 것입니다. 아무리 신통을 하고 싶고 뭣인가 남을 위하여 애쓰고,

알려고 하지만 욕계를 못 떠나면 안됩니다.

　사선정(四禪定)을 본선(本禪)이라고도 칭하니 몸에는, 욕계를 떠나갈 때에는 동·양·경·중·냉·난·삽·활(動痒輕重冷煖澁滑)이라, 몸이 움직이고, 또는 가렵고, 더러는 몸이 가볍거나, 무겁고, 더러는 몸이 차고, 따숩고, 더러는 깔깔하고, 또는 윤택이 있고 부드럽고 이러한 팔촉(八觸)이 생기고,

　자기 마음에는 텅 다 비어서 공(空)이라, 맑아서 명(明)이요 또는 마음이 일심지(一心支)가 되어서 하나로 통일되니까 정(定)이요, 지혜가 밝아지니까 지(智)요, 또는 선심(善心)이라, 굉장히 마음이 선량해져서 나와 남이 둘이 아닌데 어떻게 자기 때문에 남을 성가시게 한다거나 듣기 싫은 말을 한다거나 자기만 잘 산다든가 할 수 없는 이른바 동체대비(同體大悲)가 저절로 우러나는 경지입니다. 그리고 유연(柔軟)이라, 마음이 부드러워져서 강강한 마음이 가시어 누구와도 다투고 싸울 필요가 없는 것입니다. 일체가 같은 마음이요 같은 몸이거니 누구와 싸우고 필요 없는 시비를 하겠습니까? 희(喜)라, 기쁘고 락(樂)이라, 즐거움이고 또는 해탈(解脫)이고, 경계상응(境界相應)이라, 경계에 따라 이해가 되고 알맞게 판단한다는 뜻입니다. 이런 십공덕(十功德)이 생함은 초선정에 들어간 증상이며,

　초선부터 비·설(鼻舌) 2식(二識)이 없어서 냄새를 못 맡고 맛을 모르는 것입니다. 차근차근 오관(五官)을 떠나게 됩니다.

　2선부터는 5식(五識)을 모두 떠나서 몸으로 촉감도 못 느끼고 눈으로 보아도 안 보이고 귀로 들어도 안 들린다는 말입니다. 그러면 도인이나 4선에 들어간 사람들은 어떻게 해서 듣고 보고 할 것인가? 이런 때는 차기(借起)라, 하고 싶으면 짐

짓 욕계의 이근(耳根)이나 또는 안근(眼根)을 빌려서 하는 것입니다. 그리고 다만 의식(意識)만 있는 것이니 혹은 안·이·신 3식, 눈과 귀와 또는 촉감과 3식의 희수(喜受)가 있어서 의식과 상응하고 혹은 의식의 락수(樂受)가 있어서 3식과 상응하는 바 의식의 기쁨이 거치르니 희수(喜受)요, 락수(樂受)가 아닙니다.

3선에는 역시 의식만 있어서 락수(樂受)와 사수(捨受) 즉, 즐겁게 느끼고 괴롭게 느끼는 등 고락을 못 느끼는 2수(受)가 상응하되 기쁨이 지극히 맑고 미묘하니 락수(樂受)며,

4선에서는 역시 의식 뿐이요, 오직 사수(捨受)와 상응할 뿐입니다.

그리고 상(相)에 있어 4선에 각각 3급씩, 초선정에 3, 또 2선에 3, 또는 3선에 3, 4선에 3급이 있습니다. 성(性)에 있어서 4급 내지 8급을 말하는 바, 천(天)이란 밀계(密界)의 지상(地相)으로서 이른바 광명세계의 지상으로서 색계 12천에 무색계의 정범지(淨梵地)를 보태서 색계라 총칭하기도 하니 곧 선정(禪定)의 차서(次序)입니다.

우리가 4선천(四禪天)과 4선정(四禪定)도 구분해야겠습니다. 4선천은 선정과 덕을 닦은 과보로써 그 하늘에 태어나 안락한 경계를 수용하는 것이고 4선정은 범부 중생이 선정을 닦아서 번뇌를 녹임에 따라 발현되는 공덕상입니다.

그런데, 사대(四大)의 실색(實色)인 줄 시인할 뿐이요. 4대의 허상을 떠난 실상(實相)임을 감득 못함은 범부 소견이요, 중생은 4대의 실색을 못 보니까 무슨 색이라 하면 중생의 차원에서 이것도 번뇌에 때묻은 색이 아닌가 하지만 묘색(妙色)은 제법이 공(空)한 자리에 나타나는 우주에 충만한 청정적광

(淸淨寂光), 정광(淨光)으로서 한계나 국한이 없습니다.

또는 사음(四陰) 곧 수·상·행·식인 우리 심리에 묻어 있는 오염된 번뇌인 4음을 사덕(四德)인 상락아정(常樂我淨)으로 전환 못함은 외도의 천견(淺見)일새, 외도는 습기를 소멸하지 못하여 나라는 아(我)를 못 끊는 것입니다. 외도와 정도의 차이는 무엇인가? 정도는 아(我)를 끊는 것이고 외도는 아를 못 끊는 것입니다. 멸진정(滅盡定)을 성취해야 수와 상과 행과 식에 있는 마지막 아(我)의 뿌리를 뽑아 버리는 것이므로 정도(正道)라 합니다.

다만 근기(根機)에 있을 따름이요 삼계에 있지 않음을 요지(了知)하는 동시에, 삼계란 깨달은 안목에서는 오직 청청무비한 영원한 극락세계입니다. 다만 중생이 잘못 보아서 또는 업장 따라서 오염되게 보는 것입니다.

그런데 4선정을 외도선(外道禪)이라 폄(貶)하는 분도 있는데 그것은 근본선(根本禪) 도리를 이해하지 못하기 때문입니다.

그래서 근래에 흔히 볼 수 있는 사선(死禪) 곧 죽은 선인, 바른 지혜없이 멍청히 닦는 무기정(無記定)이나, 근본 성품을 여의고 분별하고 헤아리며 닦는 망상정(妄想定)인 삿된 사정(邪定)을 닦아서는 안되는 것입니다. 그리고 화두들고, 염불하고, 주문 외우고, 하더라도 모두가 다 진여불성이 아님이 없고 천지 우주는 진여불성의 청정미묘한 무량적광으로 충만해 있다고 이렇게 분명히 느끼고 그 자리를 안 여의고 닦아야지 그렇지 않고 분별하고 헤아리면 결국은 망상인 것입니다. 내가 있고 네가 있고 또는 무슨 상대유한적인 문제를 의심하고 누가 어떻게 말하고, 이런 것은 모두가 망상 아닙니까? 일체가 부처라는 생각 외에 한 생각이라도 달리 일어나면 벌써 다 망(妄)이라는 말입니다. 천지 우주가 청정미묘하고 일미평등한 불성 뿐이다는 생각 외에는 사실은 다 망상인 것입니다. 그러기에 조사 어록에 일념불생(一念不生)이라, 한 생각도 내지 말라는 말입니다.

사정(邪定)의 수행을 능사로 자인하는 아양승(啞羊僧) 곧 참다운 진리를 모르고서 법을 잘못 설하는 승(僧)을 경계해야 한다는 것입니다.

4선정이란 삼승성자(三乘聖者)가 공수(共修)하는, 누구나 함께 닦아야 하는 근본선(根本禪)입니다. 4선정을 이른바 근본선이라고 합니다. 근본불교의 요체는 근본선에 있는 것입니다. 그런데 지금 태국이나 버어마나 스리랑카에서는 출가승의 자세는 좋은데 정작 수행법에 있어서는 근본선을 제대로 닦지 않는 것입니다. 참다운 비파사나(Vipaśyana)는 근본선을 닦아야만 합니다. 따라서 비파사나 선을 공부하는 분도 꼭 근본선을 닦아야 부처님 당시의 아함경, 근본불교의 요체를 공부하는 도리가 되는 것입니다. 근본선은 소승권이나 대승권이나 누구나 다 닦아야 합니다. 우리가 번뇌로 오염되어 있으니까 빨리 가고 더디 가는 차이뿐인 것이지 꼭 근본선을 거쳐야 하는 것입니다.

그래서, 금타 스님도 근본선을 역설하여 재음미하기 바라며 멸진정(滅盡定)을 거쳐 구경성취(究竟成就)를 해야 한다고 하였습니다. 그러나 4선정이 구경지(究竟地)는 아닙니다. 외도와 정도가 공수(共修)하기 때문에 외도도 4선정을 닦으나 다만 아(我)를 못 떼고 머물러 버리고, 정도는 아(我)를 소멸한다는 견고부동한 대원력(大願力)으로 멸진정(滅盡定)에 진입

하는 것입니다.

3. 멸진정(滅盡定)

「大乘義章」二에 「滅盡定者는 謂諸聖人이 患心勞慮하야 暫滅心識함이니 得一有爲의 非色心法하야 領補心處함을 名 滅盡定」이랐고 同 九에 「滅受想者는 偏對受想二陰하야 彰名함이라 想絶受亡이 名 滅受想이오 滅盡定者는 通對一切의 一心心數法하야 以彰名也니 心及心法의 一切俱亡이 名爲滅盡」이랐으며 「俱舍論」 五에 如說컨대 「復有別法하니 能令心心所로 滅함을 名無想定이오 如是히 復有別法하니 能令心心所로 滅함일새 名滅盡定」이랐고 同述記 七本에 「彼心心所의 滅을 名滅定이오 恒行인 染汚의 心 等이 滅故로 卽此亦名 滅受想定이라」하야 滅盡定을 滅受想定이라고도 名하고 六識의 心心所를 滅盡하는 禪定의 名으로서 그 加行方便에 特히 受의 心所와 想의 心所를 厭忌하야 此를 滅함일새 加行에 從한 滅受想定이오 不還果 以上의 聖者가 涅槃에 假入하는 想을 起하야 此의 定에 入함일새 極長이 七日이라 滅盡定인 양 解하나

換言하면 滅盡定이란 色陰을 滅盡함에 따라 受·想·行·識 四陰의 染心을 滅盡하는 三昧의 名이니 初·二地에서 色陰을 三·四地에서 受陰을 五·六地에서 想陰을 七·八地에서 行陰을 九·十地에서 識陰을 上下品의 十重 五位로 滅盡함이오 또는 十信位에서 色陰을 十住位에서 受陰을 十行位에서 想陰을 十廻向位에서 行陰을 十地位에서 識陰을 五重 十位로 滅盡함이니 十重 五位론 十住位부터 五重 十位론 三地부터 次第로 滅盡함이니라

곧 先修後證과 先證後修의 別은 姑捨하고 色蘊 又는 此에 染汚한 四蘊의 染心을 滅盡하고 淨心에 住하야 常樂의 一 大人我를 成就하는 滅盡三昧의 名이니라

그리하야 四禪·四定에 此를 加하고 九次第定이라 稱하는 바 四禪·四定은 三乘聖者와 外道가 共修하나 第九의 滅盡定은 聖者에 限하는 同時에 外道는 法相에만 限하고 正道에 不在하며 根機에 따라

次第漸修 又는 間超와 頓超의 別이 有하니라

　대승의장(大乘義章) 2에 '멸진정자(滅盡定者)는 위제성인(謂諸聖人)이 환심노려(患心勞慮)하여' 자기라는 관념을 떼기가 쉬운 문제가 아니지 않습니까? 마지막까지 자기라는 관념인 아상(我相)이 달라 붙는 것입니다. 그래서 환심노려하여, 자기란 허망한 것이고 본래 없는 것이라고 애써서, '잠멸심식(暫滅心識) 함이니' 잠시 동안 심식(心識)을 멸함이니, 완전히 멸하면 또 안되겠죠. 그러면 죽은 사람, 그때는 무기(無記)아닙니까?
　그래서 분별시비가 다 끊어져버린, 분별심 없는 선정이 무심정(無心定)인데, 무심정은 외도가 닦는 무상정(無想定)과 정도가 닦는 멸진정(滅盡定)으로서 모두 다 4선정을 성취해야 들어가는 것인데 무상정은 외도들이 무상천의 과보를 얻기 위해서 닦기 때문에 생각이 멸하여지면 이것이 열반이라고 집착해 버리는 것입니다. 이것이 이른바 무상정이고 정도는 멸진정에 들어가는 것인데 번뇌습기를 소멸하기 위하여 잠시간 들어가는 것입니다. 중생 제도의 원력 때문에 장시간(長時間) 들어갈 수 없는 것입니다. 대승은 벌써 보살 아닙니까? 이 몸뚱이를 천만 개를 다 없애더라도 범부 중생을 모조리 바른 도리로 이끌어야겠다는 서원 때문에 보살은 오랫동안 선정락에 잠기지를 못하는 것입니다. 다만 나라는 찌꺼기만 없애기 위해서 잠시 동안 마음을 끊어 없애는 것입니다.
　'하나의 유위(有爲)의 비색심법(非色心法)을 득(得)하여 심처(心處)를 보령(補領)함을 멸진정이라 이름하였다'고 하였고 대승의장 9에는 '멸수상(滅受想)이란 것은 수(受)와 상(想)

의 2음(陰)에 대하여 이름을 나타낸 것인데, 의식으로 감수하고 상상하고 이런 것은 다 번뇌이니 상상한 것이 끊어지고 또 감수한 것이 없어지는 것을 이름하여 멸수상이요 또한 멸진정은 일체의 모든 가지가지의 마음법에 대하여 이름을 나타낸 것이니 심왕법(心王法)과 심소유법(心所有法)으로서, 심(心)은 아뢰야식으로서 마음의 주체인 심왕(心王)이고 심소유법(心所有法)은 주체에 따라 일어나는 여러 가지로 분별하는 법인데 이런, 심급심법(心及心法) 일체가 없어지는 것을 이름하여 멸진(滅盡)이라' 하였으며,

구사론(俱舍論) 5에 또 말씀하시되 '다시 별법(別法)이 있으니 능히 심법과 심소유법을 멸함을 명무상정(明無想定)이라 하고 또한 다른 법이 있는데 능히 심법과 심소유법을 멸함을 명멸진정(名滅盡定)이라' 하였고,

동술기(同述記) 7본에 '피심심소(彼心心所) 곧 심왕(心王)과 심소유법을 멸함은 멸정(滅定)이요 항시 업을 짓는 염오(染汚)된 마음이 멸하니 멸수상정(滅受想定)이라' 하여

멸진정을 멸수상정이라고도 이름하고 6식(識)의 심심소(心心所)를 멸진하는 선정의 이름으로서 그 가행방편에 특히 수(受)의 심소(心所)와 상(想)의 심소(心所)를 싫어해서 이를 멸하는 것이니 가행(加行)에 따른 멸수상정이요, 불환과(不還果) 이상의 성자가 열반에 가입(假入)하는 상(想)을 일으켜서 이 선정에 들어가는 것이니 극장(極長)이 7일입니다. 선정에 들어 너무 오래 있으면 보살의 중생 제도의 원력이 아닐 뿐 아니라 건강에도 지장이 생기는 것입니다. 따라서 원력이 홍심(弘深)해서 이레 동안 이상을 못 들어간다는 것입니다.

환언하면, (여기서부터는 금타 스님이 각 법문을 종합한 결어(結語)

입니다.) 멸진정이란 색음(色陰)을 멸진함에 따라 수와 상과 행과 식 4음의 염심(染心)을 멸진하는 삼매의 명이니 초, 2지에서 색음(色陰)을 3, 4지에서 수음(受陰), 5, 6지에서 상음(想陰)을 7, 8지에서 행음(行陰)을, 또는 9, 10지에서 식음(識陰)을, 상하품(上下品) 십중오위(十重五位)로 멸진함이요 또는 십신위(十信位)에서 색음을, 십주위(十住位)에서 수음을, 십행위(十行位)에서 상음을, 십회향위(十廻向位)에서 행음을, 또는 십지위(十地位)에서 식음을, 오중십위(五重十位)로 멸진함이니, 십중오위로는 십주위(十住位)로부터 오중십위로는 삼지(三地)부터 차제로 멸진함이니라.

곧 선수후증(先修後證)과, 먼저 닦고 뒤에 증득하는 수법이라든가 선증후수(先證後修)라, 먼저 증하고 뒤에 닦는 구별은 고사하고 색온(色蘊) 또는 이에 염오한 4온의 염심(染心)을 멸진하고 정심(淨心)에 주(住)하여 상락(常樂)의 일대인아(一大人我)를 성취하는 멸진삼매(滅盡三昧)의 이름이니라.

그리하여 4선(四禪), 4정(四定)에 이를 가(加)하고 9차제정(九次第定)이라 칭하는 바 4선, 4정은 삼승성자와 외도가 같이 닦으나 제 9의 멸진정은 성자에 한하는 동시에 외도는 법상(法相)에만 한하고 정도에 부재(不在)하며, 아(我)를 못 끊었기 때문에 정도에는 들어갈 수 없겠죠, 근기에 따라 차제로 점수하고 또는 간초(間超)와, 간초는 2지 3지 등 어느 정도 비약할 수 있고 또는 돈초(頓超)라, 돈초는 단번에 비약적으로 구경지까지 성취하는 그런 차별이 있는 것이니라.

지금까지 우리가 검토해 왔습니다마는 선수후오(先修後悟), 선오후수(先悟後修)는 굉장히 중요한 문제입니다. 선오후수는 이미 누차 말씀드린 바와 같이 먼저 우리가 수행의 길목을 알고서 닦는 것이요, 그 길목을 모르고서 애쓰고 닦아 가다가 나중에 깨닫는 것이 선수후오입니다. 따라서 먼저 길을 알고 닦는 수법인 선오후수는 오수(悟修)요, 길도 모르고 애쓰고 닦다가 가까스로 깨닫는 선수후오는 미수(迷修)라고 합니다. 마땅히 정법 수행자는 선오후수(先悟後修)가 되어야 열린 평온한 마음으로 한결 올바르게 정진하고 정확히 깨달을 수가 있습니다.

4. 오인(五忍)과 십삼관문(十三觀門)

五忍과 十三觀門

舊譯「仁王經」敎化品에「佛言大王하사대 五忍이 是 菩薩의 法이니 伏忍의 上·中·下와 信忍의 上·中·下와 順忍의 上·中·下와 無生忍의 上·中·下와 寂滅忍의 上·下를 名爲諸佛菩薩의 修般若波羅蜜이라」시고 同 受持品에「大牟尼께서 言하사대 有修行十三觀門의 諸善男子가 爲大法王이라 從習忍으로 至金剛頂이 皆爲法師일새 依持하라 建立하니 汝等 大衆은 應如佛供養而供養之하라 應持百萬億天이 香과 妙華하야 而以奉上이라」시고 同 嘉祥疏에「伏忍의 上·中·下者는 習忍이 下요 性忍이 中이오 道種忍이 上이라 在三賢位요 信忍의 上·中·下者는 初地가 下요 二地가 中이오 三地가 上이며 順忍의 上·中·下者는 四地가 下요 五地가 中이오 六地가 上이며 無生忍의 上·中·下者는 七地가 下요 八地가 中이오 九地가 上이며 寂滅忍의 上下者는 十地가 下요 佛地가 上」이랐으니

一에 伏忍이란 習忍·性忍·道種忍의 三賢位에 在한 菩薩이 아직 煩惱의 種子는 未斷이나 此를 制伏하야 不起케 하는 忍이오

二에 信忍이란 初地부터 三地까지에서 貪惑을 斷盡하고 眞性을 見하야 正信을 얻는 忍이오

三에 順忍이란 四地부터 六地까지에서 嗔惑을 斷盡하고 菩提의 道에 順하야 無生의 果에 趣向하는 忍이오

四에 無生忍이란 七地부터 九地까지에서 痴惑을 斷盡하고 諸法無生의 理에 悟入한 忍이오

五에 寂滅忍이란 十地와 妙覺에서 涅槃의 寂滅에 究竟한 忍이라 忍은 忍可 又는 安忍의 義로서 其 理를 決定하고 不動함일새 十三觀門이란 上의 十四忍 中, 上 寂滅忍의 妙覺位를 除한 十三忍의 修法이라 十三觀門으로써 修하는 者를 大法王이라 云하시고 如佛供養하라시니라

이것은 인왕경(仁王經) 교화품(敎化品)에 있는 부처님 말씀입니다.

구역(舊譯) 인왕경 교화품에 '부처님이 그 당시에 왕에게 말씀하시되, '오인(五忍)이 보살의 법이니, 복인(伏忍)의 상, 중, 하와 신인(信忍)의 상, 중, 하와 순인(順忍)의 상. 중, 하와 무생인(無生忍)의 상, 중, 하와 적멸인(寂滅忍)의 상, 하를 제불보살의 수반야바라밀(修般若波羅蜜)이라' 하시고, 그러니까 제불보살이 반야를 닦을 때에 이 법으로 닦는다고 말씀하셨다는 것입니다.

인왕경 수지품(受持品)에 '석가모니께서 말씀하시되, 십삼관문(十三觀門)으로 닦는 선남자가 대법왕(大法王)이 된다' 공부가 성숙되어서 자성을 깨달아야 비로소 성자이나 십삼관문으로 수행하면 반드시 정각을 성취하게 되므로 이 법으로 닦는 수행자도 법왕이라 한다는 의미입니다.

그것은 어째서 그런고 하면, '습인(習忍)으로부터서 금강정(金剛頂)에 이르기까지 스스로 법사가 되어' 수행하는 방법을 다 알고 있으니 필연적으로 깨닫게 된다는 말입니다. 우리가 길목을 모르면 어디만치 가는가? 어떻게 가는가? 잘 모르지 않겠습니까. 그러나 길목을 안다면 더디 가고 늦게 갈 뿐이지 종

당에는 가고 만다는 것입니다. 따라서 우리가 진발심(眞發心)하고 올바른 수행 방법을 알면 설사, 금생에 성불 못하면 몇 생 뒤에라도 꼭 성불하고 만다는 것입니다. 길을 알면 더디지 않는 것이지만 길을 모른다면 설령 금생에 약간의 수승한 공덕을 얻었다 할 지라도 중간에 중도이폐(中途而廢)하고 말 수밖에 없겠지요.

'이런 정다운 법에 의지하라고 세운 것이니, 그대들 대중은 마땅히 부처와 같이 공양해야 하나니 백만억천 천인들이 향과 묘화를 갖고서 받들어 숭앙한다' 하셨습니다. 아직 범부니까 미처 모른다 하더라도 십삼관문으로 닦는다면 일반 대중들은 마땅히 부처님과 같이 공양을 할 것이며, 백만억천 무수한 천인들이 십삼관문으로 수행하는 이들을 꽃과 향으로써 받들어 숭앙한다는 말입니다.

동(同) 가상소(嘉祥疏)에 '복인(伏忍)의 상, 중, 하는 습인(習忍)이 하요, 성인(性忍)이 중이요, 도종인(道種忍)이 상이라, 이것이 재3현위(在三賢位)요' 아직 성자의 지위가 되기 전에 닦아 나가는 과정들을 인법(忍法)이라는 명분으로 가른다면 이른바 복인인데, 복인(伏忍)에 엎드릴 복자를 쓰는 것은 번뇌를 다는 떼지 못하고 조복시킨다, 억제한다는 뜻입니다. 즉 견도할 때, 견성오도할 때는 단(斷)이요, 그전에는 복(伏)이라는 말입니다. 복(伏)이란 제복(制伏)시켜서 일어나지 못하게 애써서 조작(造作)한다는 말입니다. 그러나 끊어 버리면 조작이 없이 임운(任運)이 되는 것이지요. 화두나 염불이나 주문이나 공부를 익혀 나가는 습인(習忍)이 하(下)고, 더욱 익혀서 확신이 서가는 정도인 성인(性忍)이 중(中)이요, 그 다음은 도종인(道種忍)이라, 이미 확실히 신해(信解)가 생겨 가지고 우리 잠재 의식에다 종자를 심는다는 뜻입니다. 말하자면 한사코 성불하여 모든 중생을 제도하겠다는 그런 종자를 심는다는 말입니다. 도종인까지는 아직은 현위(賢位)요, 성자의 지위는 못됩니다.

그 다음에 '신인(信忍)의 상, 중, 하는 초지가 하요' 초지부터는 이미 환희지를 성취한, 곧 견도한 성자입니다. 그리고 초지라고 하는것은 화엄경의 보살십지에 의거한 것입니다. '2지가 중이요, 3지가 상이며' 복인에서는 현자라 하더라도 아직은 성자가 아닌 범부지이므로 이런 현자의 지위는 확실한 깊은 신앙 즉 정신(正信)은 아직은 못 갖고 항시 의단(疑團)이 깔려 있는 것입니다. 그것은 아직 진여불성을 깨닫지 못하고 상(相)도 미처 여의지 못했기 때문입니다. 그러나 초지에서 견도하면 그때는 확실히 불성을 보기 때문에 비로소 참다운 정신(正信)이 생긴다는 것입니다. 그래서 신인(信忍)이란 이름을 붙이는 것입니다.

그 다음에 '순인(順忍)의 상, 중, 하자는 4지(地)가 하요, 5지가 중이요, 6지가 상이며' 순인이라고 한 것은 법성(法性)에 수순해서 조금도 어긋나는 짓을 할 수가 없고 삼업(三業)을 여법히 청정하게 행위한다는 말입니다.

'무생인(無生忍)의 상, 중, 하자는 7지가 하요, 8지가 중이요, 9지가 상이며' 무생인은 불생불멸의 이치를 온전히 체험한다는 뜻입니다.

그 다음에 '적멸인(寂滅忍)의 상·하자는 10지가 하요, 불지(佛地)가 상이라고 하였으니 적멸인에는 중(中)이 안 들어갑니다. 왜냐하면 이것은 찰나이기 때문에 가운데다 중(中)을 넣을 필요가 없는 것입니다.

1에 복인(伏忍)이란, 습인·성인·도종인의 3현위에 재(在)한 보살이 아직 번뇌의 종자는 끊지 않았으나 이를 제복하여, 억제해서 일어나지 않게 하는 인(忍)이요,

2에 신인(信忍)이란, 초지부터 3지까지에서 탐혹(貪惑)을 단진(斷盡)하고 진성(眞性)을 견(見)하여 정신(正信)을 얻는 인(忍)이요, 따라서 보살 초지부터는 견도(見道)지위입니다. 견도지위에서 우리가 이른바 이생성(異生性)이라는 범부의 성품을 떠나서 성자의 참다운 성품인 정성(正性)이 되므로 견도할 때를 가리켜 정성리생(正性離生)이라 합니다. 즉 범부가 사물을 바르게 통찰을 못하고 달리 볼 수밖에 없는 분별시비를 떠나서 정성인 진여불성 경지를 얻는다는 뜻입니다. 3지까지에서 탐혹을 단진하고 진성을 견하여 비로소 바른 신앙을, 확고부동한 후퇴없는 신앙을 하는 것입니다.

3에 순인(順忍)이란, 4지부터 6지까지에서 진혹(瞋惑)을 단진하고 보리(菩提)의 도에 순(順)하여 무생(無生)의 과(果)에, 불생불멸의 과에 취향(趣向)하는 인이요,

4에 무생인(無生忍)이란, 7지부터 9지까지에서 치혹(痴惑)을, 탐·진·치·번뇌 가운데 탐혹은 가장 먼저 끊어지고 그 다음에 진혹이 끊어지고 마지막에 무명인 치혹을 단진하고 제법무생(諸法無生)의 리(理)에, 모든 법이 불생불멸한 뜻에 깨달아서 들어감이요.

5에 적멸인(寂滅忍)이란, 10지와 묘각(妙覺)에서 열반의 적멸(寂滅)에 구경(究竟)한 인(忍)이라, 열반 곧 적멸에 사무쳐 다 깨달아 버린다는 것입니다.

인(忍)은 인가(忍可) 또는 안인(安忍)의 뜻으로써, 인은 참을 인자 아닙니까? 진여의 도리를 확실히 믿고 안주하며, 편안

히 머물러 동요가 없다는 뜻입니다.

13관문이란 위의 14인 중, 복인에 3이 있고, 신인에 3, 순인에 3, 무생인에 3, 적멸인에 2가 있어 14인(忍)인데, 상적멸인의 묘각위를 제한, 적멸인이 바로 묘각이므로 제하고서 13인(忍)의 수법(修法)이라, 수행하는 과정이 13인의 수법이라 13관문으로 닦는 자를 대법왕(大法王)이라 말씀하시고 여불공양하라 하시니라 곧 부처같이 공양하라 하신다는 말입니다.

우리는 허두에서 말씀드린 선오후수(先悟後修)가 얼마나 중요한 가를 알 수 있습니다. 만약 석가모니께서 출현하셨을 때에 다른 위대한 성자가 계셨더라면 석가모니께서도 6년 고행이나 그렇게 많은 수도를 안하셨겠지요, 우리도 석가모니 부처님께서 안 나오셨더라면 이리 헤매고 저리 헤매고 얼마나 시간과 정력을 낭비하겠습니까. 다행히도 석가모니 부처님께서 나오셔서 인생과 우주의 모든 길을 온전히 밝혀 놓으셨으므로 우리는 그 길목을 따라가야만 합니다. 가는 길목을 모르면 전에 말씀드린 바와 같이 암증선(暗證禪)이라, 우리가 암중모색한다는 말입니다. 내 공부가 얼마만큼 되었는가, 자기 점검을 못하고 또는 다른 이들의 정도를 간별을 못합니다. 도인이라고 하면 그런가보다 하지 우리가 저 분이 어느 정도인가 알 도리가 없습니다. 이런 십삼관문(十三觀門)같은 법문을 안다면 자기 공부길에도 헤매지 않고 다른 수행자들에 대해서도 정당한 조언을 할 수가 있는 것입니다.

제6장 금타(金陀) 스님의 주창(主唱)

제1절 현기(懸記)

　지금까지 말씀드리는 가운데 그때그때 금타 스님의 금강심론(金剛心論)에서 인용도 하고 또는 첨가하여 말씀드려 왔습니다마는 금강심론을 다 소개할 수는 없고 몇 가지만 스님의 독창적인 내용을 추려서 소개하겠습니다.
　불교에서 현기(懸記)라는 것은 예언이나 같습니다. 즉 말하자면 당래(當來)에 올 수 있는 모든 것을 예상해서 선지식들이 말씀하신, 멀리 앞을 내다본 당위설(當爲說)을 현기라고 합니다.

懸 記
一. 流 通
　世界 一圓의 半徑的인 現在의 朝鮮人口 二千八百八十萬의 倍數인 五千七百六十萬人의 三乘聖衆이 因緣 깊은 七個國人으로 더불어 輪界的인 精神의 世界에 遍滿할새 後에, 刊行할 首楞嚴三昧圖는 且置하고 이 '一人傳에 一人度'만으로써 法爾的으로 菩薩聖衆인 一千八百八十萬人 外에 爲先 緣覺과 聲聞의 二乘聖衆인 三千八百八十萬人을 度함.
　二. 思 潮
　法爾的으로 萬法이 持雙일새 合法과 非合法의 二大思潮가 流布함.
　三. 政 治
　法爾的으로 天地를 統一함은 眞空이오 妙有함은 地·水·火·風 四大일새 世界는 四大의 政治分野로써 組織됨.
　四. 合 流
　大衆的으로 超凡入聖의 時代라, 體·相·用인 三大의 分野가 本流에 合함.
　五. 主 義
　開闢以來 主로 同軌인 過去의 一千四佛과 未來의 一千九百九十六佛이며 從으로 同轍인 無數億 菩薩의 一貫的인 護法主義를 主張하고 護持함.
　六. 義 務
　사람의 功德됨이 迷情을 救함보다 더함이 없으니 이의 '一人傳에 一人度'를 銘念할지어다 總報가 齊同한 世界同胞여! 同胞여! 同胞여!

　　　　　　　　　　丁亥(1947年) 正月 念日
　　　　　　　　　　　　碧山閑人 釋 金 陀 告

一. 유통(流通)
　세계 일원의 반경적인 현재(서기 1947년)의 조선 인구 이천팔백팔십만의 배수인 오천칠백육십만의 삼승성중(三乘聖衆)이

인연 깊은 7개 국인으로 더불어, 이것은 중국이나 버어마 등 불교국으로서 그 당시를 보아서 말씀을 했겠지요. 윤계적(輪界的)인 정신의 세계에 변만(遍滿)할새 후에 간행할 수릉엄삼매도(首楞嚴三昧圖)는 차치하고, 그만 두고라도 이 '일인전에 일인度(一人傳一人度)' 이것은 반야심경과 보리방편문, 오지여래(五智如來) 등의 법문으로서, 한 사람한테 전해서 한 사람을 꼭 제도한다는 서원이 담겨 있는 것입니다. 이것만으로써 법이적(法爾的)으로, 법 그대로 보살성중인 일천팔백팔십만인 외에 위선 연각과 성문의 이승성중(二乘聖衆)인 삼천팔백팔십만인을 제도함.

그러니까 보다 고도한 법문이 아니더라도, '일인전에 일인도'만을 가지고도 능히 이렇게 인연 깊은 보살성중은 말할 것도 없고 성문 연각승인 삼천팔백팔십만인을 능히 제도하리라는 서원이 담겨 있는 법문입니다.

二. 사조(思潮)

법이적으로, 법 그대로 만법이 지쌍(持雙)일새, 만법이 서로 의지해 있다는 말은 연기(緣起)의 대요입니다. 만법이 서로 상대적으로 의지해 있을새 합법(合法)과 비합법(非合法)의 2대 사조(二大思潮)가 유포함.

연기법에 어긋나면 비합법이고, 연기법에 맞으면 합법이겠지요. 따라서 마땅히 우주의 도리, 이른바 우주의 섭리에 따르면 합법이고, 우주의 섭리에 맞지 않으면 비합법이라는 말입니다. 가사, 자기만 잘 되기를 바란다든가 또는 도덕율을 안지키고 마음대로 방종한다든가 이런 것은 모두가 비합법이고 우주의 도리 곧 제법이 공이고 본래에 있어서 일체존재 모두가 다름이 없는 진여불성이며 부처와 중생과 나와 남이 본래 하나라는 불이(不二)도리에 입각해서 행동하는 것은 합법적인 것이고 그 이외의, 나와 남을 구별하고 선악시비를 구분하는 것은 비합법이 되는데, 이러한 2대 사조가 유포되고 있는 현대 사조를 의미합니다.

三. 정치(政治)

여기에서의 정치는 세속적인 정치가 아니라 우주를 섭리하는 우주의 일관된 도리를 뜻합니다.

우주의 도리 그대로 천지를 통일함은 진공(眞空)이요, 묘유(妙有)함은 지·수·화·풍 4대(四大)일새, 세계는 4대의, 이른바 구조적인 정치 분야로 조직됨.

삼천대천 세계나 우리 인간이나 또는 모두가 다 지·수·화·풍 4대로 구성되어 있습니다. 이것은 진여법성에 본래로 갖추어 있는 성공덕(性功德)이 성품일 때에는 능조사대(能造四大)고, 작용할 때 곧 공간성을 띠고 상대 유한적인 세계로 나타날 때에는 소조사대(所造四大)라 합니다.

四. 합류(合流)

대중적으로 초범입성(超凡入聖)의 시대라, 체(體)·상(相)·용(用)인 3대(三大)의 분야가 본류(本流)에 합함.

이런 점이 금타 스님의 투철한 예지라고 생각합니다. 현대라는 것은 말세니까 깨달아서 도인(道人) 되기가 어렵다고 하는 것이 일반적인 통설 아닙니까? 그런데 개인 또는 몇 사람만 성자가 되는 것이 아니라 대중적으로 이른바 집단적으로 범부를 초월해서 성자가 되는 시대라고 말합니다. 대중적으로 초범입성의 시대라는 이런 말씀이 맞는가 안 맞는가 몰라도 하여튼, 현대인들에게 미래지향적인 소중한 희망과 격려가 아닐 수 없습니다. 대중적으로 초범입성의 시대라, 그건 왜 그런고 하면 체·상·용의 3대(三大)의 분야가 진리의 본류(本流)에 합류(合流)하는 시대이기 때문입니다. 기신론(起信論)에 체(體)는 우주의 본체요, 상(相)은 우주의 본체에 들어 있는 성공덕(性功德)이고, 용(用)은 활용으로서의 3대(大)입니다. 또한 체·상·용의 3대(大)는 법·보·화(法報化) 삼신(三身)과 대응(對應)하면 체(體)는 법신(法身)이요, 상(相)은 보신(報身)이며, 용(用)은 화신(化身)이 됩니다.

그런데 현대가 어째서 대중적으로 초범입성시대라고 생각할 수 있는가 하면은, 과거에는 뿔뿔이 모두가 분석적으로만 생각했던 것입니다. 특히 현대 물리학이 나오기 전에는 더욱 그랬습니다. 우주가 하나의 도리인 것을 잘 몰랐다는 말입니다. 그러나 다행히 현대의 물리학이 나오면서 제법공(諸法空) 도리를 알 수가 있도록 이미 실증적으로 증명이 되었습니다. 제법이 공이니까 인연 따라서 잠시간 이뤄진 현상은 시간적으로 본다면 결국 무상(無常)입니다. 다만 순간 찰라도 머물지 않고 전변무상하거니 고유한 것은 없습니다. 따라서 시간적으로 고정된 것이 없다면 공간적으로도 있다고 볼 수가 없겠지요. 공간성과 시간성이 없을 때에는 이미 모든 것은 없는 것입니다. 즉 제로(0)라는 말입니다. 따라서 인연 따라서 생겨난 것은 분석하기 전에 바로 본래로 공이라, 색즉공(色卽空)이라는 말입니다.

따라서 그런 도리를 현대 물리학도 증명하고 있습니다. 에너지가 인연 따라 진동해서 전자, 양자, 중성자 그런 소립자가 되는 것이고 또 그런 것이 적당히 결합해서 산소나 수소나 각 원소가 되는 것이며, 다시 결합해서 분자, 성분이 되어서 물체가 이루어지는 것이라고 밝혔습니다.

또한, 사람이나 어떠한 물체나 에너지의 운동상황, 활동상황인 것이요, 그 에너지가 운동하고 진동해서 무엇이 된다고 하더라도 에너지 자체는 불멸이라고 에너지 보존의 법칙에서 증명한 것이 아닙니까? 에너지는 조금도 감소가 없다는 말입니다. 삼천대천 세계가 이렇게 생겨났다가, 우리 중생이 살다가, 다시 파괴가 되어 텅텅 비어 버린다 하더라도 에너지 자체는 조금도 감소가 안되는 것입니다.

나(我)라는 존재가 업장 따라서 이와 같이 태어나서 그냥 죽어 버린다 하더라도, 몸뚱이는 사라진다 하여도 나라는 순수한 생명체, 말하자면 에너지 자체 곧 불성(佛性) 자리는 부증불감(不增不減)이요, 불생불멸(不生不滅)이라는 말입니다. 이런 도리를 현대 과학도 증명하는 때입니다.

옛날에는 불교만 하더라도 인도에서 중국에 전해지는데 몇백년이 걸렸고 우리 나라에까지는 천년의 세월이 흐른 뒤였습니다. 그러나 지금은 지구촌이라고 하지 않습니까. 어디에서 무슨 일이 발생하면 세계 방방곡곡에서 곧바로 알아 차리는 정보화 시대입니다. 이렇게 문화 문명이 교류되고 교섭하는 때인지라, 또한 현대인은 지성적으로 굉장히 총명합니다. 지금은 유치원생이 하느님이 어떻고 부처님이 어떻다고 저희들끼리 뭐라고 다투거든요. 그걸 보면 참 무섭게 발달된 시대 아닙니까?

따라서, 돈오돈수(頓悟頓修)나 돈오점수(頓悟漸修) 같은 그런 어려운 문제도 우리가 잘 이해해야 합니다. 체·상·용인 3

대의 분야가 본체에 합하는 때이니까 말입니다. 지금은 우리가 근본 본체를 떠나서는 바로 살 수가 없습니다. 인류 사회가 자본주의 사회에서 불공평하니까 사회주의 공산주의가 필연적으로 나왔지만 그것이 인간성의 본바탕을 알지 못하고 사랑이 무엇인가, 또는 자연의 근원은 무엇인가를 모르면서 다만 유물론에 입각한 유물변증법에 의해서 이루어진 사회에서 가장 큰 비극이 무엇인가 하면, 일체 모두는 물질이니 그저 능력껏 많이 생산하고 균등하게 분배하면 된다는 주의입니다. 우리 몸뚱이를 물질이라 보기 때문에 마음 내키는 대로 인간을 수단시하는 것입니다.

따라서, 인간성이 무엇인가 하는 인간성을 모른다면 어떤 분야에서도 도저히 바른 생활도 바른 사회도 이루어질 수가 없는 것입니다. 바른 어버이가 못되고 바른 친구도 못되고 더구나 바른 스승이 될 수는 없겠지요. 마땅히 소경이 길을 이끌다가 같이 함정에 들어가는 어리석음을 범하지 않기 위해서는 부처님의 가르침을 따르는 길 밖에는 없습니다. 부처님 가르침 밖에는 참다운 자기를 밝힌 가르침이 없기 때문입니다.

따라서, 과거에는 그렁저렁 했어도 살아갔지만 오늘날 절박한 역사적 전환기에는 그렇게는 살 수 없는 것입니다. 공산주의 사회가 그렇게 죄어 매고, 그렇게 조직적으로 얽어맸어도 팔십 년도 못 가서 붕괴되는 것 보십시오. 소비에트(Soviet)가 원자력에 있어서는 미국을 능가할 정도라고 하지 않습니까? 그네들이 부족한 것이 무엇인가? 유물주의 때문에 결국 붕괴가 된 것입니다.

지금 우리 한국 사회도 정치가 혼란스러운 원인이 무엇인가 하면, 정치인들이 투철한 철학이 없기 때문입니다. 물론 칸트를 배우고 니이체도 배우고 많은 공부를 하였겠지만 가장 기본적인, 인간이 무엇인가 하는 진정한 실존 철학이 없습니다. 나와 남이 본래 둘이 아니고 우주와 더불어 본래로 둘이 아니라는 생각만 바로 한다면 빗나간 일을 할 수가 없는 것입니다. 따라서 정치 분야나 남을 가르치는 스승 입장이나 어떤 분야에서나 자기가 무엇인가 하는 근본적인, 불성(佛性)을 투철하게 깨달아야 하는 것입니다.

五. 주의(主義)

개벽(開闢) 이래 주로 동궤(同軌)인 과거의 일천사불과 미래의 일천구백구십육불이며 종(從)으로 같은 길인 무수억(無數億) 보살의 일관적인 호법주의(護法主義)를 주장하고 호지(護持)함이라,

주겁(住劫) 동안에 이른바 과거 장엄겁(莊嚴劫), 현재 현겁(賢劫), 미래 성수겁(星宿劫)으로 3겁을 나누는데, 불경에 의지하면 3겁 동안에 삼천불(三千佛)이 출현한다고 합니다. 과거 장엄겁에 천불, 현재 현겁에 천불, 또 미래 성수겁에 천불로 삼천불입니다. 미래 성수겁이란 성수(별) 같이 많은 성자가 나온다고 해서 성수겁이라고 하는 것입니다. 그리고 석가모니 부처님은 현재 현겁의 넷째 부처님이고 미륵불은 다섯째 부처님입니다.

개벽 이래 주로 동궤인 과거의 천사불과, 과거 장엄겁 천불과 현재 4불과 합해서 천사불인 셈이고 삼천불 가운데 나머지는 미래의 천구백구십육불이며 종으로 동궤인 무수억 보살들이 일관적(一貫的)인, 보살이나 부처나 모두가 우주의 도리, 진여의 도리에 일관되게 여법(如法)히 따르는 셈이지요. 조금

도 흐트러지지 않고 오로지 진리 한 길인, 호법주의(護法主義) 곧 진리를 지키는 주의, 진리에 수순(隨順)하는 도리를 주장하고 보호하고 지킨다는 의미입니다.

六. 의무(義務)

사람의 공덕됨이 미정(迷情), 곧 무명심(無明心)을 구제함보다 더함이 없으니 이의 '일인전에 일인도'를 명념할지어다. 총보(總報)가 제동(齊同)한, 과거 전생에 과보가 똑같은 세계 동포여! 세계 동포여! 세계 동포여!

사실 우리 인간에게 무명심을 없애고 우주 생명의 실상인 진여불성(眞如佛性)을 깨닫는 일보다 더 귀중한 공덕은 없습니다.

제2절 호법단 4차 성명서(護法團四次聲明書)

그 당시에, 전에 총무원장을 지낸 내장사(內藏寺)의 매곡 스님과 호법단(護法團)을 조직하고 발표한 성명서 등 여러 문건이 있었는데 다 인멸되어 버리고 제가 이것만 겨우 챙겨서 옮긴 것입니다.

護法團 四次 聲明書
本 護法團은 世界 四聖說을 打破하는 同時에 菩薩十地를 基幹으로 하야 老子를 七地, 基督과 孔子를 五地, 마호메트와 소크라테스를 四地 等 在家菩薩位에 按排하고 出家菩薩인 元曉와 震默이 八地, 普照와 西山이 四地, 空海(日本)가 三地일새 同胞는 參酌하신 後 因襲的인 神聖的 迷信觀念을 打破하시고 正道에 歸依하시기 바랍니다.
그리고 道敎中 道德經을 除한 外에 他는 揀別하며 大倧敎와 神道란 華嚴神을 信仰의 對象으로 하는 時節까지 正道임을 保留하고 他의 諸 宗敎란 皆是非道임을 聲明합니다.
乙酉(1945) 九月 十九日
護法團長 釋 金 陀

본 호법단은 세계 사성설(四聖說)을 타파하는 동시에, 보통 석가, 예수 또는 공자, 소크라테스를 사대성인(四大聖人)이라고 하는데 호법단이 사성설을 타파한다는 것은 성인이 네 사람 뿐만이 아니라는 것입니다.

보살십지(菩薩十地)를 기간으로 하여 노자(老子)를 7지(地), 예수와 공자(孔子)를 5지, 마호메트와 소크라테스를 4지 등 재가보살위(在家菩薩位)에 안배하고, 외도인들을 보살위에까지 수용한 것도 금타 스님이 처음인 셈입니다. 저는 금타 스님이 어떤 근거에서 했는지는 모릅니다. 앞으로 숙명통을 통해서 통관한다면 모르겠지마는, 이런 문제에 대해서는 비판적인 불교인들도 있습니다.

출가보살인 원효(元曉)와 진묵(震默)이 8지(地), 보조(普照)와 서산(西山)이 4지, 공해(空海)가 3지일새, 공해는 일본에서 가장 저명한 스님입니다. 동포는 참착하신 후에 인습적인 신성적 미신 관념을 타파하시고 정도(正道)에 귀의하시기 바랍니다.

그리고 도교(道敎) 중 도덕경(道德經)을 제한 외에 타(他)는 간별(揀別)하며, 도덕경을 제한 외에는 좋은 것도 있고 궂은 것도 있으니까 잘 선택하여 보라는 것이지요. 대종교 단군교와 신도(神道)란 화엄신(華嚴神)을 신앙의 대상으로 하는 시절까지, 화엄신을 믿는 정도까지는 정도임을 보류하고 기타의 다른 종교란 개시 비도(皆是非道)임을 성명합니다.

이러한 것은 앞으로 중요한 논쟁거리가 될 문제이기도 합니다. 아무튼 저는 어릴 적부터 어쩐지 이것저것 따지고 갈라서고 서로 갈등이 되는 것을 싫어하다가 불교계에 처음 들어와 보니 또 다투고 싸우길래 그만 두어야겠다고 도로 튀어 나갔던 것인데, 다행히도 금타 스님 법문을 보고 나니까 부처님 가르침이 정말로 기독교나 무슨 종교나 다 수용하는 대화합의 진리이구나 통감하고 다시 들어와 나름대로 정진하고 있습니다.

제3절 우주론(宇宙論)

1. 서문(序文)

　제가 이렇게 금강심론(金剛心論)을 말씀 드리니까 '자기가 받드는 스승이니까 치켜 세우는구나' 하고 생각하는 분도 계실런지 모르지마는 저는 이미 황혼이 짙은 수행자의 분상에서 그 정도로 속되지는 않습니다. 앞으로 과학과 불교와의 관계 설정은 우리 불교인들에게 필수적인 중요한 문제이기 때문에 굳이 말씀을 드리게 되는 것입니다.

　　序 文
　一微를 誤見하면 妄想이 되고, 正見하면 眞覺이 된다. 一切 萬事가 自己의 見解에 依하여 眞妄이 揀別될 뿐, 一微나 一切에 本來 眞妄이 없으며 器世間(現象界) 이대로가 一眞法界로서 一切衆生이 一佛의 化身이며, 個別的 化身이 바로 本身의 佛임을 忘却하고, 顚倒妄想하여 迷惑人이 되고 스스로 凡夫라 이름하나 一大人에게는 聖凡이 없다.
　"만약 사람이 三世의 一切가 佛임을 了知하고자 하면, 마땅히 法界性을 觀할지니, 一切가 唯心의 所造니라."(若人欲了知 三世一切佛

應觀法界性 一切唯心造) 함은 華嚴偈이다. 法界性을 見하고 그 以下는 色法으로써 全揀하며, 以上은 心法으로 全收하니, 色卽是空이요 空卽是色이라, 空이란 色碍가 없는 不但空인 眞空을 말하며, 色이란 質碍이면서 그림자와 같이 眞空體의 妙用인 假相을 말하므로, 卽體卽用으로서 性·相이 一如이며, 卽心卽佛이므로, 三世 一切가 普賢境이다.

그러나, 迷惑人은 大日心體가 質碍的 그림자에 가리워, 眞智의 證明이 없이 妄見을 세워서 眞理라고 생각하며, 主客이 顚倒한 事實마저 否認한다.

이에 몇 가지 例를 들면, 熱이 地輪界(地球와 地球의 半徑을 倍增한 球狀의 虛空身을 云함) 自身의 熱임을 모르고, 熱源이 太陽에 있다고 하며, 光明 또한 地球 自我의 光明임을 모르고 太陽이 光源이라 한다. 그리고, 月은 太陽의 反映體라 한다.

그러나, 輓近 飛行術이 發達하자, 태양을 향하여 上昇할수록 冷氣가 다가오고, 또한 어둠을 느끼며, 달밤에는 溫氣가 느껴지는 事實은 무슨 理由인가? 또는 月의 上弦과 下弦이 地球의 그림자에 가리운 表徵이라 하는데 과연 의문이 없을 것인가?

現代 科學 文明을 자랑하면서, 아직도 銀河水가 무엇임을 분명히 알지 못하며, 日月星宿가 어째서 虛空에 浮遊하고 있는지, 그리고 左轉 또는 右轉하지 아니치 못할 理由가 那邊에 있는지, 이에 對한 解明이 曖昧하며, 曆年一時가 365日과 6時 未滿임을 經驗하면서, 太陽과 地球의 距離와는 無關한 事實이라 생각하고, 굳이 地球 半徑의 23440倍라 말하며, 빛(光)이 太陽에서 地球까지 旅行하는데, 8分 20秒 걸린다고 한다. 아무튼 數字는 形式科學에 屬하나 要는 主觀點이 어디에 있느냐가 問題이다.

二十世紀 文明이 여지껏 宇宙를 解剖하지 못하며, 肉眼의 實性을 回復한 天眼에 依해서만 發見할 수 있는, 陽核의 七分一에 該當하는 金塵, 곧 原子核의 本質을 分析科學에 依하여 發見하려고 虛勞를 費함은, 正眼이 있는 者 입을 삼가하고 있을 수 없으니, 正見 있는 人士는 채찍을 들고 일어서라! 그리고 聖人들이 認定한 바, 長久한 歲月을 두고, 뼈가 되고 피가 되고 살이 된 精神文明을 登場시켜라!

本說 "宇宙의 本質(法界性)과 形量(行相)"인 片言 隻句가 萬에 一이라도 正道를 指示하는 助道的 資糧이 될 수 있다면, 幸甚하기 그지없다.

그리고 本說을 六節로 大別하고 百項으로 小分하였으나, 一貫된 道理로 始終하였으며, 더욱이 胎藏界의 數值로써 一律的으로 計算한 數字이므로, 百 中 其 一을 認定할 때, 百을 또한 否認할 수 없을 것이므로, 贅言이면서 이를 附言하는 바이다.

　　　　　　　　　　　壬午(1942)年 6月 9日
　　　　　　　　於 井邑 內藏山 碧蓮禪院　釋 金 陀 識

제가 금타 스님의 우주론(宇宙論)의 서문을 읽어 드렸습니다. 그리고 혹 참고가 되실까하여 저의 '머리말'을 소개해 드립니다.

금타 화상(金陀和尙)께서 저술한 바, 미증유(未曾有)한 파천황(破天荒)의 우주론은 단순한 사변적(思辯的)인 소산이 아닐 뿐 아니라, 경험 과학적인 시도와는 그 차원을 달리한 순수 직관적인 현묘(玄妙)한 선정(禪定)을 통한 통찰이기 때문에, 그 내용에 있어 현행 천문학과 현격한 차이가 있음은 도리어 당연한 일일 것이다.

그리고 현대천문학 또한 아직도 암중모색(暗中摸索)의 영역을 벗어나지 못하는 실정이니, 설사 금타 스님의 천문설이 하나의 가설(假說)에 지나지 않는다고 할지라도, 너무나 거창하고 합리적인 체계를 어느 뉘라서 감히 부정할 수가 있을 것인가?

또한, 화상의 우주론은 어디까지나 불설(佛說)에 그 근저(根抵)를 두었으며, 불교 우주관인 삼천대천세계(三千大千世界) 곧 10억 우주에 관한 초유(初有)의 체계화임을 감안할 때, 참으로 귀중한 불교 문헌이 아닐 수 없다.

그래서, 특히 불교인으로서는 불교 우주관에 대한 깊은 고려없이 다만 일지반해(一知半解)한 천문상식만으로 천박한 비판을 함부로 한다면, 도리어 방불훼법(謗佛毁法)의 허물이 되지 않을 수 없을 것이다.

그런데, 화상의 우주론이 저으기 난해한 것은 천문학 본래의 성격상 어쩔 수 없을 뿐 아니라, 본 저술이 구체적인 주해(註解)가 없는 원리(原理)만의 논술이기 때문에 부득이한 일이니, 모름지기 진지한 구도인(求道人)의 자세로 숙독(熟讀) 음미한다면, 반드시 귀중한 조도(助道)의 자량(資糧)이 될 것임을 확신하는 바이다.

2. 우주(宇宙)의 본질(本質)과 형량(形量)

우주의 본질(本質)과 형량(形量)은 백항(百項)으로 되어 있는데 그 가운데서 몇 항목만 골라서 살펴보기로 하겠습니다.

左旋塵과 右旋塵

地塵의 4/5는 水塵이며 1/5은 火塵이므로 이를 解體할 경우는 地性을 얻을 수가 없다. 水塵 或은 火塵의 塵體란 또한 地性을 帶하므로 地性을 떠나서는 水・火 二塵을 認定할 수가 없다. 冷熱의 差가 風塵이므로 水・火 二塵을 認定하지 않고서는 風塵을 찾을 수가 없다.

아무튼 四大塵이 一身이 되어 떠날 수 없는 事實이므로 四大를 또한 客塵이라고 할 수 없으며 다 같이 一金塵의 四大 作用이다. 左旋 金塵이 水塵이며 右旋 金塵이 火塵이다. 그리고 그 塵體가 地性이며 左旋 或은 右旋이 風性으로서, 左旋은 右旋에 對해서만 左旋, 右旋은 左旋에 對해서만 右旋이다. 結局 左右의 名과 旋廻의 相이 남을 뿐으로서 名・相을 떠나면 空인 것이다.
 그러나 다만 공(但空)이 아닌, 質身의 窮竟으로서 分析할 수 없는 하나의 主塵을 이에 金塵이라 云한다.
 그리고 左旋塵은 同性相引, 異性相斥의 特性이 있고, 右旋塵은 同性相斥, 異性相引의 特性이 있기 때문에 드디어 四性의 差別이 起하므로 同性相引을 水性, 異性相斥을 地性, 同性相斥을 火性, 異性相引을 風性이라 云하므로, 四塵이라 할지라도 一金塵이 左旋 或은 右旋으로 말미암아 四相을 呈하는 것이다.

磁金塵과 電金塵

 左旋 金塵이 右旋 金塵에 對하여 磁氣가 生하고, 右旋 金塵이 左旋 金塵에 對하여 電氣를 發하므로 左旋 金塵을 磁氣塵, 右旋 金塵을 電氣塵이라 말한다.
 그리고 日球와 水星은 左旋體이므로 右旋體인 月 또는 火星에 對하면 磁氣가 生하여 이것이 引力이 되고, 右旋體는 左旋體에 對하여 電氣를 發하여 이것이 斥力이 된다.
 要컨대 磁氣는 左旋力에 伴하고, 電氣는 右旋力에 伴한다. 따라서 宇宙의 平衡的 引力은 星霧系 左旋塵體의 磁氣에 말미암은 左旋力이며, 기울음(歪)을 生하는 斥力은 遊星界 右旋塵體의 電氣에 말미암은 右旋力이다.

宇宙의 原動力

 月體積의 3000倍의 相當한 全冷量의 3^{10}=59049倍인 月體積의 177147000倍가 引力總量으로서 月體積의 500倍인 全熱量의 5^6=15625倍 곧 7812500倍가 斥力 總量이며, 兩者의 差인 169334500이 左旋 風力이므로, 地球 또한 이 左旋 風力으로 말미암아 左轉함을 알 수 있다.
 그리고 日球의 引力量인 $125 \times 3 \times 59049 = 20268375$와 月體의 斥力量인 $1 \times 5 \times 15625 = 78125$와의 差 20190250의 左旋 風力이 木星에 影響하여 木星이 全 宇宙의 左旋 風車가 되고 遊星界의 首班인 月을 牽制하면서 土星界의 左旋力과 合勢해서 中을 得함으로써 萬有가 安

立할 수 있는 것이다.

　金塵과 大千 世界
　(a) $76210537750511\frac{479}{567}$(一宇宙의 體積으로서 이것이 一切의 根據인 等體의 金塵量)×$1000000000(1000^3)$=$76210537750511844797178\frac{74}{567}$ 三大千世界의 根據인 十億宇宙의 全體積으로서 이것이 無量 無邊의 世界海에 浮漚가 되어 我宇宙와 成·住·懷·空 四劫의 期間을 함께 한다.
　(b) $76210537750511844797178\frac{74}{567}×7=$
$53347376425358291 3580246\frac{518}{567}$ 十億宇宙에 따른 輪界의 體積
　(c) $76210537750511844797178\frac{74}{567}+53347376425358291 3580246\frac{518}{567}$
=$60968430200409475 8377425\frac{25}{567}$ 는 三千大千世界이다. 마치 無量 無邊의 金海에 十億의 金漚가 浮遊하고 있는 中에, 또한 無量의 金 漚가 因陀羅網을 이루고 있는 것과 같다. 實際는 一宇宙의 八十億 倍이나 大數로써 百億 世界라 云한다.

1) 좌선진(左旋塵)과 우선진(右旋塵)

　앞에서 대강 윤곽을 말씀드렸으므로 짐작이 되시리라 믿습니다마는 지·수·화·풍 사대(四大)는 물질인데 그것이 시초에 어떻게 나왔는가 하는 것은 현대 과학 문명 시대에서는 굉장히 중요한 문제입니다. 그것은 일체 물질의 근원 문제이기 때문입니다.
　34항 좌선진(左旋塵)과 우선진(右旋塵)은 그 대목입니다. 우주의 순수 에너지가 말하자면 금진(金塵)인데, 이 금진이 왼편으로 도는 것과 또는 오른편으로 도는 것에 따라 사대(四大)가 형성된다는 내용입니다.
　지진(地塵)은 산소나 수소나 질소 등 지구나 대류권에 있는 물질들을 말합니다.

 지진의 4/5는 수진(水塵)이며 1/5은 화진(火塵)이므로 이를 해체할 경우는 지성(地性)을 얻을 수가 없다. 4/5의 수(水)와 1/5의 화(火)가 적당히 인연 화합되어서 지(地)가 되었으니 지(地)를 해체할 때에는 지(地)라는 성품은 없다는 말입니다. 마치 우리 몸뚱이가 지·수·화·풍 4대가 화합되어 몸이라고 하는데 지·수·화·풍 4대를 분석해버리면 우리 몸뚱이가 어디 있겠습니까? 그와 똑같은 이치입니다.

 수진(水塵) 혹은 화진(火塵)의 진체(塵體)란 또한 지성(地性)을 띠므로, 지성이란 질료가 될 수 있는 하나의 요소를 말합니다. 지성(地性)을 떠나서는 수·화·2진(塵)을 인정할 수가 없다. 그러니까 화진이나 수진도 그 가운데 벌써 지성을 하나의 성품으로 갖추었다는 말입니다. 나 가운데 너가 있고, 너 가운데 내가 있고 일미진중 함시방(一微塵中含十方)이라, 조그만한 티끌 가운데도 우주의 모든 성품이 들어 있는 것입니다. 다만 우리는 상(相)만 보니까 구분해 보는 것이지 본 성품으로 본다면 무장무애(無障無碍)라, 이것 가운데 저것이 들어있고 저것 가운데 이것이 다 들어 있습니다.

 냉열(冷熱)의 차가 풍진(風塵)이므로 수(水), 화(火) 2진(塵)을 인정하지 않고서는 풍진을 찾을 수가 없다.

 냉은 수(水)적 성질이고 열은 화(火)적인 성질이 되므로 즉 수·화의 차가 풍진인데 풍은 에너지학에서 말하는 하나의 동력 이른바 운동 에너지로서 수·화 2진을 인정하지 않고서는 동력 즉 풍진을 얻을 수 없다는 말입니다. 수·화의 차가 있으니까 풍진이 나오는 것인데 수·화 2진이 먼저 선행적으로 인정되지 않고서는 풍진을 얻을 수 없겠지요.

아무튼, 지·수·화·풍 4대진(四大塵)이 한 몸이 되어 떠날 수 없는 사실이므로 사대(四大)를 또한 객진(客塵)이라고 할 수 없으며, 다 같이 한 금진(金塵)의 사대(四大)작용이다.

그러니까 원래는 우주의 순수 에너지, 순수의 정기인 금진인데, 금진이 인연 따라서 이렇게 움직이고 저렇게 움직이는 작용으로 4대가 나왔다는 말입니다.

좌선금진(左旋金塵)이 수진(水塵)이며 우선금진(右旋金塵)이 화진(火塵)이다. 그리고 그 진체(塵體) 즉 질료가 지성(地性)이며, 좌편으로 도는 것이나 혹은 우편으로 도는 동력이 풍성(風性)으로써 좌편으로 도는 것은 우편으로 도는 것에 대해서만 좌선(左旋)이고 오른편으로 도는 것은 왼편으로 도는 것에 대해서만 우선(右旋)이다. 결국 좌(左), 우(右)의 이름과 도는 상(相)이 남을 뿐이므로서 이름과 상을 떠나면 공(空)이라,

그러나 다만 공(但空)이 아닌, 질신(質身)의 궁경(窮竟)으로서, 가장 미세한 끄트머리로서 분석할 수 없는 하나의 주진(主塵)을 이에 금진(金塵)이라고 말한다.

그리고 좌선진은, 좌편으로 도는 금진(塵)은 동성(同性)끼리 서로 이끌고 이성(異性)끼리 서로 배척하는 특성이 있고, 또는 우편으로 도는 금진은 동성끼리 서로 배척하고 이성끼리 서로 이끄는 특성이 있기 때문에 드디어 지·수·화·풍 사성(四性)의 차별이 생기므로 동성끼리 서로 이끄는 것을 수성(水性), 이성끼리 서로 배척하는 것을 지성(地性), 동성끼리 서로 배척함을 화성(火性), 이성끼리 서로 이끄는 것을 풍성(風性)이라 말하므로 지·수·화·풍 4진(四塵)이라 할지라도 한 금진이 좌편으로 도는가 혹은 우편으로 도는가에 따라서 사상

(四相)을 보이는 것이 지·수·화·풍 4대(四大)라는 말입니다.

2) 자금진(磁金塵)과 전금진(電金塵)

그 다음은 자금진(磁金塵)과 전금진(電金塵)은 자기와 전기, 이른바 플러스(+) 마이너스(-)라는 말입니다.

좌편으로 도는 금진이 우편으로 도는 금진에 대해서 자기(磁氣) 즉 플러스(+)가 생기고 우편으로 도는 금진이 좌편으로 도는 금진에 대하여 전기 즉 마이너스(-)가 생기므로, 좌선(左旋) 금진을 자기진, 우선(右旋) 금진을 전기진이라 말한다.

그 다음은 전문적인 문제이기 때문에 생략하겠습니다.

3) 우주(宇宙)의 원동력(原動力)

다음 항은 우주의 원동력은 어떻게 나왔는가? 우주가 몇 년 뒤에 파괴가 될 것인가? 이런 것도 다 수치로 표현이 되어 있으니 원문을 보시고 참고하시기 바랍니다.

4) 금진(金塵)과 대천세계(大千世界)

금진(金塵)과 대천세계(大千世界)에 나와 있는 어마어마한 수치는 현상적인 사바세계 수치와는 다른 것입니다. 태장계(胎藏界) 수치, 곧 밀교(密敎) 수치이기 때문에 우리가 보통 사용하는 수치는 아닙니다. 이것은 산수(算數)적 수치가 아니라 대수적(代數的) 수치입니다.

제3절 宇宙論 591

　이것이 본문에서 취급하는 삼천대천 세계이다. 마치 무량무변의 금색 바다에 10억의 금색 거품이 떠돌고 있는 가운데, 삼천대천 세계는 이른바 10억 우주인데 한 우주를 한 거품으로 보았습니다. 따라서 그 한 우주 가운데에는 지구가 들어 있습니다. 또한 무량의 금색 거품이 인다라(Indra 因陀羅:帝釋天) 망(網)을 이루고 있는 것과 같다.
　삼천대천 세계만 있는 것이 아니라 또 이런 삼천대천 세계가 한도 끝도 없이 많이 있는 것입니다. 부처님께서 말씀하신 세계라는 것이 얼마나 넓은 가는 우리가 상상을 할 수가 없는 무량무변한 세계입니다.
　헤아릴 수 없는 무수한 금구(金漚) 곧 금색거품이라, 무량무변의 금색 바다에 물리적인 때문은 보통 광명이 아니라 청정적광(淸淨寂光) 광명의 바다에, 조금도 거리낌이 없이 유동하기 때문에 바다라는 표현을 썼겠지요. 십억의 금색 거품이 뛰놀고 있는 가운데 또한 무량의 금색 거품이 인다라망을 이루고 있다.
　인다라망은 모든 악을 제하고 모든 선을 다 갖춘다는 뜻입니다. 즉 말하자면 일체 공덕을 다 갖춘다는 뜻입니다. 상(相)으로 말하면 제석천에 걸려 있는 마니보주로 된 그물입니다. 제망중중(帝網重重)이라고 할 때의 제망이란 제석천의 보배 그물인 인다라망입니다. 이것은 그냥 물질로 된 것이 아니라 영롱한 광명체로 된 그물이라는 뜻이고 또 나쁘고 때묻은 것은 흔적도 없고 좋은 것만이 서로서로 장애없이 원만하게 갖추어져 있다는 의미입니다.
　그래서 바르게 본다면 한도 끝도 없는 금색 광명의 바다에 십억 세계가 마치 금색 거품과 같이 뛰놀고 있기에, 지구나 태양이나 다 똑같은 광명체인 금색 광명이고 제 아무리 작은 가운데에도 무량의 공덕이 다 갖추어 있어서 인다라망을 이루고 있다. 곧 무량공덕을 이루고 있다는 뜻입니다.

　실제로 우주의 팔십억배이나 대수(大數)로서 백억 세계라 한다고 되어 있습니다.

　여기까지 해서 금강심론의 법문을 간추려 대강만 말씀하게 되어 많은 아쉬움이 남습니다마는 횡설수설 이 정도로 끝마치도록 하겠습니다.

제4절 관음문자(觀音文字)

    금타 스님이 창제한 '관음문자(觀音文字)'가 있는데 이것은 우주에 있는 모든 존재의 음성을 다 빠짐없이 표기 할 수 있는 문자로서 제정이 된 것입니다. 훈민정음(訓民正音)의 본 뜻을 살리고 또는 철두철미 부처님의 법인 우주의 도리에 입각한 문자이기 때문에 이 문자 자체가 우리 마음을 닦는 방편으로 구성이 된 것입니다. 가사, 자비심이 없는 사람은 자비심을 내도록 소리로써 유도하고 말소리만 듣고도 탐·진·치 3독심을 간별하여 제도할 수 있다든지 심오하고도 번쇄한 내용이니 나중에 '금강심론' 책을 보시고 참고하시기 바랍니다.

제7장 질의응답과 회향법어(廻向法語)

제1절 질의응답(質疑應答)

1. 釋迦世尊의 修道 成道相은 方便인가?

석가모니 부처님께서는 금생(今生)에 대각(大覺)을 성취하셨지만 과거 전생(前生)에 이미 등각(等覺)을 성취한 보살로서 금생에는 단순히 방편(方便)으로 중생제도를 위해서 출현하셨다는 법문이 있는데 정말 그런 것인가? 또는 부처님께서는 과거 등각보살이 아니고 금생에 6년 고행과 수도를 해서 비로소 깨달은 것인가?에 대한 질문입니다.

우리가 과거세에 많이 닦았다 하더라도 격세즉망(隔世卽忘)이라, 생을 달리하면 잊어버리는 것입니다. 어느 누구나 전생에 공부를 많이 하였으면 그 종자가, 잠재의식에 공부한 훈기가 남아 있어서 다른 사람보다도 훨씬 더 그 공부 훈기가 빨리 개발은 됩니다마는 그래도 한번 생을 바꾸면은 잊어버리는 것입니다. 숙세(宿世)의 업(業) 또는 원력(願力)으로 금생의 몸을 받으면 색(色) 곧 물질에 가려지기 때문에 다시 공부를 해야 합니다. 따라서 과거세에 등각보살로 되셨다 하더라도 금생에 실제로 애쓰고 6년 고행 수도하여 성취하신 것입니다.

그러나 근원적인 리변(理邊)으로 본다면 우리 중생들 모두가 본래 부처 아닙니까? 따라서 일의적(一義的)인 의미에서 볼 때에는 범부와 성인이 따로 없고 부처와 중생이 둘이 아니니 모두 한결같이 진여불성(眞如佛性) 곧 법계(法界)요 부처님 뿐인데, 차별적인 사변(事邊)으로 생각할 때는 생을 한번 바꾸면 깨달음을 위해서 다시 고행 정진해야 하는 것입니다. 그리고 그것은 바로 개인적인 정진에 국한되지 않고 일체 중생을 위한 귀감이기도 합니다.

2. 極樂世界는 法藏의 果報로서 建立되었는가?

그 다음에 법장(法藏)보살의 과보로서 극락 세계가 건립이 되었다는데 정말 그런 것인가? 하는 질문입니다.

우리가 범부적인 차원으로 정토경전(淨土經典)을 본다면 이해 못할 점이 많이 있습니다. 그러나 모두가 다 조금도 과장이 있을 수 없는 것입니다. 부처님은 사실대로 말씀하시고 조금도 속이는 말씀은 없지 않습니까 따라서, 극락세계의 모든 공덕 장엄도 역시 엄연한 사실인데 다만 그 의미 해석이, '원래 없는 극락세계를 법장 보살이 비로소 난행·고행의 수행으로 하여 이룩하였다. 그야말로 무량겁 동안 수행하고도 오겁(五劫) 사유(思惟)라, 오겁의 오랜 세월 동안에 공부 정진한 공덕으로 극락세계를 건립(建立)했다'고 생각해서는 안됩니다. 문자 표현으로만 해석하면 그렇게 생각할 수도 있겠지마는 우리가 리적(理的)으로 해석을 해야 합니다.

리적으로 생각할 때에는 시방세계가 바로 적광토(寂光土), 극락세계인데 우리 중생이 법장 보살같이 수행을 하지 않으면 증득(證得)을 못하는 것입니다. 따라서 범부중생은 극락세계를 감득(感得)을 못하니까, 법장 보살이 극락세계를 건립하였다고 상징적으로 표현을 해도 어폐(語弊)가 아니라는 말입니다. 천상도 마찬가집니다. 지금 우리 인간이 이렇게 있듯이 천상계도 분명히 현상적인 가상(假相)으로 있는 것인데 다만 인간 중생이 업에 가리어 못 볼 따름입니다. 그것을 감득할 만한 정도의 삼매(三昧)에 들면 바로 볼 수가 있는 것이고 느끼는 것입니다. 또는 천상에 갈 만큼 공덕을 심으면 내세에는 반드시 천상에 태어나는 것입니다. 마치 우리가 전생에 인간 공덕을 세워서 인간으로 왔듯이 말입니다. 그러나 인간이나 천상이나 자연계나 삼계(三界:欲界·色界·無色界) 현상은 모두가 다 무상(無常)이요 공(空)이며 무아(無我)이기 때문에 몽환포영(夢幻泡影)과 같은 허망한 가상(假相)의 세계요, 적광토(寂光土)인 극락세계만이 불생불멸한 실상(實相) 세계입니다.

3. 極樂世界는 西方에만 있는 것인가?

　육조단경(六祖壇經)에서 6조 스님 말씀이 서방(西方) 정토‘(淨土) 극락세계(極樂世界)에 관해서 비판적인 말씀을 하신 대목이 있습니다. 동쪽에서 죄를 지으면 참회정진의 공덕으로 서쪽의 안락세계에 태어날 것인데 서쪽에서 죄를 짓고 참회정진한 사람은 어떻게 될 것인가? 동방은 극락세계가 아닌데 어떻게 될 것인가? 하는 내용의 법문입니다.

　서방, 동방에 대해서 우리가 집착을 할 필요는 없습니다. 도인들이 이런 것을 몰라서 말씀하신 것이 아니고 다만 우리 중생들이 상(相)에 집착하여 본질적인 도리를 이해하기 어려우니까 방편으로 말씀하신 것입니다. 그러면 왜 하필 서쪽을 지명했던 것인가? 그것은 동쪽은 해가 뜨는 방향이니 만물의 시초를 상징하고 서쪽은 해가 지는 방향이니 모든 것의 결말, 성취를 상징하여 이상화(理想化)하여 말한 것입니다.

　정토경전(淨土經典)이 2백부가 넘을 정도로 방대합니다. 본래는 내 자성(自性)이 부처고 삼천대천 세계가 바로 부처님 생명 자체이기 때문에 방대한 정토 법문이 다 한결같이 실상세계인 극락세계의 장엄과 중생성불을 위한 거룩한 법문인 것입니다. 그러기 때문에 정토경전의 내용이 절대로 진실이고 사실인 것인데 다만 중생이 미혹되어 그저 '마음이 부처다'고 해서는 알기가 어려운 것입니다.

　따라서 지방입상(指方立像)이라, 중생 차원의 방위를 가리키면서 형상을 세워서 중생을 인도하시는 것입니다. 정토경을 보면 아미타불의 키는 육십만억 나유타 유순(由旬)이라 하였는데 그야말로 한도 끝도 없이 크다는 말이며 극락세계 또한 무량무변한 세계입니다. 그러기에 극락세계의 생명적 인격화가 바로 아미타불이며 부처님의 부사의 공덕으로 중생교화의 선교방편 따라 그때그때 크고 작게 장엄신을 나투시는 것입니다.

따라서 우리는 관무량수경(觀無量壽經) 등의 정토경을 보면 같은 경 내에 방편과 진실이 아울러 있습니다. 그런데 우리 중생은 방편만 집착해서 진실을 알지 못합니다. 관무량수경에 시방여래(十方如來)는 바로 법계신(法界身)이라, 시방여래는 바로 법계를 몸으로 한다고 하였습니다. 법계를 몸으로 하나, 여래의 심심미묘한 부사의 공덕과 자비원력으로 필요한 때는 바늘 구멍만한 모양으로 나투기도 하고 동시에 수억 수만의 화불(化佛)을 나투어서 우리 중생에게 보이기도 하는 것입니다. 우리가 신명을 다하여 공부하다 보면 자기도 모르게 활연히 마음이 열리면서 부처님의 광명신(光明身)을 증득(證得)함과 동시에 자기 스스로 광명신이 되는 것입니다.

그리고 '이 마음이 부처다, 마음 밖에 부처가 따로 없다'는 말에 국집하는 사람들은 부처님 상호를 말하면 상에 걸린다고 굉장히 비판을 합니다마는 부처님 경계라는 것은 그러한 상호까지도 바로 부처 아님이 없는 것입니다. 부처란 원래 이름도 없고 상(相)도 없는 바로 우주의 생명 자체이지만 인연에 따라서는 무한의 가상(假相)을 나투는 것입니다. 그러기에 부사의하고 무량공덕 아니겠습니까?

4. 實相觀과 禪과 念佛禪은 어떤 관계인가?

선(禪)이란 가상(假相)과 가명(假名)을 여의고 불심(佛心) 곧 중도실상(中道實相)의 본체를 참구(參究)하는 것이기 때문에 근본 체성(體性)을 여의지 않으면 비단 화두참구(話頭參究)뿐만 아니라 관법(觀法)이나 염불(念佛)이나 주문(呪文)이나 다 한결같이 참선(參禪)입니다. 따라서 근본 체성을 떠난 공부는 참선이 아닌 것입니다. 이러한 중도실상 곧, 진공묘유(眞空妙有)의 경계를 관찰하고 상념하는 염불이 바로 실상염불(實相念佛)인데 그것이 또한 본래면목(本來面目)을 참구하는 염불선(念佛禪)인 것입니다.

일체 모든 화두도 이러한 본래면목 자리, 진여불성 자리를 분명히 참구하고 그 자리를 증득하고자 하는 의단(疑團)이 되어야 합니다.

앞에서 선(禪)과 염불에 대해서 대강 말씀을 드렸습니다. 자성미타 유심정토(自性彌陀 唯心淨土)라, 우리 본래면목이 바로 아미타불이요 마음이 청정하면 현실세계 그대로 극락세계이니 염불도 근본 성품을 안 여의고 한다면 곧바로 참선이요, 참선과 염불이 다를 것이 하나도 없습니다. 이른바 진여(眞如)나, 실상(實相)이나 중도실상의 본래면목 자리는 상대적으로 분별하는 경지가 아닙니다. 헤아릴 수 없는 부사의한 부처님 광명이 충만한 경계입니다. 그것은 바로 진여실상의 경계이기 때문에 우리들의 업장이 녹아짐에 따라서 점차로 진여불성의 광명이 밝아오는 것입니다. 그래서 지혜도 한결 밝아지고 어두운 표정도 말끔히 가시게 되는 것입니다. 이렇듯 가행정진

(加行精進)을 계속하면 업장의 멸진(滅盡)에 따라 본래 부처인 위없는 깨달음을 성취하게 되는 것입니다.

5. 공부 境界에 대하여

공부 경계(境界)에 대해서 질문하셨습니다. 공부할 때에는 여러 가지 경계가 많이 나옵니다. 우리 마음은 바로 우주의 생명 자체이기 때문에 마음 가운데에는 지옥도 있고 아귀도 있고 축생도 있고 천상도 있고 또는 극락이 다 잠재해 있는 것입니다. 십법계(十法界) 곧 지옥·아귀·축생·수라·인간·천상·성문·연각·보살·부처 등 일체 만법이 우리 마음 가운데 본래로 다 갖추어 있습니다.

그래서 우리가 공부를 닦아 나가면은 잠재의식에 들어 있던 업의 종자들이 업장 따라 그에 상응한 경계가 나타나게 되는 것입니다. 때로는 과거 전생에 경험했던 것도 자기도 모르는 가운데 불쑥 나올 수가 있는 것입니다. 더러는 우리 영식(靈識)이 맑아져서 방안에 있는데도 저만치 바깥까지 투시해서 보이기도 하는 것입니다.

영식이 맑아지면 누구나가 가지가지의 경계가 나타나게 되는 것입니다. 아무리 좋은 경계라도 집착하면 병이 되고 나쁜 경계라도 집착하지 않으면 무방한 것이니 자성(自性) 곧 진여불성을 여의지 않고 정진해 나가면 필경에는 불생불멸한 진여법성을 깨닫는 무생법인(無生法忍)을 성취하게 되는 것입니다.

6. 無明의 始初는 무엇인가?

그 다음에 무명(無明)의 시초(始初)는 무엇인가?
무명이란 원래 있는 것은 아닙니다. 무명이라는 것이 본래 존재하는 것이 아닌데 다만 우리가 진여불성을 깨닫지 못해서 무명이 생깁니다. 무시무명(無始無明)이나 근본무명(根本無明)이나 같은 뜻입니다. 근본무명은 시초에 분별하는 한 생각입니다. 부달일법계고 홀연염기 명위무명(不達一法界故 忽然念起 名爲無明)이라, 평등 무차별한 청정법계의 도리를 깨닫지 못하기 때문에 문득 일어나는 분별심을 무명이라 합니다. 따라서 무명은 일체 현실세계의 온갖 번뇌와 망상과 생사윤회의 근본입니다.
우리 인간의 근본번뇌인 무명은 정견(正見) 곧 반야바라밀에 의해서만 극복할 수가 있는 것입니다.

7. 宗祖에 대하여

종조(宗祖) 문제입니다. 보조(普照) 국사가 조계종의 종조인가? 태고보우(太古普愚) 국사가 종조인가? 하는 질문입니다.
저는 이런, 우리 공부에 조도(助道)가 되지 못하는 문제 등으로 시비를 가릴 생각은 조금도 없습니다. 저는 양쪽 다, 종조로 결정하는 문제는 반대 입장입니다. 저는 석가모니 한 분을 교주(敎主)로 하고 달마 스님이나 또는 6조 혜능 스님이나 또는 보조국사 태고선사를 위시하여 역대 정평있는 도인들을 모두 다 위대한 선지식으로 숭상을 합니다. 어느 특정인을 또, 중국에 가서 누구한테 법을 받고 안 받고 하는 그런 문제가 저한테는 아무런 상관이 없습니다. 우리 후대인들이 보조국사가 더 법이 높은가? 또는 태고 보우 선사가 높은가 어떻게 알겠습니까? 원효 스님이 높은가, 의상 스님이 높은가, 우리는 지금 추상적으로 단정할 수가 없는 것입니다. 따라서 부처님만을 명명백백한 우리 교조로 하고 그 외에는 우리의 소중한 선지식으로 숭배하고 배울 것만 배우면 된다고 생각합니다.

8. 金陀 스님의 行化는?

그 다음에는 금타 화상의 행적이라던가, 공부 경계라던가, 또는 열반상이나 그런 것은 어떤 것인가? 하는 질문입니다.

저도 금타 스님에 대해서 자세히는 모릅니다. 그러나 대략 말씀드리면 스님께서는 20세 이전에 장성 백양사(白羊寺)의 송만암(宋曼庵) 스님을 은사로 출가하였습니다. 송만암 스님은 종정을 지내셨고 또 불교전문학교 교장도 지내신 분입니다. 그래서 근래에 종정을 지낸 서옹(西翁) 스님의 사형(師兄)이 됩니다. 출가한 뒤 강원(講院)도 졸업하고 그 당시의 불교전문대학을 졸업한 뒤 26세경 과학이나 수학 등 신학문(新學問)을 공부하여 현대사회를 제도한다는 포부를 가지고 잠시 동안 환속하였다고 합니다. 30세 때 재입산하여 50세에 입적(入寂)하였습니다. 39세에 내장사 벽련암(碧蓮庵)에서 깨달음을 얻고 읊은 오도송(悟道頌)도 남아 있습니다.

그뒤 내장사 벽련암에서 백양사 운문암(雲門庵)으로 옮겼는데 금타 스님은 개성(個性)도 출중한 분이고 소신(所信)이 확실한 분이기 때문에 은사 송만암 스님과는 법(法)에 대한 견해 차이로 약간 불편한 관계였다고 전해지고 있습니다.

운문암 생활은 순수하게 참선(參禪)을 위주하여 일체 불공도 사절하고 식생활은 아침 죽 공양, 점심 때 공양하고 철저한 오후불식(午後不食)이었습니다. 그리고 일체 경비는 대중 전원 탁발(托鉢)로 충당하였습니다.

금타 스님의 열반(涅槃)은 대중들이 탁발 나간 부재중(不在中)에 시봉 몇 사람만 남아있을 때 열반에 들게 되었습니다. 금타 스님 사리(舍利)에 관해서는 진신사리(眞身舍利)를 채취하기 위해서는 물 항아리를 묻고 장치를 해야 하는데 전혀 그럴 만한 계제가 되지 못하여 유감스럽게도 사리는 수습하지 못하였으며, 백양사 큰절 스님들 말로 화장터에서 사흘 동안이나 베폭 너비의 서기(瑞氣)가 하늘로 뻗쳐 있었다고 합니다.

그런데 우리에게 중요한 문제는 금타 스님께서 부처님 정법(正法)을 여법(如法)하게 수행(修行)하고 여실(如實)하게 증득(證得)하여 부처님 법의 정수를 시기상응(時機相應)하게 기록으로 정리하였다는 사실에 우리 후학들은 깊은 관심을 가져야 한다고 생각합니다.

금타 스님의 유저(遺著)인 금강심론(金剛心論:스님의 유고를 모아 편집함)에는 근본불교의 핵심으로서 견성성불(見性成佛)에 필수적인 근본선정(根本禪定)인 구차제정(九次第定)의 역설과 각 경론(經論)의 모든 수행법과 수행의 위차(位次)를 종합 회통(會通)하여 해탈16지(解脫十六地)로서 수행차서(修行次序)를 정립하였으며 동서(東西) 문자를 종합하여 자행화타(自行化他)에 요긴한 조도(助道)가 되는 관음문자(觀音文字)를 창제

하였고 그리고 현대의 역사적 위기인 유물풍조와 기술 만능 시대에 절대적으로 요청되는 물심일여(物心一如)의 유심적(唯心的) 불교 우주관의 확립 등의 독창적인 희유한 교설들은 비단 우리 후학들을 위한 필수불가결한 수도법문이 될 뿐만 아니라 앞으로 두고두고 인류사회의 지도원리로서 찬연히 빛나게 될 것입니다.

9. 淸華 스님에 대하여

그리고 저한테 대해서 어떻게 살아 왔는가? 어떻게 공부했는가? 물어 왔는데, 저는 내세울게 사실 아무것도 없습니다. 우선 저는 수행자로서 아직 대각(大覺)을 성취하지 못했으며 세속적으로도 무슨 학벌이 좋은 것도 아니고 사람이 잘난 것도 아니며 두드러진 경륜도 아무것도 없습니다. 그저 이산 저산으로 다니면서 참선 공부만 했다는 사실 밖에는 없어서 내세울 것은 정말로 없습니다.

그리고 공부하는 경계에 관해서는 불가향인설(不可向人說)이라, 자기 공부하는 경계는 스승한테 경책받기 위해서가 아닌 한, 다른 이에게 말하지 말라는 불조(佛祖)의 경책이 있습니다. 그래서 공부를 점검 받을 때만 필요한 것이지 부질없이 얘기하면 망언(妄言)이지요. 따라서 구태여 망언을 할 필요가 없지 않겠습니까?

장장 7주야(晝夜) 동안 참, 지리한 동안인데 횡설수설한 제 말씀을 처음부터 끝까지 한 분도 빠짐없이 경청(傾聽)해 주셔서 대단히 감사합니다.

한 자리에서 대담(對談)하는 것도 5백생(五百生) 인연이라는데 여러분과 저는 필시 다생겁래(多生劫來)로 동수정업(同修淨業)한 소중한 도반(道伴)들이시라고 확신하는 바입니다. 이러한 희유한 인연에 대하여 다시금 감사의 합장을 드립니다.

제2절 회향 법어(廻向法語)

　망담반야 죄범미천(妄談般若罪犯彌天)이라, 반야는 원래 말이 없고 문자가 없습니다. 상(相)이 없는 그 자리를 횡설수설 말씀을 많이 드렸으니, 그 허물이 천지에 가득 찹니다. 오늘 회향(廻向) 때에는 주장자나 텅텅 치고 내려갔으면 좋겠는데 또 사족(蛇足)으로 몇 말씀 붙이겠습니다.
　만법(萬法)이 유식(唯識)이라, 모든 존재가 오직 식(識) 곧, 마음 가운데 다 들어 있습니다. 따라서 사람도 동물도 유정(有情)·무정(無情)도 모두가 오직 식(識) 곧, 마음입니다. 식 아닌 것은 아무것도 없다는 것이 만법유식의 도리입니다. 그러기 때문에 사람도 역시 식(識) 덩어리요, 마음 덩어리. 산도 태양도 별도 식 덩어리요, 우리 지구도 바로 식입니다. 따라서 우리 지구는 바로 그대로 지장보살(地藏菩薩)입니다. 또는 태양은 바로 그대로 관세음보살(觀世音菩薩)이요, 달은 대세지보살(大勢至菩薩)입니다.
　그런데, 우주의 도리인 반야바라밀(般若波羅蜜)은 대체로 어떤 것인가? 우리는 여태 반야에 관해서 여러 가지로 생각도

하고 검토해 왔습니다. 반야는 바로 제법공(諸法空) 도리입니다. 그러나 다만 비어 있고 허무하다고만 생각할 때에는 반야바라밀이 되지 못하는 것입니다. 우리 중생이 실제로 있다고 집착하는 현상계는 사실은 시간적으로 무상(無常)하고 공간적으로 비어 있어서 허무한 것이나, 모든 허망한 존재의 근본성품(根本性品)인 진여불성(眞如佛性)은 무한 공덕을 갖추고 우주에 충만해 있는 바로 생명의 실상입니다.

이러한 진공묘유(眞空妙有)한 중도실상(中道實相)의 도리가 반야바라밀입니다. 따라서 우리는 반야가 있으면 비로소 참다운 수행자이고 반야가 없다면 수행자가 못됩니다. 반야는 어느 고유한 존재가 아니라 바로 생명입니다. 우리가 전도몽상(顚倒夢想)만 떠나 버리면 바로 반야의 생명 자체가 되는 것입니다. 반야와 더불어 있어야 참다운 창조가 있고 또는 참다운 수행이 있습니다. 반야가 없다면 모두가 다 범부의 허물을 벗지 못하는 것이고 또는 어떤 행동이나 때묻은 유루행(有漏行) 밖에는 못됩니다.

앞서 말씀드린 바와 같이 중생이 보고 느끼는 일체 현상은 모두가 다 허망무상한 것이고 범부인 한, 우리가 보는 것은 다 전도몽상입니다. 전도몽상을 끊어 버리지 않고서 공부가 될 수가 없습니다. 어떻게 끊어야 할 것인가? 이런 수도 방편이 화두(話頭)요, 염불(念佛)이며, 관법(觀法)이요, 주문(呪文)이며 계율입니다.

따라서, 우리 마음이 아직 반야의 도리를 증명은 못하더라도 우선 이론적으로라도 바른 이해가 있어야 수행이 바로 되기 때문에 철두철미한 이론적인 자기 정립이 되어야 합니다. 이른바 선오후수(先悟後修)가 되어야 한다는 말씀입니다. 이것은 상(相)을 여의면서 체(體)로 돌아가야 한다는 의미입니다.

현대 사조(思潮)는 여러 갈래로 다원적(多元的)이고 다양한 문화현상들이 하나의 도리, 하나의 근본 체성(體性)으로 돌아가지 않을 수 없는 전환기에 직면해 있습니다. 기독교만 보더라도 이른바 구제관(救濟觀)이 다원주의(多元主義)로 발전되어 가고 있습니다. 기독교의 권위 있는 신학대학(神學大學)의 학장까지도 구제가 기독교에만 있는 것이 아니라 다른 종교에도 있다고 개방적으로 생각하고 있습니다.

그래서, 개신교나 카톨릭이나 전통적인 보수주의는 오직 자기들이 신봉하는 하느님한테서만 구제가 있다고 국집하지만, 혁신주의는 다른 종교에도 구제가 있다고 이른바 범신론(汎神論)적으로 나아가고 있습니다. 따라서 어느 분야에서나 모두가 다 개방적이고 보편적이고 궁극적인 하나의 진리, 포괄적인 본체로 나아가고 있습니다. 상(相)에서 체(體)로 또는 분열(分裂)에서 화합(和合)으로 지향하고 있는 것입니다.

따라서 이런 시대에 당해서, 우리 불교도 내 종파(宗派) 네 종파의 상에서 벗어나 불법(佛法)의 근본이자 우주의 법칙인 반야바라밀로 돌아가는 것이 절실한 때입니다. 부처님 가르침도 여러 가지 방편이 많이 있는 것인데 대도무문(大道無門)이라, 우주 자체가 무량무변한 진여불성이거니 불성을 깨닫는 대도(大道)에는 문(門)이 따로 없는 것입니다.

어떤 스님이 조주(趙州) 스님에게 가서 '여하시조주(如何是趙州)꼬' 조주가 무엇입니까 하고 문법하니까 '동문(東門) 서문(西門) 남문(南門) 북문(北門)이라' 진실한 조주는 어느 한 문(門)이 아니라 동문이나 서문이나 남문이나 북문이나 어디에나 걸림이 없는 참 성품이라는 말입니다. 불법은 이와 같이 대도무문이라, 문이 없습니다.

그러기에 진리에 마음만 사무치면은, 상을 여의고서 본체를 지향하는 간절한 마음만 있다면, 수도정진하는 과정에서 물〔水〕보고 깨닫고 불〔火〕보고 깨닫고 달〔月〕보고 깨닫고 별〔星〕보고 깨닫고 돌멩이 부딪치는 소리 듣고서도 깨닫는 것입니다. 오직 문제는 우리가 체(體)를 여의지 않고 용(用)을 나투고 또는 용에서 본체로 돌아가는 간절한 뜻이 없으면 수행자의 자세가 못되는 것입니다.

우리는 오로지 한눈 팔지 않고서 근본성품인 진여불성을 깨닫고 진여불성과 하나가 되고자 출가사문이 된 것입니다. 삼천대천 세계도 모두가 체에서 용으로 화현(化現)되었다가 다시 체로 돌아갑니다. 체와 용이 원래 둘이 아니지만 현상적인 세계는 체에서 용으로 온 세계입니다. 현상적인 용(用)이란 본래로 본체인 진여불성을 떠나 있는 것이 아니기 때문에 그 본체에 입각해서 용(用)을 나투어야 온전한 바른 통찰과 올바른 수행(修行)이 되는 것입니다.

본체란 가명(假名)과 가상(假相)을 여읜 일미평등(一味平等)한 자리이기 때문에 필연적으로 무아(無我)·무소유(無所有)가 되는 것입니다. 따라서 무아·무소유의 경계는 일체만유 그대로 진여법성의 경지입니다. 어느 것도 진여법성, 부처님 아님이 없는 자리입니다. 한 생각 잘못 비뚤어져서 '저것은 부처가 아니다, 이것은 부처다'고 분별하는 마음 자체가 체를 여의고서 상에 얽매이는 미망(迷妄)인 것입니다.

따라서 모두가 부처라는, 일체공덕을 원만히 갖춘 진여불성이라는 생명의 실상자리에다 우리 마음을 둔다면 우리 행위인

신·구·의(身口意) 삼업(三業)이 청청하여, 이른바 도덕률에 안 따를 수가 없습니다. 공자(孔子)나 노자(老子)나 예수나 그런 성인들의 행위도 모두가 도덕률에 따른 것입니다. 왜 그런고 하면 도덕률의 본체는 바로 참다운 철학인 우주의 도리요, 불교에서 말하면 진여불성이며, 기독교에서는 하나님이고, 또는 도교(道教)에서는 도(道)요, 유교(儒教)에서는 천도(天道)이기 때문입니다. 이러한 도리는 본래 공평무사(公平無私)한 생명이기 때문에 말하는 언어나, 행동하는 짓이나 조금도 윤리 도덕에 어긋날 수가 없습니다. 말을 함부로 한다거나 또는 음행을 한다거나 또는 음식을 함부로 먹는다는 것은 모두가 다 도덕률 곧 우주의 천연자연(天然自然)한 도리(道理)에 어긋나는 것입니다.

 철학에서도 인간성의 실존(實存)문제가 가장 중요한 과제이며 어떤 분야에서나 인간성을 탐구하는 문제가 가장 절실한 근본문제가 아닐 수 없습니다. 그러나 그 인간성을 똑바로 깨닫고 가르치는 가르침은 불교 외에는 없습니다. 절대로 아전인수(我田引水))가 아닙니다. 따라서 우리 수행자는 인간성을 개발하는 선구자(先驅者)입니다. 현대 사회의 선구자가 어떻게 해야 할 것인가? 우선 도덕적으로 우리는 완벽을 기해야 합니다. 인간이란 약해서 마음으로 다짐을 해도 미끄러지고 비틀어지고 합니다. 그러나 그럴 때마다 칠전팔기(七顚八起)로 즉시 다시 일어나서 나약한 자기를 추스려야 합니다. 인지도자 인지기(因地倒者因地起)라, 땅에서 넘어졌으니 다시 땅을 짚고 일어나듯이 강인한 의지로 다시 바로 일어나서 한사코 법성(法性)자리에다 우리 마음을 붙이고 미망(迷妄)의 그물을 벗어나야 합니다.

어떤 분야에서나, 자기 스승을 위해서나 부모를 위해서나 친구를 위해서나 어느 누구를 위해서나 이와 같이 생명의 고향인 본체로 돌아가는 그 행위가 가장 수승한 행위요, 가장 진정한 보답이 되는 것입니다. 우리들이 전도몽상만 떠나면 다 한결같이 제법(諸法)이 공(空)이요 5온(五蘊)이 개공(皆空)입니다. 범부 중생들은 사실이 아닌 것을 사실로 보기 때문에 고민이 생기고 여러 가지 번뇌가 더욱 더 치성(熾盛)해지는 것입니다. 자기의 본래면목을 바로 참구하는 공덕보다 더 수승한 보배는 없습니다. 우리는 몸이 아프면 약을 먹고 영양분을 많이 섭취합니다만 그것이 필요없는 것은 아니나, 가장 훌륭한 영양분, 가장 완벽한 보약은 부처님 가르침을 여법히 수행하는 일입니다.

　부처님 법에다가 마음을 두고 바로 생활한다면 웬만한 문제들은 풀리는 것입니다. 진여불성에 가까울수록 더 잘 풀리는 것입니다. 왜 그런고 하면 무슨 병이나 다 근본은 무명(無明)에서 오는 것이며 법성 자리에는 본래 죽음도 병도 없기 때문입니다. 고기를 안 먹어도, 단백질을 별도로 안 취해도, 그것 때문에 죽지는 않습니다. 오신채(五辛菜)를 먹어서 그것이 꼭 살로만 되는 것이 아닙니다. 부처님께서 어째서 먹지 말라고 했던가? 모든 계율(戒律)이 다 심오한 공덕이 있으니 부처님 율법(律法)에 있는 것은 꼭 지켜야 하는 것입니다. 그러기 위해서 우리는 법의를 입었습니다. 만약 자신이 없으면 법의(法衣)를 벗고 산문(山門)을 떠나야 하는 것입니다.

　우리는 약해서 뒤뚱거리고 넘어지기가 쉽지만 넘어지면은 바로 일어서야 합니다. 복잡하고 어려운 것은 조금도 없습니다. 부처님을 따르는 길은 공명정대한 우주의 공도입니다. 사실은 최상의 안락행(安樂行)입니다. 우리 출가사문이 가는 길은 수많은 성현(聖賢)들이 형극(荊棘)을 헤치고 다져 놓은 탄탄하고 공변된 해탈의 대도(大道)입니다. 전도몽상만 떠나 버리면은 훤히 트인 마음으로 영생(永生)의 락토(樂土)를 지향하여 환희용약하게 되는 것입니다. 마음도 눈도 열려 버리면은 웬만한 병은 침범을 못하는 것입니다. 그래서 한없이 틔어 있고 다만 비어 있지 않는 자리, 무량공덕을 갖춘 진여불성자리, 이 자리를 생각하고 그 진여불성을 여의지 않는 생활보다 더한 행복은 없습니다. 그러기에 불경에도 아가타(阿伽陀:Agada)약이라, 아가타약은 만병 통치약입니다. 부처님 명호나 화두나, 또는 주문이나 부처님이 말씀하신 불법(佛法)은 다 한결같이 마음 병과 몸 병을 치유하는 만병통치의 아가타약입니다.

　우주가 바로 부처님이요 만법(萬法)이 바로 불법(佛法)이기 때문에 중생염불 불환억(衆生念佛佛還憶)이라, 중생이 부처를 생각하면은 부처는 또한 우리 중생을 굽어보고 호념(護念)하는 것입니다. 다같은 부처거니 부처를 생각해서 부처가 이심전심(以心傳心)으로 상통하고 감응하지 않을 수가 있겠습니까?

　바야흐로 무서운 시대입니다. 자기 문중(門中)에 집착하고 자기 종단(宗團)에 얽히고 자기가 공부하는 법, 내 것만이 옳다는 것에 붙잡히게 되면 우리 마음은 바로 어두어지고 그지없이 옹색해집니다. 이것 자체가 전도몽상입니다. 본래 훤히 틔어서 아집(我執)도 법집(法執)도 없는 마음인 것을 구태여 지어서 아집을 하고 법집을 한다면 우리 공부에나 다른 사람한테나 그 무엇에도 도움이 안되며 그것이 또한 우주를 오염시키는 것입니다.

현대는 개방적인 시대입니다. 아무렇게나 방만(放漫)하게 한다는 개방적인 시대가 아니라, 법집을 털고 아집을 털어버리지 않을 수 없는 해탈을 지향한 시대라는 말입니다. 마땅히 번뇌 해탈을 지향하는 시대적인 조류에 맞춰야 첨단 과학에도 뒤지지 않고 우리가 오욕(五欲)의 수렁에서 헤매는 무량중생을 구제하는 진정한 보살이 될 수가 있는 것입니다.

우리 출가사문들, 자랑스러운 우리입니다. 석년누대 중근기(昔年累代重根基)라, 과거 전생에 두고두고 근기를 쌓아서 금생에 영광스러운 법의를 입었습니다. 우리들의 무상(無常)한 금생 인연이 몇 차례나 다시 만나게 될런지 모르겠습니다마는 그러나 내생에 가서도 꼭 우리는 동진출가해서 피차 청정한 수행자의 모습으로 다시 만나게 될 것입니다. 다생겁래(多生劫來)로 몇 만 생을 다시 태어난다고 하더라도 우리는 한사코 중생 제도를 위해서 반드시 고통 많은 사바세계에 태어나야 합니다. 그리하여 그때마다 출가하여 무상대도(無上大道)를 성취하고 본래 없는 무명 다 여의고, 본래 없는 무량중생(無量衆生)을 제도하여 다 함께 성불(成佛)하여지이다.

나무 석가모니불(南無釋迦牟尼佛).
나무 아미타불(南無阿彌陀佛).
나무 마하반야바라밀(南無摩訶般若波羅蜜).

淸華禪師 法語集 II　圓通佛法의 要諦

초판 1쇄 발행　1993년 11월 6일
초판 8쇄 발행　2010년 12월 5일

편　찬 | 聖輪佛書刊行會
발행인 | 鄭 昌 泳(泰昊)
발행처 | 聖　輪　閣
　　　　전남 곡성군 옥과면 옥과리 650 성륜사 내
　　　　☎ (061) 363-0081　FAX (061) 363-7003
　　　　등록 번호: 1993. 10. 29　제 15-08-0001호

제작 및 보급처 | 을지출판공사
　　　　서울시 마포구 서교동 394-81 홍익빌딩 3층
　　　　☎ (02) 334-4050 / Fax (02) 334-4010
　　　　E-mail : euljipub4010@hanmail.net

* 잘못된 책은 바꿔 드립니다.　값 29,000원

미국 보급처: 금강선원
DIAMOND ZEN CENTER
18500 HUNGRY HOLLOW ROAD
BANNING, CA 92220 U.S.A
Tel (951) 922-9184　FAX (951) 849-4542

ISBN 978-89-7566-008-5　03220